普通高等教育“十一五”国家级规划教材
面向21世纪课程教材

高等学校旅游管理类专业系列教材

旅游市场营销学

（第三版）

主编　赵西萍
副主编　黄　越　张宸璐

高等教育出版社·北京

内容简介

本书是面向21世纪课程教材、普通高等教育“十一五”国家级规划教材《旅游市场营销学（第二版）》的修订版。

为了适应新时代我国旅游高等教育的要求，本书在第二版的基础上，对各章节进行了适当的修订、更新，尤其增加了许多前沿、典型的案例。为了体现旅游市场营销的特殊性，本书特别增加了一章用以体现新时代对旅游市场营销的要求。

本书既可作为高校旅游管理专业开设旅游市场营销课程的教材使用，也可作为社会上旅游从业人员的参考用书。

图书在版编目（CIP）数据

旅游市场营销学/赵西萍主编.--3版.--北京：高等教育出版社，2020.5（2024.7重印）

ISBN 978-7-04-052728-5

Ⅰ.①旅… Ⅱ.①赵… Ⅲ.①旅游市场-市场营销学-高等学校-教材 Ⅳ.①F590.82

中国版本图书馆CIP数据核字（2019）第207468号

Lüyou Shichang Yingxiaoxue

策划编辑 张 欣　责任编辑 宋志伟　封面设计 杨立新　版式设计 王艳红
插图绘制 于 博　责任校对 陈 杨　责任印制 刁 毅

出版发行	高等教育出版社	网　　址	http://www.hep.edu.cn
社　　址	北京市西城区德外大街4号		http://www.hep.com.cn
邮政编码	100120	网上订购	http://www.hepmall.com.cn
印　　刷	北京市大天乐投资管理有限公司		http://www.hepmall.com
开　　本	787mm×1092mm 1/16		http://www.hepmall.cn
印　　张	28.5	版　　次	2002年8月第1版
字　　数	700千字		2020年5月第3版
购书热线	010-58581118	印　　次	2024年7月第9次印刷
咨询电话	400-810-0598	定　　价	62.00元

本书如有缺页、倒页、脱页等质量问题，请到所购图书销售部门联系调换

物 料 号　52728-00

总 前 言

当代旅游业已经发展为世界上产业规模最大和发展势头最强劲的产业，旅游业发展之快，产业带动力之强，使许多国家和地区都纷纷把旅游业作为经济发展的重点产业和先导产业。伴随着全球经济的不断发展，人们收入和闲暇时间的增多，交通和通信技术的不断进步，以及冷战结束后政治隔障的消除等因素，全球旅游产业的规模正加速扩大，参加旅游的人数还将继续增加。据世界旅游组织预测：到2010年，全球旅游者将达到100亿人次，其中国际旅游者将达到10亿人次；到2020年，全球旅游者将达到160亿人次，其中国际旅游者将达到16亿人次。大众化旅游时代的到来，使旅游日益成为现代人类社会主要的生活方式和社会经济活动，旅游业也以其强劲的发展势头而成为全球经济产业中最具活力的“朝阳产业”。

在近二十年的发展历程中，中国旅游业取得了令人瞩目的成就，由传统的接待事业一跃转变为国民经济新的增长点，并由过去单一的观光型旅游发展成为集观光、度假、商务、会展、研修等多功能为一体的复合型旅游。中国旅游业的综合实力已被列为世界第五。按照世界旅游组织的预测：到2020年，中国将成为世界第一大旅游接待国和第四大旅游出境国。专家们预测：“21世纪，中国将成为世界主要的旅游中心。”中国旅游业持续高速的增长，既依托于旅游教育整体水平的提高，也有力地推动了旅游教育的迅速发展。截止到2001年，全国高等旅游院校和已开办旅游专业的院校已发展到200多所，形成了培训、职高、大专、本科、硕士、博士层次完备的旅游教育体系，教育服务旅游、旅游促进教育的旅游与教育互促相长的格局已经形成。然而，瞬息万变的旅游活动实践和丰富多样的旅游形式，对与之相配套的旅游教育教材提出了新的要求，更新教材体系，丰富时代内容，注入新的成分，就成为旅游高等教育教材建设的当务之急，因而也成为2001年3月在海南大学召开的“新世纪高等学校旅游管理专业教育与发展战略研讨会”的重要议题之一。

这次会议由面向21世纪旅游管理专业课程体系和教学内容改革与实践项目组、高等学校工商管理教学指导委员会（旅游管理专业组）、教育部高教司和国家旅游局人教司联合召开。为了保证旅游管理专业人才培养的基本规格，为了给该专业提高教学质量提供课程和教材支撑，会议在项目研究的基础上，审议确定了7门课程作为旅游管理专业的主干课程，并面向全国遴选主编，组编了与主干课程对应的教材。这7门主干课程教材是：《旅游学概论》《旅游经济学》《旅游市场营销学》《旅游心理学》《旅游规划与开发》《旅行社管理》《饭店管理》。同时，为拓展教学内容，适应旅游专业对其他专业课程教材的需求，高等教育出版社在前期调研的基础上，依托工商管理教学指导委员会，在教育部高教司的支持下，组织编写了非主干课程的7门其他专业课程教材供旅游专业选用。它们是：《旅游法教程》《旅游管理信息系统》《旅游管理专业英语》《前台与客房管理》《餐饮管理》《旅游行政管理》《导游业务》。这14本系列教材后来又经过立项评审，大部分被列为“十五”国家级规划教材。这套系列教材在总体策划和编写中突出了系统性、创新性、实用性三大特色。系统性，指系列教材较全面、系统地反映现代旅游的最新发展状况,多角度透视旅游这一特殊的社会现象和经济现象;创新性,指系列教材既注重历史内容的沉淀又关注当代旅游研究的最新成果,把普及与提高、理论与实践有机融合起来,突出教材的时代性;实用性,指系列教材具有较强的可读性和自学指导性,既有学理分析,又有案例剖析,注重方法的训练和技能的培养。因而,较适合于旅游高等院校、旅游研究机构、高等职业教育、自学考试的人员作为教材,也适合于旅游行业管理、旅游职业培训使用,对理论研究、学历教育、职业培训以及实际工作都具有实用性和参考价值。

参与此套系列旅游教材编写的单位有:南开大学、中国旅游学院、浙江大学、西安交通大学、湖北大学、云南大学、上海大学、北京旅游学院、暨南大学、海南大学、安徽师范大学、广州财贸管理干部学院等院校。在教材编写过程中,邀请了中国旅游教育界知名的教授和专家对此套教材进行了严格的审定。借此对支持和参与这套系列教材编、审工作的专家、学者表示感谢。

此套系列教材于2002年秋出版发行,欢迎全国有关院校师生和专业人士选用,并提出宝贵意见,以便逐步完善。

面向21世纪旅游管理专业课程体系和教学内容改革与实践项目组
教育部高等学校工商管理教学指导委员会(旅游管理专业组)
2002年4月

第三版前言

旅游业以其强劲的发展势头，受到世界各国和地区的广泛关注和支持，各个国家和地区纷纷加大了旅游市场的营销力度。然而，由于旅游行业的特殊性和旅游商品的独特特征，旅游市场营销与一般市场营销相比具有特殊的营销规律。因此，有必要对旅游市场营销理论进行专门的介绍和研究。

作为兴起于20世纪60年代的一门学科，旅游市场营销理论和实践已基本成熟。本教材立足于适应21世纪旅游管理人才培养的需要，突出对学生市场观念、竞争意识、创新意识和实践意识的培养，提高他们运用市场营销的基本理论、原理和方法去发现、分析和解决旅游营销问题的能力。

本教材分为旅游市场营销分析，旅游市场营销组合、旅游市场营销创新和旅游市场营销管理4篇，共17章，内容上力求具有系统性、新颖性、针对性、实用性和适用性，将市场营销学的一般规律与旅游市场营销运作结合起来，深入、系统地阐述旅游市场营销的基本理论和方法。本教材具有以下几个方面的特点：

第一，结构系统。本教材循序渐进、全面系统地介绍了旅游市场营销的基本概念、体系、策略、方法与创新等，在结构上体现了逻辑性和系统性。在编排中注重从基础到学科研究，从理论到实践，以求符合读者的学习认识过程。

第二，方法科学。本教材采用定性和定量相结合的方法，全面阐述旅游营销的基本原理，还在竞争环境分析、旅游营销调研、旅游需求预测、旅游营销计划和控制、旅游营销定价等问题上系统地介绍了分析工具和方法。

第三，内容前瞻。随着经济全球化和信息化的发展，结合21世纪市场环境发展的新特点，本教材添加了市场营销学理论的前沿内容，突出旅游营销理论最新发展趋势的分析和介绍。与第一、二版相比，本教材介绍近年来旅游市场营销理论中出现的新内容、新形式和新特点。同时，教材还补充了旅游市场购买行为分析和旅游市场营销危机管理等方面的内容。

第四，形式多样。与第一、二版相比，本教材更新了大部分的案例，在表达上力求深入浅出，以期读者能够在理论学习的基础上，对旅游营销的实际情况有更为直接的、感性的认识。同时，吸收了大量的阅读材料，这些材料或来自互联网最新的观点，或来自报纸杂志的报道，语言平实，生动有趣。每章之后还配有本章小结和适量的思考题，帮助学生巩固所学知识，培养其独立思考能力。

本教材在原“十五”“十一五”国家级规划教材《旅游市场营销学》第一版、第二版的基础上进行重新修订。西安交通大学管理学院赵西萍教授担任主编，西北工业大学管理学院黄越博士、西北大学经济管理学院张宸璐博士担任副主编，对全书做了设计和总纂。特别值得一提的是西北大学经济与管理学院李纯青教授和她的研究团队奉献了他们长期跟踪研究的旅游市场案例《竞争与定位的抉择——环意国际旅行社的品牌定位之路》。参与本书编写的还有：西安交通大学管理学院殷可、周杰、吴昱春、惠调燕、赵欣、陈威、薛秀梅、曲源美、孔芳、于玲玲、汪永星和蔡晓娟。他们对案例、阅读材料等内容进行收集与整理。在编写的过程中,编者们借鉴和吸收了国内外旅游市场营销实践中最新的研究成果和案例,参考了大量教材、著作论文及网上发布的研究成果,在此向原作者表示衷心的感谢。由于水平有限,教材难免存在缺点和疏漏,恳请广大读者们批评指教。同时,也感谢高等教育出版社的编辑为本书的顺利出版所付出的辛勤劳动。

赵西萍

2020年元月

第一版前言

旅游业已成为全世界范围内重要的经济产业，并一直高速度地发展，尤其是进入20世纪90年代以后，全世界每年接待国际旅游者人数和国际旅游收入增长速度平均超过10%。

旅游业是一门特殊的服务行业，旅游商品是一种特殊的商品，它既包含有形的产品，又包含大量的无形服务。这种商品在时空上具有相当特殊的特征，它既不可存储，留待以后出售，也不可以转移，搬运到另一个地方出售，它具有生产和消费同步的特征，同时具有季节性。因此，旅游市场营销与一般市场营销相比有着自己的特殊规律。旅游市场营销学作为旅游企业开展市场营销的理论依据，随着旅游业的发展而得到广泛的关注和研究。

旅游市场营销学是20世纪60年代以后新发展起来的一门学科，是市场营销学在旅游经济领域中的应用。本教材将立足适应21世纪对旅游管理人才培养的需要，突出对学生的市场观念、竞争意识、创新意识、实践意识的培养，提高他们运用市场营销的基本理论、基本原理、基本方法去发现问题、提出问题、分析问题和解决问题的能力。

本教材在内容上"宽""新""实"并举，注重内容的科学性、系统性、创新性和可操作性，将市场营销学的一般规律、原理与旅游市场营销运作结合起来，深入、系统地阐述旅游市场营销的基本理论和方法。本教材在结构上采用渐进式推进，从树立旅游市场营销观念出发，明确提出旅游市场营销及管理的体系，在此基础上对旅游市场营销环境、旅游消费者市场和旅游业竞争者市场做了全面分析，然后将旅游市场营销活动看成是一个完整的相互联系的管理过程，建立旅游企业市场营销信息系统与调研预测系统，进行目标市场细分与定位，确定市场营销战略及营销组合、旅游产品定价及促销策略、运作的管理，最后，归纳了旅游营销活动的实施和控制，并对旅游市场营销创新作了论述。全书在结构上体现了学习市场营销管理的逻辑性和系统性。

作者在编写上注重理论联系实际，吸收了国内外最新的营销管理理论与操作技巧，循序渐进，把基本理论与基本方法寓于案例之中。在体例上每章均附有案例分析、复习与思考题，有利于培养学生分析解决实际问题的能力。

本教材由西安交通大学管理学院赵西萍教授担任主编，黎洁副教授编写了第5、7章，肖忠东博士编写了第1、2、3、4、6章，赵西萍教授编写了第8、9、10、11、12、13章并对全书作了总纂。此外，西安交通大学管理学院研究生殷可、周杰、吴昱春、惠调燕参加了案例和习题的编写。在编写的过程中，作者吸收了国内外旅游市场营销理论最新研究成果和实际案例，参考了国内外大量的资料和文献，在此向他们表示衷心的感谢。

主编

2002年3月

本书结构介绍

本教材共分四篇十七章。

第一篇，旨在使读者能够尽快对旅游市场营销学的相关内容有一概括了解。为此，本篇重点在于解释和介绍旅游市场营销的基本概念和原理。第一篇有五章内容，包括：绪论、旅游市场营销环境分析、旅游者购买行为分析、旅游市场调研与预测、旅游市场细分与目标市场的选择。

第二篇，旨在使读者结合市场营销理论，对旅游市场营销组合有一详细了解。本篇从旅游市场营销战略、旅游产品策略、旅游产品价格策略、旅游产品渠道策略和旅游产品促销策略五方面分别进行了详细介绍。

第三篇，介绍了旅游市场营销的创新，旨在使读者能够对近年来旅游营销理论的新内容有所理解，理论结合实际，加深对旅游营销实践的认识。本篇详细介绍了旅游目的地营销、旅游公共关系营销、旅游网络营销和旅游绿色营销。

第四篇，作为本书的最后一篇，本篇介绍了旅游市场营销管理的相关内容，包括旅游市场营销计划与组织和旅游市场营销危机管理两方面的内容。

图1为本教材的结构框图。

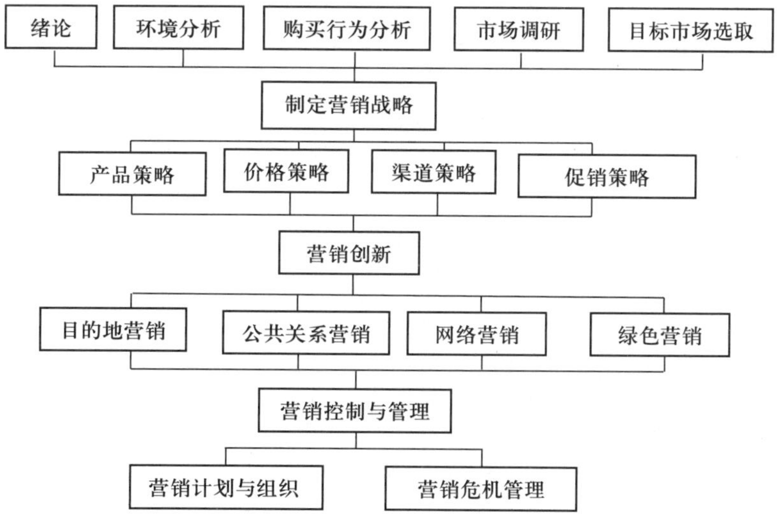

图1　教材结构框架

目　录

第一篇　旅游市场营销分析

第二篇　旅游市场营销组合

第三篇 旅游市场营销创新

第四篇 旅游市场营销管理

第一篇
旅游市场营销分析

第一章　绪　　论

学习目的

- 理解市场营销和旅游市场营销的特点
- 了解旅游市场营销学的内容体系构成
- 了解市场营销学和旅游市场营销学的发展过程

引导案例

六大营销创新提升旅游新体验

"为深入研判全球旅游经济发展趋势，预测全球旅游发展未来前景，促进全球旅游经济可持续发展，揭示全球旅游经济发展的年度特征，自2016年始，世界旅游城市联合会每年公开发布《世界旅游经济趋势》报告，与全球同行业者共同分享研究成果，为各国政府、相关城市、旅游行业提供决策参考和智力支持。"世界旅游城市联合会常务副秘书长李宝春在世界旅游城市联合会（WTCF）与中国社会科学院旅游研究中心（TRC-CASS）举办的《世界旅游经济趋势报告（2019）》发布会上表示。该报告认为，在旅游消费需求转变与旅游目的地市场竞争加剧的双重背景下，旅游目的地营销创新愈发重要。营销实际上是连接目的地和游客之间感情的一个非常重要的一种手段和方式。在营销环节，以VR、AR为代表的虚拟技术、视频和内容营销、影视营销、体验营销包括多主题的全产业链合作以及精准营销都正在提升人们的旅游体验和营销的效率。

旅游目的地营销策略的创新带来了新效率、新体验、新格局和新挑战，具体表现在以下几个方面。

一、虚拟技术开启旅游目的地营销新体验

一方面，VR、AR等信息技术突破了文字、图片、视频等传统信息形式，丰富空间维度的信息，突破时空限制，使游客不仅能看到景区的各个细节，还能看到不对外开放或不定期开放的旅游资源，提供更加深入的景点讲解和多方位展示，虚实结合，增加了临场感，实现"购买前先体验"这一功能，有效地优化了用户的行前旅游决策。另一方面，VR、AR等虚拟技术实现了高精度的生动性、互动性，极大地提升了消费者感知的幅度、深度，增强其对旅游目的地城市的积极态度和情感，唤醒兴奋点，促使游客为超出预期值的体验买单。

二、全产业链合作，打造目的地联合营销模式

全产业链合作营销、目的地联合营销，是指多个利益主体通力协作，共同开展目的地营销和促销。联合营销实施的主体，并不仅仅限于不同的旅游目的地之间，而且还可以包括同一旅

游目的地不同部门之间、旅游目的地的上下游供应链环节之间、线上媒体和线下现场活动之间等。旅游目的地可以根据实际需要同产业链甚至产业链以外的多家企业建立合作营销关系，涉及不同的行业、地域和平台。

三、影视营销构筑目的地感知和情感记忆

旅游目的地影视营销是旅游目的地利用电影电视的制作地点、环境、过程、节日活动，经过营销策划宣传，将旅游目的地推向市场，以取得旅游需求满足和旅游目的地利益相一致的一种新的营销类型。影星、外景地或能够表达电影元素的主题，都能够吸引一定的观众。而一些不显眼或没有吸引力的场景也可能产生意想不到的效果。

四、视频和内容营销提升目的地情感形象

内容营销通俗理解即是“讲故事”。优质故事的设计与开发是做好旅游内容营销的核心。在多样化、碎片化和视听化的网络时代，短视频开辟了旅游产品营销的新模式。兼具内容入口与社交基因的短视频，年轻用户十分愿意“买账”。抖音、快手等短视频平台，也成为在线旅游平台上出现频率最高的词汇之一。在原创内容的带动下，一边旅游一边分享短视频成为旅游新常态，竞相模仿或二度创作的短视频在消费者的自主参与下形成病毒式传播，借势热点话题和平台，通过精准营销获得易感人群，找到他们的关注点，增强游客情感共鸣和忠诚度。

五、精准营销提升目的地营销效果和转化率

精准营销是在精准定位的基础上，依托现代信息技术手段建立个性化的顾客沟通服务体系，实现可度量的低成本扩张之路，是有态度的网络营销理念中的核心观点之一。与精准的定位和沟通相适应，只有针对不同的消费者和消费需求，设计、制造、提供个性化的产品和服务，与游客进行个性传播沟通，才能低投入、高效率地实现旅游者需求。个性化的产品和服务在某种程度上就是定制。通过提供给游客个性化的产品和服务，节约游客在购买过程中的时间、精力和体力等，提高游客满意度，从而提高其让渡价值。

六、体验营销深化目的地要素构成和产业组合

旅游体验营销是指旅游目的地根据游客情感需求的特点，结合旅游产品，服务的属性，策划有特定氛围的营销活动，让游客参与并获得美好而深刻的体验，满足其情感需求，从而扩大旅游产品和服务销售的新型营销活动方式。

资料来源：李晓红.中国经济时报，2019 年 1 月 18 日。

第一节 市场营销与旅游市场营销

一、市场营销

（一）市场营销的发展

在漫长的原始社会、奴隶社会和封建社会中，市场供求双方的交换极为简单、朴实。随着经济的发展和社会商品的丰富，市场上居主动地位的角色发生了变换，由最初的卖方市场发展到买方市场，市场导向也由生产导向转变成消费导向（或需求导向）。由此，市场营销经历了以下几个发展阶段。

1. 生产观点阶段

资本主义初期，由于生产力水平较低、社会商品难以满足广大消费者的需求，企业经济活动着重于降低产品价格，开发新产品。消费者购买行为决定于生产者能否供应某一产品及该产品的价格是否低廉。

2. 产品观点阶段

当市场供求基本均衡，生产处于饱和状态时，生产者的注意力由产品的数量渐渐转移到产品的质量上。产品质量越高，性能越好，越具有特色，就越容易被消费者所接受，不断提高产品的质量就成为企业经营行为的指导思想。

3. 推销观点阶段

在这一阶段，对销售阶段的研究日益成为企业经营的重点，越来越引起经营者的重视。许多企业以推销作为其经营指导思想，企业一切经营活动（从计划到生产到销售）的中心始终围绕着产品。企业使用可获得的各种资源，提供最佳的产品，然后在市场上发现对该产品感兴趣的消费者，再通过大规模促销和兜售，劝说消费者购买。

4. 营销观点阶段

进入该阶段，由于生产者和消费者之间不断重复的双向信息交流，使得生产者很容易找到自己的市场定位，从而具有明确的市场目标。这样，就使得企业更易适应消费者的需求，采取比竞争对手更有效的措施，使消费者得到更大的满足。营销观点与推销观点最大的区别在于：推销观点在确定生产机制的前提下寻找目标市场，甚至让外部环境——市场来适应已有的生产机制；而营销观点则是在确定目标市场的前提下，研究如何建立一套生产机制以适应或进入这一目标市场。

推销观点强调的是生产者的需要，而营销观点则考虑通过产品以及产品的生产、供应和消费等相关的一系列行为来满足消费者的需要。

5. 社会营销观点阶段

多年来，不少国家面临着产品过早淘汰，资源大量浪费，环境严重污染等社会问题。为解决这类社会问题，出现了社会营销观点。根据社会营销观点，在进行营销决策时，企业不仅要考虑到消费者的利益，而且要兼顾企业自身的利益和社会的利益。社会营销学的基本原则是：

（1）社会营销观点的基本目的是帮助生产者更好地销售产品，帮助消费者更好地购买产品，帮助政府部门更好地履行管理职能，从而使市场机制日益健全，保证市场运行畅通。

（2）企业外部各类经济和非经济的团体（诸如政府部门、保护消费者权益团体等）都应参与购买方的决策过程。

（3）生产者不仅要满足消费者的需求，更重要的应指导其正确的消费行为，为消费者的长期利益服务。

（4）生产者不宜过多的细分市场去生产无本质差别的产品，而应根据消费者的基本需求类型进行产品生产。

（二）市场营销学

1. 市场营销学

1912 年，美国哈佛大学经济学教授哈杰特奇首次出版以“市场营销学”（marketing）命名的教科书，标志着市场营销学成为一门独立的学科。20 世纪 30 年代的经济萧条更使各生产厂家认真研究和分析市场销售活动，从而使市场营销学研究普遍展开，并逐渐传入西欧和日本。进入20世纪60年代，市场营销学的研究进入高潮，各种理论著作相继问世，以美国麦卡锡和科特勒为代表的著作已形成了完整的现代市场营销学的理论体系和研究方法，70年代又结合社会学、心理学、行为学、公共关系学等学科发展成为一门重要的边缘学科。

美国市场营销协会定义委员会将市场营销学(marketing)定义如下：

"市场营销学是研究引导商品和服务从生产者流向消费者或使用者过程中所开展的一切企业经营活动的科学。"

由于对市场营销学的研究角度不同，因而对市场营销学的定义就众说纷纭，以下是各种不同的表述：

- 市场营销学是研究通过双向选择而实现的交换，从而满足以各自需求为目的的人们的经济活动的一门科学。
- 市场营销学是研究供求双方在已达成交换协议的基础上，为促进、刺激交换的实现，个人或集团(营利的和非营利的)所进行的各种活动。
- 市场营销学研究企业的全部经营活动如何适应市场需求，以满足消费者利益，它不局限于研究交换过程，其研究领域扩展到生产、分配、消费这三个环节。
- 市场营销学研究在各种变动环境中以促进并实现交换为目的的个人或集体的一切经济活动。

从以上定义的各种表述中可以看出，现代市场营销学的概念早已超出了美国市场营销协会定义委员会所定义下的范围。由此可看出，市场营销学并非一成不变的，随着商品经济不断向纵深发展，以适应瞬息万变的市场，适应经济发展的需要，市场营销学总是在不断充实、不断完善中发展，并形成自己完整的体系。它在发展过程中体现如下几个特点：

(1) 现代市场营销学强调企业必须以消费者需求作为市场经营活动的中心和出发点。能否满足消费者的需求，是企业能否生存和发展的关键。现代市场营销学认为最大限度地满足消费者的需求与追求企业的最大利润是一致的。消费者需求的满足是企业创造利润的前提和基础，企业市场经营活动的不断发展又为满足消费者需求提供更好的条件。它们之间的这种辩证关系以及相互协调，是现代市场营销学的核心。

(2) 现代市场营销学的研究范围已不像过去仅限于流通领域，也不是静态地研究、分析市场营销因素，而是研究如何从生产到消费，又从消费反馈到生产的整个经营活动的规律。它并不是单向地研究生产到消费的流通过程，而是研究市场交换活动的全部单元以及单元之间的循环，它既研究企业内部的经营活动，也要研究不断变化的外部环境，且特别注意研究在复杂的市场变动中与消费者有关的各种影响因素。

(3) 现代市场营销学已不是单纯地研究市场营销技巧或销售方法，而是从企业的长远战略目标出发，通过研究市场营销组合策略、运用现代科技的新成果，形成了组织和指导企业整体活动的一门管理学科。

2. 市场营销组合

1950年前后，哈佛大学尼尔·鲍教授开始采用市场营销组合这个概念。1960年，麦卡锡提出了著名的4P组合，即产品(product)、价格(price)、渠道(place)、促销(promotion)的营销组合。1986年，科特勒提出大营销概念，即企业为进入被保护的市场，为冲破政治壁垒和公众舆论的障碍，需要增加两个P，即power和public relations。1986年6月30日，科特勒在中国的对外经济贸易大学的演讲中，又提出在大营销的6P战术之外，还要加上4P战略，即探查（probing）、分割（partitioning）、优先（prioritizing）和定位（positioning）。最后又加上1个P（people），即要理解人、了解人。这样，市场营销组合出现了4P、6P、10P和11P之说。但传统上大家都比较认同4P之说。

20世纪90年代以来，世界政治经济形势发生了重大变化，改变了企业经营获利的方式，也改变了家庭及其成员的消费观念和购买行为。人们更多地通过分析比较来选择真正适合自己的物品，想要掀起某种消费热潮越来越难，消费者越来越成熟，也越来越具有个性。一方面是产品日益同质化，另一方面是消费者日益个性化，于是4C观念日益兴起。所谓4C即消费者（consumer）、成本（cost）、便利（convenience）和沟通（communication）4个词的英文第一个字母。4C强调把满足消费者需要和创造消费者放在第一位；企业要努力降低成本，在消费者能支付的价格限度内增加利润；要把便利原则贯穿于营销活动的全过程；要加强企业和消费者的双向沟通，使产品真正适销对路。显然，4C观念富有新意。可以说4C强化了以消费者需求为中心的营销组合，例如，强调创造消费者比开发产品更重要；要提供消费者确实想要的产品；消费者的购买成本包括货币支出和时间、精力耗费以及风险承担，因而必须努力降低成本和价格并提供便利。

二、旅游市场营销

（一）旅游市场

作为市场的一个组成部分，旅游市场与一般意义上的市场并无本质区别。旅游市场是旅游产品商品化的场所，是旅游企业产生各种旅游经济行为的领域，同时，也是旅游生产者与旅游消费者的中介。

旅游市场作为一种专业性的市场，其独特的市场行为特征体现在：

（1）旅游市场常常被定义为旅游产品消费者或购买者，因而，旅游市场更多人格化。所以，旅游市场最典型的分类是依据旅游市场消费者的来源区分为国际旅游市场和国内旅游市场两大类。

（2）旅游市场的全球性。旅游消费作为一种高层次的消费，不仅其消费范围已普及全球，形成全球性的旅游市场，而且其显著的经济效应正使旅游业成为一种新的经济增长点。旅游业的发展在空间分布上具有全球性质。

（3）旅游市场的发展潜力巨大。这种潜力一方面体现在旅游产业是一个综合性很强的产业，旅游业和其他行业的相关度很大。因而，旅游市场的发展能带动相关市场的迅速发展，所有与旅游产业相关的产业都会得到大幅度的提高。另一方面，旅游市场自身的潜力大。随着经济发展水平和人们生活水平的提高，作为高层次需求的旅游将会有巨大的动力，从而，使旅游市场的发展较其他市场更具有广阔的前景。

（二）旅游市场营销

1. 旅游市场营销的内涵

旅游市场营销作为市场营销的一个分支，具备市场营销的一般内涵。我们可以这样理解旅游市场营销：它是旅游组织和个体（个人和组织）对思想、产品和服务的构思、定价、促销和分销的计划和执行过程，以创造达到经济个体（个人和组织）目标的交换。

从上述概念中可知,旅游市场营销具有三层含义:

(1) 以交换为中心,以旅游者为导向,以此来协调各种旅游经济活动,力求通过提供有形产品和无形劳务使旅游者满意来实现旅游企业的经济和社会目标。

(2) 旅游市场营销是一个动态过程,包括分析、计划、执行、反馈和控制。更多地体现旅游组织和个体的管理功能,旅游市场营销是对营销资源(诸如旅游市场营销中的人、财、物、时间、空间、信息等资源)的管理。

(3) 旅游市场营销适用范围较广。一方面体现在旅游市场营销的主体广,包括所有旅游组织和个体;另一方面旅游市场营销的客体也多,不仅包括对有形实物的营销,还包括对无形劳务的营销,以及旅游组织和个体由此所发生的一系列经济行为。

2. 旅游市场营销的特征

旅游市场营销作为旅游企业在市场中生存发展的有效途径,它对旅游企业的影响十分巨大,总体而言,旅游市场营销具有如下特征:

(1) 营销导向。旅游企业的一切经营活动都必须以市场需求作为出发点和归宿。不同的产业有不同的经营导向,诸如生产导向、推销导向和市场营销导向。而旅游产业由于其服务对象是人,因而,如何针对不同人们的不同需求设计和开发旅游产品,成为旅游企业生存和发展的根本。旅游企业以旅游者为核心,通过满足旅游者的需求而获利润。使其有别于生产导向和推销导向,而市场导向正是20世纪50年代后兴起的具有革命性意义的全新经营观念。

(2) 管理导向。旅游企业的营销环境由诸多因素(人口、政治、文化、经济、社会、技术等)构成,这些因素随着时间和空间不断变化,而旅游市场营销的实质在于"旅游企业对于动态环境的创造性的适应"(Howard)——运用一切可利用的资源,通过产品、渠道、价格和促销等实现对环境的适应。环境变化,则旅游企业要做相应的变化,管理导向作为现代旅游市场营销的特征之一,正日益受到旅游企业的重视和运用。

(3) 信息导向。旅游市场营销的最终目的是满足旅游者的需求,必须借助信息的传导。现代旅游消费特征越来越个性化,因而,对复杂、多样的旅游者需求须作深入、细致地调查。与此同时,旅游企业的内外部环境复杂多变,加之其产品缺乏专利保障,因而,旅游企业之间的竞争日益侧重于旅游产品的质量、服务及旅游企业形象,无形中加大了旅游企业的经营风险,所有这些决定了信息在旅游企业市场营销中的重要地位。

(4) 战略导向。旅游市场营销对旅游企业的长远发展有着十分重要的影响,要求旅游企业对市场环境的长期适应性。因而,现代旅游企业中最有战略眼光的旅游企业纷纷推出"绿色旅游""永续旅游""生态旅游"等,一方面使人们回归大自然,同时,加强环境保护意识。在当前这个日新月异的时代,旅游企业若要持续地发展,则必须依赖于对环境的适应,依赖于现代市场营销中的战略导向。

第二节 旅游市场营销学及其内容体系

一、旅游市场营销学

旅游市场的形成和发育,不仅规范了旅游企业的市场行为,重要之处在于促使了旅游市场营销学的产生、发展。

旅游市场营销学(tourism marketing)也称为旅游市场经营,是市场营销学在旅游经济领域中的具体应用。它不仅研究旅游组织和个体(旅游企业和个人)在日常经营中的市场行为,同时也研究为实现某一具体的行为,经济个体应具有的一整套管理职能。运用这些管理职能,旅游组织、旅游目的地和旅游接待设施不仅可以找到理想的旅游目标市场——现实的和潜在的旅游者,还可以激发潜在旅游者对新的旅游产品的购买动机,从而从生产的角度创造出新的消费需求(值得注意的是,如果运用不当,也可能破坏现有的消费需求)。通过信息反馈,努力生产能满足旅游者需求的旅游产品和服务,与此同时,旅游经济组织和个体也实现了自己的经济目标。

二、旅游市场营销学的内容体系

旅游市场营销学是以现实和潜在的旅游者的消费需求为背景,动态地研究旅游经济组织和个体的市场行为以及与此相配备的管理职能和运行手段的一门学科。它的基本内容包括如下几个方面:

(一) 产品策略(product policy)

现代旅游市场营销学强调一切经济活动都应从旅游者的需求出发。根据旅游市场的需求制定旅游产品策略(即规划出何种旅游路线及其活动内容、服务项目的旅游)。

产品策略主要指旅游企业如何根据自己的优势和特点,在激烈的市场竞争中适时地生产出自己的旅游产品和服务。同时,根据产品的生命周期积极研制和开发新的旅游产品和服务,真正做到"人无我有,人有我特,人特我新",从而在市场竞争中永远处于主动地位。产品策略主要包括新产品的开发策略、旅游产品的商标策略和旅游产品的实际内容三个方面。

(二) 价格策略(price policy)

我国旅游事业的发展是一个以接待国际入境旅游为主,先国际旅游后国内旅游,以国际旅游带动国内旅游发展的非常规发展过程。因此,研究和制定旅游产品的价格策略必须与国际旅游市场的价格策略相结合。尤其要注意发达资本主义国家旅游业的旅游价格策略。一般地,依据市场经济体制特有的运行规律,发达资本主义国家中旅游组织和个体诸如旅游酒店、旅行社等都可自行决定规划产品的价格,这样,旅游价格的制定成为实现市场营销的一种基本手段。另一方面,这种市场经济体制中的旅游产品的价格受市场供求关系的影响极大,各旅行社、旅游酒店可根据各自不同的条件采取多种多样的定价方法和策略。因此,处于经济体制转轨时期的我国旅游业,研究国际旅游市场,必须同时研究发达国家旅游业的产品价格策略和我国国际旅游市场的产品价格策略以及国内旅游市场的产品价格策略。

价格策略的内容主要包括:价格制定策略和价格管理策略。价格制定策略主要针对现行旅游产品如何制定适宜的价格,恰当地体现旅游市场中的供求关系,以及市场诸要素变动之后对旅游产品的价格所做的必要的调整。价格管理策略主要从维护旅游者和旅游生产者各自的利益这一法律角度出发,对产品的价格从制定、执行到调整所做的各种监督和管理措施。

(三) 促销策略(promotion policy)

促销的目的不仅在于向旅游者出售旅游产品,更重要的在于如何向旅游者介绍新的旅游产品,刺激旅游需求,以此来扩大旅游企业的市场占有额,从而使旅游企业居于有利地位。

在旅游业发达的国家，旅游企业在产品促销过程中积累了丰富的促销经验，由此总结出成套的推销艺术和广告艺术。前者指派员销售或人员销售（personal selling），由推销员挨户进行面对面（person to person）的推销。后者为非人员销售（non-personal selling），用文字、广播、图像等大众媒介工具而进行的推销。

促销策略基本内容包括：旅游产品营销计划的制定、促销人员的培训，旅游产品的广告促销以及旅游企业的公关销售。另外，旅游企业售后服务也成为促销策略的附加内容。

（四） 流通/渠道策略（place policy）

现代旅游企业为追求“规模经济”而不断地扩大旅游产品的生产规模，同时，由于旅游业自身具有的综合性和依赖性，也为这种大规模的生产或生产中旅游企业的横向联系提供了必要条件。而将各种旅游产品通过一种什么样的途径传递到旅游者自然成为旅游市场营销的一个重要方面。

流通/渠道策略对于更好地满足旅游者的需求，最快最便捷地进入目标市场，尽量缩短产品传递的过程，节省产品的销售成本起到积极作用。现代旅游商品的渠道一般都要经过旅游批发商、零售商等多个环节，最后才为旅游者接受，尤其是国际旅游，更需要增加国外旅游批发商和零售商几个环节，从而加大旅游产品中的营销成本。因此，流通策略正确与否，流通渠道的选择是否适宜在某种程度上决定着旅游产品市场营销的成败。

流通策略主要包括旅游产品销售渠道的选择，产品营销中介的建立及建立产品营销渠道计划的制定三个方面。

以上是旅游市场营销的基本手段，它们构成旅游市场营销学的基本内容，一般被称为旅游市场营销学的“四大支柱”。

此外，旅游市场营销学还包括旅游市场营销环境分析、旅游市场调研即目标市场选择、旅游目的地营销策略、旅游市场营销中的公共关系、网络营销、绿色营销和旅游市场营销控制与管理等内容。

第三节 旅游市场营销学的发展

一、传统营销理论的发展

（一） 国际旅游业对市场营销学的研究

第二次世界大战之后，国际旅游业得到迅速发展。20世纪60年代，旅游业的发展进入了第一个高潮，与此同时，市场营销学被引入旅游业并得到普遍应用。而在此之前，指导旅游业的基本经营思想是推销观点。绝大部分旅游经营者认为，旅游企业的销售量越大，利润就越高。旅游业采用的销售手段主要是广告、宣传和推进性推销。

60年代末，旅游业的竞争日趋激烈。许多经营者开始重视研究市场营销学理论，并采用其他行业的研究成果，对旅游企业的组织结构进行调整。多数拥有150间（套）以上客房的旅游企业先后设置了营业部或营销部。许多经营者开始认识到以推销观点作为旅游企业整体活动指导思想，已远远不能适应不断变化的市场的需要。但多数旅游经营者仍然把营销学看成是一门神秘的学科，营销部的活动，实质上仍然是以推销活动为主。

到70年代,推销观点仍然有一定的拥护者,但随之为营销观点所代替,西方旅游业发生了重大变化。

第一,旅游业的竞争越来越激烈,许多发达国家大力发展旅游业,从而使旅游者选择余地越来越小。许多经营者渐渐陷入"迷茫",餐馆提供的菜肴再精美,旅馆提供的客房再舒适,也未必能压倒竞争对手。"迷茫"过后开始沉思,思考的焦点由"我们的旅馆"转移到"我们的客人",这些旅游企业为了生存、发展和盈利,先后采用了市场营销学的一些基本原则,竭力扩大旅游企业在市场竞争中的优势。

第二,激烈的竞争缩短了旅游企业在进入目标市场之前的准备时间。旅游企业在准备阶段分析市场,研究旅游者的需求,分析旅游者的兴趣、爱好和意见,从而确立旅游企业经营的依据和基础。否则,就进不了目标市场。

第三,旅游企业的投资急剧上升。旅游企业若不注重了解旅游者的需求,同时,又对旅游企业的产品和服务质量抱不切实际的幻想,贸然建造旅游设施,则是浪费资源。因此,经营者只有了解旅游者的动机和愿望,采用营销观点,有可能最低限度地减少经营失误。

旅游业引进市场营销学原理之后,指导思想逐渐发生变化,经营者对旅游设施进行改造:快餐馆供汽车驾驶员从车上购买食品和餐柜;单身汉周末活动旅馆、经济汽车旅馆、风景区分期住宿旅馆等相继问世。与此同时,旅游企业向旅游者销售产品的方法也越来越丰富。这类旅游企业在市场中的竞争能力普遍增强。

总体上说,20世纪70年代,西方发达国家旅游企业成为市场营销学的初学者,逐渐进入"细分市场时代"。旅游企业经营者已开始根据人口分布的特点、旅游者的兴趣和生活方式等对旅游者进行分类,以此提供恰当的旅游产品和服务。在销售过程中,"市场定位理论"逐渐得到推广,使得旅游企业在众多旅游者中树立良好形象。

进入80年代后,旅游企业能否满足旅游者的特殊需求和爱好,依然是决定旅游业经营成败的关键。旅游者对旅游产品和服务选择的余地扩大了,使得旅游企业的竞争进一步加剧。在80年代,旅游企业的经营者注重研究市场竞争、旅游者旅游动机及旅游企业在市场中的不同地位,采取"重新定位"或"渗透已确立的细分市场"的策略,得以在竞争中获胜。

90年代早期,旅游业以5亿的年接待人次,3 000亿美元的年消费额,1.2亿的就业人数规模正式宣告超出石油工业和汽车工业,成为世界上最大的产业并一直独占鳌头。这时,在市场营销基本理论不断丰富和发展的情况下,国际和国内都开始出现了旅游市场营销学这样专业化的新型教材和专著,全面提出了旅游这一新兴、特殊领域的营销理念、营销策略和营销方法。这不仅细化和丰富了市场营销学的理论体系,而且在实际应用上也有所拓展和创新,并且迅速成为培养旅游管理人才的一门重要必修课程。

20世纪90年代,互联网的广泛应用以及科学技术突飞猛进的发展,这个时期市场营销领域又出现了许多新理念,电子商务的应用,服务营销的重视、网络营销的出现、公共营销的推广等,都在不断地寻求科学技术与市场营销的结合,都是在对市场营销理论的进一步丰富和完善。

全球旅游业发展迅速,已连续7年超过全球经济增速。尽管近年来,全球经济复杂多变、经济下行压力持续,但依然抵挡不住世界人民的旅游热情。数据显示,2017年全球旅游总人次(包括国内旅游人次和国际旅游人次)达到118.8亿人次,为全球人口规模的1.6倍;全球旅游总收入达 5.3 万亿美元，占全球 GDP 比重达 6.7%。2017 年全球旅游总人次和总收入增速分别为 6.8% 和 4.3%，其增速超过制造业（4.2%）、零售业和批发业（3.4%）、农业、林业和渔业（2.6%）以及金融服务业（2.5%）。旅游业已连续 7 年超过全球经济增速，成为全球增长最快的行业经济体。

旅游业的快速持续发展将旅游营销的研究不断引向深入，旅游营销学逐渐成为一门较为成熟的学科，并不断吸纳新的思想、理论和方法。

（二）我国旅游企业市场营销观念的发展

中华人民共和国成立以来，我国旅游业的发展经过了两个完全不同的阶段。1978 年以前，旅游业主要从事政府接待，在国民经济结构中不作为一种产业，1978 年经济体制改革之后，旅游企业真正走向市场。随着我国由计划经济转向市场经济，旅游企业的市场营销观念，相对应的旅游企业经营机制及经营思路也随之发生转变。

市场营销理论在我国的传播与发展大致经历了引入阶段、应用阶段、扩展阶段、国际化阶段。从改革开放至今，市场营销理论及与市场营销相关的经营哲学在我国广泛地传播及发展，而且被越来越多地应用到各个方面，大到国家在世界舞台上营销自身，小到个人在某方面的营销，可以说目前市场营销理论被广泛应用到诸多方面，同时在实践中市场营销的相关理论也在不断地完善和发展。

我国的旅游企业在市场观念、结构的思路上大致经历了以下阶段：

1. 接待阶段

从中华人民共和国成立到 1978 年，我国旅游企业的经营处于一种纯接待阶段。旅游企业基本上属于政府接待性机构，没有任何真正的经济行为。最明显的表现为：旅游企业无须主动寻找客源，不需要进行促销活动，主要任务是负责与政府活动有关的接待工作，而不是获利。在这一阶段中，旅游饭店中面向市场的专业部门是“接待科”。由于旅游企业在市场中占主动地位，因而，对市场的基本态度是“等客上门”。

2. “公关”阶段

随着旅游企业自身职能的不断强化，旅游企业开始面向市场，考虑自身有关的经营战略，随着对外开放，外资和合资旅游企业为众多的国有旅游企业树立了经营榜样，旅游企业一方面出于树立自身的旅游企业形象，另一方面出于市场竞争的压力，开始将客人、一些重要的政府部门和旅游企业机构视为旅游企业的市场资源，主动为旅游企业建立关系网络。在这一阶段，饭店面向市场的专业部门是“公关部”。这是市场意识觉醒的开始。

3. 销售阶段

进入 20 世纪 80 年代中期，我国旅游业进入第一个发展高潮。一方面由于国际旅游入境人数的大幅度增加，使得市场进入“卖方市场”，但更重要的是旅游接待能力受到“旅游饭店”和“旅游交通”两个瓶颈限制，使旅游企业面临空前激烈的竞争局面。在这种背景下，旅游企业自身的主动销售行为开始出现。在激烈的市场竞争中，旅游企业意识到必须主动将自有的产品推向市场，展示给旅游者。在这一阶段，旅游企业开始设立专门的“销售部”，这一部门的出现标志着专门的销售人员从事专职的市场销售工作。

4. 市场营销阶段

进入 90 年代。由于我国经济体制改革已进入全面、深入改革阶段，旅游业的外部环境已逐渐理顺,旅游市场行为已经规范化,从而旅游企业经营的市场意识从觉醒走向成熟,全面的市场营销观念与方法开始为旅游企业界所认可,传统的销售(sales)过渡到了比较成熟的市场营销(marketing),旅游企业的市场行为从简单的销售阶段走向了调查、研究、预测市场的需求,设计自己的产品和调整自己的产品结构、确定现实目标市场和促销策略,预测未来潜在市场并进行先期的市场培育,切实抓好实际销售并融进市场的促销,注重客人对旅游产品质量的反应和处理,注意抓好售后服务,为进一步搞好产品的生产和销售提供反馈信息。可以说市场营销阶段是进入到90年代后才真正在我国旅游企业开始实际应用的。因而我国旅游市场营销并不真正成熟,这直接影响了我国旅游企业的自身经营和在国际、国内市场中的竞争力。

5. 社会市场营销观念

进入20世纪90年代中后期及21世纪初,许多旅游企业开始认识到,仅仅局限于满足旅游者需求和使企业获利是远远不够的,同时还必须兼顾整个社会的当前和长远利益,以求得旅游企业利益、旅游者需求和社会利益三者的平衡。社会营销观念是市场营销观念的进一步发展,使营销观念进入了一个更加完善的阶段。

二、旅游市场营销新理念

市场营销方式进入90年代以后,出现了许多新变化,旅游市场营销的概念也得到了日新月异的发展。如随着个人计算机的普及和互联网的出现,产生了“旅游网络营销”的概念;随着人们对绿色产品的喜好和对环境破坏的关注程度的增加,出现了“旅游绿色营销”的概念;随着“知识经济”时代的到来,促进了“旅游文化(知识)营销”和“旅游服务营销”的诞生;此外还出现了“旅游关系营销”的概念。

(一) 旅游网络营销

旅游网络营销(tourism cyber marketing)是借助联机服务网络、计算机通信和数字交互式多媒体的威力来实现旅游营销目标。旅游网络营销的实质是以计算机互联网技术为基础,通过与潜在旅游者在网上直接接触,向旅游者提供更好的旅游产品和服务的营销活动。

所谓电子商务,是指买卖双方利用现代化的信息技术和手段进行数据交换的过程,如海关的电子报关、网上谈判、电子结算、通过互联网预定和确认各类服务、电子商品编码、电子目录等都属于电子商务形式,电子商务在金融结算、银行转账时使用电子货币形式进行。电子商务与网络营销是两个不同的概念,电子商务只是旅游网络营销采用的交易方式,不是一个完整的旅游营销活动。

1. 旅游网络营销的优势

旅游网络营销的兴起,除了互联网技术的发展外,主要是由于利用网络来进行营销活动有很多优势。

(1) 通过网络来进行营销活动,使小规模的旅游产品可以以低廉的花费,实现全球营销。

(2) 通过网络购物,旅游者能够根据自己所需得到旅游产品,传统的营销活动只能让旅游者大致满意。

(3) 网络营销虽然是定制营销,但并没有因此而增加旅游营销成本,恰恰相反,网络营销大大降低了旅游营销费用。

(4) 网络营销方式,可提供全天候的广告及服务而无须增加开支,计算机软件24小时自动处理往来信息，完成统计和存档等工作，计算机工程师监控系统运作，处理突发情况，无须旅游企业本身增加营运成本或人事成本。全天候的广告及服务有利于增加旅游企业与旅游者的接触机会，大大提高潜在销售机会。

2. 旅游网络营销方式

旅游网络营销实际上是连接目的地和旅游者之间感情的非常重要的手段和方式。按目前在互联网上的商业应用方式，旅游网络营销可分为以下几种：旅游网络广告、旅游电子商店和旅游网络服务。

（1）旅游网络广告。网络广告可以说是网络营销中应用最多、技术也最为成熟的一种营销形式。目前已有大量的旅游企业在互联网上建立自己的服务器，即时向全球发布旅游产品信息。由于这些信息采用多媒体技术，集文字、动画、全真图像、声音、三维空间、虚拟现实等为一体，使旅游者如身临其境，大大吸引了其注意力，激发了其购买欲望。

旅游网络广告有很多特点。它可以跨越空间、时间的限制，将广告信息传播到世界各地去，只要那里有连接互联网的计算机。旅游者也可随时查询这些信息。它能在很短的时间内，完成广告内容的更换，配合旅游企业营销策略的更改。它具有互动性功能，旅游者掌握了浏览的主动权，可以自主浏览广告。另一方面，旅游企业通过某种软件可以获得访问本广告信息的人数、访问的过程、浏览了哪些主要信息等，从而能得出广告发布的效果，而一般的大众媒介，如电视、广播、杂志却无法做到这一点。

旅游网络广告主要有 Web 主页形式、电子邮件（E-mail）形式和其他形式。

（2）旅游电子商店。所谓电子商店是指将商场的商品以多媒体信息的方式通过互联网，供全球顾客浏览、选购。

旅游电子商店有很多特点。由于旅游电子商店基本上是无店面、无存货商店，其经营成本很低，而且这种电子商店同时具备促销的功能，其电子货架上的商品本身就是广告宣传的样品，经营者不需要再担负促销广告的费用，电子商店的成本主要来自网站的建设成本和软、硬件的维护费用。使用电子商店进行销售，还可自动将客户信息汇集到用户信息数据库中，以便将来用于产品的促销活动。许多旅游电子商店还设立了在线收款服务，旅游者只需在线付款即可收到所购的商品。

旅游目的地营销策略的创新带来了新效率、新体验、新格局和新挑战。在营销环节，以 VR、AR 为代表的虚拟技术、视频和内容营销、影视营销、体验营销包括多主题的全产业链合作以及精准营销正在提升人们的旅游体验和营销的效率。

（3）旅游网络服务。近年来出现一批利用互联网资源为用户服务的旅游企业。这些旅游企业主要从事的业务包括互联网访问、信息检索、软件开发以及用户咨询与培训四大类。

（二）旅游绿色营销理念

环保意识的增强和绿色浪潮的到来对营销重新定位以适应消费型社会向可持续发展社会的转变是当务之急。旅游绿色营销（或者称为旅游环境营销）正是基于这一要求而出现的一种新型营销概念。旅游绿色营销的含义包括两个层次：一是基于旅游企业自身的利益进行的绿色营销；二是基于社会道义而进行的旅游绿色营销。前者是指旅游企业实施绿色营销以满足旅游者的绿色消费需求，有利于降低成本，有利于在竞争中获取差别优势，从而获取更多的市场机会，占有更大的市场份额，相应获得更多的利益；后者是指在营销的过程中与社会对环境保护的要求相适应，与社会可持续发展战略相一致，尽量减少对环境的污染，维护全社会的公共利益，从而进行的营销活动。

1. 旅游绿色营销概念

旅游绿色营销即在旅游企业生产经营活动的各个阶段减少或避免环境污染，在市场营销过程中注重生态环境保护，旅游企业发展自己的竞争优势，利用各种营销方式赢得社会的认可，制造和发现市场机遇，通过长期满足现有和潜在游客的需求，来实现自己的目标。

从传统的市场导向型营销转变为环境导向型的绿色营销有着其深刻的驱动力因素：① 环境污染的压力；② 新的需求，新的市场；③ 追求自身利益；④ 树立良好的旅游企业形象。

2. 旅游绿色营销实施步骤

（1）分析影响旅游企业现状或将来可能影响旅游企业某些方面的问题。在这一环节中，要分析旅游企业进行绿色营销成功的机会有多大，旅游企业进行绿色营销的优势和劣势以及竞争对手的威胁情况。可以按下列因素进行分析：① 新的竞争者进入市场的威胁；② 替代品的威胁；③ 旅游供应商的价格水平；④ 同行业旅游企业间的竞争；⑤ 旅游分销商的环保意识；⑥ 旅游分销商愿付的价格水平。

通过这些分析，为旅游企业实施绿色营销提供线索和行动依据。

（2）明确旅游企业对待环境问题的目标与原则。在这一环节中，旅游企业的各个部门，都应树立绿色营销观念并作为指导思想，从战略制定到实施过程中，都应贯彻这一理念。营销部门应该制定绿色营销计划，并以计划作为日常决策指导。

（3）营销定位。这一步主要是为了确定目标市场，为绿色营销找到正确的定位。各个国家的旅游者在环保意识方面的介入程度是不相同的。因此，绿色营销的目标在环保意识方面的介入程度也是不相同的。因此，绿色营销的目标群体应建立在对人们的环保意识、环保承诺和环保导向购买行为等因素细分的基础上。

（4）修正和整合营销工具，以使绿色营销进入到横向和纵向竞争的实践中去。这里所谓的整合各种营销工具，就是指利用营销组合手段，采取一定的产品、价格、沟通、促销策略来进行绿色营销的过程。

3. 绿色旅游产品

旅游绿色营销的产品开发是满足旅游者新绿色需求、改善旅游消费结构、提高人们生活品质、改进环境质量的物质基础。要使旅游企业的旅游产品在市场上具有竞争优势，得到旅游者的认可，满足环境保护方面的要求，绿色产品开发必须遵循以下原则：① 节省原料和能源；② 减少非再生资源的消耗；③ 旅游产品低污染或者没有污染（包含物质污染和精神污染）；④ 不对旅游者身心健康造成损害；⑤ 尽可能多地以服务的形式体现。

（三）旅游服务营销理念

1. 旅游服务营销概念

旅游服务是旅游企业向旅游者提供的、基本上是无形的活动或利益，并且不涉及任何事物的所有权，其生产可能与实际产品相关，也可能无关。旅游服务与有形产品相比有自己的特点，这些特点对服务营销方案的设计影响很大。旅游服务主要有如下特点：① 无形性；② 不可分性；③ 可变性；④ 易消失性。

2. 旅游服务营销构成要素

旅游服务营销的思想起源于实体产品的销售，将服务营销引入“旅游服务产品”的销售后，由于旅游服务产品自身不同于实体产品的特性，使得旅游服务营销也不同于一般的产品服务营销。具体来说，在传统市场服务营销的4P策略上还须加上3P，即人员(people)、环境(physical environment)和程序(process)三个因素。此外，旅游服务营销除了需要传统的4P外部服务营销外，还要加上两个服务营销要素，即内部市场服务营销和交互作用的市场服务营销。

外部服务营销是指旅游企业为旅游者准备的旅游服务，需考虑定价、分销、促销等服务营销组合要素，这一点与实体产品营销没有差别。

内部服务营销指旅游服务企业必须对直接接待旅游者的人员以及相关辅助人员进行激励和培训，使其认识到应该对旅游者提供满意的旅游服务。

交互作用服务营销是指旅游企业的服务人员在与旅游者接触时，应具有娴熟的接待和旅游服务技能。旅游者是以自身感情对所消费的旅游服务的满意度来评价旅游服务质量的。因此，根据不同旅游服务对象的情况，提供相应的旅游服务是很重要的。

3. 旅游服务营销战略——差异化

对于提供旅游服务的旅游企业来说，实行差异化战略有助于争取客户、扩大市场份额。

解决价格竞争的办法是发展差别供应、差别交付和差别形象。旅游企业可以增加自己的特色，从而使自己提供的旅游服务有别于他人。

旅游企业为使自己提供的旅游服务产品有别于其他旅游企业，可采取下列4种措施：

(1) 人员。通过培训，提高旅游服务人员的旅游服务技能和知识，形成有个性特点的旅游服务。

(2) 环境。旅游企业可在旅游服务场所环境布置、旅游服务设施的水平方面，表现自己的特色。

(3) 程序。旅游企业通过采用标准化的方法，进行严格的流程管理来稳定旅游服务质量，减少因操作者差异而造成旅游者的不满意。旅游企业可通过不断完善和修改程序，使旅游服务获得具有旅游企业特色的稳定的服务质量。

(4) 品牌。旅游企业通过符号象征和品牌标识来使自己区别其同行，这是一种普遍认可的方式。

4. 旅游服务营销展示

旅游服务一般通过有形展示得以实现，有形展示在旅游服务营销中是指那些可传达旅游服务特色及优点的有形组成部分，这些有形展示是支持和反映旅游服务产品质量的有力证明，可帮助旅游者感觉旅游服务的优劣，增强旅游者享受旅游服务时的愉悦感。

按照有形展示能否被旅游者拥有可将其分成边缘展示(peripheral evidence)和实质展示(essential evidence)两类。边缘展示是旅游者在购买旅游服务过程中能够实际拥有的展示，但实质展示却不能为旅游者拥有。

旅游企业应在进行有形展示时，遵循两个原则：

(1) 应把旅游服务同旅游者容易认同的物体联系起来。旅游服务要通过有形展示来表现其品质。如果这种有形展示易于为旅游者认同，那么旅游服务也相应地更容易为旅游者接受。

（2）注重旅游服务人员的作用。

（四）旅游文化（知识）营销理念

21世纪，人类前进的步伐已迈向全新的知识经济时代，旅游业的发展方向和开发重点也将发生相应的变化。文化旅游的许多特征与知识经济相吻合的状况决定了文化旅游将成为知识经济时代的旅游热点。因此，树立文化旅游营销理念十分重要。

1. 旅游文化营销的特点

（1）可持续性。旅游资源根据其性质特点，可分为自然景观旅游资源和人文景观旅游资源两大类。从一定意义上讲，文化旅游活动的对象主要是人文景观旅游资源。自然景观旅游资源直接存于大自然，生态环境极易遭到破坏、而人文景观旅游资源相对较为容易保护与管理。旅游资源的魅力长存，很大程度上靠的是其丰厚文化底蕴的维系。没有文化赋存的旅游资源是没有生命力的。旅游业是一项文化型的经济产业，旅游文化是旅游业可持续发展的灵魂。

（2）知识密集。旅游能给人带来知识财富，而其中观光、度假等旅游方式主要是通过感受意境，体会心态来满足人们的休闲、放松需求；特种旅游则是人们带有某种求知、求奇和求险的目的进行的旅游活动。旅游者渴望在旅游过程中得到实质性的收获，文化旅游是最直接有效的一种方式，它能为旅游者提供大量丰富的科普知识和历史知识。另外，各种文化旅游还使游客接受艺术熏陶，提高文化修养，从中得到某些感悟和升华，形成新的知识财富。文化旅游产品蕴含着大量的知识信息，是一种知识密集型旅游产品。

（3）启迪创新。创新是知识经济的灵魂，创新来源于知识的积蓄，来源于现实的启示，文化旅游产品汇聚了古今中外各方人士的智慧结晶和经验总结，集中体现了各种文化在相关体系中的地位及演化过程。文化旅游给我们提供了很好的创新参考资料和思维新视点。

2. 旅游文化营销途径

（1）根据旅游地形象等级和地域条件，确定主要客源市场，对客源地文化和旅游者素质、欣赏习惯、个性特征进行形象定位。划分一、二、三级客源市场，推出品牌形象，提升附加形象，开创新的旅游地形象。

（2）根据旅游者在目的地的游览和消费行为，确立以食、住、行、游、购、娱六要素合理配置、档次和谐的旅游地形象，研究旅游者需求，提供优质、个性化的服务。

（3）注重广告宣传，保持旅游目的地形象的连贯性、新颖性和独特性。旅游业的激烈竞争，使得广告媒介的作用更加突出，我国的旅游业尤其应当强化形象的宣传，增加宣传画册，不断推出在国外的旅游形象宣传。我国旅游业的广告宣传还必须在突出历史文化的同时，了解国外旅游者的欣赏角度，使所树立的形象简明、清晰、生动。目的地形象必须连贯统一，有自己立足市场的产品，使人们形成旅游资源与目的地之间在深层意识上的组合。不能随意改变已有的旅游地目的形象，否则会造成不必要的混乱和降低旅游者的意识程度。同时，旅游目的地形象还必须不断创新，以新颖、独特的旅游形式吸引更多的旅游者。

3. 旅游文化营销理念

知识与经济相互渗透，知识经济时代的到来，使旅游产品不再是一个纯粹意义上的经济概念，而是一种在满足人们个性化需求（包括理想、理念、意愿等）基础上融合了文化知识因素并以文化性质为主的产品形式。作为知识经济时代特征之一的人的个性的充分张扬，是旅游产品理念化的必要条件。知识经济时代的旅游者已不再被动接受旅游企业推出的固定服务方式或产品而是宣传或间接地参与到旅游产品的创意和设计中来。一方面,这本身就是作为旅游者身份的人的个性充分张扬的体现;另一方面,它也是旅游产品理念化的必然趋势。

在知识经济条件下,旅游者的需求将发生根本的变化,旅游需求将是彻底个性化的,旅游消费行为将从现在的旅游者与旅游企业之间的交换过程,变为旅游企业与旅游者合作并满足旅游者独特需求的过程;旅游企业与旅游者之间的关系,由旅游者被动接受旅游企业的产品,变为旅游企业主动帮助旅游者学习旅游产品的有关知识,只要旅游者提出一项理念化的需求,旅游企业就会努力使之满足。

（五） 旅游关系营销理念

旅游关系营销将建立、发展同相关个人及组织的关系作为旅游企业市场营销的关键变量,把握住现代市场竞争的特点,被西方理论界誉为“对传统营销理念的一次革命”。

1. 旅游关系营销的概念和特点

所谓旅游关系营销,是以系统论和大市场营销理论为基本思想,将旅游企业置身于社会经济大系统中来考察旅游企业的市场营销活动,认为旅游企业营销是一个与旅游者、竞争者、供应商、分销商、政府机构和社会组织发生互动作用的过程,旅游企业营销的核心是正确处理与这些个人和组织的关系,将建立与发展同相关个人和组织的良好关系作为旅游企业营销成功与否的关键因素。

旅游关系营销基本特征有:① 双向交流;② 协同合作;③ 互惠互利;④ 反馈机制。

2. 旅游关系营销的内容

（1）旅游企业与旅游者的关系。旅游企业必须采取一定措施,激发旅游者主动与旅游企业建立关系。旅游企业利用关系营销可在两方面使旅游者满意。一是给予旅游者优惠的特别照顾,例如,很多旅游企业推行的频繁营销计划的出发点就是给予旅游者优惠,所谓频繁营销计划就是对那些频繁购买以及按稳定数量购买的旅游者给予奖励的政策。二是减少旅游者的购买风险,例如,旅游企业可采用退货保证制度、对损失进行经济补偿等手段来吸引旅游者,比如有不少旅游企业承诺,若旅游者对旅游企业的产品服务不满意,旅游企业将给予旅游者合理的经济补偿。

旅游企业与旅游者是二级关系营销的主要表现形式,即以某种方式将旅游者纳入旅游企业的特定组织中,能使旅游企业与旅游者保持更为紧密的联系,又能实现对旅游者的有效控制。游客组织分为有形的组织和无形的组织两类。有形的组织,是指正式的或非正式的俱乐部、旅游者协会等;无形的组织,是利用数据库建立游客档案,形成旅游者清单的方式。通过旅游者组织,旅游企业可以给予长期旅游者优惠和奖励,提供产品最新信息,定期举办联谊活动,加深旅游者的情感信任,密切双方关系。

这种营销方式通过在旅游企业与旅游者之间建立结构性关系加强二者的联系。所谓结构性关系,就是旅游企业要对旅游者提供某种服务,这种服务对于旅游者来说很有价值,但旅游者很难通过其他途径获得,这种服务一般是以技术为基础,旅游者借助于这种服务,可以获得高效率和高效益。

（2）旅游企业内部关系。内部关系包括部门间的关系和员工间的关系。处理好内部关系,员工才能努力地工作,关系营销的实施才能有一个良好的基础。

旅游企业文化能吸引员工，建立共同的目标和价值观念，使员工对企业忠诚，从而使旅游企业具有很强的凝聚力和向心力。

旅游企业伦理是指处理内外部各种关系时应遵循的行为规范。伦理规范的和谐原则，要求旅游企业与利益相关者和睦相处，员工之间团结、友爱、互助，管理者与被管理者之间相互体谅、相互合作。旅游企业伦理能使旅游企业尊重员工、关心员工、公平对待每一个员工，员工也会认真努力地工作，忠诚于企业。

此外，关系营销中还包括旅游企业与竞争者企业的关系、旅游企业与供应商的关系和旅游企业与影响者的关系。

3. 旅游关系营销原则

(1) 正规性原则，即关系管理部门是旅游企业组织中的一个正式机构，如同计划、财务、生产、销售等部门，这样便于关系营销活动的开展。

(2) 针对性原则，即关系管理部门的设置应考虑自身状况、规模、所处环境旅游企业性质等因素。规模小的旅游企业可不设该部门。服务性旅游企业，可设置宾客关系部；生产性旅游企业，可考虑设置供销关系部。

(3) 效益性原则，即关系管理部门在实际关系营销目标方面有较高的效率，在处理旅游企业内外部关系方面，也要有效益。

(4) 整体性原则，即要求关系管理部门的设置与旅游企业内部各职能部门相协调，不能相冲突，要在各部门建立一条稳定的信息输出和反馈的通道。

阅读材料

2018 年中国旅游行业发展状况及发展趋势分析

一、旅游行业发展状况

(一) 全球旅游业的发展

现代旅游产业诞生于 19 世纪，在 20 世纪得到了前所未有的发展，迅速成为一个新兴产业。近年来，世界旅游业发展呈现出如下特点和趋势：

首先，随着经济发展和生活水平的提高，人们对精神文化的需求进一步上升，旅游成为人们的基本生活方式，是人们使用休闲时间的最佳选择之一。

其次，以新兴国家为代表的新旅游目的地不断出现，世界区域重心正向东方转移。中国正是这一趋势的代表，成为世界最大的国内旅游市场，世界第一大国际旅游消费国，全球第四大旅游目的地国家。

最后，个性化、自由化成为新的趋势，使传统观光旅游、度假旅游已不能满足旅游者的需求，各种内容丰富、新颖独特的旅游方式和旅游项目应运而生。

(二) 中国旅游市场的发展

中国旅游业经历了起步、成长、拓展和综合发展四个阶段，实现了从旅游短缺型国家到旅游大国的历史性跨越，奠定了以国民大众旅游消费为主体、国内与国际旅游协调发展的市场格局。旅游已经成为人民群众日常生活的重要组成部分，我国旅游业进入大众旅游时代（见图

1-1)。

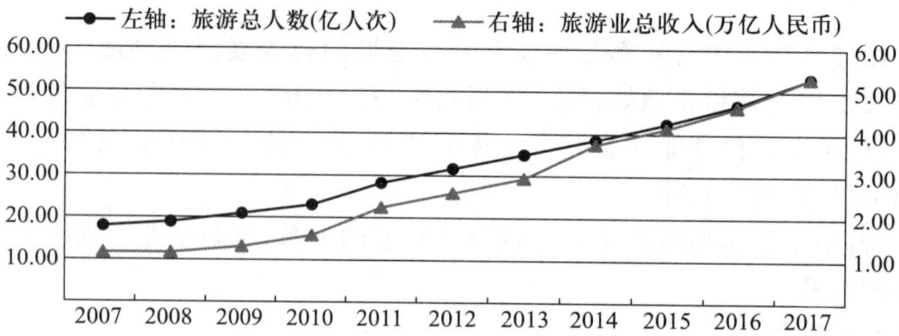

图 1-1 中国旅游总人次与旅游业总收入

资料来源：根据公开资料整理。

从旅游业增长速度来看，最近十年来，除 2008 年受金融危机影响外，各年度中国旅游业收入增速均高于中国 GDP 增速（见图 1-2）。

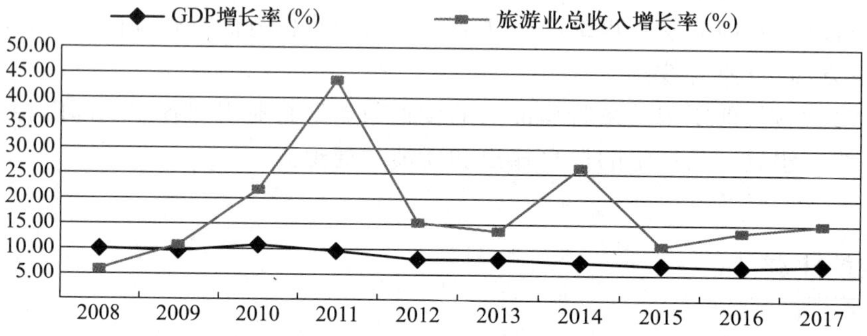

图 1-2 中国旅游业总收入与 GDP 增长速度对比

资料来源：根据公开资料整理。

目前，世界经济形势对我国旅游市场，特别是入境旅游带来了一定的挑战，但是我国旅游业发展良好的基本面没有改变，有利条件和机遇仍然很多，我国旅游业仍处于黄金发展期。

首先，我国旅游业处于重要战略机遇期。随着全面建成小康社会深入推进，城乡居民收入稳步增长，消费结构加速升级，人民群众健康水平大幅提升，带薪休假制度逐步落实，假日制度不断完善，旅游消费得到快速释放，为旅游业发展奠定了良好基础。旅游业被确立为幸福产业，各级政府更加重视旅游业发展，旅游业发展环境将进一步优化。

其次，在国家加快推进供给侧结构性改革的大背景下，旅游业供给结构将不断优化，中国旅游业将加快由景点旅游发展模式向全域旅游发展模式转变，促进旅游发展阶段演进，实现旅游业发展战略提升。

再次，随着高速公路、高速铁路、机场、车站、码头等旅游交通基础设施加速发展，现代综合交通运输体系不断完善，“快进”“慢游”的旅游交通基础设施网络逐步形成，宾馆饭店、景区点等旅游接待设施建设加快，旅游投资持续升温，旅游供给不断增加，将拉动旅游消费快速增长。同时，随着我国城市化发展进程加快和社会保障体系不断完善，中等收入人群规模不断扩大，旅游消费能力和旅游消费意愿不断提升，旅游消费习惯逐步优化，旅游已成为人们最重要的休闲方式之一，老年人、青少年等旅游消费人群快速扩大。

最后，作为文明古国、文化大国和新兴经济体，我国国际旅游吸引力仍然强劲，主要客源市场仍然有很大的拓展空间，入境旅游发展潜力仍然很大。

二、旅游行业发展趋势

（一）从消费主体来看，国内旅游从小众市场向大众市场转变，已拥有全球最大的国内旅游消费市场

改革开放以来，随着中国经济与国民收入的增长，旅游逐步成为国民大众日常生活常态化的生活选项。国民人均出游次数从 1984 年的 0.2 次增长到 2015 年的 3 次，增长 14 倍，国内游客数量从 1984 年的约 2 亿人次扩大到 2016 年 44 亿人次，增长了 21 倍。特别是自 2000 年以来，国内游客数量呈现持续高位增长，推动中国步入了大众旅游时代和国民休闲新阶段，成为世界上拥有国内游客数量最多的国家。预计到 2020 年，境内旅游总消费额将达到 5.5 万亿元，城乡居民年人均出游 4.5 次。

（二）从消费形式和消费需求来看，旅游消费空间将由团队客的封闭世界转变为游客和市民共享的生活空间

随着互联网和移动互联网在旅游业的广泛应用，一批服务于旅行前、旅行中、旅行后的信息、产品、服务等内容的在线旅游企业出现，使自主、自助旅行更加便利。散客旅游的消费空间从封闭走向开放，从游客和市民的空间隔离到游客和市民共享的生活空间，广泛涉及目的地生活的方方面面。与此同时，游客对基础设施、公共服务、生态环境的要求越来越高，对个性化、特色化旅游产品和服务的要求越来越高，旅游需求的品质化和中高端化趋势日益明显，对旅游目的地的城市建设、环境保护等方面提高起到了促进作用。

（三）从市场主体来看，旅游业经营模式将由单一旅游企业主体转变为日益多元化的跨行业商业主体

在旅游业专业化分工和市场细分程度加深的基础上，旅游业各细分子行业的业务板块融合以及旅游业与其他行业之间的产业融合，逐步成为现代旅游业发展的主要特征之一，旅游业的经营模式趋于多元化。伴随旅游业的快速发展，旅游业正在成为传统行业转型发展和互联网等新兴行业创新发展的重要领域。近年来，地产、煤炭等传统行业巨头纷纷投资建设文化旅游城、主题公园、酒店、旅游度假区等项目，BAT 等互联网企业也纷纷以多种方式介入在线旅游、旅行社领域，加快布局旅游业。

（四）从产业内容看，旅游产业由狭义旅游商业范畴扩展到广义的大旅游商业领域

旅游行业的开放发展，云计算、物联网、大数据等现代信息技术在旅游业的广泛应用，大众旅游时代旅游消费形式的变化，共同推动旅游业内涵和外延的拓展。

对于旅游景点，在传统景区依然有强大吸引力的同时，包括华侨城为代表的主题公园、乌镇为代表的休闲度假景区、北京 798 为代表的开放式文化创意地，以及旅游综合体等更多新类别景区或非景区也日益成为旅游旅行的热点。

对于旅游交通，在传统的飞机、火车、汽车等交通工具基础上，高铁、动车的开通为更多旅客远距离出行带来了便利。与此同时，满足异地自驾的租车服务快速壮大，成为自助游游客常用的旅游交通形式，网络约车平台等也为来访的游客在目的地的出行提供了便利。

对于旅行社，以标准化、批量化旅游产品为特征的传统旅行社商业模式难以满足自主、自助、自由的旅行方式下游客对个性化、便利化、多样化产品的需求，为游客提供签证、机票、酒店、景区门票等单项旅游产品订购和旅游线路订购的OTA、为游客提供目的地综合服务评价的旅游社区，为旅客提供异国他乡当地导游、租车服务的在线旅游企业等，丰富并扩大了旅游服务的范畴，推动旅游服务提供商从旅行社向旅行服务企业的转变。

对于住宿业，为满足散客为主体的游客个性化、多样化的住宿需求，旅游住宿业业态日益丰富，囊括了星级酒店、精品酒店、中档酒店、经济型酒店、汽车旅馆、乡村酒店、民宿、租赁房屋等不同商业形态。

（五）从旅游业发展模式来看，以抓点为特征的景点旅游发展模式向区域资源整合、产业融合、共建共享的全域旅游发展模式加速转变

随着旅游业进入全民旅游和以个人游、自助游为主的新阶段，传统的以抓点方式为特征的景点旅游模式，已不能满足现代大旅游发展的需要。2016年，国家旅游局提出将全域旅游作为新时期的旅游发展战略。全域旅游是指在一定区域内，以旅游业为优势产业，通过对区域内经济社会资源尤其是旅游资源、相关产业、生态环境、公共服务、体制机制、政策法规、文明素质等进行全方位、系统化的优化提升，实现区域资源有机整合、产业融合发展、社会共建共享，以旅游业带动和促进经济社会协调发展的一种新的区域协调发展理念和模式。从景点旅游向全域旅游转变，包括从单一景点景区建设和管理向综合目的地统筹发展转变、从粗放低效旅游向精细高效旅游转变、从封闭的旅游自循环向开放的“旅游+”融合发展方式转变、从旅游企业单打独享到社会共建共享转变等方面。

资料来源：根据网上资料综合整理。

本章小结

1. 市场营销经历了生产观点阶段、产品观点阶段、推销观点阶段、营销观点阶段和社会营销观点阶段而逐渐发展成熟的。旅游市场营销作为市场营销的一个分支，具备市场营销的一般内涵。我们可以这样理解旅游市场营销：它是旅游组织和个体（旅游企业和个人）对思想、产品和服务的构思、定价、促销和分销的计划和执行过程，以创造达到经济个体（个人和组织）目标的交换。

2. 旅游市场营销学也称为旅游市场经营，是市场营销学在旅游经济领域中的具体应用。它不仅研究旅游组织和个体（旅游企业和个人）在日常经营中的市场行为，同时也研究为实现某一具体的行为，经济个体应具有的一整套管理职能。其基本内容包括产品策略、价格策略、促销政策和流通/渠道策略。

3. 随着传统的营销理论不断发展，其概念也不断发展、完善，于是出现了很多旅游市场营销的新理念，如：旅游网络营销、旅游绿色营销、旅游文化营销、旅游服务营销和旅游关系营销。

关键术语

市场营销（marketing）　　旅游市场营销学（tourism marketing）

网络营销（cyber marketing）　　绿色营销（green marketing）

文化营销(culture marketing)　　服务营销(service marketing)

关系营销(relationship marketing)

案例回顾与讨论

1. 六大营销创新提升旅游新体验给未来旅游业带来什么机遇与挑战?
2. 中国旅游业经历的四个主要发展阶段与世界旅游业的发展有什么异同?

复习与思考

1. 解释下列概念

市场营销	市场营销学
旅游市场	市场营销组合
旅游市场营销	旅游市场营销学
旅游网络营销	旅游绿色营销
旅游文化营销	旅游服务营销
旅游关系营销	

2. 市场营销经历了怎样的发展阶段,每个阶段的主要特点是什么?
3. 市场营销学在不断充实、完善的发展过程中体现出哪些特点?
4. 市场营销组合出现了哪几种组合理论,分别代表什么含义?
5. 旅游市场营销的特征有哪些?
6. 旅游市场营销学的基本内容包括哪几个方面?
7. 旅游市场营销的基本步骤有哪些?
8. 旅游市场营销近几年产生了哪些新的理念?
9. “酒香不怕巷子深”这种观点对吗? 为什么?
10. “营销并非只是公司中负责推销公司产品的这群人的工作,公司中每个成员都应该起到营销者的作用”这意味着什么?
11. “我只是在今天把这些商品低价卖给你。”“请告诉我,为了使你少花钱和能更好地实现你的目标,我能够为你做些什么?”请分析这两句话,它们代表了哪个阶段的营销观点? 两者本质区别是什么?

自测自评

实践题

1. 了解一家旅游企业,找出其旅游市场营销的策略。
2. 了解旅游绿色营销的新理念,并从书刊、网络或者实习等渠道了解具体的旅游绿色营销的实施策略、过程和主要方法,并且总结归纳其优势、存在的主要问题以及改进的措施。
3. 体会旅游服务营销的目标和主要特点,以一家旅游企业为对象,分析其旅游服务营销的差异化体现在什么地方,并且评估其服务营销的优势和有待提高之处。

推荐阅读文献

1. 加里·阿姆斯特朗,菲利普·科特勒.市场营销学.12版[M].北京:中国人民大学出版社,2017.

2. 安国锋,米瑛.信息化时代市场营销的发展趋势探讨[J].商业经济研究,2017(22):40-42.

3. 司思,周鸿铎.社会化媒体时代下文化产业营销趋势与营销模式分析[J].湖南师范大学社会科学学报,2017,46(2):36-41.

4. 陈海凌.精准营销新趋势下的企业推广方式变革[J].商业经济研究,2017(19):58-60.

5. 阎宏毅.市场营销演进及营销管理变革综述[J].中小企业管理与科技(上旬刊),2016(2):125-126.

第二章　旅游市场营销环境

本章旨在使学生很快建立一个全面、深刻的旅游市场营销环境的概念体系和对这种环境的基本分析方法。为此，本章重点在于解释和介绍旅游市场营销环境的基本内容体系，并介绍对环境分析的主要手段和基本方法。与此同时，介绍我国加入世界贸易组织以后，所面临新的环境和对策。

旅游市场营销的成功取决于两方面的因素，其一是旅游企业的营销组合；其二是企业的营销环境。前者是企业有可能控制的，而后者则超越了企业的可控范围，其中有些是企业可以影响的，有些则既不可控制又不可影响。旅游市场营销环境可分为两个层次（见图 2-1），中心是旅游企业营销组合（信息系统），第一层营销环境是企业或行业的环境，也称为旅游市场营销微观环境，第二层是外部环境，也称为旅游市场营销宏观环境。

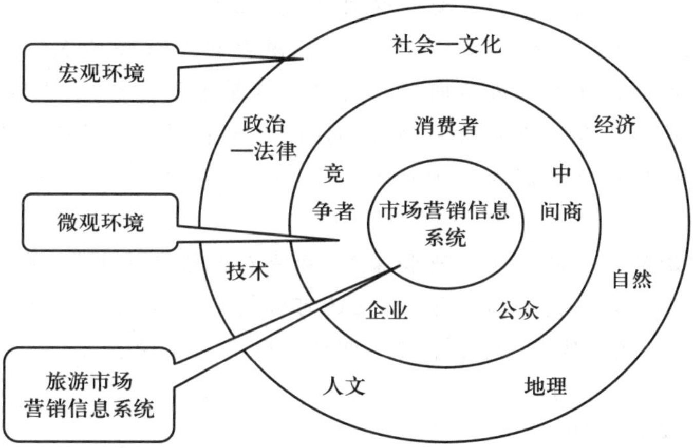

图 2-1　旅游市场营销环境

学习目的

- 熟悉旅游市场营销的宏观、微观环境
- 掌握旅游市场营销环境分析的基本方法

阅读材料

宁夏翠湖景区旅游营销环境分析

宁夏有着非常丰富的旅游资源，不仅有大山、河流、沙漠、森林，还有戈壁、湿地、峡谷、草原和黄土高坡、丹霞地貌等一应俱全；黄河沙漠、回乡风情、西夏文化等旅游品牌在国内外已经有了很高的名气,俗话说“不到宁夏,不算游遍天下”。

一、鸣翠湖景区旅游外部环境分析

(一)政治环境

国家不断地完善与旅游相关的法律法规政策来保障广大旅游者的权益促进旅游发展。习近平总书记来宁夏视察时指出:“宁夏发展全域旅游,路子是对的,要坚持走下去”,这既是对宁夏的肯定,更是对全国全域旅游工作的肯定。2016 年 7 月,国家旅游局在宁夏召开全国全域旅游推进大会,批准宁夏为全国第二个全域旅游示范省(区)创建单位,银川市被评为“全国十大旅游休闲城市”“中国避暑旅游城市”等,这些都为宁夏旅游的快速发展提供了良好的政府支持。

(二)经济环境

我国经济形势良好,居民生活水平不断提升,旅游发展前景广阔。近年来,宁夏的道路交通建设力度也非常大,实施航空、高铁、轻轨、高速公路、公路等大交通运输系统建设,这些都非常有利于宁夏旅游事业的发展。

(三)社会环境

当前,我国已进入老龄化社会,中老年人口较多,这部分人群大多有稳定的收入还有旅游的需求和欲望,再加上青年这一旅游市场的主要力量,他们对旅游一直有着比较强烈的需求。国家法定节假日及公休制度的落实也为人们出外旅游提供了极大的支持。“五一”“十一”等黄金周、小长假及各地景区连续举办不同的旅游文化节等主题活动,加上网络媒体的广告宣传影响力,给人们外出旅游带来了强大的驱动力,同时,广大农村人口富裕起来后,也纷纷走出家门去领略外面的风光,农民旅游成为一种时尚。

(四)技术环境

近几年,智慧旅游的应用越来越广泛和深入,带给人们极大的方便,旅游者可以通过手机、计算机等设备,在网上预订机票和门票等,而且还可以看到相关的景区旅游信息,同时也为旅游景区管理营销和政府数据统计、监管等宏观调控工作带来了便利。

二、宁夏鸣翠湖景区 SWOT 分析

(一)鸣翠湖景区的优势

1. 鸣翠湖是西北第一批国家湿地公园,夏天的芦苇迷宫、水世界及“荷花节”,冬天的滑雪场和冰上娱乐项目等在市民中也享有一定的美誉,每到这个时节,到鸣翠湖的游客非常多。

2. 鸣翠湖地处宁夏首府银川市,地理位置优越。鸣翠湖景区位于银川市东侧,西距市区 9 公里、东邻黄河 3 公里,离河东机场 5 公里。景区交通条件好,从景区门口银横路可直接通往区内各城市和其他旅游景区。

3. 鸣翠湖景区旅游资源丰富。鸣翠湖基本保存了原有自然生态环境,人为影响和破坏因素较少,是一个典型的独具特点的生态环境旅游区。鸣翠湖景区有着能体现塞上江南特色的优美风景和黄河灌溉文化,鸣翠湖是历史上银川市“七十二连湖”的一部分,景区内有清代道祖庙、赵良栋将军墓遗址和百年的老柳树、大型的双体黄河水车等历史文化,是集生态保护与旅游休闲为一体的生态示范景区。

4. 政府重视,支持力度大。各级政府都先后出台了相关的政策来加强生态环境保护,不断加强鸣翠湖基础设施建设,完善各项服务功能,在政策上给予大力支持,使鸣翠湖在区内外的知名度和美誉度有了一定的提升。

（二）鸣翠湖景区的劣势

1. 尽管鸣翠湖景区有一定的旅游特色，但自治区内也有沙湖、星海湖、阅海等湖泊类旅游区，鸣翠湖景区总体而言缺乏特色，对游客缺乏足够的旅游吸引力。

2. 缺乏整体营销规划和市场开发意识，当前，鸣翠湖景区市场推广选择的媒体比较窄，缺乏整体营销规划。年游客接待量还不到宁夏年接待量的1%。

3. 举办的主题活动缺乏吸引力。鸣翠湖景区4月“爱鸟周”系列主题活动、7月赏荷旅游节、摄影大赛、12月冬季“冰雪嘉年华”等主题活动每年都在开展，但是，举办的主题活动缺乏特色和吸引力。

4. 旅游产品单一，旅游消费水平低。大部分都是休闲观光类的旅游产品和简单的小吃，不能让游客停留更多的时间，没有购物场所和“美食商业街”。

5. 缺乏旅游营销专业人才。鸣翠湖旅游公司专业人员缺乏，一线部门的员工实践经验少，这也是鸣翠湖景区营销工作滞后的主要原因之一。

（三）鸣翠湖景区的外部机遇

1. 世界进入大众旅游时代

旅游已成为一种大众休闲的生活方式。而且人们用在旅游方面的支出在个人总费用支出中的比重也越来越大，旅游市场潜力巨大。

2. 生态旅游已成为旅游发展的新趋势

环境污染等问题现在已经是困扰各地方政府的紧迫问题之一，要实现旅游业的可持续发展，就要加强旅游目的地的环境建设，目前世界各国都在提倡生态旅游和徒步旅游，也成为今后旅游业发展的趋势所在。

3. 宁夏旅游发展的新机遇

“塞上江南、神奇宁夏”的品牌效应日臻凸显，通过创建全国全域旅游示范省区、中美旅游高峰论坛、中阿博览会、中阿巴友好万里行等活动，有力地提升了宁夏在国内外的知名度和客源市场份额。

（四）鸣翠湖景区的外部威胁

1. 区内各地旅游景区的激烈竞争

宁夏计划将西夏陵、贺兰山岩画、黄河大峡谷、六盘山森林公园等景区打造为5A级景区；并打造宁夏特色温泉、冰雪、养生等休闲度假产品，新增8家旅游度假区；打造一批自驾车旅游线路和旅游目的地，发展自驾游；还要大力发展黄河金岸旅游和贺兰山东麓沿山旅游，开发黄河水上游及艾依河—阅海—沙湖—星海湖的水上旅游廊道等，宁夏区内旅游市场面临前所未有的激烈竞争。

2. 水洞沟等景区的发展威胁到鸣翠湖景区在银川市东线旅游的地位

随着银川市滨河新区全域旅游开发，鸣翠湖在银川市东部旅游龙头的位置已被水洞沟取代，而水洞沟景区具有更优越的地理优势。近年来，水洞沟旅游区的迅猛发展，势必威胁到鸣翠湖景区在银川市东线的旅游地位。

3. 市内及周边多种旅游方式会争夺部分客源

银川市周边相继开发建设滑雪场、温泉度假等休闲娱乐项目及草莓采摘、户外烧烤、CS野战等休闲体验类项目，并不断在推陈出新，吸引不同年龄和需求的群体，这些也必会分流一部分客源,对鸣翠湖景区的旅游发展构成竞争。

鸣翠湖景区 SWOT 分析结果见表 2-1。

表 2-1 宁夏鸣翠湖景区 SWOT 分析

内部能力 / 外部因素	优势(strength)	劣势(weakness)
	• 西部第一家国家湿地公园,在银川市知名度高; • 地处宁夏首府银川市,地理位置优越; • 景区动植物资源丰富; • 政府重视、支持力度大	• 旅游缺乏特色,吸引力不够; • 缺乏整体营销、规划和市场,开发意识; • 举办的主题活动缺乏吸引力; • 旅游产品单一,旅游消费水平低; • 缺乏旅游营销人才
机会(opportunities)	SO 战略	WO 战略
• 视界进入大众旅游时代; • 生态旅游已成为旅游发展的新趋势; • 宁夏旅游发展的新机遇	• 抓住宁夏创建全国全域旅游示范省区,推出多项支持旅游的优惠政策的大好机遇,充分利用自身优势,加快景区旅游的发展,形成竞争力	• 开发特色旅游产品优势; • 完善配套设施,多策划举办有一定吸引力的主题活动; • 引进高素质的旅游营销人才,制定营销策略并实施
威胁(threaten)	ST 战略	WT 战略
• 区内各旅游景区的激烈竞争; • 水洞沟等景区的发展威胁到鸣翠湖在银川的旅游业的地位; • 市内及周边多种旅游方式的争夺分割	• 充分利用自身资源优势,开发特色旅游产品、强化旅游营销,想成竞争优势	• 强化自身旅游优势和地理优势; • 加强湿地生态保护工作; • 形成特色旅游产品,各类配套设施; • 强化旅游营销

第一节 旅游市场营销宏观环境分析

旅游市场营销宏观环境是指旅游企业或旅游业运行的外部大环境,它对于旅游企业来说既不可控制,又不可影响,同时它对企业营销的成功与否起着十分重要的作用。市场经营人员必须根据外部环境中的各种因素及其变化趋势制定自己的营销策略以达到市场经营目的。在旅游市场营销中,宏观环境因素主要包括人文环境、经济环境、自然环境、技术环境、政治—法律环境、社会—文化环境等方面。

一、人文环境

(一) 人口因素

1. 人口数量与旅游市场构成的关系

在收入接近的条件下,人口的多少决定着市场容量。一般来说,人口数量与市场容量、消费需求成正比。在同样经济发展水平的国家,人口的增加对旅游人次的增加起着一定作用。但是人口数量与具体商品的市场关系还必须视消费群的特质而定。这种与特定商品需求相联系的消费群称作市场相关群体。旅游市场营销学就是要重视相关的人口数量,即相关群体的研究。

2. 人口城市化与旅游市场的关系

通常,城市居民需求旅游的人数不仅比农村多,而且比例也高。随着城市人口的增多,如何适应人口城市化的特点去开发旅游市场,是营销者面临的一个新的重要课题。

3. 世界人口年龄结构变化与旅游市场的关系

通常,旅游者年龄构成中中老年为消费主体,青壮年虽然数量很大,但消费能力相对有限,单次旅行时间也比较短。

(二) 人口的地理迁移因素

1. 世界旅游客流的移动特点和规律与地理环境的关系

从地理学的角度而言,旅游流强度随着地理距离的增大而逐渐衰减。旅游格局里,国内旅游流大于国际旅游流,中短程国际旅游流大于远程国际旅游流。在相同目标的前提下,许多国家都把近距离的市场作为自己的争夺目标。墨西哥一直以美国为目标市场进行旅游促销,亚洲国家也多吸引日本韩国等较富裕国家的旅游者。欧洲国际旅游接待人数一直占全世界国际旅游总人数为70%左右,而欧洲各国之间的国际旅游人数则占欧洲接待国际旅游总数的80%以上。

2. 旅游者的旅游动机与地理环境的关系

旅游者外出旅游除了经济、政治、文化历史等原因外,更主要的是旅游目的地的地理要素景观构成的吸引力所诱发的旅游动机,如气候、海滩、阳光、风景、地貌等都会对旅游者产生诱惑力。由于旅游者兴趣不同,各自的动机也不尽相同。对此进行研究,有利于客源市场变化规律的探索。

(三) 社会因素

1. 家庭

家庭是社会的一个基本单元,它影响着每个家庭成员所做出的大部分决定。家庭有两种形式,核心家庭与扩大家庭。一般来说,核心家庭中包括父、母和未婚的子女;扩大家庭常常几代同堂,家庭规模较大。欧美与日本一般是核心家庭,而发展中国家大多是扩大家庭,中国正从扩大家庭向核心家庭过渡,这将有利于家庭旅游的普遍。另外,随着当前社会单亲家庭、丁克家庭以及单身贵族等特殊家庭数量的不断增多,如何吸引这些家庭的消费,也是旅游企业应当考虑的问题。

购买者家庭成员对购买者的购买行为的影响最强烈。每个人都会受到父母的教导和影响,如宗教、政治、经济、个人的抱负、爱憎,以及价值观等,而对一个人的购买行为更为直接的影响,则是来自配偶和子女。家庭旅游的促销对象主要是核心家庭。

2. 地位阶层

任何国家都存在着阶层,它是某一种购买力的社会表现,即同一阶层的人基本上具有相似的购买力。社会阶层可以被定义为"按个人或家庭相似的价值观,生活方式,兴趣以及行为等进行分类的一种相对稳定的等级制度"。人出生时的社会阶层是不可选择的,但其后所处的阶层是变化的,所以各个阶层对市场上某种商品的需求既是变化的,也是相对稳定的。

地位阶层甚至比购买力更能决定消费者购买商品数额的大小。一般而言,每一个社会阶层的成员都趋于制定相似的购买计划。身份地位高的将会购买能显示其身份地位的更高级的日用品、奢侈品。他们在选择旅游团队时,亦会考虑其同伴的地位。事实上,人们常常选购具有某些地位标志的商品来表明自己的社会地位。对此,市场营销人员必须弄清楚哪些产品有变成地位标志的可能性,以便采取相应的市场营销策略打入新市场。

二、经济环境

一个地区的经济会对旅游组织产生直接的影响,通货膨胀、失业、经济衰退往往使旅游业遭受损害,使用于商业或娱乐、旅游、外出用餐的消费大大缩减。从宏观上分析经济环境时,要着重分析以下主要经济因素:

(一) 国民生产总值(GNP)

国民生产总值是一个国家某一时期所生产的以市场价格计算的最终产品与劳务的市场价值总和。而人均国民生产总值能反映出一个国家人民的富裕程度。有研究指出,一般来说,人均 GNP 到 300 美元就会兴起国内旅游,而人均 GNP 达 1 000 美元,就会有出境旅游的需求。特别是人均国民生产总值为 1 500 美元以上的国家和地区,旅游增长更为迅速,美国就因其较高的人均 GNP 成为世界上最大的旅游客源国之一。根据旅游消费发展的规律,旅游消费将经历一个消费升级的过程,先后经历观光游—休闲游—度假游三个阶段,旅游业的发展阶段与消费特征如表 2-2 所示。

表 2-2 旅游业的发展阶段与消费特征

人均 GNP	发展阶段	旅游消费特征	旅游产品
1 000—2 000 美元	观光游	停留时间短;人均消费低	景区观光游
2 000—3 000 美元	休闲游	停留时间在 1~2 周;人均消费较高	商务会议游、奖励旅游、温泉旅游
3 000 美元以上	度假游	停留时间在 1 个月左右;人均消费高	分时度假类、旅游地产

资料来源:根据公开资料整理。

(二) 个人收入

个人收入是指一个国家的所有个人、家庭和私人非营利性机构,在一定时期(通常是一年)内从各种来源所得到的收入总和。其计算公式为:

个人收入=工资+业主收入+个人租金收入+股息+个人利息收入+社会保险金

个人收入是反映购买力高低的重要尺度。根据世界旅游组织统计,经济发达国家,每个国民的旅游消费支出大约占其个人所得的 4%~6%。第二次世界大战后,在西方国家个人所得不断增加,用于旅游的消费也相应增多,这是旅游市场不断发展的根本原因。由此可见,旅游市场的形成同该国或该地区的收入水平有直接关系。

个人可支配收入是决定旅游消费者购买力和支出的决定性因素。它是指个人除了在衣食住行等生活必需消费支出外,可以自由支配的收入。一个消费者的可任意支配收入增多,用于旅游或其他文娱活动的开支也较多。对此,法国统计学家恩格尔(E.Engel)提出恩格尔定律:

一个家庭收入越少,家庭收入中或家庭总支出中用来购买食物的支出所占的比例越大;一个国家越穷,每个国民的平均收入中或平均支出中用来购买食物的费用所占比例就越大;随着家庭收入的增加,家庭收入中或家庭支出中用来购买食物的支出将会下降。

恩格尔定律可用下列公式表示:

$$\text{总支出中食物支出的比例}=\frac{\text{食物支出变动百分比}}{\text{总支出变动百分比}}$$

$$\text{恩格尔系数}=\frac{\text{食物支出金额}}{\text{总支出金额}}$$

恩格尔系数是根据恩格尔定律得出来的比例数。一般说来,恩格尔系数大于59%就是贫困地区,而小于30%则可认为富裕,只有在恩格尔系数足够小,家庭有能力购买生活必需以外的娱乐及奢华耐用品时,人们才会选择旅游消费。

(三) 外贸收支状况

国际间的外交贸易,是各国争取外汇的主要途径,而外汇的获得又决定一国的国际收支状况。当一国外贸收支出现逆差时,不但会造成本国货币贬值,使出国旅游价格变得昂贵,而且旅游客源国政府还会采取以鼓励国内旅游来替代国际旅游的紧缩政策。如美国2006年外贸赤字达8 114.86亿美元,美国参议院批准了多项针对国民境外旅游的加税政策。相反,当外贸收支大幅度顺差,则造成本国货币升值,出国旅游价格就降低,旅游客源国会放松甚至鼓励国民出国旅游并购买外国商品。如1987年6月日本运输商发表了今后五年海外旅行倍增计划,以减少贸易顺差。计划内容是:从1988年起,促使日本海外旅行人数每年增长13%左右。并在机票减免,与国外观光部门交流和获取信息等方面为旅游者提供方便。

三、自然环境

(一) 自然资源的短缺与保护

在旅游市场中开发的自然景观的承载力是脆弱的,需精打细算地充分利用。在对自然景观资源的开发利用和规划过程中,应对其进行细致的勘探和研究分析,使其利用率、可观赏性得到提高。

(二) 环境的恶化

1. 原材料减少和能源成本的增加

旅游业属于波动性大、易受影响的行业,有许多直接或间接因素会导致行业状况起伏。能源紧缺造成吃住行等各项费用的增加,从而导致旅游业成本上升。

2. 污染程度增加

人文活动不可避免地破坏着自然环境的质量。自然景观遭到破坏以至其吸引力下降、游人的不自觉破坏活动等等都直接或间接地危害着旅游业的发展。近年来新兴的"生态旅游"即是认识到了自然环境在旅游行业中的重要作用,以"绿色"为口号,将环保与观赏融为一体。

四、技术环境

"技术"是指人们所有行事方法的总和。它直接影响到企业的产品开发、设计、销售和管理技术,决定了企业在国际市场上的竞争地位。作为旅游业的营销者,需要考虑两方面的技术环境。

（一）运用新技术可以提供竞争优势

假日酒店是旅馆业的技术领先者。它最先拥有一个巨大的卫星电视闭路系统。1957年它成为第一家在每间客房配备黑白电视机的连锁集团。随着高新技术的应用和普及，航空公司、旅行社、酒店等旅游企业通过计算机为消费者提供更好的服务；拥有自己庞大的国际营销网络，这种营销网络不仅是产品的销售，而且还包括将企业的新观念转达给世界各地的用户。

营销实际上是连接目的地和旅游者之间感情的一个非常重要的手段和方式。在营销环节，以 VR、AR 为代表的虚拟技术、视频和内容营销、影视营销、体验营销包括多主题的全产业链合作以及精准营销都正在提升人们的旅游体验和营销的效率。

世界已经全面进入信息化时代，互联网、移动互联网、大数据深刻地改变着旅游业的运行方式。互联网对旅游的影响将全方位深入到旅游业发展的各个方面、各个环节、各个层次，带来旅游管理、旅游服务、旅游人才开发与教育培训、旅游创业创新创意等多个方面的革命；互联网对旅游的影响将向分析数据、调查市场、预测需求、规划行程、设计产品、提供反馈、引导投资等深层次发展；互联网将创造出更多更新的旅游需求、服务企业、商业模式；互联网将使旅游更人性化，更注重旅游过程中人与人情感的交流，注重旅游体验的分享，注重社交圈子中的营销；"互联网+"旅游还将带动旅游商品、旅游农产品等相关产业和产品销售。

（二）技术对消费者的影响

先进的室内娱乐系统如 VCRs，个人计算机，在线视频等成为外出娱乐和旅游的替代品。同时高技术的娱乐项目也成为旅游消费产品。迪士尼乐园就是光、声、电等多种技术发达的产物。技术的发展使旅游设施现代化为人们的旅游活动带来便利，如发达的交通、通信将时空的距离变得短小，洲际旅游成为平常易事。旅游酒店设施设备的现代化为旅游者提供了方便，目前，国际上许多酒店在客房设置计算机终端，使客人可以清楚地查询自己的消费情况，商务客人可以使计算机联网进行工作。因此，酒店的消费者范围越来越大。

伴随着科学信息技术的进步，互联网信息技术得到广泛的普及，已经成为现代生活的重要基础工具之一，并彻底改变了人类的生活方式。而现代移动通信与互联网的结合，移动智能终端的快速应用，移动互联网呈现井喷式发展。根据我国互联网络信息中心的数据，截至 2018年 12 月，我国网络用户超过 8.29 亿人，手机上网的用户比例达到 98.6%。通过手机、个人计算机等智能移动终端，实现了商业活动与服务转移到移动终端平台，彻底革命了人们的生存方式。利用智能终端对旅游进行网络营销，为人们的出行服务提供了便捷，给旅游业发展创造了新的机遇。同时，互联网技术下旅游产品，价格服务等更加透明，旅游者可以在互联网上进行价格和服务的比较，旅游行业内的竞争更加激烈。

五、政治—法律环境

从国际来看，世界政治格局的是否稳定深刻影响着旅游业的发展。2001 年和 2002 年上半年，受世界经济复苏缓慢、国际政治局势不稳定和美国"9·11"事件的影响，世界旅游业整体进入了一个迅速收缩和缓慢恢复的时期。世界旅游组织 2002 年 9 月 9 日发表的研究报告显示，2001 年世界旅游收入比 2 000 年下降了 2.6%，全球国际旅游到客人次数下降了 0.6%。

从国内看，主要是指党和国家的方针政策，它决定了国民经济发展方向和发展速度。这直接关系到社会购买力和市场消费需求及其调整变化对旅游企业产生的影响。旅游业的发展不仅与接待国的政治法律环境有关，而且与客源国的政治法律也有很大联系。政府的法令条例，特别是有关旅游业的经济立法，对旅游市场需求的形成和实现具有不可忽视的调节作用。而这些法律或规定都是在旅游企业的控制范围之外。

由于旅游消费的需求弹性系数较大，它不仅对价格敏感，而且对政策法规亦十分敏感，形成旅游活动的两大客观条件是可支配收入和余暇时间，居民的收入水平不仅与经济发展有关，还与国家采取何种分配制度有关。

假日立法对旅游业的影响也颇深。发达国家自从有了两周的带薪假日，才对远距离旅游目的地形成现实的需求。因此作为接待国，就可针对这一法规调整自己的营销策略以适应市场的变化。如西安市举办的“长安书法年会”，1993 年举办时间为 4 月中旬。因为 4 月是西安市比较宜人的旅游季节。但作为年会的主要客源国的日本却往往在 8 月中下旬有带薪假日，故此，1994 年的“长安书法年会”就定于 8 月 22 日开幕，这样既考虑了日本的假日情况，又考虑了西安与名古屋航班的时刻表。再如，自从我国开始实行每周五天工作制以来，各地居民大量地参与到地区旅游当中，到市郊外的风景游览点一日游或两日游。

另外，有些立法条款对旅游娱乐的消费需求也会产生重大影响。比如某些地区关于喝酒者年龄限制的规定；交通运输中关于铁路客运票价、航空票价条款的规定；旅游娱乐消费税和扣除额的规定等都影响着旅游者的消费行为，从而影响旅游企业营销。

政府对出国旅游签证的控制也直接影响到出境旅游情况。简化烦琐的入关手续可以吸引更多的国外旅游者。反之，手续复杂的报关令相当部分的潜在旅游国闻风却步。此外，国家旅游部门和其他政府部门还会对旅游服务的质量和标准进行一定程度的控制、两国外交关系都严重影响着旅游产业的发展。

在这些影响因素中，一国政府对旅游业影响最大的是其态度，积极的扶持态度会使旅游业得到快速的发展。为了扶持旅游业，政府会采取一定的资助和优惠条件，其中包括财政资助、关税减免、长期低息贷款、信誉担保、免除收入及不动产税、资本消费额的扣除、公共事业费减免、实行特殊的旅游者兑汇率、积极地提供各种优惠条件以鼓励投资者向旅游投资等。

另外关于《服务贸易总协定》与中国旅游业的问题。WTO 建立和发展的基础是关贸总协定，该协定于 1994 年 4 月签订了一份关于服务贸易极为重要的协定《服务贸易总协定》(GATS)，使服务贸易真正进入多边贸易体制的轨道，从而推进了服务贸易向着自由化、国际化的方向发展。WTO 已把旅游业作为一个独立行业编入世界服务贸易的部门分类中，并成为 GATS 的重要组成部分。

中国入世后在享受 WTO 给予成员方各种权利的同时，也必须相应地承担放开本国市场等的义务，这对我国是一种严峻的挑战；另一方面中国旅游业对国外投资的放开政策、将使我国旅游业企业面临国外旅游企业的激烈竞争，这种竞争将在旅行社、饭店、旅游产品三个层面上进行。

在新的形势下，我国的旅游企业及相关部门必须认清以下三个问题：第一，中国的旅游企业将在与外国旅游企业的竞争中求生存、求发展；第二，认真研究 GATS 规则条款及我国入世承诺，在逐步放开国内旅游市场的同时，寻找保护及发展我国旅游业的法律依据；第三，在充分考虑 GATS 对我国旅游业影响的前提下，确立我国旅游业的发展目标、实施政策和措施。

六、社会—文化环境

文化影响造就和支配着人们的生活方式、消费结构、主导需求以及消费方式。人类在某种社会生活，久而久之，必然会形成某种特定的文化，包括教育水平，宗教信仰，审美观念，价值观念，道德规范以及世代相传的风俗习惯等。文化因素对消费者的需求和购买行为的影响是很重要的。消费者的不同文化修养与素质影响其对周围事物的认识，如对自由、幸福、自尊、民主、平等、风格等都会有不同的评价，必然影响其生活方式与行为方式，个人爱好不同，消费习惯不同，自然导致不同需求。

旅游活动会接触到世界各地不同的文化。旅游市场经营人员无论在旅游产品设计、包装、营销广告创意及营销方案决策时都必须适应当地的文化。实际上，文化的影响遍及整个市场经营活动包括定价、促销、分销渠道、产品等各个环节，而且市场经营者的工作本身也变成了文化的一个构成部分。市场经营活动能否适应当地文化决定着市场经营活动的成败。

在研究市场经营时，人们应将市场视作是随时变化的，而不是静止不变的。市场和市场行为是一个国家文化的组成部分。随着经济、文化的迅速发展，人们的传统生活方式、消费观念和社会价值观念也随着发生变化。改革开放使中国人逐渐接受了旅游消费观念。可以说，旅游又创造了旅游需求。

旅游市场经营受教育水平、宗教信仰、传统习惯等文化因素的影响更为明显。受教育水平高的国家比受教育水平低的国家具有更强的旅游需求。不同的宗教有不同的文化倾向与戒律，从而影响着人们认识事物的方式、行为准则和价值观念，也影响到人们的消费行为及旅游市场营销。

就文化而言，旅游市场营销人员应当具有两类知识。一类是关于某种文化的具体知识。比如，各种颜色的不同含义、不同的趣味以及某种文化所特有的其他特性等是市场营销人员能够预料、研究和学习的具体事实。在我国曾被视为皇家象征的黄色在非洲某些国家却被视为不吉利，蓝色在伊朗代表丧事，也不宜错用。另一类则是抽象知识，即一种充分理解和体会不同文化特征和形式之间微妙差别的能力。抽象知识要求具有一定深度的洞察力，也可称作“感受力”。这种知识主要依赖于过去的经验，而如果人们在理解时沿用本国的参照系，就往往会导致错误理解。要站在旅游者角度考虑到底什么样的旅游才是受欢迎的。

相关群体是能影响一个人的态度、行为和价值观的群体。如家庭、邻居、亲友、周围环境等，或因某社会风尚的影响而形成一种消费需求倾向，这个相关群体为这个人的所思提供了“参考依据”，是人们行为的主要决定因素，从而导致购买行为的不同。相关群体可以小到几个人的小组，大到成为一种文化团体，对人们的消费行为起着参谋指导作用。相关群体对个人的影响方式十分巧妙，一个人通常不知不觉地就与相关群体协调起来，多数人怎么做，自己便怎么做，多数人干什么，自己便干什么。这样，一个人就会接受和同意本群体的行为，并避免“犯规”的风险。因此，相关群体影响到用户购买产品的方式、品牌等，比如此时本地青年流行去夏威夷旅行结婚，那么大部分人会有从众心理去夏威夷。

有关旅游市场营销的宏观环境因素与企业内部营销系统的关系可用图 2-2 表示。

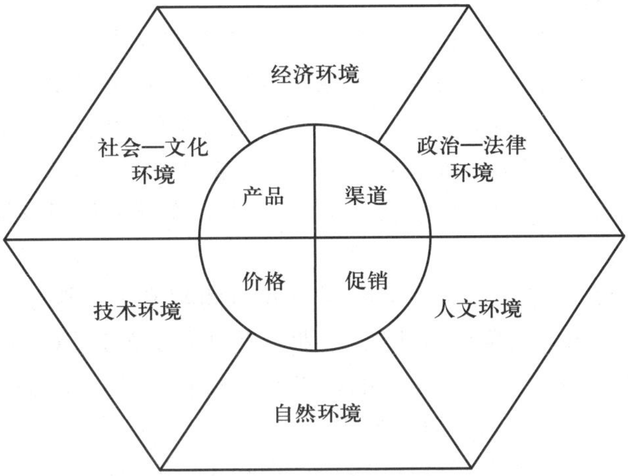

图 2-2　市场营销宏观环境图

第二节　旅游市场营销微观环境分析

旅游市场营销微观环境是指存在于旅游企业周围并密切影响其营销活动的各种因素和条件,包括供应者、消费者、中间商、竞争者、公众以及企业自身等。应定期对面临的微观环境及其因素进行分析,以便认清形势,不断适应环境的变化,从而根据微观环境及其因素的变化,而灵活地调整企业的营销策略,使企业的市场营销活动得以顺利地开展。

一、供应者对旅游企业营销活动的影响

市场营销工作很重要的一个方面就是与商品供应者保持密切联系,以保证资源。旅游市场营销工作也同样如此,要保持与旅游资源供应者的联系。具体的旅游资源,旅游酒店的商品供应者有定点旅游用品商店、水电部门、公安部门、农副市场等单位;旅行社的商品供应者有旅游风景管理区、交通部门、宾馆酒店、娱乐区等单位。任何一个环节都不能放松,因为旅游产品的综合性也决定了它的脆弱性,一环坏掉会造成全盘散。

把握旅游资源供应环境,不仅有助于保证资源,而且有助于降低成本。应掌握商品的价格变化情况并尽可能加以控制,是综合报价中利润的构成达到最大限度。目前许多旅游市场采用"定点制",使吃、住、行、游、购、娱形成一条龙服务,相互之间建立了比较稳定的长期合作关系,以实现共赢。

二、购买者对旅游企业营销活动的影响

旅游购买者是影响旅游企业营销活动的最基本、最直接的环境因素。从购买者的角度看,这一因素又可分为:

(一) 旅游消费者

旅游消费者是指最终旅游消费购买者,包括购买旅游产品和服务的个人和家庭,如观光旅游者、度假旅游者、商务旅游者、会议旅游者、体育旅游者等。旅游消费者购买旅游产品和服务

是为了满足个人或家庭物质和精神需要,并无牟利动机。此类消费者具有以下特征:

(1) 人多面广。旅游消费者包括各种类型、各个阶层的人员。

(2) 需求差异大。旅游消费者因性别、年龄、习惯的不同,对旅游的需求存在较大的差异。

(3) 多属小型购买。旅游消费者多以个人或家庭为单位,故购买的数量较小。

(4) 购买频率较高。旅游消费者的购买量虽小但品种多样,频率较高。

(5) 多属非专家购买。由于大多数旅游消费者对旅游产品和服务缺乏专门知识,他们对旅游产品不属专家购买。

(6) 购买流动性较大。旅游消费者的购买力和时间都有一定限度,对所需消费的旅游商品都慎重选择,这就造成旅游消费者对地区、企业以及替代品的选择和流动。

旅游企业营销人员应该根据企业本身的特点来分析企业所提供的产品和服务最适合于哪一种旅游消费者类型、购买行为以及消费方式。

关于旅游消费者行为,行为学家科特·莱文(Kunt Lewin)对此用如下公式表示:

$$CB=f(p,s,e)$$

式中:CB 为消费者行为;p 为消费者个人特点;s 为社会影响因素;e 为环境因素。

公式表明,消费者的行为是其个人特点、社会影响因素及环境因素的函数。此外,这三个因素之间也有一定的联系并相互作用。例如,消费者的态度(属于个人特点范围)可能是受家庭影响(属于社会影响因素范围)的结果,而消费者的价值观念(亦属个人特点范围),通常是受其生活中的文化因素(属于环境范围)影响的结果。

消费者行为的内容涉及面十分广泛,包括心理学、社会学、社会心理学、人类学、经济学和哲学等。读者可参阅这类书籍对消费者行为做进一步了解。

(二) 企业购买者

企业购买者是指为开展业务而购买旅游商品和服务的各种企业或机关团体组织,如到宾馆举行会议或展销会的企业和协会就属此类购买者。其特点如下:

(1) 企业购买者数量较少,但单个购买者的规模较大。此类购买者大多是企事业单位,购买者的数量比个人消费者少得多,但由于企业是为举办会议等用途购买,规模较大。

(2) 企业购买属于派生需求,即企业购买的消费属于生产性消费,购买者是为开展业务,扩大"生产"而购买。其费用是生产性费用。

(3) 企业购买需求弹性较小。因为企业是为开展业务而购买,费用由单位支出,所以,企业购买者对旅游商品和服务的需求受价格变动的影响较小。

掌握上述特点对旅游企业开展营销活动具有重要意义。如企业购买是专业人员购买,一般的广告宣传对他们影响不大,他们重视产品和服务的质量。又此类购买需求弹性较小,可采用高价优质产品和服务营销策略。

三、旅游中间商对旅游企业营销活动的影响

旅游中间商是指处在旅游产品生产者与旅游者之间,参与商品流通业务,促使买卖行为发生和实现的集体和个人。它包括经销商、代理商、批发商、零售商、交通运输公司、营销服务机构和金融中间商等。这些旅游营销中间商一方面要把有关产品信息告知现实和潜在的旅游者,另一方面又要使旅游者得以方便地克服空间障碍及到达备有旅游产品的地方去,这类购买

者的特点是：

（1）购买产品和服务，主要是为了转卖、以取得利润。

（2）由专家购买。转卖者是由各种旅游批发商和零售商组成。这些人专门以转卖为业，是内行，对产品及价格行销非常熟悉。

（3）购买次数较少，但每次购买数量较大。

旅游中间商一般都处于旅游消费者密集的大、中城市里，它们都有各自的目标群体。因此，通过它们易于加强旅游企业和顾客之间的联系。从某种意义上来说，旅游中间商可以帮助旅游企业提高产品的质量。正因为中间商对旅游企业的营销活动影响重大，又是旅游产品销售渠道中必不可少的一个环节。所以如何选择旅游中间商事关重大。它关系着旅游营销计划能否完成，因此，营销人员应全面、深入调查、分析旅游中间商的发展趋势，做好旅游中间商的选择，评估和管理工作。

选择旅游中间商，首先必须从了解自我开始。即旅游企业首先要明确建立销售网的目标是什么；自己的旅游产品有多少种类，数量有多少，质量怎样；市场需求如何，市场结构如何，竞争情况怎样；产品发展趋势如何，市场的变化趋势如何，产品的市场重点在哪里，进入市场的策略是什么，等等。在对自身状况了解以后才能按照既定的目标，寻找自己需要的旅游中间商。选择旅游中间商的关键性因素是：中间商人员素质；劳务费用；履行职责效果；对中间商的可控程度。

四、竞争者对旅游企业营销活动的影响

竞争者属企业市场营销微观环境因素之一。竞争者的状况，直接影响企业的经营活动。对竞争者应着重分析。

（一）竞争者及其数量和规模

每一个旅游企业，一般都面临着四种类型的竞争者。即：愿望竞争者（desired competitors）；一般竞争者（generic competitors）；产品型式竞争者（product form competitors）；品牌竞争者（brand competitors）。

例如，某公司准备组织员工外出疗养，或游览风景名胜，或考察民俗。这群人目前的愿望对旅游企业而言，就是“愿望竞争者”。他们经过反复考虑，决定疗养以恢复体力和健康。而满足这一愿望，可通过乘飞机、火车或轮船等不同方式实现，这种方式就叫作“一般竞争者”。到了目的地后，员工们可以住高、中、低等不同档次酒店，这些酒店档次之分，就叫作“产品型式竞争者”，也就是能满足购买者某种愿望的各种产品的型号。当他们选定了酒店的档次后，又要考虑购买哪种品牌的宾馆，是假日，还是希尔顿，或其他品牌的酒店。这也就是满足旅游者的品牌产品，这就是“品牌竞争者”，或称“企业竞争者”。旅游企业市场营销人员，对这些人的上述购买决策，通过调查研究，就可以搞清楚谁是本企业的竞争者。

在分析竞争者之间的竞争程度时，可以用旅游商品需求交叉价格弹性系数来判断。因为，旅游是一种高级消费活动，其可替代性很强。人们可以不去旅游，而是留在家里看电视、看小说、玩游戏、做健身等，而需求交叉价格弹性系数正是对此关系的衡量。

旅游商品需求交叉价格弹性系数是用来考虑一种旅游商品的需求量对另一种旅游商品价格变化的反映程度。它具体表现为：在旅游商品 Y 价格（P_y）不变的条件下，另一种旅游商品 X

的价格(P_x)的变动会引起 Y 的需求量(Q_y)的变化程度。计算旅游需求交叉价格弹性系数(E_{xy})的公式是：

$$E_{xy}=\frac{\dfrac{Q_{y2}-Q_{y1}}{Q_{y2}+Q_{y1}}}{\dfrac{P_{x2}-P_{x1}}{P_{x2}+P_{x1}}}=\frac{Q_{y2}-Q_{y1}}{Q_{y2}+Q_{y1}}\times\frac{P_{x2}+P_{x1}}{P_{x2}-P_{x1}}$$

上述公式表明:① 如果 E_{xy} 为正数时,这两种旅游商品为互相替代的竞争性商品,系数值越大这两种商品竞争性就越大。② 如果 E_{xy} 为零,那么这两种商品的竞争性为零,即非竞争性的旅游商品。③ 如果 E_{xy} 为负值,那么这两种旅游商品称为互补性旅游商品,非但无竞争,还必须合并使用。比如住宿与交通,一方为“瓶颈”,就会牵制另一方的发展。

（二） 旅游者需求量与竞争者供应量之间的关系

市场占有率可用来反映需求与供给的一些情况。旅游市场占有率表示旅游企业在旅游市场需求中所占的份额。

$$旅游市场绝对占有率=\frac{一定时间内接待的旅游人次}{同期所处旅游市场的旅游者人次}\times 100\%$$

通过旅游市场绝对占有率指标的比较,可以清楚了解旅游企业,地区或国家在旅游市场中所处的地位和潜力。

旅游市场相对占有率,是指在一定时期内某一旅游商品本企业的市场绝对占有率与同期、同范围旅游市场上比较高的其他旅游商品供给者的市场绝对占有率的百分比,其公式为：

$$旅游市场相对占有率=\frac{某一旅游企业的市场绝对占有率}{同一市场上竞争力较强的同一旅游商品供应者市场绝对占有率}\times 100\%$$

通过旅游市场相对占有率指标的比较。可以了解本企业同其他旅游企业所占市场的相对关系。若旅游市场相对占有率小于1,则表明本企业在市场上处于均势或劣势。

五、公众对旅游企业营销活动的影响

公众是企业市场营销微观环境的重要因素。它对旅游企业实现目标产生了实际的或潜在的影响。作为微观环境因素的公众环境,主要表现为以下几个方面：

(1) 金融公众,即那些关心和了解并影响企业取得资金能力的任何集团,包括银行、投资公司、证券商和股东等；

(2) 媒介公众,主要是报纸、杂志、广播和电视等有广泛影响的大众媒介；

(3) 政府公众,即负责管理旅游企业的业务和经营活动的有关政府机构；

(4) 市民行动公众,包括保护消费利益的组织,环境保护组织,少数民族组织等；

(5) 地方公众,如旅游企业附近的居民群众、地方官员等；

(6) 旅游企业内部公众,包括企业董事会成员、经理、员工等；

(7) 一般群众。

旅游企业必须采取适当措施与周围各种公众搞好关系,因为这些不同公众都能促进,或阻碍企业实现其目标功能。以大众媒介为例,报纸、广播、电视对某旅游企业一篇优质服务的报道,就能使企业提高信誉,扩大销售;反之,一篇描写旅游者受到损害的报道,则能使企业商誉大降，形象受损，业绩自然受到影响。

六、企业内部各部门协作对旅游企业营销活动的影响

旅游营销组织机构是指各职能部门、各环节、各岗位之间的分工协作、权力分配、责任承担、利益和风险分享的总体运作系统。旅游企业营销工作要想做好，各部门之间的协作默契与否非常重要。现代营销组织机构一般包括：决策机构、指挥机构、开发机构、执行与反馈机构、监督与保证机构、参谋机构。

决策机构主要负责旅游企业发展方向，营销计划、方针、措施，高级管理人员任免等重大事项的决策，是企业的最高权力机构。指挥机构是旅游企业营销活动的指令中心，负责营销计划的制定和实施。开发机构负责推出新项目，开拓更深层次的新市场，由企划部或公关营销部负责。执行与反馈机构主要负责决策的实施、合理利用旅游资源并反馈有用信息。宾馆的客房部，餐饮部、康乐部等部门不仅要把本部门的工作做好，还要及时把信息反馈给前厅部，以便登记客人总的情况。参谋机构是由专家和专业人员组成的智囊组织，负责提出建议、咨询、劝告等职能。各部门各有所用，整个企业具有整体性、系统性、互补性。旅游市场营销微观环境因素与旅游企业内部营销系统的关系可用图 2-3 表示。

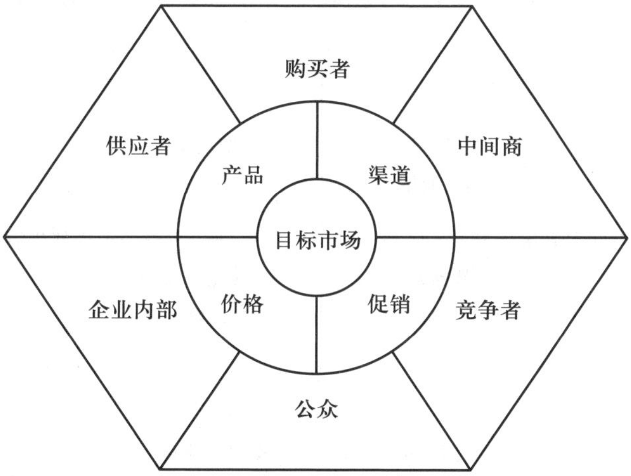

图 2-3　旅游企业微观环境因素

第三节　旅游市场营销 SWOT 分析

一、SWOT 模型分析

SWOT 分析是广为应用的一种机会—风险分析方法。SW 是指旅游企业内部的优势和劣势（strengths and weaknesses），OT 是指旅游企业外部的机会和风险（opportunities and threats）。SWOT 分析就是旅游企业在选择战略时，对本企业内部的优劣势和外部环境的机会与风险进行综合分析，据以对备选战略方案做出系统评价，最终达到选出一种适宜战略的目的。

旅游企业内部的优劣势是相对于竞争对手而言的，表现在资金、技术设备、员工素质、产品

市场、管理水平等方面。衡量企业优劣势有两个标准:一是资金、产品、市场等单个方面的优劣势;二是综合的优劣势,可以选定一些因素评价打分,然后根据重要程度进行加权,取各项因素加权数之和来确定企业是处在优势还是劣势。企业应根据其本身的特点扬长避短,若内部优势强,就宜于采取发展型战略,否则就宜于采用稳定型或紧缩型战略。

旅游企业外部环境是企业无法控制的,旅游企业外部环境中,有的对企业发展有利,可能给企业带来某种机会,例如宽松的政策,技术的进步,就有可能给企业降低成本、增加销售量创造条件。有的外部环境对企业发展不利,可能给企业带来威胁,如紧缩信贷、税率提高等等。来自企业外部的机会与风险,有时需要与竞争对手相比较才能确定,对机会与风险的分析不能忽略与竞争对手相比较。

SWOT 分析的基本方法是:依据旅游企业的方针列出对本企业发展有重大影响的内部及外部环境因素,继而确定标准,对这些因素进行评价,判定是优势还是劣势,是机会还是风险。

在以上分析基础下,可以根据本企业的得分来判定企业应采用何种类型的战略,见图 2-4,处于第Ⅰ象限的企业,外部有众多机会,又具有强大内部优势,宜采用发展型战略;处于第Ⅱ象限的企业,外部有机会,而内部条件不佳,宜采取措施扭转内部劣势,可采用先稳定后发展战略;处于第Ⅲ象限,外部有威胁,内部状况又不佳,应设法避开威胁,可采用紧缩战略;处于第Ⅳ象限,拥有内部优势而外部存在威胁,宜采用多元化经营战略分散风险,寻求新的机会。

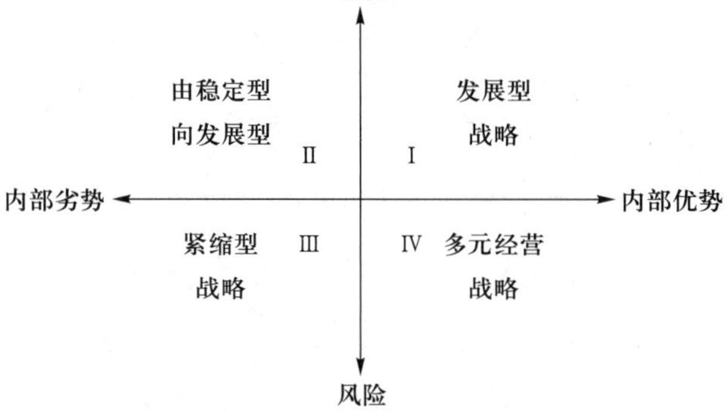

图 2-4 SWOT 战略选择图

二、机会与风险

(一) 机会

企业机会是指对企业的营销活动具有吸引力的、能享有竞争优势和获得差别利益的环境机会,即营销环境中对企业或特定产品营销的有利因素。为了得到一个市场机会,营销人员必须进行专门的调查研究,寻找、发掘、识别,然后还要加以分析、评估,看是否对本企业适用。因此,营销人员不但要善于发现和识别市场机会,而且还要善于分析和评估哪些只是环境机会,哪些才是适用于本企业的营销机会。市场上未满足的需要是客观存在的环境机会,能否成为企业的营销机会,要看它是否适合于企业的目标和资源(资金、技术、设备等),因此,企业营销人员对于已发现和识别的市场机会,还要根据自己的目标和资源进行分析评估,从中选出对本企业最适合的营销机会。

1. 市场机会的识别

比较实用的识别市场机会的方法是“产品/市场拓展矩阵”(见图 2-5)。可以利用该矩阵寻求市场机会。

	现有产品	新产品
现有市场	市场渗透	产品开发
新市场	市场开拓	多元化

图 2-5　产品/市场拓展矩阵

发现和识别市场机会,与确定哪些机会是本企业适用的机会并不是一回事。因此,还必须对市场机会进行评估,确定企业的营销机会。

2. 市场机会的评估

对于市场机会的评估主要遵循图 2-6 所示的基本流程。

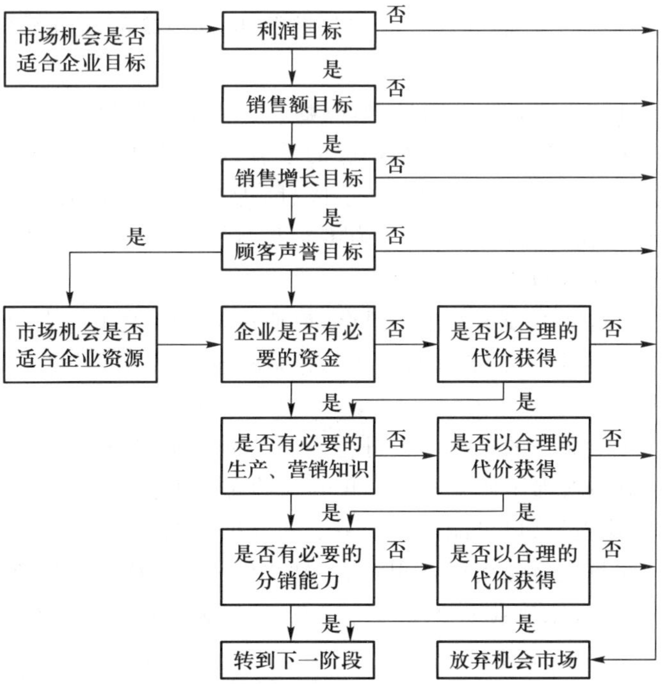

图 2-6　根据企业目标和资源评估市场机会

一个市场机会能否成为旅游企业的营销机会,要看它是否适合该企业的目标和资源。每个企业都在自己的任务和业务范围内追求一系列的目标,如利润水平、销售水平、销售增长水平、市场占有率以及商誉等。有些市场机会不符合上述的目标,因而不能成为企业的营销机会。譬如,有些机会在短期内能提高利润率,但会造成不良影响,破坏企业的声誉,这是不可取的。还有些市场机会虽然符合企业的目标,但企业缺少成功所必需的资源,那也是不可贸然取之的,但如果能以合理的代价取得所必需的资源,也可能取得成功。根据企业的目标和资源,可运用图 2-6 的流程评估市场机会。

(二) 风险

企业经营风险是市场营销的不利因素,随着市场经济的发展、市场竞争的加剧,风险管理的重要性日益提高,营销人员应在营销活动中以最小的费用将风险减轻到最小限度。

1. 风险的衡量

风险的衡量就是度量、评估有关风险对实现既定目标的不利影响及其程度。对风险进行衡量,需要两方面的信息:风险损失发生的频率与这些损失的严重程度。比较合理的情况是以损失的严重程度作为评价的主要依据。对风险损失的严重性进行评估时,应注意以下几点。

(1) 风险损失的相对性。在衡量风险损失时,除了正确测量损失的绝对量外,还应该充分估计旅游企业对可能发生的风险损失的承受能力。

(2) 风险损失的综合性。在确定损失严重性的过程中,必须注意考虑同一风险事件可能产生的所有类型的损失及其对旅游企业的最终的综合影响。在估计风险所带来的直接损失、有形损失的同时,还要充分考虑风险所产生的间接损失、无形损失。

(3) 风险损失的时间性。损失有一个发生、发展与终结的过程,有些风险所产生的损失是即时得以体现,而有些则需一定时间后才能充分暴露,因此风险的衡量要与时间联系在一起。

2. 风险的控制

控制经营风险的目的主要是阻止或减轻风险损失。风险的控制主要有以下几种方法。

(1) 损失回避。这是一种对付风险最彻底的手段,有效的损失回避可以完全解除某一特定风险可能造成的损失。但它又是最消极的手段,因为它主要通过放弃或不再进行某项活动以消除风险源,同时也使获得的可能性降至为零。并不是所有的风险均能回避,避免了某一种风险可能又会面临另一种新的风险。

(2) 损失控制。通过减少损失发生的机会,或通过降低所发生损失的严重性,来处理那些不愿回避或转移的风险,它是一种被普遍采用的风险管理手段。根据损失的目的,可以分为损失预防与损失减轻两种。

(3) 风险隔离。对所面临的风险单位进行空间与时间的分离,这样可达到减轻风险损失的目的。风险隔离相应地增加了所要控制的单独风险单位的数量,如果其他情况不变,根据大数定律,显然会减少风险损失,也可能会增加一定的管理费用。

(4) 风险结合。这与风险隔离正好相对应,是从另一个方面进行管理,即通过增加风险单位的数量来提高整体预防未来损失的能力,这在市场波动大、竞争激烈的环境中是极为有效的。

(5) 风险转移。作为风险控制对策中的风险转移,主要通过契约或合同将损失的财务负担和法律责任转移给其他人,以达到降低风险发生频率和缩小其损失程度的目的。风险转移可能使风险在损失承受者之间进行转移,但无法将风险消除或者减少其总量。

三、机会—风险方格

机会—风险决策的另一种方法就是运用机会—风险方格，如图 2-7 所示。对营销风险可从两方面进行评估：一是潜在的重要性，重要性的大小依风险成为事实时企业的损失多少而定；二是发生的可能性，即风险成为事实的可能性。对营销机会也可从两方面进行评估：一是潜在吸引力，即获利的能力；二是成功的可能性。

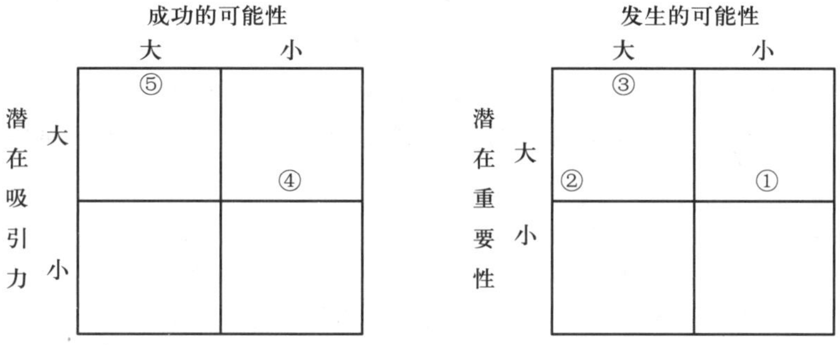

A. 机会方格　　B. 风险方格

图 2-7　机会与风险方格

例如，某酒店经调查了解到影响该酒店业务的因素如下：

(1) 政府采用宏观手段限制国内旅游。

(2) 该酒店主打菜肴的原材料价格上涨。

(3) 其主要客源国因货币贬值，客源大大减少，客人消费额下降。

(4) 随着酒店市场竞争的日益激烈，一大批酒店将退出该行业，使该酒店的竞争处于更有利的位置。

(5) 国内外对商务酒店市场的需求量激增。

从图 2-7 可见，上述酒店的三个风险的潜在重要性都是大的，但发生的可能性不同，②③的可能性大，①的可能性小，应集中精力对付②③两个风险。两个营销机会的情况也不同，一般应对潜在吸引力和成功可能性都大的机会给予优先考虑，如上述机会⑤。

运用机会—风险方格分析企业的营销活动时，应把各项因素权衡轻重利弊予以综合考虑。由于旅游市场的特殊性和旅游企业特有的市场环境和经营方式，旅游企业更应该重视机会与风险管理，把握营销机会，尽量避免和减小营销风险，发挥本企业的优势创造营销佳绩。

阅读材料

海南国际旅游岛建设的定制营销

旅游业是 21 世纪最有发展潜力的产业之一，消费者的需求多样性特别明显，旅游业市场竞争非常激烈。从定制营销的特征、定制营销在旅游业营销中的前景分析入手，认为旅游行业应树立全新营销理念，即定制营销，并提出相应的策略。

一、定制营销

被美国著名营销学者科特勒誉为21世纪市场营销最新领域的"定制营销"正在风靡旅游界！通过研究和实战，交广传媒旅游策划营销机构发现——面对"个性的"高端游客，旅行社、风景区完全可以像服装店那样根据游客的喜好和需要来制定旅游计划。旅游套餐力求让旅游目的地、旅馆、饮食和活动都符合游客的喜好。

许多旅游企业其实已建立起专属的顾客资料库，其中包含个别消费者的偏好与需求等丰富的信息，它们利用这些信息以"大量定制"方式给各种游客提供产品与服务，有越来越多的企业在网上设立平台，让顾客能设计自己想要的线路。在不远的将来，相信互联网会出现在家就能体验全程旅游的服务商。"定制营销"使人们更大程度参与生产或挑选完全符合自己意愿的产品和服务，尽量满足客户对商品的个性化需求，以提高客户对产品的满意度和忠诚度。

二、旅游"定制营销"初现端倪

"定制营销理念"是旅游市场细分化发展中的必然产物，它要求旅游产品提供商能够提供给市场以多种产品的选择。前些年曾经出现的"旅游超市"就是这种理念浮现的端倪，但"旅游超市"的昙花一现曾经让人质疑这种旅游营销方式的可操作性和可行性。

出现这种情况的原因有二，一是市场是否成熟，二是产品是否够量。分而谈之，此前旅游市场的产品包装仍然更多地以观光型旅游产品占据市场，虽然其中泛起过不少的旅游新兴形式。但更多的仍然处于一种零散、萌芽的状态，并没有形成合力。在这种状态下进行的贸然投资必然会招致失败。其次旅游产品的终端提供商并没有将真正的旅游概念提升到比观光旅游更加完善的多种旅游概念上，更多地方仍然是在搞"圈地旅游"，仅仅将一块相对有利的资源围上墙便开始收费，简单地将资源等同于旅游常常导致了市场产品雷同和单一。从而最终导致"旅游超市"罗列的产品仍然是仅靠重复的景点拼盘上市，而没有达到"旅游超市"将丰富的旅游产品和丰富多彩的旅游线路面向市场，赢得市场的目的。

按照旅游定制营销"能够提供给市场多种个性化产品选择"的目标要求，对海南国际旅游岛建设和发展是一个良好的契机。避免走弯路，旅游在这一方面的优势特别突出。在这里不但要再提出海南所具有的独特旅游资源优势，更要提出旅游业所具有的对多种产业链发展带动的优势。

三、海南国际旅游岛建设需要定制营销

旅游的过程中收获到独特，符合自身需求的另类生活体验，并在一个陌生的环境中彻底放松心情和思想。这是旅游者最简单的旅游心理诉求，这一简单的旅游心理诉求也变得复杂和更加难以琢磨。首先是区域经济发展的不平衡；区域认识的不一致；区域习惯的迥异造成旅游目的地所供给的旅游产品组合的困难。但是，作为旅游者，并不因为他的身份、消费量、年龄不同所享受到的旅游回馈就不同。同为旅游者，彼此之间的地位是平等的，不同的仅仅是旅游产品在他们心中反馈的信息和生成的影响不同，旅游所达到的效果不同而已。对于旅游产品提供商而言，游客之间的不同还主要在于游客消费层次的不同。但是在面对不同个体或不同群体需求的过程中，如果真正按此方式去做市场，不但在个体的需求间无法求取平衡，同时在不同的区域市场需求中将难以寻找到真正的市场契合点。在面对不同旅游消费群体之间的态度上，旅游产品提供商还需要做到不偏不倚。

在如此多的要求和矛盾中，定制营销正是基于这样的困惑和旅游需求的不断发展而推出的全新营销理念。定制营销就是将旅游区和相对区域中的旅游资源和旅游项目集中起来，根据不同需求整合产品，形成优势。同时以此为参考，不断深化旅游资源的开发和丰富旅游项目。由此而看旅游定制营销的需求实际上就是游客群体细分化、个性化需求的表现。海南国际旅游岛建设需要整合、需要包装、需要推介、需要营销理念的引导，但更需要大环境的营造。建省成立特区 30 多年来，海南交通基础设施的建设使得整个旅游进入环境得到了很大改善，使海南得到更多向外界展示的机会。

几年来旅游市场最大的变化就是随着国内旅游交通网络逐步完善，应运而生的自驾游和自助旅游，这些新生的旅游方式同时又衍生了许多更加讲求个性的，多元化的旅游形态。旅游发展的前景在于定制营销的思维。加强区域的统筹和计划，强化海南旅游行业的管理，营造良好的发展空间，健全缜密而又相对宽松的行业制度。形成旅游全岛一盘棋的局面，保证各个区域旅游行业的相对自由和根本利益，那么在海南旅游的发展中才谈得上以三亚为龙头带动国际旅游岛建设全面发展的战略目的。在此基础上，定制营销才能让海南已形成一定接待规模和相应条件的所有景区，一览无遗地呈现在游客的面前，才能根据游客的需要选择不同旅游产品的组合。这要求海南旅游行业的内部形成一个高度严密和主动的配合态度，形成一个高效的运行机制，也尽可能地避免岛内旅游区、景区可能出现的旅游项目重复建设的情况。

总之，无论如何，定制旅游营销的时代已经来临。“定制营销理念”是旅游市场微观化发展中的必然产物，它要求旅游产品提供商能够提供给市场以多种产品的选择，使消费者“一旦拥有，别无所求”。

资料来源：海南在线，2019 年 01 月。

本章小结

1. 旅游市场营销宏观环境是指旅游企业或旅游业运行的外部大环境，它对于旅游企业来说既不可控制，又不可影响，而它对企业营销的成功与否起着十分重要的作用。市场经营人员必须根据外部环境中的各种因素及其变化趋势制定自己的营销策略以达到市场经营目的。在旅游市场营销中，宏观环境因素主要包括人文环境、经济环境、自然环境、技术环境、政治—法律环境、社会—文化环境等各个方面。

2. 旅游市场营销微观环境是指存在于旅游企业周围并密切影响其营销活动的各种因素和条件，包括供应者、消费者、中间商、竞争者、公众以及企业自身等。应定期对面临的微观环境及其因素进行分析，以便认清形势，不断适应环境的变化，从而根据微环境及其因素的变化，灵活地调整企业的营销策略，使企业的市场营销活动得以顺利地开展。

3. 旅游企业内部的优劣势是相对于竞争对手而言的，表现在资金、技术设备、员工素质、产品市场、管理技能等方面。衡量企业优劣势有两个标准：一是资金、产品、市场等一些单方面的优劣势；二是综合的优劣势，可以选定一些因素评价打分，然后根据重要程度进行加权，取各项因素加权数之和来确定企业是处在优势还是劣势。企业应扬长避短，内部优势强，就宜于采取发展型战略，否则就宜于采用稳定型或紧缩型战略。

旅游企业外部环境是该企业所无法控制的，旅游企业外部环境中有的对本企业发展有利，可能给本企业带来某种机会，例如宽松的政策，技术的进步，就有可能给企业降低成本、增加销售量创造条件。有的外部环境对旅游企业发展不利，可能给本企业带来威胁，如紧缩信贷、原材料价格上涨、税率提高等。来自旅游企业外部的机会与风险，有时需要与竞争对手相比较才能确定。有利条件可能对所有旅游企业都有益，风险也不仅仅是威胁本企业，因此，在有些情况下还要分析同样的外部环境到底对谁更有利或更无利，当旅游企业与竞争对手的外部环境是不可能完全相同的，但很多时候却有许多共同点，此时，对机会与风险的分析不能忽略与竞争对手的比较。

关键术语

市场营销环境（marketing environment）　　宏观环境（macro-environment）
微观环境（micro-environments）　　SWOT 分析
服务贸易总协定（GATS）

案例回顾与讨论

寻找自己熟悉的旅游目的地，结合课本知识分析其旅游市场环境。

复习与思考

1. 解释下列概念

旅游市场营销环境　　旅游市场营销宏观环境
旅游市场营销微观环境　　旅游市场营销环境分析

2. 旅游市场营销的宏观环境和微观环境各包含哪些因素？
3. 试分析美国“9·11”事件对全球旅游业带来的影响。
4. 请阐述经济环境对旅游者的消费选择产生的作用。
5. 选择本地区一旅游企业为例，对其旅游市场营销微观环境进行分析。
6. 试举例说明旅游企业对其面临的主要威胁和最好的机会应做出什么反应或可采取何种对策？
7. 试运用实例讨论人口数量及质量对旅游市场经营活动的影响？

自测自评

推荐阅读文献

1. 菲利普·科特勒，约翰·T.鲍文.旅游市场营销.6 版［M］.北京：清华大学出版社，2019.
2. 戴学峰.改革开放 40 年：旅游业的市场化探索［J］.旅游学刊，2019，34（2）：8-10.
3. 佚名.中国旅游市场的 40 年起伏变迁［J］.旅游学刊，2019，34（2）：4-6.
4. 钟茗.论现代旅游市场营销特性与发展趋势［J］.旅游纵览（下半月）.2015（11）：38.
5. 郭英之.旅游市场营销环境可持续发展研究［J］.经济地理，2015（3）：101-110.

第三章　旅游者购买行为分析

本章通过对旅游市场购买行为的介绍，使读者从微观角度认识消费者的消费需求。随着“消费者导向”的企业理念在市场营销中的不断深入，对旅游者购买行为进行分析是顺应时代要求的产物。在本章中，我们首先对旅游者购买行为的相关概念作一介绍，然后对旅游者购买行为的刺激—反应模型进行介绍。接着分析旅游者购买决策行为的心理特点，最后探索旅游者购买过程，从而使读者把握旅游市场的消费行为特征，更好地选择营销的方式，以迎合消费者的需求，使企业获利。

学习目的

- 熟悉旅游者购买行为概念及类型
- 了解研究旅游者购买行为的刺激—反应模型
- 掌握影响旅游者购买决策行为的心理特性分析
- 熟悉旅游者购买过程

引导案例

美国旅店和度假村——如何迎合儿童消费者

多年以来，旅店业的服务不能使儿童感到满意，他们对许多高档的旅店和度假村感到失望。但是，最近一些大型旅游产业，包括美国一些著名的大旅店和度假胜地，开始将儿童作为一个重要市场来对待了。

美国家庭人口组成的重要变化是这些旅店和度假村改变营销战略的根本原因。从20世纪80年代开始，生育高峰一代陆续开始生儿育女。一位旅游产业专家说：“这些生育高峰一代是最喜欢旅游的一代。现在他们有了孩子，但是仍希望能带孩子一起去度假，希望能有时间参加属于成年人的娱乐活动。”因为生育高峰一代人生育孩子的时间较晚，并且大多数是双收入家庭，因此许多家庭在旅游和度假上的支出相当高。1993年，这些家庭有20%的夜晚是在旅店度过的，而1989年的比例为15.6%。1994年有5 000万人和自己的孩子在外面度假，为旅店业带来了127亿美元的营业额，而旅店业的营业总额为690亿美元。

为了迎合这个市场的消费者，许多旅店和度假村想办法来满足小朋友的需求。即使是豪华酒店也增加了白天照顾孩子的项目，其中包括每晚房价200美元的旧金山四季克利夫特酒店。管理者已经意识到他们必须要让和父母一起来的这些小朋友们感到满意。“许多人喜欢住在高档豪华酒店，并且要把孩子带在身边”，酒店的一位管理人员说。

为了适应这种趋势，保住自己的生意，这家大酒店推出了克利夫特居民项目。现在，酒店成了一家人的安乐窝,酒店要询问孩子的姓名和年龄。当全家出现在酒店里的时候,服务台的人也会向孩子表示欢迎,并赠送一份适合他们年龄的玩具或图书。在住店的第一天婴儿会得到免费的尿布和婴儿食品。孩子们会有和父母在一起并属于自己的房间,并且这种房间可以享受打折优惠。克利夫特大酒店会派人照顾孩子,带他们参观博物馆或动物园,收费标准是每小时5美元。酒店提供夜宵,全天24小时都可提供食品。酒店还欢迎小朋友到豪华餐厅就餐,那里身穿燕尾服的侍者早已接受过如何接待这些小朋友的培训了。

其他的酒店和度假村也为迎合这些孩子而推出了自己的项目。夏威夷所有的喜来登酒店都增加了为4到12岁儿童服务的项目。只要每天交纳10美元的费用,酒店就可以为儿童安排一系列的活动,包括学打网球和学变魔术等。华盛顿的凯悦度假村为周末晚会提供方便,孩子们可以钻进睡袋里在起居室过夜,而他们的父母可以住在旁边的卧室里。曾经被冠以"美国商业胜地"的希尔顿大酒店也为商务旅行的家庭推出了周末促销活动。芝加哥的希尔顿大酒店将婴儿床位增加了3倍,在小房间里放了玩具熊,并且想出办法使父母们可以通过收费电视系统观看成人电影。

旅行社和度假的组织者们对市场的变化也做出了反应。以家庭为目标市场的旅行社生意非常火爆。现在甚至有了一份月刊《和您的孩子一起旅游》,介绍家庭旅游市场的最新发展动态,并介绍为孩子增加的服务项目。20世纪80年代初期,只要1/12的旅店提供适合孩子的服务项目(迪士尼这样适合家庭的主题公园除外)。现在夏威夷一个地方就有50家为整个家庭服务的旅店了。

第一节 旅游者购买行为概述

旅游者为何以这种或那种方式购买和使用旅游产品呢?这是在旅游市场中从事营销工作的人共有的一个疑问。旅游企业要在激烈的市场竞争中取胜和求得发展,就必须生产和销售旅游者喜欢购买的产品,满足旅游者需求,同时获得相应的利润。因此,旅游企业最关心的是让本企业的旅游产品具有广阔的销路,在同类产品中受到旅游者的偏爱。如果我们能理解和把握旅游者的消费心理和购买行为,就能更好地修整产品、价格、销售渠道及促销策略,来适应旅游者的需求,这对实现旅游企业的经营目标具有十分重要的意义。

一、旅游者购买行为概念

著名学者朱玉槐对旅游者购买行为的定义是:旅游者受到外界刺激之后,在旅游动机的支配下,为满足较高层次的心理需要而选择购买旅游产品的活动。

我们把旅游者个体在收集有关旅游产品的信息时,进行决策时,在购买、消费、评估、处理旅游产品时的行为表现,统称为旅游者购买行为。行为科学家科特·莱文(Kurt Lewin)认为,人们的购买行为可用下列公式表示:

$$CB=f(p,s,e)$$

其中,CB指消费者的行为;p指消费者个人特点;s指社会影响因素;e指环境因素。

公式表明,旅游者购买行为是旅游者个人特点,社会影响因素及环境因素的函数。其中,旅游者个人特点包括个人特性和心理特性。其中个人特性包括旅游者的年龄、职业、经济状况、生活方式、自我观念和个性等;心理特性包括动机、感觉、学习过程、信念和态度。社会及环境影响因素包括参考团体、家庭、社会阶层、组织及文化因素等。这三个变量相互依存、相互作用。

二、旅游者购买行为的特点

旅游者所购买的是一种服务,而且是一种特殊的服务产品,从而使得旅游者的购买行为既区别于有形产品的购买,也不同于一般服务产品的购买,具有明显的特殊性。这里主要表现在:

(一) 旅游者在购买活动中表现出较为复杂的产品评价过程

这是因为,顾客在购买有形产品时可以借助于各种“可寻找特征”来评估产品质量,如产品颜色、款式、硬度和气味等产品属性。但是对于旅游购买来讲,由于旅游产品生产和消费是在异地进行的,而且又是同时发生的,消费者无法“先尝后买”,在购买前确定该产品的状况,从而构成了较高程度的购买风险。因此,旅游者为了减少购买风险,通常需要广泛地搜集各种相关信息,尤其是购买度类似于假产品等花费大、旅行时间长的旅游产品,其购买决策过程要比一般产品的购买决策过程复杂得多。

(二) 旅游消费是一种非日常性的高层次消费

旅游购买活动是在较低层次的需要得到基本满足以后,在较高层次的心理需要激发下所萌发的购买行为。正因为如此,旅游购买活动的弹性较大,旅游购买反应的产生往往与外界环境的信息刺激有关。诸如汇率的浮动、机票价格的涨跌等因素可能使旅游者取消一次购买活动,同样地,旅游企业通过有效的营销手段可以激发购买活动的产生。

三、旅游者购买行为类型

旅游者的购买行为受旅游者个人特点、社会影响因素和环境因素的影响,而呈现出不同的购买行为。根据旅游者性格特点、购买目标的确定程度与决策行为、购买目的以及购买兴趣表现的差异,我们可以进行以下归类研究。

(一) 按旅游者性格特点的不同划分

1. 习惯型

这类旅游者往往根据过去的习惯而购买某种旅游产品。他们用惯了某种旅游产品,对该种产品非常熟悉、信任、有着深刻的印象,从而产生一种特殊的感情。当需要时,就购买此产品,形成了购买习惯。

2. 理智型

这类旅游者在实际购买前,对所要购买的旅游产品都事先经过考虑、研究和比较,即所谓“胸有成竹”。购买时,冷静、慎重,并善于控制自己的情绪,不受广告、宣传的影响,细心挑选。

3. 经济型

这类旅游者购买行为特别重视价格,只有旅游产品价低时才购买。购买时,对价格的反应特别敏锐,善于发现别人不易觉察的价格差异。

4. 冲动型

这与习惯型购买行为不同。这类旅游者易受现场情景激发而购买,即对旅游产品“一见钟情”，未经事先考虑，临时做出购买决定。购买时，喜欢追求新产品，从个人兴趣出发，不大讲究产品的效用、性能。这类旅游者的购买行为易受旅游产品的外观、广告宣传的影响。

5. 想象型（感情型）

这类旅游者的购买行为大多属于情感的反应，以丰富的联想力来衡量旅游产品的意义。购买时，注意力容易转移，兴趣易改变。

6. 不定型

多属于尝试目的的购买行为。这类旅游者心理尺度尚未稳定。购买时，没有固定的偏爱，一般是顺便购买或为尝试而买。

7. 疑虑型

这类旅游者一般性格内向，言行谨慎、多疑，对营销人员抱有不信任感。购买旅游产品前三思而后行，购买后还疑心上当受骗。

（二）按旅游者购买目标的确定程度与决策行为的不同划分

1. 全确定型（例行反应行为型）

这类旅游者在购买行为发生之前，就已有明确的购买目标和具体要求（如旅游产品的类型、数量、价格）。购买时，根据已经确定的目标和要求挑选旅游产品并毫不迟疑地购买，通常不会花太多时间去选择旅游产品，也不太在意旅游营销人员的介绍和提示。

2. 半确定型（有限度解决问题行为型）

这类旅游者对旅游产品有大致的购买意向，但具体目标和要求不明确。购买时，需要对同类旅游产品比较选择后才能做出购买决策，一般需要搜集各方面的信息，来降低不太熟悉的旅游产品的购买风险。

3. 不确定型（广泛问题行为型）

这类旅游者没有明确购买目标，购买与否都是随意的、不确定的。

（三）按旅游者购买目的的不同划分

1. 观光型

这类旅游者以观光游览为主要目的，离开常住地进行外出旅行而导致购买行为。

2. 娱乐消遣型

这类旅游者以通过娱乐、消遣来求得精神上的放松为主要目的，离开常住地进行外出旅行而导致购买行为。

3. 文化知识型

这类旅游者以获得精神文化为主要目的，离开常住地外出参加文化旅游活动而导致购买行为。

4. 公务型

这类旅游者以完成公务为主要目的，在一定时间内到外地出差，顺便参加旅游活动而导致购买行为。

5. 医疗保健型

这类旅游者以治疗慢性疾病或增进身体健康为主要目的，离开常住地进行外出旅行而产生购买行为。

（四）按旅游者购买行为中的兴趣不同划分

1. 情调型

这类旅游者根据购买产品或旅游服务的情调而做出购买决策。购买时，一般较为关注旅游产品的环境格局，如购物、进餐、娱乐环境中不同的建筑风格、装饰布局等渲染的情调。

2. 节日型

这类旅游者的购买行为主要是在节假日期间集中而明显地表露出来。近年来，我国由于实行双休日和国庆、春节长假制度，假日经济的繁荣引发了“井喷式”的旅游消费热潮，出游人数明显多于往年。

3. 时尚型

这类旅游者的购买行为主要是受社会风气及消费流行的影响，旅游兴趣反映在社会的趋时消费或特殊性消费上，追求新奇时髦、标新立异。近年来，我国兴起的西部探险旅游热吸引了众多青年学生，就是时尚型消费的一种反映。

4. 娱乐型

这类旅游者的购买行为主要是在物质生活基本满足后，倾向于精神生活享受。在实际购买活动中，大多数旅游者属于这种类型。

阅读材料

旅游者对旅游地购买行为的选择

旅游者的旅游地选择与决策过程主要分为以下三个步骤：

首先，消费者对旅游地的自然感知。在长期的社会生活中，每个人都会得到一些地方的自然与人文资源信息，在心目中自然构筑起关于该地的形象感知。比较典型的例子是在很多中国人心目中，都有对苏州、杭州的感知，即使从未去过那里，也能构筑出江南水乡的旖旎形象。这些形象来源于历史典故和文学作品、基础教育中的相关知识，以及“上有天堂，下有苏杭”等民间俗语。往往这些感知就能激发人们的旅游愿望，一旦条件具备，如收入和时间允许，旅行社推出合适的旅游路线，或者旅游地举行某些有吸引力的旅游活动，那么人们的旅游冲动就可以转变为现实中的旅游行为。不过在很多情况下，这些自然感知的旅游地形象还不够强烈或丰满，无法直接刺激消费行为的完成。绝大多数旅游者会进入下一个步骤——旅游地形象的修正与旅游出游计划的选择。

在第二阶段，旅游地和旅游产品提供商针对潜在的旅游者群体的特点，将旅游地资源进行有选择的重新包装，通过不同的市场营销策略推广给不同的市场群体，从而树立旅游地的市场形象。这些旅游地的市场形象已经不同于其原始的自然形象。很多潜在旅游者通过媒体、旅行社、熟人推荐获得这些信息，综合自身的社会文化背景、家庭、收入、社会阶层、经验、个性、教育等因素，形成对旅游地的市场形象感知。有些成功的旅游地市场形象信息会在消费者的脑海中刺激形成一些情感的共鸣，直接导致强烈的消费冲动。不过更加常见的过程是，消费者会有意识或者无意识地收集其他信息，进行旅游地信息的比较和选择，在某个时刻，如闲暇时间、工作安排、收入或其他群体的刺激下,产生旅游需求,萌发旅游冲动。

最后一个步骤是消费行为的完成。一旦通过一般途径传播的旅游地自然形象或者通过市场营销传递的市场形象在潜在的旅游者心目中构筑起一个丰满的形象感知,并且消费者经过信息的比较和综合,判断这个旅游地符合个人的消费需求,那么旅游者就会形成消费冲动。在这个时机如果销售渠道比较便利和畅通,市场促销活动和旅游产品的价格符合消费者的预算开支,那么就能对这些有消费冲动的群体产生强大的拉动力,存在于消费者心里的冲动就能转化为实际的消费行为。旅游消费行为完成以后,旅游者会对旅游地和旅游产品形成评价,这些信息积累为个人的经验,部分传播给周围人群,成为他们进行消费时的参考。此外,通过一些信息反馈手段,旅游地或旅行商的市场营销部门可以得到这些信息,作为其调整营销策略的参考。在最后一个步骤还存在另外一种情况,即由于销售、促销、市场营销、个人因素等外部变量的制约导致最终消费者没有选择购买这个旅游地产品,那么由前面两个步骤形成的信息和刺激会给这些潜在旅游者留下比较深刻的印象,等到外部变量调整到适宜的状态时触发购买。或者经过信息的综合与比对,旅游者对该旅游地所传递的信息不满意,那么旅游者就会寻找其他旅游地的信息,直至找到满意的,完成购买行为。通过对上述步骤的总结和综合,笔者设计了一个模型概括了旅游者的旅游地选择和购买决策过程(见图 3-1)。

影响旅游者的旅游地选择与决策的主要因素及其营销启示

根据图 3-1 所提供的旅游者的旅游地选择与决策模型,在旅游者的旅游地选择和决策模型中,影响旅游者的选择和决策程序的主要因素有:输入变量、感知过程、输出变量等。这些因素是营销者必须重视的方面。

一、输入变量

输入变量包括个人因素、市场营销和其他的信息刺激。

个人因素包括个人的教育程度、性格爱好、性别、年龄、收入水平、家庭状况、社会阶层、文化背景、生活经验等。由于个人因素的差异,不同旅游者对相同的旅游地的感受相差很大。因此,在进行旅游地的市场营销活动时,必须考虑各个群体的个人因素及其旅游需求,根据旅游地的特色来选择目标市场,有针对性地进行营销活动。

市场营销包括市场细分、目标市场选择、形象与市场定位、旅游产品设计、传播与促销策略和分销渠道设计。基于旅游地自身的资源特征和目标群体的偏好特征,营销者可以采取不同的市场营销策略,树立旅游地不同的市场形象。这些形象和营销策略通过特定的渠道传递给旅游者,达到刺激购买欲望的作用。市场营销策略的成功与否直接影响旅游者的购买行为。例如,如果四川峨眉山以佛教文化为主要卖点进行宣传,那么在日本市场和美国市场上的营销效果是不同的。根据两国的历史文化和消费者偏好,在美国市场上如果侧重于峨眉山自然风光渲染的话,其市场营销会更成功。其他的信息刺激包括消费者在同他人的社会交往中产生的刺激,最常见的是亲友的推荐和口碑、示范群体的行为与决定等。例如,公司同事春节去泰国旅游的决定可能会在其他人心中激发起也去东南亚度假的冲动。或者朋友从新加坡旅游回来以后的赞叹会促使听者收集相关的旅游产品信息,择时出游。市场营销专家可以通过一些手段来提高这些渠道的信息刺激效果,例如对“信息把关人”和“意见领袖”等对周围人群有重要行为示范和潮流引导作用的个人,以及对记者、编辑等掌控社会群体观念导向的人群的重点

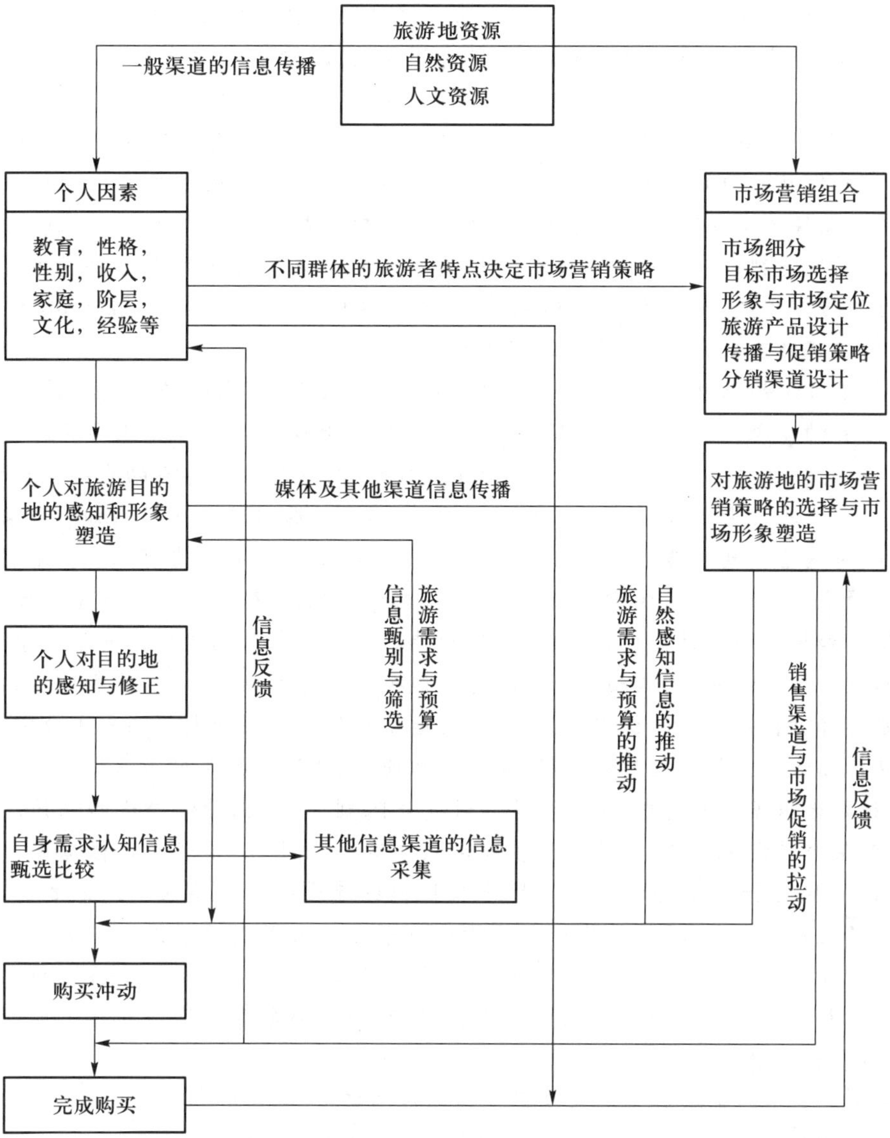

图 3-1　旅游者的旅游地选择与决策模型

营销，通过他们在社会各个团体中的影响力来加强信息刺激。

二、感知过程是完成与购买决定有关的信息处理过程

感知过程是被心理学家称为“消费者暗箱”的消费者内部自我完成的复杂心理活动。图 3-1 中描述了旅游者的“暗箱”感知过程：

首先，外部的信息输入刺激潜在旅游者被暴露在通过一般渠道传播的旅游地信息和通过市场营销传递的信息之下，开始注意这个旅游目的地。信息的类别有很多种，文字、图像、视频、音频等，各种信息形式的效果各不相同。麦可凯和费森麦尔（MacKay & Fesenmaier，1997）做了一个有趣的调查，他们从旅游心理学、广告学和景观设计学的角度，对北美的一些旅游目的地的图像和视觉资料进行分析，发现旅游地在旅游者心目中的形象形成过程中，视觉资料有着非

常重要的作用。因此,旅游地市场营销者可以有针对性地选择一些图片广告来突出旅游地的特色,激发潜在旅游者的兴趣和冲动。此外,有学者还发现,影视作品对一个旅游地的形象塑造具有非常重大的作用,如泰国普吉岛的成功很大程度上倚仗了“007”电影的拍摄。所以一个好的旅游地营销计划应该包括对各种可能信息的合理利用,从而引起旅游者的强烈关注和反应。

其次,有些信息成为旅游者的能动记忆,积累在脑海里,有些则被遗忘。被记住的这些信息中包含的意义经过主观理解和被感知,在旅游者心中形成一个模糊的旅游地的形象。在这个阶段,信息的反复刺激对于巩固旅游者对该旅游地的印象和记忆尤为重要。营销者应该运用多种渠道的传播方式,如平面广告+杂志广告+网络广告等广告组合,在不同地点、不同场合、不同时间来不断刺激旅游者,使其加深印象。

再次,经过多次的信息刺激,旅游者心中的旅游地形象不断地被修正或巩固,旅游者的兴趣被调动,自身的需求开始被认知。有些积极的旅游者开始主动通过其他渠道进行信息的筛选、搜寻和分类,把这些信息与自身需求和预算进行比对,加深对旅游者的感知,进行形象的进一步修正。同时,旅游者还收集其他旅游地的信息,形成对这些旅游地的感知和形象构筑。按上述的过程,对这些信息所传达的形象进行修正。在这个阶段,营销者可以积极地引导旅游者对自身需求的认识,强化明确旅游地形象和功能。例如,巴厘岛在进行旅游宣传时,不断强化其浪漫的海岛和特殊的土著文化这些特点,用独特的旅游形象来明显区别其他竞争对手,让旅游者明确知道其特色和功能,从而消除旅游者对这个旅游地的模糊认识,这种明确的功能认识可以加深旅游者对自身需求的认识。同时,旅游地信息传递的便捷与畅通也十分重要,因为低效率的信息传播途径会导致信息的损耗、失真和扭曲,无法达到预期的效果。

最后,旅游者根据自身需求,考虑预算和时间等限制因素,在营销渠道和促销活动的拉动下,确定了对某个旅游地的选择,产生消费冲动。在这个阶段,营销者应该根据客户的实际情况,适时推出一些促销活动,推动旅游者的选择和购买行为。在一些假期到来之前,旅游地可以和旅游产品经销商合作,提供特价产品或特殊节事活动来吸引旅游者。例如,有些旅游地,如新加坡,在“十一”黄金周,用在豪华邮轮上为新人举办浪漫的海上集体婚礼的方式来吸引新婚夫妇的参与。这个产品的定价、时间、行程、节目安排都是在对很多新婚夫妇的调查基础上做出的,符合旅游者的预算、时间和需求。

三、输出变量指的是旅游者对信息产生的反应与采取的行动

旅游者在接收一系列的输入变量的刺激以后,引起注意,进行探索,产生感知,激发冲动。在外界条件适宜的时机,做出最终决定。这些决定包括:购买意向、理解产品和注意产品。

旅游者做出购买决定是营销者最希望的结局,但是营销者的工作并没有因为旅游者的购买而结束。对于那些选择了某地作为度假目标的旅游者,营销者应该采取相应的措施来巩固营销效果,提高客户满意度。具体的方法有建立反馈机制,收集客户意见;通过内部营销来保证服务质量;根据客户预期来提供超过客户预料的服务和产品。

对于那些经过选择和决策过程但没有购买的旅游者,他们的不购买决定并非意味着营销者的最终失败。经过先前的营销努力,某旅游地的形象已经作用在旅游者的心目中,使得他们理解或者注意了该产品,甚至已经产生了一定的意向。在某些条件成熟时,这些意向和产品知识就能转化为实际的消费行为。因此,面对这个群体,营销者应该注重提升营销效果,找出旅游者放弃的原因进行弥补,从而促使旅游者最终的购买。

四、旅游者购买行为的模式

从理论上讲,旅游者行为是由旅游者的心理过程和心理特征所决定的,因而分析和把握旅游者的心理过程和心理特征即可预测和掌握旅游者行为。但在实践中,由于人们的心理过程是一个“黑箱”,无法对其进行客观的分析和研究,因而就必须建立合理的行为模式来分析和推断旅游者行为。自 20 世纪 60 年代以来,许多研究人员提出了各种各样的消费者行为模式。其中最基本的消费者行为模式是“刺激—反应”模式,该模式是根据罗森伯格(Rosenberg)和霍夫兰德(Hovland)的社会态度行为模式改变而来的。在分析旅游者购物行为时,我们可以用此模式来观察其全过程,如图 3-2 所示。

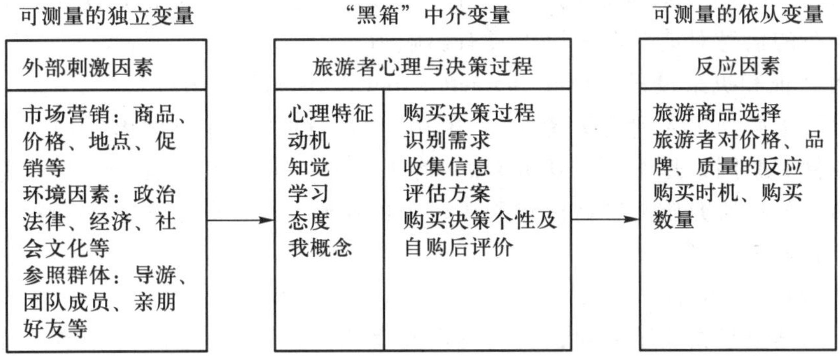

图 3-2 旅游者购物行为“刺激—反应”模式(一)

为了能够具体地反映旅游者购买行为的特点,美国旅游营销学家维克多·密德尔敦(Victor T.C.Middleton)在一般消费者购买行为的基础上建立了能够表现旅游者购买行为的刺激—反应模式,如图 3-3 所示。

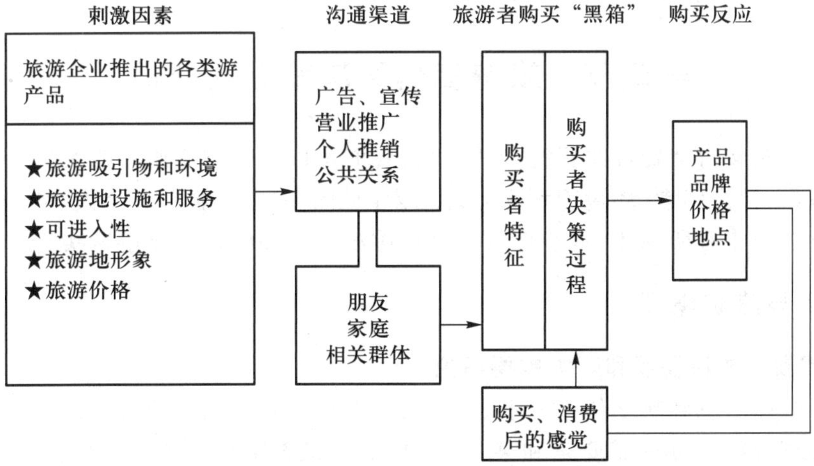

图 3-3 旅游者购买行为的刺激—反应模式(二)

1. 刺激因素(stimiulus input)

旅游者购买行为是在一系列旅游产品的刺激下引起的。这里的旅游产品具有广义上的内涵,它包括五个基本因素,即旅游地吸引物与环境、旅游地设施与服务、可进入性、旅游地形象以及旅游价格。这些构成要素不是孤立的,它们又要受到营销以外的市场"大气候"的影响,外部环境因素的变化可能会涉及旅游产品的供给方面,并进而对旅游者购买行为产生作用。例如,货币汇率的变动、石油价格的涨落或者某旅游地突发的意外事件都可能通过对旅游供给的影响,刺激消费者作出相应的购买反应。

2. 沟通渠道(communication channels)

旅游产品的信息需要经过一定的沟通渠道才能对消费者产生作用。信息传递渠道可以有正式的和非正式的两种形式。正式的沟通渠道主要是利用广告宣传、营业推广、个人推销和公共关系等营销工具对目标市场进行劝说或诱导,而非正式沟通渠道则是指产品相关信息通过家庭、朋友和相关群体进入消费者的信息传播方式。一般而言,由非正式沟通渠道传递的信息比正式渠道发布的信息对消费者来讲更具有影响力。

3. 购买者特征和决策过程(buyer characters and decision process)

外界刺激因素必须进入到购买者这一"黑箱"以后,购买者才能做出各种购买反应。购买者如何消化各种刺激因素是不能够观测到的,购买者的购买决策过程受到购买者特征的强烈影响。本章第二节将研究旅游者特征对购买行为的影响,第三节将考察旅游者购买决策过程如何导致旅游者购买选择。

4. 购买者反应(response)

购买决策的结果是指旅游者对购买何种产品做出反应,这包括产品类型、产品品牌、产品价格、购买时间和购买地点的选择。

5. 购后体验(post-purchase feelings)

旅游产品的消费过程对旅游者来讲是一种经历,是一种心理感觉。旅游者这种内在感觉的满足程度形成了对产品的最终评价,并且对下一次购买行为产生直接的影响。正是这个原因,旅游产品的服务质量被旅游企业视为生存和发展的源泉。

第二节 旅游者购买决策心理分析

根据科特·莱文对消费者购买行为的分析,我们可以将影响旅游者购买行为的因素分为:旅游者个人因素、社会因素,环境因素和心理因素(见图 3-4)。旅游者个人、社会及环境因素,我们在其他章节中将有所阐述,本节将重点分析旅游者心理因素对旅游购买行为的影响。

一、需要与旅游需要

(一) 需要、旅游需要和基本需要理论

需要是指个体由感到缺乏什么有不足之感,又期望得到什么东西有求足感的两种状态,所形成的一种心理现象。可见需要是和某一事物、某一状态密切相连的。因此,人们的旅游需要,必然要和旅游产品、服务相联系,它们是人们在特定生活和特定经济条件下对旅游产品、服务的愿望和要求,这种愿望和要求是人们对高层次生活标准和生活方式的一种追求。

关于需要的最著名的理论就是马斯洛的需要层次理论。马斯洛在其理论中将人类需要从低层次到高层次分为五个层次,如图 3-5 所示。

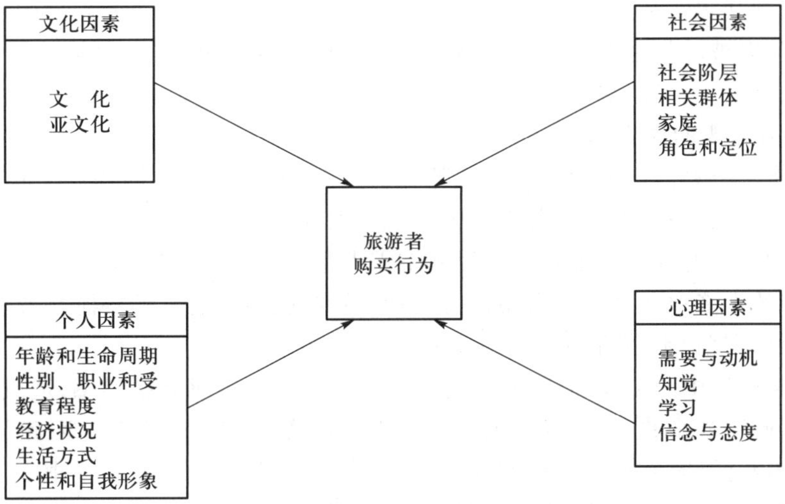

图 3-4　影响旅游者购买行为的因素模式

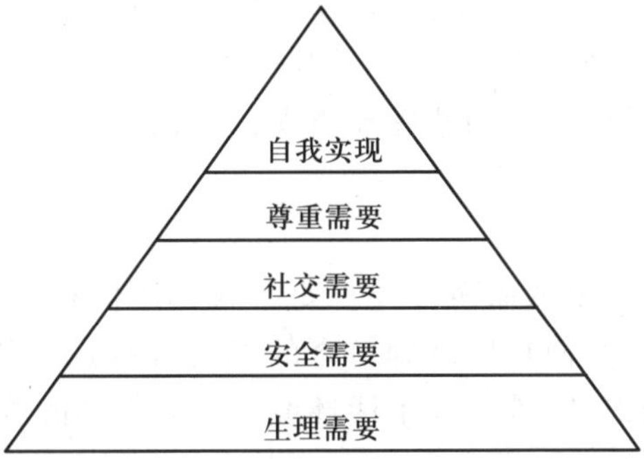

图 3-5　马斯洛需要层次理论

其中各种层次的需要主要包括：

(1) 生理需要：食物、水、氧气、性等；

(2) 安全需要：治安、稳定、秩序和受保护等；

(3) 社交需要：情感、友谊、集体荣誉感等；

(4) 尊重需要：自尊、他人的尊敬、羡慕等；

(5) 自我实现需要：自我实现。

该理论认为，通常只有当较低层次需要得到相对满足后，人类才会有较高层次的需要；此外，需要强度大小与需要层次高低成反比，即需要层次越低，需要强度就越大；最后，上述需要层次结构不是刚性的，即对于某些特殊类型的人，需要层次多少或顺序先后可能有所不同。

除了以上五个基本层次的需要外，马斯洛后来又加入了两个需要：

(1) 求知需要：获取知识；

(2) 审美需要：对美的欣赏。

马斯洛的需要层次理论从满足需要的角度解释了人的行为。从该理论来看，旅游者对饭店食品和饮料的需求可能出于两个原因：一是为了满足生理需要；二是把在饭店进餐当作是消遣和娱乐活动,这其实就是为了满足客人对情感、社交、自我实现等较高层次的需要。另外,娱乐消遣性旅游可以被看作是满足人的最高层次需要的活动。可以说,马斯洛的理论为人们理解旅游者需要提供了极好的基础。

（二） 旅游需要的内容

旅游需要是人类总需要中的一个组成部分,另一方面它又在不同程度上包含了人类各层次需要的内容。例如,一个人的旅游需要中可能同时包含有对饮食、休息、安全、求知、赏美和社会交往等多种需要的内容。因此可以说旅游需求是多元化的。如果根据对旅游活动的影响的大小,就旅游的本来意义对旅游需要进行概括,主要的、典型意义的旅游需要包括以下两种。

1. 变换生活环境以调节身心节律的需要

人们在日常生活中的工作和活动,往往会给人以一种单调感和枯燥感,造成心理压力和心理上的疲惫感,同时紧张的工作、生活也会造成人们体力和精力的疲劳。因此,人们就需要暂时摆脱这种环境和活动,寻求一个新的环境条件,参加一种新的活动,以一段新的生活经历来改变生活内容和节奏,放松神经、消除疲劳、调节心理和生理节律。这就是人们基本的、典型的旅游需要之一,是具有普遍性和长期性的旅游需要。这种基本的旅游需要既包括生理的内容又包括心理的内容。生理的内容主要是体力、精力和身体健康的恢复;心理的内容主要是引起情绪方面的积极变化、心理活动平衡的恢复。同时,这种基本的需要不会因为获得一次满足而终止,而是在人们长期的生活过程中周期性地出现,但满足这种需要的具体内容和方式可能有所变化。

2. 探索求知的需要

探索求知是人的另一种重要的旅游需要。每个人都不同程度地对了解自身以外的事物、丰富自己的精神世界感兴趣,对使自己感到新奇的事物具有强烈的好奇心,希望了解、认识它们。为了获得更为广泛的知识,突破个人生活环境和地域限制的旅游就成为人们探索求知、开阔眼界的重要方式之一。探索求知是人们又一种基本的、典型的旅游需要。

探索求知的旅游需要包括两方面的内容:一是对自然现象的认识和对自然景观的审美;二是对不同文化和历史的认识,对不同民族生活方式的体验以及对社会美的欣赏。

这种旅游需要的突出特点之一就在于对新鲜和奇异现象的探索、体验和理解的强烈心理倾向。另外,与调节身心活动节律的需要相比,探索求知的需要并不在于周期性的重复出现,而在于得到一定程度满足的条件下,具有逐渐增强、深化和扩大需求范围的趋势,它属于精神文化方面的需要。变换生活环境以调节身心活动节律和探索求知,是两种基本的、典型的旅游需要。

除了这两种需要以外,还有通过旅游以满足社会交往、提高社会地位、获得荣誉和尊重,满足生活多样性等需要。事实上,人们参加旅游活动时往往不仅仅具有某一种旅游需要,而是希望能同时满足几种旅游需要,只不过这些需要的构成、主次、对个体的作用等方面存在着差别。

（三） 旅游者需要在旅游购买中的表现

旅游者的需要推动着旅游者去进行必要的旅游活动,并直接或间接地表现在旅游购买活动中,影响其购买行为。旅游者在购买旅游产品和服务中主要有以下表现。

(1) 习俗心理需要:由于地理、气候不同,民族、宗教、信仰不同,历史文化不同,传统观念不同,都会引起旅游者不同的习俗心理需要。

(2) 时尚心理需要:由于社会风气、时代潮流、社会群体等社会因素的影响,在旅游者中通常会产生追求潮流，向往在大多数人中流行的旅游产品、服务的时尚心理需要。

（3）炫耀心理需要：希望别人对自己的支付能力，审美观点等赞赏，或可以向亲友讲述他的旅游经历的炫耀心理需要。

（4）求美心理需要：旅游者对美的追求。

（5）方便心理需要：旅游者在购买旅游产品时，普遍希望能方便地购买、到达和进行各项活动，交通不便的景点往往游人较少正是由于这一原因。

（6）选价心理需要：和购买日用品一样，旅游者也希望能够付出较少的货币获得相当的旅游经历。经济上不是十分宽裕的旅游者可能会选择乘火车和住一般档次的酒店。

（7）新奇心理需要：求新鲜、奇特是许多旅游者具有的心理需要，他们要求新求异，渴望在旅游过程中能不断看到平时生活中看不到的事物，产生新奇感，增添情趣。

（8）偏好心理需要：某些旅游者由于受习惯、爱好、学识修养、职业特点、生活环境等影响，会产生对某类特殊的旅游产品稳定、持续的追求与偏爱。

（9）求名心理需要：旅游者向往著名的旅游产品、旅游景点，而更乐于接受和购买。

了解、分析旅游者的需要，目的在于帮助营销人员研究目标市场尚未满足的是哪一层次的需要，对症下药，消除营销工作的盲目性，加强营销刺激的效果。

二、旅游者购买动机

（一）动机概念

在任一时期，每个人总有许多需要。当人有某种需要未得到满足时，人体内会出现某种紧张状态，形成一种内在动力，即欲望，促使人去采取能使需要满足的行动，这便是动机。动机是行为的直接原因，它推动和诱发人们从事某种行为，规定行为的方向。

（二）旅游动机的基本内容

由于人们的旅游需要是复杂的、多变的，因此，导致人们的旅游动机也多种多样。一般来说，可将所有的旅游动机归纳为下面的五种：

1. 身心方面的动机

这主要是为了健康或为了寻求精神上的乐趣。长期的紧张工作、城市环境的喧嚣、繁杂的家务等不仅造成身体的疲劳，人们为了解除身体的疲劳、精神的疲惫和心理压力，调剂身心，需要暂时离开工作环境和家庭环境，摆脱俗务，于是产生旅游动机。它包括度假、疗养、参加体育活动、参加消遣娱乐活动、观光等。

2. 文化方面的动机

这是为了满足认识和了解异国他乡的情况、扩大视野、丰富知识的需要而产生的动机。如了解异国他乡的文化艺术、风俗习惯、政治经济、宗教等状况以及进行学术交流和艺术交流等。

3. 社会方面的动机

社会方面的动机又称交际动机。是为了社会交往、保持与社会的经常接触而产生的一种动机，如探亲访友、旧地重游、开展社交活动、宗教朝圣等。

4. 地位和声望方面的动机

这是人们为满足个人成就和个人发展的需要而产生的动机。旅游者希望通过旅游得到别人的承认，引人注意、受人赏识、获得良好的声誉等。属于这类动机的有：事务、会议、考察研究、追求业余癖好以及求学等。

5. 经济方面的动机

这是人们为达到一定的经济目的而产生的旅游动机,包括贸易、经商、购物等。如我国每年举办的广交会时各地来洽谈贸易的大批客商就是出于经济方面的动机。人们去香港地区旅游,相当大部分是为了去那里购买价廉物美的商品。

（三） 旅游者购买动机的特点

1. 转移性

转移性是指主导性动机和辅助性动机的相互转化转移。一般而言,一个购买行为往往为多种动机所驱使,其中的主导动机起主要作用。但如果在决策时或选购过程中出现了较强的新刺激,则购买的主导动机可能会被压抑,主次动机就会相互转化。

2. 内隐性

内隐性是指旅游者由于某种原因将次要动机或其他动机掩盖其主导动机或真正动机。例如,一位旅游者外出访友度假,其主导动机是好奇而观光旅游,而他则可能对人说是出于友谊而访友。

3. 模糊性

由于购买动机是复杂的、多层次的,因此主导动机有时不易辨认清楚,连旅游者本人有时也说不清楚。因为有些旅游者的购买行为是在潜意识的支配下进行的。

4. 冲突性

冲突性指多种购买动机的相互冲突和抵触,在购买时内心出现矛盾心理、左右为难的情形。

（四）旅游动机—旅游行为

人们从产生旅游动机到实际的旅游行为是一个比较复杂的心理过程。人们必然会考虑旅游所需的主客观条件,亦即产生旅游行为的基本条件和客观的旅游环境(见图 3-6 所示)。

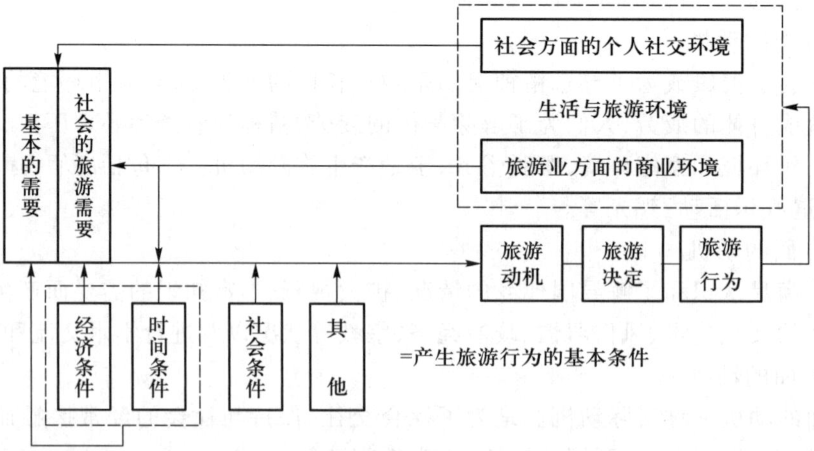

图 3-6 旅游动机—旅游行为过程图

只有当主客观条件具备、能满足旅游需要时,旅游动机才能确立,并由思想动力向现实转化,变成实际的旅游行为。然而,人们在实际的旅游活动中,一种需要满足了,还会产生其他新的需要，这样新的动机又会产生，旅游动机始终是一种动态的过程。同时，并非所有动机都能转化成行为，在社会生活中，在旅游环境里，人的需要是随着社会的发展与环境的变化而发展变化的。到什么地方去旅游？选择何种交通工具？住何种价格的旅馆？只有那些最强烈的动机才会引发出行动。因此，人的行为与相对应的动机强度变化有密切关系。作为旅游业的营销人员，了解这种变化关系对掌握旅游者的心理和预测其行为有着重要的意义。

阅读材料

旅游动机

2001年，土耳其学者Metin Kozak的调查表明，赴土耳其和摩洛哥旅游的英国游客和德国游客的旅游动机有所差异。英国游客更倾向于寻找乐趣，德国游客更希望通过旅游得到身心的放松。韩国学者对赴韩的国际游客的旅游动机和偏好进行了一系列研究。Chulwon Kim和Seokho Lee发现，“旅游地吸引力”和“家庭团聚”这2个因素对日本游客有更强的刺激效果，而“追求新奇”是吸引英美游客的主要原因。他们认为，这可以用东方社会与西方社会在“集体—个人主义”文化导向的区别来解释。Seong Seop Kim等人发现，美国和澳大利亚游客主要为了体验差异性的文化而到韩国旅游，他们偏好能体现历史文化特色的旅游资源；而中国内地和中国香港某些游客除了以上原因，还会由于体验不同生活、享受不同的旅游资源等原因而选择跨国旅游，而且他们和日本游客都更偏好休闲购物等旅游资源。

资料来源：旅游科学，2008。

三、购买过程中的感觉

购买动机形成后能否化为购买行为，还取决于旅游者在购买过程中的预期和感觉。因为人们的行动在很大程度上并不依据客观的事实，而是依据自己感知中的事实，即以其“认为”的事实为决定依据。例如，两个人都需要同一条旅游线路，同时进入一家旅行社，受到同一个服务人员的接待，但可能出现两种完全不同的结果：一人购买了这条旅游线路，另一个未购，究其原因，最大可能是两人对旅游线路、旅行社、服务人员的期望和感觉不同。

何谓感觉？感觉是指人的感觉器官对客观刺激物的主观反映。同一刺激物为什么会产生不同的反映，不同的感觉呢？心理学家认为，感觉过程是一个选择性的心理过程，包含以下三种过程：

（一）选择性注意

人的一生中几乎每时每刻都面临刺激物，但并非都能注意和留下印象。那么，人们将选择地注意哪些刺激物呢？一般为下述三种：

（1）与人们目前需要有关的；

（2）预期将出现的；

（3）差异度较大或较为特殊的。利用这一特点，有些旅行社在零售本地景点观光线路时，为了引导旅游者决策，在宣传手册上仔细描述本旅行社经营的一、两线路并附有照片。同时，还列出一些设计明显很差，价格又很高的其他线路，其实，旅行社并不经营这些线路，只是把它们编排出来为旅游者提供参照物,促使消费者更注意地选择旅行社实际经营的那一、两条线路。

(二) 选择性曲解

人们对客观事物的理解和认识有时是不正确的,其中可能含有个人偏见和成见。这种按个人意愿曲解外界事物使之合乎自己意思的倾向,叫作选择性曲解。例如旅游者长期形成的对某个旅行社信誉偏好,是不会轻易改变的,其他旅行社信誉再高,他也极有可能扭曲这些旅行社的信誉,从而断定自己偏好的旅行社是最好的。人们倾向于对自己的先入之见,用支持而非挑战的方式来对信息做出阐述。

(三) 选择性记忆

人不可能记住所有已经了解的事物,多数人只记得那些合乎自己信念、支持其态度的事物。例如,很多人只记忆自己喜欢的品牌,每次需要再购买时,只想这个品牌而不及其他。这种心理机制,叫作选择性记忆。

上述三种感觉过程的客观存在说明,旅游企业要想使自己的产品深入人心,得到旅游者青睐,必须跨越并充分利用旅游者的感觉壁垒。

四、学习过程

学习是人们在社会实践活动中,不断积累经验,求得知识和技能的过程。心理学研究表明,人们除了少数本能反应所产生的行为外,绝大多数的行为都是受后天经验的影响形成的。所以,学习对消费者行为的形成与改变有重要影响。

心理学家为我们研究人的学习提供了基本模式,即反应模式,简称 S—R 模式。它包括驱使力、刺激物、提示物(诱因)、反应、强化五种要素,如图 3-7 所示。其中驱使力是指促使人们行动的强大内在力量。如果某一刺激物能够减少人们的内在紧张状态,驱使力就会变为某种动机。提示物是指次要刺激物,它确定人们对这种内在冲动做出反应的时间、地点和方法。如果人们的某种行动能获得满意的结果,那么,这种反应就强化了,人们在今后就很可能会对类似的刺激物做出相同的反应。

在学习过程中,人们取得对某种刺激物做出类似反应的经验,并通过比较,提高区分刺激物的能力,以便做出更好的购买决策。

人们的旅游决策主要是根据后天经验做出的,而人们的后天经验在很大的程度上又取决于人们从旅游企业和其他人那里学到了多少知识。旅游企业应通过人员推销、促销资料等,向潜在旅行者提供必要的信息,使他们了解如何解决各种旅游问题,如何满足各种旅游需要,并向他们证明本企业的产品和服务有助于满足他们的各种需要。

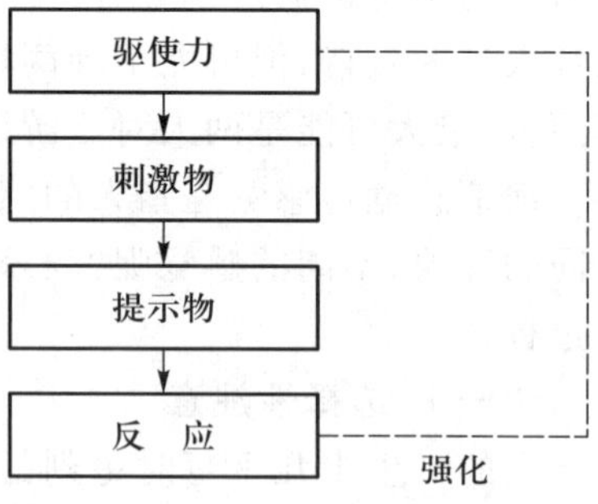

图 3-7 学习过程模式

因此,旅游营销活动中:第一,应设计具有差异化的整体旅游产品,以吸引旅游者,刺激其购买欲望。第二,应善于及时有效地向旅游者展示启发需求的提示物,强化促销策略,诱发旅游者的购买行为。第三,旅游企业应做好强化工作,加强消费者对旅游企业及产品的满意度,创造重复购买。旅游企业提供热情、细致、周到的服务,是提高该企业知名度、信誉度的重要途径。

五、旅游者信念和态度

通过学习,人们获得了自己的信念和态度,它们又转过来影响人们的购买行为。

(一) 信念

信念是指一个人对某些事物所持有的看法。这些看法可能是基于实际认识,也可能基于个人见解和信念,有时可能掺有感情色彩。人们根据自己的信念而做出行动。如果一些信念是错误的,并阻碍了购买行为,旅游企业就要通过促销活动去纠正这些错误信念。

(二) 态度

态度是指一个人对某些事物或看法所持的评价、知觉和倾向。人们对每一事物都有其态度,如对宗教、政治、旅游等。人们常常把对事物的态度,归纳为心理上喜欢或不喜欢两大类。喜欢则采取追求的行为,不喜欢则采取避开的行动。

可见,了解旅游者对旅游产品的信念和态度,对旅游企业具有重要意义。旅游企业可以据之设计新产品,或改进原有产品使之符合旅游者的要求。

第三节 旅游者购买决策过程分析

旅游企业开展市场营销活动,不仅需要了解旅游者的购买特征,更重要的是对旅游者的购买决策过程进行深入的分析。从而为旅游企业吸引大量的游客,为旅游企业赢利。分析旅游者购买决策过程应从参与购买角色、购买决策类型和决策过程的步骤三个方面展开来看。

一、旅游者参与购买的角色

旅游产品所涉及的决策单位往往由许多人所组成。例如,肯德基为了促进销售,将营销重点瞄向了儿童市场。当该快餐店凭借着各类特色产品和节目抓住了儿童消费者以后,陪伴儿童的大人们自然也就加入消费者行列中。在市场营销学里,为了区别人们在一项购买决策过程中可能扮演的不同角色,通常将其划分为五种角色:即发起者、影响者、决策者、购买者和消费者。

(1) 发起者。发起者是首先提出或有意购买某一产品或服务的人。

(2) 影响者。影响者是指其看法或建议对最终决策具有一定影响的人。

(3) 决策者。决策者是指对是否购买、为何购买、何时购买、何地购买、如何购买等方面的购买决策完全或部分地做出最后决定的人。

(4) 购买者。购买者是指预订或购买的人。

(5) 消费者。消费者是实际消费产品和服务的人。

识别各种购买角色在旅游企业营销过程中起着重要的作用。它可以帮助企业设计和开发产品,以及有效地进行促销活动。上面所引述的肯德基创新性的销售方式可以充分地说明这一点。

二、旅游者购买决策的类型

旅游者购买决策随着购买决策类型的不同而变化。例如,“一日游”的产品购买决策的复杂程度远比长距离的旅游简单地多。营销学家阿萨艾(Assael)根据消费者在购买过程中的介入程度和品牌间的差异程度,将购买决策分为四种类型,见图 3-8。

品牌差异程度 \ 消费者介入购买的程度	高	低
大	复杂型	多变型
小	和谐型	习惯型

图 3-8 消费者购买决策类型

(一)“复杂型”购买

如果消费者属于高度参与,并且了解现有各品牌、品种和规格之间具有显著差异,则会产生复杂的购买行为。复杂的购买行为指消费者需要经历大量的信息收集、全面的产品评估、慎重的购买决策和认真的购后评价等各个阶段。

对于复杂的购买行为,营销者应制定策略帮助购买者掌握产品知识,运用各种媒体和销售人员宣传本品牌的优点,发动旅游营销人员和购买者的亲友影响最终购买决定,简化购买过程。

(二)“和谐型”购买

有些选购的旅游产品,品牌之间区别不大,而消费者又不经常购买,购买时有一定的风险性。对这类旅游产品,消费者一般先进行一番比较,而后,不花多长时间就购买,这是因为各种牌子之间没有什么明显的差别。消费者一般不花费很多时间收集不同品牌产品的信息进行评价,一旦认为价格合理、购买方便、机会合适,消费者就会决定购买。购买以后,消费者也许会感到有些不协调或不够满意,也许旅游产品的某个地方不够称心,或者听到别人称赞其他种类的商品。在使用期间,消费者会了解更多情况,并寻求种种理由来减轻、化解这种不协调,以证明自己的购买决策是正确的。

(三)“多变型”购买

有些商品牌子之间有明显差别,但消费者并不愿在上面多花时间,而是不断变化他们所购商品的牌子。如在购买点心之类的商品时,消费者往往不花长时间来选择和估价,下次买时再换一种新花样。这样做往往不是因为对产品不满意,而是为了寻求多样化。比如购买饼干,他们上次购买的是巧克力夹心,这次购买的是奶油夹心。这种品种的更换并非对上次购买的饼干不满意,而是想换换口味。

对于寻求多样化的购买行为,市场领导者和挑战者的营销策略是不同的。市场领导者力图通过占有货架、避免脱销和提醒购买的广告来鼓励消费者形成习惯性购买行为。而挑战者则以较低的价格、折扣、赠券、免费赠送样品和强调试用新品牌的广告来鼓励消费者改变原习惯性购买行为。

(四)“习惯型”购买

对于价格低廉的、经常性购买的商品,消费者的购买行为是最简单的。这类商品中,各品牌的差别极小,消费者对此也十分熟悉,不需要花时间进行选择,一般随买随取就行了。例如,买油、盐之类的商品就是这样。这种简单的购买行为不经过收集信息、评价产品特点、最后作出重大决定这种复杂的过程。

对习惯性购买行为的主要营销策略有以下两种。

1. 利用价格与销售促进吸引消费者试用

由于产品本身与同类其他品牌相比难以找出独特优点以引起消费者的兴趣,就只能依靠合理价格与优惠、展销、示范、赠送、有奖销售等销售促进手段吸引消费者试用。一旦消费者了解和熟悉了某产品，就可能经常购买以至形成购买习惯。

2. 开展大量重复性广告加深消费者印象

在低度参与和品牌差异小的情况下，消费者并不主动收集品牌信息，也不评估品牌，只是被动地接受包括广告在内的各种途径传播的信息，根据这些信息所造成的对不同品牌的熟悉程度来选择。消费者选购某种品牌不一定是被广告所打动或对该品牌有忠诚的态度，只是熟悉而已。购买之后甚至不去评估它，因为并不介意它。购买过程是：由被动的学习形成品牌信念，然后是购买行为，接着可能有也可能没有评估过程。因此，企业必须通过大量广告使消费者被动地接受广告信息而产生对品牌的熟悉。

以上四种购买决策类型通用于一般产品的购买决策。对于旅游产品的购买决策，则有着一定的特性。

首先，对于大多数旅游产品而言，购买决策的复杂程度通常较高，旅游者介入的程度也较深，这是由旅游产品的特性所决定的。旅游产品内在的无形性特征，使其不能像有形产品那样可以通过颜色、气味等“可寻找特征”对产品的质量特性做出判断。因此，旅游产品质量只能靠经验特征加以辨别，这在客观上就构成了旅游产品购买的风险性。所以，可以认为，旅游产品的购买决策多属于“复杂型”和“和谐型”两类。

其次，具体地讲，对于类似于度假旅游产品等花费大、旅行距离也较远的旅游产品的购买，旅游者通常会投入大量的精力，来收集信息并对不同的旅游地产品特性进行评价。因此，在这类旅游产品的促销过程中，可以通过一些主要的新闻媒体来描述该产品的优点，尽量使得旅游地产品品牌差异化，以影响旅游者最后的品牌选择。对于花销不大，近距离消费的旅游产品，大多属于“和谐型”购买。营销人员在进行市场开发时，一则要突出产品的质量，以减少旅游者购买的疑虑；二则需要以优质服务取胜，从而增加游客的回头率，获取有力的舆论支持。

最后，对于“多变型”购买，多发生于旅游小商品或旅游饮食购买决策过程中。这种购买决策通常是在探新求异的购买心理支配下进行的。营销人员对于此类产品的销售可以有针对性地采取有效的营销策略。在旅游餐饮业中，通常会使用各类特色广告，如今日特别推荐菜单或本店特色菜谱等，以刺激旅游者的购买活动。

三、旅游者购买决策过程

旅游者购买活动，是通过一定的购买过程来完成的，分析和了解旅游者购买过程的主要目的，是针对旅游者在购买活动过程中的各个阶段的思想、行为，使旅游企业采取适当措施影响旅游者的购买决策，扩大产品的销售。

旅游者的购买过程一般分为五个阶段，如图 3-9 所示。

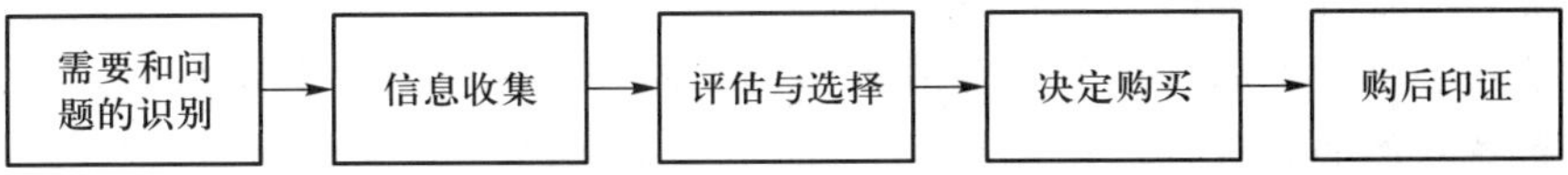

图 3-9　旅游者购买过程

（一）需要和问题的识别

一般而言，当旅游者意识到自己有某种需要时，就是其购买决策过程的开始。这种需要可能来源于旅游者的某种生理活动,也可能来源于外界的某种刺激,或是两方面的共同作用。如前所述,需要会驱使旅游者寻找合适的购买对象以得到满足。针对旅游者的这一心理特点,在这一阶段,营销者的主要任务应是:善于识别和触发旅游者需要,时刻注意能够引起其兴趣的各种细节。

旅游者对旅游商品产生的需求与当地消费者产生的需求不尽相同。本地消费者一般很清楚地知道自己的需求到底是什么,但旅游者尤其是对那些以休闲娱乐、享受为目的的旅游者来说,在异地充满了好奇和兴奋,在购物的过程中,或多或少会带有盲目性,缺少理智,往往不能清楚地识别自己的需求,这些旅游者在旅游购物过程中很可能扮演不成熟的消费者。旅游者是特殊的消费群体,他们在购买商品时的动机往往是建立在情感购买动机基础上,购买目的是为了给自己留下美好的回忆,或赠送亲友以表达情谊。对他们而言,一般不能产生惠顾购买动机,只有理智购买动机和情感购买动机,而更多的是情感购买动机。这就使购买的可能性加大,灵活性也增强了。因此,调动旅游者的情感,从而提高购买欲望,成为促进旅游商品销售的一条重要的途径。

（二） 信息收集

旅游者的某些需要能够通过常规购买行为随时得到满足,如日用品的购买即是如此。但旅游者还有一些需要不能通过常规购买行为得到满足,因为他们不知道或不确切知道哪些旅游产品或哪种旅游产品能够满足自己的特定需要。为增进对有关旅游产品的了解,他们需要收集与满足其需要有关的各种信息,以此作为购买决策依据。根据经验,旅游者的信息来源主要有以下四个:

(1) 个人来源,如家庭成员、亲朋好友、邻居、同事等;

(2) 商业来源,如广告、推销员、经销商、包装品、展销会等;

(3) 公共来源,如大众传媒、旅游者组织等;

(4) 经验来源,如试验性使用等。

一般说来,旅游者所得到的信息大多出自商业来源,但对旅游者影响力量大的信息大多出自个人来源。各种来源的信息对购买者决策都有相当的影响,在正常情况下,商业来源信息对旅游者主要起旅游产品通知作用,而个人来源信息对旅游者主要起旅游产品评估作用。营销者应仔细调研旅游者的信息源,依据调研结果拟定广告及促销计划,设法扩大对自己有利信息的传播。

（三） 评估与选择

根据所得到的信息,旅游者要进行旅游产品及品牌的比较和选择。在比较和选择的过程中,旅游者有五种心理现象应引起营销者重视:

(1) 产品性能是旅游者考虑的首要问题;

(2) 旅游者对各种性能的重视程度不同;

(3) 旅游者心目中的品牌形象即其品牌信念与品牌实际形象常有差距;

(4) 旅游者对产品有各种效用期望;

(5) 旅游者在选择旅游产品时大多以个人理想作为比较标准。

营销者应根据旅游者以上心理特点,研究使旅游者中意本企业旅游产品的对策。要点有三个:一是努力改进本企业产品质量和产品性能,使之尽量接近旅游者需要,这称作“实际的重新定位”。二是设法转变旅游者对有关产品及品牌的不切实际的观念和期望,帮助旅游者正确认识产品性能差异，这称作“心理的重新定位”。三是向旅游者宣传本企业产品的相对竞争优势，改变某些旅游者对本企业产品竞争品性误会，这称作“竞争性反定位”。

（四） 决定购买

做出购买决定和实现购买，这是购买决策过程的关键环节。通过反复比较和选择，购买意图已基本形成，然而从形成购买意图到实际购买，中间还会受两个因素的影响（如图 3-10 所示）。第一是他人的态度，特别是家人的态度，如果有关键人士反对，则购买意图会产生变化；第二是出现意外情况，购买意图是在预期收入、预期价格和预期效用的基础上形成的，无论其中哪一方面发生了意外情况，如失业、意外急需、产品涨价、新出现的有关该产品令人失望的信息等，都可能导致购买意图的变化。

旅游者修改、推迟或取消某个购买决定，往往是因觉察到某种风险。“觉察风险”的大小取决于涉及金额的多少，产品性能的确定程度和购买者自信心的强弱。因此，营销者有必要认真研究减少旅游者“觉察风险”的有效对策。

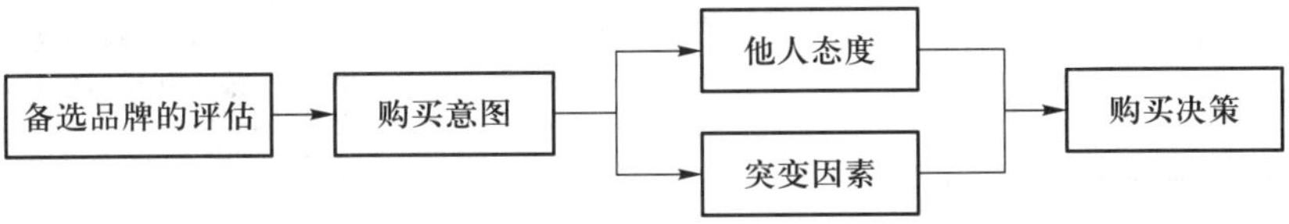

图 3-10　购买意图和购买决策之间的影响因素

（五） 购后印证

旅游者购买旅游产品是否感到满意，直接关系到日后是否重购和向周围扩散什么样的信息。通常而言，具有满意感的旅游者会倾向于向周围人传播该品牌的优点。正如人们所预料的那样，“满意的顾客是最好的广告”。据国外统计资料显示，当顾客感到满意时，他至少会向 5 个人表达他的兴奋感。相反地，如果他觉得受到欺骗或非常不满意时，那么他至少会向 10 人以上诉说他的不满。因此旅游者满意度对旅游企业及其产品品牌的商誉会有较大的影响。

旅游者对其所购旅游产品的满意程度，决定于旅游者预期效果（E）和实际效果（P）之比。（如果 $E<P$，旅游者将会非常满意；若 $E=P$，则旅游者是基本满足的；若 $E>P$，则旅游者便会产生不满意感。而且两者之间的差距越大，旅游者不满也就越发强烈）实际效果愈好于预期效果，旅游者对所购旅游产品愈感到满意。根据这一理论，旅游市场开发的关键在于产品的质量和信誉。因此，营销者应与旅游者建立购后联系，摸清旅游者心思，做好各项售后服务，包括针对旅游者心理应做的宣传服务。同时认真研究增加旅游者购后满意度和重复购买的各种对策。在旅游实践中，那些通过虚假广告等手段来刺激旅游购买的做法，势必会使旅游者因预期落差的过大而产生抱怨情绪，是一种不可取的短期行为。

阅读材料

旅游目的地选择与购买决策模型分析

图 3-11 是应用笔者提出的上述模型以中国香港为例做出的案例分析。通过对这些方框

内容的填写，旅游地的营销者可以比较明确地把握营销的策略和步骤，从而能针对不同步骤的消费者反应，做出相应的有效的营销努力。这个案例从旅游营销部门的角度出发，分析了以都市白领为目标市场的香港旅游产品的选择和购买过程，尤其强调了市场营销部门在这个过程中的作用。

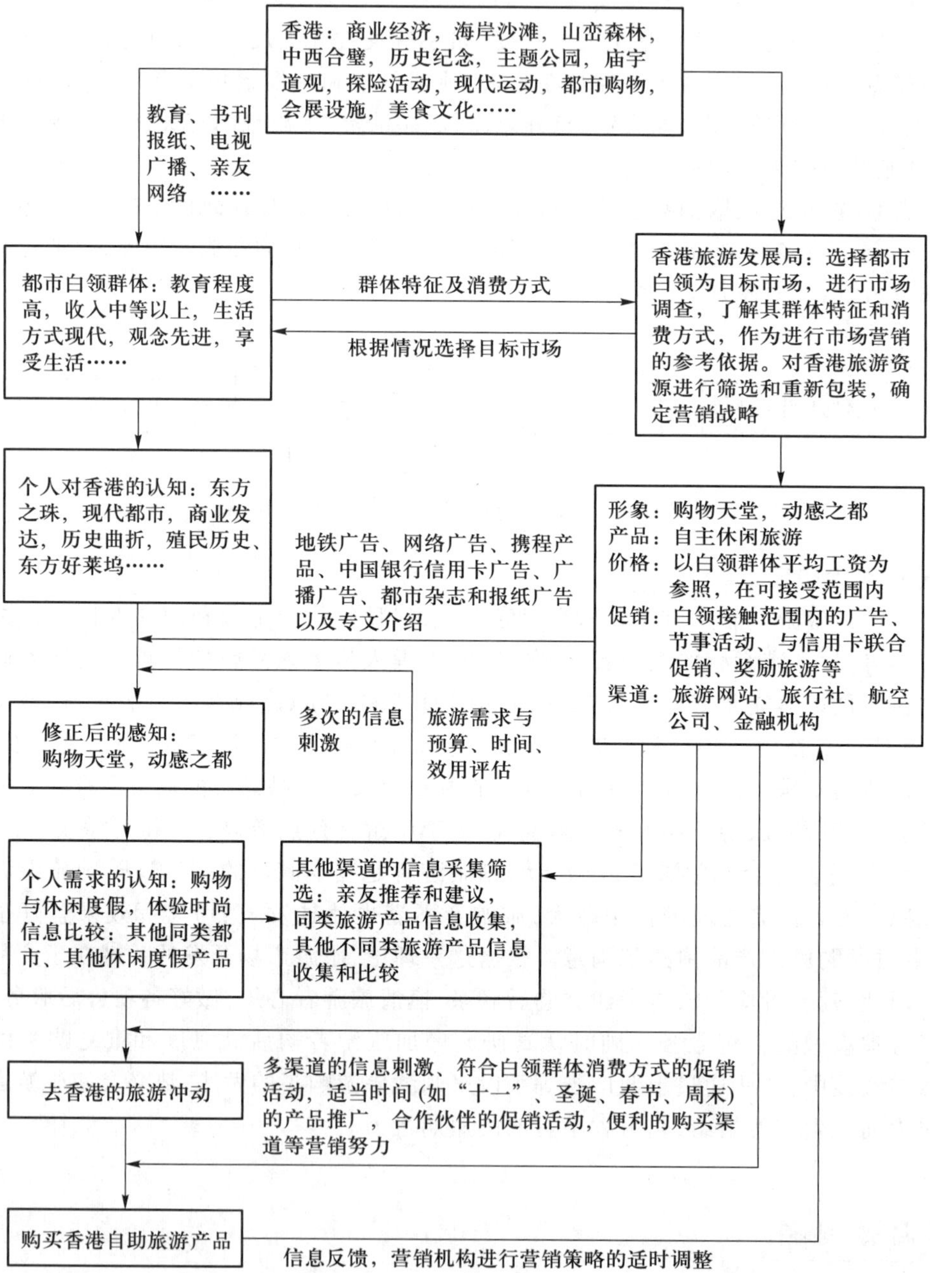

图 3-11 都市白领对中国香港旅游的选择与购买决策过程

首先，营销者列举旅游地的所有社会、文化、自然资源，并且根据最有吸引力的资源组合来找出最合适的目标市场。购物天堂和动感都市是香港旅游发展局在分析了香港的旅游和社会资源以后,针对都市白领确定的一个比较适合的形象定位。

第二步,调查目标市场的特征和消费方式,根据这些信息选择旅游资源进行市场形象的包装定位,决定营销策略。白领作为一个高收入、高学识的群体,是各个都市里不可或缺的消费主力,也是旅游休闲活动的积极主体。为了吸引这个群体,就必须了解他们的需求和消费特征,从而选择合适的营销策略来推广香港旅游。

第三步,检测目标市场——都市白领对香港的形象认知,具体的方法可以是一些小范围的市场调查,对信息把关人的深入访谈,以及专业人士的预测分析。根据这些信息来调整营销策略,通过相应的营销渠道来推广旅游地的目标形象。

第四步,通过有效的市场营销手段,如广告、定价、促销等手段,使得都市白领对香港的形象感知得到修正,逐步接受营销者的理念:香港是一个时尚都市、购物的天堂。由此,目标市场对香港产生日益清晰的感知。通过这种感知,萌发自身的旅游需求,产生旅游冲动。

第五步,旅游者意识到自身的旅游需求,了解了香港的旅游形象以后,会进行信息的收集和对比,尤其是与其他旅游地的对比,这个过程非常重要,它包括对旅游形象、花费、行程等各个方面的对比。在这个阶段,适当的广告和促销推广会推动旅游者的最终决定。

第六步,去香港购物和观光已经成为旅游者强烈的旅游冲动,针对白领的信用卡联合奖励计划、旅行社组团、航空公司包机等促销活动,以及在节假日推出的特别行程,在网络上就能预订的自助游产品组建了几个便利的购买平台和渠道,使得旅游者的冲动能非常方便地转化为现实的购买行为。如果在这个环节营销者不能构建比较方便的分销渠道,那么就会影响整个营销效果。

第七步,在旅游者完成了购买行为以后,香港的各个旅游机构还会进行定期的回访和信息反馈活动,得到充足的信息来改进香港的旅游产品,调整旅游形象。

总之,通过上述的案例,我们可以发现,在整个选择和购买决策过程中,香港旅游机构的旅游推广和形象构建等营销努力是非常必要的,正是不同步骤上的营销努力才推动了最终的消费行为的产生。我们国内的旅游地和旅游机构在进行旅游产品推广时,有必要根据潜在旅游者的心理选择过程来策划每个步骤的营销计划,采取合适的营销努力来推动游客的消费行为。

资料来源:旅游学刊。

本章小结

1. 旅游市场购买行为相关概念的介绍,我们把旅游者个体在收集有关旅游产品的信息时,进行决策时,在购买、消费、评估、处理旅游产品时的行为表现,统称为旅游者购买行为。旅游者购买行为的特点:旅游者在购买活动中表现出较为复杂的产品评价过程;旅游消费是一种非日常性的高层次消费。旅游者的购买行为受旅游者个人特点、社会影响因素和环境因素的影响,而呈现出不同的购买行为。旅游者购买行为的刺激——反应模式。

2. 影响旅游者购买行为的心理特性分析,根据科特・莱文对消费者购买行为的分析,我们可以将影响旅游者购买行为的因素分为三类:旅游者个人特征、社会影响因素和环境因素。我们重点分析旅游者心理特性对旅游购买行为的影响。旅游者心理主要包括需要与旅游需要,旅游者购买动机,购买过程中的感觉,学习过程,旅游者信念和态度。

3. 分析旅游者购买决策过程应从参与购买角色、购买决策类型和决策过程的步骤三个方面展开来看。旅游者购买角色有发起者,影响者,决策者,购买者,消费者。根据购买者在购买过程中的介入程度和品牌间的差异程度,将购买决策分为四种类型:复杂型、和谐型、多变型、习惯型。旅游者的购买过程一般分为五个阶段,需要和问题的识别,信息收集,评估与选择,决定购买,购后印证。

关键术语

旅游者购买行为(tourists purchase behavior)
刺激—反应模式(stimulus-response model)
刺激因素(stimiulus input)
沟通渠道(communication channels)
购买者特征和决策过程(buyer characters and decision process)
购买者反应(response)
购买后感觉(post-purchase feelings)
需要(need)
旅游需要(tourist needs)
旅游者购买动机(tourists purchasing motivation)

案例回顾与讨论

1. 对于如下三种类型的家庭来说,决定到哪里度假这一家庭购买决策的过程会有什么差异?这三种家庭分别是:孩子年纪在七八岁以下的家庭,孩子年纪在9~14岁的家庭和孩子年纪在15~19岁的家庭。

2. 在问题1所列的三种家庭中,购买决策形成过程中会发生怎样的冲突?这些冲突可以怎样解决?

3. 讨论一下旅店和度假村该如何利用现代家庭生活习惯来找到潜在市场?

复习与思考

请将你感受最深的一次旅游经历,用本章所学内容做如下分析:

1. 此次旅游都包含了哪些类型购买行为?
2. 请分析一下你的心理特性因素是怎样影响你旅游购买行为的?
3. 阐述一下你的购买过程。
4. 通过此次旅游,你认为旅游企业应怎样更好地开展营销活动?

自测自评

实践题

1. 找一个旅游目的地去体验一下,分析自己在整个旅游过程中的购买心理以及购买过程。
2. 找准一个旅游地点,对该地的旅游人群做一次问卷调查,了解旅游者购买心理,分析其购买过程。
3. 尝试着比较掌握旅游者的购买特性前后,所采用的营销策略的差别。

推荐阅读文献

1. 迈克尔·所罗门.消费者行为学.12 版[M].北京:中国人民大学出版社, 2018.

2. 林莉,张程程,朱丽.城市家庭旅游消费行为及市场开发策略研究——以 H 市为例[J].安徽农业大学学报(社会科学版), 2018, 27(5):58-64.

3. 姜国华.中国家庭旅游消费影响因素研究[J].广西社会科学, 2017(5):75-79.

4. 刘好强.调节定向与沟通策略对旅游者购买意愿的影响——感知价值的中介作用[J].旅游学刊, 2015, 30(12):74-84.

5. 伍丹丹, 时朋飞, 周家安, et al.基于旅游者感知的西安曲江旅游形象分析[J].资源开发与市场, 2018, v.34;No.250(6):855-861.

第四章　旅游市场调研与预测

要建立一套完整的旅游市场营销系统并将该系统的信息随着外部环境的变化不断更新，建立旅游市场营销信息系统和及时的旅游市场调研是成功的关键，旅游市场调研以及随后的营销信息系统是整个旅游市场营销必不可少的第一步。本章首先从旅游市场营销信息系统的介绍入手，随后详细介绍了旅游市场营销的主要内容和基本程序，最后介绍了旅游市场营销的预测方法和内容，这是对前面所述旅游市场营销信息系统的应用。

学习目的

- 掌握旅游市场营销信息系统的基本构造
- 熟悉旅游市场营销的基本内容和营销操作程序
- 掌握设计旅游市场调查问卷基本方法
- 熟悉基本的旅游市场预测技术

引导案例

旅游目的地营销系统（DMS）

2001 年，世界旅游组织商业协会出版的《旅游电子商务——旅游目的地和企业实用指南》进一步阐述了旅游目的地营销系统（Destination Marketing System，DMS）的概念和内涵，并详细说明了 DMS 的实施过程。旅游目的地营销系统是旅游目的地通过互联网进行网络营销的完整解决方案，由政府旅游管理机构主导建设，多个主体包括旅游企业、旅游者和媒体等积极参与，目的在于增加旅游目的地的知名度，提升目的地营销的整体水平，促进目的地旅游信息化的规范化和标准化，帮助旅游局实现对当地旅游企业的营销管理，刺激游客在目的地的旅游消费，增加旅游收入，实现和传统媒体的对接，共同推广当地旅游业。

一、旅游目的地营销系统的构成

旅游目的地营销系统是基于网络环境，将旅游行业在某一特定区域内的所有相关者联系到一起，实现信息共享与资源的合理优化配置。因此旅游目的地营销系统应包括：

1. 核心服务系统

主要由以下系统构成，旅游综合信息数据库、旅游信息服务系统、旅游网站内容管理系统、旅游网络分销系统、旅游业务管理系统等。

2. 旅游局客户端

主要包括旅游目的地信息审核系统、旅游目的地信息管理（包括新闻信息管理、促销主题、促销信息、文件资料、节庆活动、招商引资、目的地综合信息等的管理）、目的地企业管理、旅游投诉管理、业务管理系统集成、旅游目的地管理、统计报告等系统。

3. 旅游企业客户端

主要包括企业信息管理、企业信息的发布、产品订单管理、旅游投诉处理、统计报告、同业交流等系统。

二、DMS 运营管理的流程

DMS 的运营管理流程大致上分为以下几个环节：信息采集—信息审核—信息发布—主动性的营销与互动—在线预订，等等。这里给出的只是一个比较普遍的运营流程（见图 4-1），各目的地根据自身的情况可能略有不同。

第一，信息采集。DMS 的运营一般从系统信息的采集开始，运营主体通过各种信息渠道收集旅游目的地的信息，包括旅游目的地概况、旅游资源、地方文化、旅游企业、旅游产品、旅游交通、当地旅游须知以及旅游新闻和公告等信息。

第二，信息审核。对采集到的信息进行审核和筛选，通过审核的信息进入 DMS 网站的数据库中。

第三，信息发布。将审核通过的信息分类汇总后，显示在网站上的各个栏目中，并在 DMS 网站上通过导航和搜索功能，让浏览者方便地获得所需的各级系统中的信息。

第四，主动性的营销与互动。如运用多种网络营销手段来对不同的目标客户进行信息的有效传递，开展营销宣传；记录并存储客户的信息，进行客户关系管理；为供求双方提供互动沟通的平台，等等。

第五，在线预订。供需双方经过多次的询价、议价后，在 DMS 为其提供在线交易的平台，完成产品的预订和业务处理，相关的支付和物流体系为交易的实现提供支持。随着信息的更新和调整，系统进入新的一轮循环。在整个运营过程中，网络服务提供商为各种功能的实现提供技术支持，而运营的主体则负责运营中的后台管理和业务监测，协调各主体间的关系。

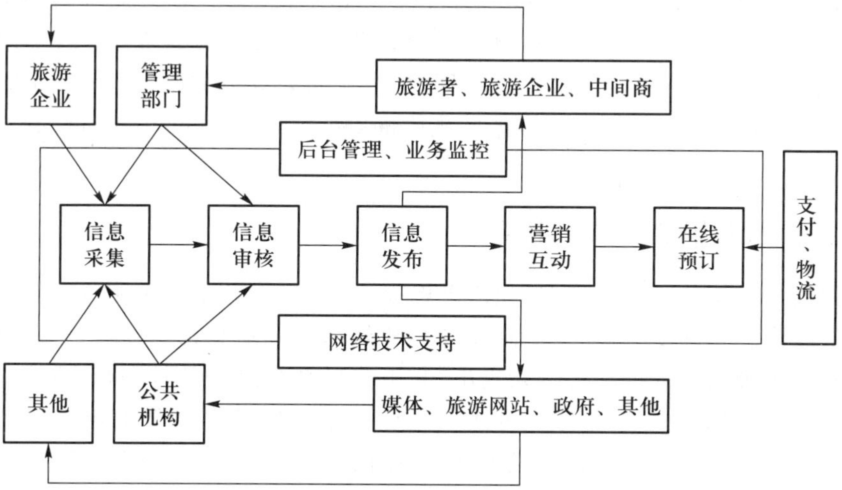

图 4-1　DMS 运营管理的流程

目的地营销的概念和系统在世界范围内已得到了研究和广泛的应用，在奥地利、爱尔兰、芬兰、英国、西班牙、澳大利亚、新加坡等发达国家和地区，它已演变为一种新的旅游营销模式，通过将网络营销和传统营销业务有效地结合，支持了当地的旅游企业，显著提高了旅游营销效果，成为旅游业信息化的一个最核心系统，目前，世界旅游组织(WTO)正在向更多的目的地政府管理机构推广此概念和系统。

在中国，DMS包括三方面内涵：① 中国旅游业信息化工程——“金旅工程”的一个基础组成部分，符合金旅工程的总体规范；② 基于旅游信息标准化的营销系统；③ 全国性的网络营销平台。我国的DMS应用主要以DMS网站为平台，DMS网站是旅游政府管理部门宣传目的地形象的主要渠道，也是和消费者进行接触的主要方式，DMS网站作为旅游者的目的地门户，作用在于为目的地树立一个全国乃至全球性的旅游品牌。

DMS不同于一般的旅游电子商务网站，它是区域旅游电子商务的整体应用，从技术层面上，它能促进旅游目的地信息化的规范化和标准化；从行业服务层面上，各级各类旅游企业的积极参与能够为旅游者营造顺畅的目的地旅游信息流和服务流，提升行业服务质量；从营销层面上，它使网络营销与传统营销实现实时对接。

金旅工程是我国旅游业参与国际市场竞争的重要手段，是国家信息化工作在旅游部门的具体体现，是国家信息网络系统的一个组成部分。根据国家信息化工作的总体要求和旅游业发展的需要而建设，是现阶段旅游部门信息化工作的重点。目标为建立覆盖全国旅游部门的国家—省—市—企业四级计算机网络系统，可概括为“三网一库”，即内部办公网、管理业务网、公共商务网和公共数据库，达到提高管理水平、管理效率、改进业务流程、重组行业资源的目的；同时，建立一个旅游电子商厦，为世界各地企业从事旅游电子商务提供服务。

第一节 旅游市场营销信息系统

旅游企业服务营销始于1829年，美国波士顿特里蒙特酒店(Tremont Hotel)一反等客上门的传统，研究宾客需求，然后设法满足他们，这一成功使众多旅游企业争相效仿。20世纪五十年代，美国旅游企业出现连锁经营形式，全国性的广告宣传普及，推销作用大为加强。进入七十年代，旅游业成为世界主要产业的同时，企业间的竞争加剧，大公司加入旅游企业把营销技术运用到管理中，在建立营销信息系统(marketing information system)的基础上展开市场调研。

一、营销信息系统的定义及特点

关于营销信息系统的定义有许多，如伯里恩提出：营销信息是一个由人、机器和程序组成的有机结构的互为影响的复合体，它从企业内部和外部收集信息，并产生有序的相关信息流，从而为营销管理决策提供依据。考克斯提出：营销信息系统是经常性、有计划收集、分析和提供信息，为营销决策服务的一组程序和方法。在诸多定义中，以科特勒的定义较为全面、准确，其定义为：营销信息系统是一个由人、机器和程序组成的连续的和互为影响的结构，用以收集、挑选、分析、评估和分配恰当的、及时的和准确的信息，供营销决策者用于其营销计划的改进、执行和控制。

由此可以看出，营销信息系统具有以下特点：

（一）系统整体性

营销信息系统是系统理论在信息管理上的具体应用。该系统包括三个组成部分：人、机器（硬件）和程序（软件）。营销信息系统强调将各种不同的输入信息组合而得出完整的决策依据，而不是各不相关的数据的简单堆砌。营销信息系统的运行是一个不断输入、加工、输出的动态循环过程，首先确定所需信息，然后采集信息、利用各种统计分析，模型分析及其他计量分析技术处理信息，为决策提供依据。

（二）目标指向性

营销信息系统的运行具有明确的目标——为营销决策服务。该系统能使企业与外界保持紧密的联系，通过及时地挑选、收集、评价和分析信息，为企业的市场营销决策，预订或修正市场营销计划，执行和控制市场营销方案提供依据，对企业的战略决策起到积极引导作用。

（三）运行有序性

这种有序性一方面体现在营销信息系统运行的有条不紊，有一个标准的程序。从确定目标到挑选信息，直到收集、分析、评价信息，最后到输出信息，都是环环相扣。同时，有序性另一方面也体现在对信息的处理并非杂乱无章，对于任何信息的处理总是在前一个信息处理的基础上，为下一个信息处理作铺垫。

二、旅游市场营销信息系统的构成

一个完整的旅游市场营销信息系统由四个子系统组成（见图 4-2）：内部报告系统，营销情报系统，营销研究系统和营销分析系统。

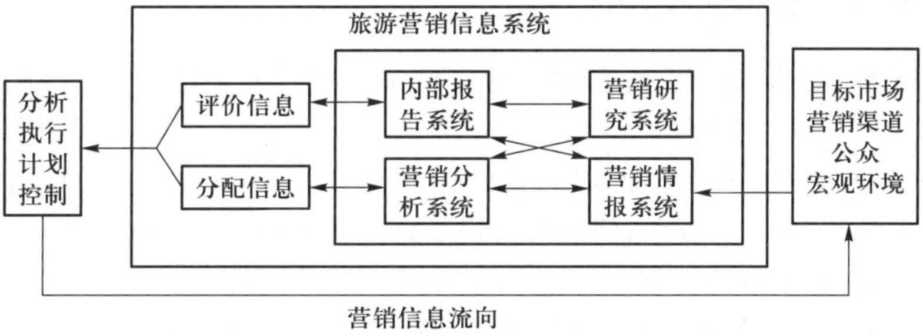

图 4-2　旅游市场营销信息系统（MIS）

内部报告系统（internal report system）：通过内部信息传递途径为旅游企业决策层提供关于销售、成本、投资、资金流向与流量、应收和应付款，预订数量等情报。通过对以上情报的分析，以发现旅游企业的目标市场，做出战略调整。预订→接待→账单成为这一子系统的基本流程。

营销情报系统（marketing intelligence system）：为旅游企业提供其外部市场营销的环境信息，诸如旅游市场消费的趋势，旅游市场消费能力及旅游企业最新生产技术，基础设施，地区经济水平，整体接待能力等。它与内部报告系统的区别在于其观察对象不同，后者注重于旅游企业内部，而前者注重于旅游企业外部。

营销研究系统（marketing research system）：就旅游市场营销的某一专题着手调查，收集信息，予以分析，最后得出结论。常见的营销研究对象包括确定市场特征，评估市场潜力，分析市场占有率，预测旅游企业发展趋势，加强旅游企业竞争产品研究、产品的价格研究及旅游企业新产品开发等。

营销分析系统，也称为营销决策支持系统（marketing decision support system）：由旅游市场营销分析时所采用的先进统计程序和模型组成，用一些定性或定量的分析技术或技巧来分析市场营销，以便从信息中发掘出更精确的调查、研究结果，促使销售经理做出正确决策。旅游市场营销分析系统由数据库、统计库、模型库和显示部件四部分组成，如图 4-3 所示。

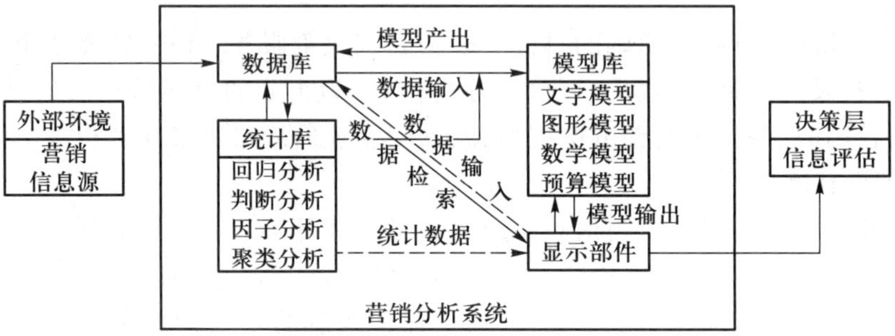

图 4-3 营销分析系统（MIS）

图中，数据库主要作用在于执行数据的存储、检索、操作与转换。而模型库则是营销分析中所采用的各种函数的集合，诸如广告预算模型，投入—产出模型，竞争模型，新产品开发模型，营销组合模型，市场模型等。

三、旅游市场营销信息系统的作用

旅游市场营销信息系统的建立，使企业的信息流向和利用大为改善。传统的信息传递是单向而又杂乱的，如图 4-4 所示。

一方面，图中显示信息传递是单向的，这样在旅游企业 A 与旅游企业 D 之间，最快捷的信息渠道是经过 B、C 两点；另一方面，信息的传递是无序且不稳定，同时这种单向传递随传递环节的增加而制约信息的传递量。延长信息传递时间，就会降低信息传递效率，影响到信息的使用价值。而旅游企业市场营销信息系统的建立，使该系统既作为信息源不断的输出信息，同时又作为接受源不断输入外界新的信息，信息系统中成员的信息传递是双向的，仿佛形成信息交流市场，大大便利了集团旅游企业成员之间的信息系统。

如图 4-5 所示，旅游企业 A 与旅游企业 D 之间的沟通只需经过营销信息系统便可实现，这不仅缩短信息传递时间和渠道，而且作为第一信息接受源彼此都能确保信息的失真率最低。从而提高信息的使用价值。

其具体作用如下：

（1）在有限的时间内能最大限度地收集信息，从而提高旅游企业对市场的反应能力。

（2）单位信息的传递在最短的时间内得到最大面积的传播，以利旅游企业集团采取标准、统一的行动。

（3）信息交流与沟通的快捷，有利于集团成员得到较为长期而又准确的预报，便于旅游企业集团实现信息集中管理，更有利于集团成员对信息的筛选、检索。

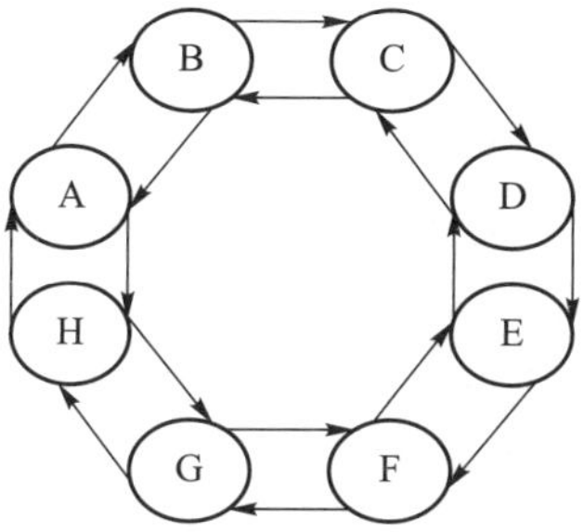

图 4-4　传统的信息传递

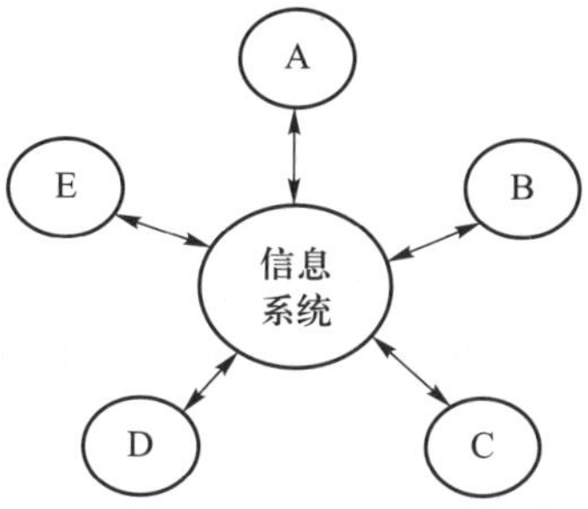

图 4-5　信息系统中的信息传递

四、旅游市场营销信息系统的应用

旅游业是较早使用计算机管理的行业，据 AH&HA 的调查表明：20 世纪 70 年代全球仅有四家酒店使用计算机。发展至今，三星级以上酒店，计算机使用率几乎达到百分之百，从而为旅游市场营销信息系统的建立和普及准备了硬件设施。旅游市场营销信息系统的具体应用，分为三个阶段，其标志分别为 HMS，CRS 和 GDS。

（一） HMS 阶段

HMS 指酒店计算机管理系统（hotel management system），就管理信息系统而言，HMS 网络结构都基于小型机系统和 PC-LAN 系统两种模型，其体系结构包括前台系统（reservation，reception，information，cashier，house keeping），后台系统（accounting，storage，payment，personal & training），其他系统（shop，dining-room，bar，tele accounting）和接口系统（interface——用于连接主机 HMS 系统和其他系统）。

最早 HMS 为单机系统，废除前厅的预订架，主要处理预订和工资。20 世纪 80 年代初实现联机，废除问讯台架、密度架、客房状况控制架，实现预订、客房、客账的联合管理。80 年代中期，由于电话程控交换机（PABX）、会计信息化、电子货币—信用卡的广泛流行，实现了前后台全面自动化。80 年代末，实现服务、管理、监控一体化。多媒体技术的广泛运用，使 HMS 不仅是一套 MIS，而是有了更丰富的功能：信息管理系统、控制管理。诸如保安监视、闭路电视服务、IC 智能卡、多媒体点歌、查询等。授权过账终端机（POS & EDC）的辅助使用大大缩短了持卡客人的入住和结账时间。

（二） CRS 阶段

CRS 即中央预订系统（center reservation system）指旅游企业为控制客源采用的本企业内部的计算机预订系统。

1970 年 ITT 喜来登（Sheraton）建立了世界上第一套计算机预订系统，名叫“The Reservation”。早在 1976 年，设在圣路城的 Reservation 订房中心就完成了它的第 1 000 万次预订。1964 年假日集团（Holiday Inn）建成 Holidex 预订系统。从 20 世纪 70 年代开始，这一系统就得到不断更新，时今 Holiday Inn 已拥有自己的专用卫星，客人住在假日旅游企业里可随时预订世界各地的假日酒店，并能在几秒钟内得到确认。目前的 Holidex-Ⅱ 每天可处理 7 万间订房，仅次于美国政府的通信网，成为世界最大民用计算机网，并且被美国政府指定为紧急状态下的备用通信系统。

美国希尔顿集团(Hilton Hotel Corp)的CRS-HILTON中心设在纽约斯塔特勒—希尔顿酒店(Statler-Hilton Hotel),每日要办理15万名客人的预订服务。

英国福特酒店集团(Fortepic)采用的是Forte-Ⅰ中央预定系统,在兼并地平线集团后,其客房总数共计97 000间,后来福特酒店集团又率先在欧洲更新CRS,建立Forte-Ⅱ系统,使旅游代理商可以随心所欲地预订福特集团在全球60多个国家937家旅游企业不同档次的客房。

(三) GDS阶段

进入20世纪九十年代,由于卫星通信和综合业务数据网(ISDN)的发展,国际计算机订房网络(GDS)开始普及。究其原因:CRS建立需要巨额资金,中小型旅游企业承担不起,与此同时,互联网大大降低信息传递成本,GDS使中小型旅游企业与大型旅游企业处于同一竞争地位,GDS取代旅游企业传统经营而成为最盈利的经营方式。国际订房服务和旅游企业联网服务已基本建立,截至1994年运用GDS订房的旅游企业已达10 103家,客房总数达256万间。

第二节 旅游市场调研内容与程序

管理依靠预测,预测需要信息,信息来源于数据,数据只有通过调查才能获得。随着科学技术的发展,市场营销调研无论在定性还是在定量上都有长足发展,营销调研方法日益成熟,在旅游市场营销决策中的作用越来越大。

一、旅游市场调研的定义及其种类

(一) 旅游市场营销调研

科特勒定义营销调研为:系统的设计、收集、分析和提出数据资料以及提出与企业所面临的特定的营销状况有关的研究结果。

泰勒将营销调研定义为:以系统、客观的方法,发展和提供营销管理决策过程所需信息。

美国营销协会的定义为:通过信息连接消费者、顾客、公众与营销专家的一种功能。这些信息用于完成以下任务:一是识别和定义营销机会和问题,二是创造、完善和评价营销行动,三是监督营销绩效,四是加强理解营销是一个过程;

从以上诸多定义中,不难发现营销调研有两个基本观点。

第一,系统整体性。营销调研不是片面地调查某一方面,而是从总体出发,系统收集和分析信息。

第二,营销调研是手段而非目的,是一种管理工具,其最终目的是有助于科学合理的营销决策。

综上所述,旅游市场营销调研指系统收集、记录、分析有关旅游企业市场的资料和信息,为旅游市场营销决策和营销战略决策提供可靠依据的经济活动。

(二) 旅游市场营销调研种类

旅游市场调查类型多种多样,每种调查形式都有其独特的功能和局限性。按照旅游市场调查的目的、任务和被调查对象的特点,选择科学的调查方式,才能准确、及时、全面地取得所需的各种信息资料。

按旅游市场调查对象范围不同,分为全面调查和非全面调查:

全面调查是对调查对象中所有单位无一例外地进行调查的方式。全面调查能取得比较全面系统的总量资料,适用于旅游市场的宏观了解。

非全面调查是对调查对象中的部分单位进行调查的方式。所选单位应具有充分的代表性,以利于最终获取较全面的总体资料。非全面调查又分为典型调查、重点调查、抽样调查几种形式。

(1) 典型调查。根据调查的目的和任务,从对象总体中选择一个或若干具有典型代表意义的单位进行深入调查的方式。

(2) 重点调查。在被调查对象中选择一个或几个市场现象比较集中、对全局具有决定性作用的重点单位进行调查的方式。

(3) 抽样调查。按调查任务确定的范围,从全体调查对象总体中抽选部分对象作为样本进行调查研究,用所得样本结果推断总体结果的调查方式。根据调查对象总体中每一个体单位被抽取的概率是否相等的原则,又分为随机抽样调查和非随机抽样调查。

二、旅游市场调研的原因

营销调研帮助一个组织作出更为有效的营销决策,这是其首要的目标。好的营销决策来自更多的信息,而调研正好提供了这些信息。进行营销调研有五个方面的原因(5C):

(1) 了解顾客(customers)

(2) 确定竞争者(competitors)

(3) 提升信心(confidence)

(4) 增强可信度(credibility)

(5) 应对变化(change)

进行营销调研最重要的原因是帮助组织详细了解客户,不管现实的或是潜在的顾客。这也说明了组织在满足顾客需求上达到何种程度,在市场位置上如何。营销调研调查新的目标市场,通过市场的可行性分析,试验性营销和其他产品测试,可以评价并检测新的服务和设施。

竞争研究也是旅游业必不可少的内容。调研能够确定主要的竞争者并精确指出其优势和劣势。设计得体的调研在做出营销决策时,提升了组织及其营销合作者的信心。如果组织能够深刻理解旅游者需求以及竞争的优势和劣势,就能降低预期的风险。

调研结果可以用于增加组织进行广告宣传的可信度。

和全球旅游业一样,国内和国际旅游市场处于不断变化的状态中。旅游者需求和预期同样在发生急剧的变化,旅游企业必须经常了解这些变化,调研则是执行的基本工具。

三、旅游市场调研内容

旅游市场营销调研的内容包括所有与本旅游企业有关的社会、政治、经济、环境及各种经济现象。可作专题调研,也可作全面调研,就旅游企业调研范围而言,其调研又具体分为企业外部调研和企业内部调研。

（一）企业外部调研

企业外部调研主要指对旅游企业的外部环境予以调查研究。其主要对象为：旅游市场环境调查、旅游市场需求调查、旅游市场供给调查和旅游市场营销调查等。

1. 旅游市场环境调查

旅游企业生存与发展是以旅游市场环境为条件的，对旅游企业而言，旅游市场环境是不可控因素，旅游企业的生产与营销活动必须与之相协调和适应。

（1）政治环境调查。了解对旅游市场起影响和制约作用的国内外政治形势以及国家旅游市场管理的有关方针政策。

（2）法律环境调查。了解我国及客源国或地区的有关法律和法规条例，包括环境保护法、旅游法、保险法、与外国合资经营条例，出入境方面的规定，地区旅游管理条例等。

（3）经济环境调查。了解我国及客源国或地区的经济特征和经济发展水平，旅游资源状况，世界旅游经济发展趋势等。

（4）科技环境调查。了解我国和世界范围内新科技的发展水平与发展趋势等。

（5）社会文化环境调查。包括旅游目的地和客源地的价值观念、受教育程度与文化水平、职业构成与民族分布、宗教信仰与风俗习惯、社会审美观念与文化禁忌等。

（6）地理环境调查。包括区位条件、地质历史条件、自然景观条件、气候条件、季节因素以及物产方面等。

2. 旅游市场需求调查

旅游市场需求是在一定时期内，一定价格上、旅游者愿意并能够购买旅游产品的数量，即旅游者对某一旅游目的地所需求的数量。旅游需求是决定旅游市场购买力和市场规模大小的主要因素。针对旅游者所进行的需求调查是旅游市场调查内容中最基本的部分。

（1）旅游者规模及构成调查。包括：① 经济发展水平与人口特征；② 收入与闲暇；③ 旅游者数量与消费构成。调查旅游产品或服务的现实与潜在的旅游者数量（旅游者国籍、年龄、性别、职业、入境方式以及地区分布、民族特征等），统计旅游者消费水平及构成（吃、住、行、游、购、娱等方面），滞留时间等；④ 旅游者对旅游产品质量、价格、服务等方面的要求和意见。

（2）旅游动机调查。旅游动机是激励旅游者产生旅游行为达到旅游目的的内在原因。美国学者罗伯特·麦金托什的研究表明：身体健康动机包括休息、运动、游戏、治疗等消除紧张与不安的欲求；文化动机包括了解和欣赏异地文化、艺术、风俗、语言、宗教等求知欲望；交际动机包括结识异地朋友、探亲访友、摆脱日常工作、家庭事务等厌倦熟悉的东西，逃避现实和免除压力的欲望；地位与声望的动机包括考察、交流、会议、从事个人兴趣的研究等满足自尊，取得个人成就和为人类作贡献的需要。

（3）旅游行为调查。旅游行为是旅游者旅游动机在实际旅游过程中的具体表现。旅游行为调查就是调查客源地旅游者何时旅游、何处旅游、由谁决策旅游以及怎么旅游。旅游行为的主要形式：① 文化观光旅游行为，包括观赏自然风光、名胜古迹、社会风情、艺术博物馆、历史遗迹等；② 度假休闲旅游行为，包括疗养健身、娱乐购物等；③ 专项旅游行为，包括体育运动、登山攀崖、科学考查探险等；④ 会议旅游行为、特色旅游行为，包括奖励旅游、民俗文化活动、节庆活动等。

阅读材料

旅游公司的警告

一旅游公司在做广告时宣称,在本地旅游有“十大危险”,警告游客当心,广告内容是:

① 当心吞下舌头或胀破肚子,因为这里的食物味道太美了;

② 当心晒黑皮肤或脱几层皮,因为这里的海滩过于迷人了;

③ 当心潜在海底太久而忘了上来换气,因为这里的海底生物太令人惊讶着迷;

④ 当心胶卷少太不够用,因为这里的生动镜头取不胜取;

⑤ 当心登山临渊累坏了您的身体,因为这里的山青水碧,常使人流连忘返;

⑥ 当心坠入爱河不能自拔,因为这里是谈情说爱、欢度蜜月的世外桃源;

⑦ 当心买的东西太多而不易带走,因为这里的物价太便宜了;

⑧ 当心被这里的豪华酒店、旅馆宠坏;因为这里的服务太体贴入微了;

⑨ 当心与本地的所有人都交上朋友,因为他们太友善、好客了;

⑩ 当心乐不思蜀,不愿归家。

据说,当这种广告印发后,竟然吸引了众多游客,达到了很好的宣传效果。

3. 旅游市场供给调查

旅游供给是一定时期内为旅游市场提供的旅游产品或服务的总量,对旅游市场供给的调查,可调查以下几个方面:

(1) 旅游吸引物调查。凡是能够吸引旅游者到来并能引发旅游者情趣的事物、事件或现象,均属旅游吸引物范畴。它的数量和质量决定着旅游者对旅游目的地的选择。

(2) 旅游设施调查。旅游设施是直接或间接向旅游者提供服务所凭借的物质条件,它又分为旅游服务设施和旅游基础设施两类。

(3) 可进入性调查。可进入性是指旅游者进入旅游目的地的难易程度,表现为进入游览点、服务设施和参与旅游活动所付出的时间和费用。包括交通工具和旅游目的地的交通基础设施条件、地方政府政策及旅游经营因素、签证手续的繁简、入出境验关程序、服务效率、旅游线路的编排与组织等。

(4) 旅游服务调查。旅游服务是旅游产品的核心,其调查内容包括:售前服务(旅游咨询、签证、办理入境手续、财政信贷、货币兑换、保险等);售中服务(旅游活动过程中向旅游者直接提供食、住、行、游、购、娱及其他服务);售后服务(机场、港口、办理出境手续、托运、委托代办服务及旅游者回家后的跟踪服务等)。

(5) 旅游企业形象调查。旅游企业形象是旅游企业经营的无形资产。旅游者对旅游产品或旅游目的地的评价和态度直接导致他们的购买决策。包括理念识别系统、视觉识别系统和行为识别系统。

(6) 旅游容量调查。旅游容量作为旅游地规划管理的一种强有力工具,它保护环境免遭退化或破坏,维持旅游景点的质量,客观上保证了旅游者在旅游地的体验质量。其调查包括:旅游基本空间标准、旅游资源容量、旅游感知容量、生态容量、经济发展容量和旅游地容量等。

4. 旅游市场营销调查

现代旅游营销活动是包括商品、价格、分销渠道和促销在内的营销组合活动。因此,旅游市场营销调查也应围绕这些营销组合要素而展开。

(1) 旅游竞争状况调查。调查的内容包括:现实的和潜在的竞争对手数量,竞争对手所在地区及活动范围,竞争者市场占有率及市场覆盖率,竞争对手的销售组织形式、规模与竞争实力,竞争者市场竞争策略与营销组合,竞争者销售渠道、宣传手段与广告策略,竞争者产品质量、数量、品种、价格,竞争者服务的种类、档次、质量、方式及其在旅游者心目中的声誉与形象,竞争者的缺陷以及未在竞争产品中体现出来的旅游者要求等。

(2) 旅游产品调查。旅游产品是旅游企业一切经营活动的主体,旅游企业在确定旅游营销组合策略时,旅游产品和服务是其组合的前提。调查内容包括:旅游资源与旅游设施相结合的旅游服务;资源的品位、级别以及旅游产品的特色、优势、风格、声誉、组合方式;提供给旅游者的优惠条件和付款方式;旅游产品的市场生命周期;旅游产品的市场占有率和销售潜力;旅游者对旅游产品或服务的评价和接受程度;旅游者购买或接受服务的频率;旅游者对旅游产品还有哪些未体现出来的要求和意见等。

(3) 旅游价格调查。价格高低与旅游需求休戚相关,应随时摸清价格变动趋势及其对旅游者的影响情况,包括:旅游产品或服务的定价是否合理;旅游者的价格心理状态如何;旅游产品价格的供给弹性和需求弹性;各种旅游产品差价及优惠价水平是否合理;开发新的旅游产品如何定价等。

(4) 旅游分销渠道调查。分销渠道的选择对旅游企业能否迅速打开销路,尽快占领市场降低营销费用有着十分重要的作用。调查内容包括:旅游产品或服务销售渠道的数量、分布和营销业绩;现有销售渠道是否畅通,市场上是否存在经销此类旅游产品的权威性机构,市场主要的中间商销售渠道策略实施、评估、控制和调整情况及其对旅游产品的要求和条件等。

(5) 旅游促销调查。旅游促销调查着重于促销对象、促销方法、促销投入、促销效果四个方面,包括促销对象的类型;促销信息源选择、信息发送方式与发送渠道;广告、销售促进、人员推销、公共关系等促销方式是否为促销对象所接受,并取得信赖;促销投入预算;促销宣传的内容是否符合促销范围内的需求水平、知识水平和风俗习惯;促销能引起多少人的兴趣,促销给目标视听者什么样的旅游产品形象,是否产生购买欲望;促销后的旅游企业销售实绩怎样等。

(二) 旅游企业内部调研

对企业内部实力的调查研究,其主要内容如下:

1. 企业的发展战略

旅游企业发展趋势,旅游企业形象,国内外市场的需求量,旅游企业地域分布特点,旅游企业的规模生产能力,服务规格及档次,旅游企业生产或服务的软、硬件水平,人员规模、素质和员工需求,等等。

2. 企业的经营状况

企业现有产品的市场占有率,产品竞争力,产品商标及包装,新产品开发,竞争产品的比较研究以及对现有产品的改良,等等。

3. 价格

主要调查旅游产品成本、利润及价格弹性等。

4. 促销

新闻媒体、广告效果，旅游企业形象策划，促销策略与战略，促销人员的规模与素质等。

四、旅游市场营销调研的程序和方法

旅游市场营销调研作为一个过程，有不同的步骤和方法。这些步骤和方法因旅游企业和营销调研目的的不同而各异，其原理及运作程序如图 4-6 所示，由八个步骤组成。

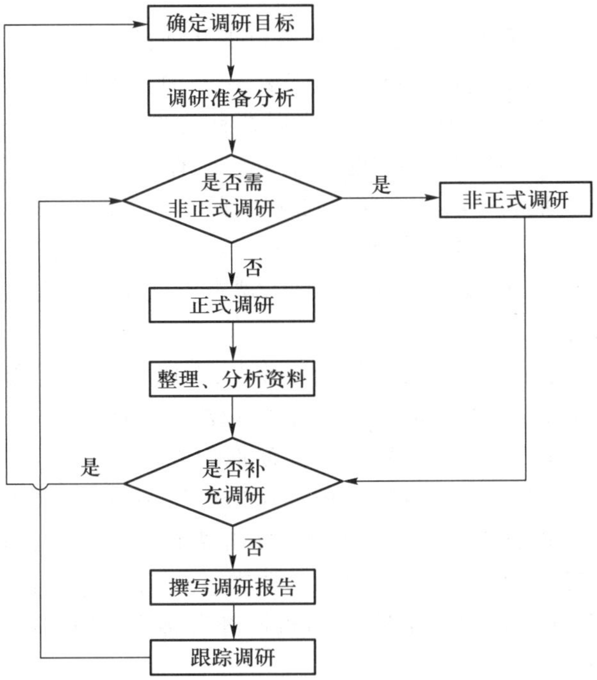

图 4-6　旅游市场营销调研流程

（一） 确定调研目标

这是旅游市场营销的起点，在这一阶段要解决如下问题，为什么调查（why）？通过调研要收集什么（what）？调研结果向谁说明（who）？

（二） 调研准备分析

确定调研目的后，确定调研人选的范围、调研方式、途径、时限，以及通过收集和分析现在资料而获取旅游企业及其外部环境的信息，确定调研方案。这一阶段着重解决，在哪里调研（where）？调研多长时间（how long）？怎样调研（how）？

（三） 非正式调研

营销人员与旅游企业外部人员，包括中间商、竞争者、广告代理商、潜在顾客、合作伙伴等进行非正式的交流。非正式调研之所以必要，不仅在于通过它可判断调研项目的合适程度，而且还可确定调研的范围和深度，节省人力和财力，为正式调研奠定基础。

（四） 正式调研

这是调研方案的实施过程。在这一阶段着重解决两个问题。

1. 选择资料来源

旅游市场营销调研的资料按其来源分为两类:第一手资料,指为某种特定研究目的而直接收集的原始资料。这种资料针对性强,易为调研者掌握,但这种资料的收集费时、费力、成本较高。第二手资料,指已经存在的现有资料,这种资料能在极短的时间内从图书馆、政府机构、行会协会、专业调研机构、高等院校、学术团体、科研单位等大量获取,但准确性较低。因而,选择正确、合理的资料来源成为正式调研的主要内容之一。

2. 选择调研方法

旅游市场营销收集第一手资料的方法主要有以下几种:

(1)文案调查法。文案调查法又称间接调查法,它是通过搜集旅游企业内部和外部各种现有的信息数据和情报资料,从中摘取与市场调查课题有关的内容,进行分析研究的一种调查方法。这种方法常被作为旅游市场调查的首选方法,几乎所有的市场调查都可始于收集现有资料。

(2)实地调查法。实地调查法又称直接调查法,是在周密的调查设计和组织下,由调查人员直接向被调查者搜集原始资料的一种调查方法。实地调查主要有询问法、观察法和实验法。根据调查项目类型,调查的目的要求,允许的时间,调查资金及其他物质条件,可灵活选择其中某种或几种方式交叉组合运用。

① 询问调查法。询问调查就是调查人员采用访谈询问的方式向被调查者了解旅游市场情况的一种方法,又称访谈法。访谈询问成功与否,取决于被调查者的配合以及调查者的准备工作和访谈技巧的掌握。询问调查法又可分为:面谈调查法(调查人员通过与被调查者面对面交谈和提问,抑或讨论获得有关信息的调查方式);电话调查法(调查人员通过电话与被调查者交谈获取调查资料的调查方式);邮寄调查法(将调查问卷邮寄给被调查者,由被调查者根据调查表的要求填好后寄回,从而获取信息的调查方式);留置问卷调查法(调查者将调查表当面交给被调查者,说明调查意图和要求,由被调查者自行填写回答,再由调查者按约定日期收回获取资料的调查方式)。

② 观察法。观察法是调查者在现场对被调查对象和事物进行直接观察或借助仪器设备进行记录,以获得旅游市场信息资料的调查方法。此方法的最大特点是被调查者并不感到正在被调查,心理干扰较少,能客观地反映被调查对象的实际行为,资料的真实性高。对车站、港口、景点的游客数量调查以及旅游商场消费行为调查有良好的功效。

③ 实验法。实验法起源于自然科学研究的实证法。它是指把调查对象置于特定的控制环境下,通过控制外来变量和检验结果差异来发现变量间的因果关系,获取信息资料的调查方式。这种方法对于研究变量之间的因果关系非常有效。由于实验法是在小规模的环境中进行实验,所以在管理上比较好控制,并且完全由客观方法得到资料,数据的可信度高,可靠性强,排除了主观的推论和臆测。

(五)整理、分析资料

调研结束后,将收集到的大量分散、零星的资料进行归档,去掉不合逻辑、可疑的成分。加以编辑、整理、列示有关数据。整理过的资料进行统计分析,采用相关分析,时间序列分析和回归分析。找出各种变量之间的内在联系,预测旅游企业的营销趋势。

(六)补充调研

非正式调研结束后,对于忽略的专题或变动较快的因素,可决定是否进行补充调研。

（七）调研报告

调研结束后的最终成果就是向被报告者提交一份书面报告，调研报告依据其提交对象不同可分为一般报告和技术报告两种。一般报告提交旅游企业的非专业人员，而技术报告提交给专业人员。与一般报告相比，技术报告要求内容翔实，具备科研论文的写作要求。

（八）跟踪调研

调研的结论须在实践中检验，因而有必要跟踪调研，对调研结果进行追踪，及时反馈，总结经验，修正调研结论，提高决策的准确性。

五、旅游市场调查技术与问卷设计案例

（一）旅游市场调查技术

旅游市场调查不仅需要有明确的调查目标和科学的调查方法来实现，除此之外，还必须应用一定的调查技术。问卷技术和抽样技术是旅游市场调查最常用的技术。

1. 问卷技术

询问调查法是收集第一手资料的主要方法之一，而问卷是询问调查的最常用工具。了解和设计问卷也就成为旅游调查人员必备的知识技能。

（1）问卷的基本结构。包括：① 问卷标题。确定标题应简明扼要，易于引起被调查者的兴趣。例如"旅游者消费状况调查"等。② 问卷说明。旨在向被调查者说明调查的目的意义，以引起被调查者对问卷的重视和兴趣，有些问卷还包括填表方法与要求，调查项目必要的解释说明等事项。③ 被调查者基本情况。如性别、年龄、民族、文化程度、职业、单位、收入等主要特征，在资料分类中常用到这些资料。④ 调查主体内容。它是问卷的主体和核心部件，通常是以一系列问句形式提供给被调查者，这部分内容设计的好坏直接关系到该项调查所能获得资料的数量与质量。⑤ 编码。多数的调查问卷均加以编码，以便分类整理和统计分析。

（2）问句的基本类型。包括：① 开放式问句。又称自由回答式问句，这种问句不需要事先拟定答案，让被调查者根据提问自由回答，充分发表意见，从中可以获得较为广泛的信息资料。② 事实问句。要求被调查者依据已有事实回答问题，不必提出主观看法。③ 意见问句。用于了解被调查者对有关问题的意见、看法，不究其原因，为调查决策提供未来需求信息。④ 解释问句。用于了解被调查者的行为、意见、看法产生的原因，为解决问题提供依据。⑤ 二项式问句。这种问句的回答结果只有"是"或"否"两种选择，二者必选其一。⑥ 多项选择式问句。对一个问题事先列出三个或以上可能的答案，让被调查者从中选出一个或几个最符合被调查者情况的内容作为答案。有时也采用对称性量表和不对称性量表测量旅游者的满意程度。⑦ 顺位式问句。要求被调查者对各种可能答案，按其重要程度或喜爱程度，排出先后顺序。⑧ 过滤式问句。又称漏斗式问句，调查者对被调查的主题用一种迂回的方式求得回答，然后缩小提问范围，转回主题得到答案。采取投石问路，一步一步地深入，最后引出被调查者对某个所要调查问题的真实想法。

2. 抽样技术

在现实生活中，大部分市场调查项目的调查对象很多，分布面较广，加之调查费用等限制，非全面调查成为更多的旅游市场调查选择形式。而抽样调查作为非全面调查的重要方式，为国内外市场调查普遍乐于选用的调查手段。

抽样调查按照调查对象总体中每一个样本单位被抽取的机会是否相等的原则，分为随机抽样方法和非随机抽样方法两大类。① 非随机抽样方法，指根据调查人员的需要和经验，凭借个人主观设定的某个标准抽取样本单位的调查方式。在非随机抽样调查中，调查人员有意识地选择具有代表性的个体作为样本，通过样本调查达到推测总体状况的目的。常用的非随机抽样方法有任意抽样，判断抽样和配额抽样三种。② 随机抽样方法，指从调查对象总体中完全按照随机原则抽取一定数目的样本单位进行调查，以样本调查结果推断总体结果的一种调查方式。这种方法对调查总体中每一个样本单位都赋予平等的抽取机会，完全排除了人为的主观因素的影响，这也是它与非随机抽样方法的根本区别。常用的随机抽样方法有简单随机抽样、分层随机抽样、分群随机抽样、等距随机抽样四种。

（二）旅游市场调研问卷设计案例

询问调查法是旅游市场调查的基本方法，问卷无疑是询问调查的重要手段和工具。为使营销人员更方便、更有效地设计符合调查目的，并满足调查需要的问卷，本节简述了调查问卷设计步骤。

1. 调查问卷设计的步骤

（1）明确调查目的，把握调查主题。弄清调查目的和调查结果的用途，并在对其全面分析的基础上，确定调查的主题，由此确定所需收集的特定范围的第一手资料信息，以及调查问卷应侧重的方面、调查对象和对各种信息资料的取舍。

（2）确定调查内容。在充分分析调查主题前提下，拟定所要调查的项目，全面考虑，把各种与调查主题有关的内容一一罗列出来，并针对被调查对象的特征，进一步分解成更详细的题目。

（3）决定问句类型。根据实地调查使用的方法不同和每一个详细问题所获取的信息差别，决定采用的问句类型。比如开放式问句、事实问句、解释问句、意见问句、多项选择式问句、顺位式问句、过滤式问句等。

（4）拟定问句的措辞。问句用词尽量使用简单、熟悉的词汇，避免含义模糊、生僻的词汇。不超越太大时间跨度，限于被访问者个人经验范围之内。问句不带倾向性和诱导性；确定问句类型之后，还要了解对谁提问，何处提问，何时提问，针对不同的调查形式和调查对象使用不同的问句措辞。力争具体、简明、重点突出。

（5）确定问句顺序。每一个具体的问题及问句措辞，还必须认真编排、梳理每一个问句的前后序位，把被调查者感兴趣、容易回答并能调动其热情的问句作为先导，难度大的问句宜于放在问卷当中或末尾，同时要考虑整个问卷的逻辑层次性，以利被访问者思维，最后组装成一份完整的问卷。

（6）预试审定问卷。在小范围内进行试验性调查，以弄清问卷还存在的问题，包括需要的资料是否都能得到；问卷的指示合适与否；问卷措辞能否引出其他问题；问句的排列顺序恰当与否；对答案整理分析方便与否等。

（7）修正问卷并定稿付印。通过预试问卷，针对问题做进一步的修改、定稿，按调查工作的需要，打印复制，最后制成正式问卷。

2. 问题设计

一般而言，调研人员将所拟调查内容，通过面谈、书面或电话等方面询问被调查者，以获取所需资料的一种调研方法。这种调研关键在于问题设计要明确、简洁、不可含糊其词。其常见询问有：

（1）开放性提问。诸如您喜欢××饭店哪些方面？不喜欢哪些方面？有何意见和要求？

（2）封闭式提问。

① 是非法：例：您对饭店的客房满意吗？　　是（　　）　　否（　　）

② 顺位法：请按 1~3 等评定下列餐厅食品质量

中餐（　　）　　西餐厅（　　）　　咖啡厅（　　）

③ 对照法：您光顾××饭店的原因是：

服务周到（　　）　　设施豪华、气派（　　）　　格调高雅（　　）　　价格便宜（　　）

④ 选择法：您来饭店住宿的目的是：

度假（　　）　　公差（　　）　　会议（　　）　　探亲访友（　　）　　品尝菜肴（　　）

⑤ 量度法：您觉得饭店中餐厅的上菜速度：

快（　　）　　一般（　　）　　慢（　　）　　很慢（　　）

第三节　旅游市场预测步骤与方法

现代旅游市场竞争日益激励，旅游企业的生存依赖于对企业发展各种因素的判断，正确的判断则以科学、准确的预测为基础。因而，市场预测构成现代旅游市场营销不可缺少的一部分。

一、旅游企业市场预测

（一）旅游企业市场预测

旅游企业市场预测，指根据既成的市场事实，利用已有的知识，预测技术和经验，对影响旅游企业市场变化的各种因素进行研究、分析、判断和估计，以掌握市场发展变化的趋势和规律。诸如旅游企业市场客源流向，流量预测，旅游企业的市场营销预测，客人人均消费额预测，旅游企业产品的价格和利润预测等。

（二）旅游企业市场预测内容

旅游企业市场预测的内容很多，每一个影响到旅游企业正常经营的因素都成为旅游企业预测的对象。就旅游企业预测的目的不同，其预测内容可分为：

1. 旅游市场环境预测

旅游业是一个具有高度依托性的行业，受环境因素的变化影响较大，因此需要采用定性预测的方式对国内、国际乃至地区的政治、经济形势和产业结构变化趋势做出估计与推断，同时预测国内、国际和地区的旅游形势。

2. 旅游市场需求预测

旅游市场需求预测又可分为：旅游需求总量预测、旅游客源预测和旅游需求结构预测三种。

（1）旅游市场需求总量预测。旅游市场需求总量主要是指在一定区域和一定时间范围内，旅游者可能的购买力及购买力投向的总量。旅游需求总量可以标识旅游企业在一定时期和营销费用条件下，可能达到的最大销售额。通常测量旅游市场需求总量的公式为：

$$Q=\sum_{n=1}^{N} P_n \times q$$

式中：Q 为市场需求总量；N 为特定产品的可能购买人数；P_n 为第 n 个旅游者平均购买数量；q 为特定产品的平均单价。

(2) 旅游客源预测。预测客源地旅游者变动情况。包括旅游者数量变化、旅游者季节变化、旅游者地区分布状况、旅游者构成变化和旅行游览时间长短变动等。

(3) 旅游需求结构预测。旅游者在餐饮、住宿、交通旅行、游览、娱乐、购物方面的消费是旅游企业的主要收入组成部分，其变化直接影响旅游市场需求潜力和旅游产品的销售。

3. 旅游容量预测

旅游需求与供给是旅游市场的两个主要因素，在预测市场需求的同时，也应对旅游供给的发展趋势进行预测，确切地讲，是对旅游容量或旅游承载力进行预测。旅游容量包括旅游心理容量、旅游资源容量、旅游生态容量、旅游经济发展容量和旅游地域社会容量等，准确地测定旅游地的既有旅游容量，预测旅游极限容量，使旅游地的接待能力力争处在一个合理容量之内，维持供需的相对平衡，以保持旅游资源的吸引力和维护自然生态环境不致退化。

4. 旅游价格预测

旅游价格是旅游市场波动的主要标志和信息载体，一般情况下，价格下降，需求量增加，价格上涨，需求量减少。各种旅游产品对价格的需求弹性不同，旅游企业必须预测旅游市场价格变化对旅游市场需求带来的变化，以及确立在旅游企业可控制范围内的最优价格和供给水平的变动趋势。

5. 旅游效益预测

旅游效益预测的内容包含：

(1) 市场占有率预测。市场占有率是旅游企业的旅游产品的销售量占该产品市场总销售量的比重。对它的预测，一方面可以预测本企业的销售量，另一方面可以预测竞争对手的实力以及本企业在旅游行业中的竞争力量和所处的地位。以便掌握市场竞争的动态状况，采取相应的市场竞争策略。

(2) 旅游收益预测。旅游企业通过对营销成本和利润的预测，可以了解旅游收入的数量、构成与收入水平，反映旅游经济活动的成果，包括经济效益、社会效益和生态效益，有助于提高企业经营管理，并为投资决策和营销决策提供依据。

二、旅游企业市场预测步骤

与旅游企业市场调研一样，旅游企业的市场预测也有一定的步骤，其基本程序如图 4-7 所示。

（一） 确定预测目标，拟定预测计划

不同的预测目标，需选择不同的预测对象，选用不同的预测方法，从而拟定预测计划。因而，旅游企业的市场预测首先要明确预测目标。为什么预测？预测什么？什么时候预测？在什么地方预测？什么人预测，等等。

（二） 收集、整理和分析资料

资料是预测的基础，预测所需要的资料须具备针对性、准确性、系统性、可比性。因而

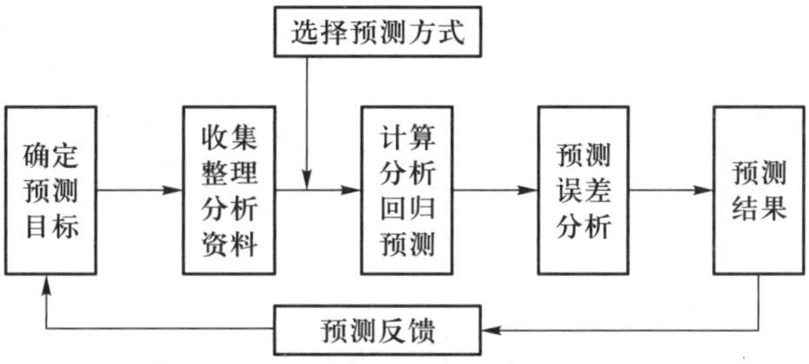

图 4-7　旅游企业市场预测过程

须对收集的资料进行审核、整理、分析资料结构的性质，以尽量减少预测过程中因资料引起的误差。

（三）选择预测方法，建立预测模型

合宜的预测方法是提高预测质量的主要因素，在预测目的确定、统计资料的分析及预测费用的综合基础上，选择恰当的预测方法。同时，在对数据变化趋势的分析中，建立与之相应的预测模型，选择合理预测的工具。

（四）预测实施

在已有的资料、数据基础上，依据选定的合理的预测方式，则可具体地计算，做出定性或定量分析，进行归纳、总结、推测判断未来市场的发展方向和趋势。

（五）预测误差分析

误差是预测值与实际值之间的差额。预测误差的大小，反映预测的精确程度，若误差过大，则失去预测的意义。因此，在每一个预测结果产生之前，应分析误差产生的原因，测定误差的程度，把误差控制在允许的范围内。

（六）确定预测值，提交预测报告

对预测结果进行评价、修正之后，最后确定预测值，以书面报告的形式反映预测结果，供有关部门决策时参考。

三、旅游企业市场预测的方法

旅游企业市场预测，按预测方法的性质不同，可分为定性预测和定量预测两种方式。

（一）定性预测

定性预测，指预测者根据自己挖掘的实际情况、实践经验、专业水平，对旅游企业发展前景的性质、方向和程度做出的判断，也称为判断预测或调研预测。这种方法的准确程度取决于预测者的经验、理论、业务水平掌握的情况和分析判断能力。定性预测综合性强，需要的数据较少，能考虑到无法定量的因素，其具体方法有：

1. 经营管理人员意见调查预测法

这种方法是由旅游企业的经理召开熟悉市场情况的各业务部门主管人员的座谈会，将与会人员对市场商情的预测意见，加以归纳、分析、判断、制定企业的预测方案。

这种方法的优点是：有利于调动业务管理人员市场预测的积极性；预测结果较准确可靠；

预测成本低;对市场的变动较为敏感。其缺点为:对市场变化了解不深入,主观因素影响大。

2. 销售人员意见调查预测法

对旅游企业销售部人员进行调查,征询其对产销情况,市场动态及未来销售额的估计,加以汇总整理,对旅游企业市场前景做出综合判断。其特点是:销售人员熟悉市场,预测经过多次审核、修正、较接近实际。但由于岗位有限,对经济发展和市场变化全局不够了解,致使预测结果有一定局限性。

3. 旅游交易会,博览会调查预测法

通过参加旅游交易会、博览会直接向旅游者或中间商发表调查,以了解消费者对旅游企业产品的质量、价格的意见和需求量,加以汇总整理、综合判断旅游企业产品销售的前景。

4. 消费者购买意向调查预测法

这种方法是采用随机抽样或典型调查方法,从住店客人中抽选一定数目的消费者。通过表格,询问等进行调查,将消费者的购买意向加以汇总分析,推断旅游企业产品的未来需要。

5. 专家评估法——德尔菲预测法

专家评估法,指以匿名方式,向一组专家,轮番分别征询意见,加以综合整理,逐步取得一致意见而进行预测的方法。

专家评估法的基本步骤为:

(1) 准备阶段:成立预测小组,确定预测课题;选定专家;设计征询表。

(2) 征询阶段:第一轮,将预测课题,征询表及背景材料,提交给每一位专家征询意见;第二轮,将第一轮意见汇总,补充新的背景材料,反馈给专家进行第二轮征询意见;第三轮,重复第二轮工作;第四轮,对修正后的专家意见予以汇总,并分析、判断定案。

(3) 处理数据阶段:用统计方法对预测值的典型水平、代表性的意见加以集中整理。

专家评估法的特点是:集思广益,发挥专家的集体智慧,避免主观性和片面性,提高预测质量、理论、经验与实践相结合,缺少数据时也可应用,简单易行。但由于责任分散,只适用于总体预测。对旅游企业不同种类的产品的预测,其可靠程度较低,同时,经验判断也有一定局限性。

(二) 定量预测

定量预测,是根据准确、及时、系统、全面的调查统计资料和经济信息,运用统计方法和数学模型,对旅游企业经济现象未来发展的规模、水平、速度和比例关系的测定。定量预测方法主要包括时间序列控制和回归预测法两类。

1. 时间序列预测

时间序列预测,是将预测目标的历史数据按照时间的顺序排列为时间序数,然后分析其随时间的变化趋势,外推预测目标的未来值。在时间序列预测中,最常用的预测方法是移动平均法和指数平均法两种。

(1) 移动平均法。根据时间序列资料,逐项推移,依次计算一定项数的序时平均数。边移动边平均,可得到一个由移动平均数构成的新的时间序列,以反映长期趋势的方法。当时间序列的数值由于受周期变动和不规则变动的影响,起伏较大,不易显示发展趋势时,可由此法消除这些因素的影响。

其计算公式为:

$$当前预测值=\frac{前1期实际值+前2期实际值+\cdots前第n期实际值}{期数}$$

即：

$$M_{t+1}=\frac{X_t+X_{t-1}+\cdots+X_{t-n+1}}{n}=\frac{1}{n}\sum_{i=t-n+1}^{t}X_i$$

式中：M_{t+1}为预测值；X_i 为 i 期数据；n 为移动平均期；t 为期数序号。

（2）指数平滑法。利用过去的资料用平滑系数进行预测的一种方法。相对于移动平均法，指数平滑法减少了对历史数据储存量的要求，同时，根据数据离预测期的远近分别给以不同大小的权数，也较合理。其计算公式为：

$$M_{t+1}=\alpha x_t+(1-\alpha)M_t$$

式中：M_{t+1}为预测值；x_t 为 t 期实际数据；M_t 为第 t 期预测值；α 为平滑系数。

指数平滑法，根据平滑次数不同分为一次指数平滑法、二次指数平滑法和三次指数平滑法等。

2. 回归预测法

回归预测又称为因果预测，通过研究自变量与因变量之间的相关关系，建立表达两者关系的数学模型，通过输入自变量数据，以预测因变量的发展趋势。根据自变量与因变量之间的关系拟合的直线或曲线称为回归直线或回归曲线，表现这条直线或曲线的数学公式叫回归方程。

回归预测按自变量的多少分为一元回归和多元回归，而按自变量与因变量的关系又分为线性回归和非线性回归。

阅读材料

如家快捷连锁酒店案例

在短短四年内，其以平均每月开设 1.5 家分店的速度，在全国 37 个大中城市中建立起了拥有 120 多家连锁酒店的网络，发展成为中国最大的经济型连锁酒店品牌；当国内一般酒店客房的平均出租率只有 50%左右的时候，其却能一直保持 90%以上的平均出租率；其年营业额已经超过了 1.3 亿元，净利润达到 1 600 万元以上，这对传统酒店业来说简直就是个神话。这个神话的创造者就是近几年来异军突起的如家快捷连锁酒店。

如家酒店连锁于 2002 年 6 月由中国资产最大的酒店集团——首都旅游国际酒店集团、中国最大的酒店分销商——携程旅行服务公司共同投资组建。如家借鉴了欧美成功的经济型酒店管理模式，把国外的经济型酒店拷贝到中国，用“二星的价钱”打造“五星的床”，全国的平均房价控制在 200 元以内；其追求“洁净、温馨”的精致简约、有限服务，为国内外中小型商务客人和旅游者提供洁净温馨、便捷舒适、实用大方的高性价比住宿设施；同时还提倡“适度生活、自然自在”的生活方式，没有豪华的大堂、讲究的餐厅和艺术性的陈设，但有国外名家设计的内外装潢布置，客房内有宽大的席梦思床具及现代感十足的配套家具。

如家快捷走出了与传统酒店集团不同的发展模式，从一开始就有非常强烈的突破区域限制、进行全国布局的意识，致力于打造遍布全国的网络，树立更高的品牌认知度，建立更多形象一致的连锁店，并统一这些连锁店的服务标准，现在已初步连点成线、连线成网，不仅在单体酒店的软硬件上，而且在规模化发展的轨迹上，与国际品牌保持一致，现在已进入加速发展时期，成为我国经济型酒店市场拓展的主力。

酒店业是一个资金密集型产业，按照传统运营模式，没有足够的资金支撑很难在短期内迅速扩张。为此，如家摒弃了传统酒店的购地置产模式，而是采用低投资方式，所有营业用房均是租赁的，一般是由租借的普通房产或厂房改造而成，避免过大的固定资产投入。这种运作模式大大降低了如家酒店的经营成本，也有效降低了加盟商的风险和资金压力，方便更多的人加盟如家，从而可以快速壮大规模，形成相对垄断优势。而中高档酒店多是在黄金地段斥巨资买地建楼，开业周期长，占用资金多，运营风险大。为了减少不必要的硬件投资，降低营运费用，如家店门口不设迎宾人员，改为客户自助；花费不菲的酒店大堂，面积利用率极低的 KTV、桑拿等康乐中心，通通舍弃，把能利用的空间全部变成客房；保留下来的餐厅占地也只有 50—100 平方米左右，只提供简单的早餐服务；如果酒店附近有快餐店，就索性连餐厅也省掉；如果酒店周边有商场、停车场、洗衣店的话，如家也会充分利用。如家的客房设施也非常简单。房间的床上用品是一般的棉制品；地上一般铺设地板而不用地毯；窗帘也一改一般酒店所采用的落地式，按照窗户的大小来决定，决不浪费；所有的店里都采用单体空调，因为中央空调无论房间有没有人都要运转，能源消耗高，而且单体空调也使得各个房间的空气相对洁净；如果到了冬天，则只用暖气不用空调。卫生间里更是细微之处见节约：不安装浴缸，改为实用、卫生的淋浴房，不仅节省水资源，也节约了空间；洗手间内也只提供一块小香皂供客人洗手；沐浴用品是可添加的沐浴液，既节省了包装又不浪费原料；所有的牙具均无纸壳外包装。同时，由于舍弃了多余的服务设施和管理人员，如家的人力资源成本也降到最低。如家比一般酒店少两个管理层次，没有部门经理，也没有领班，大小事基本由店长负责，客房员工比例达到了 1：0.3—1：0.35，就是说每 100 间客房只有 30—35 名员工，而普通高档酒店每 100 间客房则要 100—150 名员工，比如家多出三倍都不止。

我国经济型酒店业内外部存在四大驱动力：巨大的市场需求与单调、低水准产品之间的落差，是最主要的驱动力，也就是市场驱动力；经济型酒店是我国住宿业的重心所在，成为民族品牌生死存亡的关键，这是产业驱动力；千载难逢的创业良机，带动了大量资本和人才流入，这是资本驱动力；特别适合连锁发展，是经济型酒店的网络驱动力。在四大驱动力的助推下，国内的经济型酒店飞速发展，国内外连锁品牌遍地开花，竞争加剧。国内的几个主要经济型酒店品牌已明显感到了扩张的压力，面临着新一轮的“爬坡”竞赛。要实现新的跨越，必须抓住时机，借势而起。

本章小结

1. 营销信息系统是一个由人、机器和程序组成的连续的和互为影响的结构，用以收集、挑选、分析、评估和分配恰当的、及时的和准确的信息，供营销决策者用于其营销计划的改进、执行和控制。旅游市场营销信息系统由四个子系统组成：内部报告系统，营销情报系统，营销研究系统和营销分析系统。旅游市场营销系统能以最大限度、最大面积、最快速度的传递旅游信息资源。

2. 营销调研是系统的设计、收集、分析和提出数据资料以及提出与公司所面临的特定的营销状况有关的研究结果。全面调查是对调查对象中所有单位无一例外地进行调查的方式,全面调查能取得比较全面系统的总量资料。适用于旅游市场的宏观了解。非全面调查是对调查对象中的部分单位进行调查的方式,所选单位应具有充分的代表性,以利于最终获取较全面的总体资料。非全面调查又分为典型调查、重点调查、抽样调查几种形式。

旅游市场环境调查。旅游企业生存与发展是以旅游市场环境为条件的,对旅游企业而言,旅游市场环境是不可控因素,旅游企业的生产与营销活动必须与之相协调和适应。旅游市场环境调查主要是:政治、经济、法律、科技、社会和地理环境。旅游市场需求调查是调查旅游市场需求在一定时期内,一定价格上、旅游者愿意并能够购买旅游产品的数量,即旅游者对某一旅游目的地所需求的数量。旅游需求是决定旅游市场购买力和市场规模大小的主要因素。针对旅游者所进行的需求调查是旅游市场调查内容中最基本的部分。

问卷调查的程序与方法包含:确定调研目标、调研准备分析、正式调研(非正式调研)、分析调研资料、撰写调研报告和跟踪调研。

旅游市场调查不仅需要有明确的调查目标和科学的调查方法来实现,除此之外,还必须应用一定的调查技术。问卷技术和抽样技术是旅游市场调查最常用的技术。抽样调查技术是按照调查对象总体中每一个样本单位被抽取的机会是否相等的原则,分为随机抽样方法和非随机抽样方法两大类。① 非随机抽样方法。指根据调查人员的需要和经验,凭借个人主观设定的某个标准抽取样本单位的调查方式。② 随机抽样方法。指从调查对象总体中完全按照随机原则抽取一定数目的样本单位进行调查,以样本调查结果推断总体结果的一种调查方式。

3. 旅游企业市场预测,指根据既成的市场事实,利用已有的知识,预测技术和经验,对影响旅游企业市场变化的各种因素进行研究、分析、判断和估计,以掌握市场发展变化的趋势和规律。旅游企业市场预测的内容很多,每一个影响到旅游企业正常经营的因素都成为旅游企业预测的对象。旅游市场预测主要分为:旅游市场环境预测,旅游业是一个具有高度依托性的行业,受环境因素的变化影响较大,因此需要采用定性预测的方式对国际、国内乃至地区的政治、经济形势和产业结构变化趋势做出估计与推断,同时预测国际、国内和地区的旅游形势。旅游市场需求预测;旅游市场需求预测又可分为:旅游需求总量预测、旅游客源预测和旅游需求结构预测三种。

旅游企业市场预测步骤主要为:确定预测目标,拟定预测计划、收集整理分析资料、选择预测方法,建立预测模型、预测实施、预测误差分析和确定预测值,提交预测报告。旅游企业市场预测,按预测方法的性质不同,可分为定性预测和定量预测两种方式。

关键术语

营销信息系统(marketing information system)

营销调研(marketing investigation)

营销预测(marketing forecasting)

复习与思考

1. 解释下列概念

营销信息系统	营销调研
全面调查	非全面调查
文案调查	实地调查
定性预测	专家评估法
时间序列预测	回归预测

2. 试总结旅游营销信息系统内部架构之间的相互关系。
3. 总结旅游营销信息系统的发展过程以及每个过程的特点。
4. 列举旅游市场营销调研的种类及各自特点。
5. 旅游市场营销调研的主要内容有哪些?
6. 你认为本章介绍的旅游营销调研的程序有没有更优化的可能?
7. 让你为一家旅游企业进行市场预测,你认为要进行哪些市场预测?

自测自评

推荐阅读文献

1. 林建邦.市场调研与预测[M].广州:中山大学出版社,2018.

2. 苏晓丽,蒋再松,赵巧香.乡村旅游市场营销策略研究——兼评《乡村旅游发展规划研究:理论与实践》[J].农业经济问题,2018(2):143-144.

3. 姚蔚蔚.国际旅游顺差背景下我国出入境旅游市场消费需求分析[J].改革与战略,2018(1):156-158.

4. 任瑞萍,吴晋峰,冯文勇,等.北京市入境旅游市场变化特征研究[J].宁夏大学学报:自然科学版,2017,38(2):214-220.

5. Simon Hudson,曾丽.塑造旅游行业的十大消费趋势[J].旅游学刊,2015,30(12).

第五章　旅游市场细分与目标市场的选择

国际旅游需求趋于多样化、个性化，旅游市场营销不可能同时满足旅游市场的各种需求，而市场营销又要求最大限度地满足消费者。解决这一矛盾的根本途径在于旅游市场营销应分辩出它能为之提供有效服务的某一个顾客群——目标顾客，使其获得最大满足。因而，旅游市场营销必须实行目标市场营销。

本章的主要内容有：明确旅游市场细分在整个市场营销中的作用和地位，确立旅游市场细分的基本原则；在此基础上，介绍旅游市场细分的基本依据和应用方法，以使读者能够基本把握如何进行旅游市场细分，明确现有旅游企业是如何进行市场细分的；最后，本章在市场细分的基础上，介绍了目标旅游市场的选择，以满足目标顾客的旅游需求，与此同时，区别了目标旅游市场的选择与旅游企业市场定位之间的概念区别。

学习目的

- 了解旅游市场细分的依据
- 掌握旅游市场细分方法
- 掌握旅游目标市场的选择技巧
- 区分旅游目标市场选择与企业市场定位

引导案例

新闻报道：要学会细分市场

旅游渐渐成为国人的休闲方式，各地旅游管理部门也想出了很多高招，发展旅游产业，带动一方经济发展。但是需要提醒的是，旅游经济也要遵循经济规律，要把旅游业做大，要学会细分市场。

如果不能细分市场，就会导致恶性竞争。浙江杭州市有一个锦绣风水洞，曾经火了一把，结果当地冒出了三十多个类似景点，最后只好相互杀价，先前可以卖 35 元钱一张的门票降到 1 元钱一张。西双版纳本来是靠傣族风情吸引游客的，但是去了之后却发现情况根本不是想象中的那样，倒是世界公园、蜡像馆、水族馆、西游宫、野生动物园之类的人造景观遍地开花。其他一些以少数民族文化见长的人文景观，由于开发不当，文化内涵千篇一律，这都是旅游开发者不懂得市场细分的结果。

做好市场细分，必须从以下几个方面入手：首先，要在景点开发上，注入新的文化内涵和新的科技含量。只有这样才能形成自己的特色，创出自己的品牌，从而吸引游客。深圳没有古迹，没有文物，过去也没有名人，但是深圳的旅游业发展很快，该市旅游局一位负责人总结了他们的成功经验是细分市场。他们认为：五千年的文明去看西安，一千年看北京，100年可以去上海，我们要创造一个说法，那就是20年可以看深圳。因此我们在全国现有的旅游项目之外，推出了很多旅游产品的新构思、新创意，如民俗文化村，如明斯克号，都是别人没有搞过的项目。搞人无我有，人有我优，人优我变，人变我转。最后闯出了一条条新路子。

其次，要善抓新闻热点，紧扣时代脉搏，推出新的旅游项目和旅游线路。一些省市推出的"红色之旅"，就很是火了一把，有的把红土地与田园梦结合起来，有的把红色根据地与爱国主义教育结合起来，各有各的特色。

再次，还要学会借势。不能只局限于单一景点，可以搞合纵连横。江南三大名楼在2001年中秋节前夕举办三省联欢晚会，并通过三家省级电视台现场转播实况，造成了一定的轰动效应。这种景点之间相互合作、共同造势的做法，实际上类同于企业界的联合创牌，是一种更加高明的细分市场之法。参照这种思路，今后，各地还可以联合推出更多的组合旅游，如园林之旅、中华建筑之旅、中华名校之旅、西部探险之旅等等。

最后，在服务接待方面，要满足不同游客的需要。只有在服务上把市场细分，做好，才能真正把旅游市场这块蛋糕做大。新西兰是一个小国家，但是旅游业已成为该国的第一创汇来源，每年赚取外汇25亿美元。除了得益于多姿多彩的天然旅游资源外，更得益于旅游服务业善于市场细分。该国的皇后镇是一个居民不到16 000人的小城，但是旅游设施齐全，从五星级饭店到背囊旅馆，应有尽有，上可接待总统，下可接待学生。除了度假别墅外，还有家庭式寄宿可提供床位。在吃的方面，既有比萨饼与肯德基，更有中式餐馆、印度餐馆和各国的名吃小店，遍地开花，满足世界各地旅游爱好者的口味。

资料来源：廖仲毛，中国旅游报

第一节 旅游市场营销细分概述

市场营销现已经历了大规模营销、产品多样化营销和目标市场营销三个阶段。

大规模营销是销售者大规模生产、大规模分销和大规模促销单一产品，以吸引所有消费者的营销方式。赞成大规模营销的人认为，这种方法能最大限度地降低成本及价格，进而发掘最大的潜在市场。

产品多样化营销：指销售及生产两种或多种具有不同特色、式样、质量与尺寸的产品。产品多样化营销的理由在于消费者随时会改变口味。

目标市场营销：指销售者识别各个细分市场，从中选择一个或几个小的细分市场，针对该目标市场拟定产品及营销策略。

微观市场营销是应对多个细分市场所采用的一种战略，是指一个企业为从事市场营销活动而涉及一整套相互作用和影响的参加者、市场及宏观市场营销环境因素。在互联网和数据库的协助下，企业可以深入到带有个性化需求的规模较小的细分市场。定制营销作为目标市场营销的终极形式，在大规模生产的基础上，把每一位顾客视为一个潜在的细分市场，并根据每一位顾客的特定要求，单独设计、生产产品并迅捷交货的营销方式。

目标市场营销过程的三个主要步骤。第一步是市场细分，将市场分割成不同的购买者群体，这些群体可能需要不同的产品和/或营销组合。企业发掘各种不同的分割市场的方法，并对所形成的各个细分市场的总体特征加以描述。第二步是目标市场选择,先对每个细分市场的吸引力进行评价,然后选择一个或几个细分市场。第三步是市场定位,即为产品进行竞争性定位,并制定适当的营销组合战略。具体见图 5-1。

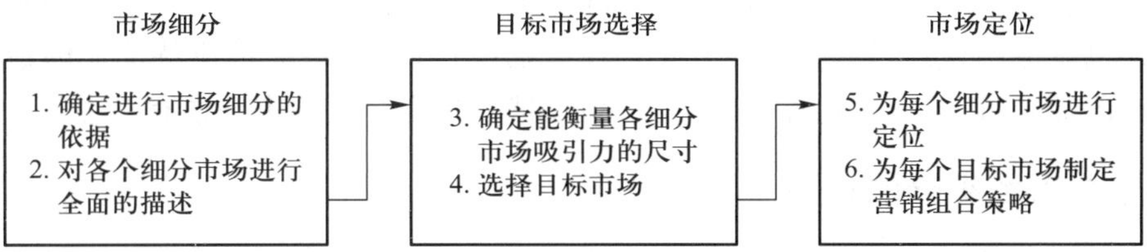

图 5-1　市场细分、目标市场选择和市场定位的步骤

一、旅游市场细分的概念

（一） 市场细分

市场细分思想由 20 世纪 50 年代中期美国市场营销学家温德尔·史密斯(Wendell R. Smith)提出。市场细分又称为市场分割,它按照购买者的需要和欲望、购买态度、购买行为特征等不同因素,把一个市场划分为若干不同的购买者群体的行为过程。

市场细分在本质上并非是对整体市场的地域范围或数量规模进行划分,而是一种对不同顾客按需求特征的差异性与相似性进行非常接近客观事实的分类。在细分后的整体市场中,不同细分市场之间顾客的需求欲望和对营销因素的反应具有明显差异;而在同一细分市场内部,顾客的需求特征又相对比较一致。因此,市场细分是以市场需求格局的差异性和相似性为客观基础的。假定从一个整体市场顾客对产品各种属性的需求反应中,任意取两种属性的不同偏好分布情况加以图示,即可得出市场需求格局的三种基本偏好模式。

(1) 同质偏好型。所有顾客对服务质量和价格水平的偏好都是一致居中的,也即在此市场中不存在着市场细分的客观基础;

(2) 分散偏好型。每一位顾客对服务质量和价格水平的偏好都各不相同,在理论上可将每一位顾客都作为一个细分市场,但在实践中分别针对每一位顾客制定产品及营销组合往往不现实,所以这类市场一般也不存在市场细分的问题;

(3) 集群偏好型。顾客群体对服务质量和价格水平具有显著差别,而在每一个群体内部其成员对两属性的偏好又是大致相同的,因而此市场可明显地划分为若干细分市场。

（二） 旅游市场细分

由于旅游是一种综合性很强的高层次消费活动,因此旅游市场不言而喻属于典型的异质市场。随着社会经济文化的发展,旅游活动内容的增加,旅游市场的异质程度还将进一步提高。旅游市场具有非常鲜明且仍在发展的异质性特征,同时其异质性特征又表现出明显的集群偏好,这正是旅游市场细分的客观基础。

旅游市场细分则指旅游市场营销把需求者按一种或几种因素加以分类,使分类后的亚市场在一个或几个方面具有相似的消费特征,以便旅游市场营销用相应地营销组合尽可能地满足不同消费群的需要。旅游市场营销细分具有以下几层含义:

(1) 市场细分的过程并非将旅游市场营销支离破碎,而是一个先分后合的过程。从纷繁复杂的消费者个体中找出相同的特征，加以归类，予以相应的营销措施。使旅游市场营销有限的生产能力面对整体市场，得以充分地发挥。

(2) 市场细分的标准是不同消费者的消费特征诸如需求特征，购买动机，购买行为特征等，使市场消费者的消费特征更为鲜明，利于旅游市场营销制定合理有效的营销策略。

(3) 市场细分的最终目的是使旅游企业现有的生产能力，产品供应特征能够最大限度地满足消费者的需求，以此实现企业的经营目标，维持和扩大企业的市场占有能力。

二、旅游市场细分的作用

旅游市场细分是分析旅游市场营销需求的一种手段，对于旅游市场营销经营而言有以下作用：

（一）有利于旅游企业寻找机会市场

由于旅游产品的差异性及旅游企业固有的客观局限性，旅游企业在市场上取得的优势都是相对的而非绝对的。市场客观存在着未被满足或未被全部满足的消费需求，这些需求的存在便成为旅游企业的机会市场。通过市场细分，旅游企业可了解不同消费者群的需求状况及满足程度，迅速占领未被满足的市场，扩大市场占有率，取得市场营销的优势。

（二）有利于旅游企业制定营销策略

旅游企业通过市场细分，比较直观、系统、准确地了解目标市场的需求，从众多的细分市场中确定旅游企业的服务方向，产品战略，更合理地确定营销组织策略，及时调整旅游企业产品、价格、销售渠道及促销手段。且随着市场的发展动态予以及时地调整。

（三）有利于旅游企业制定灵活的竞争策略

通过细分市场，旅游企业了解到市场的消费特征之后，可集中力量对一个或几个细分市场进行营销，突出旅游企业产品和服务特色，制定灵活的竞争策略，提高旅游企业的竞争能力。通过市场细分，使旅游企业由粗放经营转变为集约经营，集中使用人、财、物、时间、空间和信息等资源，应付市场竞争，提高经济效益。

三、旅游市场细分的原则

要使旅游市场细分能真正有效发挥其作用，还必须符合以下原则。

（一）可衡量原则（可区别原则）

各细分市场的需求特征、购买行为等要能被明显地区分开来，各细分市场的规模和购买力大小等要能被具体测度。主要包括两重含义。一是细分市场所选择的标准要能被定量地测定，以能明确划分各细分市场的界线。如旅游者的胆量、勇气等对旅游项目、交通工具的选择虽有较大影响，但这样的因素却难以衡量。二是所选择的细分标准要与旅游者的某种或某些旅游购买行为有必然的联系，这样才能使各细分市场的购买行为特征被明显地区分开来，为旅游营销者能有效地针对不同细分市场制定营销组合提供实际可能。这也是市场细分的根本意义所在。

（二）可盈利原则

可盈利原则要求细分出的市场在顾客人数和购买力上足以达到有利可图的程度，也即要求细分市场要有可开发的经济价值。理解本原则有三个要点：① 虽然市场细分有使整体大市场小型化的趋向,但又绝不能过分细分到失去一定规模经济效益的程度;② 同时也应注意到某些细分市场虽然在整体市场中比重很小,但其绝对规模或购买力足以达到盈利的水平,甚至具有很大的开发价值。如老年人旅游市场和探险旅游市场,前者绝对规模大,后者单个探险人应支付的费用多,各有其开发价值;③ 当细分市场的顾客人数规模和购买力一定时,是否有利可图还与开发成本有关。当由于外界条件的变化或者通过主观努力而使开发成本得以降低时,就可能使一些原本无利可图的市场变为有利可图。

(三）可进入原则

可进入原则要求细分出的市场,要使旅游产品有条件进入,占有一定的市场份额。包括客观上要有接近的可能(可接近原则);主观上要有能开发的实力(可行动原则)。可接近原则是指营销者要有与客源市场进行有效信息沟通的可能,同时还要具有通畅可达的销售渠道,这对于具有异地性特征的旅游市场尤为重要。假如你的旅游广告根本无法让细分市场的旅游者看到或理解,或细分市场的旅游者受种种限制根本不可能到达旅游目的地,这样的细分市场即使开发潜力再大对你也没有任何价值。而可行动原则是指旅游营销者要有吸引和服务相关细分市场的实际操作能力,否则再有吸引力的细分市场对你也没有意义。

(四）稳定性原则

严格的市场细分是一项复杂而又细致的工作,因此要求细分后的市场应具有相对的稳定性。如果变化太快、太大,会使制定的营销组合很快失效,造成营销资源分配重新调整的损失,并形成企业营销活动的前后脱节,从而形成一种被动的局面。

四、旅游市场细分的步骤

市场细分作为旅游市场营销的一个前提并无定式。通常做法是先确定细分的依据,并以此为基础分割市场,然后对分割后的市场进行分析,最后确定目标市场,而市场细分的步骤因市场类型不同而各有差异,美国市场营销学家伊・杰・麦卡锡(E. Jerome McCarthy)提出了市场细分七步法,为旅游企业的市场细分提供一个行动参照。其具体操作如下:

(一）选定旅游产品的市场范围

首先,需要确定旅游产品的市场范围,旅游产品是观光型为主,还是温泉,沙滩疗养或者是休闲度假等,营销定位是高档旅游市场还是中、低档旅游市场等。选定旅游产品的市场范围,部分依赖旅游市场营销自身的生产能力和特点,但更主要的还须以市场需求为基础,这不由产品的特性决定。

(二）列举潜在顾客的基本需求

在选定产品市场范围的前提下,旅游企业可从人口、地理、行为、心理、经济等各种因素方面,大致估算潜在消费者的需求,以了解市场需求状况。例如消费者对疗养旅游产品的需求大致包括:宁静、清新、有益健康,而对会议旅游产品则要通讯方便等,潜在顾客的需求并非现实需求,因而旅游企业在进入行业竞争前先要熟悉行业特征。

(三）分析潜在顾客的不同需求

在初步分析的基础上,旅游企业将罗列的各种需求为调研依据,结合不同类型、具有鲜明特征的潜在顾客,了解他们较为迫切的需求,然后加以归纳、集中、选出两三个作为市场细分的标准。

（四） 抽除潜在顾客的共同需求

对于粗略划分的市场，其共同需求固然重要，但只能作为设计市场营销组合的参考，而不能作为市场细分的基础，因而可以排除这些共同需求，选择具有鲜明特征的需求作为市场细分的标准。

（五） 划分相应的市场群

旅游企业对各个细分市场剩下的要求做进一步分析，结合细分市场的消费者的特点，为各细分市场暂时取名。

（六） 进一步分析各细分市场的具体特点

深入地考察细分市场的特点。分析各市场的不同需求及购买行为，了解影响细分市场的新因素，以决定各细分市场有无必要再作细分或重新合并，以不断适应市场变化。

（七） 评估各细分市场

基本决定各细分市场的类型后，旅游企业应测量每个细分市场潜在顾客的数量，因为它决定旅游产品的潜在销售量，影响旅游企业的获利机会，因此，旅游企业应对各细分市场予以全面、中肯的评估。

第二节 旅游市场细分标准与方法

一、旅游市场细分的标准

由于年龄、性别、收入、职业、受教育程度，生活方式等因素的影响，不同的消费者有不同的需求。这些不同的需求成为旅游市场细分的依据。细分市场不存在统一的标准变量，每个旅游企业必须选择适合自身资源的可变因素。而在市场细分中常用的四个依据是：地理变量，人口统计变量，心理变量和行为变量。

（一） 地理位置变量

旅游企业依据消费者所在地理位置、地形气候、人口密度等变量细分市场。由于地理因素是消费者的生存环境，它与消费者的需求有较大的相关性。因而消费者的需求因地理位置不同而有较大的差异。按地理变量细分市场，对于分析研究不同地区消费者的需求特点，需求数量及其发展变化趋势具有一定价值，我国即有“东甜西酸南辣北咸”之说。

1. 地理区域变量

它是细分旅游市场最基本的变量。具体又可分为洲别、国别和地区等变量。例如，世界旅游组织（WTO）根据地区间在自然、经济、文化、交通以及旅游者流向流量等方面的联系，将世界旅游市场细分为六大旅游区域，即欧洲市场、美洲市场、东亚及太平洋地区市场、南亚市场、中东市场和非洲市场。

不同地理区域地理位置、自然环境、经济环境与人文环境的综合差异，深刻影响制约着其消费者旅游需求的综合差异。一般而言，客源地与目的地在自然风光和人文风貌上差异越大，其旅游引力也越大；而两地间生活条件、生活方式以及价值观差异越大，其旅游障碍就越大。以此细分旅游市场有利于旅游目的地针对不同客源市场设计特色旅游产品与分销、促销策略。

按国别细分旅游市场是旅游目的地国家或地区细分国际旅游市场最常用的形式。由于国界因素的强化，一国内部的消费需求往往有更多的相似性，而国与国之间则往往出现较多的差异性。

按地理区域细分旅游市场，可分别根据其自然、经济、人文三大方面因素对旅游需求特征的不同影响来加以考虑。如我们可根据各国各地区的人均 GNP 值细分国际旅游市场；又如，根据宗教信仰对旅游需求的影响，我们可区分中东市场、南亚市场、东南亚市场旅游者的不同宗教信仰，分别开发相应的旅游产品和设计相应的营销方式。

国际上还通行按不同客源国或地区的旅游者流向某一目的地所占该目的地总接待人数的比例来细分市场。在一个旅游目的地国家或地区的总接待人数中，来访者占最大比例的两、三个客源国或地区（一般共计可占 40%—60%）可划为一级市场；来访者占相当比例的一些客源国或地区，可划为二级市场；来本目的地的人数很少，而出游人数日见增长的国家或地区，可划为机会市场（也叫边缘市场）。

2. 气候变量

根据潜在客源地与旅游目的地之间自然环境的差异，尤其是气候环境的差异细分旅游市场，也是极其有意义的。地形、气候、水体、生物等都是构成自然旅游资源的重要因素，其中起主导作用的是地形和气候两方面因素。气候对生物和水体的状态影响最大、最直接，且气候类型分布的规律较明显，以地质地貌为基础的旅游资源也往往需要与一定的气候条件相配合才更富有吸引力。因此，以气候为主导因素的自然旅游资源往往是很有利的旅游吸引物，尤其对于度假旅游是最重要的吸引物。如以“3S”（sands、sea、sun）著称的地中海风光每年吸引欧洲 80%以上的度假者前往该地，尤以与法国气候差异较大的北欧各国旅游者为盛。

3. 空间位置变量

各地旅游者的旅游需求特征不仅与自身所在地理环境和目的地地理环境之间的差异大小有关，而且还与所在地相对目的地的空间位置有关。两地的空间距离是旅游活动的自然障碍因素，而两地间的交通条件又起着跨越这种障碍的作用。但无论如何旅游者所在地与目的地之间空间位置的差异，从旅行时间上和费用上都会构成旅游的障碍性因素，以此可将旅游市场细分为远程、中程、近程等旅游细分市场。远程旅游者数量虽然相对较小，但其多属中上层生活条件的游客，在目的地一般停留时间较长，消费水平高，其旅游支出往往高出邻近市场旅游者的几倍以上。随着现代交通工具的发展，远程旅游者有发展趋势。近程旅游市场，尤其是相邻地区旅游市场，不仅因为距离近、消耗小，而且也因为生活方式容易接近，邻国之间在入境手续上还可能提供方便，对于目的地国家而言，其客源挖掘潜力大，应是开拓国际旅游市场的重点对象。在全球旅游业发展最兴盛的欧洲旅游区，其区内旅游就占绝对优势。近年我国也加强了对周边国家旅游市场的开发；同时，也有针对性地发展远程旅游市场（如欧美旅游市场）。

地理细分的具体变数如表 5-1 所示。

表 5-1　市场细分地理变量构成表

细分依据	细分变数
地　　区	国内：华东、华南、西南、中南、西北、华北、东北 国际：欧洲、北美、亚洲、拉美、非洲

续表

细分依据	细分变数
人口密度	城市、农村
城市规模	大城市、中小城市、城镇
地　　形	山区、平原、高原、盆地
气　　候	热带、亚热带、温带、寒带

（二）人口统计变量

人口统计细分是将市场按年龄、性别、职业、家庭规模、婚姻状况、收入、教育、信仰、种族、国别等为依据划分不同的群体。由于人口统计变量较其他变量更容易衡量和区分，它与消费者的欲望、偏好、文化习惯及产品使用率等都有密切联系，因此成为区分消费者群体常用的依据。综合考虑，可形成如下基本标准：

1. 年龄、性别与家庭生命周期

建立在人口最基本自然属性基础上的年龄、性别与家庭生命周期三个变量因素，不仅能从生命活动过程与生理上直接影响旅游需求，而且还能通过影响旅游者的收入和社会角色等因素间接影响旅游需求。

人口年龄变量是细分旅游市场最主要的变量之一。据美国研究，20 岁—64 岁之间的人出游率最高，其中 35 岁—44 岁之间的人最富有旅游的活力。按照人口年龄段，旅游市场可细分为老年人、中年人、青年人、少儿四个细分市场。

以年龄为例，可将市场细分为青少年市场，中年市场和老年市场。其消费特征如表 5-2 所示。

表 5-2　不同年龄消费群的消费特征

细分依据	特征
青少年市场	年轻、活泼，喜欢刺激、新颖的产品，消费水平较低，发展前景好
中年市场	比较理智，人数多，潜力大，商务旅游居多，消费水平高，逗留时间较短
老年市场	怀旧，喜静，收入稳定，时间充裕，比较关心旅游服务质量

中年人旅游市场是当今人数最多，潜力最大的旅游市场。中年人年富力强，收入往往不菲，较讲究食宿和享乐条件，以观光、会议、商务旅游者居多，携家度假旅游的也不少，较看重与自己年龄与身份相称的游乐项目，是旅游业较理想的目标市场。

老年人旅游市场也是比较引人注目的市场。老年人一般有经济积累，又很少再有子女负担，闲暇时间充裕（尤其退休者），无工作压力或压力小，旅游兴趣较浓，以观光休养、探亲访友者居多。随着世界人口老龄化趋向的发展，如何进一步开发老年人旅游市场已成为世界旅游业广泛关注的课题。

阅读材料

老年旅游市场细分势在必行

随着时代的发展和生活水平的提高，外出旅游的老年人越来越多。专家指出，老年人旅游热只是一个开端，重要的是我国老年旅游市场广阔，前景看好。然而简单地将老年人组织起来出游，并不是真正意义上的老年旅游。老年旅游在旅行线路、时间等安排上，要符合老年人的特点、承受能力和喜好。

一位经常旅游的老年人对老年旅游有了更为深刻的认识，他总结出老年人出游的一些特点。例如“行要慢”——体力有限，容易疲劳；“吃要软”——牙齿不再坚固，肠胃功能较弱；“购要少”——老年人出门不是去买东西。这就要求老年旅游较一般旅游在景点安排、食宿车辆、休息间隔等方面更为细心和专业。此外，老年人经历丰富，生活积淀厚重，对精神需求和内心感受要求比较高，旅行行程安排要留够他们睹物“思情”的时间和空间。

然而，与日趋高涨的老年旅游需求相比，我国现有的旅游产品远远不能满足老年人多样化的需求。特别是随着老年人各种收入的变化，老年旅游消费的差异化明显，甚至有相当一部分老年人已经产生了参加出国旅游、飞机旅行、度假旅游和各种专题旅游的强烈愿望。而目前可供选择的旅游产品绝大多数还是千篇一律、千人一面的团队观光，显然无法满足老年人的需求。

许多老年人都说，他们出行最大的顾虑是安全。老年人或多或少有一些疾病，旅途劳累使得他们的身体很容易出问题。一般旅行社又没有医护人员随行，这让老年人想出门又不敢轻易出门。此外，目前的旅行线路大多是为年轻人设计的，景点多、节奏快，常有漂流、登高等较刺激的项目，不适合老年人。

在老年旅游更趋理性和体现个性的现在，老年旅游市场细分势在必行。为老年游客量身定做“点菜式”服务肯定会受到欢迎。

青年人旅游市场虽然总体消费水平不高，但仍是一个人数众多，不容忽视的市场。青年人精力、体力都处于最佳状态，无论时间和金钱上的障碍几乎都不能遏制其旅游的激情。

少儿旅游市场也有其自身特点需要旅游营销者加以注意。少儿旅游一般须由学校组织或成人带领，通常选择具有教育性、游乐性的旅游项目，注重安全、卫生、近便等条件。

旅游需求的性别差异也是明显的。一般而言，男性游客独立性较强，更倾向知识性、运动性、刺激性较强的旅游活动，公务、体育旅游者较多，喜欢康乐消费等；而女性游客更注重旅游目的地的选择，较喜欢结伴出游，注重自尊和人身与财产安全因素，喜好购物，对价格较敏感。近年随着妇女社会地位的提高，无论从工作需要、心理需求、经济能力等方面都为女性旅游市场注入了极大的活力，使包括公务旅游在内的女性游客人数迅速扩张，单身旅游也变得时髦。女性旅游市场的开发已受到旅游企业的关注。

家庭是消费的基本单位。家庭结构、规模和总收入等状况都会直接影响旅游需求。这些状况又随着家庭生命周期阶段不同而变化。其中家庭子女情况对旅游消费需求制约较大。

2. 收入、职业、受教育程度与社会阶层

由于家庭可自由支配收入是实现旅游活动最重要的限制性客观条件之一，而且其水平的高低直接影响旅游消费水平和消费构成；因此，以消费者收入水平细分旅游市场，具有较为普遍的意义。据调查，美国经常旅游的人家庭年收入大于25 000美元，经常进行远距离旅游的人，家庭年收入至少50 000美元。

由于旅游是具有审美性质的高层次消费活动，因此消费者受教育程度与职业特征，直接影响到旅游需求的程度、层次、类型与内容。一般受教育程度越高，旅游需求层次越高、品味越高。职业特征对旅游需求的时机、类型影响较大，教师、学生一般只能利用寒暑假旅游，管理人员、技术人员和商务人员多公务旅游和商务旅游的需求。

收入、职业与受教育程度往往是相互关联的，尤其是在发达国家。管理人员大多受过高等教育，收入也较高，喜欢旅游，且具有较多公务旅游的机会；其旅游开支较大，要求也较高。综合收入、职业与受教育程度三方面因素，往往形成社会地位的差异，产生社会阶层的概念。社会阶层的划分，多以收入为基础，职业为代表，受教育程度做参考。每一阶层的成员具有相似的价值观、兴趣爱好和行为方式。社会阶层变量有时可代替人口属性变量作为细分旅游市场的标准。

3. 生活方式与性格气质

实现旅游活动的主观条件，根本上还在旅游动机；而个人的心理特征在形成旅游动机上起着首要作用。

（三）心理变量

可以根据消费者的生活方式、性格特征、态度、兴趣、心理变量和动机等心理特征细分市场。消费者对旅游产品需求的产生总是心理活动的结果，因而，能更准确地区分细分的市场特征。即使同一细分的消费者群体，由于不是同心理特征的结果，对同类产品的偏好和态度也会各异。心理变量的具体内容如表5-3所示。

表5-3 市场细分心理变量构成

细分依据	细分变数
生活方式	传统型、新潮型、简朴型、奢侈型、潇洒型、高雅型
性　格	内向型、外向型
社会阶层	上、中、下

（四）行为变量

行为细分指旅游企业按消费者不同的购买动机、偏好程度、使用频率及消费行为特征细分市场。由于消费者的行为导致消费的最终实现与否，因而成为旅游细分市场至关重要的出发点。

根据旅游者购买过程中比较关键的行为特征，可细分出一些需求各异、具有综合性特征的重要旅游细分市场。

购买形式是指旅游者购买旅游产品过程的组织形式和所通过的渠道形式。以此变量细分旅游市场，最有利于分析出因购买组织形式和购买渠道不同的重要旅游者群体对营销因素的综合反应特征和旅游需求特征。

依据购买组织形式变量可将旅游市场细分为团体市场和散客市场，是旅游市场最基本的细分形式之一。团体旅游具有省心、省事、省时、甚至节省费用，众人结伴旅游热情高，旅行安全系数大，语言障碍小等优点；但同时存在着个体适应性和过程灵活性较差的突出缺点。近年散客市场在世界范围内得到很大的发展，已成为世界旅游市场的主体。在这一市场中，游客的旅游形式发展也日益复杂多样，独自旅游、结伴同游、家庭旅游、小组旅游、驾车旅游、徒步旅游等，不一而足。

旅游活动的时间性、季节性非常突出，根据购买时机变量不仅可将旅游市场划分出旺季、淡季及平季等二至三个细分市场，而且还可细分出寒暑假市场，春节、五一、国庆、双休日等节假日市场。

根据消费者购买旅游产品的数量与频率特征，可将其分为少量购买者和大量购买者，或称较少旅游者、多次旅游者和经常旅游者这样的细分市场。以此为起点，很有利于深入探析描述不同购买数量特征的旅游者群体在人口属性与心理方面的不同特征；从而也有利于分析形成旅游者购买数量需求差异的深层原因。经常性旅游者通常在整体市场上所占的比重很小，但往往他们的旅游消费支出在整体市场上却占有很大的比重。

行为细分的具体变量如表 5-4 所示。

表 5-4 市场细分行为变量构成

细分依据	细分变数
购买动机	观光、商务、会议、文化民俗、度假、其他
购买数量	团体、散客
偏好程度	极度偏好、中等程度偏好、摆动偏好、无偏好
购买时间	旅游淡季、旅游旺季
购买次数	一次购买、重复购买
购买行为特征	理智型、冲动性、积极型、猎奇型、享受型

以上四种变量是旅游市场营销细分的主要依据，在实际营销过程中，用于细分市场的变量并非仅限于这些。旅游企业应根据自身的优势和外部环境给予的条件，具体细分市场，而不能生搬硬套。

二、旅游市场细分的方法

（一）单变量细分法

选择影响旅游市场细分的最显著的变量，作为细分市场的唯一依据，划分市场中不同的消费者群体。这种方法能够将市场迅速细分，而且细分市场的特征较鲜明，但不能对市场进行深刻的调研分析。诸如以性别来划分整个市场，可简单划分为男、女两个细分市场。

（二）多变量细分法

旅游企业选择两个或两个以上严重影响市场需求的变量，作为细分市场的依据，划分市场中的消费者群体的方法。这种方法能准确，深入地划分不同的消费群体，有助于旅游市场营销做出准确、合理的市场营销策略,但由此会增加市场细分的时间、费用等。同时,如果市场细分的变量数目不够科学合理,极易造成市场的完全细分,将市场上每一个旅游者个体作为一个单独的细分市场,从而失去市场细分的意义。

(三)顾客盈利能力细分方法

所谓顾客盈利能力指企业顾客在未来很长一段时间内(指其作为企业顾客的时间长度内)为企业贡献利润的一种能力。根据顾客盈利能力的不同进行市场细分,就是把顾客盈利能力作为市场细分的变量,把每一个顾客都当作一个细分市场,分析企业服务每个顾客的成本和收益,得到每个顾客对企业的财务价值,然后与企业设定的顾客盈利能力水平进行比较,如果顾客的盈利能力达到或超过企业设定的顾客盈利能力水平,那么他就是企业目标市场中的一员,所有满足这个条件的顾客构成企业的目标市场,否则的话企业就不向他们提供服务。

这种细分方法的优点是:直接界定细分市场是否能为企业带来盈利,能真正达到市场细分的目标,能完全满足目标营销的需要,是实现"一对一营销"的前提基础,从而保障企业能更有效地针对每个顾客提供产品和服务。

衡量顾客盈利能力的指标是顾客终身价值。所谓顾客终身价值是指顾客作为企业顾客的周期内为企业利润的贡献的折现总和。影响顾客终身价值的最重要的两个因素是计算周期和贴现率。一般而言,在贴现率不变的情况下,顾客成为企业顾客的周期越长(即计算周期越长),那么,纳入计算的顾客价值就越多,顾客的终身价值就越大;计算周期一定的情况下,贴现率越高,未来的收益就越不值钱,则顾客终身价值就越小。

顾客终身价值的计算比较复杂,需要获得以下这些信息:① 顾客作为企业顾客的时间周期;② 企业的贴现率(因为未来的收益要折现);③ 每个时间周期内顾客购买某产品品类的频数;④ 顾客购买该企业产品的平均贡献;⑤ 顾客购买该企业某产品的概率等其他一些信息。

市场细分充分地显示了旅游企业所面临的各种市场机会。而细分的目的并不仅限于此,它最终使旅游企业的产品和营销策略有效地用于最有吸引力的机会市场。因而,旅游企业在众多的细分市场中,须选择其目标市场。

第三节 旅游目标市场选择

目标市场是指在市场细分的基础上,旅游企业所要满足的市场需求,这一类似的消费者群体的市场需求成为旅游企业的主要经营对象。目标市场最主要的特点是有针对性。市场细分与选择目标市场,二者既有联系又有区别。市场细分是按不同的消费影响因素划分消费群体的过程;选择目标市场则是在细分市场的基础上,挑选少量细分的市场作为营销对象的决策过程。市场细分是目标市场的前提和基础,目标市场则成为市场细分的目的和归宿。科学合理的目标市场只有通过深入地市场细分才能产生。

市场细分揭示了企业所面临的各种可供选择的细分市场,现在,企业需要对各个细分市场进行评估,决定将多少和哪些细分市场作为目标市场。下面分别介绍企业如何评估和选择目标市场。

一、评估细分市场

选择目标市场的第一步是分析评估各细分市场。对各细分市场规模和增长率、细分市场结构吸引力和旅游市场营销目标与资源等方面予以准确评估,把握最佳的市场机会,决定细分市场的取舍。

（一） 细分市场规模和增长率

市场规模是一个相对的概念,大旅游企业偏好大市场,而中小型旅游企业则可避开与大旅游企业的竞争。市场增长率也会影响市场状态,旅游企业总希望销售量和利润上升,与此同时,竞争者数目也会上升,从而改变市场竞争格局,使销售量和利润下降。

（二） 细分市场结构吸引力

波特指出,影响一个市场或一个细分市场长期盈利有五个因素——行业竞争、潜在进入者、替代者、购买者和供应者。一个细分市场结构吸引力可以视为对该市场利润的期望值。期望值高,则吸引力大。而吸引力的大小则是上述五种要素在细分市场上的强度的一个函数。分析每一个细分市场的吸引力,是旅游企业选择目标市场的基础和出发点。

（三） 旅游企业目标与资源

除对细分市场进行深入细致的评估以外,旅游企业还须明确自身的经营目标和拥有的资源。即使是吸引力大的细分市场,一旦与旅游企业的长期经营目标相偏离,旅游企业也只能放弃这一细分市场。对适合企业经营目标的细分市场,旅游企业则要考虑自身的生产能力,拥有的各种资源和技术。

综合上述三个方面,旅游企业在选择目标市场之前,应对细分市场予以评估。

二、选择目标市场

对各细分市场进行评估后,旅游企业应确定其中的一个或几个作为目标市场。这就是目标市场的选择问题。目标市场由一些具有相同需要或特征的购买者构成,他们是企业决定为之服务的对象。

（一） 目标市场选择的原则

1. 目标市场必须与旅游企业的经营目标和企业形象相符合

高档次,集团化的旅游企业不适宜打入中、低档,大众化的客源市场。反之,中、低档的旅游企业对经济收入较高,社会地位较高的消费者构不成吸引力。因而,旅游企业选择目标市场时应考虑到企业形象和经营目标。美国假日酒店集团(Holiday Inn)在旅游市场营销业“巨子”希尔顿(Hilton)和喜来顿(Sheraton)之后推出,之所以能在日益激烈的旅游市场营销中站稳脚跟并一跃成为最大的旅游市场营销集团,就在于其创始人凯·威尔逊(Kemmons Wilson)以大众化的汽车旅馆为目标市场。

2. 目标市场必须与旅游企业所拥有的资源相匹配

旅游企业拥有的自然条件成为选择目标市场的重要依据。目标市场的选择应该能使旅游企业充分地发挥自身的优势,充分利用自身资源,扬长避短,突出自己的特色,方能使市场营销获得成功。20世纪初,瑞士著名旅游企业经营者凯撒·丽兹(Ceasar Ritz)经营的丽兹酒店一度成为豪华、奢侈的象征。(Ritzy的英文词意“豪华的、华贵的”由此而来)主要在于他选择目标市场时充分利用自身资源,不仅其服务是一流的,极有气派,而且丽兹的成功大半归功于与奥古斯特·埃斯科菲尔(Auguste Escoffier)的配合。被誉为"帝王厨师、厨师之王"的埃斯科菲尔,使丽兹酒店的资源优势发挥得淋漓尽致,丽兹酒店最终征服其目标市场——上层消费者。

3. 目标市场必须具备结构性吸引力

如一个细分市场具备众多竞争者,则该细分市场对于旅游企业而言吸引力下降。另一方面替代品会限制该细分市场的潜在收益。旅游企业选择目标市场不仅注意结构性吸引力。同时,还要预测目标市场是否具有潜在效益。旅游企业不仅要注重销售量,更应该重视利润,应选择盈利的细分市场为目标市场。

(二) 目标市场范围选择策略

旅游企业在选择目标市场范围时可采取"由面至线、由线至点"的策略,而在市场营销中则采取"由点至线,由线到面"的原则,稳打稳扎,步步为营,进入整个市场。其具体营销策略有以下三种,如图 5-2 所示。

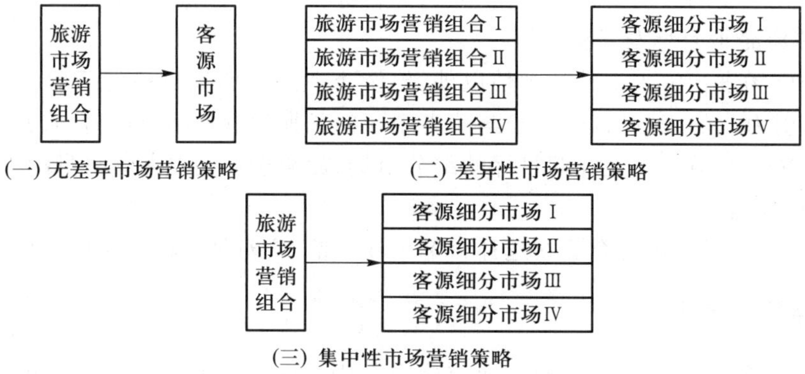

图 5-2 旅游目标市场营销策略

1. 无差异营销

无差异营销指旅游企业不考虑市场内消费者的潜在差异,将整个市场视为一个同质的目标市场,不进行市场细分,只以单一的产品,运用单一的营销组合,力求适合尽可能多的消费者的需求。如早期的麦当劳,生产的主要食品是适合美国人口味和生活节奏的汉堡包,所有的连锁店面都只生产标准质量的汉堡包,单一的餐馆建筑以及特有的黄色双拱门的"M",甚至广告用语也只用一种——"世界通用语言·麦当劳",以一种产品和一种营销组合征服了全世界的消费者。

旅游市场营销采用无差异营销一般要具备以下条件:① 有大规模的单一产品生产线;② 有广泛的销售渠道;③ 产品在消费者中有广泛的影响,且质量好,企业有独特的不易外泄的生产诀窍;④ 产品用于满足人们的基本需求,消费者的需求差异较小。

采取这一战略,能使旅游服务标准化和批量生产,有利于降低生产和服务成本,提高服务技巧和劳动效率。同时,单一的市场营销能减少营销费用和成本。另一方面,无差异营销易使旅游企业忽略市场需求的差异,对市场需求的变化反应极为迟钝,市场适应能力差。无差异营销的实施导致较大市场的内部竞争加剧,从而增加旅游企业的经营风险。

2. 差异性营销

采用这一策略的旅游企业同时为几个细分市场提供服务，针对不同细分市场的需求特点设计不同的产品，并实施相应的营销组合策略。如美国万豪酒店集团，其董事长威拉德·万豪(J. Willard Marriott)最初由啤酒馆转行餐馆，进入旅游企业行业，随着经营范围的扩大，该公司也为航空公司提供飞机饮食服务。第二次世界大战初，万豪转为从事工厂内饮食服务，开办食品商店，并在工厂、企业、办公大楼、学校、公共食堂、高速公路餐馆等地供应食品。除经营食品外，还经营住宿业。万豪成为包括产品、食品和接待业的联合企业。其主要业务可分为五大类：旅游、餐馆、合同饮食服务、游乐公司及游艇服务。

选择这一市场战略的旅游企业可以针对不同的市场需求，进行小批量、多品种生产，这类旅游市场营销须具备如下条件：① 有一定的规模，人力、物力、财力较雄厚；② 旅游企业的技术水平，设计开发能力与之相呼应；③ 旅游企业有较好的营销能力，具有鲜明的形象；④ 市场的需求差异较大，而各自的细分市场吸引力均衡。

采取这种市场战略的优点在于：小批量、多品种经营，能满足不同的旅游者的需求，有利于扩大销售，同时可分散旅游企业的经营风险。同时，营销的成功有利于企业树立形象。但另一方面，由于资源分散经营，不能产生理想的经济效应，产品的种类和市场营销的多组合，相应增加旅游企业的生产成本和经营费用。

3. 集中性营销

集中性营销战略指旅游企业将自身的资源和营销集中在某一个或少数细分市场上，实行专业化生产和销售。使旅游企业在目标市场上有较大的市场占有率，以此弥补在较大市场上的较小市场占有率。现代化的旅游企业无不倾注所有的人、财、物来改变企业的产品和服务，力求精益求精，以赢得众多的消费者。这一策略适合于中小型旅游企业。

采用集中性营销有利于旅游企业在目标市场中取得有力的地位。由于生产服务和销售等方面的专业化，能够规范旅游生产服务，同时可大大降低旅游企业的成本。如果旅游企业能选择合理的细分市场，旅游企业可创品牌、增加销售，获取较高的投资回报。与此同时，集中营销无形中增加了旅游企业的经营风险。旅游企业的所有资源过分地依赖于一个细分市场。因而，市场上的任何变动都会影响到旅游企业的经营。

4. 两极营销

在亚洲、非洲及拉丁美洲，以及像中国这样的发展中国家，市场存在着两极分化的现象。高档酒店往往是国际游客的住处或是当地高收入阶层的社交场所，而低档酒店的顾客主要是当地人和喜欢冒险的旅游者。

这样的现实有时会令想要涉足这些市场的国际酒店经营者感到受挫。中产阶级的缺失意味着那些发达国家中成功的中档酒店品牌在这些市场中获得成功的可能很小。

对于已经适应了西欧、日本、北美、澳大利亚和新西兰这样的细分市场的数目重大的接待业管理人员来说，应该在这些存在两极分化的国家中采用不同的营销规划和战略。

目标市场选择的正确与否，对于旅游市场营销的营销成功极为关键。旅游企业选择目标市场，不仅要考虑上述四种营销战略，同时，还要综合考虑旅游企业自身的因素。具体包括：① 旅游企业资源：若旅游企业有充足的资源，在人、财、物等方面基础雄厚；则旅游企业可选择差异性市场战略和无差异市场战略；而集中性营销则适合势力较薄弱的旅游企业；② 产品特色。一般而言,同质产品宜采用无差异营销,而异质产品则适合差异营销或集中营销;③ 市场特征。若消费者的需求相近,购买动机和行为无明显差异,则采用无差异营销。反之,则采取差异化营销或集中营销;④ 产品生命周期。处于投放期和成长期的产品,旅游企业可采用无差异营销,以尽快进入市场。当产品处于成熟期时,则改用差异性营销更有效。

第四节 旅游市场定位

一、市场定位概念的发展

早在20世纪40年代,定位(positioning)一词就出现在市场营销著作中。随着市场营销研究的发展,市场定位逐渐包括含有使产品在消费者心目中更加具有吸引力,并创造一个更加有利的销售地位的含义。

进入了所谓的形象时代,市场定位得到了进一步发展。人们大量地利用广告手段宣传品牌的形象,强化品牌形象的价值。强调产品的特性及与众不同的促销活动取得了广泛的成功。然而单纯基于产品形象的宣传易于模仿,企业及产品的形象由于被竞争对手模仿而很难实现差异化的目标。

20世纪60年代,企业形象(corporate image)受到了理论界和实业界的重视和充分的研究,70年代后,人们更加重视消费者的心理因素及定位,更加重视产品在消费者心目中的形象的创造。在这一领域,目标市场对产品的认知得到了更广泛的关注。此时定位的主要目的是通过市场沟通传播手段在消费者心目中创造一个期望形象和位置。

二、市场定位的含义

上述这种定位实际上可称为传播定位,强调通过市场沟通和传播是市场定位的一个重要的环节,但仅仅是一个环节而已。市场定位应是通过识别顾客需要,开发并向顾客传播与竞争者不同的优势产品,使顾客对该产品有比竞争产品更好的认知的过程。可见市场定位不仅仅是一个市场沟通的过程,而是贯穿于市场营销整体的战略,是与目标市场的需要、产品开发、促销、定价、销售渠道、顾客服务紧密相关的内容。同时,市场定位也是一个产品区分化的过程。

准确的市场定位首先来自对目标市场的需要的准确认识,并针对市场需要及竞争对手的产品,开发出更加符合顾客需要的产品,然后通过市场沟通及传播手段在顾客心目中创造优势产品的概念,最终促使顾客做出购买行为。

三、市场定位的过程

营销人员策划市场定位一般要经过5个过程:确定市场定位的层次,明确产品的特征,确定定位位置,评估定位选择以及实施市场定位。

(一) 确定定位的层次

对于旅游企业及旅游目的地而言,一般应考虑3个层次的定位:组织定位、产品线定位以及单一产品定位。组织定位是指一个企业整体或目的地整体的市场定位。如某一旅游城市可将本城市定位为海滨度假和历史文化并重的目的地;而城市中的某一家饭店可将自身定位为最富创造力的奖励旅游及会议饭店。产品线定位是对一组或一系列产品和服务的定位。例如上述城市中的一家旅游企业，可将自己的城市一日游系列定位为最适宜家庭旅游的项目。单一产品定位是对某一项产品或服务的市场定位。

一般情况下，营销人员不会随时在这3个层次上同时进行市场定位。组织定位往往与企业的长远发展战略紧密相关，短时间内很难发生改变。更多的情况是企业会针对不同目标市场的组合开发不同的产品，并为其定位。

（二） 确定产品和服务的特征

当市场定位的层次确定之后，就应根据目标市场的需要选定能够使本企业产品和服务区别于竞争对手的产品特征。而消费者正是在不同竞争产品和服务的差异性评估的基础上进行购买决策。有些营销者认为，为每种品牌的产品选择一种特征或属性比较适当，然后全力专注于这一主题。

需要指出的是，消费者根据对竞争产品差异性的了解进行购买决策，这种差异性并不一定表现在影响购买决策的最重要的因素上。例如，对航空公司的乘客而言，安全是影响其购买决策的最重要的因素，随着全球主要航空公司安全标准逐渐统一，面对诸多竞争的航空公司，乘客开始将航班时间、舒适性、机上餐饮等因素作为乘机选择的主要标准。

（三） 确定定位位置

当选定了作为产品和服务差异化的产品特征后，就应确定目前该产品在市场定位图上的相对位置。通常市场定位图是由两个坐标轴分别代表两种产品特征，各竞争产品以这两种特征为标准而确定在定位图上的位置。

营销人员可以根据定位图判断并分析自己的产品与竞争对手的产品的相对位置，从而更好地了解竞争产品之间的相似性和差异性。

（四） 定位选择

最终的市场定位主要应从以下三个类型中选择：

1. 强化与竞争对手的现有位置

此种定位方式主要可以避免面对面的定位冲突。规模较大的企业可以以最大的并且提供产品和服务类型最多的经营商为市场定位，例如迪士尼就可以以“全世界最大的主题娱乐场”来定位；而小的企业可以强调自己虽不是最大的，但是最重视顾客服务。

2. 针对市场需要重新定位

市场定位最根本的是不能脱离目标市场的需要，而市场对同一种产品或服务会有不同方面的需要。同样以商务旅游者为目标市场的酒店，有的可以强调能够提供个性化的服务，有的可以强调能够满足现代商务旅游者对通讯及信息方面的高要求。

3. 回避定位

回避定位是指企业回避与目标市场上的竞争者直接对抗，将其位置确定于市场“空白点”，开发并销售目前市场上还没有的某种特色产品，开拓新的市场领域。

除此之外，市场定位的方法还有：根据属性和利益定位、根据价格和质量定位、根据用途定位、根据使用者定位、根据产品档次定位、根据竞争局势定位，以及各种方法组合定位等。

在进行定位选择决策时，应充分考虑的因素有：① 哪一种市场定位最能够把本企业同竞争对手区别开来；② 我们的竞争对手已经确立了什么样的市场定位；③ 什么样的定位最能使目标市场感觉到产品和服务最有价值；④ 什么样的定位最经常为竞争对手所考虑；⑤ 什么样的定位较少为竞争对手考虑。

以上市场定位主要是根据消费者对企业的认知而进行的。除此之外，营销人员还应该了解竞争对手、消费者以及本企业三者之间复杂的认知关系对市场定位选择的影响。

应该指出的是，企业对自身的认知往往同竞争对手及顾客对该企业的认知有很大差距，营销人员在确定产品和服务定位时必须要先了解竞争对手及目标顾客对该企业的认知。

（五） 市场定位的实施

市场定位的最终确立是通过企业与目标市场的互动过程完成的。这些互动过程包括企业各个部门、员工以及市场营销活动对目标市场的各种接触和作用。而企业的运营制度、内部的人力资源、财务政策等则直接影响着各部门、员工及市场营销活动对目标市场的接触和作用。因此，不但企业的市场营销活动和对顾客的服务过程，而且企业的内部制度及政策的制定也应反映并适应市场定位策略。因此，在市场定位战略的实施过程中，各种营销环节必须保持一致性，以便最终向目标市场传达鲜明的定位形象。

旅游市场营销一旦选定了目标市场后，则开始着手进入目标市场，渗透目标市场到最后占领目标市场。这一系列的工程最初的开展基础则是旅游企业如何准确迅速地进行市场定位。

四、旅游市场营销定位

（一） 目标市场选择与旅游市场定位

选定目标市场是旅游企业市场营销中一项重要的战略性工作，其任务是在营销调研和市场细分的基础上，通过对各细分市场的规模、销售潜力和需求特点以及对本企业的生产和经营能力进行评价，确定本企业的业务组合（business mix）或顾客组合（customer mix）。

同选择目标市场一样，定位也是旅游企业一项重要的营销战略。其任务是为本企业或本企业产品在目标顾客心目中树立和造就某一与众不同或突出的地位；作为市场营销中的一项战略性工作，定位是指旨在完成上述任务的活动过程。作为这一工作的结果，定位是指本企业旨在使自己或自己的产品在目标顾客心目中所要占据的地位，也就是说，企业在目标顾客心目中所要树立起来的形象。实际上，在旅游企业营销工作中，确定定位的考虑发生于目标市场选定之后，两者之间虽然密切相关，但却不是一回事情。在国际学术界的有关研究中，人们往往更直接地将定位述之为产品定位（product positioning）。

（二） 旅游企业定位

1. 旅游企业定位的意义

定位在很大程度上是一个企业营销战略的基石。以酒店企业为例，在当今酒店业的竞争中，很多酒店，特别是同档次的酒店，都在以相差无几甚至完全相同的价格面向相同类型的顾容提供十分相似的产品和服务。由于酒店服务产品的无形性使得消费者无法在做出购买决策前先检验其性能或质量，因此，酒店经营者有必要设法使自己的产品在消费者心目中有别于竞争者的产品，有必要创造和利用自己产品和服务的某些特点或突出之处，通过营销组合手段的运用，使之在目标顾客心目中成为代表性的印象或形象，并最终成为消费者进行选择和做出购买决策的依据。在此需要说明的是，这些特点或突出之处乃是顾客心目中的知觉（perception），而不能只是企业的自我标榜。

只有当这些特点或突出之处能够迎合目标顾客的追求,并为目标顾客所看重的情况下,才能够在顾客心目中成为本企业产品的特定形象。所以确切地讲,所谓定位就是企业及其产品在消费者心目中的形象定位。

成功的定位可以为企业的经营带来很多方面的好处,主要表现在,其一,它可以造就消费者心中对本企业产品的持久形象;其二,它可以在市场上为本企业创造出某种竞争优势;其三,它可以使本企业利用自己在某些方面的优势或长处,去吸引对其感兴趣的市场。

产品定位的基本原理在于,一项产品可以从多个方面提供和展现其对消费者的价值。但无论是哪一企业的产品或服务项目,都不大可能在各个方面都尽善尽美,甚至在消费者所看重的所有各个价值方面都优于竞争产品。之所以如此,是因为对于几乎所有的企业来说,无论是出于经济效益上的考虑,还是受生产能力限制,都使其难以提供在各个方面都具领先价值的产品。因此,一个企业只能利用自己在某些方面的优势,为其产品或服务创造某种突出的形象,使其形成消费者对本企业或本企业产品的知觉。以快餐业为例,麦当劳将其连锁店定位为"家庭乐趣"餐馆,而温迪快餐公司的定位则强调自己高质量的美味食品。

通常,定位是旅游企业营销战略的组成部分,但是在某些情况下也可以用为战术手段。如果你不能够重新设计你的产品(例如对于一个酒店来说,不能改变自己的坐落地点或建筑式样,等等),从而不能实现有利的定位,那么你不妨设法去改变消费者的知觉,扭转其原有看法而代之以新的形象。例如,英国某城市的旧城区有一家古老的酒店,不少顾客认为酒店式样陈旧,环境嘈杂。这一形象曾一度使该酒店在市场竞争中处于非常不利的地位。面对这一问题,该酒店的经营管理人员在深入调研的基础上,决定通过对其产品进行重新定位和树立新的形象来改变现状。他们决定以该酒店的悠久历史和古朴韵味、坐落地点的交通便利和淳厚的生活气氛等与众不同之处,去改变消费者对该酒店的知觉。在这一过程中,该酒店当然也针对先前不利形象的成因,对自己的设施设备做了必要的整修和更新,包括对酒店建筑的修饰、采用隔音效果较好的双层玻璃以及更新家具陈设等。后来的结果表明,这些措施有效地扭转了消费者对该酒店的原有看法和知觉。

2. 旅游企业定位的方法

关于旅游企业应如何进行定位工作,美国的旅游营销学者曾提出过一种称为 5Ds 的模型(demand, decide, differentiate, design, deliver),即:① 识别需要:分析和识别目标顾客最看重的利益或要素;② 决定形象:决定要向选定的目标市场推出的形象;③ 辨别优势:识别竞争者的情况并确定本企业的产品和服务如何有别于竞争者;④ 传递设计:将这些有别于竞争者的长处纳入产品或服务之中,运用营销组合手段将这些不同之处传递给目标市场;⑤ 落实承诺:将所承诺的利益提供给消费者。

实际上,一个企业的定位战略可有多种不同的考虑途径。很多企业的营销实践表明企业定位战略的制定大致可有以下 6 种可供选择的方法:

(1) 根据产品特色进行定位。这是最为常见的一种定位方法,即根据自己产品的某种或某些优点,或者说是根据目标顾客所看重的某种或某些利益去进行定位。例如对于酒店企业来说,这些优点或利益的基础可以是本酒店的建筑风格、坐落地点、服务项目、服务质量、房间和装潢的设计与质量,或者这些方面产品特色的任何组合。

(2) 根据价格—质量之间的联系进行定位。国际上有些酒店则是根据这种方法来考虑自己的定位。采用这种方法进行定位的酒店将其产品的价格作为反映其质量的标识。众所周知,战略价格的重要作用之一便是象征产品的质量。产品越具特色,即产品的性能越好或者提供的职务越周到,其价格也就越高。对于一个提供全方位服务的高档饭店来说,为自己的产品制定高价,本身就会对顾客起到一种知觉暗示的作用,即他们可在这里得到周到的高等级服务。

(3) 根据产品的用途进行定位。这一方法尤其是指根据产品的某种特别用途去进行定位;例如;如果一个酒店拥有足够的会展场地和健全的会议设施,则可以围绕适合接待某些类型的会展或演出活动这一长处去树立形象。这样,当会议和会展组织者或者某些演出活动的主办者寻找场所时,这种定位的酒店都有可能因此而受益。

(4) 根据产品使用者进行定位。例如,如果本酒店通过营销努力,特别是通过公关活动,同某一社会阶层或社会名流建立起较为经常的主顾关系,则会变得为某些类型的顾客所关注。在莎士比亚故乡的莎士比亚剧场附近有一家餐馆。该餐馆的规模很小,在服务方面也谈不上有什么值得令人称道之处。但由于同莎士比亚戏剧演员关系较好,这些演员经常光顾该餐馆,以致很多对莎剧,特别是对其演员感兴趣的人也纷纷前来光顾,从而使该餐馆在当地很有一些名气。同样,有些酒店因被某些著名的运动队视为“福地”而经常光顾,因而在定位上也受益不菲。

阅读材料

温迪汉堡:牛肉在哪里?

创立于1969年的温迪汉堡通过成人消费的定位对麦当劳进行侧翼进攻,渐渐成长为麦当劳的竞争对手。其代表性广告“牛肉在哪里?”被公认为是西方幽默广告的经典之作。

温迪汉堡的广告是对准成年人的,以幽默风格为主,强调成年人可以在舒适的环境中享用自己的食品。在这里,“可以没有腌制食品,可以没有调味品,而且可以没有儿童”:在这里,温迪汉堡“热得流汁”,需要“很多餐巾”。“你不会让你的孩子吃这种面包,否则的话,回家后你将不得不为他们换洗衣服”,温迪好心地忠告你。

而温迪汉堡最出色的广告还是那则比较广告:“牛肉在哪里?”1983年,温迪利用美国农业部的一项调查结果,以他们汉堡的牛肉馅比麦当劳的多出零点几盎司为内容,辛辣讽刺“麦当劳叔叔”短斤少两。广告中,著名影星克拉拉扮演的那位认真好斗、喜爱挑剔的老太太撕开面前硕大的汉堡包,发现里面的牛肉馅竟只有指甲片大小,不由得恼羞成怒,对着镜头大嚷:“牛肉在哪里?!”这支广告片引起了消费者强烈的反应,不仅大幅度提高了温迪汉堡的知名度与美誉度,还为他们捧回了Clio广告大奖。

第二年,温迪与克拉拉再度合作,巧妙引用了上次的主题进行再创作。这一次,丢失了入境卡的老太太无法证明自己的身份,在验关人员百般盘问之下,急得只好以那句人们耳熟能详的大叫:“牛肉在哪里?”来证明她是美国人——而且还是大明星。这一声果然管用,验关人员忍俊不禁,破例允许“她”入关。这支广告再获大奖。人们在捧腹之余,不由得又回想起麦当劳叔叔的短斤少两和温迪汉堡那零点几盎司的温情,真是又一个绝妙的广告创意。

资料来源:中国营销传播网。

（5）根据产品的类别进行定位。这一方法是指企业可通过变换自己产品类别的归属去进行定位。工业企业中有许多运用这种方法进行定位的成功案例。例如，西方国家中的一些酿造厂商所生产的本来是酒精含量较低的啤酒类产品，但是它们不将其产品定位于啤酒，而是定位于软饮料产品。通过这样定位，可以使其产品吸引完全不同于啤酒饮用者的消费者市场，从而使其产品的市场规模得以有效地扩大。同理，有些度假地酒店可不必将自己定位为酒店，而是定位于例如温泉疗养中心之类的场所。通过诸如此类的做法，企业可扩大或控制自己的目标市场范围。

（6）借助竞争者进行定位。这种方法所指的是一个企业可通过将自己同市场声望较高的某一同行企业进行比较，借助竞争者的知名度来实现自己的形象定位。其通常做法是通过推出比较性广告，说明本企业产品与竞争者产品在某一或某些性能特点方面的相同之处，从而达到引起消费者注意并在其心目中形成印象的目的。例如在 20 世纪 90 年代初，奥迪公司多次通过作广告，将自己生产的汽车同奔驰公司和宝马公司同类型号的汽车进行比较。广告中声称，德国的汽车专家们评价认为，奥迪车优于奔驰车和宝马车。奥迪公司这样做的目的，显然是要通过这种比较性广告去影响消费者对自己产品的知觉。

由于定位最终决定着消费者对某一企业或其产品的知觉，因此产品定位在很大程度上也便成为运用各种营销手段的指导基础。当然，在实现定位过程中，企业也需要通过运用产品、价格、促销和分销等营销手段，在目标市场心目中树立和造就本企业品牌的地位。麦当劳就是通过其一系列的营销组合手段强化其定位战略的；例如，麦当劳通过在其营业场址设立儿童游戏区、设置“麦当劳叔叔”塑像、设计儿童感兴趣的“开心乐园餐”、赠送迪斯尼动画片中熟悉角色的玩具以及连接不断的促销宣传，有力地强化了企业所要树立的自身形象。

在此，有必要强调的是，为了保证定位战略的成功实施，很重要的一点便是保持营销组合的各项手段之间的相互支持和配合。例如，如果你是一家决定以大公司商务人员为目标市场的高档酒店，提供豪华级酒店服务产品，你的宣传品就不能使用劣质的纸张、浓烈的颜色和难以阅读的密集排版，你就不宜采用直接削价法去开展销售促进，不宜将经营廉价产品的中间商纳入自己的分销渠道。否则便会混淆消费者对你产品的知觉。总之，各项营销手段的应用都必须协调一致去创造本企业品牌的同一形象。

最后，旅游企业在其定位工作中还有两点必须引起注意的地方。第一，虽然定位工作涉及促成或改变消费者的知觉，但它并非仅仅是知觉问题。第二，企业所实际提供的产品或服务必须同由定位宣传而使顾客已经建立起来的期望值相适应。

3. 旅游企业定位的原则

旅游市场定位最主要的依据是产品的差异性。旅游企业要使自己的产品获得稳定的销路。则必须与众不同，创出自有的特色。因而，旅游市场营销定位最基本的原则在于运用竞争策略。具体包括：

（1）产品差异化：旅游产品差异化主要包括产品的质量、特色及产品形式等方面。

（2）服务差异化：当旅游产品难于区别竞争产品时，市场竞争制胜的关键往往取决于服务。自然服务差异化体现在服务的种类，规格、质量等方面。

（3）人员差异化：旅游企业最根本的资源是人，任何差异化的竞争策略最终归结为人员差异，人员差异主要体现在能力、品德、知识、仪表等方面。

以上各种差异策略最后构成旅游企业的市场形象差异,使旅游企业以鲜明的个性,生动的形象奠定企业定位的基础。

此外,旅游企业定位还须考虑如下原则:

(1) 垄断性。旅游企业的形象定位策略等难以为竞争者模仿。

(2) 传播性。旅游企业的形象易于为大众媒介所传播,以尽可能减少企业形象的传播成本。

(3) 盈利性。旅游企业的形象树立更易于产品的销售,从中可获得一定的盈利。

4. 旅游企业定位战略

旅游企业产品和服务不同组合是旅游企业定位的主体内容,因而,如何组合旅游企业的产品和服务成为旅游企业定位的战略,大体上,旅游企业的市场定位战略主要包括以下四种:

(1) 市场领先战略。旅游企业在目标市场中始终保持第一位的优势,无论在产品质量,规格及服务上要先声夺人,始终以领袖地位引导着这一市场的消费需求的发展方向。旅游企业应从以下几方面做出努力:① 扩大总需求,寻找新消费者;② 保护现有市场份额,通过扩大或缩小经营范围来实现;③ 继续提高市场占有率,提高营销数量。

(2) 市场挑战战略。旅游企业致力于改善自己的市场地位,争夺领先者市场,则可采用如下策略:① 正面进攻——集中力量向竞争对手的主要强项挑战;② 侧面进攻——集中优势力量攻击竞争对手弱点;③ 围堵进攻——当进攻者比对手具有资源优势时,可深入到竞争对手领域,向市场提供更多的产品和服务;④ 迂回进攻——发展无差异产品和服务。

(3) 市场追随战略。旅游企业为避免在市场竞争中损失增大而自觉维护与领先者共存局面。追随并不意味着单纯模仿。追随者设法给自己的目标市场提供特殊利益,培养自己的优势,降低成本,保持较高的产品和服务质量。

(4) 市场补缺战略。精心服务于市场某些细小部门的专业性旅游市场,根据市场、消费需求的变化而变化,寻找市场"空白"或薄弱环节,通过专业性经营占据有利的市场位置。

阅读材料

狂欢节游船公司

1972年,一艘名为马蒂·格拉斯号(Mardi Gras)的古老的越洋巡游船,为狂欢节游船公司(Carnival Cruise Lines)进行了首次航行。狂欢节游船公司拥有300家马蒂·格拉斯的旅行代理,希望以此建立该游船未来几年的分销网络。马蒂·格拉斯巡航了一圈之后,其业主的希望破灭了。直到1975年,游船才再一次航行。挪威游船公司(Norwegian Cruise Lines)的创始人泰德·艾瑞森(Ted Arison)以1美元的价格购买了狂欢节游船公司,承担了公司的债务,并很快使之成为一项有利润回报的投资。

疲惫的马蒂·格拉斯号游船不能直接与豪华的皇家海盗号(Royal Viking)、荷美加号(Holland America)、公主号(Pricess)、西特马号(Sitmar)、皇家加勒比号(Royal Caribbean)及挪威加勒比号(Norwegian Caribbean)等游船相竞争,因为马蒂·格拉斯号与它的竞争者相比老旧不堪,而且功率低。为了减少燃料消耗,游船不得不以比较缓慢的速度进行,而且途中较少停靠。但是,艾瑞森却能够把这一障碍转变成为一种新的游船营销方法。公司没有对具有吸引力的停靠港口进行促销,相反,提出了“趣味巡游”的创意并对它进行了开发。趣味游船有夜总会、赌场、各种表演、24小时客房送餐服务和足够的使游客闲不下来的活动。游船本身成为一个旅游目的地。狂欢节游船公司还注重吸引第一次巡游的缺乏经验的游客,构建了一个家庭年收入在2.5万—3.5万美元的细分市场。而这时其他巡航线都在竞争年收入在5万美元以上、年龄较大、经验较丰富的游客的市场。它向游客提供的3日游和4日游,使第一次巡游的人不需花很多时间和金钱就能出游。

狂欢节游船公司识别了新的巡航市场。在认识到当时只有5%的人曾经进行过巡航后,狂欢节游船公司便开发了其他游船公司忽略的细分市场——中档和中下档阶层。狂欢节游船公司把自己定位为度假目的地,与其他度假地如迪士尼游乐园、夏威夷竞争,而不是与其他游船公司竞争。狂欢节游船公司把它的市场确定为出门度假的1.5亿人,而非进行巡航的1 000万人。今天,狂欢节游船公司最大的竞争者是拉斯维加斯和迪士尼乐园。

狂欢节游船公司控制了年轻人细分市场,他们认识到,当他们的客户在长大并且想要一种不同风格的巡航时,他们却无法提供什么。狂欢节公司作为狂欢节游船公司的母公司,已经购买了其他巡航线路以扩展其市场范围。1975年,狂欢节游船公司被泰德·艾瑞森购入时有许多竞争对手,如今都已经被狂欢节游船公司收入旗下。狂欢节游船公司现在拥有的航线包括位于北美地区的公主游船公司、荷美加游船公司、西本游船公司、闻世达游船公司,位于英国的冠达游船公司(Cunard)、斯万海勒尼克游船公司(Swan Hellenic),位于南欧的克斯达游船公司,位于德国的AIDA游船公司以及位于澳大利亚的P&Q游船公司。

狂欢节游船公司的总裁鲍伯·迪肯森表明大多数度假产品运用的都是人口统计细分,但是狂欢节公司运用的是心理细分。心理特征符合狂欢节游船公司的是到奥兰多、拉斯维加斯和提供包价旅游度假地的度假者。狂欢节游船公司是了解及使用市场细分的旅游公司中的典范。通过识别市场机会,瞄准竞争者忽略的细分市场,狂欢节游船公司成长为世界上最大的巡游公司。它不断完善市场细分策略。现如今,它所运用的心理细分类型是为成熟的细分类型之一。狂欢节游船公司对于“谁是顾客”以及“他们想要什么”这些问题了如指掌。公司不断更新产品以提供满足顾客需要的服务项目和活动。

资料来源:菲利普·科特勒,等.旅游市场营销.4版.谢彦君,等,译.大连:东北财经大学出版社,2008。

本章小结

1. 市场营销经历了大规模营销、产品多样化营销和目标市场营销三个阶段。目标市场营销包括三个主要步骤:市场细分,目标市场选择和市场定位。

2. 市场细分是按照购买者的需要和欲望、购买态度、购买行为特征等不同因素,把一个市场划分为若干不同的购买者群体的行为过程。旅游市场细分的四个原则:可衡量原则、可盈利原则、可进入原则和稳定性原则。旅游市场细分的依据包括:地理变量,人口统计变量,心理变量和行为变量。

3. 选择目标市场是在细分市场的基础上,挑选少量细分的市场作为营销对象的决策过程。企业需要对各个细分市场进行评估,决定将多少和哪些细分市场作为目标市场。细分市场评估包括:细分市场规模和增长率、细分市场结构吸引力和旅游市场营销目标与资源三个方面。目标市场范围选择策略:无差异营销、差异性营销、集中性营销、两极营销。

4. 市场定位是通过识别顾客需要,开发并向顾客传播与竞争者不同的优势产品,使顾客对该产品有比竞争产品更好的认知的过程。市场定位的过程:确定定位的层次,确定产品和服务的特征,确定定位位置,定位选择,市场定位的实施。

关键术语

市场细分(marketing partitioning)
地理区域变量(geographic variable)
人口统计变量(vital statistics variable)
心理变量(psychology variable)
行为变量(behavior variable)
变量细分法(unit variable partitioning)
多变量细分法(multi-variable partitioning)
差异性营销(differentia marketing)
集中性营销(centralize marketing)
产品定位(product positioning)

案例回顾与讨论

1. 案例中对旅游市场的细分的几点分析,您的看法是什么?
2. 从案例出发,分析旅游业的市场细分较之于其他行业,有怎样的特点?

复习与思考

1. 解释下列概念

市场细分	单变量细分法
多变量细分法	顾客盈利能力细分法
目标市场	旅游目标市场营销战略
市场定位	旅游市场定位战略

2. 为什么要进行旅游市场细分?你认为一个旅游企业不进行市场细分能否获得成功?
3. 怎样进行旅游市场细分?
4. 想一想你的同班同学,你能否用不同的标准将他们划分为几种不同的类型?你做这种划分所使用的变量是什么?你能否有效地向他们提供产品?
5. 在你所居住的社区当中选择一家你认为可能具有很好的细分市场的餐馆或酒店,给出你在进行市场细分之后将采取的营销组合策略。
6. 试描述旅游目标市场的选择过程,并评价各环节的作用。
7. 如果你为一家旅游企业选择目标市场,你有什么样的选择策略?
8. 旅游目标市场的选择是不是一个旅游企业的市场定位?为什么?
9. 旅游企业的市场定位有哪些常用的方法?你认为这些方法都很实用吗?为什么?

10. 你认为如何才能做好一个旅游企业的市场定位？

11. 某人想开办一家能为所有人提供餐饮的餐馆，为什么说这是一种危险的策略？

自测自评

实践题

1. 在旅游行业中选择一种产品，找出决定消费者对这种产品需求的决定因素。

2. 根据产品的特点对产品进行定位，并从当地市场中找出一个适用于这种产品营销的目标市场，为其制定相应的目标市场策略。

3. 寻找一份旅游企业针对特定细分市场（如儿童、年轻人、老人、高收入人群等）而做的广告，然后亲自到这家企业的某一网点去。在此网点，为吸引广告中所针对的细分市场，该企业在营销组合方面采取了哪些做法？其中包括促销、标志、产品组合、渠道和定价。

推荐阅读文献

1. 艾·里斯，杰克.特劳特.定位[M].北京：机械工业出版社，2018.

2. 杰克.特劳特，史蒂夫·里夫金.重新定位[M].北京：机械工业出版社，2017.

3. 周刚，张嘉琦.基于旅游动机的老年旅游市场细分研究[J].资源开发与市场，2015，31(12)：1540-1544.

4. 王甫园，许春晓，王开泳.旅游者与目的地契合的概念与测量[J].资源科学，2019(3)：441-453.

第二篇

旅游市场营销组合

第六章　旅游市场营销战略

市场营销战略起源于早期的西方管理理论,20 世纪 60 年代以后,市场竞争日趋激烈,商业环境发生了巨大的变化,社会、技术、经济和政治等环境因素也变得越来越复杂和难以预测,这使得人们更加意识到营销战略对企业成功的重要意义。

前文对旅游市场营销环境进行了分析、调研,并进行了旅游市场的细分,之后要具体实现旅游企业的营销过程,这实际上就是在各种环境因素的影响下,旅游企业为达到企业营销目标所作的一系列努力。本章就从旅游市场营销战略的制定、类型及组合等方面来说明如何进行旅游市场营销战略指导。

学习目的

- 掌握旅游市场营销战略的概念
- 掌握旅游市场营销战略的制定过程
- 掌握旅游市场定位的内涵、市场定位的基本过程与方法
- 掌握旅游产品—市场战略的分类与内涵
- 熟悉旅游市场竞争战略的几种类型
- 掌握旅游市场营销组合的内容、意义
- 熟悉市场营销组合的发展

引导案例

东湖风景名胜区旅游发展整体规划

国家级风景名胜区——武汉东湖风景名胜区位于武汉市城区的内环与中环之间,景区面积 73.24 平方公里,其中湖面面积 33 平方公里,是武汉市最大的风景旅游地,每年接待中外游客 200 万人。目前武汉东湖风景名胜区旅游开发尚处于初级阶段,为了充分发挥武汉东湖风景名胜区的作用,保证东湖风景区永续利用,必须对武汉东湖风景区旅游发展进行进一步的规划开发。

一、旅游资源评价

东湖风景区即有美好的大自然风景,也充满浓浓的楚文化气息。游览风景区湖光山色整体风貌,观赏品种门类齐全的专类植物园景色,观赏鸟岛鸟类活动等,可以让人们回归大自然,享受大自然。欣赏仿楚建筑,宫廷编钟乐舞,楚地乡土民俗风情,欣赏有关创造古楚辉煌历史、哲学文化成就和文学文化成就的杰出人物的园雕、浮雕,可以让人们了解曾在我国南方独放异彩的楚文化的丰富内涵;参观游览为文物古迹和名人故居,凭吊烈士墓地,可以让人们懂得楚

地历史文化的发展过程,适合开展旅游观光、探索求知、专题研究等方面的旅游活动。广阔而深浅适宜的水面、众多易于登临的山丘及绿荫浓郁的林地和平坦草地,适合开展丰富多彩的水上和陆上康体娱乐旅游活动。

二、规划的目标取向

根据东湖旅游资源的独特价值及区域环境条件,其主题旅游形象确定为:江城明珠,人间瑶池都市生态与文化休闲旅游者的乐园。武汉东湖风景名胜区总体布局是:形成以东湖自然山水和楚文化旅游开发为主轴,以生态旅游,山野情趣旅游,康复健身旅游和水上活动开发并驾齐驱的黄金旅游区格局,总体上可划分为五个游览区:听涛水上娱乐游览区、磨山楚文化游览区、落雁生态休闲游览区、吹笛山野情趣游览区、白马康复健身游览区。

三、旅游产品开发规划

东湖旅游产品开发应以东湖自然山水和楚文化观光产品为背景,大力发展亲水性项目,开发文化旅游、生态旅游,度假旅游,形成东湖水乡风情和楚文化为主导品牌的多元旅游产品体系。

1. 观光旅游产品系列

(1) 东湖自然风光游。白天分水路和陆路两种方式游览东湖风景名胜区山水交融的自然湖泊风光,让游客的心灵与山水相通,获得一份回归自然的惬意。

(2) 东湖夜游。配合东湖风景名胜区六大灯光带的开发,组织市民和海内外旅游者乘大型仿古豪华游船在夜间欣赏明月星空之下东湖迷人的夜景,并可在船上观赏荆楚小型歌舞和戏剧小品表演,并参与具有楚天民俗风情的游艺活动。

(3) 楚城仿古迎宾游。模仿古城西安仿古开城门迎嘉宾仪式,磨山可结合楚城、楚街和楚天台景点的开发和建设,每周对大型团队和海外嘉宾举行磨山楚城仿古迎宾游。

(4) 四季花卉观赏游。春天观赏樱花、桃花、栽种友谊树,情侣树;夏天观荷花、水上垂钓;秋天品尝鲜橘、品味桂花飘香;冬天赏傲梅。

2. 休闲度假旅游产品

(1) 水上娱乐游。水上摩托、水上自行车、皮划艇、脚踏船、碰碰船。

(2) 渔家休闲游。湖滨垂钓、湖畔烧烤、渔家乐。

(3) 空中俯瞰游。乘热气球空中俯瞰湖岛风光,乘摩托艇牵引降落伞滑翔,鸟瞰东湖自然山水。

(4) 森林沐浴游。登磨山、森林浴,探险求知健身体。

(5) 休闲疗养游。游泳、露天音乐欣赏,湖滨山庄休闲、美食品尝、室内高尔夫训练、健身运动、琴棋书画欣赏。

3. 乡村旅游产品系列

(1) 落雁农庄逍遥游。坐牛车、赏田园风光,下农田、干农活、住农家,尽情享受农家欢乐。

(2) 观光渔业游。网箱精养鱼类,观赏与喂养、野生鱼类垂钓、看渔民巨网捕鱼。

(3) 乡村野趣游。乡野田间搭建温馨小木屋,大红灯笼高高挂,在清新的凉风中品乡村野味。在落雁景区附近开辟狩猎区,供游人寻猎家养小动物。

4. 旅游节庆产品系列

节庆设计要力求反映地方文化特色、形成地方节庆传统,扩大东湖知名度,逐步培养稳定的旅游消费群。

四、东湖风景名胜区旅游配套设施规划

东湖风景名胜区旅游配套设施规划，主要根据东湖旅游总体规划的游客发展预测，围绕满足游客吃、住、行、游、娱、购六要素需要对旅游相关基础设施做出总体规划。

（一）旅游交通线路发展规划

对外交通系统的环湖交通规划近期应按旅游景观线路标准调整改造沿线建筑，完善沿岸绿化与步行道建设。

内部交通系统的路上交通方面，各景区内的线路规划应以步行道为主，铺设彩色方砖。在落雁民俗景区内可配设马车、牛车道及青石板路面或水乡土路等。另外，景区线路设计应与景点有效配合，使游客能步移景异，不走回头路。

水上交通方面应规划分别在听涛、磨山及落雁三景区建旅游码头，形成区间水上连线，以及区域内的水上连线。码头处应配有一定规模的餐饮服务、商业服务设施及休息场所。

（二）饭店及餐饮服务设施规划

目前风景区内有宾馆两座，350 个床位，住宿以接待会议客人为主，餐饮设施十余处，在东湖旅游旺季远远不能满足游客需要，而在淡季设施又出现闲置。近期规划，改造扩建湖宾客舍及碧波宾馆餐厅或建茶楼；在楚城建大型仿古食街，以出售湖北传统风味小吃为主，在景点集中的景区如听涛，磨山景区，在旺季时可设旅游流动餐车为游客提供餐饮服务；落雁景区规划建成反映水乡风情的渔家餐厅一座，烧烤馆一座。远期规划东湖风景名胜区由一日游变为二日游，增加饭店设施。落雁景区重点吸引过夜客人，规划建度假宾馆一座。磨山景区、听涛景区现有的两座宾馆进行改造，发展成为会议与观光型宾馆，增加文化娱乐设施，丰富夜间生活。

（三）旅游商品开发及购物市场规划

目前楚城中楚市，建设已具有一定规模，建筑风格与楚城整体建设相一致。而听涛区仅有几处小商亭出售食品等，规划在主要景区门口建专业旅游购物市场，出售反映风景区特色的旅游商品。另外，可在湖区规划建设的码头处及停车场处建专业购物市场。

（四）旅游咨询，公共信息设施规划

随着游客人数增加，在建设旅游服务设施的同时，一定要重视旅游咨询、信息设施建设。规划在三大景区入口处，设立大型电子屏幕式景区游览图，并配以中英文景点介绍说明，标明商业服务设施位置，景区沿线每隔一定距离设中英文路标，指示游览线路。在大型雕塑景点处规划设立计算机双语种自动讲解设施；在景区内还可提供无线电自动讲解收音机供客人使用。在规划新建改建的景点、餐饮、商业设施、车站、码头、公厕等处，都应设标准的中英文图文符号，以方便游客。

资料来源：武汉东湖风景名胜区旅游发展总体规划。

第一节 旅游市场营销战略概述

一、旅游市场营销战略的概念

战略是指企业为生存和发展而确定的企业目标与达到此目标所采取的各项政策的有机结

合体。企业战略是一个多层次的逻辑体系,它可以分为决策层战略和操作层战略,前者是站在企业总体发展的高度来选择企业处于不同环境条件下或发展、或维持、或防御等不同战略,后者则是在企业总体战略所规定的框架内,各个职能方面应采取的相应的子战略,如人力资源战略、组织战略、市场营销战略、财务战略等。因此,市场营销战略是企业战略的一部分,并受企业总体战略的制约。

由于旅游行业的特殊性,旅游市场营销战略通常有着更为广泛的内涵,有宏观、微观两个层次。从宏观上讲,旅游市场营销战略是指一个国家(或地区)在现代市场营销观念的指导下,为了实现该国家(或地区)发展旅游业的目标,为旅游业内制定的在一个相当长的时期内市场营销发展的总体设想和规划。其目的是使该国家(或地区)旅游业的产业结构、资源规划和发展目标,与市场环境所提供的各种机会取得动态平衡。从微观上讲,旅游市场营销战略是指一个旅游企业的领导者在现代市场营销观念的指导下,为了企业长期的生存与发展,根据外部环境和内部条件的变化,对旅游市场所做的具有长期性、全局性的计划与谋略,它是企业在一个相当长的时期内市场营销发展的总体设想和规划。本章着重介绍旅游企业的市场营销战略。

此外,根据菲利普·科特勒的定义,营销战略是一个企业单位用以达到目标的基本方法,它包括目标市场、营销定位和组合、营销费用水平中的主要决策。因此,企业的市场营销战略,既包括确定企业市场发展战略的基本形态,也表现在企业市场经营组合的各项决策之中,而且要使市场经营组合的各种决策相互协调起来,作为一个整体来发挥作用。

有效的市场营销战略,是目标与手段的有机结合。旅游市场营销战略,既要规定企业营销的任务和目标,又要围绕这些任务和目标的实现,确定营销计划和营销手段。

二、旅游市场营销战略的特点

(一)全局性

旅游市场营销战略是研究旅游企业带有全局性、整体性的重大问题,规定旅游企业今后较长时期内营销活动的指导思想和行动方向,对企业的生存与发展有着决定性作用。旅游市场营销战略的全局性特征,要求旅游企业的决策者打破狭隘的眼界,从大局出发,重视市场营销中出现的局部问题,从局部与全局、部分与整体之间的互动关系中,对营销系统加以全面把握,使各个局部在营销战略整体中得到协同发展。

(二)长远性

营销战略的制定,是为了谋求企业长期的生存与发展,着眼点在未来,而不是在眼前利益。例如,旅游企业对某一客源市场开展声势浩大的市场促销活动,短期一年或两年内可能收效不大,而以后会有明显的成效。这些活动是具有长远性战略意义的。相反,为了增加客源,提高市场占有率,采用欺骗性的广告宣传,不顾企业长远的声誉,就是缺乏战略眼光的行为。旅游市场营销战略的长远性,要求企业决策者放眼未来,对旅游市场营销的目标、重点、对策进行长远谋划,不要盲目追求短期内接待人次和销售额的高速增长。

(三)适应性

旅游企业经营管理活动均受到外部环境和内部条件的共同作用和综合影响。有效的市场营销战略应对变化的环境做出正确的反应,利用环境变化所带来的市场机会,保证企业的有效经营。

（四） 风险性

战略决策都是对未来发展的预测性决策。由于外界环境的复杂多变，不确定因素多，因此，旅游市场营销战略制定具有一定的风险性。

三、旅游市场营销战略的制定与控制

（一） 战略分析

战略分析是制定旅游市场营销战略的准备阶段。它包括三个内容，即企业地位分析、企业环境分析、企业能力分析。

1. 企业地位分析

旅游企业对本企业的地位进行分析，一般需要回答以下问题：① 国际市场中对本企业产品的需求前景如何？② 本企业独特而有利于销售的商品特点（unique selling points）是什么？③ 目前的旅游产品是否适销对路，应朝着哪个方向发展？④ 本企业旅游产品的价格是否适中，价格构成是否合理？⑤ 如何使本企业旅游价格在国际市场具有竞争力？⑥ 本企业旅游产品的销售渠道是否合理、畅通，拓宽、疏导渠道的方法是什么？

在制定战略前，首先应对企业的地位有正确的认识，一般根据企业在某一特定的市场上所占的份额，将其地位划分为主导地位、挑战地位、追随地位和夹缝（利基）地位。

2. 企业环境分析

企业营销环境各种因素的变化都会对企业营销产生直接或间接的影响，旅游企业必须适应营销环境的要求，所以一定要做环境分析。企业营销环境是一个多主体的、多层次的、发展变化的多维结构系统，在旅游企业面临的营销环境中，机会和挑战往往同时并存，营销者应能及时准确地识别它们。在本书第二章中对此已有较为详细的说明，此处不再赘述。

3. 企业能力分析

在对旅游企业的营销环境进行分析后，应对本企业的能力进行评价。旅游企业内部能力的分析包括：企业组织效能与管理现状分析、企业资源分析、企业产品市场营销能力分析。组织效能与管理现状分析包括对管理体制 、管理方式、经营机制、领导体制、决策方式、职能部门设置与工作方式、总公司与分公司及子公司的关系等问题进行分析。企业资源分析包括对人员结构、资金结构、劳动生产率、资金周转率、资金和利润率、设备利用率等进行分析。

为便于分析和发现问题，可以把企业的市场营销能力分解为四种能力，即：产品的市场强度、销售活动能力、新产品开发能力、市场决策能力。这四种能力自成系统，彼此紧密联系和相互产生影响。市场营销能力分析也应与市场环境分析结合在一起进行。企业的市场营销能力的分析体系如图 6-1 所示。

（1）市场环境分析。市场环境分析是根据市场调查结果，从行业动向、消费者行为和企业形象三个方面对市场环境进行分析，其目的在于掌握企业的市场营销特征，预测今后市场变化对企业的影响，为分析市场营销能力和制定市场营销战略提供依据。

（2）产品的市场强度分析。产品的市场强度分析是对企业当前销售的各种产品自身的市场地位、收益性、成长性、竞争性以及产品组合等方面进行分析。分析的结果将为改进产品和产品组合、加强销售活动和开发新产品指明方向。它包括产品的市场地位分析、产品的收益性分析、产品的成长性分析、产品强度分析和产品构成分析。

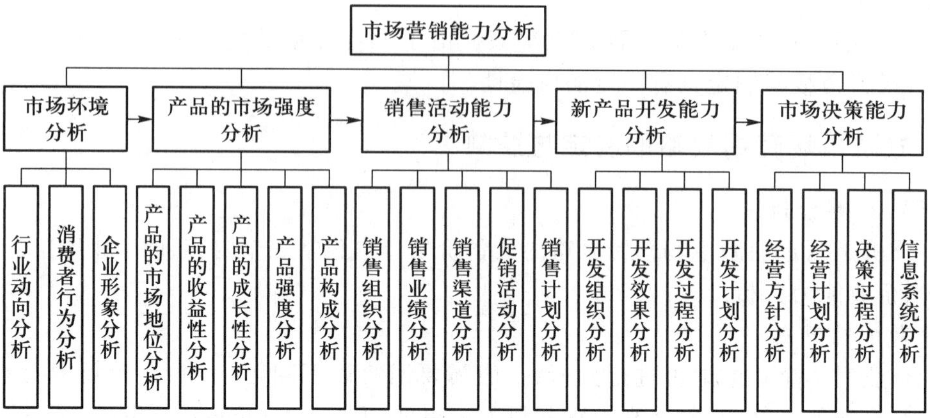

图 6-1 企业的市场营销能力分析体系

(3) 销售活动能力分析。销售活动能力分析是在产品的市场强度分析基础上,以重点发展的产品或销路不畅的产品为对象,对其销售组织、销售业绩、销售渠道、促销活动、销售计划等方面进行分析,发现销售活动中存在的问题及其原因,为制定销售战略、有效地开展销售活动提供依据。它包括销售组织分析、销售业绩分析、销售渠道分析、促销活动分析和销售计划分析。

(4) 新产品开发能力分析。新产品开发能力分析是在现有产品的市场强度分析的基础上,着重从新产品开发组织、开发效果、开发过程和开发计划等四个方面进行分析。其目的在于提高新产品开发的效果,改进企业的产品组合,增强企业的应变能力。

(5) 市场决策能力分析。市场决策能力分析是以前述产品的市场强度分析、销售活动能力分析以及新产品开发能力分析的结果为依据,对照企业的经营方针和经营计划,指出企业在市场决策中的不当之处,探讨企业中长期市场营销战略,以提高企业经营领导层的决策能力和决策水平。

以上对企业地位、企业营销环境、企业能力的分析可以统归为 SWOT 分析。

(二) 营销战略制定

1. 制定市场营销战略目标

战略目标是指一个旅游目的地或旅游企业在未来某一时期内在其市场中所要占据的位置。通常是指未来的目标市场、产品范围、销售量、计划增长率、市场份额和利润额等方面指标。

对于具体的企业而言,其任务具体表现为企业的业务经营范围和领域,这是企业寻求和判断战略机会的活动空间和依据。企业确定市场营销战略目标,必须在确定市场营销发展机会的基础上,根据企业的宗旨和使命,来建立一个具体可行的战略目标。

在确定市场营销战略目标时,旅游企业应根据以下六个问题的答案来进行:① 我们从事的业务是什么?② 谁是我们的顾客?③ 我们将满足顾客什么要求?④ 我们拥有的资源和具有的能力是什么?⑤ 我们怎样能最有效地满足顾客的要求?⑥ 对哪些环境力量以及变化要予以考虑?

2. 市场营销战略目标要求

市场营销战略目标,是企业使命的具体化。对于不同的企业,其具体内容有很大不同,但从战略制定的角度出发，目标应符合以下要求：

（1）重点突出。企业必须确定某个重点的要求，使之成为目标，其他方面的要求服从这一目标的完成。

（2）可测量性。市场营销战略目标必须可以有效测量并尽可能具体化、定量化。目标过于笼统或模糊，既无法判明战略执行情况，也会造成企业内部管理混乱。

（3）一致性。市场营销战略目标涉及旅游企业营销活动多方面的要求，必须保证互相协调一致，否则，一方面的要求与另一方面要求相互抵触，就无法完成目标。

（4）可行性。市场营销战略目标对企业管理人员和员工不仅应有一定的挑战性，而且要保证它的可行性。目标的挑战性和可行性，为企业及员工提出经过努力并必须经过努力就可以达到的目标。

（三）营销战略方案的选择

营销战略方案选择的目的在于确定各个备选战略方案的有效性，比较各方案优缺点、风险及效果，以便从中选择。企业战略选择应遵循以下原则：

（1）要考虑现行营销战略的继承性。

（2）要考虑企业对外部环境的依赖程度。

（3）要考虑企业领导人的价值观及对待风险的态度。

（4）要考虑时间因素。

（5）要考虑竞争对手的市场地位。

此外，还需考虑企业内部的人事和权力因素等。而且，企业在最后做出战略选择时应采取权变的态度，如果营销战略的基本假设条件发生变化，企业就要调整或修改已选定的战略。

（四）营销战略的监督与控制

营销战略监督与控制的目的是确保企业目标、政策、战略和措施与市场营销环境相适应。营销战略的监督与控制主要包括营销审计、年度计划控制和盈利控制。

营销审计是对企业的营销环境、目标、战略和营销活动诸方面进行的独立的、系统的、综合的定期审查，以发现营销机会，找出问题所在，提出改善营销战略的行动计划和建议，供企业的决策者参考。年度计划控制主要是检查在营销战略指导下的营销活动是否达到年度营销计划的要求（从销售额、市场占有率、费用率等方面），并在必要时采取调整和纠正措施。盈利控制主要是确定企业的各产品、地区、顾客群、分销渠道等方面的活动能力，通过对财务报表和数据的一系列处理，把所获利润分摊到产品、地区、渠道、顾客等方面，从而衡量出每一因素对于企业最终获利的贡献大小、获利能力如何，盈利能力分析的最终目的是找出妨碍获利的因素，以便采取相应措施排除或削弱这些不利因素的影响。

第二节　旅游产品—市场战略

旅游市场营销战略是旅游企业为实现自己的营销目标，适应不断变化的市场环境，并充分利用环境变化所带来的新的市场机会，以保证企业的有效经营的前提。从不同的角度考虑，有众多的战略决策。

一、产品—市场战略矩阵

产品—市场战略首先是由美国国际大学(USIU)的战略管理教授安索夫提出的,他在讨论企业应采用多角化经营战略时,提出了“产品与市场配合”的概念。他认为企业经营战略的四项要素(现有产品、未来产品、现在市场、未来市场)有四种组合,即市场渗透(现有产品和现有市场的组合)、产品开发(现有市场与未来产品的组合)、市场开发(现有产品与未来市场的组合)和多角化经营(未来产品与未来市场的组合)。具体见图 6-2。

	现有产品	未来产品
现有市场	市场渗透战略	产品发展战略
未来市场	市场发展战略	多角化经营战略

图 6-2 产品—市场战略 2×2 矩阵表

二、市场渗透战略

市场渗透战略是由企业现有产品和现有市场组织所产生的战略。企业战略研究人员应该有系统地考虑市场、产品及营销组合的策略以促进市场渗透。在市场方面应如何扩大现有产品的销售量呢?一个企业要增加其产品的销售量取决于两个因素,即:销售量=产品使用人的数量×每个使用人的使用频率。

首先,可以从扩大产品使用者的数量着手。旅游企业可通过努力把非使用人转变为本企业产品的使用人。例如飞机货运服务公司的发展就要不断寻找新的用户,说服他们相信空运比陆地运输有更多的好处;酒店开发更多的适于当地人使用的服务项目,以吸引当地居民在淡季时享用酒店的服务。

其次,可以从扩大产品使用人的使用频率着手,通过说服旅游者增加使用次数、增加每次使用的使用量、增加产品的新用途。

另外,可以从改进产品特性着手,吸引新用户和增加原有用户的使用量,其方法有:提高产品质量(即增加产品的功能特性);增加产品的特点,使旅游产品具有更多的特色。

总之,市场渗透战略希望通过对现有旅游产品进行小的改进,从现有市场上赢得更多的顾客,这种战略风险最小,如果市场处于成长期,在短期内此战略可能会使企业利润有所增长,但是当市场日趋成熟时,企业必然会面临激烈的竞争,对使用渗透战略的企业最致命的打击是市场衰竭。

三、产品发展战略

产品发展战略是由企业原有市场和其他企业已经开发的而本企业正准备投入生产的新产品组合而产生的战略,即对企业现有市场投放新产品或利用新技术增加产品的种类,以扩大市场占有率和增加销售额的企业发展战略。从某种意义上来说,这一战略是企业发展战略的核心,因为对企业来说,市场毕竟是不可控制的因素,而产品开发是企业可以努力做到的可控制因素。

采用此战略的前提条件是:企业要对其原有顾客有透彻的了解,能够提供满足顾客需要的其他产品,这种战略具有一定程度的创新开拓性,新产品的开发鼓励企业从事新的探索,可以提高企业的适应能力,但是这种战略仍然使企业束缚了自己,企业的潜能仅仅被用来在原有市场的顾客群中寻找新的投资机会,这可能会因为没有寻找到其他市场而导致较大的机会成本,因为其他市场,尤其是正在成长的新市场可能会比企业现有市场更加有利可图。产品发展战略包括产品革新战略和产品发明战略。

产品革新战略是企业在原有目标市场上推出了新一代产品,这种战略比传统的产品发展战略向前迈进了一步。企业的重点虽然是原有的目标市场,但产品性能有了显著的提高。例如,旅行社对现有旅游线路进行较大的改进。

产品发明战略要求旅游企业发明其他企业从未推出过的新产品,并进入到别的企业已成熟的市场,例如原来针对观光旅游市场的旅行社重新开辟一条全新的特种旅游线路。因为它具有创新开拓精神,所以这种战略体现了创新开拓型战略高风险—高收益的特征。当企业向一个其他企业已经形成的市场推出自己第一代新产品时,企业的风险来自两个方面:一是新产品不一定正好适合该市场顾客的需要;二是企业对新市场缺乏第一手资料和实践经验。当企业从事这种风险投资时,它就是在运用全方位创新战略上跨出了成功的第一步。

四、市场发展战略

市场发展战略是由现有产品和相关市场组合而产生的战略。它是发展现有产品的新顾客层或新的地域市场从而扩大产品销售量的战略。实行这种战略有三种方法:一是注重市场的开发,即将本企业原有产品打入别的企业的市场上去,这种方法尤其适用于第三世界国家和新兴国家。市场转移战略最主要的优点是早期投资少,企业对现有产品无须做大的改进,就可以进入正在形成的新兴市场,如果市场前景看好,企业会进一步调整自己的市场营销组合以适应市场的特点。二是要在新市场寻找潜在的用户,这种方法的风险是双方面的,因为企业对新兴市场和准备投放的产品都缺乏经验。三是企业可以考虑增加新的销售渠道,可以通过建立营销网络或与别的企业合作投资进一步增强实力。

五、多角化经营战略

多角化战略是指企业利用现有资源和优势,向不同行业的其他业务发展的营销战略。根据所利用的资源的不同,多角化战略可分为技术关系多角化、市场关系多角化和复合关系多角化三种类型:

(一) 技术关系多角化

技术关系多角化是指以现有业务领域为基础,利用现有的产品线、技术、设备、经验、特长等,增加产品的种类,向行业的边缘业务发展的战略。例如,旅游车船企业可以从事车船检测、维修保养、水陆运输等业务;旅行社可以经营商业、贸易等;旅游酒店可以侧重食品加工、饮食服务、承接装潢装修工程、电器修理等。这种战略能充分发挥原有的技术优势,而且投资少、风险小、见效快,容易取得成功。

(二) 市场关系多角化

市场关系多角化是针对现有目标市场的顾客的潜在需求,发展其他行业的有关业务的战略。例如,民航机场、火车站或汽车站增加为旅客服务的商店、旅社、餐馆及金融机构等。这种战略目标顾客集中,可以充分利用企业的声誉、销售对象、销售渠道,促销方法及知名度等方面的较强的市场关联性,使现有业务与新业务相辅相成,相互促进。

(三) 复合关系多角化

复合关系多角化是利用企业的人才优势、资金优势或根据联合经营的需要,发展与原有业务无明显关系的新业务的发展战略。如中旅集团成立以后,除了经营长短线旅游线路以外,还从事商贸、信贷、快递、民航代理等业务,在商贸旅游者领域积极拓展,经营实效显著。

这种战略的特点是:分散经营风险,把多向发展新产品和多个目标市场有机地结合起来,多方面地长久地占领市场,提高了企业的应变能力。这种战略的产生是市场扩大化和竞争复杂化的结果。但是,多角化战略的运用也不能不顾自身条件盲目发展,一哄而上,而必须要依据一定的外部条件和内部条件。

运用多角化战略的外部条件为:社会需求的发展变化,给企业带来了新的发展机会;新技术革命提供了新的技术基础,为新业务的发展创造了条件;竞争局势的不断变化,要求企业以变应变,不断扩展业务,以求得企业的生存与发展。

运用多角化战略的内部条件为:企业资源未能充分利用;企业本身具有拓展业务的实力;企业高层领导富有开拓、创新精神。

六、全方位创新战略

这种战略是市场发展战略和产品发展战略的组合,当市场变化非常快时,企业只有运用该战略才能立于不败之地,这种战略是企业向一个新兴市场推出别的企业从没生产过的全新产品。

第三节 旅游市场竞争战略

市场竞争战略是企业根据竞争者分析和市场中的竞争地位分析而采取相应的战略。根据企业在市场中的竞争地位,可以将企业分为:市场主导者(处于支配地位)、市场跟随者(能坚守阵地或抵抗竞争)、市场挑战者(与支配者抗衡)和市场利基者(竞争力软弱但有机会改变处境)。

一、竞争者分析

为了确定有效的竞争性市场营销战略,企业需要尽可能了解其竞争对手。它必须定期将自己的产品、价格、分销渠道和促销与其主要竞争者进行比较。这样,企业才能找到自己潜在的竞争优势,向竞争者发出更有力的挑战,同时也对竞争者的攻势做出积极的反应。那么,企业应当从那些方面了解其竞争对手呢?其主要步骤如图 6-3 所示。

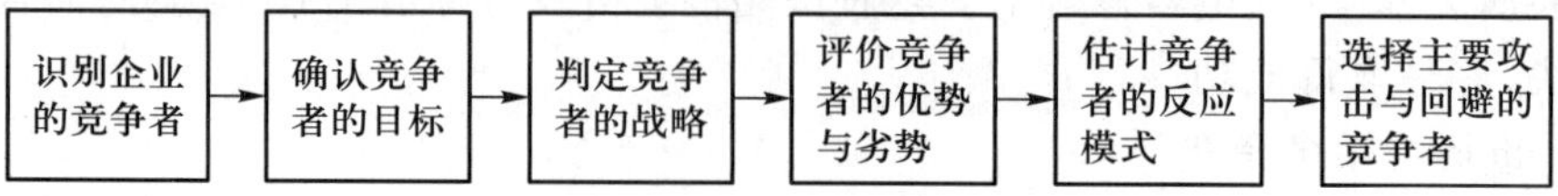

图 6-3 分析竞争者的步骤

（一） 识别企业的竞争者

识别企业的竞争者常常被看作是一项简单的任务。但是，在识别竞争者时，很多企业并不是十分准确、全面，他们往往只注意到最接近的、提供价格相当的相同产品或服务给消费者的竞争者，而忽略了潜在的竞争者。企业识别竞争者时体现出两种不同的竞争观点。

1. 行业竞争观点

许多企业以行业竞争观点识别其竞争对手。一个行业是由一组生产相同产品或密切可替代同类产品的企业组成，任何企业若想在本行业卓有成效，就必须充分了解同行业的竞争伙伴。

2. 市场竞争观点

另外一些企业不是以行业竞争者观点去识别竞争者，而是遵循市场竞争观点，即企业不仅仅在行业内识别竞争者，而是把所有那些力求满足相同顾客需要，或服务于同一顾客群的企业，甚至还有那些满足消费者不同需求的企业视为竞争者。此外，企业还应注意那些力图以更有吸引力的产品满足消费者不同需要的企业，它们有可能使消费者的消费倾向发生变化。

（二） 确认竞争者的目标

在识别了主要竞争者之后，企业经营者接着要回答的问题是：每个竞争者在市场上寻求什么？什么是竞争者行动的动力？不同的企业对长期利益和短期利益各有侧重，有些竞争者更趋向于获得“满意”的利润而不是“最大利润”。尽管他们有时通过一些其他的战略可能取得更多利润，但他们有自己的利润目标，只要达到既定目标就满足了。也就是说，竞争者往往并不把利润作为唯一的或首要的目标，在利润目标的背后，竞争者的目标是一系列目标的组合，对这些目标竞争者各有侧重。所以，应该了解竞争者对目前盈利的可能性、市场占有率的增长、资金流动、技术领先、服务领先和其他目标所给予的重要性权数分别是多少。了解了竞争者的这种加权目标组合，就可以了解竞争者对各种类型的竞争性攻击会做出什么样的反应，等等。

企业必须跟踪了解竞争者进入新的产品细分市场的目标。若发现竞争者开拓了一个新的细分市场，这对企业来说也可能是一个发展机遇；若企业发现竞争者开始进入本企业经营的细分市场，这意味着企业将面临新的竞争与挑战。对于这些市场竞争动态，企业若了如指掌，就可以争取主动，有备无患。

（三） 判定竞争者的策略

一家企业的战略与另一家的越相似，他们之间的竞争就越激烈。通常在大多数行业，竞争者可以分为实行不同战略的群组，每个群组由那些实行相同或相似战略的企业组成。区别这些战略群组有其特殊的价值，企业必须认真考虑这些群组成员的实力与战略特征，以求突破障碍而进入。

虽然在同一战略群组内竞争最激烈，但不同群组之间的抗衡也同样存在。首先，各群组之间的目标顾客群本身就有一些交叉；其次，顾客不会主动去分辨这些战略群组，在他们看来也许这些企业并无多大差别；再次，每个企业都想扩大自己的市场范围，所以，在不同群组中的企业实力相当、流动障碍较小的情况下，也会进行非常激烈的较量。因此，企业应当搜集各个竞争者的更详尽的资料。

（四） 评价竞争者的优势与劣势

是否所有的竞争者都能实行其战略，并且达到其目的呢？这主要取决于竞争者的资源与能力，企业需要进一步确定竞争者的优势与劣势。

企业首先要收集有关竞争者过去几年经营活动的重要数据，包括竞争者的目标、战略与业绩。企业可以进行顾客价值认知分析，即要求顾客按不同的属性及其重要性程度来评价本企业与竞争者提供的产品或服务的价值，从中可以看到竞争者的弱点，同时也发现本企业的薄弱环节，这将有利于企业在竞争中取得主动地位。

在寻找竞争者的弱点时，企业应保持客观态度，不能盲目相信自己的假定。在瞬息万变的市场上，竞争形势不可能一成不变，只有根据市场变化不断对竞争形势进行新的分析，企业才能做出较为准确的判断，而不至于盲目乐观。

（五） 估计竞争者的反应模式

一个竞争者的目标、战略及其优势与劣势还不能完全决定它的行动方式和它对企业的降价、加强促销或推出新产品等营销活动的反应模式。除了这些因素外，还应该注意到另外一个重要因素，那就是每个竞争者都有它自己的经营哲学、企业文化和信条，这将对该竞争者的行动产生影响。因此，企业经营者要想估计竞争者的行动与反应，就需要深入了解竞争者的心理状态。由于面对其他企业的行动，每个企业的心理状态可能不一样，企业反应模式也就各不相同。常见的反应模式有以下四种。

(1) 从容不迫型。有些企业对其他企业的行动不做出迅速反应或反应不强烈。

(2) 选择型。有些企业只对某些类型的攻击做出反应，而不理睬其他类型的攻击。

(3) 强烈型。有些企业对所有的攻击都做出迅速反应。

(4) 随机型。有些企业，并不表现出固定的反应模式，即它对于其他企业的攻击行动可能做出反应，也可能不做出反应。

（六） 选择要攻击和要回避的竞争者

各企业在事先确定了自己的目标顾客群及营销组合以后，就大致上确定了自己的竞争者。它进一步考虑的是在这些竞争者中，企业与哪个主要竞争者的竞争将最为激烈，这样，企业就能集中精力，有效作战。

1. 强竞争者与弱竞争者

大多数企业喜欢把目标瞄准实力较弱的竞争者，这种做法无须太多的时间和资源。但相应地，企业也不会有很大的成效。因此，企业也应当与一些实力强大的竞争者较量一番。一方面，企业若想与实力强大的竞争者相抗衡，就必须在很多方面努力提高，这将增强企业整体实力，使企业长期受益；另一方面，即使再强的竞争者也其弱点，只要企业策略选择与实施得当就能获得成功。

2. 近的竞争者与远的竞争者

大多数企业都会与那些跟它们极相似的竞争者竞争，但与此同时，企业应注意避免企图“摧毁”这些最接近的竞争者，因为即使“摧毁”了最接近的竞争者，也会引来更多更难对付的竞争者。

3. “好的”竞争者与“坏的”竞争者

每个企业都需要竞争者并从竞争者那里获得利益，竞争者的存在带来了几方面的好处：可对增加总供给有所帮助；可以分担市场与产品开发的成本，并有助于推广新技术；可以为一些吸引力不大的细分市场服务或促使产品差异化等。

并非所有的竞争者都会给企业带来益处，每个行业都含有“好的”和“坏的”竞争者。好的竞争者遵守行业规则：他们希望有一个稳定、健康的行业，合理定价，推动他人降低成本，促进差异化，接受为他们的市场占有率和利润规定的合理界限。坏的竞争者破坏行业规则：他们试图花钱购买而不是靠自己的努力去赢得市场占有率，冒大风险，超额投资等，总的来说，他们打破了行业的平衡。所以，一个明智的企业经营者应当支持好的竞争者，攻击坏的竞争者，尽力使本行业成为由好的竞争者组成的健康行业，这将有利于行业中所有企业的健康发展。

在识别与评价主要竞争者之后，企业必须设计竞争性战略。应该说，没有哪一种战略对所有的企业都适合，不同的竞争战略对产品或服务有不同的要求。企业必须认清自己在本行业的竞争位置、企业的目标、发展机会和资源优势，并以此为基础制定有效的竞争战略。

可以根据各个企业在目标市场上所起的作用不同将它们的竞争位置分为领导者、挑战者、跟随者和拾遗补缺者四类。以下分别说明市场主导者、挑战者、跟随者及市场利基者所使用的各种营销策略。

二、市场主导者战略

占据统治或支配地位的企业是旅游市场的主导者，这类企业不仅能控制其他竞争者的行为，而且在营销战略上有较大自由。市场主导者营销战略通常有三个重点：开拓市场总需求、保护企业现有市场份额、扩大市场份额。

（一）开拓市场总需求的战略途径

如果市场总需求得以扩展，在市场上占主导地位的企业当然是最大受益者，这是市场主导者将拓展市场总需求列为营销战略重点之一的根本原因。

拓展途径有三个：开发新的目标市场；开发现有旅游产品的新内涵、新用途；吸引回头客，增加特定旅游产品的使用次数。

（二）保持市场份额的战略途径

处于市场主导地位的企业，必须时刻防备竞争者的挑战，保卫自己的市场阵地。防御策略的目标就是减少受制的可能性，削弱其攻势，有六种防御策略可供选择：阵地防御（position defense）、侧翼防御（flanking defense）、先发防御（preemptive defense）、反攻防御（counteroffensive defense）、运动防御（mobile defense）和收缩防御（contraction defense）。

（三）扩大市场份额的战略途径

市场主导者营销战略的第三个重点是设法扩大市场份额以增加企业利润。增加市场份额不仅可以使企业获得更多的销售利润，而且可以提高企业的投资效益。

开拓市场总需求和扩大市场份额的战略是企业利用特有的资金技术、顾客基础、企业形象、领导能力等方面的优势，创造新产品、开发产品的新用途，增加产品使用频率、扩大顾客数量，并开拓相关市场，属于动态的积极的战略，但容易引起行业垄断，不利于行业的动态平衡。而保持市场份额是以市场份额维持为目的，以企业的规模经济、低成本及拥有的实力等筑起市场屏障，以防止入侵者的攻入，属于相对静态的保守的战略，如果掌握不好，易受后崛起的竞争者的强大攻击。因此，主导者宜适时适机采用不同的战略，既保持一定的竞争层次又能保持整个行业协调发展。

三、市场挑战者营销战略

在市场中排位第二名之后的旅游企业中，有些实力非常强大，有些实力一般。这些企业在市场竞争中有两种姿态或角色可供选择：一是攻击市场主导者及其他竞争者以夺取更多的市场份额，此为市场挑战者；二是参与竞争但不颠覆其他竞争者的市场地位，此为市场跟随者。

首先介绍市场挑战者的营销战略。

（一） 选择战略目标和挑战对象

市场挑战者面临的首要问题是界定战略目标和对手。如前所述，大多数挑战者都将扩大市场份额列为主要战略目标。根据这一目标，多从下述三类企业中选择攻击对象：① 攻击市场主导者。这属风险大但吸引力也大的战略行动，特别是当被攻击对象在满足市场需求方面做得不太好，算不上真正的市场主导者时，这种战略行动更具有意义。攻击目标要选择用户需求未被充分满足的地方，通过创造新产品从主导者手中夺取部分市场。② 攻击实力相当者。挑战者也可从实力相当的旅游企业中挑选经营不善或财务困难者作为进攻对象，直接夺取其市场份额。③ 攻击地方性小企业。对一些当地小企业中经营不善或财务困难者，可夺取他们的顾客，甚至把其收购或兼并以获得其全部市场。

总之，无论在何种情况下，如果要发动攻势，进行挑战，就必须遵守军事上的一条原则：每项行动都必须指向一个明确的、肯定的且可以达到的目标。

（二） 进攻战略选择

在进攻对象和战略目标均已确定的情况下，挑战者还需选择有效的进攻方式或进攻战略。通常可供选择的进攻战略有如下五种：

1. 正面进攻

集中优势兵力攻击对手的强项，在产品质量、价格、分销渠道和促销力量上全面压过对手。所以正面进攻实质是攻守双方力量的全面对比。正面进攻的另一种策略是大量投入研究与开发经费、彻底改进产品、降低成本，进而与对手展开“价格战”，在相持中战胜对手。

2. 侧翼进攻

集中优势力量攻击对手的市场弱点，如销售力量薄弱的地区或主导者尚未覆盖的细分市场。侧翼进攻最符合现代营销观念——发现需要并设法满足它，因此可视作最文明、有效的进攻方式。挑战者可采用“声东击西”策略，佯攻对手正面，实攻对手侧面或背面。

3. 围堵进攻

利用突然袭击方式夺取对手大片阵地，当挑战者拥有优于对手的资源，并确信围堵计划的完成足以打垮对手时，可采用这种战略。

4. 迂回进攻

这是最间接的一种进攻策略：完全避开对手现有市场，旨在争夺新市场。如发展与目前产品系列无关的产品，实现产品多元化；以现有产品进入新的领域，实现市场多角化；发展新产品、新技术，取代现有产品；开辟新市场等。

5. 游击进攻

这是适用于实力较弱的小企业的一种进攻策略。由于小企业一般无力发动正面或有效的侧翼进攻,只有向大企业占据的某些市场角落发动小型、偷袭式的促销或价格攻势,才能逐渐削弱于对手实力和占据某些立足点。

需要指出的是,上述五种进攻战略各有所长,挑战者不可能同时运用各种战略,但也很难只靠某一种战略取得成功。通常要设计一套组合战略,通过战略上的相互配合,保证进攻行动的成功。

四、市场跟随者营销战略

产品模仿可能像产品创新一样有利。因为一种新产品的开创要花费大量投资才能取得成功,并获得市场主导者地位,而其他从事仿造或改良这种产品的企业,虽然不能取代市场主导者,但他们无须花费大量投资,也可获得很高的利润,这些企业为市场跟随者。市场跟随者与挑战者不同,它不是向市场主导者发动进攻图谋取而代之,而是跟随在主导者之后自觉地维持共处局面。这种"和平共处"情况普遍存在。在这种态势下的企业,通常是采取市场跟随战略,即效仿主导者为市场提供类似的产品和服务,因而竞争结构相当稳定。

这并不是说市场跟随者就无战略,模仿和跟随也须讲究策略。一方面,跟随者要确保自己不丢掉某些方面已存在的竞争优势,这样才能保住现有市场和进入新市场。另一方面,跟随者常常是挑战者打击的主要目标,要想不被对手打垮,跟随者也必须注意保持相对低廉的制造成本和优质的产品服务。总之,跟随主导者不是指亦步亦趋地照搬主导者的一切做法和战略,而是以不引起竞争性报复为前提的企业成长战略。具体做法有以下三种:① 紧紧跟随。在尽可能多的细分市场及营销战略上均效仿市场主导者,但避免侵犯主导者敏感的领地,避免任何直接的冲突。② 有距离跟随。在市场营销的各主要方面上跟随市场主导者,但又与其保持某些差距,这种做法易为主导者接受。③ 有选择跟随。在某些方面紧紧跟随主导者,在另一些方面仍保持独立性,这类做法使企业学习竞争者的长处,同时发挥自身的创造力,有助于培养未来的挑战者。

五、市场利基者战略

市场利基者关注市场上被大企业忽略的某些细节部分,在这些小市场上通过专业化经营来获得最大限度的收益,也就是在大企业的夹缝中求得生存和发展。市场利基地位不仅对小企业有意义,而且对于某些大中企业中的较小部门也有意义,他们也常设法寻求一个或几个这种既安全又有利的市场位置。如何取得有利的市场位置呢?主要战略是专业化营销。

可供旅游企业选择的专业化战略有:按旅游产品的最终使用者专业化,致力于为某类最终使用者服务;按顾客规模专业化,专门为某一种规模(大、中、小)的客户服务,如有些小旅游企业专门为那些被大企业忽略的小客户服务;按特定顾客专业化,只对一类或几类主要客户服务;按地理区域专业化,专为国内外某一地区或地点服务;按服务项目专业化,专门提供某一种或几种其他企业没有的服务项目;按分销渠道专业化,专门服务于某一类分销渠道,如专门生产适于小型旅游代理商销售的产品。在选择有利市场位置时,多重位置比单一位置更减少风险。因此,通常选择两个或两个以上的有利位置,以确保企业的生存和发展。总之,只要营销者善于经营,小的旅游企业也有许多机会,可在获利的条件下很好地为顾客服务。

第四节 旅游市场营销战略组合

一、旅游市场营销组合的概念

营销组合战略简称营销组合，是现代营销学理论的一个重要概念，1964 年由美国哈佛大学的鲍敦教授首先提出，此后受到学术界和企业界的普遍重视和广泛运用。

市场营销受诸多因素的影响和控制。营销因素的有机组合是制定营销战略的前提，这些因素可分为两大类：一类是企业不能控制的因素，称为不可控因素，主要包括政治、经济、法律、人品、技术、竞争以及社会文化等宏观经济和社会环境因素。这类因素决定了市场需求的性质和容量。另一类是企业能够控制的因素，称为可控因素。

所谓营销组合，就是企业的综合营销方案，即企业对自己的可控制的各种营销因素（产品质量、包装、价格、服务、广告、渠道和企业形象等）的优化组合和综合运用，使之协调配合，扬长避短，发挥优势，以便更好地实现营销目标。

二、旅游市场营销组合因素

（一）麦卡锡分类法

企业可控制的营销因素是很多的，市场学有几种分类方法，其中 E.J.麦卡锡分类法是最常用的一种分类方法，它把各种营销因素归纳为四大类：产品（product）、价格（price）、地点（place）和促销（promotion），简称“4P”。其中，产品指企业提供给其目标市场的商品或服务，产品因素包括产品的质量、样式、规格、包装、服务等。价格指顾客购买产品时的价格，包括折扣、支付期限等。渠道是产品进入或到达目标市场的种种途径，包括渠道、区域、场所、运输等。促销指企业宣传、介绍其产品和说服顾客购买其产品所进行的种种活动，包括广告、宣传、公关、人员推销、促销活动等。

所谓营销组合，也就是这四个“P”的适当组合与搭配，它体现着现代市场营销观念指导下的整体营销思想。4P 中的每一个 P 都是可以调整和变动的，因而它们可以形成许多不同的组合方式，适应复杂多变的营销环境。4P 的组合不仅要受到企业本身的资源条件和目标市场的影响和制约，而且要受到企业外部市场营销环境的影响和制约。

市场营销组合的 4P 理论提出始于 20 世纪 60 年代，然后便是被广泛地应用，深刻地影响着企业的发展。虽然在今天这一理论对于一些情况复杂的现代企业以及一些服务性企业的作用在弱化，但它仍然是目前应用最为广泛的营销理论。

（二）考夫曼分类法

考夫曼是美国著名旅游市场学家，他认为营销组合是旅游企业力图使用的几个变数的综合，能更好满足顾客群不同的需要。对旅游企业来说，是指适当的设施、服务、地点、适量的促销、合理的价格等的综合，更具体说包括下列 12 种因素：产品计划、定价、品牌、分销渠道、人员推广、广告、促销（如各种能增加企业利润的措施）、组合（指能建立旅游形象的风格、设计、主题等）、陈列展示、服务、贮存、市场调查（指要了解市场、消费者、市场发展趋势等）。考夫曼在《旅游销售》一书中，又将上述 12 种组合因素概括为 6 个“P”：

（1）人，指旅客或市场。企业通过市场调查确定本企业消费对象，再详尽了解他们的需求与愿望。

（2）产品，指企业向顾客提供的使其能完全满意的商品与服务，以及旅游建筑、设备等。

（3）价格，指商品定价，一要符合旅客愿望，二是要满足企业利润需要。

（4）促销。为使顾客深信本企业产品是他们所需产品，促使他们增加购买的数量或购买频率。

（5）实施，指产品的传递，使顾客再购买的方法，使在店顾客花费最大量金钱的方法，并使其离店后能为本企业做好的口头宣传。

（6）组合。旅游产品的"组合"和商品包装不同，它是指产品和服务的结合，使顾客心目中形成旅游企业独特的形象。其中包括：外观、风景、内部布局、维修、清洁卫生、服务人员态度和仪表、广告与销售印刷品设计以及分配渠道等综合。

（三）雷诺汉分类法

雷诺汉是美国康纳尔大学旅馆管理学院市场学副教授，他认为鲍敦等人提出的多种营销组合概念都不能充分体现服务业特点。服务业经营策略与制造业应有区别，这就是要显示出服务经营策略的各个要素及其重要性，并表明各要素之间的关系。他把旅馆营销组合归纳为下面三个次组合组成。

1. 产品与服务

旅游企业通常是同时提供产品与服务。旅游者往往把产品与服务造为一体，从得到的产品实体和服务中获得满足。而不是仅仅以占有产品实体获得满足。因此，这与过去从工、商业引入的营销组合（侧重于有形产品即实体推销）有很大的不同，它要求旅游企业应把整个产品、服务次组合连成一体，而不应把产品或服务当作孤立的营业推广手法。

2. 表象

包括使企业产品和服务员为有形的所有因素。这些不同的因素，使消费者区别出各个不同的餐馆和旅馆。表象次组合一般由下列因素组成：① 建筑；② 地理位置；③ 气氛，这可使服务更有形象一些，从而影响购买者决策。例如企业提供"优雅"的气氛，通过家具、灯光、空间、面积、音乐、装饰等布置，可使消费者心中加深印象，促进销售。④ 价格。服务有多少价格，消费者事先亦不知道，往往是以价格来推断服务质量。⑤ 服务人员。旅游业服务具有无形性的特点。消费者接受服务人员的服务，因而服务人员的仪表、态度对旅客而说直接影响其对服务质量的感受。服务人员就是"活广告"，是"企业产品"。

3. 信息传递

这个次组合有两个作用。一是向消费者提供无形服务质量的形象，并使之有形化，例如让旅游者观看视频、图片都可使无形服务有形化；二是造就旅游者对服务的质量期望，便于企业了解其动向，因每次服务"友好"的含义不同，形象化信息传递，有助于刺激旅游者的购物欲望，达到促进销售本企业产品的目的。

三、旅游市场营销战略组合

旅游市场营销战略组合是有效的设计和实现各种营销手段的综合运用，即在组织其营销活动时,针对不同的旅游市场环境和内部条件,将以上因素进行最佳组合,使它们相互配合,产生协同作战的综合作用,而不是互不相关甚至是相互矛盾而抵消其作用。从某种意义上讲,现代旅游市场学基本上就是以旅游市场营销组合各因素的决策和以它们为核心的旅游市场营销战略为主要内容的,可见旅游市场营销组合战略的重要意义。

旅游市场营销组合是旅游企业可以控制的经营手段的组合,旅游企业可以根据自己的调研分析,设计旅游产品的特征、价格、质量、数量等,自由选择促销手段、销售方式和渠道,制定销售预算,形成自己的企业形象等,但因为旅游企业处于不可控的营销环境中,种种不可控的外部因素仍会对旅游企业的营销组合产生制约和影响。因此,在进行营销组合时应善于适应外部不可控制的因素,以便灵活及时地调整内部可控因素。

四、市场营销组合理论的发展

4P 组合这一经典理论,是 20 世纪 60 年代在买方市场条件下形成的,当时的立足点是:企业只要善于发现和了解顾客需求,更好地满足顾客需求,就可能实现企业的经营目标。因此,过去的营销理论的重点都是强调在外部环境对企业的制约和影响下,如何调整企业的可控因素的经营策略,使其尽量与外部环境取得协调一致,而忽视了企业是否可通过自己的经营手段去努力改变外部环境,使其朝着对企业有利的方向转化。在大市场营销观念指导下,菲利普·科特勒于 20 世纪 80 年代提出市场营销的 11P 组合,对 4P 做出了补充和完善,丰富了市场营销组合的内涵,形成一种营销战略决策体系。

在 11P 组合中,传统的 4P 组合称为战术性(tactics)营销组合,为了正确地确定战术营销组合,首先必须做好战略性(strategy)营销规划。

战略性营销规划也是一个 4P 组合。企业投入市场前,最重要的是正确选择目标市场,要通过认真的市场调研分析,了解市场的需求与竞争态势,将市场细分后,根据企业条件选择自己的目标市场,优先满足目标市场的需求,为本企业产品进行市场定位,并强调企业形象及产品特色,因此,是一个具有先后顺序的过程。首先是探查(probing),即市场营销调研;其次是分割(partitioning),即市场细分;第三是优先(prioritizing),即在市场细分的基础上,确定企业要优先满足哪些顾客群,实际上就是选择目标市场;第四是定位(positioning),即进行市场定位和产品定位。另外,由于当今带有保护壁垒的市场随处可见,为了有效地打开产品进入目标市场的通路,还要增加权力(power)和公共关系(public relation)两个 P。也就是说,要通过灵活运用政治权力和公共关系两种营销技巧,确保营销取得成功。最后一个 P,指的是人(people),即要理解人,了解人。它包含两层意思:一是调动企业员工积极性,即所谓内部营销(internal marketing);二是满足顾客需要,即所谓的外部营销(external marketing)。为了搞好外部营销,满足顾客的需要,首先要实施内部营销,调动企业员工的工作积极性。因此,人的因素贯穿于营销活动的全过程,是实施其他 10P 的基本保证。11P 组合状况如图6-4所示。

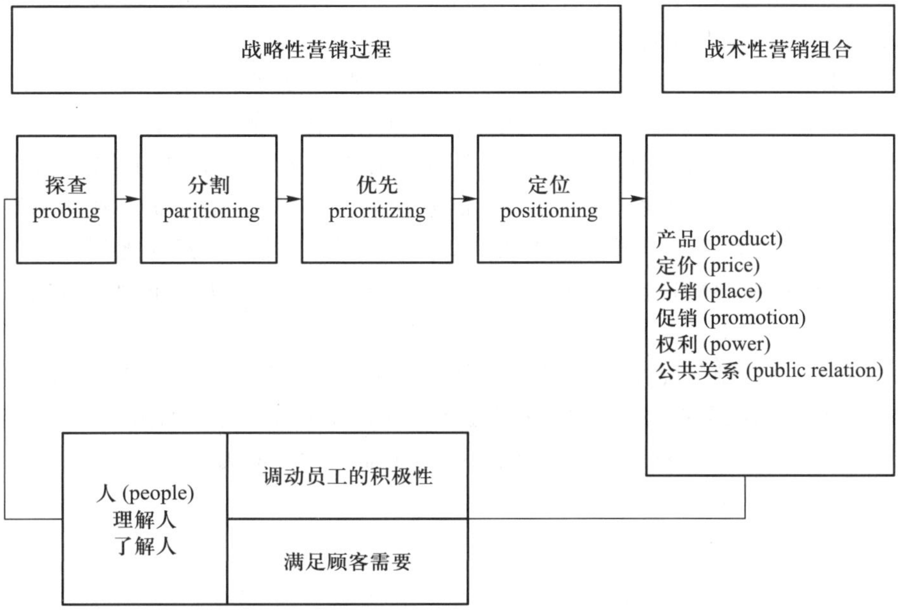

图 6-4 市场营销组合的 11P

阅读材料

营销组合新理论

继菲利普·科特勒的 11P 之后,又出现了 4C、3R、4R、4V、4S、4E 等营销组合新理论。1990 年,Lauterbom 针对 4P 提出 4C 营销组合,即顾客(consumer),成本(cost),便利(convenience)和沟通(communication)。4C 组合是以顾客为核心,实现顾客满意的理论。1994 年,James L.Heskett、Leonard A.Schlesinger 等人提出了服务利润链管理理论,主张服务企业应该采取 3R 营销组合,即顾客保留(retention)、相关销售(related sales)和顾客推荐(referrals)。1996 年,Don.E.Schultz 提出了基于关系营销的 4R 营销组合,即反应(reaction)、关联(relativity)、关系(relation)和回报(retribution)。2001 年,Elliott Ettenberg 在其专著《4R 营销》中提出了另一个 4R 营销组合,其内容为关系(relationship)、节省(retrenchment)、关联(relevancy)和报酬(reward)。2001 年,中南大学吴金明提出了适用于高科技产业的 4V 营销组合,即差异化(variation)、功能化(versatility)、附加价值(value)和共鸣(vibration)。2002 年,E.Constantinides 针对电子网络营销的特殊性,提出了 4S 营销组合,即范围(scope)、网站(site)、协同(synergy)和系统(system)。2006 年,曹飞提出了"心经济"环境下的 4E 营销组合,即快乐(enjoyment)、体验(experience)、情感(emotion)和启迪教育(enlightenment)。

五、市场营销组合的意义

市场营销组合理论是现代市场营销学的主要内容之一,它对市场营销的发展具有重要的意义。企业市场营销管理的主要任务,就是要确定营销目标和制定实现目标的战略。而制定营销战略的核心内容就是正确确定各营销变量，并将它们合理地组合，以形成最佳的整体效果。具体说来，市场营销组合的意义主要在于以下三个方面。

（1）它提供了一种科学地分析和运用各种营销因素的思路和方法，指导企业经营者把影响营销效果的各种因素有机地结合起来，达到企业营销整体效果最优化。

（2）它把营销战略决策和营销战术决策有机地结合起来。制定市场营销组合，需要确定各个营销策略变量，这是战术性决策。但是，市场营销组合并不是追求每一种营销策略达到最优，而是追求全部营销策略所形成的整体效果最优。因此，不能只是孤立地研究每一个营销策略的优劣，必须研究如何使各个营销策略变量协调配套，形成整体最佳的组合方案，这就需要战略性思维。

（3）它为企业参与市场竞争提供了有力手段。如企业竞争的传统手段是价格竞争，但价格竞争是一把双刃剑，既会伤害竞争对手，也会伤害自己，而采用合理的营销因素组合，则有利于企业充分利用非价格因素来形成差别优势，提高企业的竞争能力。

阅读材料

2019 中国入境旅游营销大会将落地海口　促进海南国际化进程

2019 年 1 月 8 日下午，海口市会展局与海口市旅游发展委员会联合召开“有展有交易有论坛、有效果转化平台的全球旅游界盛会——中国入境旅游营销大会（以下简称 CCTE）”合作项目的媒体通气会，正式宣布 2019 年中国（海口）入境旅游营销大会将于 2019 年 10 月 19 日至 29 日在海南国际会展中心举行，并且美国旅行顾问协会（ASTA）中国区总部将落户海口。

大会联合美国旅行顾问协会将面向海外市场，尤其是美欧澳市场，拟邀请约 200 位专业买家参会，以“深度论坛+专业展览+调研踩线+同期活动”四个优质板块联动。是基于“旅游经济”和“会展经济”的一次深度融合，将成为海口市集“旅游+会展+大事件精准营销”于一体的国际品牌会展活动。

来自美国佛罗里达州的美国旅行代理商协会（ASTA）副主席罗伯特.道格林表示，海口的气候与佛罗里达非常相似，经过这几天的考察，海口是一座极具魅力的旅游城市，无论是城市未来的规划以及气候、美食等都非常令人激动，但海口的美没有传播出去，希望通过大会为海口带来优质的专业买家，从而带来更多的国际游客，相信海口有更好的未来！

海口市会展局局长蔡俏认为，2019 中国（海口）入境旅游营销大会选择在海口举办恰如其分，适得其效。同时，也与海南建设国际自由贸易岛的定位，以及海口打造为国际知名旅游城市和会展城市的战略发展规划紧密切合，是海口市适应这些发展目标的积极具体举措，也是海口会展业“走出去引进来”招会引展的重要成果之一，为发展壮大国际性旅游会展业提供了难得的黄金机遇。

本次大会摒弃了传统的举办模式，以深度论坛结合行业展会的运作模式，通过各板块间联动，构建起论坛与产品定制并行，旅游推介交流与实地踩线调研相结合。通过大会可真正了解行业资讯，面向海外市场（尤其是欧美澳新市场）200 位左右特邀买家面对面展示、交流、交易中国入境游产品。还可将入境旅游产品上架到专业的 S2B2C 平台，并畅通销售的渠道。大会将由海口市人民政府、海南省旅游和文化广电体育厅（拟）共同主办，海口市会展局、海口市旅游发展委员会、上海思为文化传播有限公司联合承办。目前大会招商的计划已经启动。由大会承办方之一同时也是美国旅行顾问协会（ASTA）中国区独代的上海思为文化传播有限公司负责招商工作。

资料来源：海南在线，2019 年 1 月 8 日。

本章小结

1. 从宏观上讲，旅游市场营销战略是指一个国家（或地区）在现代市场营销观念的指导下，为了实现该国家（或地区）发展旅游业的目标，为旅游业内制定的在一个相当长的时期内市场营销发展的总体设想和规划。从微观上讲，旅游市场营销战略是指一个旅游企业的领导人在现代市场营销观念的指导下，旅游企业为了谋求长期的生存与发展，根据外部环境和内部条件的变化，对旅游市场所做的具有长期性、全局性的计划与谋略，它是企业在一个相当长的时期内市场营销发展的总体设想和规划。

2. 旅游市场营销战略的制定包括：战略分析（企业地位分析、企业环境分析、企业能力分析），营销战略制定，营销战略方案的选择和营销战略的监督与控制。

旅游市场最主要的三种营销战略：旅游产品—市场发展战略、市场竞争战略和营销组合战略。其中旅游产品—市场发展战略有四种组合，市场渗透、产品开发、市场开发和多角化经营。

3. 根据旅游企业在市场中的竞争地位，市场竞争战略可以分为四类：市场主导者战略、市场跟随者战略、市场挑战者战略和市场利基者战略。

4. 营销组合是企业对自己的可控制的各种营销因素（产品质量、包装、价格、服务、广告、渠道和企业形象等）的优化组合和综合运用，包括 4P，6P，11P 等营销组合战略。

关键术语

旅游市场营销战略（tourism marketing strategy）
旅游市场定位（tourism marketing positioning）
旅游产品—市场战略（tourism product-market strategy）
旅游市场竞争战略（tourism competition strategy）
旅游市场营销组合（tourism marketing mix）

案例回顾与讨论

1. 试预测一下海南国际旅游岛的国际化进程。
2. 旅游市场营销组合战略在案例中是如何体现的。

复习与思考

1. 解释下列概念：

旅游市场营销战略；SWOT 分析；市场渗透战略；产品发展战略；市场挑战者；市场营销组合；雷诺汉分类法。

2. 简述旅游市场营销战略的意义和特点。

3. 作为市场利基者的旅游企业可以采取哪些营销策略？

4. 旅游企业可以控制的营销因素有哪些？“权力”与“公共关系”如何影响旅游企业的营销绩效？

5. 哪些战略属于旅游产品—市场战略？企业依据什么来确定自己采取何种战略？

6. 什么是竞争战略？怎样确定企业的市场竞争战略？

7. 举例说明市场跟随者的竞争策略。

8. 简述几种主要的旅游市场营销组合。

9. 什么是市场营销组合的4Ps？11Ps组合对4P组合做了哪些完善和补充？你认为其在现代营销环境中有何意义？

10. 查阅相关资料，阐述新的营销理念，并说明与4Ps营销组合有什么区别。

自测自评

实践题

1. 选择本地区两家的酒店，对比说明它们不同的市场竞争战略。

2. 设计某酒店“十一”/“中秋节”/“圣诞节”的营销策划。

3. 选择某一旅游企业进行SWOT分析，并拟定几种战略备选方案，评选出最优方案，估价该方案会为该企业带来何收益？

推荐阅读文献

1. 邵秀英，张金瑞，邬超.河西走廊遗产廊道旅游竞合模式与路径[J].经济研究参考，2017(37)：67-72.

2. 汉思.美国乡村旅游发展经验对我国的启示[J].农业经济，2018，No.373(5)：143-144.

3. 周璇，郭丕斌，黎斌林.芦芽山风景区生态旅游发展战略研究——基于SWOT—AHP的实证分析[J].林业经济，2018(2)：75-80.

4. 韩福丽，王海荣，高文智.农业城市旅游营销策略研究——以绥化市为例[J].湖北农业科学，2017，56(15)：2950-2953.

5. 刘钰佳.西南地区旅游共同市场发展规律及其营销模式研究[J].商业经济研究，2015(30)：141-143.

第七章　旅游产品策略

从本章开始，将逐一对旅游市场营销组合的四大策略进行详细介绍，即关注消费者需求——产品，成本与收益的较量——定价，提供便利——渠道，有效沟通——促销。作为旅游市场营销组合四大要素之一的旅游产品，不仅是旅游企业赖以生存和发展的基础，也是旅游企业开始其经济活动的出发点。如何制定合理、有效的旅游产品策略，直接决定着价格策略、销售渠道策略和促销策略。换言之，直接决定着旅游企业的市场营销成败。

本章将对旅游市场营销组合的四大策略中的第一个策略——旅游产品策略展开介绍。在详细地介绍了旅游产品的概念、内涵、特点以及产品体系之后，介绍了产品生命周期原理，并明确了不同生命周期的旅游产品所应采纳的营销策略。与此同时，介绍了旅游新产品的开发技巧和旅游产品品牌。在前面介绍的基础上，本章最后进行了综合性的总结——旅游产品组合策略。

学习目的

- 掌握旅游产品的基本内涵及产品体系
- 了解旅游产品生命周期原理，并能够依据产品生命周期特点将不同的旅游产品归类
- 掌握旅游新产品开发的基本策略
- 了解旅游产品品牌
- 熟悉旅游产品的文化内涵并了解旅游文化营销的模式
- 熟悉旅游产品的组合

引导案例

广西旅游资源与特色旅游产品开发

一、广西旅游资源与区位优势得天独厚

广西是以喀斯特地貌景观为主体，以桂林山水、北海银滩、民族风情、边关风貌等为主要特色的旅游资源大省。其旅游资源与其他省（区）、市相比较，有种类多，分布面广，等级和品位高等特点。除拥有丰富的旅游资源外，优越的区域位置更是广西发展旅游业得天独厚的地理优势。广西位于华南与西南经济圈、港澳与内陆经济圈、东南亚与南亚经济圈、国内市场与国际市场的结合部，是祖国大西南出海的重要通道，是环北部湾经济区域合作的重要基地之一。独特的区位优势，不仅有利于广西在更大范围的旅游区域经济格局中找准自己的定位，而且极利于广西旅游客源市场的开拓、旅游区域经济的联合和人流、物流、资金流、信息流的汇聚。

二、广西特色旅游产品建设进展

近几年，广西始终坚持以特色旅游产品开发为中心，以特色资源为依托，以市场为导向，突出建设旅游精品，改造提高传统旅游产品，大力开发新的特色旅游项目，逐步推进新的旅游热点和特色旅游线路，不断丰富旅游产品的内涵，增强旅游产品的吸引力和竞争力。

在旅游项目开发建设过程中，集中力量开发了一批特色突出、主题鲜明、吸引力强、上规模、上水平的重点旅游项目。如资江八角寨、南宁青秀山、大新德天瀑布、靖西通灵大峡谷、阳朔世外桃园等。

在大力推进特色旅游资源开发和旅游项目建设的同时，近几年广西还加大了旅游产品结构与布局的调整优化和传统旅游产品的完善提高。一方面，在丰富和完善观光型旅游产品的同时，着力开发休闲度假、会议商务、生态旅游、修学旅游、探险旅游等新旅游产品，从总体上增强广西旅游产品的吸引力。另一方面，着力调整优化广西全区旅游产业布局，充分发挥广西龙头——桂林市的辐射带动作用，努力形成南北对接、东西呼应，客源互流的大旅游、大市场格局，延长游客在广西的停留时间，增强旅游消费，提高广西旅游业的整体效益。其次，近两年广西大力开发旅游区（点）质量等级评定工作，以此促进现有旅游景区（点）环境、管理、服务质量的提高，逐步使广西旅游景区（点）迈入标准化、规范化管理的轨道，逐步与国际惯例接轨。目前，广西已有14个景区列入国家4A级旅游区（点）名录，10个旅游景区荣获国家3A级旅游区（点）称号。

三、构筑广西特色产品体系的战略构想

广西紧紧围绕旅游产业“四区一带一龙头”的总体战略布局和“一个中心，四大支柱、四大体系”的战略构架，通过实施资源集约、产品整合、区域联动等策略，按照突出特色、提升品位、丰富内涵、扩大规模、增强竞争力的总体要求，集中力量建设一批特色鲜明、内涵丰富、上规模、上水平的特色旅游产品，并以“版块式、点轴式”等形式组合提升，形成广西山水风光、滨海休闲度假、民族风情、边关风貌为主体的特色旅游产品体系。继续推进“411-5103840”工程，建设和完善桂林山水民俗旅游线、南国边关风情旅游线、环北部湾滨海边境旅游线、桂东历史文化宗教名胜旅游线和南昆铁路奇山秀水生态风情旅游线等5大旅游线路以及桂（林）—海（北海）高速公路旅游带、中越边境公路旅游带、滨海公路旅游带、黔东南——桂林、桂林——贺州——广州等特色旅游线路。突出开发桂林山水风光游、北海银滩休闲游、南国边关揽胜游、壮乡文化风情游、瑶苗侗乡采风游、千年灵渠寻古游、花山崖画探奇游、金田名胜古迹游、百色小平足迹游、巴马寿乡探秘游等10大旅游精品；建设38个重点旅游项目；完善40个重点旅游市、县。将这些项目建设成为21世纪广西新的旅游精品和参与国内外旅游市场竞争的主要载体。

资料来源：袁铁象，广西旅游局。

第一节 广义的旅游产品

旅游产品作为旅游企业的经营对象，遍及旅游产业及旅游产业以外的其他行业。饭、菜作为饮食服务业的主要产品，满足旅游者出游时吃的需求；宾馆的客房作为一种直观的旅游产品满足旅游者宿的愿望；旅游交通使旅游者出外旅游时发生空间位移以实现他们对行的需求；旅游景点、旅游商品和娱乐设施满足旅游者游、购、娱的需求，至于邮电部门的通讯，保险业的各类保险及金融、医疗卫生等都可作为一种旅游产品供应于旅游市场，从而满足旅游者的多种需求。摆脱传统的实物产品观念，旅游产品不仅包括有形实物，而且还指无形劳务。随着现代旅游产业的发展，旅游产品中实物部分的比例会越来越小，而无形劳务的比例会越来越大。

一、旅游产品的概念及内容

1994 年史密斯提出旅游产品的解释模型，该模型由五个层次构成，核心为物质基础（PP），即位址、自然资源或类似瀑布、野生动物、度假区等的设施，以及陆地、水体、建筑物和基础设施等构成旅游产品的物质基础。依次向外第一层是服务（S），第二层是接待业（H），第三层是游客的选择自由（FC），最外层是游客的参与机会（I）。

维克多·米德尔顿认为“旅游产品是为了满足消费者某种需求而精选组合起来的一组要素，所有构成产品的要素都可以按最符合消费者特定需求的方式进行设计、更改或搭配。就旅游者而言，旅游产品就是他从离家到回家这段时间的完整经历。因此旅游产品应看作是三个主要因素的混合物，即景点、目的地设施和可进入性”。

二、旅游产品的构成

旅游产品既有产品的一般结构，同时它又与一般产品不同，能分出组成整个产品的元素、材料。

（一）一般结构

从市场营销学的角度来看，产品是指向市场提供的能满足人们某种欲望或需要的一切物品和劳务，这是产品的整体概念，完整的产品是由核心产品、形式产品和延伸产品三个层次所组成的一个整体。因此，旅游产品也是由众多物质因素和服务组成的多层次、多成分的整体产品。如图 7-1 所示。

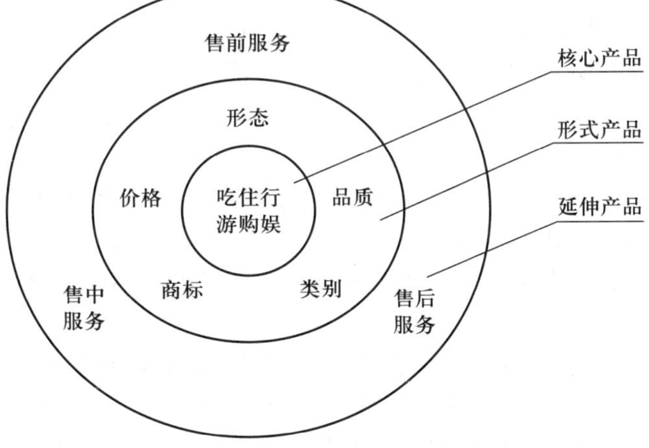

图 7-1　旅游产品的三个层次

1. 核心产品

核心产品指产品的基本功能符合消费者追求的基本利益或要达到的效果。人们购买产品不是为了获得产品本身,而是因为这种产品能满足某种需要,如果没有这些效用和利益,人们就不会进行购买。因此,核心产品是产品的核心,也是企业营销的根本出发点。旅游产品是满足购买者旅游需要的产品,而真正能满足旅游需要的是旅游景点或景区(旅游资源),而不是旅游设施和服务等,所以旅游产品的核心产品是经过开发的旅游资源即旅游景点、景区或旅游事项。

2. 形式产品

形式产品指核心产品借以实现的形式、方式。主要表现在五个方面:品质、特色、式样、品牌,及包装。旅游产品的形式产品主要指旅游资源的形象、知名度、品牌、特色等。旅游产品的形象、品牌、特色和知名度是产品依托旅游资源及旅游设施而反映出来的外在价值,是激发旅游者旅游动机,引导和强化旅游消费行为的具体形式。不同旅游产品,由于其旅游资源和旅游接待设施等方面的不同,会导致旅游产品品位、形象、特色和声誉的不同,产生产品差异性。

3. 延伸产品

延伸产品指顾客购买产品时所得到的附带服务或利益。如提供信贷、免费送货、安装维修及其他售后服务等。从这点来看,旅游目的地的交通、餐饮、住宿等旅游设施及服务和旅游产品都是由于为了使旅游者买到满意的核心旅游产品,更好地满足其旅游需要而围绕旅游景点、景区开发和提供的,是旅游产品的延伸产品。这就解释了一个背包客可能并不利用任何交通、餐饮、住宿等设施和服务,但还是能购买到他所需要的旅游产品。其中,核心产品是产品的主体,因为,对于任何产品,人们需要的是其功能——满足人们一定需要的能力,而物质或非物质的产品本身不过是提供一定功能的载体而已。

(二) 要素结构

从旅游产品的组成要素来看,一个旅游产品应包括旅游景点(区)、旅游事项(经过开发的旅游资源、旅游设施、旅游服务、旅游购物品和旅游通达性等方面的要素)。

1. 旅游景点(区)或旅游事项

旅游景点即已开发的旅游资源。旅游资源是旅游活动的客体,自然界和人类社会凡是能吸引旅游者进行旅游活动,能给旅游业带来各种综合效益的事物都可称为旅游资源,它们可以是物质的,也可以是非物质的;可以是自然的,也可以是人文的。旅游资源有不同的类型,满足旅游者不同的需要,所以经过对资源设计、开发后形成的旅游产品也会有不同的类型。

2. 旅游设施和服务

旅游设施是旅游产品中由于旅游资源开发而生产的延伸产品,是旅游产品的重要组成部分,一般分为接待设施和基础设施两大类。

(1) 旅游接待设施,是指旅游经营者用来直接服务于旅游者的凭借物,主要包括住宿、餐饮、交通及游览设施。

(2) 旅游基础设施,是指旅游目的地建设的公共设施,包括旅游目的地道路系统,水、热、电、气供应系统,废水、废气、废物排污处理系统,邮电通信系统,环境卫生系统,安全保卫系统,城镇标识系统,绿化系统等。这些基础设施主要是为当地居民生产生活服务的,不是为旅游者专门建设,也是旅游产品设计和开发时主动性最差的一部分。但这部分也很重要,是旅游产品成功开发并得到市场认可的保证。如果没有这些基础设施提供便利,旅游接待设施的功能就难以有效发挥,旅游活动也无法顺利进行。旅游服务是附着在旅游设施上的,设施和服务相结合为旅游者提供完备的产品体验。

3. 旅游购物品

旅游购物品是旅游者在异地购买并在旅途中使用、消费或携回使用、送礼、收藏的物品，对旅游者具有实用性、纪念性、礼品性和收藏价值。旅游者在旅途中购买的商品，除少部分作为生活必需品被消耗掉外，大多数被旅游者带回家，留作美好的回忆，或者帮旅游者更好地了解旅游目的地的文化、艺术和传统。因此，旅游购物品是旅游创汇的重要来源，在旅游产品的设计、生产中不可或缺。而且作为礼品馈赠亲友的旅游购物品，在一定程度上可以对旅游目的地起到宣传促销的作用。

4. 旅游通达性

旅游通达性是指旅游者在旅游目的地之间来回移动的方便、快捷、通畅的程度，具体表现为进出旅游目的地的难易程度和时效标准。主要可从下述几个方面加以考查：① 是否有完善、发达的交通网络；② 是否有方便的通讯条件；③ 出入境签证的手续、出入境验关程序、服务效率和信息咨询等。旅游目的地的通达性对旅游产品的成本、质量、吸引力等有较大的影响作用，因此也是旅游产品构成的重要内涵。

三、旅游产品的特点

旅游产品具有一般商品的基本属性，但它又有自身的特殊性。这种特殊性主要体现在以下几个方面：

（一）旅游产品的综合性

旅游者的需求是多种多样的，从而决定旅游产品的使用价值内容十分丰富，在旅游产品的生产过程中涉及的行业非常多，要满足旅游者吃、住、行的需求，就要涉及到酒店业，饮食服务业和旅游交通业，而这些行业的延伸则为农副业、商业、建筑业、制造业等部门，它们间接地为旅游者提供旅游服务；此外，还需一系列间接的部门诸如海关、邮电、公安、银行、保险、医疗卫生等。据美国工业标准分类（SIC）系统的一项调查表明，有 30 多种主要工业部门为旅游者服务，而涉及旅游业的其他行业和部门多达 270 多个，由此看出，旅游行业是一个综合性的行业，而这种综合性则来自旅游产品的综合性。这种综合性同时也就决定了旅游产品生产的脆弱性，只要所涉及的行业稍有波动，那么旅游产品的数量和质量便会有相应的波动。因此，要使旅游产品的价值和使用价值得以顺利实现，则要求在旅游企业的规划建设中协调发展。

（二）旅游产品的非实物性

这种非实物性可从生产、交换和消费三个环节中体现出来。旅游产品的价值构成来自两个方面：一方面它包含了旅游生产者过去的物化劳动，如客房、菜肴等，都是物化劳动的具体体现；另一方面，旅游产品的价值更多地由旅游生产者的即时劳务所构成，从点菜，上菜，一直到结算等过程中所有的人工服务，包括就餐环境的营造（诸如灯光、背景音乐、空调、餐具等）都构成这一旅游产品的具体内容。

进入旅游市场流通的旅游产品并不以实物形态出现，它是根据旅游生产者所提供的各种信息来完成其交换价值的转移。在这一转移过程中，多数旅游产品会出现使用权与所有权的分离。旅游者购买的仅仅是旅游产品的使用权，而其所有权仍停留于生产者手中。这就决定了旅游产品的生产以旅游者需求为依据，而旅游产品的消费则由于其地域限制而产生异地现象。

（三）旅游产品的不可贮存性

由于旅游产品的价值内容有相当大部分是由生产者提供的即时劳务所构成，因而它决定了旅游产品的生产和消费具有同步性特征。当实物部分的旅游产品生产出来后并不意味着产品的生产已经形成，从生产转向消费这一过程所包含的各种劳务都构成旅游产品的价值内容。如同商品是价值和使用价值的统一体一样，旅游产品同样是物质产品和劳务的统一体，而劳务具有一个最突出的特点——其生产和消费的同步性。只有劳务的消费而没有生产，好比画饼充饥，不成为商品，而光有劳务的生产而没有劳务的消费，其价值得不到社会的承认，没有实现的前提，只有在生产和消费同时进行中，才实现了劳务价值。旅游产品的这种同步特征决定了自身的不可贮存性，旅游产品的不可贮存性最突出地表现在它受时间和空间的双重限制。生产和消费的同步性，要求旅游产品从生产到消费之间的时滞很小，更无有仓储一说，如不可能将淡季多余的客房留待旺季时出售。这种客观性决定了旅游产品在时间上的不可贮存。另一方面，旅游产品的不可贮存还体现在空间上不可转移，旅游产品的生产受到自然条件的限制，因而在地域上体现出极强的垄断性。旅游产品的这种地域性决定了在旅游产品生产过程中，不可能将旅游热点地区的产品迁移到旅游温点甚至冷点地区，进行人工调配。

（四）旅游产品的高附加值

与物质产品相比较，旅游产品是一种经过较深度加工的产品，原来分散存在于各行业的产品经过旅游生产者的设计、开发和经营，大幅度提高其原有价值，其产品价值中所包含的有形原料的转移价值比重很小，而加工过程中所付出的人类劳动力创造的价值很大，具有很高的附加值，这一附加值中劳务性比重相当大。旅游产品的高附加值这一特征决定了现代旅游业是一种劳动密集型产业，与其他产业比较，旅游产业耗费资源少，产出效益好，换汇成本低。

（五）旅游产品具有较大的需求弹性

由于旅游产品满足于人类较高层次的需求，从而决定其具有较大的需求弹性，具体表现在旅游者对旅游产品的需求强度小而且极不稳定，旅游消费要受到政治、经济、文化、战争等各种因素的影响。这种高弹性的产品决定了人们的消费习惯具有较大的选择性。换言之，旅游产品具有较强的替代性，当某一旅游产品的价格上升时，消费者可能购买其他旅游产品予以取代，这就决定了旅游者选择的余地很大，选择带有较强的弹性。

四、旅游产品体系

世界旅游产品的品种丰富多样，夏威夷的浪漫、喜马拉雅山的雄伟、金字塔的神秘、迪士尼的喧嚣、长城的古老、桂林的秀美，无一不丰富着人们的旅游活动。旅游产品的物质基础是旅游资源，世界各国和各地区由于各自不同的发展进程，形成了特异的民俗风情，加之地理条件的差异出现独特的地貌，这些都构成了旅游资源。各不相同的资源决定了旅游产品的独特性，开发旅游产品的基本原理就是要充分利用旅游资源的地域差异和季节差异，生产出最具民族性和地区性的产品。

（一）旅游产品品种

世界旅游业发展至今，旅游产品日趋丰富和成熟，主要原因一方面来自旅游生产方的激烈竞争,迫使各旅游生产者不断运用新的技术开发新的旅游产品;另一方面来自旅游消费方的市场需求。旅游产品由于以上的原因,数量和种类的增加十分迅速,形成产品体系。对旅游需求市场的细分,产生了不同系列的品种丰富的旅游产品。

1. 依据旅游范围可分为国内旅游与国际旅游

这是一种传统的细分标准。其区分标准依旅行范围是否超出国界为据。在常规旅游发展过程中,由于基础设施的建设和服务水平的不断提高,因而总是先开发国内旅游产品后开发国际旅游产品。而大多数发展中国家由于投资能力有限,发展本国旅游业走的是先国际旅游后国内旅游的非常规途径,中国属于后者。

2. 依据旅游的规模大小可分为团队旅游和散客旅游

由于团队旅游不仅同行人数多,相互照应而且价格适中,实行包价后减少了旅游者很多的不便,因而,传统旅游产品多以团队旅游为主。随着人们旅游次数的增多,人们对旅游的需求更朝向于个性化,近几年来,散客旅游的比重日趋提高。世界旅游产品更趋向于灵活性和独立性,来华散客旅游的比例也增加到50%以上,与团队旅游相比较,散客旅游更随机,更自由,而且价格也更趋合理,更能够体现旅游消费个性。

3. 依据产品生产方式可分为人文旅游产品和自然旅游产品

旅游产品的传统生产方式是以自然物质为体现形式。大多数产品是在自然旅游资源和人文旅游资源的基础上增设一定的旅游服务配套设施,诸如旅游路线、餐饮、住宿等,旅游产品主要表现为自然实物,如尼亚加拉大瀑布、金字塔等。随着现代科学技术的发展,许多高新技术日益被引进到旅游产品的生产过程中,增加了旅游产品的人工部分,再辅以声、光、电等,产生出许多新奇的效果,诸如目前广为流行的微缩景观以及享誉全球的迪士尼游乐园。

4. 依据旅游方式可分为传统旅游产品和专项旅游产品

由于人们最初的旅游活动主要是观光和度假,因而观光度假旅游产品成为传统旅游产品。而随着旅游产业的发展和成熟,人们追求特殊性、趣味性和有益于身体健康的多种专项旅游产品,逐渐成为一种潮流,诸如会议旅游、商务旅游、探险旅游、文化旅游、体育旅游、保健奖励旅游、购物旅游、教育旅游等。其他旅游产品还有新婚蜜月旅游产品,家庭旅游产品,老年人旅游等。

（二） 旅游产品质量

产品质量是企业竞争的基础。旅游产品质量是旅游产业的生命,旅游产品的质量内容一般而言包括以下几个方面:产品使用价值大小,产品持续时间长短,产品的可靠性及其安全程度,产品的价格。狭义的旅游产品质量仅指旅游服务质量。

1. 旅游产品的使用价值

它指能够满足旅游者需求程度的高低,即通常所谓产品性能。旅游产品使用价值大小直接决定于旅游资源的品位高低。因而在旅游产品生产中,如何合理安排旅游线路,恰如其分地满足旅游者的吃、住、行、游、购、娱等需求,是开发旅游资源,科学设计旅游产品的一个前提原则。

2. 产品持续时间

它主要指产品在旅游市场中所存在的时间,亦即产品的生命周期,现代旅游产品的生命周期日趋缩短,一方面反映着旅游需求的多变,另一方面也加速了旅游产品的更新换代。

3. 产品的可靠性和安全程度

主要从旅游的接待能力和接待环境中体现。旅游地要有较高的可进入性，进得来，出得去。旅游地之间的衔接十分紧密，它要求旅游产品的主要组成部分诸如酒店、交通、景点、购物等要协调发展，形成合理的产品结构。而旅游产品的安全程度，则要求旅游者的生命和财产有保障，因而任何政治运动、战争、社会动乱都将降低该地区旅游产品的质量。

4. 产品的价格

产品定价要合理，这种合理体现在两个方面：一是质与价相符。由于旅游产品的质量评定带有较大的主观性，因而更加增加了产品质量保证的难度，这种质量保证则更多地依赖于价格来体现。合理体现的另一个方面则要拉开价格档次。高质高价，低质低价，做到货真价实，拉开旅游产品的档次，以满足各种层次的旅游者的需求。

第二节　旅游产品生命周期理论及营销策略

一、旅游产品生命周期理论

旅游市场的激烈竞争，使功能齐全、性能良好的旅游产品层出不穷，而每一件新产品的问世，则意味着旧产品的淘汰。这种淘汰会循环往复地出现，使每一件旅游产品都经历着从投放市场，到被市场淘汰这一过程。

旅游产品的生命周期是指某种旅游产品从投放市场，经过成长期、成熟期后到最后淘汰的整个市场过程。它不同于产品的使用生命，后者专指产品的耐用程度，即在使用过程中产品的寿命。旅游产品生命周期，理论上可分为投放期、成长期、成熟期和衰退期四个阶段。如图 7-2所示。

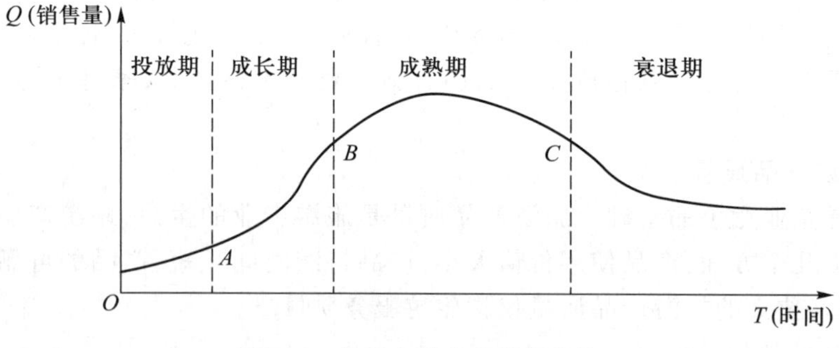

图 7-2　旅游产品生命周期曲线

现代旅游市场中，由于激烈的竞争，旅游产品的更新换代很快，每一件旅游产品的生命周期并非一样，有的产品周期长，有的产品周期短，有的产品呈波浪形起伏，有的产品则比较平稳，呈现出来的市场现象各不相同，如图 7-3 所示：

P_1所呈现的旅游产品周期很短，但销售量很大，成为旅游市场中时尚型的产品，诸如现代人们的春游、秋游或某些节日游（洛阳牡丹花会、国庆节、端午节）。

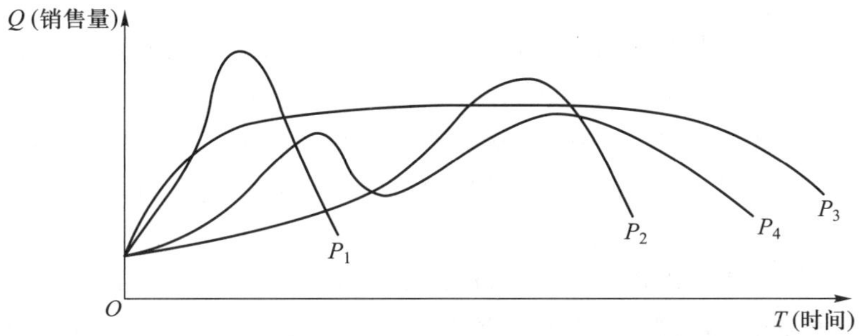

图 7-3　旅游产品生命周期种类示意图

P_2产品成熟期很短，但研究费用很高，属于一种超前消费的旅游产品，对于我国人民来说，出境旅游属于这一类型，此外，还有太空旅游等。

P_3产品投放期和成长期较短，而产品的成熟期较长，几乎看不出衰退期，这种旅游产品多为传统旅游产品，诸如观光旅游、度假旅游等。

P_4所呈出一种波浪起伏的市场周期，是在旅游市场中具有很规律的周期性，属于这一类的旅游产品诸如，会议旅游、宗教旅游、商务旅游及周末度假旅游等。

从以上分析可知，旅游产品生命周期各不相同，各阶段的划分也无定律，但我们可借助于一定的经济指标，以产品销售额对时间的弹性来定量分析旅游产品的市场生命，区分旅游产品周期的各阶段。

$$E_t=\frac{Q_1-Q_0}{t_1-t_0}=\frac{\Delta Q}{\Delta t}$$

式中：ΔQ 表示销售量的变化值，Δt 表示销售时间的变化值，可做如下判断：

$0<E_t<10\%$时，　　为产品的投放期（Ⅰ）

$10\%<E_t$时，　　为产品的成长期（Ⅱ）

$0.1\%<E_t<10\%$时，　　为产品的成熟期（Ⅲ）

$E_t<0$ 时，　　为产品的衰退期（Ⅳ）

其旅游产品的生命周期与旅游企业利润变化如图 7-4 所示。

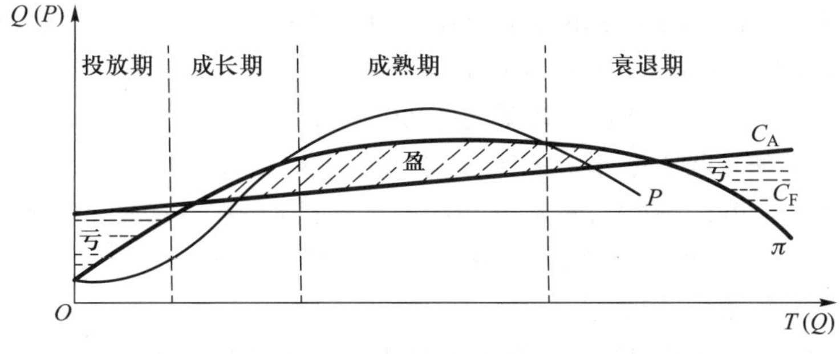

图 7-4　旅游产品生命周期与企业利润变化图

图 7-4 中：C_A为旅游产品成本曲线；C_F为旅游产品固定成本曲线；π 为旅游产品利润曲线；P 为产品生命周期曲线。旅游产品生命周期的不同阶段会呈现出不同的特点：

1. 投放期

这一时期是旅游产品进入市场的初始阶段。旅游产品的生产设计还有待进一步改进,基础设施急需配套、完善。吃、住、行、游、购、娱六个基本环节有待于进一步协调,沟通。同时,服务人员劳动技巧不娴熟,服务质量不高。旅游产品的知名度不高,因而销售额增长缓慢且不稳定。对外宣传,广告费用较高,旅游企业利润率较低,甚至处于亏损局面。

2. 成长期

新的旅游产品日渐被消费者所接受,旅游产品的生产设计已基本定型,主题明确。在这个时期,企业的基础设施已趋完善,六大基本环节相互之间联系紧密,处于正常运转状态。服务人员劳动熟练程度提高,服务趋于标准化和规范化,服务质量得到大幅度提高,旅游产品知名度渐渐提高,产品的销售额稳步上升,企业利润大幅度提高。但是与此同时,新的企业参与市场,展开竞争。

3. 成熟期

这一时期是旅游产品的主要销售阶段。旅游产品成为名牌产品或老牌产品,产品销售额渐渐达到高峰而趋于缓慢,年销售量增长率在1%—5%之间,旅游企业生产能力发挥到最大,产品拥有很大的市场占有率,企业利润也达到最高水平。旅游市场已趋于饱和,供求基本均衡,但企业间的竞争日趋激烈。

4. 衰退期

衰退期是旅游产品逐渐退出市场的阶段。这一时期更为先进的旅游新产品层出不穷,而现有的旅游产品基础设施老化,六大环节不能协调,经常出现某一环节的短缺,员工流失率很大,从而使企业的生产能力受到影响,旅游产品已不适应人们不断变化的消费需求,销售量锐减,许多旅游企业在市场竞争中被淘汰,从而转产退出了旅游市场。与此同时,市场出现新的换代产品或替代产品。

阅读材料

旅游地生命周期理论

旅游地生命周期理论是描述旅游地演进过程的重要理论,其概念最早在1963年由研究欧洲旅游发展的Christaller提出,1978年Stansfield在研究美国大西洋城旅游发展中也提出了类似的概念。但真正被大多数学者接受的则是1980年由加拿大科学家Butler提出的旅游地生命周期理论,Butler成功地提出了旅游地生命周期的自然生长规律并对每个生长阶段的基本特征进行了定性描述。Butler认为,旅游地存在着生命周期,旅游地的生命周期有它的自然生长状态,这一生长状态有其规律可循,每个旅游地都要经历从资源发现→开发启动→快速增长→平稳发展→衰落或复苏的过程。

资料来源:徐致云,陆林.旅游地生命周期研究进展.安徽师范大学学报,2006(29).

二、旅游产品生命周期各阶段的营销策略

如前所述,不同旅游产品在各阶段呈现出不同的特点,也并非一切旅游产品都必须经历这

四个阶段。但是无论旅游产品有什么样的市场周期,作为旅游生产者必须认真研究产品各阶段的特点来制定其市场营销策略。

（一） 旅游产品投放期营销策略

根据旅游产品在投放期的特点,旅游企业所采取的营销策略,都是新产品营销策略,有四种营销策略可供选择。如图 7-5 所示。

图 7-5　投放期旅游产品促销策略

1. 缓慢采取策略——高价低促销

以较高的价格树立产品的形象,以此来弥补在促销力度上的不够,从而把旅游产品投放到市场。高价格的目的在于获取更大的盈利。而低促销则是降低新产品的销售费用,旨在通过高价格来提高旅游产品的知名度。这种策略在短期内可获巨大利润,以回收旅游产品的生产投资。但必须具备以下基本条件:① 产品的规格档次高,服务质量好,基础设施齐全;② 旅游市场规模小;③ 旅游市场已基本了解这类产品;④ 潜在的竞争对手少,使旅游产品具有很大的垄断性,如近几年推出的“告别三峡游”等属此类产品。

2. 迅速采取策略——高价高促销

以较高的价格树立旅游产品市场形象,同时支出大量的促销费用,加大促销的力度,在市场上树立质量的形象,以弥补高价格的不足,从而扩大对市场的占有率。这种策略适应于以下类型的市场:① 产品的知名度很低;② 人们消费水平较高,市场上有一批重质量而轻价格的成熟消费者;③ 旅游产品更具个性化,趣味性和健康性,与同类产品比较,具有明显的优势。

3. 缓慢渗透策略——低价低促销

企业以一种低姿态进入旅游市场,目的在于促使市场尽快接受这类产品,随着产品知名度的打开,慢慢地提高产品的价格,以收回企业的投资。采取该种策略的条件是:① 市场上对该产品的价格弹性较大;② 市场有较大的开拓余地;③ 基础设施能稳步配套建设;④ 市场有一定的潜在竞争者;⑤ 产品的知名度较高,如“民俗文化游”“烹调旅游”“乡村旅游”等。

4. 迅速渗透策略——低价高促销

以较低的价格加上较高的促销,全力推出该产品。这种策略常使产品在最短的时间内进入市场,迅速提高产品的市场占有率。采取该策略出于以下原因:① 市场规模较大;② 旅游消费者大多对价格敏感;③ 存在潜在竞争的威胁;④ 旅游产品因规模生产或引起的新技术而使生产成本大大降低。诸如西安“东线一日游”,北京“西线一日游”等。

（二） 旅游产品成长期营销策略

成长期旅游产品的销售应包括两个方面:一方面巩固已有的销售成果,另一方面进一步扩大市场的占有,尽快提高销售量。这一时期,潜在竞争者已经出现。企业在成长期的销售策略为:

(1) 改进旅游产品,进一步完善基础设施的配套建设,提高旅游地的可进入性。紧密各行各业之间的协调,增强企业的接待能力(旅游产品的生产能力)。同时,根据旅游者的信息反馈,调整改进旅游活动内容,规范服务技巧,努力培训员工,狠抓产品特色和服务质量,以吸引更多的潜在旅游消费者。

(2) 加强市场促销。这一举措包含两个方面的内容:一方面开拓新的销售渠道,加强销售渠道的管理,搞好渠道成员之间的协调,尤其对旅游中间商给予相应的优惠,或提高佣金额,或改佣金为奖金,以此扩大销售范围;采取多种销售形式,增加新的销售渠道。另一方面,借助于媒介,对外宣传重点由介绍旅游产品转为树立产品形象,宣传产品特色,与此同时,增强旅游消费者对旅游产品和企业的信任感,提高产品的知名度,走名牌产品的销售策略。

(3) 开拓新市场。在分析市场价格发展趋势和竞争者价格策略的基础上,努力提高旅游产品的规模生产能力,以此降低单位产品成本,可适当提高或降低原有价格,以吸引对价格敏感的潜在消费者,以此积极主动地寻找新的市场并占领它。

(三) 旅游产品成熟期营销策略

这一时期旅游产品已基本定型,市场营销也日趋成熟,市场已趋于饱和状态,产品销售量已基本稳定,而同类产品的生产企业却不断增加,由此市场竞争异常激烈,企业为了保持产品的优势地位,可采取如下营销策略:

1. 市场改革

为了寻找机会市场,争取新的消费者,企业进行新的市场开发,进一步挖掘市场潜力,稳定和扩大产品的销售量。如深圳华侨城的几个大型旅游景区——民俗文化村、世界之窗、锦绣中华,最初的市场定位是港、澳同胞,进入20世纪八十年代末,随着特区建设步伐的加快,华侨城把目标市场由已经饱和的港澳市场转向内宾市场,一举在全国人造景观中出现轰动效应。

2. 产品改革

旅游产品的改革主要集中在两个方面:一方面是产品质量改革,根据消费者的反馈信息,哪些旅游活动较吸引人,哪些活动内容单调,现有的基础设施能否满足现有的旅游消费,给旅游目的地带来什么样的影响,如何改变这种影响,这些都是旅游产品质量改革的基本内容。另一方面是服务数量改革,如规范服务技巧,使旅游接待服务标准化以稳定服务质量,同时,增设尽可能多的服务项目,以此吸引旅游消费者。

3. 营销组合改革

对原有的营销组合因素进行调整、变革,以刺激销售量。如降价或增加销售过程中的服务内容,开辟多种销售渠道等。但这种策略如处置不当,容易为其他企业模仿而加剧市场竞争,也可能因促销费用的增大而导致利润的损失。

4. 新产品的研制和开发

产品的市场营销进入成熟期,意味着市场营销工作开始下降。而旅游消费者日益变化的旅游需求,使企业无法确知现有产品的衰退期何时到来,为保持市场主动地位,旅游企业应着手研究新的旅游产品。同时成熟期的产品具有一定的代表性,能全面反映和预示旅游者的需求变化,因此,新一代旅游产品的研制和开发便不可避免地提上了日程。

(四) 旅游产品衰退期营销策略

市场营销一旦进入衰退期,对于旅游企业而言,面临一次严峻的考验,企业能否果断地调

整产品营销策略,直接关系到企业未来的生存和发展。一般而言,企业应尽可能地缩短产品的衰退期,其主要措施有:

1. 立刻放弃策略

如果旅游产品市场售价,市场销售量急转直下,甚至连变动成本也无法补偿,那么企业宜采用此策略。

2. 撤退和淘汰疲软产品

对于疲软产品,维持其生产成为企业发展的一个包袱,使企业的人、财、物得不到及时的转移,同时,疲软产品也会影响到企业的市场声誉,因而对于此类产品,企业应果断撤退和予以淘汰。

3. 逐步放弃策略

改善和扩充滞销旅游产品,滞销产品在旅游市场上仍具有一定的潜力可挖,面对同类产品或其他替代产品的竞争,市场销售量有所下降,对于这类产品,企业不应盲目放弃,打开一块市场毕竟不是件容易的事情,企业应当分析产品滞销的原因,对症下药,扩充产品的用途,提高产品质量,使产品销售量回升。

4. 自然淘汰策略

旅游企业不主动放弃某一产品,而是依据旅游产品的生命周期,继续用过去的市场、渠道、价格和促销手段,直至旅游产品的完全衰竭。进入市场的旅游产品多种多样,其生命周期各异,就算同时进入衰退期的同类产品,其旅游企业退出市场的时刻不一样,有的企业较早退出市场,而继续留在该市场中的企业可以继承退出企业空闲的消费能力,由此获利。采用这一策略有较大的风险,因而对企业而言要求有较强的竞争能力。

同时,采用自然淘汰需进一步的策略抉择:① 连续策略。企业继续维持过去的营销策略,直至完全退出市场。② 集中策略。将原投入的资源集中于一些最有利的细分市场和销售渠道中,缩短经营战线,以作孤注一掷式的促销。③ 榨取策略。大幅度降低销售费用,以增加目前利润。这种细分有可能加速产品衰退。与此同时,因具备一定的销售面,即使大幅度减少促销活动,价格还可以维持不变甚至会略有提高。

因此,企业在衰退期应把握好“转”“改”“撤”三个基本原则,果断撤出市场,并着手新产品的投放,以完成旅游产品的更新换代。老产品衰退期,实际上成为新产品的投放期或成长期。

三、产品生命周期的战略转移

产品生命周期不同阶段呈现各不相同的特点,因而各有相应的规律,企业应恰到好处地掌握四个阶段的转折时期。如图 7-2 所示,A、B、C 分别为产品生命周期的转折点。而成熟期至衰退期的转折点则成为企业的战略转移点。对于企业的市场经营至关重要。

如果老产品在市场处于衰退期,新的换代产品又不能及时问世,从而使企业错过 C 点继续下滑,则其他企业会乘虚而入,抢夺市场,造成旅游企业新产品的机会损失。同样,老新产品替代较早,老产品市场销售没有滑至 C 点,新产品已问世,则会对老产品产生排挤,未能充分发挥其经济效益。产品生命周期的战略转移应如图 7-6 所示。

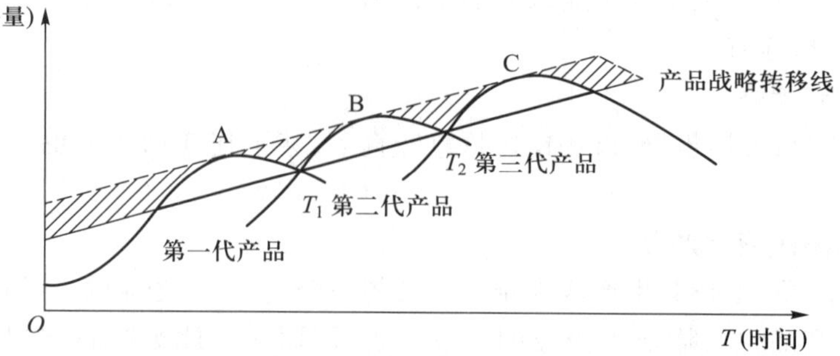

图 7-6　旅游产品生命周期战略转移

图 7-6 中阴影部分则为旅游产品市场占有的空白，既是企业的机会市场，也是竞争企业的市场突破处，为了牢牢巩固企业的市场占有率，企业须不断推陈出新，图中的 T_1、T_2 则为企业战略转移点。战略转移点实为企业的盈亏临界点。由于不同企业的经营宗旨不一样，因而战略点可高可低，并非一致。但不论战略点如何，企业至少要具备一定的战略眼光——新产品进入成长期后，就要研制开发第二代新产品或第三代新产品，对于旅游企业而言，应同时拥有二到三代新产品，方可使企业在市场竞争中处于主动地位。

第三节　旅游新产品开发

我国旅游业的发展，旅游产品的开发经过一条艰苦而曲折的途径，从无到有，不断地探讨，不断地摸索，终于使我国旅游产品在国际旅游市场上占有一席之地，享有良好声誉。只有对我国旅游产品的现状充分了解，才能生产出新的适宜的旅游产品以填补我国旅游产品的空白。

我国目前的旅游产品结构以观光旅游为主，这是我国观光资源的优势，给我国旅游业提供的一个先天性的良好条件。经过几十年的发展，我国已形成了以城市观光为主的拳头产品。这种产品有其客观合理的一面，但也由此使我国旅游产品长期维持一种观光旅游的单一结构，很难适应国际旅游市场个性化和多样化的旅游需求。近年来虽然开发了一系列专项旅游产品，但并非严格意义上的非观光特种兴趣的旅游产品。长江三峡游，江南水乡游，少数民族风情游等专项产品仍属于一种观光产品。

我国旅游产品结构另一个特征就是团体旅游比重高，散客旅游比重低，产品结构向团体型倾斜，这也是我国旅游产品初级性的表现。一个国家旅游业越成熟，它接待的散客旅游比重就越高。

一、现代旅游产品的发展趋势

随着人们生活水平的提高，旅游逐渐成为人们的生活必需品。现代旅游产品层出不穷，旅游需求也多种多样，面对未来人们的消费习惯，旅游产品的发展趋势呈现以下几个特点：

1. 产品多样化，形成一定的产品体系

现代旅游业的发展不仅生产出丰富的旅游产品，而且激发人们的旅游需求。传统的观光度假产品具有不衰的魅力,而新的专项旅游产品不断涌现。度假旅游、商务旅游等非观光产品的增长,体现出旅游产品多样化的趋势。

与此同时,对旅游需求的市场细分,产生不同系列的、品种丰富的旅游产品。针对不同旅游目的、不同客源地、不同年龄、不同性别、不同职业等设计的各种旅游产品,构成了一个庞大而完善的旅游产品体系。

2. 主导产品明确,整体形象鲜明

世界旅游市场的竞争日渐集中到旅游产品的竞争。这促使各国、各地区根据自身旅游资源特点选择本国主导旅游产品或拳头产品,突出特色,扬长避短,在国际旅游市场上树立鲜明的整体形象。西班牙以“Sun,Sands,Sea”为特色,以海滨度假作为主导产品;中国香港、新加坡则以城市观光、购物、商务见长;埃及金字塔、希腊雅典山,中国万里长城、兵马俑,印度泰姬陵,皆为世人熟知,成为各国的拳头产品。同时又有多样化的产品体系,以点带面,相得益彰。

3. 旅游新产品不断涌现,产品生命周期缩短

旅游消费求新求异,传统旅游目的地不断翻新产品来吸引回头客,新的旅游目的地也以崭新面貌出现。新产品不断出现的一个直接原因就是现代旅游产品的开发周期缩短。在旅游发达国家,基础设施日益完善,不需在这方面进行大量建设和投资,产品设计、资本的流向更为灵活,因而更注重于软件开发——旅游项目的编排和路线的组合,注意投资效果。而新的旅游开发区,则可直接吸引先进的旅游产品,学习产品开发创意和模式,使旅游产品的设计、生产事半功倍。这种国际市场的竞争不断缩短旅游产品的生命周期。

4. 旅游产品大型化和集中化,注重于产品深层次内容的挖掘,以求产品的灵活组合

旅游产品大型化和集中化体现在近年来各国纷纷提出主题旅游年。旅游年的推出更有利于旅游生产者的对外宣传。其实质是举办系列吸引旅游者大型旅游活动,丰富新的民族文化节庆,为旅游者提供清新的感受。

除了在产品设计上注重创新和开发外,旅游产品的开发更注重于产品内部深层次内容的挖掘,更倾向于民俗、文化、科学知识上的开发。与此同时,旅游需求的个性化,促使旅游企业推出更多适应散客消费的旅游产品,如组合式旅游既自由、又方便,尤其在交通、住宿等旅行条件不够完善的发展中国家,组合旅游是一种有发展潜力的新的旅游产品。

5. 注重产品的参与性,增加旅游者的消遣内容

参与性与消遣性明显增强是现代旅游产品生产的一个明显的发展趋势。参与性越强的产品,给予旅游者的体验越生动、深刻。旅游产品日益大众化,使各阶层的旅游消费者都期望从旅游中获得轻松、愉快的消遣。不仅传统旅游产品参与性的内容在不断增加,而且新的各种专项旅游更刻意突出参与性。以参与性的活动为基本内容,融合当地民情、民俗的消遣娱乐型旅游产品具有较高的成功率。

此外,旅游产品的市场竞争除以价格为手段外,越来越注重质量上的竞争,保证质量,建立国际信誉,成为众多旅游企业和旅游产品生产者的信条。许多国家建立了质量评价反馈制度和旅游者投诉制度,由政府直接介入旅游产品质量控制工作。

二、旅游新产品的开发

在旅游企业经营中,市场瞬息万变,竞争日趋激烈,市场需求越分越细,旅游市场的容量日

趋狭窄，旅游产品更迭周期越来越短，新的旅游产品好似昙花一现，由此迫使旅游企业重视新产品的开发。不断开发新产品是旅游企业生存和发展的关键，是企业取得竞争胜利的一个重要条件。

（一）旅游新产品及种类

旅游新产品是指旅游生产者初次设计生产的，或者原来生产过，但又做了重大改进，在内容、结构、服务方式、设备性能上更为科学、合理，更能体现旅游经营意图，与原有旅游产品存在显著差异的产品。旅游新产品的出现能明显影响人们的消费习惯，形成一种新的消费潮流。

旅游新产品按其自身所具有的新质程度可分为以下三类：

1. 改进型新产品

改进型新产品是指在旅游活动及其辅助项目诸如吃、住、行、购、娱等方面所进行的改进，以提高服务质量，增加旅游活动内容，变化旅游路线，由此设计、生产出来的旅游产品。如三峡旅游，初期只有两艘豪华游轮，为适应市场需求，在游船的规模、等级、游线的安排上进行改进、提高，现在的三峡游又加进巫溪的小三峡，以此延长游客的逗留时间，提高吃、住、行、游、购、娱的规格档次。

2. 换代型新产品

换代型新产品是指在原有产品的基础上，充分利用其基础设施，局部采用新科技成果，扩点成线，扩线成面，设计生产出满足新的旅游需求的产品。如我国在最初观光型旅游产品的基础上，将旅游城市西安、兰州、张掖、敦煌、哈密、乌鲁木齐、喀什等连接起来推出大型专线旅游产品——丝绸之路游，这是一种经过组合的主题观光型产品。相对于观光旅游，是一种换代产品。而在主题观光产品之后，我国又陆续推出的主题旅游年，也是一种换代型产品。

3. 创新型新产品

创新型新产品是指运用全新的科技原理，设计、生产出来的具有新原理、新技术、新内容等特征的旅游产品。类似于电话的发明，飞机的问世一样。诸如锦绣中华，民俗文化村的出现，在旅游产品的生产上带来一种新的革命。绿色旅游、森林旅游更是解脱了人们日常生活的压抑，使人们能完全、彻底地回归大自然。

一般而言，创新型新产品的设计、生产难度较大，把科学技术的最新成果转为生产力，直接体现到旅游产品的生产上。这中间不仅受到企业的技术水平、资金等诸多方面的限制，而且研制开发的时间较长。换代型新产品是局部质的变化，创新型新产品则是在长期量变的基础上产生的质的飞跃。

4. 仿制型新产品

仿制型新产品是指企业仿制市场上已有的新产品，有时在仿制过程中又可能有局部的改进和创新，但基本原理和结构是仿制的。这种旅游新产品在旅游市场上极为普遍，仿照“锦绣中华”“民俗文化村”而生产的，北京“世界公园”等一批人造景观即属此列。

（二）旅游新产品的开发策略

在旅游新产品开发中，有四种主要因素影响到开发策略的选择，它们是：产品与市场、开发目标、开发途径和控制协调。这四种主要因素又包括许多具体内容和类别，如果排列组合起来，将有数百种开发策略，企业在选择策略时应审时度势，根据具体情况，选择切合实际的策略。

1. 长短结合策略

这种策略也称储备策略,既考虑到企业的短期利益,更考虑企业的长期利益,着眼于企业长期、稳定、持续地发展。采取这一策略,旅游企业应有四档产品:一是企业生产和销售的旅游产品;二是正在研制或研制成功,等待适当时机投放市场的产品;三是正在研究设计的产品;四是处于产品构思、创意阶段,开始市场开发,调研的旅游产品。

2. 主导产品策略

任何企业都应有自身的主导旅游产品。主导产品是资源条件与客源市场双向驱动的产物,在一定时期内相对稳定。根据我国资源特征和市场竞争情况,我国主导产品应选择垄断性、高品位观光产品,如长城、兵马俑等,和明确已成熟又有特色的少量非观光产品,如保健营养学、文化、探险、烹饪等。通过主导产品树立东方旅游大国的独特形象。

3. 其他策略

例如,高低结合策略:高档产品与低档产品相结合,以满足不同消费层次的需求,提高企业经营的覆盖面;以旅游企业经营目标为导向的策略:这类策略包括进入市场策略,扩大市场策略和保留市场策略;不同革新程度的策略包括全部创新策略、拿来策略、模仿改进策略;掌握开发时机策略包括抢先开发策略、紧跟开发策略、后发制人策略。

(三) 旅游新产品创意评价

新产品创意是指通过旅游企业内部与外部各种因素所产生的旅游新产品的构思和发明,是企业开发新产品的起点。就旅游企业而言,新产品的创意越多越好,但并非所有的创意都能付诸实践。因此,旅游企业须对新产品的开发创意进行筛选,从征集到的许多方案中选择具有开发条件的新产品的构思创意。选择创意除了坚持新产品开发的正确方向外,还须兼顾企业长远发展和当前市场的需求,有必要的技术储备。具体的创意评分因素有旅游市场需求、旅游产品销售状况、产品开发技术难度、旅游企业形象(个性与信誉)、劳动力资源、投资规模、原有生产能力利用、资源状况、今后五年发展机会、安全与环境保护、旅游替代品代用程度、发展变形产品可能性、竞争形势等。因而,创意的评价和筛选是旅游新产品开发过程的重要决策。

(四) 旅游新产品的商品化

旅游新产品的商品化过程是指通过旅游新产品的小批量生产和试营销到全面投产的过程。这一过程即是该新产品开发研制的结束,又是下一代新产品开发的开始,在旅游新产品商品化过程中,有两点要加以慎重。

1. 确定适当的投放时间和投放地区

如果旅游新产品的投放不利于企业其他旅游产品的营销,则推迟上市;若新产品尚有可改进之处,也不必仓促上市。在销售市场的选择上,要充分考虑新产品特点。创新型新产品则可首先开发最大市场,再向中等规模市场发展,最后扩展到较小旅游市场。换代新型产品和改进型新产品一般不必全面投放,而应在主要旅游城市集中宣传,采取市场渗透的战略,由点而线,由线至面。

2. 及时反馈新产品的试销信息

旅游新产品试销信息的反馈不仅使旅游产品生产者能及时了解市场需求,以对该产品加以改进,更可为旅游企业决策者提供以下决策依据:① 可靠营销预测数据;② 不同地区进行不同促销组合的测试结果;③ 旅游消费者对新产品的满意率。

三、旅游产品的升级换代

在日益激烈的国际旅游市场竞争中，及时捕获得市场需求信息，依据自身条件，不失时宜地发展新一代的旅游产品，是对旅游业宏观、微观两方面提出的共同要求，也是对现代旅游企业市场应变能力的挑战。纵观世界旅游产品，经历了一般观光旅游——主题观光旅游——非观光旅游的阶段。旅游产品日益由单向参加型转为双向甚至多项参与型，这是世界旅游产品的发展方向。

我国旅游产品模式从主体上看，仍为第一代产品——一般观光旅游。这一代产品的主要特点是以自然文化资源为主，旅游方式以参观为主，旅游范围则以热点城市为主。由此，产生了一批国际知名度较高的旅游热点城市和地区，成为我国旅游产品生产基地和旅游创汇的重要基地。这些基地是通过大规模投资和充分发挥自身优势发展起来的。从产品生命周期看，已处于成熟期。这一代产品终归是“初级产品”，靠粗放经营来支撑收入的增长，在基础差的地区，只能靠“硬开发”——基建投资来支撑接待规模的扩张，这是一种对资源的破坏性利用和廉价出售。

第二代旅游产品仍以自然文化性资源为主，但改变了以往的旅游线路和规模。这种线路不同于第一代的机械连接和强行搭配，而是主题独特，集中的旅游路线，更具有文化性和历史性，经过细致的组合加工，具有较高的附加价值。如“丝绸之路”“三国旅游”的开发利用，旅游方式已由单向参观逐渐过渡到双方参与，软开发的特点逐步明显。这一代产品的开发意味着旅游产品结构向高级阶段发展，而旅游企业由粗放经营向集约经营过渡。这类产品正处于投放期向成长期的过渡。

此外，根据产品的生命周期理论，还需设计和研制第三代旅游产品，这一代旅游产品应加强对旅游资源的全面利用，旅游者以参与式旅游为主，在前两代旅游产品发展的基础上，集中考虑区域旅游的发展，强调人文资源与自然资源结合的一致性，特种旅游与专项旅游并重，属于非观光型旅游产品，诸如度假、商务、保健、烹饪、体育、探险、文化、修学等，在旅游产品结构中，观光与非观光相结合的组合性旅游产品也将占一定比重。

第四节 旅游文化营销

旅游资源的文化内涵已经被看作在旅游开发中决定旅游产品的品位、级别及其生命力的首要因素。从当今世界旅游业的发展趋势来看，追求旅游的文化底蕴也业已形成主潮，与此相适应，新的旅游营销方式旅游文化营销也就应时而生。

一、旅游产品的文化内涵

旅游产品是满足旅游者需求的提供物，从营销角度进行划分，我们可以将旅游产品划分为核心产品、实际产品和外延产品。旅游者所购买的核心产品实际上就是一种文化的体验过程，一种独特环境氛围的感受过程。文化作为旅游产品的核心部分，对于实现消费者的满意度起到非常重要的作用，旅游产品中精神性享受成分越高，越能提高消费者的体验质量，越能提升消费者对旅游产品质量的感知度。旅游产品的文化内涵是非常丰富的，基本上有以下几个方面：

（一） 生活方式

生活方式是一个内容相当广泛的概念，它包括人们的衣、食、住、行、劳动工作、休息娱乐、社会交往、待人接物等物质生活和精神生活的价值观、道德观、审美观，以及与这些方式可以理解为就是在一定的历史时期与社会条件下，各个民族、阶级和社会群体的生活模式。消费是人的重要生活，是构成生活特征和模式的重要方面，当外在因素和内在个人因素发生变化时，其结果必然引起生活方式的变化与消费结构和消费风格的变化，必然产生新的消费需求。

（二） 个性需求

消费是人的重要行为，是展现生活个性的重要方面。社会愈进步，人的文化素质愈高，消费就越能超越物质的束缚，就愈能为新旅游产品的文化开发提供广阔天地。企业可以根据消费者的社会环境、经济条件、文化素养、兴趣爱好等因素分析出消费者的旅游个性特征，生产出能够充分展现消费者个性的旅游产品。

（三） 名人名物

由于人们对名人的模仿心理，使得名人对生活方式具有示范性和倡导性。利用名人进行消费示范或者借名人之名来命名，是迅速打开销路的捷径。

（四） 民族风俗

由于各个民族的形成和演变是处于不同的区域环境状态下，其积淀的民族历史文化是最具特色，最能代表着一个国家、一个地区的社会文明进程。任何一个国家和民族都把自己的民族文化视为宝贵财富，并以此增强对旅游者的吸引力。英国每年的各种艺术节有500场左右，《歌剧魅影》《悲惨世界》和莎士比亚戏剧等传统节目，常年吸引着国内外旅游者。

（五） 宗教信仰

宗教性物质消费是敬拜神灵的一种表现。由于信奉者对神灵的敬畏，宗教消费往往是不能随便、不能节俭的。把握宗教消费这一特征，即使以较高的成本开发宗教旅游产品也仍有较好的市场销量。

（六） 文化怀旧

人类不断创造着文化，不断积累着文化，同时人们也爱文化溯源，对以往的文化有一种怀念留恋之情，这种“怀旧情结”在一定的社会条件下还可能十分强烈。准确把握一定社会条件下的怀旧心态，也能开发出适销新旅游产品。

二、旅游文化营销的内涵

文化营销的概念作为一种新的营销观念在20世纪90年代被介绍到我国。文化营销是有意识地通过发现、甄别、培养或创造某种核心价值观念来达成企业经营目标(经济的、社会的、文化的)的一种营销方式。从文化营销的角度看，现代旅游市场营销应是物化营销和文化营销的一种结合，两者密不可分。其模型可构造如图7-7所示。

旅游文化营销是指旅游业经营者运用旅游资源通过文化理念的设计创造来提升旅游产况，及服务的附加值，在满足和创造旅游消费者对真善美的文化需求中，实现市场交换的一种营销方式。从市场需求角度讲，这里的文化是指文化的深层结构意识部分，即由价值观念、审美情趣、行为取向等所构成的旅游者的文化心态；从产品角度讲，这里的文化指的是产品的文

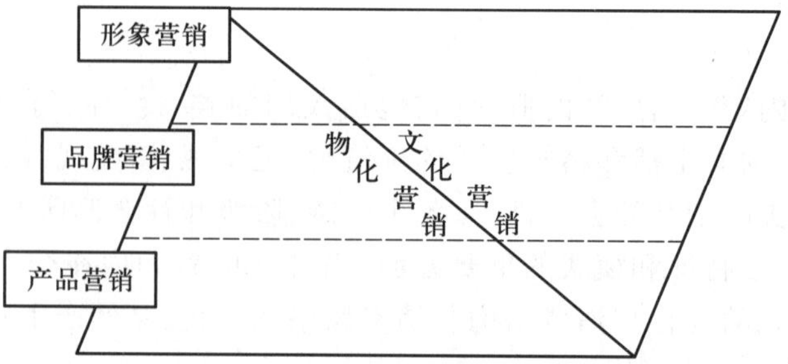

图 7-7 旅游市场营销中的物化营销和文化营销

化内涵与文化特征,是旅游产品的核心属性。

旅游文化营销的核心理念在于:促进和谐的、完美的、独特的文化体验,以实现旅游产品价值的最大化生成以及旅游者需求最高层次的满足。其根本目标在于实现旅游产品的文化价值和旅游者的文化满足,而文化体验正是实现这二者最大化的唯一途径。文化价值、文化满足与文化体验对应构成的内三角是旅游文化营销的内部框架。图 7-8 给出旅游文化营销的基本框架图。

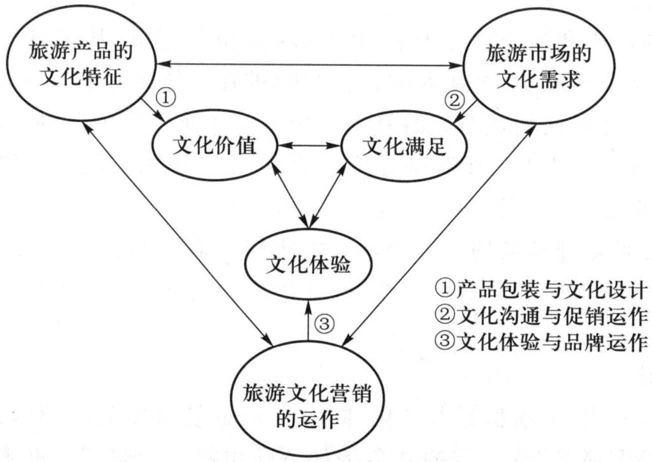

图 7-8 旅游文化营销框架

三、旅游文化营销的类型

(一) 知识文化营销

随着社会经济水平和文明程度的不断前进,旅游者的需求层次阶梯逐级提升,即使是低层次的需求也出现了与高层次需求融合的趋势。学习是一种本能也是一种生存方式,将知识含量贯注于旅游产品的内涵中,使旅游者在消费旅游产品的过程中体会到自我成长、自我实现的需要,已成为未来旅游市场的一个独特的市场卖点。

(二) 时尚文化营销

时尚文化营销紧扣一定社会时期内的热门题材,社会心态以及美学趣味来适应或创造出流行的消费观念和消费行为,以适应和创造流行的时尚文化来开展市场营销活动。时尚文化营销是感性的、情绪的、美学的也是符号的，因而也是瞬息的、短暂的、易变的。求新求奇求变永远是时尚文化的主题，它要求企业随时追踪时代的脉搏趋势不断创造新的时尚新的流行来保持产品服务的永续魅力。在这方面，迪士尼用流行时尚推动可算是经典之作。迪士尼乐园赋予游乐园以一种全新的意蕴，使之成为一种象征，代表着时髦、有趣、刺激和欢乐等情感。

（三） 情感文化营销

情感营销就是把爱、怀旧、骄傲、恐惧、仇恨等这些人类感情融入到市场营销活动中，以情感人，用情沟通，来打动人、感染人，从而引发消费行为。正如可口可乐公司的J.W.乔戈斯所言："你不会发现一个成功的全球品牌，它不表达或不包括一种基本的人类情感。"深圳国旅开发"千名长者温馨结伴游港澳"这一旅游产品时，抓住那些因为平时工作繁忙无暇陪伴父母的深圳人的普遍心理，打出"父亲节，给爸妈一个惊喜"鲜明的广告语，以子女对老人的孝心为切入点，真正做到了以情动人。

（四） 审美文化营销

审美文化营销即运用戏剧、绘画、书法、故事、诗歌、传说、文学、艺术等为审美素材，赋予营销活动以美的意义，使营销成为一种审美创造活动，让消费者在美的熏陶艺术的氛围中欣赏体验，最终接受产品服务。审美创造可以贯穿在营销活动的整个过程。绍兴人把鲁迅作品中的人和物变成了一个个商标，有孔乙己茴香豆、乌篷船毡帽、咸亨豆腐等。至于举办摄影、征文、绘画等大赛就更是一种普遍的旅游文化营销方式。

（五） 娱乐文化营销

现代社会竞争的快节奏使人们时刻处于紧张的状态中。一旦获得了旅游的机会，人类自然想到娱乐和放松。体育明星和娱乐明星已经是现代社会的一种特定的文化现象，往往能够通过举办大的体育赛事和文化演义活动，成为旅游文化营销的重要载体。

上述几种旅游文化营销形式，在实际营销活动中不是截然无关的，而是相互渗透相互交融的，有时在同一个营销活动中也会同时运用多种文化手段。旅游文化营销的分类除了有助于我们更深刻更直观地和理解旅游文化营销的"文化"意义，还可以有助于我们打开"文化"思路，多角度多层次地策划开展旅游文化营销活动。

四、旅游文化营销的作用

（一） 增加产品价值

现代旅游产品不仅要满足消费者物质的生理的需求，更要给予他们心理上、精神上的满足。旅游文化营销作为一种追求真善美的价值活动，正好满足适应了这种旅游产品概念和消费趋势，使得旅游产品超越其物质意义而成为某种精神的象征，从精神方面充实和丰富了旅游产品的价值。

（二） 提升产品的社会形象

旅游文化营销的提升功能就是用文化来提高和升华旅游目的地和旅游企业的社会形象，使消费者感受到其良好的形象之后，对其旅游产品服务产生信赖和依恋。世界上著名的旅游品牌几乎都是经"文化"而得以提升社会形象，长久地赢得消费者之心。

（三） 消除文化差异

跨文化营销活动中，因文化、种族、宗教、语言、风俗等因素的不同差异，常常遇到沟通的“梗阻”,造成经营的失败,而旅游文化营销的调适功能则有助于消除或减少这类文化障碍。它主要表现为企业针对目标市场的文化环境的特点来制定自己的营销思维,手段和策略,用自觉的文化理念来协调和沟通与目标市场之间的文化屏障,被目标市场的文化观念所认同接受。

(四) 增加市场竞争力

随着现代技术的日新月异,市场信息的迅速流动,旅游产品的均质化同质化现象越来越突出。旅游产品的市场竞争最重要的一个前提是旅游产品的差别性。当物质要素的差别愈益趋小时,一种非物质的因素就被引入了市场竞争。而文化恰恰适应了这种需求,能够为这种差别化战略提供更为广阔的思维的空间。文化的各种内容如知识、情感、习俗、道德甚至感觉、体验都能为旅游产品服务创造出惊人的差异,以凸显个性,再现魅力。

(五) 体现育人功能

文化的本质是以文化人,从价值观上对人进行教育、培育和塑造,旅游文化营销也延续着文化的育人功能,表现为通过文化理念的构建、对真善美的价值追求,对消费者进行思想、观念、情感和道德等的引导教育。当然,这种育人作用并不直接作用于消费者,而是通过产品文化,广告宣传、公关活动等来传递文化信息,间接地潜移默化的影响人。

(六) 塑造品牌

名牌是每个企业所希望的,也是旅游文化营销所要追求的最高境界。名牌之所以能给消费者强大的感召力吸引力,主要就是名牌所体现出的文化价值和文化精神。旅游文化营销其实就是从文化的价值上和情感上与消费者进行深层次上的沟通认同,从心灵上打动消费者吸引消费者,增强消费者对其旅游产品服务的忠诚度。

五、旅游文化营销的基本模式

在旅游文化营销中,由产品(P)、需求(M)和文化(C)构成了一个倒三角的关系,形成旅游文化营销的外在架构。整个文化营销的运作形式都是围绕着这三个要素进行,因流向和出发点不同而形成四种不同的模式:P—C—M 模式(以产品为出发点、市场为核心的“文化推销”模式);M—C—P 模式(以市场为出发点、产品为核心的“产品提升”模式);C—P—M 模式(以文化为出发点、产品为核心的“产品创新”模式);C—M—P 模式(以文化为出发点、市场为核心的“创造需求”模式)。

(一) P—C—M 模式

P—C—M 模式强调了文化作为中介来对旅游产品进行推销,在旅游产品向旅游市场推介时,该模式不强调旅游产品本身的文化属性改变,更加注重推销过程中运用文化手段。究其原因,是营销主体对旅游产品的控制力较小,不足以影响旅游产品的文化属性,或者说,影响旅游产品文化属性的成本非常之高。营销主体的侧重点转移到了推销环节,如图 7-9 所示。

图 7-9 P—C—M 模式示意图

旅游文化推销的实质，就是把深厚的人文底蕴和人文关怀融入旅游推销活动中，把公众普遍接受的人文价值取向贯穿于旅游营销的全过程。它能使旅游者与营销主体之间达成一种亲密的文化接触，其形式可能是多种多样的，文艺演出、展览会、节庆活动、名人秀、影视拍摄、新闻造势、体育比赛等都可能成为旅游文化推销的大舞台。由于旅游文化推销能突出文化品位和情感诉求，使旅游产品与游客产生心理共鸣和价值认同。真正的旅游文化推销应该是运用文化理念、文明与传统、道德与法则、文化产品与品牌等来开拓市场。

现以香港旅游为例说明 P—C—M 模式的运作：

1. 定位准确的主题推广

香港旅游有准确的定位，那就是在全球建立香港是“动感之都，亚洲盛事之都”的地位。在此定位下，以“动感之都，就是香港”和“香港——乐在此，爱在此”的主题进行了长期推广。为了突出活动主题和传播的一致化，组织者专门设计了醒目的 LOGO。

2. 电视广告推广

由特区政府联合业内专家及世界巨星成龙重金打造新版全球旅游推广广告片“香港——乐在此，爱在此”，并在全世界 30 多个大城市同步播出。

3. 名人代言，公关推广

由成龙、郭富城、莫文蔚、李嘉欣、黎明等担任香港旅游形象大使，利用明星效应，分区域进行推广活动宣传。邀请知名人士，香港旅游开发局制作了 5 段新闻影带，分发到 69 个国家的 368 家电视台，并邀请了皇马球队队员、姚明等篮球巨星、奥运滑冰好手关颖珊等多位知名人士，及 586 位国际传媒嘉宾访港宣传，接受传媒专访并出席演讲活动。

4. 娱乐营销推广

拍摄电视剧，以“动感”为主题，拍摄郭富城为主演的电视剧《动感豪情》，并由旅发局配合开展大型公关宣传活动，内地、台湾和东南亚地区有 3 亿户家庭收看了此剧。做电视节目，旅发局与国家地理频道的《亚洲自我挑战赛》节目合作，利用电视节目推广香港旅游。

5. 旅游代理商推广

香港旅发局组织了来自 17 个不同市场的 300 多家旅游代理商和 1 930 位旅游业务代表赴香港考察。香港的全球旅游推广活动之所以取得成功，文化营销的观念在其中起到了主导作用。好的主题、好的活动方案，还要有有效的推广方式。除电台、报刊、广播等常用媒介手段外，精心打造的旅游产品、凝练的主题、有效的宣传推广等共同促成香港此次全球旅游推广活动的品牌效应。

（二） M—C—P 模式

M—C—P 模式是指在营销主体能够控制旅游产品时，就从一开始就要注意旅游产品的文化内涵的培养与发掘的模式。当营销主体无法影响旅游市场时，应充分对旅游进行调研，寻找市场的“买点”，尤其是文化买点，为旅游产品赋予文化内涵，以此开展旅游文化营销，如图 7-10所示。

现以浙江宋城为例说明 M—C—P 模式的运作：

1. 建筑为形、文化为魂

宋城景区是依据宋代著名画家张择端的《清明上河图》建成的。在这里，用成千上万块青砖砌成的城墙，泛着青光的市井里弄的石板路、“巨木虚架桥无柱”的虹桥，承载情感的月老

图 7-10 M—C—P 模式示意图

祠、仿宋的小吃一条街，都严格按图施工，把千年前宋代街市逼真地再现在游客面前。从每天清晨，“大宋皇帝”在“文武百官”簇拥下欢迎第一批游客的入城式，到晚上的大型歌舞《宋代千古情》；从街中的打铁、刺绣、弹棉花、耍猴，皮影等市井百态，到开封盘鼓、杨志卖刀、水浒好汉劫法场，构成了活生生的宋代风俗场景，使《清明上河图》穿越时空，栩栩如生地展现在游客面前。正如宋城景区的序中所说的“宋城是对中国古代文化的一种追忆和表述。”

宋城提出的“建筑为形、文化为魂”体现了文化产品注重内在文化价值的原则。人们购买文化产品，主要是消费其蕴含的观念形态的文化价值，这是与物质产品的根本区别。“建筑为形，文化为魂”既强调了文化产品的物化形态，更重视产品的内在价值，体现了神形兼备，是物化形态与观念形态的有机统一。

2. 追求个性、讲求品质

宋城的目标是铸造中国旅游休闲业第一品牌，为此，宋城集团在开发建设主题公园时，十分重视景区的品质。宋城根据每个景区人文资源的不同，为每个景区确定一个明确的主题，使之具有独特的个性。如宋城的“怀古寻根”、杭州乐园的“度假休闲”、山里人家的“耕读渔樵”、龙泉山高园的“生态休闲”、中国渔村的“渔村文化”。这些景区蕴含的文化个性，成为景区文化品格的保证。宋城集团建造杭州乐园时使用了 8 个月，但论证规划用了三年，开园后一年内，又投入 2 000 万元进行整改。宋城景区开业以来经济效益良好，但集团要求每年用于整改的支出不得低于营业收入的 10%。

3. 营销中体现鲜明的文化主题

以鲜明的文化个性作为产品宣传口号，满足消费者需求的价值取向。“给我一天，还你千年”，这个宣传口号既表达了宋城景区以千年文化为主线，怀古寻根的主题，又显示出企业对消费者的承诺和对自己产品的信心。这个宣传口号通过中央电视台等传媒及户外广告的整体宣传，已广为人知。把在景区举办各种大型节庆活动和文体竞赛作为营销的重要手段。通过举办活动更新了景区文化活动，丰富了文化内涵，活动本身也成为吸引游客的一大亮点。

文化资源开发的目的是实现文化资源商品化，也就是使潜在的文化资源成为可供大众消费的文化产品。而要达到这一目的，关键在于用产业化的思路对文化资源进行有效的商品开发。宋城的成功，就在于在这一关键问题上做到了现代经营观念与传统人文资源的完美结合。

（三） C—P—M 模式

C—P—M 模式是指当营销主体能够把握市场文化发展趋势，同时能够较强的控制旅游产品时，就可以旅游市场文化发展为导向，对旅游产品进行深度开发，不仅赋予它个性的文化属性，更重要的是以其为出发点，以既有的文化题材为出发点，衍生新的产品形式，如图 7-11

所示。

图 7-11　C—P—M 模式示意图

旅游产品创新是旅游业获得发展的动力源，这需要摆脱僵化的既定看法和思维模式，树立新概念和新构想，使之更能适应和领先于内外环境变化、更有效地利用旅游资源。一个旅游景区经营效益好坏，关键在于能否创意新品牌、深挖文化和形成特色。在开发理念上，应强化旅游景区的亮化、美化、洁化工程，使旅游景区开发有亮点、重点，并坚持自然和人文产品相融合，找准市场卖点、切入点。

现以温泉文化为例说明 C—P—M 模式的运作：

1. 寻找文化的个性化卖点

日本号称温泉王国，在草津温泉，人们将古时用长木板搅拌使池水降温的工作变成了一项温泉文化表演——“汤揉”，表演时工作人员身着传统服装，唱着传统的汤揉歌，游客兴之所至也可以加入，是为当地最受游人欢迎的一种温泉文化体验。

2. 赋予旅游产品创新理念

文化创新首先需要旅游理念的创新赋予温泉旅游更丰富的内涵。中国温泉旅游的发展过程，也是温泉概念不断发展、丰富的过程。而今，面对温泉旅游发展遇到的产品同质化、主题单一、缺少创新等新问题，作为中国温泉旅游的领头雁——御温泉，将文化体验概念引入温泉旅游中，成为行业新亮点。

3. 文化+旅游产品=旅游产品的文化创新

温泉旅游企业要解放思维，视温泉为载体，把各种时尚休闲概念融入温泉旅游中。通过温泉文化创新，赋予温泉旅游产品、服务更多的内涵和价值，从而提升温泉旅游吸引力。温泉并不是只有健康养生的概念，而应结合自身的实际情况，不断推陈出新，自我完善，走个性化的发展之路，带给消费者更多的选择；温泉旅游不单是温泉沐浴，还通过营造一种休闲、健康的独特体验，使旅游者身心融入温泉中，感悟独特的温泉文化，为旅游者带来一种全方位的享受。

温泉文化创新就是“把简单的事情复杂化”，把一件看似简单的东西赋予文化的内涵，艺术的品位。例如现在许多温泉都将熬制的中药汁加入温泉水中，形成中药加料温泉，这种温泉泡法是中国首创，具有浓厚的中华文化特色，很受消费者欢迎。

（四） C—M—P 模式

C—M—P 模式是指营销主体与旅游市场紧密相连，时刻捕捉旅游市场的文化观念变化，把握主流文化运行方向，以旅游者心理动机和文化需要为出点，进行通过一系列的活动来引领文化的发展，如图 7-12 所示。

旅游产品要想获得持久的竞争优势，就需要引导消费、创造需求、超越竞争，在市场上需确定一种特殊的地位，使得对手们无法与自己竞争，进行产品深度开发，组合具有突破性的产品，以赢得竞争优势。

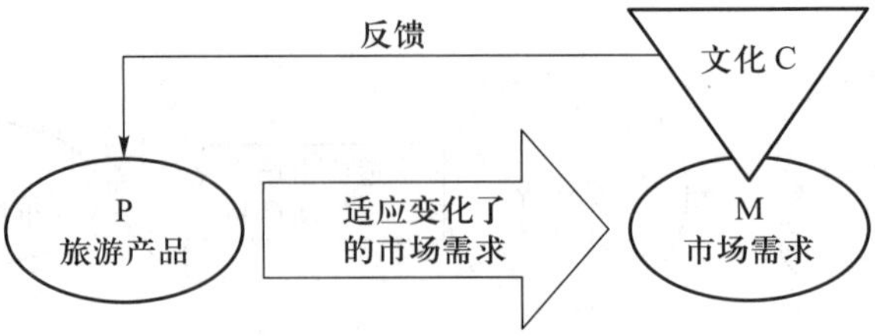

图 7-12 C—M—P 模式示意图

现以美国迪士尼为例说明 C—M—P 模式的运作：

1. 理念先行，创造欢乐

迪士尼发明的“米老鼠”及迪士尼的系列文化产品的成功之处，不仅在于其新颖的创意和高科技所提供的娱乐硬件，更为重要和核心的部分是迪士尼所拥有的忠诚客户的理念，具体包括：营造欢乐的氛围，把握游客的需求，给儿童以欢乐。沃尔特·迪士尼先生把理念提升为：由游客和员工共同营造“迪士尼乐园”的欢乐氛围。游客们能够同艺术家同台舞蹈，参与电影配音、制作小型电视片，通过计算机影像合成为动画片中的主角、亲自参与升空、跳楼、攀登绝壁等各种绝技的拍摄制作等。

2. 从文化产品到文化产业

1955 年 7 月 17 日，位于洛杉矶的首座迪士尼乐园正式建成。它标志着迪士尼公司的经营范围从纯粹的文化产品和文化产业，扩张到相关的“亚文化产业”——主题公园文化旅游业。60 年代，它又在乐园附近建造了占地 360 英亩的迪士尼宾馆，80 年代，迪士尼又在美国的奥兰多建造了一个更大规模的迪士尼主题公园，同时延伸到国外，在日本东京和法国巴黎建造了迪士尼乐园。迪士尼在进行产品延伸、全球化扩张的时候，特别注意与外部的相关企业、组织乃至国家合作，针对儿童的兴趣，为全世界的少年儿童提供一种全新的娱乐服务，从而成为一个全球化的跨国娱乐企业集团。

3. 从大众文化产品到国家法律保护下的美国象征

迪士尼公司在持续的产品延伸、组合的过程中，不断关注客户需求，创造了针对世界各国儿童的促销手段，使其产品成为一种现代社会不分国界、种族、语言而被普遍消费的大众流行文化产品。它在 70 多年的时间里被逐步描绘塑造成美国流行文化、娱乐产业和经济帝国主义的象征。

第五节 旅游产品品牌策略

随着我国的对外开放，人们消费水平的提高，旅游产品已由最初的卖方市场转向买方市场，加之旅游消费的个性化和多样化，使旅游产品的市场竞争越来越激烈。品牌是属于形式产品层次的内容，品牌在市场营销中的作用越来越重要。

一、品牌概述

（一）商标的定义和分类

国际保护工业产权协会（AIPPI）对商标做出如下定义：“商标是用以区别个人或集体所提

供的商品及服务的标记。”世界知识产权组织在其商标《示范法》中曾做如下定义:“商标是将一企业的产品或服务与另一企业的产品或服务区别开的标记。”商标是指由某个经营者或服务者提出申请,并经一国政府机关核准注册的,用在商品或服务上的标识。

商标根据不同的划分标准,可以分为不同的种类,通常运用的商标有如下几类:

1. 根据商标的使用分类,可分为营业商标、产品商标和等级商级

营业商标,是用旅游企业名称,营业标记等作为商标,使用在各种旅游产品上,作为识别本企业产品的标志。如国旅、中旅、青旅等不同旅行社的社徽。

产品商标,是为区分旅游产品形式等级、内容及质量等方面的差异使用的商标。诸如各家涉外饭店推出产品时,所使用的某种商标,附有涉外酒店的星级评定,以示产品规格的高低。

等级商标,指同一旅游企业为便于旅游消费者区别同一品种、产品质量、规格的标记,诸如在中国旅游年中,我国以“色”“奇”“美”“胜”推出35个中国旅游王牌景点及16条中国旅游专线。

2. 根据商标的所有者分类,可分为制造业者商标和流通业商标

制造业者商标,指旅游产品生产者所拥有的商标。我国旅游企业的商标大部分属于此类。如国旅推出的“丝绸之路”商标、“三峡游”等,又如涉外宾馆推出的各种“饮食节”“文化周”等。

流通业者商标,指旅游批发商或零售商所拥有的商标。我国由于旅行社的分类不同,这种商标为数不多,而国外诸如“托马斯旅行社”“日本交通公社”推出的“中国游”等则属此类。

此外,旅游产品商标的分类还可根据商标的使用区域不同,分为全国商标和地方商标;按企业的使用范围可分为统一商标和个别商标,按专用权分为注册商标和未注册商标等。

（二） 品牌的涵义及效应

美国市场营销学会对品牌的定义是:品牌是一种名称、术语、标志、符号或设计,或是它们的组合运用,其目的是借以辨认某个销售者,或某类销售者的产品及服务,并使之与竞争对手的产品和服务区别开来。我们把这些创造品牌的名称、术语、标志、符号或设计,或它们的组合称为品牌元素。品牌的两个基本的组成部分是品牌名称和品牌标志。品牌名称是品牌中可以有语言称谓的部分。品牌标志是品牌中不能用语言称谓,只能通过人们的视觉或触觉加以辨识,使用图形加以表示的部分。品牌作为特定企业及其产品的形象标识,代表着企业对交付给购买者的产品特征、利益和服务的一惯性承诺。品牌或品牌的一部分在政府有关部门注册后称为商标,商标受法律的保护,注册者享有专用权,其他任何企业都不得仿效使用。应当说,品牌是商标概念的扩展和延伸。从本质上说,从一个品牌上能辨别出销售者或制造者。根据商标法,销售者对品牌名获得长期的专用权。这与诸如专利权和著作权等权益不同,后者是有时间限制的。

品牌作为特定企业及其产品的形象标识,具有六个层次的含义:① 属性。一种产品的品牌首先代表着该产品特有的一系列属性,如性能卓越、高档贵重、转卖价值高等。② 利益。一种产品的品牌还意味着购买者可以从中获得的一系列独特利益。由于购买者真正要购买的不是产品的属性而是从中获得利益,因此只有当品牌意味的产品属性可以转化为购买者需要的功能性、经济性、情感性利益时才会为顾客接受。③ 价值。一种产品的品牌也表示着一些生

产经营者的价值,如高效率、守信用、可信赖、有声誉等。④ 文化。一种产品的品牌还可能代表着一种特定的文化,如东方文明、乡村气息等。⑤ 个性。一种产品的品牌也反映着产品的一定个性,展示着产品的一些独特格调。⑥ 用户。一种产品的品牌往往还暗示着购买或使用该品牌产品的消费者类型。

在以上六个方面中,品牌的价值、文化和个性是品牌的深层内涵和品牌中最持久的部分,是一个特定的品牌最不易于被他人模仿的东西。顾客可以从以上六个方面识别的品牌为深度品牌,否则为肤浅品牌,只有深度品牌才能充分发挥品牌的作用。企业进行品牌决策时,必须注意品牌的一整套含义,必须注意对品牌深层次含义的策划。

品牌是商品经济发展到一定阶段的产物,最初的品牌使用是为了使产品便于识别。品牌迅速发展起来,是在近代和现代商品经济的高度发达的条件下产生,其得以迅速发展即在于品牌使用给商品的生产者带来了巨大的经济效益和社会效益。在信任、注意力、时间缺乏的社会,品牌充当了消费者与生产者的沟通桥梁。品牌减少了消费者搜寻、鉴定、比较、监督与获得商品和服务的成本,品牌为生产商培育了忠实的顾客、开拓了市场。品牌产生的效应使生产商的注意力集中在产品品牌的建设上。一般商品品牌的具体效应体现在以下几个方面:

(1) 聚合效应

品牌产品在市场上占有一定的占有率,知名度和美誉度都很高,能够促进企业不断地壮大,进入多个市场。凭着强大的品牌优势,企业可以兼并收购已有品牌,形成品牌垄断。

(2) 扩散效应

这种效应就如"爱屋及乌"的结果,企业品牌在消费者心目中有着极好的印象和声誉,进而消费者对企业产生好感和信任,当企业对原有品牌打出新产品之后,由于消费者对原有品牌及企业整体的好感,进而接受企业的新产品。

(3) 磁场效应

品牌拥有很高的知名度与美誉度后,在消费者心中树立起极高的威望,表现出对品牌的极度忠诚。消费者认为:本品牌的产品可靠,质量好,买此种产品,是一种享受,这种产品品牌就如同磁石一样强烈地吸引着消费者。消费者重复地购买这种品牌的产品,促进产品的销量,提高这种品牌的市场占有率,品牌形象进一步提升,形成品牌的良性循环。

(三) 品牌竞争与品牌竞争力

品牌竞争就是以品牌为手段的市场竞争,既包涵了价格竞争,又包涵了非价格竞争,具体表现在企业资源的竞争,代表着企业人才的竞争、产品质量的竞争、技术的竞争、信息的竞争、服务的竞争、产品信誉的竞争。著名的品牌,就是市场,就是效益,就是最大的竞争优势。

品牌竞争的实质就是竞争主体在法律和社会习惯允许的范围内,充分利用自己的技术、产品质量、服务质量和营销手段打响自己的品牌,并在这一过程中挤压别人的品牌,以达到提高市场占有率和获取垄断利润的目的。然而,品牌竞争并不是简单地在自己生产的商品上打上商标或通过各种传媒为自己的产品做广告,品牌竞争实际上是一种全方位的竞争。

品牌竞争的结果就会产生品牌竞争力的大小,然而,品牌竞争力又是一个直观却又难以定义的概念,品牌竞争力是企业综合实力的重要体现。

二、旅游产品品牌策略

品牌是企业树立自身形象，与其他企业展开市场竞争的一种凭据。品牌能给消费者以较强的信任感，在众多大同小异的旅游商品面前，消费者总会将品牌视为安全、可靠与优质的保证。如：海外旅游者见到国旅集团社徽，就会想到这样一句口号："在家靠父母，出门靠国旅"。因而，多数来华旅游者都会自觉不自觉地购买国旅集团的旅游产品，这是一种质量的承诺。所以，品牌不仅是旅游产品的名称、标志，而且也是旅游企业整个产品策略的重要组成部分，合理地成功地创造和使用品牌都须有科学的品牌策略。

1. 品牌的标记策略

旅游产品的品牌要易读、易记、易听、易写，因而，要求品牌的名字简洁且寓有意义，同时，要求避免通俗化，具有鲜明的个性，能迅速、直观地反映出旅游企业的产品规格和质量高低。如 1997 年我国推出的旅游品牌中，"绝无独有"的王牌景点，"绝"可谓其商标，"万里长城、紫禁皇城、秦俑兵马、丝路敦煌、布达拉宫"为中国"五绝"。

2. 品牌的质量策略

对于旅游企业而言，旅游产品质量是企业树立形象的一种重要途径。旅游企业需要借助于商标树立企业服务质量好的市场形象。

3. 品牌扩展策略

当某一旅游产品成为王牌产品之后，充分利用这种名牌效应，及时维护名牌商标的信誉。如果品牌旅游产品开发出系列产品，仍然优劣不分，沿用一个品牌，必然有损品牌信誉，因而，对主品牌经过适当改革，再推出系列产品，如"三峡"与"小三峡"，"西湖"与"瘦西湖"等。另一种策略是借用名牌商标推出自己的产品，这在旅游酒店经营中，聘用国际知名酒店管理集团或采用联号经营，特许经营等，都成为此类策略的体现。

品牌化虽然会使企业增加成本费用，但品牌作为企业及其产品的形象标识，在营销活动中发挥着重要作用。品牌是企业开展宣传的基础，有助于树立良好的企业及其产品形象，有助于企业细分市场，是购买者获得商品信息的一个重要来源，有助于建立较为巩固的顾客群，是保护企业及其产品信誉的重要武器。因此，运用品牌策略对旅游市场营销的成功十分重要。

第六节　旅游产品组合

要想在国际旅游市场中挣得一席之地，靠单一的旅游产品是达不到此目的的，旅游企业应同时生产许多产品以形成自己的产品体系。因此，旅游产品策略中对产品科学合理地组合便成为现代旅游经营者予以重视的一种决策。

一、旅游产品组合及其作用

（一）旅游产品组合

旅游市场营销学角度的旅游产品组合，是通过生产不同规格，不同档次的旅游产品，使一个旅游企业所生产的旅游产品更为科学、合理，旅游产品结构更能适应市场的需求，从而以最小的投入,最大限度地占领旅游市场,以实现旅游企业的最大经济效益。

(二) 旅游产品组合对旅游企业市场营销的作用

如果说旅游产品的生产是一种"硬操作"的话,那么,对已经生产出来的旅游产品,通过一定的组合,再推向旅游市场则是经营管理中的"软操作"。这种"软操作"配以生产的"硬操作"促使企业向前发展。总体而言,旅游产品的组合对企业市场营销具有以下几个方面的作用。

1. 满足旅游消费者需求,以确保市场营销的成功

任何一种旅游产品都是用来满足旅游消费者的需求的,不同档次的旅游产品满足不同档次的旅游消费需求,而不同数量的旅游产品则不同程度地满足旅游消费需求。在既定的旅游市场中,企业通过推出不同档次,不同数量的旅游产品的组合,便可进入旅游市场,实现企业的经济效益。同时,这种组合的科学与否,决定了企业进入旅游目标市场的成败与快慢。

2. 树立旅游产品形象

各种不同的旅游企业总是通过不同的旅游产品组合树立产品的整体形象。主导产品的推出使企业的形象更加鲜明,符合旅游企业的长远发展战略。如传统概念上国旅以经营国际旅游产品为主,中旅的产品主要面向港、澳、台胞与华侨,青旅以经营国际青年旅游为主,而天马旅行社则以国内旅游为主导产品。但并非说主导产品的生产就已完成了企业的产品组合,在主导产品的经营上,再配以一定数量一定档次的副产品,从而完善产品组合。国旅也经营国内旅游或组织出国旅游,青旅也经营体育旅游、修学旅游等。总之,旅游产品的组合使旅游企业的市场形象更鲜明,也更具有个性化。

3. 产生良好的经济效益

旅游产品的组合如果科学合理就能适应旅游市场的发展,分散旅游企业投资风险,使产品适销对路,取得较为理想的市场份额,否则,产品组合适应不了市场需求的变化,即便是高质量的新产品,也不能在短期内进入市场,需要花费较大的人、财、物,开展较多的营销工作,其结果往往事倍功半。

二、旅游产品组合策略

(一) 影响旅游产品组合的因素

旅游产品组合在旅游市场营销中具有很重要的作用,因而旅游企业的经营则要选择合理的产品组合,而影响产品组合的因素主要有:

1. 旅游消费者的需求

市场上不同的消费者有不同的需求,不同时代和地区的消费者有不同的旅游需求,宗教和商务旅游成为远古时代的旅游需求,度假和疗养成为中世纪旅游的时尚,继而发展到观光旅游、非观光旅游,这些不同的旅游消费便成为旅游企业组合旅游产品的依据,需求是变化的,因而产品的组合也是动态的。

2. 旅游企业的生产能力

任何旅游产品的生产都是企业生产能力的体现,生产能力在很大程度上直接决定着旅游企业的产品组合,因而,旅游企业不能不切实际,盲目照抄,推出空洞的产品组合。

3. 旅游企业的目标市场

旅游产品组合不能无的放矢，先找到企业要进入的目标市场，根据目标市场再决定旅游产品的生产、组合，使产品适销对路，在尽可能短的时间内占领目标市场。

4. 竞争企业的状况

在进行旅游产品组合时，还须对旅游市场竞争企业予以透彻的了解，知己知彼，方能百战不殆，比较双方的优势和劣势，扬长避短，避实就虚，才能组合合理、科学的旅游产品以求得市场营销的成功。

此外，影响旅游产品组合的其他要素还有，旅游产品生产技术的变动，旅游基础设施的状况，政府的政策，其他旅游产品的市场销售状况，旅游企业未来的预期等。

（二） 旅游产品组合策略

旅游产品组合要注意其影响因素外，还须注重组合策略，这种策略主要体现在以下三个方面：

1. 产品组合的广度

广度指旅游企业生产和经营旅游线路的多少。企业的旅游线路多则为宽产品线，反之，为窄产品线。宽产品线的组合，可以从多方面满足旅游需求，拓宽市场面，增加销售额，提高经济效益，充分利用旅游企业的人、财、物，发挥潜力，适应竞争状况，减少旅游市场变化带来的风险，提高企业自身的应变能力。而窄产品线的产品组合，可使企业集中力量，提高旅游产品的质量，便于提高专业化水平，降低旅游企业经营成本。

2. 产品组合的深度

深度指某一旅游路线中旅游活动项目的多少。如果某一旅游路线中旅游活动项目多，旅游者逗留时间长，则谓之产品组合较深，反之，产品组合较浅。较深的旅游产品组合，能在旅游市场细分化的基础上扩大旅游市场，满足不同旅游消费者，提高市场占有率，生产上实现批量少、品种多，有利于企业经济效益的提高。而较浅的产品组合，便于企业集中力量发挥专长，创名牌产品，吸引旅游消费者，增加旅游产品销售量，可进行批量生产以求得规模效益、降低企业成本。

3. 产品组合的相关性

相关性指旅游企业在进行各种旅游产品的生产时，对旅游生产设备——酒店、宾馆、交通、旅游景点、娱乐、旅游购物等方面的一致性。一致程度高则产品相关性就大，反之，相关性较小。相关性大，可使企业精于专业，提高旅游企业与产品的市场地位，有利于经营管理水平的提高。

旅游产品的组合策略实质上就是针对目标市场，对产品组合的广度，深度以及相关性进行选择、决策以使组合最优。其基本思路：一是向旅游产品组合的深度发展，二是向旅游产品组合的广度发展。以此基本思路采用多种策略。

（1）扩大产品组合策略。扩大产品组合的广度，增加旅游路线数量，扩大旅游企业经营范围，增加产品组合相关性大的旅游产品品种。

（2）缩小产品组合策略。缩小产品组合的广度，使之成为较窄的产品组合。缩小经营范围，求精、求专，实现旅游生产的专业化，淘汰已过时的旅游路线。

（3）改革现有产品的策略。这是向产品组合的深度发展，提高产品质量，改变旅游方式，扩大旅游者的参与,使产品以新的形式出现在市场上。

(4) 高(低)档产品策略。高档产品策略指在原有的旅游产品路线中增加高档产品的项目,可提高同类旅游产品的知名度和企业的形象,增加销售量。相对应,低档产品策略则是在高档产品路线中增加低档产品项目,使旅游产品日益大众化,可利用高档产品的声誉吸引消费能力有限的低层次旅游消费者。组合策略还有产品差异化策略、产品大众化策略等。

阅读材料

虎跳峡的旅游开发

虎跳峡是世界上落差排名第四的著名大峡谷(深过美国科罗拉多大峡谷,仅次于雅鲁藏布大峡谷、尼泊尔的喀利根德格大峡谷和秘鲁的科尔卡大峡谷),位于中甸县虎跳峡镇境内,为国家重点风景名胜区和世界自然遗产"三江并流"的腹地景区,吸引了大量的国内外游客前来。该峡谷分为上虎跳、中虎跳、下虎跳三段。

虎跳峡旅游资源极为丰富,旅游线路有两条:一是从丽江古城经拉市海到中甸虎跳峡镇,进入上峡口顺江而下,步行需两天时间;二是从玉龙雪山甘海子至下虎跳峡游路前行,溯江而上,从上虎跳出峡。

已形成的产品主要分为观光和徒步探险两大类型,观光旅游主要是乘车游峡,观赏自然风光;其徒步探险旅游线路,吸引了大量的国际国内徒步旅游爱好者到此徒步探险。目前沿线各地正在加强基础设施的建设和旅游产品的开发。

一、观光旅游、徒步探险和极限运动综合开发

虎跳峡以其雄奇原始的自然风貌吸引了大量的国际国内徒步旅游爱好者到此徒步探险。在自然观光的基础上增设使游人体会更深的运动项目:首先,安全可行的是石鼓到虎跳峡一段的漂流项目;第二,上虎跳索道历险项目;第三,中虎跳的探险性漂流;第四,哈巴雪山生态旅游与探险、科考旅游项目;第五,多民族文化风情和特色餐饮项目。

二、合作开发,加强环境保护

虎跳峡分属多个行政区,为此需要加强统一规划和各区之间的合作,加快周边景区建设,特别是哈巴雪山的开发。目前已建成的旅游环线只有建塘镇—白水台—虎跳峡—小中甸—建塘镇一条,正在积极开发丽江—虎跳峡—建塘—德钦等 7 条旅游专线。由于位于生态脆弱的欠发达地区,需要重视自然环境的保护,成立旅游环境容量的监测机构,指导峡区旅游业的发展。

三、旅游产品最优组合

衡量旅游产品组合优劣通常是以各项经济技术指标来显示的,主要有组合中各产品项目的产品销售率,企业利润率和市场占有率,以此判断各产品项目的发展潜力和趋势,开发旅游新产品,调整企业的产品组合。通常以三维图来分析旅游产品组合的优劣程度,如图 7-13 所示。

图 7-13 分别以产品销售率、市场占有率、企业利润率为三个向量,建立三维坐标,从而得到不同的立体空间位置,将旅游企业的产品组合实际情况标入图中,可知其所处的空间位置,从而决定产品的组合策略。如图 7-13 所示,旅游产品组合 F 最优,相应组合 A 最劣,而 E 和

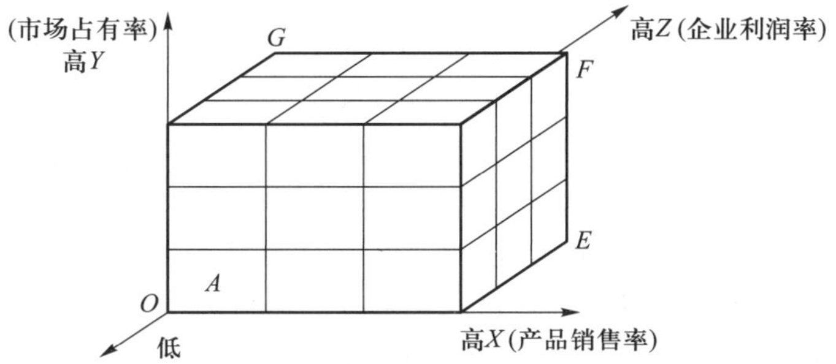

图 7-13　旅游产品组合三维分析图

G 所达到的经济目标相似，由此可决定发展何种产品，保留什么产品，淘汰什么产品。

而现实经济活动中，任何旅游产品的盈利能力，市场占有率，销售率都是动态的发展过程，因而不能强求任何旅游产品组合都能达到最优状态，即便达到这一状态也不是永久的。因而，旅游产品组合的最优化是通过不断发展新的旅游产品和不断淘汰疲软产品来实现的，理论上的最优状态是不可能出现的。

阅读材料

香格里拉品牌管理

丽江位于香格里拉的深处，是世界上唯一活着的象形文字——东巴文字的故乡，是中国西南丝绸之路和茶马古道上的重要驿站，是拥有玉龙雪山、老君山、泸沽湖、丽江古城等多处自然历史文化遗产的中华奇葩，是举世闻名的文化旅游名城。而 20 年前，丽江还是一个鲜为人知的、封闭的“纳西王国”。这 20 年间丽江都做了些什么，又是什么成就了丽江的辉煌？

1. 品牌萌芽阶段(1996—1998)

1996 年 2 月 3 日，在丽江发生了一场 7 级大地震。地震发生后国内外的各种新闻媒体集聚丽江，报道丽江的受灾状况和灾后的救助工作，这使丽江第一次引起了世人的关注。人们在关注丽江灾情的同时，也给了丽江一次向世界推销自己的机会。借助各大媒体的报道，丽江美丽的景色、独特的人文风情被展现给了世人，丽江这个不为人知的小镇进入了世人的视听中，这使丽江的旅游业得到了迅速的发展，到 1996 年 9 月底，到丽江旅游的国内外游客达到 72 万人次，比上年同期增长 5.9%，其中海外游客 6.5 万人次，比上年同期增长 14%，国内游客 65.5 万人次，比上年同期增长 5%。

地震事件所带来的传播效果使丽江人第一次感受到了事件营销对旅游发展的重要作用。为了进一步提高丽江的知名度，吸引更多的游客，围绕抗灾活动，丽江策划了一系列的新闻事件，如丽江“2・3”大地震纪实摄影展，丽江“2・3”地震周年祭新闻发布会等，到 1998 年，丽江国内外游客达到 153 万人次，旅游综合收入达到 9.07 亿元。

2. 品牌塑造阶段(1999—2004)

虽然经过三年的努力，丽江的品牌建设取得了一定的成果，在国内外具有了一定知名度，但是与国际旅游文化名城的品牌建设目标还有很大差距。如何巩固前期成果,进一步扩大丽江在国际上的知名度,成为丽江政府考虑的首要问题。1999年丽江被列为昆明世博会分会场,已经认识到节庆营销巨大影响的丽江人充分抓住了这一大好时机,策划举办了中国丽江国际东巴文化艺术节。艺术节期间通过《东巴魂》《世纪图》、文化艺术精品展和民族民间乐舞等活动,全面展示了东巴文化艺术精品和丽江丰厚的文化积淀,吸引了众多国内外游客和学者参与,提高了丽江的国际知名度,增强了丽江的吸引力和影响力,塑造了丽江独特的文化旅游地形象。艺术节也得到了丽江人民的支持和积极地参与,节庆营销迅速提高发生地知名度的作用在丽江身上又一次得到了验证,1999年丽江共接待国内外游客215万,比上年增加38.93%。

为了延长节庆营销的效果,借鉴东巴国际文化艺术节的经验,丽江还开展了一系列的后续活动,拟定了一个系列节事营销活动方案。在这个方案中,将丽江国际东巴文化艺术节确定为丽江的标志性节庆活动,准备每年10月举办一次东巴文化艺术节,小型的年年展示,大型的三年一次,使这些活动成为代表东巴文化自身特点的、丽江人民自己的一个节日,通过丰富和完善旅游内涵塑造丽江品牌。认识到节庆营销的重要作用,丽江从打造旅游目的地品牌角度丰富和完善节庆活动,从1999年到2004年每年都会成功运作一些大型的节庆活动,以此来进一步提高丽江的知名度和吸引力,塑造丽江国际旅游文化名城的品牌形象。

3. 品牌提升阶段(2005—)

通过持续的节庆营销推广,丽江的国内外知名度显著提高,已经拥有了丽江古城、玉龙雪山、东巴文化等一个个响当当的品牌。但是回首丽江几年的品牌建设工作,仍存在着品牌堆砌、分散等问题,为了整合丽江品牌内涵,提升丽江品牌形象,从2005年开始,丽江开始了从游客视角出发,集品牌定位、内化管理和外部传播于一体的品牌整合与提升工作。为了更好地对外传播"天雨流芳,梦幻丽江"的品牌定位,丽江又一次借助了节庆营销。

《印象·丽江》的首演、《千里走单骑》的首映式庆典、2005中国纪录片国际选片会、地震十周年系列纪念活动等一个个大型的节庆活动,使丽江一次次地成为世界关注的焦点,电视、广播、网络提及率、传媒评选上榜率逐渐提高。人们在参与活动的同时进一步了解体验了丽江,使丽江的品牌内涵得到了丰富,大大提高了丽江的国际知名度、提升了丽江品牌价值,得到了各大媒体和权威机构的认可,在各种国际评比中多次获奖,并获得众多美名。

资料来源:郝胜宇.以节庆营销塑造旅游目的地品牌——以云南省丽江为例.小城镇旅游.

本章小结

1. 旅游产品是为了满足消费者某种需求而精选组合起来的一组要素,所有构成产品的要素都可以按最符合消费者特定需求的方式进行设计、更改或搭配。旅游产品的构成分两部分:一般结构和要素结构。与一般产品相比,旅游产品的特殊性体现在:旅游产品的综合性、非实物性、不可贮存性、高附加值和具有较大的需求弹性。

2. 旅游产品的生命周期是指某种旅游产品从投放市场,经过成长期、成熟期后到最后淘汰的整个市场过程。旅游产品生命周期分为投放期、成长期、成熟期和衰退期四个阶段。旅游产品生命周期各阶段的营销策略不同:投放期营销策略包括缓慢采取策略,迅速采取策略,缓慢渗透策略,迅速渗透策略;成长期旅游产品的销售包括两个方面:一方面巩固已有的销售成果,另一方面进一步扩大市场的占有,尽快提高销售量;成熟期营销策略包括市场改革,产品改革,营销组合改革,新产品的研制和开发。

3. 旅游新产品的开发策略包括长短结合策略,主导产品策略,其他策略还有高低结合策略。

4. 品牌是一种名称、术语、标志、符号或设计,或是它们的组合运用,其目的是借以辨认某个销售者,或某类销售者的产品及服务,并使之与竞争对手的产品和服务区别开来。

5. 旅游文化营销是指旅游业经营者运用旅游资源通过文化理念的设计创造来提升旅游产业,及服务的附加值,在满足和创造旅游消费者对真善美的文化需求中,实现市场交换的一种营销方式。从市场需求角度讲,这里的文化是指文化的深层结构意识部分,即由价值观念、审美情趣、行为取向等所构成的旅游者的文化心态;从产品角度讲,这里的文化指的是产品的文化内涵与文化特征,是旅游产品的核心属性。

6. 旅游产品组合,是通过生产不同规格,不同档次的旅游产品,使一个旅游企业所生产的旅游产品更为科学、合理,旅游产品结构更能适应市场的需求,从而以最小的投入,最大限度地占领旅游市场,以实现旅游企业的最大经济效益。旅游产品的组合策略主要体现在旅游产品的广度、深度和相关性三方面。

关键术语

旅游产品(tourism product)
旅游产品六要素(six factors of tourism product)
旅游产品质量(tourism product quality)
旅游产品生命周期(life cycle of tourism product)
渗透策略(infiltration strategy)
撇取策略(skimming strategy)
旅游产品战略转移(tourism product transfer strategic)
旅游新产品(new tourism product)
旅游产品商标(tourism product brand)
旅游产品组合(tourism product combination)

案例回顾与讨论

1. 广西在旅游产品策略的应用上有哪些特点?
2. 请你针对案例中某一旅游产品或组合指定产品策略。

复习与思考

1. 解释下列概念

旅游产品	旅游产品质量体系
旅游产品生命周期	渗透策略
撇取策略	旅游产品周期性战略转移
旅游新产品	旅游产品组合

2. 旅游产品可分为哪几个层次？旅游产品主要包括那些基本内容？它有哪些特点？

3. 旅游产品为什么有六个基本要素构成？你能不能举例说明？还有没有其他构成要素？

4. 一个旅游产品从开发到淘汰要经过哪几个阶段？各阶段有什么基本特征？能否人为地改变各阶段的时间长短？为什么？

5. 针对不同的旅游产品生命周期应该采取什么样的营销策略？

6. 为什么要实施旅游产品周期性战略转移？如何实施这种战略转移？

7. 现代旅游产品的发展有何新特点？针对这些变化,旅游产品应该如何调整？

8. 作为一个酒店或餐馆的经理,你将如何获得新产品的创意？

9. 如何量化旅游新产品的创意？

10. 旅游产品的商标有哪些基本要素构成？给一个旅游产品进行商标注册有哪些方法？

11. 旅游文化营销有几种类型？分析一下旅游文化营销几种模式的特点。

12. 如何对一个旅游产品进行产品策略组合？

自测自评

实践题

1. 参观一家接待或旅游企业。看看这家企业的有形设施和氛围,其中包括外观、整洁度、员工、氛围和标志。这些有形氛围支持了企业的形象还是应该努力与潜在顾客及现有顾客进行沟通？请解释原因。

2. 参观同一品牌的两家分店,比如两家餐馆或酒店。每家都展示了同样的品牌形象吗？请给予解释。如果形象不一致的话,潜在顾客将受到怎样的影响。

3. 如果你是一位全国性快餐连锁店的新产品开发经理,在选择一种新款三明治的市场营销试点城市时,你将考虑哪些因素？你现在所居住的城市是否是一个合适的试点市场？请阐述你的理由。

4. 调查所在地市场国际酒店品牌进入的情况和该地我国自有品牌的现状,写出详细的调查报告与给我们的反思。

推荐阅读文献

1. 张道顺.旅游产品设计与操作手册.4 版[M].北京:旅游教育出版社,2015.

2. 肖建勇,戴斌.论目的地优质旅游产品开发的场景、内容与生活[J].旅游学刊,2018,33(12):9-11.

3. 刘冰.日本铁路旅游产品开发与对策的分析及启示[J].铁道运输与经济,2016,38(6):90-94.

4. 霍佳颖.陕北黄土高原乡村旅游资源及其营销策略比较优势[J].中国农业资源与区划,2016,37(1):222-226.

5. 史晓林.新时代的旅游策略:艺术与节日双重构建的审美乌托邦——以乌镇戏剧节为例[J].社会科学家,2018,258(10):106-112.

第八章　旅游产品价格策略

本章将论述市场营销组合的一部分——旅游产品的定价策略。旅游产品价格策略是旅游市场营销组合策略的重要组成部分。由于旅游产品价格相对于其他因素来说，灵活性最大，旅游产品价格制定是否合理及其策略运用的恰当与否，直接关系到旅游企业市场营销组合的科学性、合理性，进而影响到旅游企业市场营销的成功，旅游产品定价策略在旅游市场营销组合策略中就占有极为特殊的地位。一般来说，旅游产品定价策略包括旅游产品的定价原理、定价策略和定价方法等内容。

学习目的

- 掌握影响定价决策的内部因素和外部因素
- 掌握旅游产品差价体系和旅游产品定价的目标
- 掌握旅游产品定价的步骤
- 掌握旅游产品定价的方法
- 熟悉旅游产品或服务的定价技巧
- 能够分析旅游企业对竞争者变价行为的应对策略

引导案例

3.15 中青旅让利魅力邮轮

自从 2001 年暑假，中青旅隆重推出度假休闲的精品旅游线路——“魅力邮轮”系列之后，该产品一直受到广大消费者的青睐，长期坚持不懈的推广也使中青旅在邮轮公司的销售排行榜上一直名列中国北方地区榜首。在“3.15 消费者权益保护日”到来之际，中青旅又推出“魅力邮轮”酬宾大行动，以答谢广大消费者对中青旅的长期支持和厚爱。

谈到为何选择在此时推出“魅力邮轮”酬宾大行动，中青旅有关负责人表示：根据北京市旅行社服务质量监督管理所发出的通报显示，2002 年下半年以来，中青旅无一例有效投诉。中青旅之所以能一直独善其身，靠的就是优质过硬的服务。“3.15”即将到来，为答谢广大消费者，让更多的人感受乘坐邮轮旅行的快乐，中青旅特意拿出自己的精品线路——“中青旅魅力邮轮”展开酬宾大行动，价格从原先的 6 380 元/人一举降至 5 580 元/人；若多人一起报名参团，在同舱位的情况下，第三、四位游客还能享受更具震撼力的优惠价格。其间，邮轮上还会安排大量丰富多彩、别具一格的娱乐活动。该负责人还表示，由于此次的邮轮大规模让利是为了在“3.15”期间答谢消费者，中青旅的大幅度的降价属独家行为，提醒广大消费者此价格仅适用于 3 月 22 日，3 月 29 日两期，此后价格将恢复正常，并且由于旅游旺季的到来，还将有显著提升。

资料来源：陈锋化.旅行社经营与管理实例分析.天津：南开大学出版社，2004.

第一节 旅游产品定价

旅游产品的价格确定，是建立在对旅游产品价格形成的正确认识基础上的。旅游产品与其他产品一样，也是人类劳动的结晶，凝结了人类的一般劳动，但旅游产品的价格形成，还受到其他诸多因素的影响，并且受到一定的定价目标的制约或引导；同时，旅游产品或服务的价格确定有着严格的程序要求，客观上要按照一定的科学步骤进行。

一、旅游产品价格概念

价格是营销组合中唯一产生效益的因素，其他因素都代表成本。有些专家认为，定价与价格竞争是营销管理人员所面临的第一号问题。定价是营销变量当中被人们研究的最少的一个，然而，在一个非管制的市场上，定价是一种可以为企业所控制的因素。价格的调整往往很草率，缺乏适当的分析。最常见的错误是，定价过于强调成本导向，价格的调整没能反应市场的变化，定价时没有统筹考虑其他营销组合变量，而且不能根据不同的产品和细分市场做出充分的调整。定价上的失误可能导致经营上的失败。每一位管理人员都应该懂得定价的最基本的原理。

简单来说，旅游产品价格就是针对某一种旅游产品或服务而收取的金钱的数量。更宽泛一点说，旅游产品价格是指消费者用来交换拥有或使用某种旅游产品或服务的利益的全部价值量，它是由生产同类旅游产品或服务的社会必要劳动时间决定的。

由于旅游者对旅游产品的消费与对其他产品的消费不同，旅游者完整的旅游活动，就是在一定时间内，消费不同旅游企业提供的诸多不同产品或服务，旅游者购买旅游产品时就可按其需要，购买整体旅游产品或单个旅游产品，旅游产品价格也就表现为两种形式：旅游包价和旅游单价。在旅游活动中，旅游者通过旅游产品零售商购买的满足其全部旅游活动所需的旅游产品的价格，就称为旅游包价，它等于这些旅游产品单价之和再加上旅游零售商、批发商的自身经营成本和利润。但有的旅游者不通过旅游零售商购买旅游产品，而直接与旅游产品生产者接触，采取零星购买、多次购买的方式，旅游者每次购买的只是旅游活动诸多环节中的某一项或某几项的产品，这种旅游产品的价格就称之为旅游单价，如旅游者单独购买的车船票的价格、餐饮产品的价格、酒店客房的价格等。

二、影响旅游产品定价的因素

企业内部和外部的一些因素都会影响企业的定价决策（见图 8-1）。内部因素包括企业的营销目标、营销组合策略、成本和组织方面的因素。外部因素包括市场的性质、需求、竞争及其他环境因素。

（一）影响定价决策的内部因素

1. 营销目标

在确定价格水平之前，企业必须先做出产品决策。如果企业已经选定了一个目标市场，并

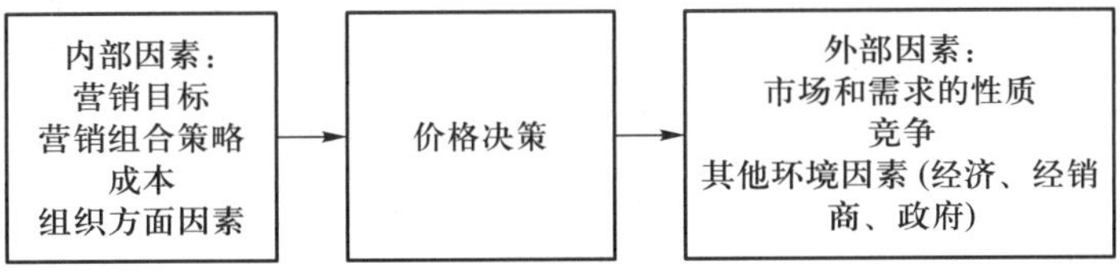

图 8-1　影响定价决策的因素

且进行了市场定位，那么它的营销组合策略（包括价格策略）就会更有针对性。不同的市场定位决策对于价格有很大的影响。

企业常见的目标有生存、短期利润最大、市场份额最大和产品质量领先等。

（1）生存。那些为生产能力所困扰，又面临激烈的竞争和不断变化的消费需求的企业往往将生存作为自己的目标。在短期内，生存比盈利更为重要。在经济不景气时，酒店常常采用这种策略。一家制造业企业可以通过压缩生产来迎合需求的收缩，但是，在经济衰退期间，一家拥有 300 间客房的酒店每天晚上还是有 300 间客房要卖，哪怕需求已经降至每晚只有 140 间客房。酒店努力想通过削价来谋求现有条件下的最大现金收益，以便平安渡过难关。

（2）当前利润最大化。许多企业的定价都旨在追求当前利润最大化。他们对不同价格水平下的需求和成本进行评估，选择能产生最大当前利润、现金流和投资收益的价格水平，追求的是当前的最大经济产出而不是长远的业绩。例如，一家企业可能以低价购并一个濒临倒闭的酒店。该企业的目标是让这家酒店能起死回生，呈现出一定的获利前景，然后再把它卖掉。倘若该酒店的所有者确实能妙手回春，他们就可能获得可观的资本收益。

（3）市场份额领先。还有一些企业意在夺取一个占主导地位的市场份额。他们认为，拥有最大市场份额的企业最终将具有成本优势，从长期看也会有较高的利润。所以，他们在定价时总是尽可能地压低价格。开业时的低价创造需求，而随着需求的增长，低收益的销售便逐渐为高收益的销售所取代。这种策略通过价格和其他营销组合手段来使人们意识到本企业的价值比竞争对手的好。

（4）产品质量领先。丽思—卡尔顿酒店联号的每间客房的建筑或装修成本往往超过 50 万美元。除了高额的资本投资外，那些豪华的联号在每间客房所投入的劳动成本也很高。为了提供豪华的服务，这些酒店不仅要求配备训练有素的员工，而且员工与顾客的比例也相当高，在这种情况下，他们的价格一定不菲。

2. 营销组合策略

价格决策与产品决策、促销决策、分销决策等其他营销决策相比，是营销组合中最具灵活性的一项。旅游营销人员在短时间内可以比较迅速地制定、调整或变更产品和服务的价格，但旅游产品的价格决策不能与其他营销决策相分离而单独进行。

首先，定价体现着旅游产品的定位，因此产品决策影响着定价决策。对具有高度象征意义的旅游产品的定价应符合规划中的产品形象及其象征意义。促销决策也往往要求以一定的价格变化作为辅助手段。许多航空公司和旅游企业在推出新产品时，常见的一种促销活动就是降低价格或免费为首批客人提供服务，以便使潜在顾客能够更积极地加入，由此扩大产品和服务的知名度。同样，分销渠道的选择也影响到定价决策。对旅游产品和服务进行定价时，营销人员应充分考虑到为中间商提供的佣金比例，以保证制定出的价格既能够为目标市场及中间商接受,又可使本企业获得适当的收益。此外,旅游产品的价格还会使旅游者对旅游产品和服务的象征性和质量产生一定的预期,起着向旅游者沟通产品信息的作用,使旅游者对旅游产品和服务有所了解,从而影响其对产品的选择。因此,价格决策应与其他营销决策综合考虑,不应单独进行。

3. 旅游产品成本

成本构成了企业为其产品指定价格水平的最低限度。企业希望其产品价格能够弥补其产品的全部生产、分销和促销成本。除了这些成本外,价格还应该能足以向投资者提供一定量的效益。因此,企业的成本在定价策略的形成中是一个非常重要的因素。许多企业都努力使自己成为行业中的低成本生产者,但是,较低的成本并不总是意味着采用低价策略。有些低成本企业将价格维持在与竞争者相同的水平,从而获得较多的投资收益。

如果一个企业生产或销售的旅游产品或服务的成本高于竞争对手,那么该企业就只有两种选择:或者制定较高的价格,或者收取较少的利润。

4. 旅游企业发展战略

旅游企业在市场经营中,由于所处环境、自身实力、对市场的判断等因素的影响,采取的经营发展战略不一,一般有密集型、一体化和多元化三种基本发展战略。旅游企业采取的经营发展战略不同,相应的旅游产品价格策略和政策也不一样。若旅游企业采取密集型发展战略,则企业可能通过降价来进一步占领现有的市场,或通过改进原有产品,相应地提高产品价格,从而增加在现有市场及新开发市场上的销售;若旅游企业采取一体化发展战略,以提高盈利能力和控制能力,则企业采取优惠价的形式,加强与供应商、销售渠道或生产同类产品企业的联系;若旅游企业实行多元化发展战略,则企业往往在实施战略的初期,保持旅游产品价格的相对稳定,在实施战略较为成功后才可能对旅游产品实施降价等政策调整。

5. 旅游产品特性

旅游产品与其他产品一样,也存在着替代性问题,尤其是旅游购物、娱乐、住宿、交通等产品,出现同类产品的可能性较大。若在同一旅游目的地同类旅游产品并存,则旅游者对这类旅游产品需求的价格弹性也相应增大,为实现增加销售的目的,旅游产品生产者和经营者就有可能实行削价竞争;另外,单项旅游产品与包价旅游产品相比,往往具有更大的价格灵活性,旅游产品的综合程度越高,包括的单项产品越多,旅游企业和营销人员对价格的变动控制能力也就越低;此外,旅游产品在旅游活动中,其价格的高低经常与旅游目的地的形象相联系,若旅游产品价格过低,就有可能引起旅游者的怀疑而不愿购买。如欧洲广大的旅游者对中国传统文化的民俗、民族风情有极大的兴趣,认为是人类文化的精品、旅游资源的瑰宝,因而愿意接受较高的中国文化旅游产品价格,若价格偏低反而会使这些旅游者产生不信任感。

6. 非价格竞争因素

旅游产品价格只表明了旅游产品价值的多少,但在市场营销过程中,旅游者购买决策时,不仅注重旅游产品的价格,还要考虑旅游企业提供的服务质量、消费者获得的额外利益等因素。因而,旅游企业为了实现较高价格的销售,一般都要施之以较高水平的服务,使旅游产品的价格和相应的服务一致,使旅游者加深对旅游产品价格的理解、认可;同时,旅游企业还向旅游者尽可能提供一些额外免费的服务项目,使旅游者认为是购买了旅游产品后而带来的额外利益,从而增强对购买较高价格的旅游产品的信心。这种非价格因素已越来越深入地影响旅游产品的定价,国内外一些专家认为,21 世纪旅游企业消费者是否获得额外的利益,将成为影响产品定价和销售的重要因素。

(二) 影响定价决策的外部因素

1. 市场和需求

成本决定了价格的底线,而市场和需求则决定了价格的上限。消费者和中间商购买者都会将产品的价格与其所能提供的利益进行权衡。所以,在确定价格水平之前,营销人员必须理解价格与产品需求之间的关系。

旅游产品价格与旅游市场需求量成反比例,产品价格越高市场需求量越少,当然,也有一些旅游产品例外,如世界名人曾下榻过、富有传奇色彩的旅馆,在一定限度内其价格的上升反而会激发市场需求量的增多,原因就在于旅游消费者往往认为此类产品价格高,质量也就好;另外,不同旅游产品的市场需求量对价格变动的反应不同,也就是不同产品的需求弹性系数不同,旅游地点的游览、观光等主要景观产品缺乏弹性,而食、宿等产品则有较大的弹性,因而旅游企业在对旅游产品定价时要充分考虑到需求弹性的大小,对弹性大的产品可用降价来刺激旅游者的需求,扩大销售,反之,弹性小的旅游产品的价格变动,对旅游者的需求变化则没有多大作用。

2. 竞争者的产品和服务

旅游市场中,旅游产品竞争的激烈程度对产品的定价有很大的影响,竞争越激烈,对定价的影响就越大。在完全竞争的市场中,企业没有定价的主动权,只能被动地接受市场竞争中形成的价格;在不完全竞争的市场中,由于旅游企业彼此提供的产品存在着差异,企业根据其"差异"的优势,可通过部分地变动价格的方法来寻求较高的利润;在寡头竞争的市场中,只少数几家旅游企业控制着产品的价格,其他旅游企业要进入这一市场会受到种种阻碍,而少数企业相互制约和垄断,市场中产品的价格不易随意改变;在纯粹垄断的市场中,旅游产品或服务只是独家经营,没有竞争对手,垄断企业控制了进入市场的种种障碍,所以就完全控制了市场价格,这种情况在风景名胜区中较为明显,由于资源的独占性和政府对进入该区域的限制,因而特许经营风景名胜区的旅游企业所确定的产品价格基本上或很大程度上是垄断性价格。

一旦企业了解了竞争者的价格和产品,就可以将这些信息作为制定自己产品价格的基点。例如,如果顾客认为上海的喜来登酒店和希尔顿酒店相类似,那么,喜来登酒店一定要将自己的价格定在与希尔顿酒店差不多的水平上,否则它就会失去那些顾客。另外,该喜来登酒店的价格可能要比别的豪华酒店低一点,而比别的不如自己的酒店高一点,这意味着喜来登酒店是通过价格来将自己的产品和服务与竞争对手的产品相区别。

3. 宏观管理

政府对旅游市场中旅游产品的价格管理,主要是通过行政、法律以及货币供给、工资和物价政策等手段来调控和体现的。政府对旅游产品价格干预和管理的目的在于通过法律限制旅游企业不正当竞争,谋取暴利,损害旅游消费者的利益,因而政府主要以行政手段、法律手段制定旅游产品的最高或最低限价,如当旅游市场中削价竞争加剧而损害了企业的正常利益以及旅游业的效益时,政府就通过制定最低保护价而约束不良的市场行为。今后随着我国行政管理体制改革的日益深化及旅游行业管理组织的建立和完善,对旅游市场中旅游产品的最高限价和最低限价,也主要由政府直接规定转由行业管理组织制定。

4. 汇率变动

汇率是指两国货币之间的比价,就是用一国货币单位来表示对另一国货币单位的价格。入境旅游是海外旅游者流入旅游目的地消费旅游产品——“出口贸易”,因而汇率变动对旅游产品或服务价格的变动有着明显的影响。一般说来汇率变动的影响主要是通过旅游产品或服务的报价形式表现出来的。外国币值上升对海外旅游者有利,有益于促进旅游者人数的增加。反之,若旅游目的地国家的货币升值、汇率上升,就有可能造成了入境者人数的减少,尤其当旅游目的地的产品或服务的需求弹性较大时,旅游者就有可能转向其他旅游目的地购买、消费同类的替代产品。

5. 通货膨胀

通货膨胀是在流通领域中的货币供应量超过了货币需求量而引发的货币贬值、物价上涨等现象。旅游目的地的通货膨胀会造成单位货币购买力下降,使旅游企业的产品生产、经营成本费用增加,因而就迫使企业相应地提高旅游产品价格,并且往往价格提高的幅度大于通货膨胀上升的幅度,这样才能保证企业不致亏损,但旅游产品价格的大幅度上升,客观上会在一定程度破坏旅游目的地的形象、损害旅游消费者的利益,从而导致旅游者人数减少、旅游收入下降。如拉美国家为当今世界上高通货膨胀地区之一,虽有独特、诱人的旅游产品,但旅游业深受通货膨胀之害而难以快速发展。

三、旅游产品定价的目标

旅游产品在定价之前必须首先确定定价目标。定价目标是旅游企业营销目标的基础,是企业选择定价方法和制定价格策略的依据。由于企业营销目标有多种选择,旅游产品的定价目标也就多种多样。

(一) 获取理想利润目标

这是指旅游企业期望通过制定较高价格,迅速获取最大利润为定价目标。一般说来,此类企业的产品或服务多处于绝对有利的地位,但由于旅游消费者的抵抗、竞争者的加入、替代品的出现等原因,旅游企业某种有利的地位不会持久,旅游产品的高价最终要降至正常水平。因此,旅游企业尽管以获取理想利润为目标,其产品的价格高低也应适当,旅游企业的定价目标应着眼于长期的理想利润,兼顾短期的理想利润。这是因为企业追求长期利润的目标会促使其不断提高技术水平,改善经营管理,这对企业和旅游消费者都有利,但若企业只顾眼前利益,甚至不择手段地追求最高利润,必将使企业信誉受到损害而难以发展,最终有可能使企业的短期利润也无法实现。

(二) 获取适当投资利润率目标

这是指旅游企业通过定价,在一定时间使旅游产品的价格有利于企业的投资获取一定的投资报酬水平。采用此类定价目标的旅游企业,一般是根据投资额规定的利润率,然后计算出各单位旅游产品的利润额,把它加在产品的成本上,就成为该产品的出售价格。采用这种定价目标的旅游企业应具备较强的实力,自己的产品是畅销产品,不怕竞争对手竞争,同时预期的利润率应该高于同期银行的存款利息率,但又不能太高,否则就容易遭到同类产品的竞争或旅游消费者的拒绝,预期的投资利润也就不可能实现。

（三）维护或提高市场占有率目标

这是指旅游企业从占领旅游市场的角度来制定旅游产品的价格。市场占有率的高低，对于价格的高低有很大影响，一般来说，在占有率既定的情况下，为了维护或提高市场占有率，要运用低价格策略。采用这种定价目标，有时比采用投资利润率的定价目标更重要，因为一个企业的投资报酬率并不能反映该企业的市场地位，更不能反映与其他竞争企业的关系，而一个企业市场占有率的高低，则反映出该企业的经营状况的竞争能力，反映出企业的产品在市场上的地位和兴衰，反映出企业长期经营效果的趋向。但在采用这种定价目标时必须量力而行，尤其当运用低价策略扩大市场占有率时，有可能会诱使旅游者的需求量急剧增加，企业必须有充足的产品或服务供应，否则供不应求的市场态势必导致潜在竞争者乘虚而入，损害企业的利益。

（四）稳定市场价格目标

这是指旅游企业为了保护自己，避免不必要的价格竞争，牢固地占有市场，在旅游产品的市场竞争和供求关系比较正常的情况下，以稳定的价格取得合理的利润。这是因为激烈的价格竞争常常使企业之间两败俱伤，虽然从短期看可能会给旅游者带来一定好处，但是破坏了正常的市场供求格局，从长期来看伴随企业低价而带来的低质量、低信誉产品等一系列问题终究会给旅游者带来灾难，因而经营同一种或同一类旅游产品的主要旅游企业，相互默契地制定较为稳定的价格，以消除价格战，市场中的其他企业则往往与这些实力雄厚或市场占有率最大的企业保持一致的价格，而不轻易变动。

（五）应付与防止竞争目标

这是指旅游企业通过服从竞争需要来制定旅游产品的价格，一般是将对旅游市场价格有决定影响的竞争者的价格作为定价的基础。对于实力较弱的旅游企业，主要采用与竞争者价格相同或略低于竞争者价格出售产品的方法；对于实力较强又想提高市场占有率的企业，可采用低于竞争者的价格出售产品的方法；对于资产雄厚并拥有特殊技术或产品品质或能为旅游者提供较多服务的企业，可采用高于竞争者价格出售产品的方法；对于为了防止别人加入同类旅游产品或服务竞争的企业，在一定条件下，可采用一开始就把价格定得很低的方法，从而迫使弱小企业退出市场或阻止竞争对手进入市场。

四、旅游产品定价的步骤

旅游产品的价格确定是建立在科学基础之上，必须遵循一定的程序和步骤。一般说来，旅游产品定价可按五个步骤：首先对目标市场的购买力及倾向评估，然后对旅游企业的产品成本估测，再次对旅游企业的市场环境进行了解、调研，接着确定企业的定价目标，最后选择旅游企业定价的方法及相应策略，如图 8-2 所示。

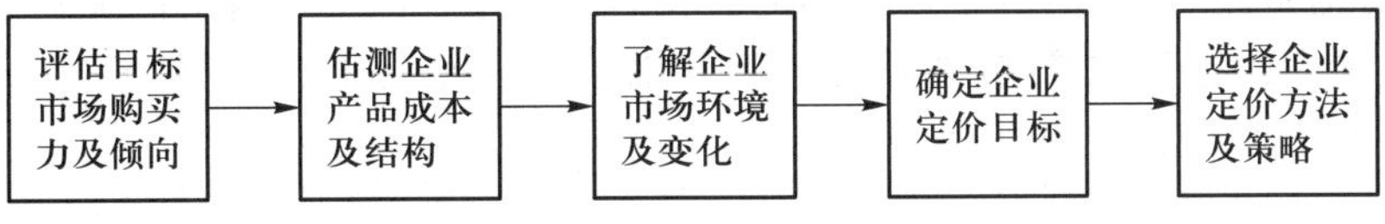

图 8-2　旅游产品或服务定价步骤示意图

（一）评估目标市场购买力及倾向

目标市场是旅游企业开展营销活动的空间和获取预期收益的来源，目标市场的大小及购买倾向就成为企业定价的前提条件。因此，旅游企业通过对目标市场的评估，可从中发现旅游者的现实需要的多少，了解到旅游者对旅游产品的价值理解程度和价格承受力大小，并从深层次上发掘出旅游者的潜在需要及消费偏好变化与可能性，以便采取主动、灵活的价格政策，引导目标市场的成长。因而对目标市场购买力的评估，除要了解旅游者的总收入、纯收入外，更重要的是掌握旅游者可自由支配收入和可能用于旅游产品购买的比例，以及促进其旅游活动形成的其他费用来源，还要了解目标市场中的旅游者对旅游产品的喜爱程度和兴趣转移的可能性，以及对价格的敏感性、所接受的非价格竞争方式等。评估目标市场购买力及倾向的方法主要采用问卷调查、面对面交谈和专家意见法等。

（二）估测旅游企业产品或服务成本及结构

通过评估目标市场购买力，就可以确定旅游企业产品供给的总量和价格的上限，进而对企业单位产品成本估测就可寻找到企业可以支撑的价格下限，从而使企业明确产品价格灵活变动的允许范围。对单位旅游产成本的分析，就可找出其最佳规模时的最低成本，并从中看出旅游产品成本发展的趋势，从而为确定最佳的产品价格提供可靠的依据。

（三）了解旅游企业市场环境及变化

旅游产品价格的确定，还必须考虑企业内外环境要求及变化的可能。对于旅游企业内部而言，供货商的价格稳定性、供货的时间衔接性和供货的品种齐全性等，关系到旅游企业是否能顺利地控制原材料、燃料采购成本，从而为产品成本奠定良好的基础；对企业外部环境而言，政府规定的最高限价是旅游企业价格上扬的警戒线，国民收入水平、消费结构、产业结构、经济增长率、政府支出等经济环境因素的变化也会制约或促进旅游产品价格的升降；社会文化环境中的旅游者购买行为准则、道德规范与禁忌、风俗习惯等，限制了旅游者对旅游产品的购买规模和倾向，事实上也就规定了旅游产品价格的高低。

（四）确定旅游企业定价目标

目标市场购买力的大小、企业产品成本的高低、企业市场环境的走向决定了旅游企业定价的时间考虑、报酬取舍、市场占有率分析和防止竞争等目标的选择。因而，旅游企业确定定价目标关系到企业生存和发展的时间、空间。无论企业作何种定价目标决策，都必须考虑到自身的规模实力，考虑到市场拓展的有利因素和障碍，考虑到目标市场的转移、替换以及企业资源配置的可能和变化等，进而与旅游市场中现在和今后可能变化的最高限价和理想价格比较，从而在诸多的定价目标中选择出符合自己实际的定价目标。

（五）选择旅游企业定价方法和策略

旅游产品价格的确定要遵循客观规律的要求，在全面、准确的调查、预测基础上，运用科学方法确定价格，旅游产品的价格水平就易于与市场的需求相吻合。但是由于旅游市场中竞争者的存在、旅游消费者各种各样、千差万别的需要以及价格因素的灵活性，旅游企业定价过程中还必须充分考虑到定价的策略，要从竞争者和消费者的心理上、市场的差异上、需求差别上等巧妙地进行定价工作。

第二节 旅游产品定价方法

产品价格是由供需双方所决定的。对于旅游业这种以提供服务为主的行业，价格同样可以视为成本、利润的函数。旅游业是一个需求波动较大的行业，大多数企业，如酒店、旅游交通的成本结构中，变动成本比例高，旅游企业价格的灵活性较大。一般来说，旅游市场更多地由需求因素来决定，而不是供给因素。旅游供给以小企业居多，但由于服务、地理位置、质量因素，使他们具有一定的垄断性，从而定价通常偏离完全竞争时的边际成本定价。

在实际工作中，旅游企业的定价方法多种多样、丰富多彩。企业为了在目标市场上实现预期目标，要从诸多的定价方法中挑选确定适当的方法，给自己的旅游产品确定基本价格水平。一般说来，无论采用何种定价方法，旅游企业必须分析市场需求、产品成本和竞争状况。因而，旅游企业的定价方法就可根据定价时侧重考虑的因素不同，分为成本导向定价（成本加成定价法、投资回收定价法和目标利润定价法）、需求导向定价（感知价值定价法）和竞争导向定价（现行费率定价法）等方法。

一、以成本为导向的定价

（一）成本加成定价法

这是在单位产品成本的基础上，加上预期的利润额作为产品的销售价格，售价与成本之间的差额即为利润。由于利润的多少总是呈一定的比例，人们习惯上称这种比例为“几成”，因而这种方法就称成本加成定价法。

这种方法简便易行，应用历史悠久，在旅游企业市场营销中主要用于制定旅行社产品、酒店食品和饮料等产品的价格。但采用这种定价方法，必须事前准确地核算产品或劳务的成本，一般要以平均成本为准，另外要根据产品的市场需求弹性等因素确定恰当的利润百分比。成本加成定价法在具体应用中又可分为两种方法。

1. 总成本加成定价法

总成本是旅游企业在一定时期生产经营产品时的全部费用支出，按照不同费用在总成本中的变动情况，又可分为固定成本和变动成本两部分。因而单位产品成本加上一定比例的利润，就是单位产品的价格。用公式表示为：

单位产品价格＝（总成本+预期总利润）/预期产品产量

＝（固定成本+单位变动成本×产量）×（1+预期成本利润率）/预期产品产量

＝单位产品成本+单位产品预期利润

2. 变动成本加成定价法

这一方法又称为边际贡献定价法，就是在定价时只计算变动成本，而不计算固定成本，在变动成本的基础上加上预期的边际贡献。所谓边际贡献，就是销售收入减去补偿固定成本后的收益。预期的边际贡献也就是补偿固定成本费用后企业的盈利。由于边际贡献会小于、等于或大于变动成本，旅游企业就会出现盈利、保本或亏损三种情况。这种定价方法一般在旅游企业之间相互竞争十分激烈时采用较为合适，尤其在产品必须降价出售时对企业的定价有着重要的指导意义，因为只要产品的销售价格不低于变动成本，说明生产可以维持，若产品出售价格低于变动成本，则表明生产越多企业亏损越大。这种定价方法用公式表示为：

单位产品价格＝（变动总成本+预期边际贡献）/预期产品产量

＝单位产品变动成本+单位成本边际贡献

一般来说，使用成本加成定价法并不合理。因为任何忽略需求和竞争对手价格的定价方法都不会得出最适当的价格。因此大多数情况下，应将成本看作售价的一定百分比，旅游产品及服务定价的管理人员都是先利用这种技巧制定一个目标价格，之后他们再根据市场的承受力、心理定价份额及本节要讨论的其他方法来对旅游产品或服务的价格进行调整。

（二）投资回收定价法

这是指旅游企业为确保投资按期收回，并获得预期利润，根据投资生产的产品的成本费用及预期生产的产品的数量，确定能实现营销目标价格的定价方法。所确定的这个价格在投资回收期内不仅包括了单位产品应摊的投资额，也包括了单位产品新发生或经常性的成本费用。

例：某旅游城市新建三星级酒店1座，共投资8 000万元，拥有标准间客房350间，预计投资回收期为6年。预计在6年中，年平均客房出租率最好状况可至70%，最差也可达60%，每一客房分担的服务管理费为每年8 000元，同类酒店标准间客房的日销售价为220元/间天。试计算能保证投资按期收回的单位客房日收费标准。

$$\text{该酒店单位客房每年经营费用(成本)}=\frac{\text{投资总费用}}{\text{客房数}\times\text{回收期}}+\text{单位客房年追加营销服务费}$$

根据上述资料，有关指标分别为：

$$\text{该酒店单位客房日收费}=\frac{\text{单位客房年经营费用(成本)}}{\text{年日历数}\times\text{客房平均利用率}}=\frac{46\ 095.24}{360\times60\%}\approx213.4(\text{元})$$

验证：该酒店年收入＝213.4×350×360×60%＝16 133 040元

该酒店年净收入＝16 133 040－8 000×350＝13 333 040元

该酒店6年内净收入＝13 333 040×6＝80 000 000

又该酒店6年内净收入为8 000万元，恰好等于酒店建设投资的8 000万元，所计算出的日收费标准低于同类酒店的水平，且客房出租率以最差状况作保守计算。故该酒店单位客房日收费平均标准为214元，可保证如期收回投资。

上例中可以看出，利用投资回收定价法必须注意产品销量设施利用率的保证，否则就不能确保每年的投资回收率，也就不能实现旅游企业既定的营销目标。从上例中还可看出，投资回收定价法一般为静态计算方法，未考虑资金投入使用的时间价值等动态因素，因而所计算的结果只能供旅游企业确定产品价格时参考，而不能作为唯一的依据。

（三）目标利润定价法

这是根据旅游企业的总成本和估计的总销售量，确定一个目标收益率，作为定价的标准，这种定价方法用公式表示为：

单位产品价格＝(固定成本总额＋变动成本总额＋目标利润)/产品数量

目标效益定价法在旅游企业中尤其酒店业中广为应有，制定客房产品价格时使用的千分之一法和赫伯特公式法，实质上都是目标效益定价法的特殊形式和具体应用。

千分之一法，又称千分之一规则或千分之一经验公式。这是指酒店建筑所需投资通常占其总投资60%至70%，因此酒店的房价与造价之间有着直接的联系，许多人认为酒店要想获取利润，房价就应占造价的千分之一。按这一经验公式要求，酒店要有一定百分比的举债和产权并且在计划期内债务数额不变，酒店经营的其他产品如餐饮产品需达到一定百分比的利润等，否则应用千分之一法就难以制定出合理的房价。另外，千分之一法存在着明显的应用局限性，主要就在于旅游目的地一般物价上涨较快，而此方法把当前产品的价格与过去的建筑费用联系在一起,显然没有对旅游企业的运行费用和机会收益进行估计,因而往往就只能作为简便、粗略的产品定价方法。

千分之一法的具体计算公式如下:

平均每间客房的售价=(建造成本总额÷客房间数)/1 000

如一座酒店,有500个房间,总造价5 000万元,按照千分之一法可得每间客房的房价=(50 000 000÷50)/1 000=100元。

二、以需求为导向的定价

这是指以旅游产品的市场需求状态为主要依据,综合考虑旅游企业的营销成本和市场竞争状态而制定或调整产品、服务的营销价格的方法。由于与市场需求相联系的因素较多,并且旅游企业对这些因素的重视程度不一,具体的定价方法就多种多样。

(一) 习惯定价法

这是旅游企业依照长期被消费者接受和承认的已成为习惯的价格来定价的方法。某些旅游产品在长期的购买使用中,旅游消费者习惯上已经接受了这种产品的属性和价格水平,因而企业在从事新产品、新品种开发之际,只要产品的基本功能和用途没有改变,消费者往往只愿意按以往的价格购买旅游产品,经营此类产品的旅游企业不能轻易改变价格,涨价会影响产品的市场销路,降价会引起消费者怀疑产品的质量。如一些地方土特产、名小吃以及旅游小工艺品等的价格确定,往往是由消费者习惯认定的。

(二) 感知价值定价法

这是旅游企业根据购买者对旅游产品价值的感觉、理解而制定价格的方法。其实质是旅游企业利用市场营销因素组合中的非价格变数和产品的质量、广告宣传、额外利益等来影响、诱导旅游消费者,使他们对产品的功能、质量、档次有一个大致的"定位",建立购买者头脑中的感知价值,然后再确定价格。采取这一定价方法的旅游企业,必须正确估价消费者的"感知价值",并对所定价格能带来的销量、成本以及利润进行核算,若此价格既能适应市场需要,又能为企业获取预期的理想利润,则所确定价格就是合理的,反之则需重新检验、评估。

(三) 可销价格倒推法

旅游产品的可销价格是指消费者或中间商习惯接受和理解的价格。可销价格倒推法就是旅游企业根据旅游消费者可接受的价格或后一环节买主愿接受的利润水平而确定其销售价格的定价法。旅游企业为了在价格方面有实力与现有类似产品竞争,而设计出在价格方面能参与竞争的产品,或者在新产品推出时,先通过市场调查确定出购买者可接受的价格,然后反向推算出产品的最初销售价格。

(四) 价格需求弹性定价法

一般来说,当旅游产品价格变动后,其市场的需求量或多或少地总会有所改变,价格需求弹性定价法就是利用价格需求弹性系数值的大小来判断产品定价的合理性,以便为企业提高价格或降低价格提供决策依据。这种方法的判断标准为:若价格需求弹性系数大于1,说明这种产品富有弹性,即需求量变动百分数大于价格变动百分数,降价可以大幅度增加销售量或销售额;若价格需求弹性系数等于1或趋近于1,称为单位弹性,即需求弹性变动百分数与价格变动百分数相同或相近,降低或提高价格会增加或减少销量,但对销售额影响不大,只是降低价格有助于企业提高市场占有率;若价格需求弹性小于1,说明这种产品缺乏弹性,即需求量变动百分数小于价格变动百分数,在提高产品价格的同时,产品销售量有所下降,但下降幅度较小,销售收入却会增加。

若用 Q 代表需求量,P 代表价格,其中 Q_1、Q_2分别为价格变动前后的需求量;P_1、P_2分别代表需求变动前后的价格,价格需求弹性系数 E 可用以下弧弹性的中点公式表示为:

$$E=\frac{\Delta Q/Q}{\Delta P/P}=\frac{(Q_2-Q_1)/Q_1+Q_2}{(P_2-P_1)/P_2+P_1}$$

例:某风景区门票价格为30元,日容载游客量为50 000人,但实际每天接待游客40 000人。根据历史资料知该门票价格需求弹性系数为0.9,为促使接待游客数上升,拟通过调整门票价格刺激游客前来游览。试确定该门票价格调整的水平。

根据价格需求弹性系数计算公式和上述资料所给条件,则:

$$0.9=\frac{(40\ 000-50\ 000)/(40\ 000+50\ 000)}{(P_2-30)/(P_2+30)}$$

计算可得 $P_2\approx23.4$ 元。可近似取为24元。

因而从题中可知,该门票价格由30元降为24元,才能使公园的客源量达满负荷状态。

三、以竞争为导向的定价

这是指以同类旅游产品的市场供应竞争状态为依据,以竞争对手的价格为基础的定价方法。这种方法是以竞争为中心,同时结合旅游企业自身的实力、发展战略等因素的要求来确定价格。

现行费率定价法(going-rate pricing)从策略上讲是一种主要根据竞争对手的价格来制定价格的方法,对成本和需求很少注意。有些企业的价格可能比竞争对手高一点或低一点,但高低价差却保持不变。当需求弹性很难测定的时候,有些企业认为现行费率定价法是一种行业集体的体现,能够提供一个可以产生良好收益的价位,并且跟着现行价格水平走可以避免有害的价格竞争。

由于不同的旅游企业对旅游市场竞争有不同的判断,这种定价方法就可大致分为二类:

(一) 率先定价法

这是一种主动竞争的定价方法,一般为实力雄厚或产品独具特色的旅游企业所采用。在制定价格时,旅游企业首先将市场上竞争产品价格与企业估算价格进行比较,分为高于、低于、一致三个层次;其次将企业产品的性能、质量、成本、产量等与竞争企业进行比较,分析造成价格差异的原因;再次根据以上综合指标确定本企业产品的特色、优势及市场定位,在此基础上按定价所要达到的目标,确定产品价格;最后,要跟踪竞争产品的价格变化,及时分析原因,相应调整本企业的价格。这种方法所确定的旅游产品的价格若能符合市场的实际需要,率先定价的旅游企业会在竞争激烈的市场环境中获得较大的收益,居于主动地位。

(二) 追随核心定价

这是根据旅游市场中同类产品的平均价格水平,或以竞争对手的价格为基础的定价方法。在有许多同行相互竞争的情况下,每个旅游企业都经营着类似的产品,若价格高于别人,就可能失去大量销售额;若价格低于别人,就必须增加销售额来弥补降低了的单位产品利润,而这样做又可能迫使竞争者随之降低价格,从而失去价格优势。因而在旅游市场营销活动中,由于“平均价格水平”易被旅游消费者接受,认为是合理的价格,而且也能保证企业获得与竞争对手相对一致的成本利润率,使许多企业倾向于与竞争者保持一致的价格,尤其在少数实力雄厚的企业控制市场的情况下,大多数中小旅游企业市场竞争力有限,无力也不愿与生产经营同类旅游产品的大企业作“硬碰硬”的正面竞争,就跟随大企业同类产品的价格,从而制定大致相仿的价格并随其价格变化而相应地调整本企业的价格。

第三节　旅游产品或服务定价策略与技巧

旅游产品的定价,需要科学的理论和方法为指导,同时由于竞争和旅游消费者的需要,还必须有高明的定价策略和技巧。旅游企业的定价策略就是根据旅游市场的具体情况,从定价目标出发,灵活运用价格手段,使其适应市场的不同情况,实现企业的营销目标。一般来说,旅游企业的产品的定价策略主要有新产品价格策略、现有产品定价策略、心理价格策略、折扣价格策略、招徕价格策略和区分需求价格策略等。

一、新产品价格策略

任何旅游产品都有着自己的市场寿命周期。由于旅游产品寿命周期的各阶段的特点不同,旅游企业应从市场需要和产品寿命周期的变化要求出发,有针对性地进行价格调整。在产品的导入期,定价尤其具有挑战性,为新产品定价有几种策略可以选择,包括市场撇油定价、市场渗透定价和满意定价策略。

(一) 撇油定价策略

这是一种高价格策略,即在新产品上市初期,价格定得很高,目的在于在短时间内获取高额利润。这种价格策略因与从牛奶上层中撇取奶油相似而得名,因而所制定的价格称为撇油价格。撇油定价是当市场对价格不敏感时确定高价。

撇油价格策略不仅能在短期内获取大量利润,而且可以在竞争加剧时采取降价手段,既可限制竞争者的加入,又符合旅游消费者对待价格从高到低的客观心理反应。应用这种定价策略,要具备相应的条件:目前市场需求较高;制定高价,不会刺激更多竞争者进入市场,有助于形成新产品优质的形象;虽然有可能销售量不大且单位成本较高,但企业仍能获得高额利润。这种定价策略作为一种短期的价格策略,适用于具有独特的技术、不易仿制、生产能力不太可能迅速扩大等特点的新的旅游产品,同时市场上存在高消费或时尚性的要求。

(二) 渗透价格策略

这是一种低价格策略,即在旅游新产品投入市场时,以较低的价格吸引消费者,从而很快打开市场,这就像倒入泥土的水一样,从缝隙里很快渗透进去,因而称此种价格为渗透价格。

这种价格策略由于价格偏低,有利于迅速打开旅游产品的销路,扩大市场销量,增加盈利,还能阻止竞争对手介入,易于旅游企业自己控制市场。但是,一般来说,在旅游市场中运用渗透价格策略,也有可能导致投资回收期较长。产品若不能迅速打开市场或遇强有力的竞争对手时,会遭受重大损失等问题。因而,这种价格策略的运用要具备相应的条件:市场对价格高度敏感,低价有助于市场扩展;随着销量增加和经验的积累,企业能降低单位成本;可阻止竞争者进入市场。渗透价格策略作为旅游企业的一种长期价格策略，往往适用于能尽快大批量生产、特点不突出、易仿制、技术简单的新产品，如旅行社的观光旅游类产品、低星级酒店的客房产品等。

（三） 满意价格策略

这是一种折中价格策略，它吸取撇油和渗透定价策略的长处，采取比撇油价格低但比渗透价格高的适中价格，既能保证旅游企业获取一定的初期利润，又能为旅游消费者接受，因而这种价格策略确定的价格称为满意价格，有时又称为“温和价格”或“君子价格”。

二、现有产品定价策略

上述策略主要用于新产品的导入期，同时，它们对现有产品的定价也是有用的。以下各种策略也可以用于对现有产品的定价。

（一） 产品捆绑定价

一些企业将其产品中的几种捆绑到一起并以低价出售就属于产品捆绑定价。例如，酒店所出售的周末特价组合产品（包括客房、食物和娱乐）便属此类。价格捆绑策略可以促销消费者本不想购买的产品，但捆绑的价格必需低到能说服消费者购买这“捆”产品，追加到核心服务之上的这些项目要能够给顾客一种物超所值的感觉。

旅游产品或服务实行捆绑定价有两点好处：第一、消费者最高意愿价格是有差异的，所以通过组合不同的商品我们可以将一个产品的消费者剩余转移给另外一个产品。例如，顾客 A 愿意支付 60 元的价格入住一个旅游景点附近的一家酒店，并以 120 元的价格购买 3 天内都有效的旅游景点入场券。顾客 B 则愿意支付 80 元的住宿费和 95 元的入场费。酒店想以 80 元的价格出售客房，如果酒店能够拿到折价的旅游景点入场券并以 350 元的价格提供两人两日的住宿和两张 3 日内有效的入场券的话，那么两位顾客都会从中受益。尽管 80 元的房价超过了顾客 A 的支付意愿，但是当客房和入场券组合在一起的时候，它们便低于这位顾客的支付意愿。顾客的意愿价格各不相同，通过捆绑销售我们可以在产品间转移消费者剩余，从而扩大销售市场。

捆绑定价的第二点好处是隐藏新产品价格以避免价格大战或给人留下低劣的感觉。例如：一家酒店的平均价格高于 300 元，在客房剩余的情况下，它会以 100 元的价格销售给航空公司，航空公司会把酒店和往返机票捆绑在一起，以 2 245 元的价格售出两夜住宿和往返机票，这比打广告力推 100 元的客房给人留下的印象会好些。100 元的价格使有些人感到酒店迫切需要客人，有些不了解酒店的人可能会误以为这就是 100 元价格的酒店，而以 310 元房价入住的顾客可能会要求退款。通过向航空公司销售客房并捆绑为组合产品，酒店避免了因低价而损害形象的问题。

（二） 价格调整策略

针对不同的顾客和环境的变化，有些企业常常要对基础价格进行调整。我们谈论以下几种价格调整策略：折扣与折让定价、歧视定价。

1. 折扣与折让定价

（1） 数量折扣。这是指旅游产品或服务的生产经营企业，为了鼓励旅游产品购买者大量购买，根据购买者所购买的数量给予一定的折扣。

① 累计数量折扣。这是指在一定时间内,旅游产品或服务的购买者的购买总数超过一定数额时,旅游企业按购买总数给予一定的折扣。一般情况下随旅游消费者的购买数量增多而折扣随之增大。这种定价策略有利于加强旅游企业与旅游产品或服务购买者之间的业务关系。在旅游企业中,常见的累计数量折扣有团体价、会议价、公司价等。

② 非累计数量折扣。这是指旅游企业规定旅游产品或服务购买者每次购买达到一定数量或购买多种产品达到一定的金额时所给予的价格折扣,一次性购买数量越多,折扣就越大。如一次购买某旅游产品 100 件,则旅游企业按产品基本价格的 95%收款,若购买 200 件以上按基本价格的 90%收款;若购买 1 000 件以上则按基本价格的 80%收款。采用这种定价策略能刺激旅游消费者大量购买,增加盈利,同时减少交易次数与时间,节约人力、物力等开支。

(2) 季节性折扣。这是指旅游企业在需求低迷的时候对购买过季产品或服务的购买者提供的价格减让。由于在淡季时,旅游企业普遍出现客源不足、服务设施和生产设备闲置的情况,因而为吸引旅游者,增加消费,往往此时旅游企业就制定低于旺季时的旅游产品或服务价格以刺激旅游消费者的消费欲望。但是,这种折扣价格的最低优惠度不应低于旅游产品或服务的成本。

阅读材料

国庆后旅游产品价格拦腰斩 2 000 游三亚,6 000 游欧洲

火爆的十一黄金周已经过去,随着出行人数的减少,各热门旅游目的地的机票、酒店等资源的紧张情况得到缓解,旅游产品价格大幅回落,一些目的地降幅甚至高达 5 成。

一、境外热门海岛游比国庆便宜一半

来自携程的数据统计,国庆后到 10 月中下旬、11 月,境外旅游产品降价区间在 10%至 30%之间。加上网上的大规模淡季促销,有些热门线路特别是适合蜜月的海岛游价格近乎腰斩。以热门海岛巴厘岛为例,入住五星酒店的私家团产品,如果选择在 10 月下旬出发,价格为 6 810 元,相较国庆期间便宜了近一半。受国庆后大交通、酒店价格大幅下降影响,十一后错峰出游,像欧洲、美国、澳新等长线,以及短线非热门目的地,降幅多在三成左右,日本、东南亚热门海岛,降幅更大,部分线路价格甚至超过四成。

同时,根据国庆节后旅游线路价格环比涨跌情况,携程发布了国庆后出境游十大性价比目的地及特惠线路。其中降幅最大、性价比高的目的地及线路有俄罗斯、新加坡、欧洲、美国、泰国、澳大利亚、印度尼西亚、马尔代夫和南非,降幅从 28%到 62%不等。以"德国+法国+瑞士+意大利 12 日跟团游"为例,相较国庆期间动辄过万元,选择在 10 月下旬及 11 月错峰出发,只需 6 399 元起。从出游预订客群分布来看,"十一"过后,闲暇时间较为充裕的"银发族"和"年假族"是出游主力军。国庆假期,不少用户前往南半球感受盎然春意。澳大利亚、毛里求斯、新西兰等南半球目的地旅游产品人气较高,黄金周团期价格也一度保持高位。国庆节后此类产品价格同样有所下降,降幅在 20%左右。

二、国内游降价将持续至 12 月中旬

携程近日发布了"国庆后十大性价比线路",包括三亚、桂林、丽江、成都、拉萨、西安、黄山

等热门目的地，有些特惠线路价格跳水幅度都在四成以上。以国内游热门的三亚为例，国庆后机票、酒店价格大幅回落，旅游价格将出现跳水下跌，三亚5日自由行从上海出发人均最低价格仅2 004元左右，相比国庆直降超过40%。相比于国庆期间的旅游产品价格高、热门旅游目的地客流量大等情况，节后错峰游不仅能节省旅游开支，还可获得更加舒适的出游体验。本轮错峰出游季将一直延续至12月中旬前。12月中下旬开始，随着双旦来临，旅游产品价格将再次逐渐上涨。从截至目前的预订情况看，赏秋、养生、采摘、美食以及登山等时令主题受到追捧。

三、机酒打折助力新婚族出行

十一黄金周不仅是旅游的旺季，也是结婚的旺季，大批"90后"走进婚姻殿堂。业内人士表示，每年全国有众多新婚夫妇选择在十一假期后开始自己的蜜月，而机票、酒店的打折促销将助力这些新婚族错峰蜜月旅行。同程艺龙机票大数据显示，黄金周后第一周国内机票的平均票价最低仅为513.58元，相比黄金周高峰时段票价降了近一半。但是，受秋游出行高峰的影响，国内机票热门航线平均票价从10月中下旬又开始缓慢回升。因此，节后第一周正是黄金周错峰出行的"黄金时段"，无论是去秋游还是去度蜜月，乘飞机出行，眼下都是比较划算的。考虑到中西部及三四线城市新婚夫妇的错峰蜜月游需求，成都、重庆、西安、武汉、长沙等中西部重点城市目前均有特惠航班提供。

同时，目前年轻人的蜜月旅行在出行期间更加注重个性化的住宿，因此一些高档精品酒店和民宿格外受到欢迎。途家网方面表示，十一期间"土豪"旅客骤增，豪华民宿预订量环比增长94.6%，其中最贵民宿单日价格达到12 000元，赶超迪拜七星酒店。此外，途家网数据显示，十一之后全国民宿平均间夜价格有明显下降，热门目的地城市中，降价幅度最大的城市为厦门，超过60%；其余依次为：西安54%、重庆53%、青岛53%、成都47%、苏州46%、杭州42%、北京39%、广州23%、上海21%。

资料来源：田虎.人民网.2018年10月15日。

（3）现金折扣。这种折扣又称付款期限折扣，也就是指对现金交易或按期付款的旅游产品或服务购买者给予价格折扣。若买方按卖方规定的付款期以前若干天内付款，卖方就给予一定的折扣，目的是鼓励买方提前付款，以尽快收回货款，加速资金周转。如西方国家的旅游企业在交易合同中的付款方式上经常有这类的字样"2/15 净 28 天"，这就表示付款期为28天，如买方在15天内付款，给予2%的折扣。

（4）同业折扣和佣金。这也称作功能性折扣，就是指旅游产品或服务的生产企业根据各类中间商在市场营销中所担负的不同职责，给予不同的价格折扣。一般来说，旅游企业给旅游批发商的折扣较大，给予旅游零售商的折扣较小，这有利于促使批发商愿意大量进货，并有可能进行批转业务，因而使用同业折扣和佣金的目的在于刺激各类旅游中间商充分发挥各自组织市场营销活动的功能。但在旅游活动中，由于旅游市场营销的复杂性和多样性，同业折扣和佣金的具体形式也就迥然各异。如丽笙酒店给予旅行社15%的佣金，以便增加来酒店的公务旅行者人数；赫艾特旅馆公司规定，旅行社为旅游者每预订24间客房，该旅馆公司就可免费向旅行社提供1间客房；而希尔顿酒店向旅游批发商收取净房价，若旅游批发商代替团队订房，则该酒店给旅游批发商的价格低于一般团队价格15%。要注意的是，若旅游企业采用同业折扣和佣金，客观上会使旅游企业的平均价格下降，因而实行同业折扣和佣金一定要使增加销售所带来的收入高于所需的成本支出，旅游企业应仔细研究是否实行同业折扣、佣金以及折扣、佣金的比例是多少为妥。

2. 歧视定价

有些企业常常根据顾客、产品和地点的差异调整其基础价格。运用歧视定价，企业对同一种产品或服务可以有两种甚至更多的价格水平，尽管这种价格差异并非建立在成本差异的基础之上。要想成功进行歧视定价，必须满足以下各条标准：

（1）不同类型的消费者必须对价格有不同的反应，他们对服务的价值有不同看法。

（2）这些不同的细分市场必须是可识别的，并且存在某种机制允许对它进行歧视定价。

（3）不存在这样的机会：在某个细分市场中已经以低价购买了产品的人可以转手将产品卖给别的细分市场。

（4）该细分市场应该有足够大的规模值得采用歧视定价策略。

（5）采取歧视定价策略的成本应该低于由此产生的收入，这在某种程度上是第四条标准的函数。

（6）消费者不会因为歧视定价而感到无所适从。

（三）心理定价策略

旅游消费者尤其是对价格较为敏感的消费者，往往对旅游产品或服务的认可、购买，主要是通过价格因素来判断的，因而就可在定价中利用旅游消费者对价格的心理反应，刺激消费者购买旅游产品或服务。

1. 尾数定价策略

这种定价策略也称为非整数定价策略，即给旅游产品定一个零头数结尾的非整数价格。由于旅游消费者一般认为整数定价是概括性定价，定价不准确，而尾数定价可使消费者易于产生这是经过精确计算的最低价格的心理；同时，旅游消费者会觉得旅游企业定价认真，对消费者负责，即便是一些高价产品也觉得不太贵了。

一般来说，尾数定价策略主要适用于价值较低的旅游产品或服务，若产品在 5 元以下的，末位数为 9 的定价容易受到旅游者的欢迎；在 5 元以上的产品，末位数为 95 的定价也易受到旅游消费者的欢迎，如价格为 19.95 元或 19.50 元就比标价 20 元的销路好，但是，在利用尾数定价策略时，要尽可能使价格保持在某一范围，因为消费者常把某一价格范围看作是一个档次，如把 0.86 元至 1.39 元视为 1 元，把 140 元至 179 元视为 150 元，等等，如果旅游产品调价以后价格仍在原来的范围之内，就不易为消费者知觉，从而也就更容易为消费者所接受；并且，产品的调价频率不宜过快，幅度不宜过大，否则会引起消费者的反感；另外，提供的系列产品差价不应过大，要给旅游者留下价格合理的感觉，否则旅游者就有可能选择低价产品，这在饭店的餐饮产品中反映尤为明显，因而许多专家认为，菜单上最高价与最低价之差一般不应超过 1 倍。

2. 整数定价策略

这种定价策略是指旅游企业在定价时，采用合零凑数的方法，制定整数价格。这是因为在现代旅游活动中，由于旅游产品或服务十分丰富，旅游消费者往往只能利用价格辨别产品的质量，特别是一些消费者不太了解的旅游产品，整数价格反而会提高产品的身价，使消费者产生“一分钱一分货”的购买意识，从而促进旅游产品的销售。旅游活动中的一些工艺品、字画以及高星级酒店的客房价格等就采用这种定价策略。如租金500美元一天的豪华套房不宜改标为495美元。

3. 分等级定价策略

这种定价策略是指一些旅游消费者有时不大会感觉到价格的细微差别，消费者对许多旅游产品的需求曲线呈阶梯形状，因而旅游企业就可把产品分为几档，每一档定一个价格，这样标价就可使消费者觉得各种价格反映了产品质量上的差别，并可简化其选购过程。

旅游企业中，旅行社经常采用这种定价策略，对同样的旅行线路产品就分为豪华、普通和特价三种价格，分别以不同的价格吸引不同的旅游者。但是在对旅游产品分级中，级数不宜太多，档次的差别不宜过大或过小，并且要使不同等级的产品在质量、性能、额外利益等方面有着明显的区别，使旅游者确信房价的差别是合理的。

4. 声望定价策略

这种定价策略是指针对旅游消费者“价高质必优”的心理，对在消费者心目中有信誉的产品制定较高价格。这是因为价格档次常被当作旅游产品质量直观的反映，特别是旅游消费者在识别名、优产品时，这种心理意识尤为强烈。因此，高价与性能优良、独具特色的名牌产品比较协调，更易显示出产品特色，使全企业的产品给消费者留下优质的印象或使消费者感到购买这种产品可提高自己的声望。一般来说，旅游企业采用这种定价策略所制定的价格，往往为本行业中同类产品中的较高价格甚至为市场中的最高价。当然，运用这种价格策略必须慎重，一般性的旅游企业及产品、服务不宜采用。

（四） 招徕价格策略

这种定价策略实质上是发挥促销导向的作用，以特殊价格吸引旅游消费者，从整体上提高企业的销售收入和盈利。

1. 亏损价格

这是指旅游企业在自己的产品或服务结构中，把某些产品或服务的价格定得很低，甚至亏损，以价格低廉迎合旅游消费者的“求廉”心态而招徕顾客，借机带动和扩大其他产品的销售。例如某些餐厅向消费者免费提供饮料，虽然旅游消费者享用这些饮料会使餐厅在饮料上亏损，但消费者必然会购买甚至增加购买菜肴等产品，餐厅就可通过菜肴等产品的销售弥补饮料上的亏损，还可提高总的销售收入和利润；有的旅行社在激烈的市场竞争中向旅游者提供的包价旅游产品中，其游、食、宿等分项产品仅以成本价计算，企业无利可图，但通过大量游客的增加，旅行社就依靠机票折扣获取利润。

阅读材料

国外景点门票价格：低价策略是主流

意大利比萨斜塔

意大利是文化旅游大国，全国共有39处文化古迹、考古遗址、自然景观等遗产被联合国教科文组织列入《世界遗产名录》，有人形象地把意大利称作是一个“巨大的露天博物馆”。意大利各旅游景点的门票价格比较低廉，参观著名的古罗马斗兽场只需6欧元。在意大利，最贵的景点门票价格也不足意大利人均月收入的1%。

日本富士山不收门票

日本自然景观不收门票 文化景点收费很低,生活在日本的人都有一个体会,那就是日本物价虽然昂贵,但旅游景点的门票却相对便宜。而且,日本多数旅游景点是不收费的,即使部分历史文化古迹和世界文化遗产等景点实行收费制,但与日本人的收入相比,完全是象征性的。东京虽然寸土寸金,但市中心依然有不少规模相当大的免费公园。日本天皇居住的皇宫还特意辟出一半左右,作为公园免费向游客开放。山海融为一体是日本很多自然景观的基调,这些自然景观基本是不收门票的。例如,由世界闻名的富士山以及周边地区的湖泊、冒着白烟的火山地质层等自然景观构成的富士伊豆箱根国立公园是免费的。就连被列为世界自然遗产名录的鹿儿岛县屋久岛也同样不需要购买门票。日本的历史文化古迹等景点虽然基本实施收费制度,但门票都不太贵。例如,世界文化遗产冲绳首里城的门票,在旅游旺季的全票为800日元,淡季为640日元。同样是世界文化遗产的岐阜县白川乡和广岛原子弹轰炸遗址是不收费的。另外,日本京都的清水寺、二条城、金阁寺,奈良的东大寺、唐招提寺、平城宫遗址以及日光的东照宫等世界文化遗产的门票,都在300至1 000日元。其他日本国家级文化遗产的门票在200至500日元。例如,日本国宝级文物“镰仓大佛”的门票仅为200日元。

法国:景点门票采取“低价策略”

法国是世界旅游大国,首都巴黎是世界旅游收入最高的城市。法国旅游业的兴旺主要得益于丰富的人文景观和历史遗产,也得益于政府的文化遗产管理制度。法国人文景观主要包括教堂、公园、博物馆和城堡,其数量之多令人瞠目。卢浮宫、凯旋门、凡尔赛宫、枫丹白露、埃菲尔铁塔、巴黎圣母院、卢瓦尔河谷城堡群等举世闻名的景观每年吸引众多游客前来观光。对这些宝贵的“财富”,法国政府始终坚持“以人为本、着眼未来”的管理原则,不因为这些景点“有名”而随意提高门票价格,而采取“低价策略”以弘扬民族文化,最终达到吸引更多旅游者的目的。

俄罗斯:旅游景点票价不高且内外有别

俄罗斯拥有众多的自然和人文景观,首都莫斯科更是景点众多。这些景点的门票价格不高,一般还分本国人票和外国人票,而这两种票又分别有普通票和优惠票。可以说,价格优惠、内外有别是俄旅游景点门票的主要特点。对俄罗斯本国及独联体国家的公民来说,各景点的门票一般分两种——普通成年人票和面向学生、退休人员、残疾人等群体的门票,也有一些景点的门票价格分五六种之多。而各景点的外国人票则一律分两种——普通成年外国人票和外国学生票。

2. 特殊事件价格

这是指旅游企业在某些节日和季节或在本地区举行特殊活动的时候,适度降低旅游产品或服务的价格以刺激旅游消费者,招徕生意,增加销售。这种定价策略往往在旅游淡季时受到旅游企业的重视。一般来说,采用这种策略必须要有相应的广告宣传配合,才可能将这一特殊事件和信息传递给广大的旅游消费者。

(五) 区分需求价格策略

这是指相同的旅游产品或服务以不同的价格出售的策略,其目的是通过形成数个局部的旅游市场而扩大销售,增加旅游企业的盈利来源。

1. 地理差价策略

这是指旅游企业以不同的价格策略在不同地区营销同一旅游产品或服务，以形成同一产品或服务在不同空间的横向价格策略组合。这种差价的最主要原因是由于不同地区的旅游消费者具有不同的爱好和习惯，因而各地旅游市场就具有不同的需求曲线和需求弹性。如国内旅游者与海外旅游者对行、宿产品的要求就明显不同；对同样的旅游工艺品，当地旅游市场和异地旅游市场的需求强度不一，前者弱于后者，有可能前者的价格低于后者的价格。

2. 时间差价策略

这是指旅游企业对相同的旅游产品或服务，按旅游者需求的时间不同而制定不同的价格。采用这种定价策略，有利于鼓励旅游中间商和消费者增加购买的频率和力度，尤其是在淡季时更为明显，同时可减少旅游企业仓储费用和加速资金周转，从而保证企业最佳的竞争位置。通常这种定价策略在不同时间的需求不一致时使用，如旺季的旅游产品在淡季时出售等。

3. 对象差价策略

这是指旅游企业针对不同旅游者的需要和购买的数量等因素，对同一旅游产品或服务实行不同的价格。采用这种定价策略，目的在于稳定客源，维持旅游企业基本的销售收入，有时为了开拓新的市场，增加销售收入也常常应用这种策略。如针对青年旅游者急剧上升的趋势，旅行社为争取客源，就会根据其收入偏低、支付能力较弱的特点，往往降低产品价格以吸引这些旅游者；再如酒店为了稳定客源，就往往对常住客人按其住宿时间的期限，分别给予不同比例的优惠价，对一些团队旅游者按其规模的大小等又给予一定比例的价格优惠。

4. 产品差价策略

这是指旅游企业生产经营的产品形式不同、成本不同，但旅游企业并不按照各种形式的产品成本差异比例规定不同的售价。这种定价策略之所以存在的原因就在于旅游者需求是多种多样的状态，旅游消费者对旅游产品或服务价格的认可并不完全依据其生产经营成本，而往往与对不同旅游产品或服务的偏好和需要程度联系在一起。如旅行社经营的同样的包价产品，对于中年旅游消费者，其中食、游等分项产品的价格就可能高一些，而对于老年旅游者而言，其中宿、行等分项产品的价格又较其他旅游者高一些，但包价产品总的价格都一样。这种定价策略的目的主要是为了以相同的价格但以不同的产品形式组合来满足不同消费者的需要，使产品更具有针对性，以提高市场营销的效率。

在旅游企业的市场营销活动中，区分需求定价策略应用广泛，这是由于旅游者的需要多种多样，这就使得旅游市场细分有了可能，同时，旅游者的需要有可能聚合在一起，共同表现出一定的需求倾向，也就形成了旅游需求市场的容量和空间，区分需求就自然有着现实的市场表现。如就旅游者对价格的敏感性高低而言，旅游企业就可区分出不同的市场需求，相应地采取不同的定价策略。针对旅游产品或服务的价格较为敏感的旅游者，旅游企业提供的产品质量、性能等方面的特征要与所制定的产品价格相符，否则旅游者就会感到价格不实，甚至产生被欺骗的感觉；而对价格敏感度较低的旅游消费者，他们往往所关心的是旅游产品或服务的质量、性能、消费方式等，只要产品或服务符合他们的需要，这些旅游者就会忽略价格因素，即使价格偏高，他们也有可能接受。所以，运用区分需求定价策略时，就可按对价格的敏感程度对消费者市场细分，继而就可形成相应的价格体系。

在现代激烈的市场竞争中，一般情况下，旅游企业所经营的产品或服务，往往不再是单一产品的状况，为了适应旅游者多种多样的需要，旅游企业同时提供不同价格、不同内容、不同方式的产品或服务，即使同一产品也可能形成不同价格的系列产品或服务，如同一酒店中，可能有总统套房、行政套房、标准间等不同标准、规格和价格的客房。有的时候，酒店对于同样标准的客房，由于客房的朝向不同，室外景色较佳的客房价格就会高一些，反之则低一些。旅行社经营的产品服务也是如此，同一旅行路线，由于旅游者的需求不同，乘坐的交通工具、参观景点、食宿标准等有一定的差异，因而就会形成不同的价格。

5. 混合搭售

在餐饮业和旅行社中通常使用该方法，如肯德基餐厅既单卖汉堡包、炸薯条和饮料，也提供包括汉堡包、炸薯条和饮料的套餐。当然，购买套餐要比分别购买该套餐内的各项内容的价格要低。另如，旅行社既销售包价的旅游线路产品，也提供预订酒店、导游等单项服务。这里，可以做如下的分析。

图 8-3 中，混合策略是比单独销售更有利可图的策略。这里需求是负相关的，但存在产品不同的固定的边际成本（如生产薯条的边际成本为 2 元，生产汉堡包的边际成本为 3 元）。标为 A，B，C，D 的四个消费者反映在图中。现让我们比较一下三种定价与销售策略：① 以价格 5 元和 9 元分别销售薯条和汉堡包；② 只以价格 10 元的价格供应包括两种产品的套餐，也可称之为“纯搭售”策略；③ 混合搭售，其中，两种产品以相同价格 $P_1=P_2=8$ 元的价格分开销售，或者以 10 元的价格供应套餐。

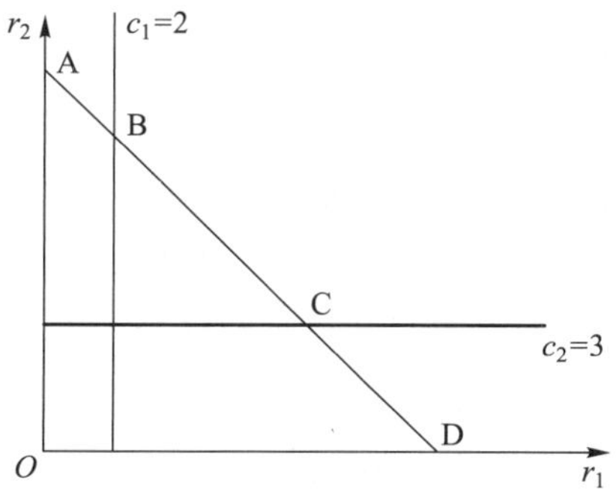

图 8-3　混合搭售

上图显示了标为 A，B，C，D 的四个消费者对两种产品的保留价格 r_1 和 r_2。消费者 A 最多愿意为产品 1 支付 1 元，最多愿意为产品 2 支付 9 元。

在本例中，有正边际成本时，混合销售可能比纯搭售更有利可图。消费者 A 有低于边际成本 c_1 的对产品 1 的保留价格，消费者 D 有低于边际成本 c_2 的对产品 2 的保留价格。用混合销售，消费者 A 只会买产品 2，消费者 D 会只买产品 1。

表 8-1 列出了这三种策略及相应的利润。如当两种产品分开销售时，只有消费者 B，C 和 D 购买产品 1，而消费者 A 购买产品 2，则总利润为 $3\times(5-2)+1(9-3)=15$ 元。用纯搭售，所有四个消费者都以 10 元来买这个套餐，因而总利润为 $4\times(10-2-3)=20$ 元。这里，纯搭售的利润高于分开销售产品。但如果是混合销售，消费者 D 只以价格 8 元购买产品 1，消费者 A 只以价格 8 元购买产品 2，而消费者 B 和 C 都以价格 10 元来购买搭售，这样，总利润为：$(8-2)+(8-3)+2\times(10-2-3)=21$ 元。这里，混合搭售的利润是最高的。

表 8-1　餐厅的三种定价策略　（单位：元）

	P_1	P_2	P_m	利润
分开销售	5	9		15
纯搭售	/	/	10	20
混合搭售	8	8	10	21

因此，对一个餐厅，它既可以供应套餐（如开胃酒、主菜、甜点等），也可以点菜，顾客分开买开胃酒、主菜、甜点等。这可以使它通过菜单的定价从那些对某些菜点比对其他菜点偏爱得多的顾客那里夺取消费者剩余，即对应于上图中的消费者 A 和 D。与此同时，套餐则留住了对不同菜点的保留价格差异不大的顾客（如对开胃酒和甜点都有适度评价的顾客）。从本质上看，混合搭售也是一种区分需求的价格策略。

三、旅游企业产品降价与提价

旅游企业处在一个不断变化的环境之中，为了生存和发展，有时候需主动降价或提价，有时候又需对竞争者的变价作出适当的反应。

（一）企业降价

企业降价的主要原因有：

（1）企业的生产能力过剩，因而需要扩大销售，但是企业又不能通过产品改进和加强销售工作等来扩大销售，尤其是旅游产品不能库存，在这种情况下，企业就需考虑降价。

（2）在强大竞争者的压力之下，企业的市场占有率下降。

（3）企业的成本费用比竞争者低，企图通过降价来掌握市场或提高市场占有率，从而扩大生产和销售量，降低成本费用。在这种情况下，企业也往往发动降价攻势，降价可以阻止竞争者进入，也是行业重要的进入壁垒。

阅读材料

德国航空公司开打价格战，超市出售廉价机票

德国的旅行社和航空公司为了吸引一直不太愿意花钱的顾客而竞相提出新的构想，它们在街角的超市商店里出售到西班牙马略卡岛的廉价机票或到豪华旅馆里住宿几夜的旅游项目。廉价航空公司在德国特别受欢迎，它们最新的构想是与 ALDI 或 Pennymarkt 廉价超市连锁店联合，顾客在购买一箱矿泉水和酸奶时也可搭配购买机票，全部价格低到不能再低。

DBA 航空公司上周三开始在 ALDI 超市连锁商店里发售 50 万张每张 49.99 欧元的德国国内航线单程机票，除了国内航线以外，乘客也可持用这些机票飞往意大利的罗马、佛罗伦萨或法国的尼斯。

DBA 的竞争对手、专门经营德国人最喜欢的旅游地点（西班牙的马略卡岛、加那里岛等）的柏林航空公司（Air Berlin），6 月底在 Pennymarkt 超市连锁店推出了一个类似的行动，提供大约 10 万张有利的购物券。

这种做法的始作俑者不是航空公司，而是拥有悠久历史的德国铁路公司。德国铁路公司 5 月在 LIDL 超市商店里发售 100 万张廉价火车票时曾引起骚动。

面对廉价航空公司的攻势，在德国排名第一的汉莎航空公司表现得有点轻蔑。其旅客运输部总经理蒂埃里·安蒂诺利表示："汉莎公司不可能参加在公共关系方面的这种哗众取宠的行动。本公司的顾客不可能到廉价的食品商店里排队。"

但没想到，为了对抗同行的廉价机票竞争，汉莎航空公司也从上周二开始在其国内航线上发售 90 万张每张 99 欧元、所有税费包括在内的来回机票。

另外，值得注意的是，汉莎航空公司透过间接参与日耳曼航空公司（Germanwings）的股份，也挤入“廉价”航空公司之列。

欧洲最大的旅行业集团 TUI，打算在将来推出使用廉价机票到豪华酒店住宿几夜的旅游项目。该集团高档旅游活动的负责人迈克尔·坦泽解释：“我们的顾客愈来愈喜欢使用非常便宜的机票到豪华旅馆里住宿几夜的旅游方式。”

由于德国失业率高和一些社会补助减少，德国百姓的消费持续下降，德国的航空公司和旅行社因此吸取教训，推出廉价销售活动。德国 GFK 民意调查所在最新的有关德国家庭信心指数的月度调查中解释：“消费者对经济形势的变化和他们自己未来的财务状况都持悲观的看法。”

德国航空公司之间的价格大战大概会在众多廉价航空公司之中造成一些受害者。Merck Finck 银行的经济分析员罗伯特·海伯格指出：“目前在德国有 3 家廉价航空公司做得很成功，分别是 Easyjet、Ryanair 以及柏林航空公司。其他的公司还要奋斗才能生存。”

（二）企业提价

虽然提价会引起消费者、经销商等的不满，但是一个成功的提价可以使企业的利润大大增加。引起企业提价的主要原因如下：

（1）由于通货膨胀，物价上涨，企业的成本费用提高，因此许多企业不得不提高产品价格。

（2）企业产品供不应求，不能满足其所有顾客的要求，在这种情况下，企业就必须提价。为了减少顾客不满，企业提价时应当向顾客说明提价的原因，并帮助顾客寻找节约的途径。

（三）各利益相关者对企业变价的反应

不管是提价还是降价都会影响购买者、竞争者、分销商和供应商，还会引起政府部门的兴趣。

1. 购买者对价格变动的反应

顾客并非总是用一种直观的方法来解释价格变动。他们看待降价的方式有几种。例如，如果你看到一家餐馆打出的广告是“买一赠一特价餐”，你会怎么想？如果你了解这家餐馆，而且印象很好，你很可能就会被吸引进去了。对这家餐馆不熟悉的人可能会以为这家餐馆是不是没有顾客登门，获得它的食物或服务出了什么问题。你可能还会想是不是餐馆将餐量减少了，或者提供的是质量差的食物。因为购买者在评价他们未曾亲身体验过的旅游业产品时，常常将价格和质量联系在一起。

类似的，通常会引起销量下降的提价对购买者而言却可能有一些积极的意义。一个俱乐部的会员费从 50 元提高到 100 元，很可能让人感觉那是一个值得一去的地方。

2. 竞争者对价格变动的反应

企业在考虑改变价格时，不仅要考虑购买者的反应，并且必须考虑竞争对手的反应。当某一行业中企业数目很少，提供同质的产品，购买者颇具辨别力与知识时，竞争者的反应就愈显重要。

（1）了解竞争者反应的主要途径。企业如何去估计竞争者的可能反应呢？首先，假设企业只面临一家大的竞争者，竞争者的可能反应可从两个不同的出发点加以理解。其一是假设竞争者有一组适应价格变化的政策；其二是竞争者把每一次价格变动都当作单一挑战。假设竞争者有一组价格反应政策，至少可以通过两种方法了解它们：通过内部资料和借助统计分析。取得内部情报的方法有好几种，有些是可接受的，有些则近乎刺探。此外，还可以模仿竞争者的立场、观点、方法思考问题。类似的情报也可以由其他渠道如顾客、金融机构、供应商、代理商等获得。

（2）估计竞争者反应的统计分析方法。用统计分析方法来研究企业在过去的价格反应，也可以得知竞争者适应价格变化的对策。从市场营销实践看，可以用“推测的价格变动”的概念，即竞争者的价格变动反应对本企业上次价格变动的比率来测定。用数学公式表示如下：

$$V_{A,t}=\frac{P_{B,t}-P_{B,t+1}}{P_{A,t}-P_{A,t-1}}$$

式中，$V_{A,t}$为竞争者 B 在 t 期间的价格变动与企业 A 在 t 期间的价格变动的比值；$P_{B,t}-P_{B,t-1}$为竞争者 B 在 t 期间的价格变动；$P_{A,t}-P_{A,t-1}$为企业 A 在 t 期间的价格变动。观察值可被企业 A 用来估计竞争者的可能反应。假如 $V_{A,t}=0$，表示竞争者上次并没有反应。假如 $V_{A,t}=1$，表示竞争者完全跟进企业的价格变动。假如 $V_{A,t}=1/2$，表示竞争者只跟进企业价格变动的一半。然而，如果仅仅对上次的反应进行分析，可能也会因此而误入歧途，最好是将过去若干个期间的 V 值平均，但对近几年的比值给予较大的权重，因为它更能反映竞争者目前的政策。

必须指出，只有在竞争者的价格反应政策相当一致持久的情况下，统计方法才有意义。否则，就必须以不同的假设来分析，也就是假设竞争者在每次价格变动时所采取的反应都不相同。

（3）预测竞争者反应的主要假设。企业可以从以下两个方面来估计、预测竞争者对本企业的产品价格变动的可能反应。

第一种情况，假设竞争对手采取老一套的办法来对付本企业的价格变动。在这种情况下，竞争对手的反应是能够预测的。

第二种情况，假设竞争对手把每一次价格变动都看作是新的挑战，并根据当时自己的利益作出相应的反应。在这种情况下企业就必须断定当时竞争对手的利益是什么。企业必须调查研究竞争对手目前的财务状况、近来的销售和生产能力情况、顾客忠诚情况以及企业目标等。如果竞争者的企业目标是提高市场占有率，它就可能随着本企业的产品价格变动而调整价格；如果竞争者的企业目标是取得最大利润，它就会采取其他对策，增加广告预算、加强广告促销或者提高产品质量等。总之企业在实施价格变动时，必须善于利用企业内部和外部的信息来源，观察出竞争对手的思路，以便采取适当的对策。

因为竞争者对本企业降价可能有种种不同理解，所以实际问题是复杂的，如：竞争者可能认为企业想暗地里侵占市场阵地；或者认为企业经营不善，力图扩大销售；还可能认为企业想使整个行业的价格下降，以刺激整个市场需求。

上面假设企业只面临着一个大的竞争者。如果企业面对着若干个竞争者，在变价时就必须估计每一个竞争者的可能反应。如果所有的竞争者反应大体相同，就可以集中力量分析典型的竞争者，因为典型的竞争者反应可以代表其他竞争者的反应；如果由于各个竞争者在规模、市场占有率及政策等重要问题上有所不同,因此它们的反应也有所不同,在这种情况下,就必须分别对各个竞争者进行分析;如果某些竞争者随着本企业的价格变动而变价,那么我们就有理由预料其他的竞争者也会这样做。

在现代市场经济条件下,企业经常会面临竞争者变价的挑战,如何对竞争者的变价作出及时、正确的反应,是企业定价战略的一项重要内容。

面对竞争者的变价,企业必须认真调查研究如下问题:竞争者为什么变价?竞争者打算暂时变价还是永久变价?如果对竞争者变价置之不理,将对企业的市场占有率和利润有何影响?其他企业是否会作出反应?

竞争者往往通过进攻性的降价来争夺市场主导者的市场阵地。在这种情况下,市场主导者有以下几种战略可供选择。

(1)维持价格不变。因为市场主导者认为,如果降价就会减少利润收入,而维持价格不变,尽管对市场占有率有一定的影响,但以后还能恢复市场阵地。当然,在维持价格不变的同时,还要改进产品质量、提高服务水平、加强促销沟通等,运用非价格手段来反击竞争者。许多企业的市场营销实践证明,采取这种战略比降价和低利经营更合算。

(2)降价。市场主导者之所以采取这种战略,主要是因为:第一,降价可以使销售量和产量增加,从而使成本费用下降;第二,市场对价格很敏感,不降价就会使市场占有率下降;第三,市场占有率下降之后,很难得以恢复。但是,企业降价以后,仍应尽力保持产品质量和服务水平。

(3)提价。提价的同时,还要致力于提高产品质量,或推出某些新品牌,以便与竞争对手争夺市场。

此外,企业应需考虑其他的因素,受到竞争对手进攻的企业必须考虑:第一,产品在其生命周期中所处的阶段及其在企业产品投资组合中的重要程度;第二,竞争者的意图和资源;第三,市场对价格和价值的敏感性。

3. 行业同盟对价格变动的反应

旅游业很多企业是典型的相互联系、相互依存的企业群体,其中任何一种主要成员(如航空公司、游船公司和滑雪度假地)的价格变动都会对其他成员产生多米诺效应。

那些为大肆打折的企业提供备品的供应商也可能被要求提供特价折扣,他们如果不答应就有可能失去这笔生意。有些像度假地和会议城市这样的社区,对航空公司、滑雪度假地和其他主要成员的价格变动尤为关注,并且可能对这些企业的管理人员的定价决策施加巨大的压力,他们要求保持较低的价格以便发展旅游业。

阅读材料

云南昆明:11 景区门票价格下调　降幅达 34.86%

据云南省昆明市旅发委的最新信息显示,截至目前,昆明 11 个景区由调价前的共 591 元,降至调价后的 385 元,降价幅度达到 34.86%。

据了解,这 11 个景区分别是石林风景名胜区(大、小石林)、石林风景名胜区地质博物馆、昆明世博园、宜良九乡风景区、轿子山风景区、西山龙门、金殿名胜区、大观公园、黑龙潭公园、郊野公园、昙华寺公园、西山玉兰园。其中,郊野公园、昙华寺公园、西山玉兰园3个景区免收门票;石林风景名胜区降价幅度较大,按照《实施意见》“清理取消‘园中园’门票”的规定,降价取消石林喀斯特地质博物馆现行120元/人次门票,并按双方协议价40元/人计算,石林喀斯特地质博物馆与石林风景名胜区进行整合,门票从每人215元规范调整为每人130元,降幅达到39.53%。

据介绍,游客通过App购买世博园、九乡风景区等6个景区的门票,还将获得最低8折的优惠。

资料来源:中国网,2019年1月22日。

4. 本企业对各种价格变动的反应

当竞争对手或者行业同盟者的价格发生变动后,企业需要考虑几个问题:竞争对手为什么要调价?是为了争取更多的市场份额,是为了利用过剩的生产能力,是为了适应不断变化的成本条件,还是为了引发全行业的调价风潮?提价是暂时性的,还是长期性的?如果本企业无动于衷的话,会对企业的市场份额和利润产生什么影响?其他企业是否会做出反应?如果本企业做出反应的话,竞争对手和其他企业分别会做出什么样的连锁反应?

除了这些问题以外,企业还必须进行更广泛的分析。它必须考虑产品在生命周期中所处的阶段,在企业产品组合中的重要性,竞争对手的意图和资源,以及消费者对调价可能做出的反应。

阅读材料

星巴克如何定价

星巴克1971年在美国西雅图开业,发展成为全球最大的咖啡零售商和最有价值的咖啡品牌。它已成功地将一种世界上最古老的商品发展成为与众不同的、高附加值的品牌,深入分析其营销组合策略可以发现许多异乎寻常的玄妙之处。

菲利普·科特勒教授在《市场营销原理(亚洲版)》一书中,指出:“公司利用产品、促销和渠道等营销组合要素,成功地为顾客创造了价值,还必须从价格中获取公司的价值,也就是利润”。星巴克成功地做到了这一点。其娴熟地运用价格策略,与产品、促销、渠道等营销策略相互呼应和配合,快速地实现了全球市场的拓展并获得了巨大的成功。具体来分析,其采用的价格策略主要有:

一、靠认知价值定价

星巴克的经营理念是致力于为顾客提供世界顶级咖啡和消费体验。为此星巴克所使用的咖啡豆都是来自世界主要的咖啡豆产地的极品,并在西雅图烘焙;根据不同产地的咖啡豆,配上不同的酿造工艺、手法而产生不同的口味,品种有几十种之多;员工要经过约3个月的严格且完善的培训,对于咖啡知识及制作咖啡饮料的方法,都有严格的标准;在星巴克还可买到与咖啡制作有关的器具及相关的小商品,这在一般的咖啡店是难得见到的;在塑造咖啡馆气氛方面,星巴克所有分店的店面设计都来自其总部的专业设计团队,星巴克所精心营造的特殊空间,成为许多人在家庭与工作地点外的“第三个最佳去处”。这使星巴克咖啡成为最为专业的、与众不同的、味道与服务质量永恒不变的、具有巨大品牌价值的产品,被消费者认为是“时尚、成功、地位”的象征,产品的认知价值得到了极大提升,消费者对价格的敏感度就自然降低了。据星巴克在上海所做的一次调查,虽然一杯中杯咖啡的价格高达 28 元,但大多数星巴克客户对此表示满意。而实际上,其品牌溢价可能占到价格的一半左右,无疑,认知价值定价给星巴克营造了巨大的利润空间。

二、靠产品线定价

星巴克向消费者提供了一系列令人眼花缭乱的饮品选择,还有各式新鲜美味的糕点。配合着季节的变化,以及不同国家、不同地区消费者的需求,其花色品种还在不断地更新。极为丰富的品种充分体现了世界顶级咖啡品牌的形象,与此同时,产品线定价策略也利于吸引顾客,扩大产品的销售。2005 年 9 月,星巴克开拓中国西部市场的首家专卖店在成都开业,刚开业就有 30 种口味的咖啡上市,出人意料的是最低价位的一款只需 12 元。最贵的咖啡焦糖马奇朵(Caramel Macchiato)每杯 32 元,摩卡(Mocca)的售价在 23~30 元不等,卡布奇诺(Cappuccino)每杯 19~26 元,拿铁(latte)为 17 元/杯。消费者据此与自己的预期以及其他品牌咖啡的价格做比较,往往会认为星巴克咖啡并不比其他品牌贵多少,有的甚至比其他咖啡的价格还便宜,从而很容易接受。

三、反向互补定价

按照一般的定价逻辑,在餐馆或类似的营业场所,主打的招牌食品,往往很便宜,但是相关的其他食品就很贵,这是典型的互补品定价策略。主打产品定低价,有利于扩大产品的销售,从而带动附带产品的销售,企业则可从附带产品上获得较高利润回报。按此逻辑,咖啡馆应该对小蛋糕之类的点心定较高的毛利,而咖啡本身则是平价商品。但星巴克的做法却截然相反。在星巴克,各式新鲜、美味的糕点也在默默诠释着咖啡的范畴,这些食品非常适合一边喝咖啡一边品尝从而构成了与咖啡的完美味觉搭配。品种繁多、风味独特的糕点对顾客很有吸引力,但其价格与顾客在商场购买的价格接近,星巴克赚的是咖啡钱!因为可能有人不买蛋糕,只喝咖啡,但是没有人只吃蛋糕,不喝咖啡。星巴克异乎寻常的互补品定价,其好处还有,由于在咖啡中已经获得了丰厚的盈利,所以其服务员不会强烈暗示消费者还“应该”另点一些其他食品,没有了服务员多余的热情,顾客会倍感其轻松舒适的氛围与真诚服务的价值。

四、针对性促销定价

促销定价策略是指企业暂时性地将产品的价格调到正常的价目以下,有时甚至低于成本,以创造购买的热情和紧迫感。星巴克除了常规的做法,如赠送限期 15 日内使用的 5 元现金券以外,还特别重视老顾客及口碑效应。星巴克 2006 年元月推出的“熟客俱乐部”,除了固定通过电子邮件发新闻信息,还可以通过手机传简讯,或是在网络上可以下载游戏,一旦过关就可以获得优惠券,很多消费者就将这样的讯息,转寄给其他朋友,造成一传十、十传百的效应。上海星巴克还率先推出电子发票,一张电子发票的最下端,被设计成优惠券,背后有咖啡教室,介绍各种咖啡的特色。

此外,收银员除了品名、价格以外,还要在收银机键入顾客的性别和年龄段,否则收银机就打不开。这样,POS 机就会在不知不觉间将顾客的性别、大致年龄、消费时间、购买物品以及消费数目等数据即时传回总部。通过其先进的后勤管理系统，星巴克可以准确把握目标客户，甚至可以对每小时的“咖啡流行”了如指掌。

本章小结

1. 旅游产品价格就是针对某一种旅游产品或服务而收取的金钱的数量。更宽泛一点说，旅游产品价格是指消费者用来交换拥有或使用某种旅游产品或服务的利益的全部价值量，它是由生产同类旅游产品或服务的社会必要劳动时间决定的。定价时应该考虑的因素有内部因素及外部因素。

2. 旅游产品的定价分为以下几个步骤：

(1) 评估目标市场购买力及倾向

(2) 估测旅游企业产品或服务成本及结构

(3) 了解旅游企业市场环境及变化

(4) 确定旅游企业定价目标

(5) 选择旅游企业定价方法和策略

3. 旅游产品一般定价方法有三种：(1) 成本导向定价。包括①成本加成定价法，在具体应用中有两种方法：总成本加成定价法和变动成本加成定价法；②投资回收定价法；③目标利润定价法。(2) 需求导向定价，包括①习惯定价法；②感知价值定价法；③可销价格倒推法；④价格需求弹性定价法。(3) 竞争导向定价法，包括：①率先定价法；②追随核心定价法。

4. 旅游产品的定价，需要科学的理论和方法为指导，同时由于竞争和旅游消费者的需要，还必须有高明的定价策略和技巧。旅游企业的定价策略就是根据旅游市场的具体情况，从定价目标出发，灵活运用价格手段，使其适应市场的不同情况，实现企业的营销目标。一般来说，旅游企业的产品的定价策略主要有新产品价格策略（撇油定价策略、渗透价格策略、满意价格策略）、现有产品定价策略、心理价格策略、折扣价格策略、招徕价格策略和区分需求价格策略等。

5. 价格调整包括发动降价和提价。企业考虑降价的原因有：生产能力过剩，不能通过加大促销力度、改进产品或其他措施来增加销售量，追随领袖定价，控制市场等；企业提价的原因是成本上涨和需求过剩。

购买者对价格变动的影响：竞争者、分销商、供应商和其他购买者在评价他们未曾亲身体验过的接待业产品时常常将价格与质量联系在一起；竞争者对价格变动的反应：当牵涉的企业数量较少、产品相同而购买者又拥有充分的信息时，竞争对手就最有可能作出反应；本企业对各种价格变动的反应：需要考虑的问题包括：价格变动的原因、市场份额、生产能力过剩、适应成本变化、引发全行业的价格变动、暂时性还是长期性等。

关键术语

旅游产品定价目标（target of tourism product pricing）

旅游产品定价的步骤（tourism product pricing procedure）

旅游产品差价体系（differential pricing system for tourism product）

旅游产品定价方法与技巧(methods and tactics for tourism product pricing)
成本导向定价法(cost-oriented pricing method)
需求导向定价法(demand-oriented pricing method)

案例回顾与讨论

1. 案例中中青旅运用的是怎样的定价策略?

2. 中青旅之所以会在“3·15”到来之际,适时推出“魅力邮轮”酬宾大行动,其主要目的是什么?

3. 怎样确保旅游企业定价策略的制定不以降低产品和服务的质量或损害企业本身利益为代价?

复习与思考

1. 解释下列概念:

成本加成法　目标效益定价法　撇油定价法　需求导向定价　折扣定价法

2. 什么是旅游差价?旅游差价在旅游定价中的作用如何?

3. 试述竞争对酒店定价的影响。具有不同市场地位的酒店应当采取何种对策?

4. 某市新建四星级宾馆,总投资1亿元,共有客房400间,预计投资回收期五年。每间客房平均年服务管理费为12 000元。若要定房价为240元/天,则客房年平均出租率到少为多少才能保证在5年内回收投资?

5. 你如何看待竞争对手的降价行为?

6. 增加收入的一种方式是通过高价推销。举例说明接待业或旅游业通过高价推销使客人更加满意的情况。

7. 请举一个有效使用价格歧视定价的例子。

8. 制定旅游价格一般要经过哪些步骤?

9. 你认为心理定价会起作用吗?在什么情况下起作用?

10. 根据微观经济学相关原理,分析下列问题。

如果你想在纽约吃一份牛排,最好的选择是去属于棕榈树管理公司所有的棕榈树餐馆,它在10座城市拥有11家旅馆,并且所有餐馆的菜单都是相同的。11家餐馆一份牛排在某年的价格如下所示:

纽约(两家)	\$ 27.00	芝加哥	\$ 22.00
东汉普顿	\$ 26.00	休斯敦	\$ 23.00
费城	\$ 24.00	达拉斯	\$ 23.00
华盛顿	\$ 24.00	拉斯维加斯	\$ 25.00
迈阿密	\$ 24.50	洛杉矶	\$ 26.00

(1) 根据棕榈树管理公司的合伙人布鲁斯波兹所说,“在芝加哥人们对价格很敏感,我们那里的经理知道应使自己的定价具有竞争力。”假设餐馆食品的市场在所有的城市都是垄断竞争的,那么对棕榈树餐馆牛排的需求曲线在芝加哥和纽约是一样的吗?如果不是,有什么区别?

(2) 波兹先生认为,“我们在纽约的劳动力成本是最高的,分摊到每位消费者身上的劳动力成本大约是8美元。这几乎是我们在其他一些城市成本的2倍。效用当然也是高的。每月清扫两个餐馆的垃圾要花费我们7 000美元。”棕榈树餐馆的边际成本曲线在纽约和芝加哥一样吗?如果不一样,有何区别?

(3) 如果纽约的边际成本比芝加哥高20%,而且纽约的需求价格弹性为-3,而芝加哥的为-4,那么你预期纽约和芝加哥牛排价格差距的百分比是多少?

自测自评

实践题

1. 你刚刚被聘为一家当地酒店的餐厅经理，总经理让你评价菜单的价格，看是否需要调整。你如何完成这项任务？

2. 比较同一等级的几家酒店和餐馆的价格，它们有没有什么差别？你认为要价高的企业是否通过提供额外特色或者是高质量产品而使其产品物有所值？

3. 考察一个你所熟悉的旅游企业（酒店、旅行社或景区），分析他们某种产品定价的目标是什么？

推荐阅读文献

1. 蒂姆・史密斯.定价策略[M].北京：中国人民大学出版社，2015.

2. 胡抚生.旅游目的地旺季临时价格干预机制研究[J].价格理论与实践，2018(1)：24-27.

3. 杨衍江.顾客感知价值与旅游景区商品价格策略的抉择[J].价格月刊，2016(7)：63-66.

4. 张敏娜.基于利润最大化的旅游品供应商定价策略研究[J].物流技术，2015(1)：194-196.

5. 程贵孙.旅游电子商务平台兼并对双边定价策略的影响[J].旅游学刊，2017，32(3)：20-28.

第九章　旅游产品渠道策略

旅游产品的生产经营活动与旅游消费者的购买、使用过程往往受多种因素的制约，在时间、空间上存在一定的差异。同时，在客源量大、客源结构复杂的条件下，旅游企业除发挥自身的营销资源优势外，还必须运用旅游市场中的中介组织力量，与之形成较为稳定的营销利益共同体，从而促使旅游产品在广阔的空间为广大旅游消费者所知晓、理解、认可和购买。本章从旅游产品的营销渠道类型，旅游中间商的选择，有关营销渠道的形式、管理、调整等的决策及策略应用问题进行探讨。

学习目的

- 掌握旅游营销渠道的基本内涵
- 熟悉旅游营销渠道的类型
- 熟悉旅游中间商的类型与功能
- 掌握旅游营销渠道的基本策略
- 熟悉旅游渠道的管理和调整
- 了解旅游营销渠道的发展趋势

引导案例

南京金陵连锁酒店销售渠道

2007年7月，全球酒店业的权威杂志《HOTELS》发布了全球酒店业300强的2007年度排行榜，南京金陵连锁酒店以10 318间客房、43家酒店名列第73位，跻身全球酒店业100强。金陵饭店辉煌的背后，并没有号称中国酒店业第一渠道商——携程的身影。而事实上，早在2007年年初，金陵就与携程结束了合作关系，当时，曾引得国内酒店业一片哗然，"国内酒店管理集团只有金陵一家敢跟携程脱离关系"。

与国内一些酒店高达30%的客源来自携程或e龙等渠道商不同，金陵饭店通过IT平台整合了多种订房渠道，"冲淡"了一家独大的渠道格局。"等明年我们针对中小订房渠道的电子商务网站发展起来，金陵的渠道结构会更健康，任何一家渠道商的退出都不会对我们的业务造成影响。"

金陵饭店的例子给了国内其他酒店业者以启示，永远别把鸡蛋放进同一个篮子里，那么，酒店该去哪找合适自己的其他篮子呢？又怎么保证换了的篮子一定合自己的手呢？

酒店的营销渠道，历来被公认为酒店经营中最难的一个环节。在携程CEO梁建章尚不知旅游为何物时，中国绝大多数的酒店的营销渠道非常传统：要么设置路口广告、要么与三公里内的公司签协议、要么依托旅行社、要么建立呼叫中心。连锁酒店还可以靠规模优势,单体酒店则无法获得共享资源,经常是投入巨大,收效甚微。

携程的出现,改变了中国酒店业的营销渠道。作为一个独特的资源整合者,携程一只手掌控着全国数十万会员客户,另一只手则控制了全国数千家酒店,逐渐形成了“低价销售——扩大市场规模——更低代理价格——更低价格销售”的循环模式,以佣金形式赚取垄断利润。然而高昂的成本,推高了佣金,但酒店却是“敢怒不敢言”。因为对于他们中的绝大多数而言,高达30%的客户来自携程这单一渠道的事实,让携程已成了他们想扔却无法放下的拐杖。

出现寡头垄断,无论是对于市场还是消费者,都不是一件好事。面对迅速发展中的互联网订房公司,中国酒店业如何应对?有关专家认为,酒店集团除了提升自身的客房销售能力外,还应该拓展多元化的销售渠道。全球连锁的瑞士酒店自预订系统非常完善,但同时仍与80多家酒店预订网站和旅行社合作,而国内许多酒店则明显忽视了这方面的渠道建设。

多渠道的合作和管理是金陵饭店提高收益的显著方式。那么,可供酒店合作的渠道目前一共有多少呢?

(1) 传统渠道,利用本地优势,依托旅行社,与酒店周边三公里内的公司签协议,可以帮酒店保证稳定的客流。但是局限性大,无法获得长远发展,对自己一亩三分地以外的客源则完全无法把握。不过近来,已经有网站利用其平台,搭建起旅行社与酒店的远距离沟通桥梁,比如业内知名的同程推出的“中房信”分销系统,以及针对商旅客户的“差旅宝”。

(2) 以携程、e龙为代表的在线旅游企业。这些在线旅游企业依靠庞大的“呼叫中心+发卡”模式,拥有国内酒店30%左右的房量。如前所述,已经引起了国内酒店业者的普遍担忧。

(3) 搭建自己的中央预订系统甚至呼叫中心,建立酒店直销网站。这一渠道成本较高,目前已开始逐渐在国内相当多的大型连锁酒店集团普及,比如上文提到的金陵饭店。金陵的全球分销系统建设初期就遇到资金的问题,国内没有先例,国外软件公司的系统过于昂贵。最终,金陵采取合作研发的模式构建分销平台,于2005年成功上线,并在当年年底覆盖了当时金陵旗下所有酒店。

(4) 借助大型分销平台。自己中央预定系统这种模式成本太高,单体酒店是无法克隆的,也是国内众多的三星以下酒店所无法承受的,对中国绝大多数酒店而言,也许一个基于全国乃至全球的中立的分销平台进行无缝对接,共享资源,共享利益,共担风险。这种模式,国外有四大GDS,国内则有同程中房信、锦江德尔等分销平台。

渠道管理系指对不同订房渠道实现及时有效的管理。如GDS、酒店订房中心、携程、e龙,旅游批发商、公司直接订房、上门无协议散客等。当一家酒店拥有3种以上的渠道时,渠道管理的重要性就体现了出来。而这其中最关键的,就是酒店的价格控制。酒店要想对渠道实现有效的管理,必须做好所有渠道信息、准确、全面,最重要的是做到同一批订单,如通过不同渠道预订其价格应该一致,而不致让客户对价格等信息感到混乱失去对酒店的信心。如酒店上门无协议散客的房价应与订房中心的正常客户销售价一致,而不是给某个订房渠道特殊价格造成人为的某个订房渠道订房量上升(使终端住店客人为地从其他渠道转入该订房渠道)。

那么,对于拥有多种渠道的酒店来说,如何制定良好的定价策略呢?通常首先确定一个市场能接受的基础价,即柜台价,然后根据不同的细分市场和不同预订方式制定相应价格。其原则根据各酒店集团的要求不尽相同,应根据酒店自身的定位、产品优劣以及市场的接受程度和顾客对价格的不同敏感度作相应定价。

在多种渠道并行,多种价格变动复杂的同时,要确保酒店价格转化良好,避免出现价格的互串,这需要酒店的相关管理系统具有极强的联动性和可操作性。以同程中房信系统为例,对于接入中房信的全国近千家旅行社和中小订房网,酒店房价变动,只要酒店登录中房信系统后台修改后,全国500家旅行社和中小订房网上的房价可实现自动实时更新。而对于没有接入中房信的其他订房网和酒店机构客户,签约企业,中房信则提供客户管理功能,可以针对旅行社、签约企业、其他订房网进行短信和传真群发,降低酒店营销和渠道管理成本。避免价格出错,而只有这样,才能保证多渠道模式下酒店的效益的稳步提高。

金陵饭店对携程说"不",给了国内酒店业者不小的反思。对于相对弱小的中国酒店业而言,更应该综合运用自身网络、订房网站、旅行社等多重销售渠道,变被动为主动,平衡各种销售渠道之间的比重,切忌"在一棵树上吊死"。

第一节 旅游产品营销渠道

旅游产品从旅游生产企业到旅游消费者的过程,是通过一定的渠道实现的,即在"特定的时间""特定的地点",以"特定的方式"提供给"特定的旅游消费者"。

一、旅游产品营销渠道的概念及其产生发展

(一) 旅游产品营销渠道的概念

旅游产品营销渠道又称为分销渠道,它是指旅游产品从旅游生产企业向旅游消费者转移过程中所经过的一切取得使用权或协助使用权转移的中介组织和个人,也就是旅游产品使用权转移过程中所经过的各个环节连接起来而形成的通道。旅游营销渠道的起点是旅游产品的生产者,终点是旅游消费者,中间环节包括各种代理商、批发商、零售商、其他中介组织和个人等。它具体包含以下几方面的内容:

(1) 从旅游产品营销渠道的结构来看,旅游营销渠道是指旅游产品从旅游企业到旅游消费者经过的一切组织机构,只有通过这些机构的相互配合,产品才能从生产者转移到消费者。

(2) 从旅游产品营销渠道的功能上来看,旅游营销渠道是指使旅游产品及其使用权从旅游企业转移到消费者的所有活动。

(3) 从旅游产品在营销渠道的转移过程来看,旅游销售渠道是指旅游产品由旅游企业到消费者所经过的途径。

(二) 营销渠道的产生、发展及其重要性

随着旅游市场不断发展并逐渐成熟,大多数旅游产品并不是由旅游生产企业直接供应给旅游消费者,而是要经过一个或多个中介组织,即旅游中间商。旅游中间商是社会分工和商品经济发展的产物。对于旅游产品的生产企业来说,旅游中间商是专门化的市场营销组织,他们市场接触面广、信息来源多、熟悉消费者并可实行规模化经营。借助于旅游中间商,旅游生产企业可使自己的产品打入广阔的市场,如图 9-1 所示。

分销渠道为顾客提供稳定的物流。管理完善的分销系统是形成市场份额领头企业和勉强维持生计企业之间差别的根源。

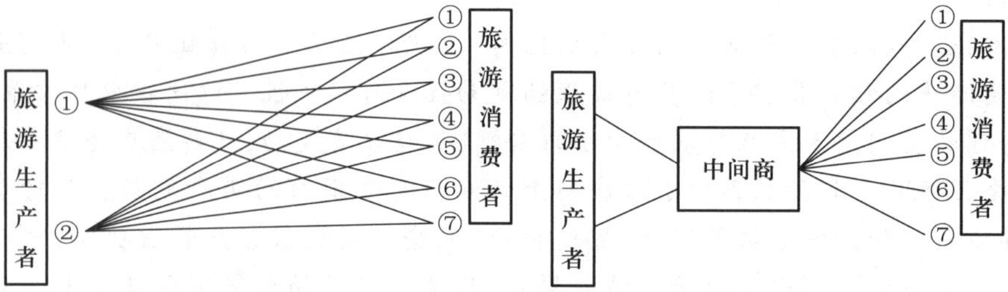

图 9-1 旅游中间商存在的必要性示意图

二、旅游产品营销渠道的类型

在市场营销中，由于旅游市场、旅游企业、旅游中间商以及旅游消费者等多种因素的影响，旅游产品营销渠道也就形成了多种多样的状态。同一种旅游产品，可能通过不同的营销渠道销售。一般说来，旅游产品的营销渠道有直接、间接、长、短、宽、窄等多种类型。

（一） 直接营销渠道和间接营销渠道

直接营销渠道和间接营销渠道的区别实际上就是旅游企业是否通过旅游中间商进行营销活动。

1. 直接营销渠道

这是指旅游企业在其市场营销活动中不通过任何一个旅游中间商，而直接把旅游产品销售给消费者的营销渠道。这种营销渠道没有介入其他成分，无层次环节多少之分，只是一个结构单一的营销通道，如图 9-2 所示，如酒店出车到机场去拉客人而未经过旅行社等中间商。

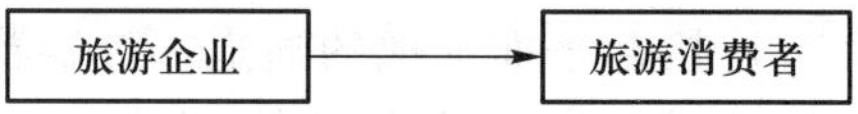

图 9-2 直接营销渠道

通过这种营销渠道，旅游企业直接和顾客交往，其优点是可以直接获得旅游消费者的信息，有助于提高旅游产品的质量，有助于控制旅游产品的成熟过程和程度，有助于改善旅游企业的形象。在旅游产品直接销售量大和旅游消费者购买力较为稳定的情况下，旅游企业可以省去中间商的营销费用，以较小的成本获取较大的收益。

2. 间接营销渠道

这是指旅游企业通过两个或两个以上的旅游中间商向旅游消费者推销旅游产品的营销渠道。间接营销渠道是目前主要的旅游产品营销渠道。渠道越长，旅游产品市场扩展的可能性就越大，但旅游企业对产品销售的控制能力和信息反馈的清晰度就越差。间接营销渠道按中间环节的多少和使用平行渠道的情况分为三种：

（1）一级营销渠道，如图 9-3 所示。这种营销渠道具有两个环节，“旅游企业→旅游零售商”为第一个环节，“旅游零售商→旅游消费者”为第二个环节，旅游企业通过这两个环节把旅游产品销售给顾客。这种营销渠道具有降低成本、减少开支从而提高旅游企业经济效益的优点，缺点是适宜于营销批量不大、地区狭窄或单一的旅游产品。

图 9-3　一级营销渠道

（2）多级营销渠道，如图 9-4 所示。这种营销渠道具有三个环节，“旅游企业→旅游批发商”为第一环节，“旅游批发商→旅游零售商”为第二环节，“旅游零售商→旅游消费者”为第三环节。这种营销渠道在国际旅游中使用最为广泛。

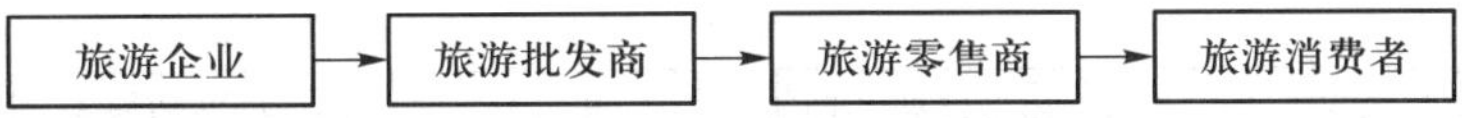

图 9-4　多级营销渠道

这种营销渠道的同种变形，如图 9-5 所示。这种营销渠道增加了旅游代理商，在国内外旅游业中，较为广泛地应用。但旅游代理商的选择是这种营销渠道的关键。代理的营销能力、控制地域以及其忠诚度，关系到这种营销渠道的效果。

图 9-5　多种营销渠道的同种变形

（3）多级多层营销渠道，这种营销渠道很繁杂，共有五个层次、十二个中间环节。“旅游企业→旅游代理商→旅游批发商→旅游零售商→旅游消费者”为第一个层次；“旅游企业→旅游批发商→旅游零售商→旅游消费者”为第二个层次；“旅游企业→旅游批发商→旅游消费者”为第三个层次；“旅游企业→旅游零售商→旅游消费者”为第四个层次；“旅游企业→旅游消费者”为第五个层次。如图 9-6 所示。

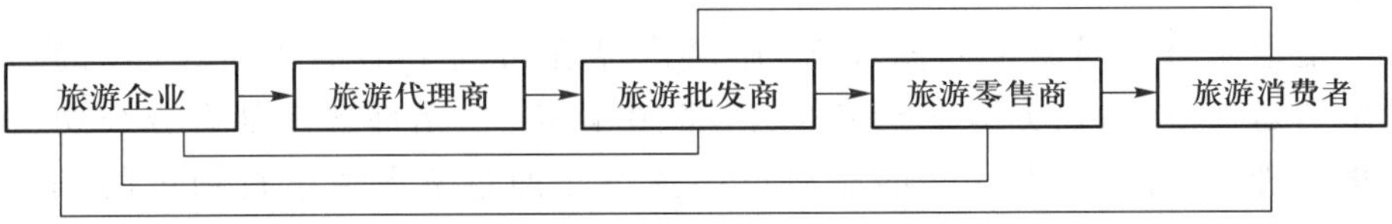

图 9-6　多级多层营销渠道

（二）长渠道和短渠道

旅游营销渠道的长度是指旅游产品从生产者脱手开始到消费者购买为止的整个过程中所经过的中间机构的层次数。产品在营销渠道中经过的中间层次越多，营销渠道就越长；反之，营销渠道越短。我们可根据介入营销渠道中间商层次的多少，将营销渠道划分为长渠道和短渠道。例如，旅游消费者直接到旅行社购买该旅行社提供的某城市一日游，不经过任何中间环节，这样的销售渠道就短。如果旅游者在他常住地的地方旅行社购买了去异地的三日游，该线路产品又是地方旅行社从旅行总社处购买的，而旅行总社出售的该产品又是从旅游企业的旅游代理人处购买的，即消费者购买的旅游产品经过了多层中间渠道，这样的销售渠道就较长。具体形式如图 9-7、图 9-8、图 9-9、图 9-10 所示：

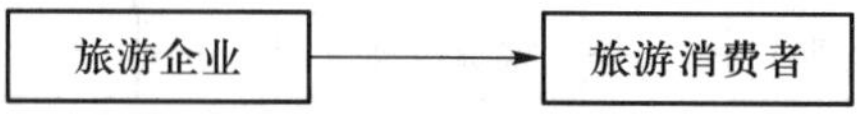

图 9-7 无中间环节的营销渠道

图 9-8 两个环节的营销渠道

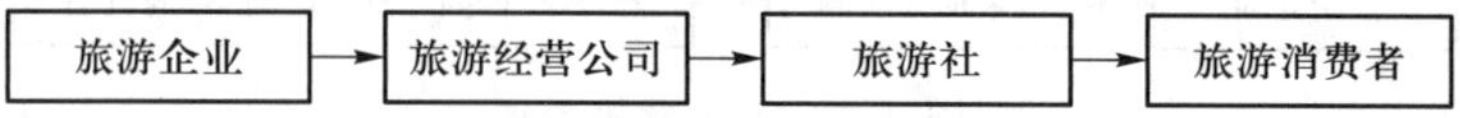

图 9-9 三个环节的营销渠道

图 9-10 四个环节的营销渠道

营销渠道短，生产者承担的销售任务多，信息传递快，销售及时，生产者能较为有力地控制营销渠道（如控制价格、提供服务、进行宣传等）；营销渠道长，批发商、零售商就要完成大部分营销职能，信息传递慢，流通时间较长，旅游企业对营销渠道的控制就较为困难。

（三） 宽渠道和窄渠道

旅游营销渠道的宽度，一般是指一个时期内销售网点的多少、网点分配的合理程度以及销售数量。这主要取决于旅游企业希望自己的旅游产品在目标市场上扩散范围的大小，也就是希望占据多少市场供应点以及什么样的供应点。通常所说的要多设销售网点，就是指加宽旅游营销渠道。

宽渠道是指使用的同类中间商较多、旅游产品在市场上的销售面较广的旅游营销渠道。如美国的运通公司，在美国本土东部、西部、中西部、中南部各州都有分公司，同时还有几千个零售代理。一般的、大众性的旅游产品主要是通过宽渠道进行销售的，通过多家旅游批发商或代理商批发给更多的零售商去进行销售，从而大量地接触旅游消费者，大批量销售旅游产品，如近年来我国日益兴起的赴新加坡、马来西亚、泰国假日观光旅游等旅游产品。

所谓窄渠道，就是使用的同类中间商较少，旅游产品在市场上的销售面较窄的旅游营销渠道。窄渠道对旅游产品生产企业而言，比较容易控制，但限制了市场的销售面。因此旅游窄渠道一般只适用于专业性较强的或费用较高的旅游产品的销售，如穿越塔克拉玛干沙漠旅游、攀登高原雪山旅游、环球旅游等旅游产品。

（四） 单渠道和多渠道

根据旅游企业所采用的渠道类型的多少，旅游营销渠道又可分为单渠道和多渠道。有些旅游企业采用的渠道类型比较单一，如所有产品全部由自己直接销售或全部交给批发商经销，这称之为单渠道。有的旅游企业则根据不同层次或地区消费者的不同情况而采用不同的营销渠道。如在本地区采用直接渠道，对外地采用间接渠道，或同时采用长渠道和短渠道，这就称为多渠道。有时把采用多渠道的销售系统又称为双重销售系统。一般情况下，旅游企业生产规模较小或经营能力较强，可采用单渠道销售旅游产品，反之，则可采用多渠道，以便扩大产品的覆盖面，灵活地大量销售自己的旅游产品。

三、旅游产品营销渠道的特性

（一）稳定性

一个企业的营销渠道系统是企业的一种重要的组成部分，它不仅代表着企业产品的一种分销渠道，也代表着构成渠道系统的一系列政策和实践活动的承诺，而这些政策和实践将形成一个巨大的长期关系网。企业一旦选择了某种营销渠道，将在一定时期内依赖于该营销渠道，不会发生重大改变，所以营销渠道存在着一种强大的保持现状的惯性，具有相对稳定性。因而，企业在选择营销渠道时，既要考虑企业的现状与市场环境，也要考虑企业今后的发展趋势与动态以及市场变化情况。

（二）协调性

营销渠道系统中，执行不同功能的机构必须"分工不分家"，相互配合，协调一致，才能有效完成分销任务。任何一个中间环节的失误都会导致整个营销链条断裂，营销目的无法实现。在实践中，营销渠道的运营往往由于渠道组成成员的矛盾冲突或动作的不一致而导致失败。只有各层级步调一致、互相支持、互相配合，才能顺利完成整个营销目的。

（三）整体性

营销渠道与企业的所有其他营销活动是一个有机的整体。企业的产品决策、价格决策、促销决策都与营销渠道的决策息息相关，营销渠道的选择直接影响到市场上产品的最终价格、产品形式以及促销方式等诸多营销环节。为达成共同的营销目标，必须将渠道策略与其他策略相互配合，组成一个有机的整体。因而，要强调要以系统的，动态的观点来看待营销渠道决策与其他营销决策的关系，而不应将渠道系统决策孤立起来。

四、旅游产品营销渠道的作用

在现代市场经济中，绝大多数生产商都是通过不同的营销中间机构将其产品出售给消费者。营销渠道不仅可以通过在适当的地点，用适当的价格提供适当数量和质量的产品来满足需求，而且还能通过营销中间机构的促销活动来刺激需求，从而提高旅游企业的经济效益。总之，旅游产品营销渠道对整个旅游产品的流通起着极大的促进或制约作用，具体作用如下：

（一）旅游营销渠道是保证旅游企业再生产过程顺利进行的前提条件

旅游企业是旅游产品生产、经营的基本单位。旅游企业生产的产品，不仅要符合社会需要，而且必须及时地销售出去。旅游营销渠道，有利于产品的销售，满足顾客的需要，从而实现旅游企业的战略目标。这样，旅游企业的再生产过程才能顺利进行。如果旅游营销渠道流通不畅，即使企业生产出优质对路的产品，也不能保证顺利到达顾客手中，这必然使旅游企业再生产过程受阻。

（二）合理选择旅游营销渠道是提高旅游经济效益的重要手段

旅游营销渠道的数量、环节多少以及容量等问题，对旅游产品的销售有着直接的影响。合理选择营销渠道、加强渠道的管理以及适时营造新的营销渠道，能加快旅游产品的流通速度，加速资金周转，提高旅游企业的经济效益。

（三）旅游营销渠道策略直接影响其他市场营销策略的实施效果

旅游营销渠道策略与产品的营销策略密切相关，而且建立营销渠道需要较长的时间和资金，需要渠道成员间长期的合作和信任，所以，旅游营销渠道一经建立，一般不轻易变更。随着旅游营销渠道的确定，旅游企业的定价、促销等策略也就相对固定下来了。例如，旅游产品的广告宣传活动主要由旅游企业进行还是由中间商进行，或是双方联合进行；旅游企业的价格策略与中间商的价格策略如何相互配合，等等。

五、旅游产品营销渠道的功能

营销渠道将商品从生产者转移给消费者。它弥补了商品和服务与其使用者之间的时间、地点和持有权缺口。分销渠道成员执行以下一系列重要职能：

（1）信息：收集和传播营销环境中的市场调研和情报信息。

（2）促销：开发和传播有关供应品的具有说服力的沟通信息。

（3）接触：寻找潜在买主并与之交流。

（4）配送：塑造提供物并使它适合消费者的需要。活动包括生产、分级、组装和包装。

（5）谈判：就提供物的价格和其他条件商讨最终协议，以实现所有权或持有权的转移。

（6）物品分销：运输和储藏物品。

（7）融资：筹集和调动资金，以负担分销工作所需费用。

（8）承担风险：承担某些财务风险。

前五项职能帮助完成交易，后三项职能履行达成的交易。

这些职能有三个共同点：都使用稀缺资源；通过专业化可以完成得更为有效；可以在分销渠道成员间转移。中间商的转换职能可以使生产者的成本和产品价格低廉，但中间商必须为他们的工作收取费用。为了保持较低的成本，应该把职能分配给那些能以最高效率执行任务的分销渠道成员。例如，许多航空公司鼓励旅客与旅行代理商联系。旅行代理商能够为旅客答疑、售票、收款。而且，当旅行计划变动时，它们能够重新售票。旅行代理商的地理位置便捷，许多旅行代理商可以在旅客订票的当天就将机票送到他们手中。一个航空公司如果想建立类似的分销系统在经济上就显得不切实。

第二节 渠道中介——旅游中间商

旅游企业按照是否方便旅游消费者购买和是否能取得预期经济效益的基本原则，对营销渠道进行科学、合理的设计、组织和决策，这一过程要涉及在营销渠道的营造中是否选用中间商以及中间商的质量如何等问题。

旅游营销渠道中介机构包括旅游代理商、旅游批发商、专营机构（旅游经纪人、奖励协会和销售代表）、酒店代表、各种旅行社、行业工会和预定系统和互联网等。此节我们重点讨论旅游中间商，包括旅游批发商、旅游零售商和旅游代理商。

一、旅游中间商的类型

旅游中间商是指介于旅游生产者与旅游消费者之间,专门从事旅游产品或服务市场营销的中介组织和个人。由于旅游中间商在旅游市场营销中的作用不一,旅游生产企业与这些中介组织和个人的责权利关系不同,旅游中间商的类型也就呈多样化形态。针对旅游经销商而言,有两种划分方法:一种是根据产品在销售渠道中流动时有无所有权的转移划分为旅游经销商和旅游代理商,另一种是根据销售对象划分为旅游批发商和旅游零售商。

(一) 旅游经销商

旅游经销商是指将旅游产品买进以后再卖出的中间商,它的利润来源于旅游产品购进价与销出价之间的差额。产品经过经销商交易一次,产品的所有权将进行一次转移。由于旅游产品的特殊性,购买者得到的只是产品的使用权,而非产品所有权的转移,经过交易,旅游产品使用权得以转移。旅游经销商除了与旅游产品的生产企业共同承担市场风险以外,其经营业绩的好坏直接影响到旅游生产企业经济效益的高低。旅游经销商多种多样,最主要的有旅游批发商和旅游零售商两类。

1. 旅游批发商

旅游批发商往往是一些从事批发业务的旅行社或旅游公司,是连接生产者与零售商或最终消费者的桥梁。按照国外旅游学界的普遍看法,旅游批发商的业务是将航空公司或其他交通运输企业的产品与旅游目的地旅游企业的地面服务组合成整体性的旅游产品,通过某一销售途径推向广大公众。因而,旅游批发商通过大量地订购旅游交通运输企业、酒店、旅游景点等企业的单项产品,将这些产品编排成多种时间、价格的包价旅游线路,然后再批发给旅游零售商,最终出售给旅游消费者。一般来说,旅游批发商的经营范围可宽可窄,有的旅游批发商可在全国甚至在海外通过设置办事处或建立合资企业、独资企业等形式进行大众化产品的促销工作,或者广泛经营旅游热点地区的包价旅游产品;有的旅游批发商也可在特定的目标市场中只经营一些特定专项体育活动、专项节日活动等旅游产品;而有的旅游批发商则通过某一交通运输工具组织包价旅游,如我国的长江三峡豪华游艇包价旅游、汽车穿越塔克拉玛干沙漠包价旅游等。

在少数情况下,旅游批发商也对旅游消费者进行直接销售活动。此时旅游批发商要对旅游消费者的整体旅游活动负责,旅游者旅行所必需的费用须全部计入所报价格中,包括旅游消费者的食、宿、行、游、娱等活动乃至行李搬运费、小费等费用。

2. 旅游零售商

旅游零售商是指从事旅游产品零售业务的直接面向广大旅游消费者旅游中间商,它与旅游消费者联系最为紧密。为适应旅游消费者的多种需要和要求,旅游零售商要熟悉多种旅游产品的优劣、价格和日程安排,要了解和掌握旅游消费者的经济支付水平、生活消费需要和方式等情况,以帮助旅游消费者挑选适宜于其要求的旅游产品。同时,旅游零售商在市场营销活动中应具有较强的沟通能力和应变能力,要与旅游目的地的酒店、餐馆、风景点以及车船公司、航空公司等企业保持良好的联系,能根据旅游市场及旅游消费者的需要变化而相应地调整服务。一般来说,旅游零售商的主要职责为:向旅游消费者提供广泛而正确的旅行咨询服务;作出包含海、陆、空在内的各种交通运输安排;作出旅游消费者在旅游活动过程中的食宿、观光以及参加音乐会、剧场等特殊节目以至行李运送等方面的安排；制定单独旅游、个人陪同旅游、团体旅游等旅游产品；对有特殊兴趣的旅游，如宗教朝觐、会议旅游、奖励旅游、业务旅游、学生旅游和体育旅游等作出安排、预定；对旅游活动中所涉及的一切琐碎事宜，如有关健康、保险、旅行支票、语言学习资料等事宜的处理和咨询。

由于旅游零售商是代表旅游消费者向旅游批发商以及旅游产品供给的企业购买产品。为保护旅游消费者的应得利益，促进旅游零售业务的顺利开展，旅游零售商在与旅游批发商以及旅游产品的生产企业发生联系、签署有关购销协议时，一般要关心、注意以下问题：首先是对方的质量、信誉，也就是旅游批发商等企业提供的旅游活动是否可靠，各项活动的开展是否准时衔接，处理业务工作的效率如何，出现意外事故的抢救、处理制度和措施有无保障等。由于包价旅游产品事前的调研工作较为扎实，产品开发、实施方案较为可靠，同时对市场的宣传促销力度较大，因此在实际工作中旅游零售商愿意大量购进包价旅游产品；其次要关心、注意对方提供的旅游产品的价格，与市场竞争中若与同类产品的价格相比，若报价过高，对旅游消费者的吸引力就会降低，推销难度增大，旅游零售商的经济效益就不明显，若报价偏低，则会使旅游消费者产生对旅游产品质量的怀疑，客观上也不利于产品的推销工作。

旅游零售商一般为旅行社。在旅游发达国家，超级市场、航空公司等也往往为旅游零售商。

与一般的生产企业不同，旅游企业不一定只是批发商或零售商。对于同一个旅游企业来说，在不同的营销渠道中，它可能担任不同的角色。如 A 旅行社为一个来自美国的旅行团组织了一次包价旅游活动，此时它是以旅游批发商的身份进行销售活动的；同时，它又为 B 旅行社的一个团队提供了当地导游的服务，那么它又是旅游零售商。

（二） 旅游代理商

旅游代理商是指那些只接受旅游产品生产者或供应者的委托，在一定区域内代理销售其产品的旅游中间商，它通过与买卖双方的洽商，促使产品的买卖活动得以实现，不取得产品的所有权。旅游代理商的收入来自被代理企业支付的佣金。旅游代理商的主要职能是在其所在地区代理旅游批发商和旅游企业向旅游消费者销售产品。

在自己推销能力不能达到的地区，或是无法找到合适的销售对象的情况下，旅游产品生产企业利用旅游代理商的营销资源而寻求营销机会，对经销商合作的一种补充。一般而言，在旅游产品比较好销的情况下，利用旅游批发商等中介组织的机会比较多，而在新产品上市初期或产品销路不太好的情况下，利用代理商的机会就比较多。利用代理商的风险转移程度比利用经销商要低得多。

在实际工作中，旅游代理商由于直接面对广大的旅游消费者，或以提供旅游消费者服务为主，同时经营少量的旅游产品的批发业务，因而旅游代理商往往又是旅游零售商，但其收入主要以收取佣金为主。

阅读材料

与旅游代理商合作的十种思路

- 尽快支付佣金。考虑到旅行代理商的需要，及时支付佣金。

● 在整个组织范围内承担对旅行代理商进行营销的义务，首先从管理层开始。

● 让员工认识到对旅行代理商营销的需要和重要性。

● 开展员工与旅行代理商之间的交易活动以增进彼此间对各自需要和义务的了解。

● 对经常在酒店预订的旅行代理商给予嘉奖。

● 通过销售宣传册、电子表单和酒店广告为旅行代理商提供有关酒店服务和设施的详细信息。

● 与当地的旅游组织合作，为旅行代理商提供熟悉的旅游路线。

● 确保给予旅行代理商免费和打折的权利。

● 通过组织研讨会等为旅行代理商提供学习的机会，让他们懂得如何组织会议和制作促销组合产品。

● 提供有关特殊活动和大量活动的信息，尽早促销，以使旅行代理商能够对其进行销售。如提供活动后的专车，也要通知旅行代理商。

资料来源："Hotels and Travel Agents, the New Partnership," by Christopher Schulz, Cornell Hotel and Restaurant Administration Quarterly 35, no.2.

二、旅游中间商的功能

旅游中间商在旅游市场营销中占有特殊的地位，对旅游产品营销渠道的形成和运行起着重要作用。一般来说，旅游中间商的功能主要体现为市场调研、促进销售、开拓市场和组合加工产品等。

（一）市场调研

旅游消费者是旅游企业生产经营成败的关键所在，其数量的多少、层次的高低、购买力的大小对旅游企业的经济效益有着直接的影响。旅游中间商可以利用自己直接面向旅游消费者这一特点，真实、客观、全面地调查、掌握旅游消费者的意见和需要，从而为旅游企业提供准确、及时的信息，帮助旅游企业对市场的变动作出及时的反应，使旅游产品和服务的供应能不断适应旅游消费者的需求。

（二）市场开拓

旅游市场需求的变化频繁和强有力的竞争，客观上要求旅游企业不断进行市场开拓，才能在市场中生存和发展。旅游中间商专门进行旅游产品的购销工作，对市场的变化及走向有着强烈的敏感性，能对市场的未来发展有较为准确的判断，并善于寻找市场的空隙，捕捉市场营销机会。旅游企业与旅游中间商友好沟通、协作，就能将旅游产品的生产优势与市场开拓的营销优势结合在一起，使旅游生产企业与旅游中间商都得以顺利地成长。

（三）促进销售

旅游产品要获得大量的旅游消费者的欢迎，一定要使市场中潜在的旅游需求转化为现实的旅游需求。旅游中间商往往是旅游促销的专门人才，拥有各自的目标群体，与社会各方以及市场中各部分有可能形成良好的公共关系。它们依靠自身所特有的宣传、广告、咨询服务和其他多种形式的促销活动，激发旅游消费者的购买欲望，促进市场需求的形成，沟通旅游生产企业与旅游消费者之间的联系。

（四） 组合加工

任何一个旅游企业均不能提供旅游消费者在完整的旅游活动中所需的食、住、行、游、购、娱等环节的各种旅游产品。旅游中间商运用自身与多家旅游企业联系、具有对多种旅游产品加工、组合的能力，从而满足旅游消费者多方需要，将各种旅游产品组合起来，形成系列化的完整的旅游产品，其内容包括了代售车票机票，安接接送，代订酒店、餐饮、观光游览，组织会议，提供导游，安排商务、文化体育等活动。这种组合还可按旅游消费者的不同要求，形成不同的组合方式和价格形式。

三、选择旅游中间商的原则

旅游企业在选择旅游中间商时，应遵循一定的原则：

（一） 经济的原则

追求营销活动的经济效益是旅游企业一切营销决策的基本出发点，对旅游中间商的选择自然也应遵循这一原则，就是说应将旅游中间商选择所可能引起的销售收入增长同实施这一中间商选择所需要花费的成本做比较，以评价中间商选择的合理性。这种比较可从以下两个角度进行：

1. 静态效益的比较

这是指在同一时点对各种不同的旅游中间商选择方案可能产生的经济效益比较，从中选择经济效益较好的方案。若旅游企业认为自建营销系统的投资报酬率低于利用旅游中间商的投资报酬率，旅游企业就会放弃自建营销系统而利用旅游中间商来开展营销工作。

2. 动态效益的比较

这是指对各种不同的旅游中间商选择方案在实施过程中所引起的成本和收益的变化进行比较，以选择在各种不同的情况下所应采取的旅游中间商方案，如图 9-11 所示。

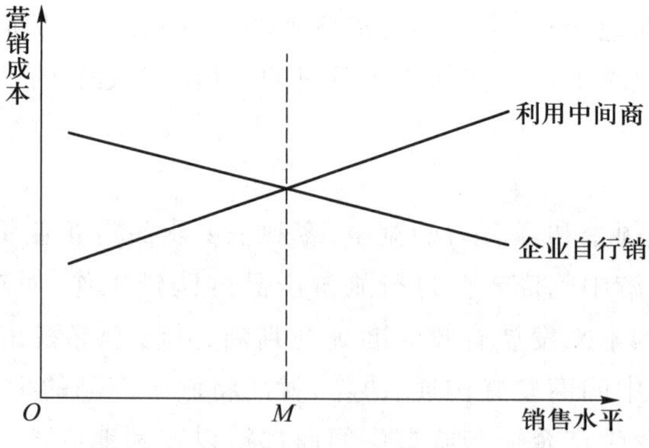

图 9-11 旅游中间商动态效益比较示意图

从图 9-11 中可看出，旅游企业自行营销系统在销售水平低于 M 点时，营销成本高于利用中间商的营销成本，此时利用旅游中间商较为有利；而当销售水平高于 M 点时，旅游企业自行营销系统的成本就开始于低于利用中间商的成本，此时利用旅游企业自行营销系统就相对有利。

（二） 控制的原则

从长远目标考虑，旅游企业对旅游中间商的选择不仅要考虑其经济效益，还应考虑旅游企业能否对其实行有效的控制。旅游中间商是否稳定，对于旅游企业能否维持其市场份额、实现其长远目标是至关重要的。然而除了企业自设机构外，销售渠道中每个成员都是一个独立的经济实体，其决策目标往往是自身利润的最大化，从而不能很好地按旅游企业的意志行事。虽然旅游企业对于自行营销系统容易控制，但成本较高，市场覆盖面较窄，不可能完全利用自行营销系统来开展营销工作。所以有必要利用旅游中间商来进行市场营销，但应当充分考虑所选择的旅游中间商的可控程度。旅游企业对销售渠道的控制问题一般应考虑以下两个方面：一是旅游企业与中间商的利害冲突及其处理的难易程度；二是同一渠道层次中间商关系协调的难易程度，如同一地区的中间商是否会发生冲突，发生冲突能否有效协调解决。

（三） 适应的原则

旅游中间商对旅游企业而言，属于不完全可控的因素，因而旅游企业在利用中间商时应讲究适应性。这一要求主要体现为三个方面，首先表现为地区的适应性，即在某一地区选择中间商，应考虑到该地区的消费水平、购买习惯和市场环境，以建立与之相适应的旅游中间商体系。如西方旅游发达国家的旅游零售商往往是超级市场、航空公司、协会和一些社会组织等，而我国的旅游零售商则以旅行社为主，另外有一些经纪人、行业协会等；其次表现为时间的适应性，即根据旅游产品在市场上不同时期的适销状况，旅游企业采取不同的中间商政策而与之适应；最后表现为对旅游中间商的适应性，即根据各个市场中旅游中间商的不同状况而采取相应的营销渠道策略。

总之，旅游企业按照适应的原则，在选择旅游中间商时，应保留适当的弹性，根据市场及其环境的变化，对旅游营销渠道进行适当的调整，做到稳而不死、活而不乱，以便更有效地实现旅游企业的营销目标。

第三节　旅游产品营销渠道策略

旅游企业要经过较长时间才可能形成和完善旅游产品营销渠道。因而，旅游产品营销渠道在渠道形式、管理、调整等方面的决策及其策略运用就甚为重要。

一、良好的旅游产品营销渠道特征

一般来说，良好的旅游产品营销渠道应该具有以下特征：

（一） 连续性明显

旅游企业所选择的营销渠道应能保证其产品连续不断地从生产领域、流通领域转移至消费领域，旅游中间商应尽可能不发生脱节、阻塞和不必要的停滞现象。这客观上要求旅游企业在选择和营造自己的营销渠道时，应注意所选的渠道是否环环紧扣，与最终旅游消费者是否紧密联系。若旅游产品营销渠道的连续性差，旅游产品在营销渠道的某个中间商处发生了停滞，不仅旅游中间商要发生损失，失去应有的经济效益，而且由于旅游产品不能迅速抵达目标市场中的旅游消费者，必然会使旅游企业失去销售良机，使其市场竞争优势下降，严重时还可能会影响到旅游企业长期的营销能力。

（二）辐射性突出

营销渠道的辐射性直接影响着旅游企业产品的市场覆盖面和渗透程度。旅游企业的营销渠道实际上是以企业为起始点向旅游中间商进行辐射，又由各旅游中间商为始点进一步向外辐射而形成的多层次扇面网络，如图 9-12 所示。

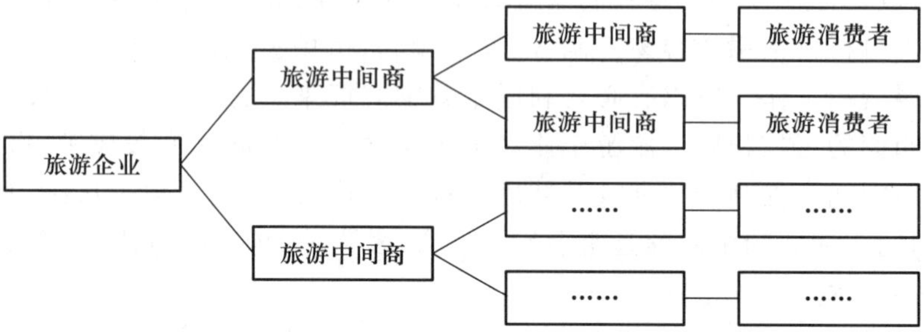

图 9-12 旅游营销渠道辐射扇面网络示意图

从图 9-12 可知，旅游营销渠道的扇面越大，旅游企业产品的市场覆盖面就越广，市场渗透力也就越强，所形成的市场营销机会越多，旅游企业的市场风险也就相应下降。当然，在旅游实践中，由于旅游企业的性质不同、规模不一、营销目标不一等原因，即便是同一种旅游产品，对市场的覆盖也不可能完全一样。

（三）配套性全面

旅游产品的营销活动，不仅是物质产品的转移过程，也是相关信息等的流动过程，因而旅游营销渠道若能同时兼有营销活动所需要的各种配套功能，就能更有效地保证旅游企业的产品顺利地完成由生产领域、流通领域向消费领域的转移。旅游企业所选择的旅游中间商，除具有买卖交易的能力外，最好还同时具有促销、运输、开发市场等配套功能。这样，在交易活动中，旅游中间商不仅能保证实体性的旅游产品顺利地进行流转，而且其所具备的市场调研、信息收集反馈、运输等辅助功能，将会更有效地促使旅游企业的产品在目标市场中营销，更有针对性地满足多种旅游消费者的需要。

（四）经济效益理想

旅游企业所选择、确定的营销渠道应当尽可能以较少的耗费获得较高的收益，实现理想的经济效益。具有良好经济效益状态的旅游营销渠道应能使旅游产品的流通、营销费用降低。这些费用包括交易成本、资金成本等。交易成本的降低主要取决于交易环节的减少和交易成功率的提高，因为交易环节的减少可使旅游产品流通的流转费用减少，而交易成功率的提高则可使无效的营销费用降低，这就要求旅游企业在选择营销渠道时要尽可能减少不必要的中间环节，同时要谨慎地选择适当的旅游中间商为交易对象；降低资金成本主要在于加快企业资金的周转次数，提高资金的周转效率。总之，对旅游产品营销渠道经济效益的评估、测量应从总体上综合各种因素后进行考察，不能只强调某一方面的优势，而应追求旅游营销渠道综合效益的最优化。

二、旅游产品营销渠道形式的决策和策略

旅游产品营销渠道形式的选择和设计，受到诸多因素的影响与制约，它要以旅游企业的经

营要求为出发点，以营销目标为指导，既要保证旅游产品及时到达目标市场中的旅游消费者，使营销渠道保持较高的工作效率，又使营销费用支出较少，以能取得良好的旅游经济和社会效益为依据，因地制宜，采取适当的营销渠道。因而，旅游产品或服务营销渠道形式的决策，要建立在对影响因素的系统分析，市场的认真调研、旅游企业的战略目标和营销因素组合策略的综合分析的基础上，确定营销渠道目标，而后作出相应的一系列决策，如直接营销渠道或间接营销渠道的决策、营销渠道长度的决策、宽度的决策、相关度的决策，等等。

（一） 选择旅游产品营销渠道类型的影响因素

旅游企业在进行营销渠道类型决策时，会受到许多因素的影响和制约，旅游企业就必须在充分考虑这些影响因素的前提下对可供选择的营销渠道进行评估和决策。一般情况下，影响不同类型的旅游产品营销渠道选择的主要因素有旅游产品、市场、企业自身和环境等。

1. 旅游产品因素

旅游产品是旅游企业进行营销渠道类型决策时首先必须考虑的因素。其影响和制约作用主要体现在旅游产品的性质、种类以及档次、等级等方面。一般来说，餐厅、旅游景点、商务性酒店、汽车旅馆、旅游汽车公司等旅游企业主要是采取直接营销渠道销售自己的产品或服务，而游船、度假酒店、机场旅馆、包机公司等，尤其是经营跨国旅游业务的旅游企业，由于市场销售面广，往往采用间接营销渠道开展市场营销活动。对于高档的旅游产品，购买者较少，并且许多人为回头客，因而这类产品的营销工作，往往采用直接营销渠道进行，如探险旅行社等旅游企业经营的特种旅游产品；而大众化的较低档次的旅游产品，由于市场面较广、消费者较多，采用间接营销渠道的优点就很突出，因为它易于在较大的空间内吸引、争取广大的客源。

2. 市场因素

旅游市场十分复杂，有多种因素对旅游营销渠道类型的选择产生不同程度的影响，其中最主要的因素为旅游消费者、中间商和竞争者。

旅游消费者对营销渠道的影响首先表现为产品消费面的大小。消费面大的产品要求能在市场上广泛分布，并具有一定的区域延伸性，营销渠道就应当既“长”又“宽”。旅游者的消费习惯对于营销渠道选择也会产生很大影响。如旅游者购买频次较高，交易工作量就会相应增大，旅游企业一般就应当多利用一些中间商开展销售活动；相反如果购买频次低，每次购买量大，企业就可少利用一些中间商，而采用较短的渠道来进行销售。有的旅游产品的消费者分布比较集中，营销渠道就可短一些，直接一些，而如果旅游产品的消费者分布于全国各地，甚至于世界各地，营销渠道就应当长一些，宽一些。

旅游中间商的性质、功能及对各种产品的销售服务是旅游企业进行营销渠道选择的关键影响因素。如需高质量服务为保障的旅游产品，就必须有具备高水平服务或设备的中间商进行销售。零售商的实力较强，经营规模较大，旅游企业就可直接通过零售商经销产品；零售商实力普遍较弱，经营规模较小，旅游企业就只能通过批发商进行销售。

竞争者的销售渠道对企业销售渠道的选择也有极大的影响。随着经济的发展，旅游市场的进一步开拓，旅游产品生产者和供给者数量日益增多，竞争也随之加剧。旅游企业一方面可以借鉴竞争者选择的销售渠道，对于竞争者已经成功使用的销售渠道，加以模仿，采用大致相同或相似的销售渠道，在同一销售渠道与竞争者的产品进行竞争。另一方面，独辟蹊径，尽量避开竞争者已使用的销售渠道，开辟新的销售渠道，以便争取更大的获利空间。总之，面对快速多变的环境，企业要根据竞争者的渠道选择，因地制宜，灵活采取合适的营销渠道。

3. 企业因素

旅游营销渠道的选择还必须考虑旅游企业自身的多方面情况，并进行实事求是的判断。

首先，旅游企业产品组合的广度和深度对营销渠道的决策有很大影响。一般情况下，零售商和旅游者对产品需求品种多，批量小，如果旅游产品组合面太窄、产品单一，就不能很好地适应零售商和旅游者的需求，而必须通过批发商进行营销；如果旅游产品组合面较广、较深，产品花色品种较多，就容易适应零售商和旅游者的需要，采用的营销渠道就可短一些、直一些。

其次，企业的规模、声誉、资金能力等对销售渠道的选择也有很大的影响。企业的规模越大，资金实力越雄厚，市场控制能力就越强，愿与之合作的中间商增多，企业选择销售渠道的灵活性增大。相反，企业在渠道选择时就受到限制。旅游企业的社会声誉越好，影响越大，就越有可能随意挑选和利用各种有利的营销渠道。

再者，旅游企业对自己产品的市场营销活动是否有相应的管理能力也会影响其营销渠道的选择。如果旅游企业管理营销业务的能力较强，就可自行组织营销系统；如果旅游企业缺乏营销管理方面的经验，就只能依靠中间商来开展营销。

4. 环境因素

各种政治、经济、自然的特征与变化都会对旅游企业的营销渠道决策产生影响。一个国家在旅游市场方面的政策及经济环境的变化对旅游企业的营销渠道影响很大。我国实行改革开放以来，旅游市场得到极大的发展，旅游产品的营销渠道大大拓宽，出现了多渠道流通的局面，极大地促进了旅游产品的市场营销。但是，各国政府对旅游业也有一定的法律，法规和政策的规定，旅游企业只能在允许的范围内选择销售渠道。如为了保证旅游市场的正常秩序，国家规定国内旅行社不能到海外招徕、组织客源，只有国际旅行社才有此权利。所以国际旅行社，可在境外销售产品，广泛借助境外的旅游中间商，采取较长的销售渠道。而国内旅行社仅局限在国内销售旅游产品，由于业务范围小，多采用较短的销售渠道，直接面向消费者销售产品。国家或地方一些政策的出台，会极大地影响旅游客源市场的规模，从而影响企业对销售渠道的选择。

旅游市场的规模与世界、国家及地区的经济高度正相关。经济越发达，客源市场越广阔。同时经济的回升与起伏，会引起客源市场相应的变化。在经济繁荣和经济景气的情况下，旅游客源市场就会扩展，反之，在经济不景气或经济危机时，旅游客源市场就会萎缩。作为旅游产品生产者或提供者，必须根据经济发展形式和旅游客源市场变化灵活调整销售渠道。

自然环境对营销渠道的影响主要表现在地理条件方面，若旅游产品地处交通便利地区，开展直接营销的可能性就较大，而地处偏远地区的旅游产品受地理条件的限制则只能采用较长的营销渠道。

（二）确定营销渠道目标

确定旅游产品的营销渠道目标，其目的在于使营销渠道能与本企业战略目标和营销策略融为一体，从而与目标市场相适应。一般来说，确定营销目标可从以下方面进行分析：

（1）旅游产品的种类有多少？生产经营的数量、质量如何？

（2）目标市场的数目、位置、规模、购买总量如何？旅游市场需求的状态、特征、潜力等怎样？

（3）旅游消费者购买旅游产品的动机和方式的类别、原因等如何？

(4) 旅游市场的结构及其变动趋势、竞争者的数量、规模、实力及竞争方式等如何？旅游产品的发展趋势、变动方向及相关生产经营技术等影响因素如何？

(5) 旅游企业及其产品进入目标市场的策略和方法如何？

(6) 旅游企业的目标销售收入、目标市场占有率、目标利润为多少？

(三) 旅游产品营销渠道形式的选择决策

当企业综合考虑了旅游产品销售渠道的影响因素以及销售渠道的目标后，需要根据行业情况，市场需求，企业实力等进行渠道选择，主要包括直接销售渠道或间接销售渠道的决策，销售渠道长度、宽度的决策，渠道的联合决策。

1. 直接营销渠道或间接营销渠道的决策

旅游直接营销渠道与旅游间接营销渠道的区别，实际上就是旅游企业在市场营销活动中是否使用旅游中间商的问题。一般来说，旅游市场营销中，旅游企业两种营销渠道兼而有之，这是由旅游企业自身的特性所决定。由于旅游产品的目标营销市场十分分散，旅游企业往往无力凭借自身单一的力量而建立广阔的营销网络，因而要获取充足的客源，就必须因地制宜，依托多种类型的旅游中间商进行营销工作。同时，许多旅游企业的产品具有边生产边消费的特点，其企业本身就是营销的场所，有一定比例的产品要利用自己的销售力量或网络来完成。在实际工作中，旅游企业对是否采用直接营销渠道或间接营销渠道的决策，最终以两项标准来判断，即销出本企业产品的数量或销售额，本企业为维护各种营销渠道所必须支付的营销费用。这一费用标准可用单位产品销售量所耗费用、单位产品销售额所耗费用来表示。若旅游营销渠道销出的产品数量多，且单位产品销售量所耗费用低(或单位产品销售额所耗费用低)，则该种类型的营销渠道就为理想的渠道。若在此基础上选择旅游间接营销渠道，则还应针对旅游中间商在目标市场、经营规模、营销实力、偿付能力、信誉程度和合作意愿等方面的不同，准确地评估挑选旅游中间商，使纳入营销渠道的中间商具有较高的质量。旅游营销渠道的选择还与旅游企业的实力和在市场上的地位有紧密的关系，实力雄厚的旅游企业，往往自身可以建立强大的营销网络，对旅游中间商的依赖性相对小些，反之亦然；当旅游企业的目标市场广阔，或旅游企业欲进入新的市场时，就必须建立间接营销渠道才能取得良好的营销效果；另外，旅游企业欲提高产品的销售量或市场竞争加剧时，也必须较多地依赖旅游间接营销渠道。

2. 营销渠道长度的决策

旅游企业营销渠道的长度取决于旅游产品从旅游生产企业至旅游消费者的途径中所经历的中间层次或环节的多少。经过的中间环节越多，营销渠道越长。一般情况下，短渠道由于中间环节少，营销费用自然减少，从而有可能降低旅游产品的价格；同时短渠道还加快了旅游企业与旅游消费者之间的信息沟通速度，减少或避免过多的中间环节导致的信息失真、误传等情况的发生，如我国近年来随着旅游业的发展，一些大型企业纷纷到海外客源集中地建立自己的办事机构或代理商网络，同时加大在这些旅游市场中的广告等促销宣传力度，将大量、直接的信息传递给当地的旅游消费者，促进其购买活动。然而，在实际工作中，由于多种因素的影响和制约，旅游企业最终所选定的营销渠道长度不一定为最佳的理想状态，只能是在多种选择中确定较为合适的营销渠道长度。

3. 营销渠道宽度的决策

旅游营销渠道的宽度就是指不同层次的营销渠道中利用同类旅游中间商数目的多少。旅游企业在选择、确定营销渠道的时候，往往由于各个目标市场情况不一，有可能出现多种类型、级别的营销渠道形式同时并存的局面。归结起来，旅游营销渠道宽度的大小，主要分为广泛营销、选择性营销和独家营销三种类型。

（1）广泛营销

广泛营销也称密集营销，这是指在渠道层次中选择尽可能多的中间商，充分与旅游产品的营销市场相接触，以使本企业的产品取得最大的展露度。主要适用于旅游消费者集中的地方，或者企业的主要目标市场。如西班牙一个大的旅馆集团以英国度假市场为目标，通过尽可能多的旅游经营公司广泛销售自己的旅游产品，从而取得了良好的效果。我国的许多旅游产品生产供应商也往往通过中国国旅、青旅和中国旅行社等大型旅游批发商销售旅游产品。

这种销售渠道的优点是可以扩大旅游产品生产者或提供者的销售面和销售量，同时旅游企业可能会碰到一系列不利的情况：如销售费用较大；双方没有什么约束性，易对产品营销失去控制；由于竞争激烈而跌价，渠道成员服务质量下降以致旅游企业形象受到损害。因而旅游企业采用此种渠道时要充分考虑到其负面影响。

（2）选择性营销

选择性营销指只选择那些有支付能力、有推销经验以及有上乘服务的旅游中间商在特定区域与层次推销本企业的产品。这种渠道形式适用于价格较高的产品。这是因为消费者购买这些产品要过慎重考虑与选择，因而要求中间商具有一定的专业知识、服务水平以及较高的信誉。如英国的促进旅行社，专门经营中国旅游业务，具有较高的声誉，因而英国国内大型旅游公司组织的旅华豪华包价旅游产品，往往就选定其为旅游中间商。近年来我国出国旅游的人数逐年增多，许多旅游者经常选择享有良好声誉的中国国际旅行社等为旅游中介。另外，在旅游消费者较少但相对集中的市场，也可选用这种较窄的渠道。

使用这种营销渠道策略的优点是：第一，旅游企业只与少数中间商合作，可把精力集中于这些精选的中间商，增强对渠道的控制。第二，旅游企业与旅游中间商联系紧密，有利于建立良好的关系，从而使中间商更好地完成旅游企业赋予的营销职能，扩大产品的销售。第三，经过认真挑选，旅游中间商都有着较强的经营能力与良好的声誉，有利于提高绩效，降低成本，建立产品声誉。但在激烈的市场竞争中，旅游企业与中间商的选择是双向的，如果旅游企业的规模不大，知名度不高，挑选满意的中间商就会受到限制。

（3）独家营销

独家营销是指在一定的市场区域内仅选用一家经验丰富、信誉卓著的中间商来推销旅游企业产品，这是最窄的渠道形式。产销双方一般都签订合同，规定双方的销售权限、利润分配比例、销售费用和广告宣传费用的分担比例等。旅游企业开拓新市场时，这种营销渠道可以密切与中间商的协作关系，提高中间商的积极性，从而有利于旅游产品市场的开拓和信誉的提高。另外，一些特殊的高价旅游产品也常采用这种营销渠道。

独家营销的优点是双方关系紧密，利益互动，有利于双方真诚合作，共同开拓有利的市场机会，提高销售能力和企业盈利能力；其次，它可以提高对销售渠道的控制。独家营销的不足之处在于企业只与一家中间商合作，风险较大，如果选择不当，将失去这一地区的市场；再者，独家营销销售面窄，灵活性小，不利于旅游消费者的购买选择。

4. 营销渠道联合的决策

随着旅游市场的不断发展和完善,旅游市场竞争越来越激烈,旅游企业依靠单一的营销力量和手段进行市场营销,已显得越来越落后。旅游营销渠道日益复杂,出现了以旅游营销渠道联合化为主要特征的发展趋势。就其具体情况而言,大致有以下几种联合化倾向:

(1) 营销渠道的纵向联合

旅游企业营销渠道的纵向联合,是指用一定的方式将营销渠道中各个环节的成员联合在一起协调行动,以促使旅游产品或服务市场营销整体经济效益的提高。这种纵向联合大致可分为两种形式:

① 契约型的产销联合。这是指旅游生产企业同其所选定的各个环节的中间商以契约的形式来确定各自在实现同一营销目标基础上的责权利关系和相互的协调行动,其主要特征为:营销渠道中的各环节成员共同为营销渠道整体利益的实现承担着相应的义务,并有着统一的行动,同时尽管各渠道成员保持着某种形式的长期合作关系,但基本上仍是相互独立的经济实体。

② 紧密型的产销一体化。这是指旅游企业以延伸或兼并的方式建立起统一的旅游产品的产销联合体,使其具有生产、批发和零售的全部功能,以实现对旅游市场营销活动的全面控制。其具体形式主要有:自营营销系统,即拥有庞大资本的旅游生产企业自行投资建立自己的销售公司和营销网络,直接向目标市场销售自己的旅游产品;联营营销系统,即旅游生产企业与旅游中间商共同投资或相互合并建立起统一的产销联合体,共同协调旅游产品的产销活动。

旅游营销渠道的纵向联合可在一定程度上缓解和避免渠道成员间由于追求各自利益而形成的相互冲突,以及由此对营销系统所造成的损失。由于整体协调功能的增强而提高市场营销活动的效率,使整体效益得以提高。

(2) 营销渠道的横向联合

旅游营销渠道的横向联合,是指由两个以上的旅游生产企业联合开发共同市场的营销渠道。这种横向联合又可分为松散型联合和固定型联合两类形式。其中,松散型联合往往是为了共同开发某一市场,而由各有关旅游企业联合起来,共同策划和实施有助于实现这一市场机会的营销渠道,如旅游包机公司与旅游目的地的旅游生产企业联合起来共同开发某一客源市场;而固定型联合则往往以建立同时为各有关企业开展市场营销活动的销售公司为主要形式,如旅游目的地的有关生产企业联合成立旅游公司。

旅游营销渠道的横向联合能较好地集中各有关旅游企业在市场营销方面的相对优势,如各企业可能都有自己的营销网络,联合起来就可能同时扩大各旅游企业的市场覆盖面等。

(3) 集团联合

旅游集团联合,就是以旅游企业集团的形式,结合旅游企业组织形式的总体改造来促使旅游企业营销渠道的发展和改造。由于旅游企业集团是由多个企业联合而成的,具有生产、销售、信息、服务等多种功能的经济联合体,它往往能通过集团内的营销机构为集团内各生产企业承担市场营销业务。

旅游企业集团的联合是一种比较高级的联合形式。它的市场营销功能比较齐全,系统控制能力和综合协调能力都比较强,对市场营销活动能进行较为周密的系统策划,并能建立起健全高效的运行机制,从而促使旅游市场营销活动的整体效益得到提高。

上述旅游市场营销渠道联合化的发展趋势表明,旅游市场营销渠道越来越依靠合理的社会分工来享受、获取专门化效益，这客观上也表明旅游市场的不断发展和进步。同时也要看到，旅游企业营销渠道的发展必须建立在公平、有秩序的市场竞争基础上，否则旅游企业营销渠道的联合就难于形成和维持；另外，这一联合化的发展趋势还必须依赖于一定的物质技术基础和条件，如现代化的通信设备，它使各个企业的营销渠道汇集在一起，形成体系完整、覆盖面广阔的营销体系；此外，旅游营销渠道联合化的发展态势，必将使旅游企业经营的业务多样化，甚至有可能超越传统的旅游产品经营范围，扩展到与旅游市场相关的其他市场，由于市场面的扩大，使得旅游中间商复杂化，银行、超级市场、航空公司等企业也会经营旅游产品的销售业务，成为广泛的旅游中间商。对于旅游企业来说，旅游营销渠道联合化的发展趋势，要求旅游企业对传统企业制度进行改造和更新，以便扩大规模和实力，在旅游市场中处于主动、有利的地位，实现市场营销规模效益。

三、旅游产品营销渠道的管理

旅游企业决定了销售渠道的类型后，就应选择合适的中间商，建立起销售渠道，并加强旅游营销渠道的管理，调动各成员的积极性、主动性，及时解决渠道中的各种问题，促使销售渠道的畅通与高效，保证其运行活动按事先预定的方式和轨迹进行，达到选择、确立旅游营销渠道的目的，使旅游企业和旅游中间商获得应有的经济效益。此外，还应根据各种环境因素的变化，对销售渠道作出相应的调整，适应市场发展变化的需要。

（一）旅游中间商的选择

中间商的选择是指根据旅游企业的渠道结构决策，选择合适的中间商的过程。旅游企业在选择旅游中间商时要建立明确的标准体系，对中间商的销售能力、信誉、发展状况、历史背景、工作积极性、发展潜力等因素综合考虑。旅游中间商的销售能力包括从业人数、人员素质、一定时期的销售业绩等。旅游中间商的信誉包括对旅游消费者的服务、与其他企业的合作信誉、财务资金状况等。在进行中间商的选择时，尽量将销售实力强大、信誉良好、工作热情高的中间商纳入企业的销售渠道，作为企业产品的批发商。对销售能力较弱、信誉较好、工作激情较高，但不能大批量预定产品的中间商，可发展为旅游代理商或零售商。对信誉差、工作懒散、敷衍了事的中间商要认真对待，尽量排除在渠道之外。

企业在选择中间商时很难找到各方面都符合标准的合作伙伴，故以满意为原则，只要中间商的主要标准符合要求即可。其次，在旅游企业选择中间商的同时，旅游中间商也在选择企业。对中间商吸引力弱的旅游企业，应对中间商提供更多的服务，更大的让利，以此来吸引中间商的加盟合作。对中间商吸引力强的旅游企业，主要是对中间商进行分析评估，从中选择最适宜的中间商销售产品。

（二）旅游中间商的合作与激励

加强与中间商的合作，调动它们的积极性，并能根据环境的变化灵活地解决与旅游中间商的矛盾冲突，这是营销渠道管理的重要任务。参加旅游营销渠道的成员，各自的需要和动机不一样，旅游间接营销渠道往往只是一个不稳定的联合体。在旅游营销渠道中，各组成成员分别代表不同的利益集团，旅游生产企业旨在使营销渠道中的成员注重企业的产品，努力扩大产品的销售量，同时又希望尽量减少营销费用；旅游批发商在追求高销售量和高利润的同时，更加关心开发既能使自己减少风险，同时又能使旅游零售商愿意接受、代理的产品；旅游零售商一般很希望能得到多种旅游产品，以便更好地向旅游消费者销售，同时这些产品又能带来高额利润；旅游消费者往往希望有多种旅游产品供选择，以便较为方便地挑选、确定自己愿意购买的产品。同时，旅游中间商与旅游企业是相互独立的，中间商可以是这家企业的代理，也可以是其他企业的代理。它可以推销中国业务，也可以推销欧洲业务，有的中间商甚至同时销售两个竞争对手的同类产品。中间商一般对旅游企业不承担义务。

为缓解上述矛盾，增强中间商的合作精神，调动中间商的积极性、主动性，应充分重视对中间商的优惠与奖励政策，采取强有力的激励措施。首先，维护中间商的尊严，尊重中间商的利益，这是赢得中间商合作的首要前提。信守对中间商的种种承诺，严格按协议或对中间商的各种优惠政策的许诺办事。对不能实现的承诺，要提前说明理由并给予一定的补偿；其次，要帮助中间商增加收入，因为中间商收入来自旅游产品的差价或佣金，他们十分关心旅游产品的销售量和差价及佣金比例，旅游企业可根据旅游中间商的组团能力、企业规模、计划销售和付款情况，区别对待，采取相应的折扣政策，提高旅游中间商的盈利能力，这是奖励中间商的重要手段；再次，优惠中间商的形式要多样，方法要灵活，如减收或免收预订金，组织奖励旅游，领队优惠（即按国际惯例，凡满 15 名付费旅客的旅行团，可以增加一名领队，享受免费旅游），邀请中间商旅游，联合宣传与推销，颁发奖品以及进行其他物质和精神奖励。

（三）旅游中间商的评价

旅游企业要采取切实可行的办法，实现对渠道实行有效的管理，就必须定期对中间商的工作绩效进行检查与评价，才能达到对中间商激励、控制的目的。对企业影响作用大的中间商，往往应成为企业合作的重点。对于绩效一般或低于企业要求的中间商，要找出原因及补救办法，必要时改变现有的渠道结构，剔除绩效差的中间商，以保证渠道的效能。对中间商主要从以下角度评价：

（1）中间商历年的销量指标完成情况和水分大小；

（2）中间商为企业提供的利润额和费用结算情况；

（3）中间商为企业推销产品的积极性；

（4）中间商为企业的竞争对手工作的情况；

（5）中间商对本企业产品的宣传推广情况；

（6）中间商对客户的服务水平，满足需要程度；

（7）与其他中间商的关系及配合程度；

（8）中间商占企业产品销售量的比重大小。

（四）旅游营销渠道的调整

旅游企业的营销渠道在建立后并不是一成不变的，随着旅游市场行情的变化，要使渠道保持良好运行，就必须依据对旅游中间商营销行为的分析，针对环境变化及时调整渠道的构成。旅游企业根据市场变化情况调整渠道的主要方式有以下几种：

1. 增减旅游营销渠道中的旅游中间商

对效率低下、推销不力、对渠道整体运作有严重影响的中间商，应以剔除。也可能由于经济疲软或企业经营战略的调整等会引起渠道中中间商的削减。如有必要，可另选合适的中间商加入渠道。有时会因竞争者的渠道宽度扩大，影响到自己的销售量或企业规模的扩大等，相应增加中间商的数量。旅游中间商的增减，一方面会影响企业的销售费用和销售收入；另一方面会影响到其他中间商或竞争对手。如减少旅游中间商,该中间商可能转向其他旅游企业,从而间接加剧与竞争对手的竞争;同时可能引起其他中间商的猜疑与抵触。所以,在增减旅游渠道中的中间商时应权衡比较,综合考虑各种正负面影响,慎重行事。

2. 增减某一旅游营销渠道

随着市场的变化,旅游企业有时会发现自己的营销渠道过多,有的渠道作用不大。从提高营销效率的角度考虑,可以适当缩减一些渠道。相反,当发现现有渠道过少,不能使产品有效抵达目标市场而影响了产品的销路,则应增加新的渠道。或随着时间的推移,原来效益较高的销售渠道效益可能下降,原来效益较差,而未被选用的渠道反而成为有效渠道,则应根据实际情况,动态调节,增减营销渠道,提高整体效率。在作增减某一销售渠道决策时,亦类似增减某一旅游营销渠道的中间商,要通盘考虑,小心从事。

3. 改变整个旅游营销渠道

这意味着取消原来的营销渠道,建立新的营销渠道。当旅游企业原有渠道产生无法解决的矛盾冲突,造成了整个渠道的极大混乱及功能的严重丧失,或者由于旅游企业的战略目标和营销组合实行了重大调整,都可能对渠道进行重新设计和组建。在对整个渠道进行改变时,难度较大,且会带来极大的风险,旅游企业必须进行认真细致的调查研究,权衡利弊,充分考虑各种因素才可作出决策。

四、旅游营销渠道的冲突

旅游企业为了更有效地了解目标市场,为其提供服务,满足其需求,建立了包括批发商和零售商的各种渠道,并希望通过渠道合作产生的整体渠道利润高于各自为政的各个渠道成员的利润。但竞争是永恒的话题,各个独立的业务实体将有不同的利益寻求,一切竞争都围绕利益而展开。由于各经销商之间存在着利益竞争,因此不管渠道设计如何精良,管理如何优秀,总会或多或少存在一些冲突。旅游企业的目的在于减少无谓的冲突,把竞争控制在良性范围内,引导渠道成员更好地开拓市场。

(一) 冲突的类型

在旅游销售渠道中,中间商具有不同的类型,各种类型的中间商可与不同的旅游企业和消费者构成不同的销售渠道。而在旅游企业、中间商、消费者的结合中,由于其关系的不同,主要形成垂直,水平和多渠道的销售渠道系统。由于这三种销售渠道中不同层级以及同一层级的不同中间商利益矛盾的存在便产生了垂直渠道、水平渠道、多渠道三种类型的冲突。

1. 垂直渠道的冲突

垂直渠道的冲突是指同一渠道中不同层次之间的利害冲突,这类冲突更为常见。如一个旅游企业采用:旅游企业→旅游批发商→旅游零售商→旅游消费者的销售渠道,在旅游产品上市时,批发商占主导地位,此时它可能压低对旅游企业的购买价,提高对旅游零售商的批发价格,这样就导致了垂直渠道的冲突。

2. 水平渠道的冲突

水平渠道的冲突是指存在于渠道同一层次的成员之间的冲突。如旅游企业的各个零售商由于区域划分的不清晰,价格的参差不齐,便会相互恶意竞争,形成水平渠道的冲突。例如,一些比萨店的特许经销商可能会抱怨其他经销商在原料上作假,并且服务态度恶劣,因此破坏整个比萨店业的形象。

3. 多渠道的冲突

多渠道冲突产生于都在旅游企业已经建立两个或多个渠道,并且他们互相在推销给同一市场时产生竞争。如旅游企业可以通过直销渠道向消费者销售产品,也可通过中间商销售产品,由于他们目标、利益的不同便会产生渠道间的冲突。当一个渠道成员或者降低价格或者降低毛利时,多渠道冲突会变得特别强烈。

（二） 冲突产生的原因

渠道冲突的根本原因是各独立实体的利益目标不同,具体而言是指目标的不一致、责任与义务划分的不清晰以及他们知觉的偏差。

1. 目标不一致

例如,旅游企业想要通过低价迅速扩大市场。而旅游经销商的目标是赚取更多的利润和推行短期的盈利率。由于目标的不一致,他们会采取不同的行为方式,彼此间产生冲突。

2. 职权划分的不清晰

旅游企业往往采用多种渠道销售产品,不同渠道的成员任务与边界划分不清,造成经营的混乱,以及同一地区的不同层级和不同渠道间的相互冲突。如旅游企业可通过直销渠道销售产品,它的经销商亦可销售该产品,结果形成不同渠道间的冲突。

3. 知觉差异

不同的渠道成员因个人偏好、生活阅历、家庭背景,以及个人经济实力的不同,对不同的决策、不同的绩效、不同的行业前景有不同的看法,从而引起他们知觉差异,导致思维方式和行为的冲突。

（三） 冲突的解决方法

一定的渠道冲突能产生建设性的作用,它能产生适应环境变化的更多动力,防止渠道的僵化。但是,更多的冲突是失调的,有碍于渠道整体利益的最大化,甚至会产生破坏性的作用。对于不同的冲突,我们要视情况而定,采取适当的措施,有效地管理冲突,将冲突控制在一定的限度之内。

1. 超级目标的制定

渠道成员以某种方式签订一个以他们共同目标为指导的协议,例如市场份额的扩大,顾客的高满意度,提高产品和企业知名度。这使他们彼此间息息相关,利益互动,风险共担,从而达到有效地协调他们的行动,将冲突内部化的功能。

2. 慎重选择经销商

经销商的市场观念和营销才能极大地影响着彼此间的合作。良好的营销素质和正确的市场观念,是减少冲突的“预防针”,为经销商与旅游企业之间建立共同目标打下基础。选择那些与自己的观念,目标基本一致的经销商,有利于沟通与合作。通过选择,挑选合适的经销商,并适时加以培训,灌输旅游企业的理念。这对以后进行有效管理、控制冲突很有好处。

3. 制定完善的营销政策

制定完善的营销政策是有效管理冲突的保证。一套完善的政策激励,制约经销商的行为,同时也能保护经销商的正当利益。它要求各方面的措施切实可行,主要表现在经销商的区域划分与价格策略等方面。在区域划分方面,旅游企业应合理分配区域,经销商在指定的区域内销售产品。不许跨区销售。如果遇到特殊情况,需经多方协商许可。对跨区域销售现象严加监督检查,制止恶意竞争。价格策略是协调冲突的有力手段,但有时也会带来一定的负面影响,所以要正确利用。为了促进销售,应该理顺价格机制,对不同等级的销售商实行不同的价格策略,并辅以数量折扣,季节折扣等,形成公平公正的竞争格局。

4. 人员互换

旅游企业的一些营销人员可到分销渠道中的某些销售机构工作,分销渠道的某些工作人员亦可到旅游企业或其他营销渠道工作,通过人员互换,双方更好地沟通交流,以便形成共识,减少知觉偏差和渠道冲突。

5. 协商

协调或仲裁解决。以上措施主要着眼于冲突的预防,当冲突发生时,我们必须采取强有力的措施,使冲突得以有效的控制。解决冲突的方法主要有协商、调解和仲裁三种。协商是双方正面交涉,面对面磋商解决方案,以免冲突尖锐化。调解是指由第三方出面,根据双方的利益进行调停。仲裁是双方同意把纠纷交给第三方,并接受其仲裁决定。

五、旅游营销渠道的发展趋势

随着经济的发展,环境的变化,旅游渠道的形式与内容也随之发生相应的变化,就目前情况而言,旅游企业的发展趋势大致如下:

(一) 营销渠道逐步“短化”和“宽化”

由于市场环境的变化,传统的渠道方式已经显露出了许多弊端。分销渠道越长,取利者就越多,顾客就面临更高的价格,市场主体的竞争优势就会一步一步被削弱。分销渠道越窄,诸如一个地区只授权一家总经销,其拓销实力就会越受限制,企业的依赖性就会越强,市场主体就越易受制于代理商,竞争就会失去主动。随着市场竞争的加剧,越来越多的旅游企业开始注重销售渠道的重新选择。也就是采取“短宽型渠道”将分销渠道“短化”和“宽化”。随着市场竞争的加剧,生产者日益关注市场,希望直接面对顾客,掌握市场信息,进行更积极的营销。但是,旅游市场广阔,顾客众多,进行直销是不现实的。在这种情况下,企业必须使用间接渠道。通过减少中间环节,绕过批发商,企业获得部分直销的好处。由于旅游市场客源的广泛性,分散性,决定了旅游企业应适当地将渠道宽化,满足市场需求。这种营销模式的改变能使生产企业更主动、更全面地控制市场和开发市场。

(二) 渠道成员加强合作,整合市场营销渠道引起关注

传统的旅游市场营销渠道是由相互独立的经营实体组成,渠道关系是“我”和“你”的关系。渠道成员为了各自利益的最大化,有时甚至不惜牺牲整个渠道和旅游企业的利益,引起彼此间的相互冲突,导致整体利益的减小,连锁反应将最终导致整体利益与自身利益的共同丧失,为了有效解决这种矛盾,新型整合市场营销渠道应运而生。

1. 垂直市场营销渠道由交易型向伙伴型关系转变

新型整合垂直市场营销渠道内旅游企业、批发商和零售商联合成为一个统一体,即旅游企业与经销商由“你”和“我”的关系转变为“我们”的关系,从油水关系转变为鱼水关系,从交易型向伙伴型转变。在垂直市场营销渠道统一体中,其中一个渠道成员(通常是旅游企业)拥有其他成员的所有权,或有其他足够的实力使别的渠道成员愿意合作。它能够使得旅游企业与

经销商一体化经营，实现旅游企业对于渠道的集团控制，消除各个渠道成员为追求各自利益而造成的冲突，追求双赢乃至多赢。在紧密的伙伴关系中，旅游企业与经销商共同致力于提高市场营销网络的运行效率，通过规模经济、讨价还价的实力和减少重复服务获得利益。

2. 水平型市场营销渠道从单独生存向共生性转变

在水平型市场营销渠道中各成员由于资金和能力等的限制，难以独立开发市场或为了分散风险，整合优势，相互结合，统一其资源和计划来开发新的市场营销机会扩大原有的市场空间。由于这种合作会带来巨大的协同效应，因而传统的市场营销渠道从单独生存向共生性转变。新型的水平市场营销渠道也被称为"共生性市场营销"。

3. 网络营销日渐风靡

网络营销是指为实现旅游企业的营销目标，借助互联网、计算机和数字交换等系统进行的一系列商务活动。主要包括网上的广告、订货、付款、客户服务和货物递交等售前、售中、售后服务，以及市场调查分析、财务核算及生产安排等利用互联网开发的商务。互联网作为信息技术发展的应用基础，使信息的交换和处理变得异常简单和便捷，而且突破时空限制，成本也越来越低廉。它使得旅游产品生产者和消费者直接沟通和交易成为可能。网络的发展将导致产品价值链的重新构建，利润的重新分配，旅游企业将获得更高的利润，消费者将可以进行更多的选择和获得更低的价格；网络提供的直接交换的潜力将同时增加旅游企业和消费者福利，因而旅游生产者更愿意直接销售给消费者，消费者愿意直接向生产者购买。随着信息技术的发展，旅游企业将逐步完善自己的销售网络，扩大对消费者的直销。

在网络营销条件下，传统的中间商机构面临着旅游企业通过互联网能直达消费者所带来的威胁。他们必须调整相应的策略，转变角色，才会适应社会的需要。网络营销下的新中间商是指在电子信息网络上建立的起着连接生产者和消费者的桥梁作用的一个系统，它通过互联网来实现传统中间商的所有功能，并具备一些传统中间商所没有的新功能。新中间商的存在和发展是电子商务发展的必然。它可以实现更高效率的信息流、资金流、商流和物流，降低交易成本，提高交易效率。新中间商可以利用电子信息网络，十分方便地收集生产者和消费者的信息，定期在生产者和消费者之间传送生产者和消费者的有关信息，让生产者和消费者能够方便地获取商务信息，形成一个良性的循环。新中间商可以通过电子支付系统实现更高效率的资金流，从而为买卖双方节约交易费用，并加速资金的周转效率。电子商务的直观性和透明性将大大增强新中间商的诚信度，有利于新中间商利用电子信息网络树立良好的形象。新中间商可以通过电子信息网络广泛、方便地开展商务活动，实现网上交易。电子商务将使新中间商能为全世界范围内的旅游生产者和消费者提供服务，从而为新中间商创造大量的商业机会。

阅读材料

农垦红色文化旅游产品创新开发——以南泥湾农场为例

在新时代人们旅游消费行为日趋生活化的新常态下，全面整合农垦多元文化要素、深入挖掘农垦文化内涵，并有机融合农垦优越的生态环境、健康绿色商品、多彩的自然风光与人文风情等旅游资源，开发特色农垦文化深度体验型旅游产品，是推动农垦旅游供给侧结构性改革的必然选择，也是迎接大众旅游时代游客旅游需求日趋多元化、深层次、生态型、个性化等特点的必由之路。

"自力更生、奋发图强"的南泥湾垦荒精神凝结成了深厚的"农垦红色文化基因"，为南泥湾农场在新时代开发以红色文化为内涵的精品旅游产品奠定了坚实基础。陕西农垦南泥湾农场，不仅是延安精神的发祥地，也是中国农垦事业的发源地，更是我国农垦红色旅游的开创地。

一、南泥湾旅游区概况

1. 南泥湾农场基本概况

南泥湾农场位于陕西省延安城东南45公里处，流域面积365平方公里，为丘陵沟壑地貌，土壤为黄绵土、水稻土，林草覆盖率83%，为汾川河发源地。处在西安——黄帝陵——延安——南泥湾——黄河壶口瀑布——西安旅游环线上，是延安旅游名胜景点之一，也是现代都市人度假休闲、陶冶情操的绝好去处。

南泥湾农场是一块火热的"红土地"，曾见证了一段血火交融的历史、孕育了《南泥湾》这首经典歌曲，她与中华民族奋起抗战、民族独立、全国解放的辉煌历史紧密相连。抗日战争时期，由于敌人封锁，边区粮食和生活用品十分匮乏，1941年，八路军120师三五九旅在旅长王震的率领下在南泥湾开展了著名的大生产运动，形成了永垂不朽的"南泥湾精神"，其"自力更生、奋发图强"的精神内核，激励着一代又一代中华儿女战胜困难，夺取胜利。改革开放以来，南泥湾加强了自然生态保护和建设，得到更好的开发和建设。

2. 南泥湾红色文化旅游资源

南泥湾农场是体现"延安精神"的重要红色旅游地。境内有毛泽东视察南泥湾旧居、南泥湾革命旧址、三五九旅旅部旧址、七一八团烈士纪念碑、七一九团烈士纪念碑、中央管理局干部休养所旧址、南泥湾垦区政府旧址、八路军炮兵学校旧址、九龙泉、南泥湾大生产展览室等景点，丰富的红色旅游资源禀赋为农场发展农垦红色文化研学旅游度假区提供了得天独后的资源基础。

二、南泥湾红色旅游开发思路

1. 开发思路

围绕"红色南泥湾 · 陕北好江南"的形象定位，依托南泥湾农场良好的生态肌理与浓厚的陕北民俗风情文化，挖掘、整合农场深厚的"红色文化""知青文化""军垦文化""国防文化"等文化资源优势，借助"革命圣地"——延安的红色文化影响力，引入文化创意、研学教育、康养度假、休闲运动等新兴旅游业态，大力开发以红色文化为导向的农垦红色文化旅游精品产品，满足游客深度体验农垦文化的需求。

2. 开发原则

(1) 环境保护与可持续发展原则。必须制定科学的旅游规划，强化旅游管理，积极发展生态旅游，将资源开发与环境保护统一起来，最终实现环境保护与可持续发展目标。

(2) 文化教育原则。旅游是传播文明、交流文化、增进友谊的桥梁，文化是旅游产品的灵魂。因此，南泥湾红色文化旅游产品开发，必须深挖农垦精神与红色文化内涵，提高文化创意水平，突出文化特色；充分利用博物馆、纪念馆等设施，开展多种形式的文体旅游活动普及科学知识，塑造旅游整体形象，提升文化软实力，把文化教育原则贯穿到食、住、行、游、娱、购各环节和旅游业发展全过程中，使得旅游产品具有持久的生命力、吸引力和竞争力。

(3) 培育特色开发精品原则。特色决定旅游产品的竞争力、生命力和经济效益。南泥湾农场红色文化旅游产品以红色文化为核心,融合周边生态与陕北民俗风情文化景观。因此,旅游产品设计既要包含一般旅游产品的6要素,更要突出红色文化的研学教育功能,开发具有教育性、趣味性、体验性的旅游产品,进而培育精品。

(4) 社区参与原则。社区参与是旅游的本质要求,是旅游地可持续发展的重要内容和评判依据。因此,通过社区参与旅游产品开发,不仅可以增强旅游产品地方性、民族性、参与性,进一步提高旅游产品的吸引力,而且对深入挖掘与保护、传承民族文化也具有重要意义。

三、南泥湾红色旅游产品开发

依托南泥湾红色文化、知青文化、军垦文化、国防文化等多元红色文化要素,结合生态、民俗、商贸等产业,开发"五大系列农垦红色文化旅游精品产品",树立南泥湾农垦红色文化旅游标杆。

1."农垦红色文化研学"系列产品

依托"自己动手 丰衣足食""自力更生 艰苦奋斗"的南泥湾垦荒精神,进一步扩容"延安精神"文化内涵,将南泥湾农场打造成为活化红色革命圣地、传承"延安精神"的重要载体。具体通过修建南泥湾农垦文化展览馆、南泥湾干部教育培训中心、南泥湾青少年红色文化研学基地等功能设施,将南泥湾农场打造成为传承和发扬地农垦精神的重要基地。

2."农垦知青生活体验"系列产品

挖掘南泥湾农场典型的知青故事,针对"老知青""小知青",及"具有知青情结"的不同游客主体,开展知青生活体验游产品。修建南泥湾农场知青生活体验园,结合旅游接待设施的相关标准配套完善住宿、餐饮等基础设施,同时结合农场生活环境充分融入知青文化元素,如改造农场居住区为"知青驿站""知青农庄"等。此外,围绕知青文化,还可举办"南泥湾农垦知青文化论坛"、成立"农垦知青书画艺术家协会"等,进一步丰富农产旅游活动。

3."农垦红色文化演艺"系列产品

旅游演艺是展示文化内涵的重要载体,可以将固化的历史和文化活化成真实的视听感受,不仅有利于延长游客在目的地的停留时间、促进消费增长,而且有利于丰富目的地旅游业态。如《保卫延安》《延安保育院》《红色娘子军》《井冈山》《中国出了个毛泽东》等知名红色文化旅游演艺项目,均以震撼人心的实景舞台演艺、高科技手段的运用、融合当地民俗风情文化的艺术元素取得了不错的效果。因此,南泥湾农场可依托其红色文化和区域生态背景,大力开发《红色南泥湾》《南泥湾大生产运动》《一边垦荒 一边练兵》等大型农垦红色文化实景演艺项目,以打造一场视觉和精神的农垦旅游大餐。

4."农垦红色文化影视"系列产品

搜集、整合南泥湾农场革命时期经典的红色历史典故、著名革命人物的生平故事,聘请专业编剧编撰南泥湾红色著作,积极借助"革命圣地"——延安市的影响力,以"弘扬南泥湾农垦精神和红色文化"为主题,大力开发微视频、微电影等影视作品,重点包装如《南泥湾》《红色摇篮》《红色农垦南泥湾》等几大经典影视作品,从而借助影视传播效应大力提升南泥湾农场的知名度,进一步打响"南泥湾农垦红色文化旅游"的品牌。

5."农垦红色文化旅游活动"系列产品

旅游活动是促进旅游目的地营销的重要方式之一。"自力更生 艰苦奋斗"的南泥湾农垦精神，是我国社会发展特定历史阶段的时代精神的象征，是知青分子等具有“农垦情结”的群体的情感寄托。围绕“守望相助·乡约南泥湾”的主题，开展“激情燃烧的岁月”“知青农场大欢聚”“我们一起走过的那个年代”“那些年我们奋斗的垦区”等红色旅游活动，扩容农垦文化内涵，丰富农垦旅游产品，将农垦红色旅游活动塑造成为南泥湾旅游营销的有力手段。

资料来源：延安旅游局。

本章小结

1. 旅游产品营销渠道又称为分销渠道，它是指旅游产品从旅游生产企业向旅游消费者转移过程中所经过的一切取得使用权或协助使用权转移的中介组织和个人，也就是旅游产品使用权转移过程中所经过的各个环节连接起来而形成的通道。简单来说，就是将产品或服务提供给消费者和商业客户过程中的各种独立组织的集合。旅游营销渠道的起点是旅游产品的生产者，终点是旅游消费者，中间环节包括各种代理商、批发商、零售商、其他中介组织和个人等。

2. 旅游产品的营销渠道有直接、间接、长、短、宽、窄、单、多等多种类型。直接营销渠道和间接营销渠道的区别实际上就是旅游企业是否通过旅游中间商进行营销活动；旅游营销渠道的长度是指旅游产品从生产者脱手开始到消费者购买为止，整个过程中所经过的中间机构的层次数；宽渠道是指使用的同类中间商较多、旅游产品在市场上的销售面较广的旅游营销渠道，反之是窄渠道；有些旅游企业采用的渠道类型比较单一，如所有产品全部由自己直接销售或全部交给批发商经销，这称为单渠道。若在本地区采用直接渠道，对外地采用间接渠道，或同时采用长渠道和短渠道，这就称为多渠道。有时把采用多渠道的销售系统又称为双重销售系统。

3. 旅游营销渠道中介机构包括旅游代理商、旅游批发商、专营机构（旅游经纪人、奖励协会和销售代表）、酒店代表、各种旅行社、行业工会和预定系统和互联网等。此节我们重点讨论旅游中间商，包括旅游批发商、旅游零售商和旅游代理商。

4. 旅游企业在进行营销渠道类型决策时，会受到许多因素的影响和制约，旅游企业就必须在充分考虑这些影响因素的前提下对可供选择的营销渠道进行评估和决策。一般情况下，影响不同类型的旅游产品营销渠道选择的因素主要有旅游产品、市场、企业自身和环境等。

关键术语

营销渠道（marketing channel）

中间商（broker）

营销渠道策略（strategy of marketing channel）

营销渠道管理（marketing channel management）

营销渠道冲突（marketing channel collision）

整合市场营销渠道（integration of marketing channel）

网络营销（network marketing）

案例回顾与讨论

1. 案例中的南京金陵饭店采用了哪些独特的产品分销渠道？
2. 其他旅游企业能从南京金陵饭店的分销渠道中得到什么启示？
3. 进行多渠道管理应该注意哪些问题？

复习与思考

1. 试举出几种旅游营销渠道的类型并说出它们各自的优缺点和适用范围。
2. 若你是一名销售经理，试说明你将如何选择旅游产品的销售渠道？
3. 旅游零售商应怎样处理与旅游批发商和旅游者之间的关系。
4. 简述旅游经销商和旅游代理商的区别。
5. 旅游中间商在销售渠道中起着什么样的作用？旅游企业要获成功应该如何选择旅游中间商？
6. 生产有形产品的企业与生产服务和旅游产品的企业的营销渠道有什么不同？
7. 一个企业是否应该拥有过多的营销渠道成员？说明理由。
8. 你认为科技会给旅游业的分销渠道带来哪些变化？
9. 简述营销渠道冲突的解决方法。
10. 旅游营销渠道有哪些发展趋势？这些发展趋势会给旅游企业带来什么样的机遇？

自测自评

实践题

1. 模拟一个旅游企业，试制定一份营销渠道选择决策报告。分析说明该企业为什么要选择某种营销渠道。

2. 查找旅游和接待业的特许经营店。根据特许经营的产品及特许经营费，选择一家你认为投资眼光不错的特许经营店。写一篇报告阐述理由。

推荐阅读文献

1. 伯特·罗森布洛姆.营销渠道：管理的视野.8版[M].北京：中国人民大学出版社，2018.

2. 黄倩辉.浅谈旅行社应对旅游黄金周和旅游淡季的促销策略[J].旅游管理研究，2014(03).

3. 李永先，郭雪童，吕诚诚.一站式旅游供应链模型研究——以“蚂蜂窝旅游网”为例[J].电子商务，2019(4)：1-3.

4. 马超平，易露霞.内外因素对现代渠道演变的影响及企业营销策略创新[J].商业经济研究，2017(2)：55-56.

5. 沈钦文.互联网环境下渠道关系对渠道形式选择的影响分析[J].商业经济研究，2016(20)：56-58.

第十章　旅游产品促销策略

本章紧接上一章“旅游产品营销渠道策略”的内容，就旅游产品促销策略的有关内容展开。传统营销4P四个核心环节之一促销（promotion），创新营销4C中的沟通（communication），在旅游企业营销活动中具有极其重要的意义。

旅游促销，即旅游促进销售，旅游企业营销是在旅游产品设计、定价、分销等策略的基础上，必不可少的、且对旅游业经营尤为重要的四大车轮之一。它具体又包括对广告宣传、营业推广、公共关系、人员推销四方面策略的组合运用。这是旅游市场营销中最富有活力和创意的领域。

学习目的

- 熟悉旅游促销的概念与作用
- 掌握旅游促销组合策略的制定
- 熟悉旅游营业推广特征、作用与推广方式
- 熟悉旅游人员推销的作用、原则与过程

引导案例

玉溪促销旅游产品“招数”解读

从20世纪90年代起，玉溪开始发展旅游业，但却一直曲折发展，直到现在仍处于起步状态，进入的游客以昆明及周边地区，且散客为主。到2001年，玉溪的团队游客仍然为零，到玉溪玩什么，省内外的游客不知道，玉溪人也没有给出一个明确的答复。

在旅游知名度不高的情况下，玉溪怎样来拓展旅游市场？怎样让外面的人知道玉溪的山水人文，同时吸引游客进入玉溪旅游，带动玉溪社会经济的全面发展？近年来，玉溪把旅游业作为支柱产业来发展，在加大旅游基础设施建设的同时，加大对外宣传促销力度，并探索出一系列成功的宣传促销之路。

一、携手媒介树玉溪旅游形象

玉溪旅游的宣传不仅是旅游产品的宣传，更多的是旅游形象的塑造与提升，包括对玉溪生态、环境、文化、历史的宣传。通过多种渠道进行宣传，玉溪树立了良好的旅游形象。

为了突出“红塔山—抚仙湖”滇中旅游线的宣传，玉溪在昆明火车站等车流量大的地段竖起8块主题广告牌，对玉溪旅游形象进行全方位宣传；与云南电视台等多家电视台合作，进行了大量宣传，共制作播出230多部宣传片；与《玉溪日报》等报纸媒体携手，发表270多篇宣传文章，对玉溪的旅游资源、旅游产品进行多角度宣传；做客云南广播交通台，通过声音把玉溪旅

游介绍给众多听众;建立了玉溪旅游网和抚仙湖旅游信息网两个网站,把玉溪的旅游资讯通过互联网传递到世界每个角落。同时,《大观周刊》通过春夏秋冬刊的形式,对玉溪的旅游产品、饮食文化进行介绍,并发行60多万册,读者遍及全省各地。

媒体代表公众声音,传播面广,影响力强,玉溪旅游依托各种媒体,把最真实的一面展现在世人面前,让许多以前不了解玉溪旅游的人慢慢走进来,成为玉溪的常客。

二、客源地促销引来游客无数

玉溪旅游知名度不高是玉溪发展旅游的瓶颈,怎样来打破这一瓶颈呢?在主要客源地宣传促销是玉溪采取的方式。当时,到玉溪的游客主要是昆明及周边地区的人。针对这一特点,玉溪组织旅游部门及旅游企业组成联合促销组到昆明宣传促销。

在昆明促销期间,除了与媒体合作外,还在昆明最热闹的地段发放宣传资料,并举办富有玉溪地方特色的文艺活动,通过对玉溪文化、旅游的展示,达到吸引游客的目的。同时,旅游部门、景区景点、旅游企业联手,推出让利游客的玉溪畅游卡活动,每一个持有玉溪畅游卡的人,到玉溪旅游可以享受禄充风景区、通海秀山、元江世界第一高桥等10个景区的免费游览,还可以享受到10多个宾馆等旅游企业的打折优惠。玉溪畅游卡价值2 960元,基本上可以免费游览玉溪所有的景区景点。与玉溪畅游卡同时推出的还有以《大观周刊》形式出现的玉溪旅游完全手册,持有《大观周刊》的游客到指定的46家旅游企业消费均可享受到优惠。

到昆明促销旅游,依托玉溪独特的旅游文化资源和成熟的旅游产品,以云南现实和潜在的客源市场为导向,立足昆明市场,引团队、组散客、拉会务,开通玉溪旅游线路,形成玉溪旅游热潮,扩大玉溪旅游知名度,形成了广泛的宣传效应。

三、借旅行社优势销售旅游产品

旅行社有着庞大的客源网络,玉溪要吸引团队游客,使进入玉溪的游客具有一定的规模,旅行社的作用不可忽略。为此,玉溪与多家省内外知名旅行社合作,共同推介玉溪旅游。

玉溪与旅行社签订合作协议,确定在进一步完善旅游配套设施,做好旅行社引团入玉各方面的协调工作的同时,对旅行社给予一定的补助。旅行社在带团队进入玉溪的同时,还得配合玉溪一起开发旅游产品,在向外宣传的资料上有对玉溪旅游路线的宣传等。

与玉溪合作的旅行社,其中一部分网络遍及全国,对玉溪旅游的宣传与促销起到至关重要的作用。而且,许多旅行社在看到云南旅游市场需要注入新的亮点时,把目光都放在了玉溪身上,多次到玉溪进行考察,并提出意见和建议,不仅销售玉溪的旅游产品,还对玉溪的旅游发展提供了市场的参考意见。正因为有许多旅行社的介入,进入玉溪的团队游客才会大幅度提高,车子、帽子、旗子的场景才会一次次在玉溪各旅游景点出现。

四、节假日活动带动旅游促销热潮

在节假日,举办一系列相关活动为游客助兴,以带动旅游业的发展,这是很多地方采取的旅游宣传促销方式,玉溪也不例外。

玉溪是一个民族风情独特、山水自然风光优美的地方,各地都有自己独特之处。借助这些风情各异的风俗及自然景观举办活动,给游客一种耳目一新的感觉。在抚仙湖,玉溪每年都会举办大量的活动,以精彩的内容博取游客的欢心。张健横渡抚仙湖、抚仙湖中美滑水明星对抗赛、全国少先队夏令营、世界定向锦标赛及中国定向冠军赛等全国性的活动,不但吸引了游客的目光,还引起各级媒体的关注,对玉溪形象的宣传起到了不可磨灭的作用。同时,新平花街节、元江金芒果节、华宁柑橘节、江川开渔节等节事，为玉溪的旅游增添了光彩，并把玉溪的民俗活动拓展开来，形成了文化与旅游相配套的典范。

在很多地方，没有节赛事就可能没有旅游，玉溪举办的100多个节赛事活动让各县区的旅游都得以平衡发展，为旅游这一支柱产业的带动提供了良好的契机。

五、省外推介提升玉溪旅游知名度

在省外许多人眼里，玉溪并不是个陌生的地方，但并不是因为旅游而被认知，而是因为红塔山。在他们眼里，玉溪有香烟，没有旅游。

玉溪发展旅游业的最终目标人群还是在省外，消除省外人对玉溪旅游的老印象，重新认识玉溪旅游，才能吸引省外游客到玉溪旅游。为此，玉溪抓住一切机会，在省外进行旅游宣传，通过推介会等形式，把玉溪的旅游资源、旅游产品介绍给省外游客及旅行社。

每年都要举办国内国际旅游交易会，玉溪利用旅游交易会参与人数多、旅游买家多等特点，进行各种宣传促销，并在上海、成都等地举办玉溪旅游推介会，系统而真实地把玉溪的旅游介绍给省外游客，让他们知道玉溪除了红塔山，还有丰富的旅游资源。这一举动取得了相当的效果，很多省外的旅行社及游客打来电话咨询，主动推介玉溪的旅游。

玉溪旅游宣传促销手法新颖，吸引了许多游客的目光，但从整体上来讲，进入玉溪的游客仍不尽如人意，游客仍以昆明及周边地区为主，团队游客距一些旅游成熟地区还有相当的差距。现在，红塔工业旅游已经开通，玉溪旅游有了新的亮点。红塔集团享誉全世界，而且它是亚洲最大卷烟基地，具有旅游独特性，是吸引省外游客的最大焦点。为此，更应该加大对省外市场的旅游宣传，通过旅行社这一平台，完善旅游配套设施与服务体系，全面带动旅游发展。

第一节 旅游促销

旅游消费是分散的、理性的个人消费方式，开拓国内旅游市场不可能仅仅建立在零星的消费需求上，必须通过一定的推广促销方式对个体需求进行集结。因此，旅游企业加大推广促销、培育旅游消费意识已经成为企业生存发展的必然手段。它具体包括广告传播、营业推广和人员推销等几方面具体策略的组合运用。

一、旅游促销的概念与作用

促销(promotion)这个词来源于拉丁语，原意是“向前行动”。促进销售正是要促使顾客采取购买行动。旅游促销的概念可表述为：旅游营销者将有关旅游企业、旅游地及旅游产品的信息，通过各种传播、吸引和说服的方式，传递给旅游产品的潜在购买者，促使其了解、信赖并购买自己的旅游产品，以达到扩大销售的目的。

旅游促销的实质就是要实现旅游营销者与旅游产品潜在购买者之间的信息沟通。旅游营销者为了有效地与购买者沟通信息，可通过发布广告的形式传播有关旅游产品的信息；可通过各种营业推广活动传递短期刺激购买的有关信息；也可通过公共关系手段树立或改善自身在公众心目中的形象；还可通过派遣推销员面对面地说服潜在购买者。广告、人员推销、营业推广和公共关系等四种因素的组合和综合运用就称为促销组合。

旅游促销通过促销组合所起到的具体作用如下：

（一）提供旅游信息，沟通供需联系

旅游地或旅游企业在何时、何地和何种条件下，向何种消费者提供何种旅游产品，是旅游促销活动所要传递的基本信息。潜在旅游消费者正是通过这些信息，了解、熟悉旅游地或旅游企业的何种旅游产品，以及在何种条件下才能满足其需求。

（二）突出产品特点，强化竞争优势

相互竞争的同类产品往往差别不甚明显，尤其是作为无形服务的同类旅游产品的差别更不易被旅游消费者所辨别。旅游促销恰恰是传播旅游产品市场定位特色的主要手段，它通过对同类旅游产品某些差别信息的强化传递，对不同具体产品（服务）的特色起到聚焦、放大的作用；即使对于没有实际差别的同类旅游产品，也可赋予其不同的象征性形象差别，以使潜在旅游消费者认识到何种旅游产品更可能带给自己实际所需和精神所需的特殊效用和利益，并由此对某种旅游产品形成购买偏好。

（三）树立良好形象，加强市场地位

由于旅游是一种高层次的消费与审美活动，通过生动而有说服力的旅游促销活动，往往可以塑造友好、热情、安宁、服务周到以及其他人格化的良好旅游服务形象，赢得更多潜在旅游消费者的厚爱。旅游市场风云多变，一旦出现有碍旅游地或旅游企业发展的因素时，就可通过一定的宣传促销手段，改变自身的消极印象，重塑自身的有利形象，以达到恢复、稳定甚至扩大其市场份额的作用。

（四）刺激旅游需求，引导旅游消费

旅游产品作为高层次的非一般生活必需品，其消费需求弹性大，波动性强，具有一定的潜在性和朦胧性。通过生动、形象、活泼、多样的旅游促销手段，可以唤起旅游消费需求，强化旅游消费需求，甚至创造和引导特定旅游产品的消费需求。回归大自然旅游热、漂流热的兴起，可以说都与相应的旅游促销活动有关。如香港旅游协会印发的一份旅游传单“怎样畅游香港”，就列出了73项参观游览项目，一些原本平淡无奇的香港日常生活现象，经其归纳渲染后，居然也使人感到有可品味之处。如“漫游旧香港（西区），可以呼吸到奇妙的东方气息”“到新界可看到头戴垂帘竹笠的客家农民在田里劳动”，等等。由于旅游市场的高度竞争性，旅游产品的无形性和产销同一性，使得促销在旅游市场营销中，比在其他有形产品的营销中发挥着更加突出且重要的作用。全世界总体旅游预算名列前10位的国家中大多数促销预算占到旅游总预算的60%～80%，比例较低的墨西哥和韩国也都在40%以上。近年亚太地区各目的地旅游促销经费均有较大幅度增长。而旅游促销投入的效益对于大多数国家也是明显的。

二、旅游促销组合策略的评价

世界在进入21世纪后，知识经济的大门已经向我们敞开。知识经济建立在知识与信息的生产、分配和利用的基础之上，它以知识、信息和人力资源取代了传统的资本及资源而成为经济的推动性力量。知识经济为我们带来了新的市场竞争方式，旅游产业作为新兴产业也在这场生产力的革命中发生了深刻的变化。旅游业从传统的资源、客源竞争转化为知识、技术、信息的竞争。信息在知识经济体系中处于核心的地位，也是具有决定性意义的因素。信息的短缺、匮乏以及不完全将导致旅游经营活动的不确定性增加，最终将影响决策的经济技术可行性，对经济活动的主体造成严重的后果。旅游经营活动中由于信息的不充分而造成决策失误的案例不胜枚举。旅游促销活动作为旅游企业的重要经济活动，其投入的人力、物力资源占据了企业运营资本的相当比例。由于促销活动一经实施则无法挽回，所以，旅游促销活动相关信息的收集与深度加工处理在旅游促销活动决策中必须引起高度重视，并采取强有力的措施付诸实践。

（一）旅游促销活动的定量与定性分析

长期以来，旅游企业的旅游促销方案的决策通常凭借历史经验惯性以及市场表象等定性分析进行判断。定性分析的优点在于耗用时间较少，决策程序较为简单，用于决策支持的人力、物力资源投入也较小。但是旅游活动的多样性决定着旅游需求的多样性，加上旅游行业所固有的季节性与随政治、经济形势变化的多变性，使得旅游行业外部环境表现出了极大的市场信息不完备。简单地依据主观判断进行定量分析，并据此作出决策，其风险性是较大的。

定量分析是指依据外部收集的资料，运用运筹学、数理统计和系统分析的有关工具，对资料信息进行数学分析，在此基础之上提出适当的决策模型，再将促销活动的各备选方案进行规范模型分析，进而求出最优解或非劣可行解，并以此作为决策依据。采用定量模型分析能够较好地去除主观因素干扰，且能够在建模过程中加入随机因素分析使得定量分析具有较高的安全性。但是，旅游企业通常缺乏可以进行深度定量分析的专业人员，大部分人尚未意识到从旧经验中挖掘新信息的重要性，加之其人力物力资源投入远较定性分析高，因此纯粹定量分析无法大量应用。目前，对旅游促销方案的评价多采用定性与定量分析结合，即在运用简单数学分析的基础上，充分考虑外部新信息，作出较为科学的决策。

关于旅游促销活动决策与评价的具体方式多种多样，在此我们主要在已有的促销案例或进行市场调查的基础之上，就如何提取出更为深刻的信息这一问题，介绍一种关于旅游促销活动的 Bayes 经济决策分析模型。

（二）Bayes 经济决策分析模型

1. 收集并分析数据

收集企业以往促销方案的有关资料，若有可能再收集一定量其他企业的具有可比性的促销案例进行统计。设所有案例构成集合 $F=\{f_i \mid i=1,2,\cdots n\}$，依据市场长期国债利率或企业资本利润率，将案例分为两个部分 $F_s=\{f_{si},i=1,2,\cdots,m\}$，$F_f=\{f_{fj},j=1,2,\cdots,n\}$，对 F_s，F_f 再依据决策时的旅游市场背景进行划分，认为对促销有利的分别记为 F_{sa}，F_{fa}，认为对促销不利的记为 F_{sd}，F_{fd}，将这些数据列为统计表则可以得表 10-1。

表 10-1 数据统计表

促销案例数 F			
成功案例数 F_s		失败案例数 F_f	
市场背景有利的案例数 F_{sa}	市场背景不利的案例数 F_{sd}	市场背景有利的案例数 F_{fa}	市场背景不利的案例数 F_{fd}

2. Bayes 经验概率

将促销成功事件记为 S，失败事件记为 F，市场背景有利事件记为 A，市场背景不利事件记

为 D。依据古典概型，可得如下经验概率：

$$P(S)=\frac{F_s}{F}\quad P(F)=\frac{F_f}{F}$$

$$P(A\mid S)=\frac{F_{sa}}{F_s}\qquad P(D\mid S)=\frac{F_{sd}}{F_s}\qquad P(D\mid F)=\frac{F_{fd}}{F_f}\qquad P(A\mid F)=\frac{F_{fa}}{F_f}$$

假设现在要开展新一轮旅游促销，市场调查分析费用为 M，市场预期服从两点分布：市场有利与不利。为了进行科学决策，我们需要知道在对旅游促销有利的市场条件下，成功与失败的可能性有多大；在不利的市场条件下，成功与失败的概率又将是多大。因此我们需要求出下列条件率 $P(S\mid A)$，$P(F\mid A)$，$P(S\mid D)$，$P(F\mid D)$，并以此作为决策依据。

依据 Bayes 公式，可得：

$$P(S\mid A)=\frac{P(SA)}{P(A)}=\frac{P(S)P(A\mid S)}{P[(S+F)A]}=\frac{P(S)P(A\mid S)}{P(S)P(A\mid S)+P(F)P(A\mid F)}$$

同理可得：

$$P(F\mid A)=\frac{P(F)P(A\mid F)}{P(F)P(A\mid F)+P(S)P(A\mid S)}$$

$$P(S\mid D)=\frac{P(S)P(D\mid S)}{P(S)P(D\mid S)+P(F)P(D\mid F)}$$

$$P(F\mid D)=\frac{P(F)P(D\mid F)}{P(S)P(D\mid S)+P(F)P(D\mid F)}$$

3. 通过计算各方案的期望收益值与标准差系数对方案收益与风险进行综合评价

假设现有 n 个促销方案：$A_1,A_2,\cdots,A_n$。用 $F_s^{(i)}$ 和 $F_f^{(i)}$ 分别表示 A_i 方案成功与失败的案例数；$F_{sa}^{(i)}$ 和 $F_{sd}^{(i)}$ 分别表示 A_i 方案成功时市场背景为有利与不利的案例数；$P(F\mid A)^{(i)}$ 和 $P(S\mid A)^{(i)}$ 表示 A_i 实施时，市场背景有利的条件下促销成功与失败的概率。一般地，对于促销方案 A_k，有关数据可用表 10-2 表示。

表 10-2　方案 k 的有关数据

<table>
<tr><td colspan="4">经验案例数 $F^{(k)}$</td><td>预期销售投入
I^k</td><td>市场调研费用
M^k</td><td colspan="2">预期旅游收入增量
R^k</td></tr>
<tr><td colspan="2">成功案例数 F_s^k</td><td colspan="2">失败案例数 F_f^k</td><td rowspan="2">I^k</td><td rowspan="2">M^k</td><td rowspan="2">促销成功
R_s^k</td><td rowspan="2">促销失败
R_f^k</td></tr>
<tr><td>市场背景有利案例数
F_{sa}^k</td><td>市场背景不利案例数
F_{sd}^k</td><td>市场背景有利案例数
F_{fa}^k</td><td>市场背景不利案例数
F_{fd}^k</td></tr>
</table>

表 9-2 中，$k=1,2,\cdots,n$，促销新增旅游收入 $Q^k=R^k-I^k-M^k$；促销方案成功时收入增量 $Q_s^k=R_s^k-I^k-M^k$；失败时收入增量 $Q_f^k=R_f^k-I^k-M^k$。依据表 10-2 的有关数据，可以计算出各方案的期望收益值 E_g^k 与标准差 σ^k。其中：

$$E_g^k=[P(S|A)+P(S|D)]\cdot Q_s^k+[P(F|A)+P(F|D)]\cdot Q_f^k$$

$$\sigma^k=\sqrt{(Q_s^k-E_g^k)^2[P(S|A)^k+P(S|D)^2]+(Q_f^k-E_g^k)^2[P(F|A)^k+P(F|D)^k]}$$

各方案的标准差系数分别为 $V^k=\dfrac{\sigma^k}{E_g^k}(k=1,2,\cdots,n)$。

4. 决策规则

(1) 若不考虑风险,则选择期望收益值最大者作为旅游促销方案。

(2) 若要求旅游收入的增量百分比大于某一固定标准(长期国债收益率或公司平均利润率)C_0,则 E_g^k/I^k+M^k 大于 C_0 的各方案均为可行,进一步选择标准差系数最小者为实施方案。

(3) 若要求促销方案的风险控制在一定水平 C_1 内,则所有标准差系数小于 C_1 的方案均可行,进一步选择期望收益值最大者为实施方案。

三、旅游促销组合策略的制定

旅游促销组合策略是旅游企业制定促销战略的基础,所谓"旅游促销组合策略",就是指企业为了满足市场营销战略目标的需要,综合运用各种可能的促销策略和手段,组合成一个系统化的整体,使企业获取最佳营销效益,实现营销战略目标,谋求旅游企业的长期稳定发展。促销策略主要由促销目标与促销策略组合的各因素协调组成,制定促销组合策略,要求我们在充分市场调研的基础上,选择好本企业目标市场,以此确定促销组合各要素的综合运用,并根据企业实力及市场变化,在某一、二个重点要素上制定相应的促销策略。

制定旅游企业促销组合策略,既要求科学性,又要讲艺术性,犹如技艺高超的乐队指挥,既能发挥个别乐器的演奏才能,又能保证全队和谐悦耳的效果。旅游企业欲求经济而有效的促销组合,首先必须对不同促销方式的运用特点和成本加以了解。

(一) 四种促销方式的特点

1. 广告

广告是一种高度大众化的信息传递方式,主要特点是:① 传播面广而效率高,广告一经发布便能迅速铺开,利于实现快速销售;② 可反复出现同一信息,利于提高被传播对象的知名度;③ 形式多样,表现力强,通过对文字、音响及色彩的艺术化运用,利于树立被传播对象的形象;④ 对于地域广阔而分散的消费者而言,平均广告成本费用较低,但电视这样的媒体一次性收费较高;⑤ 说服力较弱,不能因人而异,难以形成即时购买。

2. 营业推广

营业推广是一种短期内刺激销售的活动,如展销会、优惠酬宾活动等,其主要特点是:① 在销售点上的吸引力大,能把顾客直接引向产品;② 刺激性强,激发需求快,能临时改变顾客的购买习惯;③ 有效期短,如长期持续运用不利于塑造产品形象;④ 组织工作量大,耗费较大,而影响面较窄。

3. 公共关系

公共关系是一种促进与公众良好关系的方式,如新闻报道、公益活动等,其主要特点是:① 由第三者宣传,可信度高;② 有情节性、趣味性、可接受性强;③ 最可能赢得公众对企业的好感;④ 影响面广、影响力大,利于迅速塑造被传播对象的良好形象;⑤ 活动设计有难度,且组织工作量大;⑥ 不能直接追求销售效果,运用限制性大。

4. 人员推销

人员推销是一种与顾客面对面促销的方式，主要特点是：① 个人行动方式灵活，针对性强；② 易强化购买动机，及时促成交易；③ 易培养与顾客的感情，建立长期稳定的联系；④ 易收集顾客对产品（服务）的反馈信息；⑤ 费时费钱，传播面效率低，往往成为平均代价最高的促销手段。

（二） 旅游促销组合策略

旅游促销组合最基本的策略就是推拉策略（见图 10-1）。推式策略是着眼于积极地上门把本地或本企业产品直接推向目标市场，表现为在销售渠道中，每一个环节都对下一个环节主动出击，强化顾客的购买动机，说服顾客迅速采取购买行动。这种策略是以人员推销为主，辅之以上门营业推广活动，公关活动等。拉式策略是立足于直接激发最终消费者对购买本旅游产品的兴趣和热望，促使其主动向旅行社或其他中间环节寻求指名服务，最终达到把旅游消费者逆向拉引到本旅游地或旅游企业身边来的目的。这种策略则是以广告宣传和营业推广为主，辅之以公关活动等。上述两种策略都不失为旅游营销者应兼顾的策略。长期来看，在总体上旅游促销组合应以拉式策略为主，但由于旅游市场的竞争性与异地性，为了打通异地销售渠道，取得市场快速突破，特别是在对市场进行“点射”和“锥形”突破时，完全适合采用推式策略。

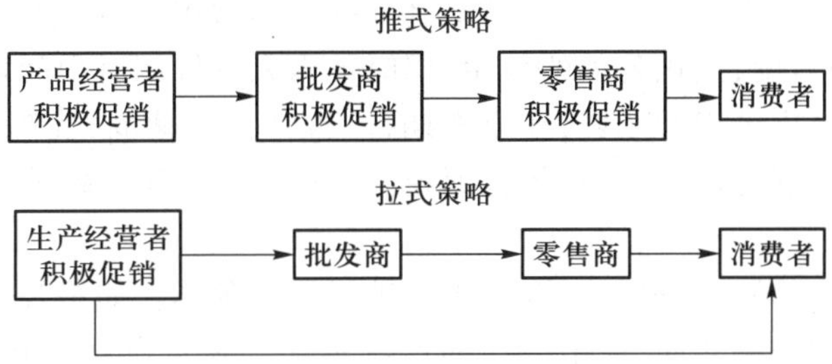

图 10-1　推拉策略

在以推式为主的旅游促销组合策略中，锥形突破是一种很奏效的非均衡快速突破策略。它是指旅游地或旅游企业将自身的多种旅游产品排成锥形阵容，而以最具招徕力、唯我独有的拳头产品作为开路先锋（锥尖），以求其像锥子一样迅速突破目标市场，然后分梯级阶段连带层层推出丰富多样的旅游产品。这种策略采用以人员推销、营业推广为主，辅之以广告宣传的促销组合策略。

（三） 影响旅游促销组合决策的因素

1. 市场状况

市场状况包括市场大小，竞争状况等。一般而言，市场地域范围较广，潜在旅游消费者总量较大时，应以广告宣传为主；反之则应以人员推销为主。显然，当旅游营销者直接面对广大潜在旅游消费者时，应以广告宣传为主；而面对中间环节市场时主要采用人员推销。当市场竞争激烈时，则应同时利用推式和拉式策略，反之则主要采用拉式策略。

2. 购买心理接受阶段

在旅游消费者所处的不同阶段，不同促销方式所起作用并不一样（见图 10-2），从而提出不同促销组合的适用阶段。要注意的是，由于旅游市场主要为大众消费市场，在图中后三个阶段虽然人员推销所起作用属最大之列,但从经济与效率考虑,主要应在后期顾客上门时,如到旅行社咨询时,再着重发挥销售接待人员的作用。

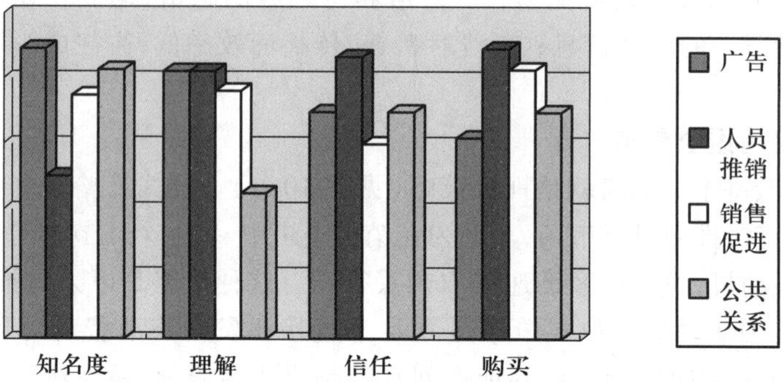

图 10-2 各种促销工具的相对利益

3. 产品生命周期

在旅游产品生命周期的不同阶段,由于促销的目标与重点不一样,旅游营销者所选取的促销组合形式也应不一样。在导入期,广告宣传和公共关系应被放在最重要的地位,营业推广方面也应视情况而给予较大投入,以扩大产品知名度并鼓励试用;人员推销则对准中间环节。在成长期,应持续广告的力度,强化公关的作用;同时加强人员推销对中间环节的攻势,以尽快扩大销售量。此期营业推广可相对减弱;在成熟期,广告宣传可减弱,优惠酬宾等营业推广活动可加强,以稳定销售;在衰退期,公关宣传应消退,全面缩减促销经费,但应保持提醒性的广告费用。

旅游促销组合策略的制定,最终还取决于促销经费的预算。如果筹集不到足够的资金,再好的广告计划和大型的公关活动、促销活动都难以实现。从而导致只能采用一次性花费不太大的其他促销方式对市场进行缓慢地逐步渗透。

第二节 信息传播方式——旅游广告

一、旅游广告概述

广告(advertising)从汉语字面上理解即“广而告之”的意思;其英文词根源于拉丁文 adventure,有“大喊大叫”“注意”“诱导”之意。作为促销手段的广告,是指由明确的广告主,以付费的形式通过媒体做公开宣传,达到影响消费者行为、促进销售相关产品目的的非人员促销方式。广告信息可以利用任何想象得到的形式来传播。根据使用媒体的不同,旅游广告主要分为:报刊广告、电波广告(利用广播和电视)、户外广告(利用广告牌、灯箱、条幅等各种室外展示物)、自办宣传品广告(如招贴、地图、手册、音像材料、文化衫等)。其中旅游宣传品广告,因其部分具有公关和营业推广的意义,加上其对旅游促销的突出作用,常常被单列于旅游广告之外。

广告以其大众化、重复性及表现力成为一种富有大规模激励作用的信息传播技术。一方面旅游地风貌、旅游服务设施的宜展示性和整体旅游产品的可感受性,为旅游广告的表现力发挥提供了更有利的基础；另一方面对于不可触摸、试用、测试和直接观赏的无形旅游服务产品，也影响到潜在旅游消费者将相对更多地依赖于旅游广告信息，尤其是旅游手册之类的宣传品来进行选择性购买决策。旅游企业如何发挥旅游广告的作用（见图 10-3）。

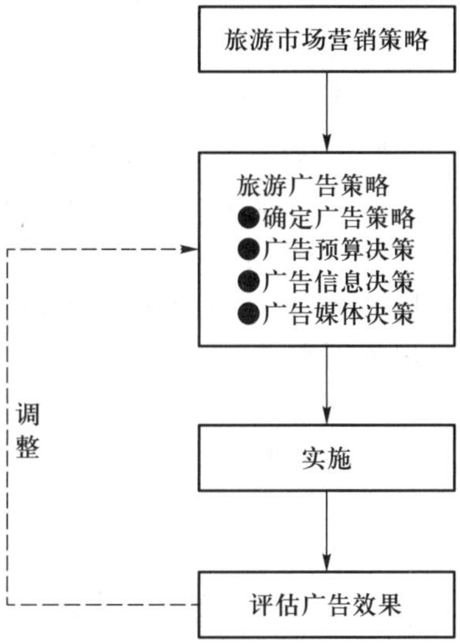

图 10-3　旅游市场管理过程

二、旅游广告目标与预算决策

（一）旅游广告目标的确定

旅游广告目标必须在相关旅游目标市场策略、市场定位及其他营销组合因素决策的基础上和限制下加以确定。旅游广告目标可分为三种类型。

1. 告知型（informing）

主要用于旅游产品市场开拓的初始阶段。具体又可分为两类情况：① 介绍旅游新产品、新旅游服务项目，如新的旅游线路、新的酒店服务项目，其基本内容、价格及可能给旅游消费者带来的利益等，以触发潜在旅游者的初步需求；② 宣传旅游地或旅游企业的市场地位及对旅游消费者采取的便利性措施，以树立良好的市场形象。

2. 劝导型（persuading）

主要用于与同类旅游产品展开竞争的阶段。具体又可分为：① 进攻型，突出旅游产品的优势特征和利益，激发旅游消费者的选择性需求，鼓励其购买旅游产品；② 防守型，努力改变旅游消费者对旅游产品（服务）的不利印象，抵消或削弱竞争对手的广告影响。

3. 提醒型（reminding）

主要用于旅游产品的成熟期，随时提醒旅游消费者保持对本旅游地或旅游企业及其产品（服务）的记忆（尤其在淡季），以获得本企业尽可能高的知名度；适时提醒旅游消费者记住购买的时机，购买的地点，以促使意欲购买者完成购买行为，并刺激老顾客重复消费的欲望。

（二）旅游广告预算决策

旅游广告预算主要包括：市场调研费、广告设计费、广告制作费、广告媒体租金、广告机构办公费及人员工资、广告公司代理费等项目。其中媒体租金通常要占到 70%～90%。影响旅游广告预算的因素较复杂，包括旅游产品生命周期、销售量、利润率、市场范围、市场竞争状况、国家政策法规等方面。由于广告效果的难以预测性，保留对于非生活必需品的旅游产品广告，使得广告预算的科学决策很难作出。

常用的广告预算方法有：

（1）量入为出法，即根据旅游企业目前的财务支出可能来安排广告预算；

（2）销售百分比法，即取销售总额的一个百分比作为广告预算；

（3）竞争对峙法，即根据竞争对手的广告费用开支来决定自己相应的广告预算；

（4）目标与任务法，即根据完成广告目标任务所需要的广告开支估算数来制定广告预算，这是四种方法中相对较科学的一种方法，需要以广告目标的具体化与科学化作为基础。

三、旅游广告信息决策

旅游广告信息决策的实质,就是要对旅游广告信息的内容和形式进行创造性的设计,以使相应的旅游广告真正发挥尽可能大的功效。旅游广告信息决策一般要通过三个步骤,即广告信息的制作,广告信息的评价与选择,以及广告信息的表达。

(一) 旅游广告信息的制作、评价与选择

旅游地、旅游线路、旅游酒店服务等旅游产品可表达的信息题材都是多方面的。一种旅游广告可能容纳的信息量非常有限,为了突出某一特征,一种广告往往只能强调某一方面的内容。因此,旅游广告往往需要选取有关同一产品(服务)不同角度的信息题材,制作多种广告信息以提供选择。

在制作出备选的多种旅游广告信息后,广告主应该对其进行评价和筛选。美国营销学者科威塔建议可根据信息的吸引力、独特性和可信度来加以评估选择。这三方面评估标准对旅游广告都别具意义。

1. 吸引力

吸引力是指信息必须对潜在旅游消费者有用或有趣。旅游产品作为高层次消费的无形服务产品,其广告信息更需要挖掘和激发人们内心深处的潜在需求和朦胧需求;同时由于旅游消费的异地性和综合性,也更需要旅游广告,尤其是印刷宣传品尽可能提供旅游者所关心的旅游地的详细信息,使之减轻购买的担忧与风险感。

2. 独特性

独特性是旅游消费者在所感兴趣的同类旅游产品中作出选择的依据。不同旅游地之间本身就存在着天然或人为的差异,旅游广告设计者就是要刻意寻找旅游消费者对旅游地或旅游产品所感兴趣的独特利益点。例如,西方人到中国来旅游就并非是为了娱乐、消遣和购物等目的,美国夏威夷大学旅游专家朱卓任认为,西方旅游者对中国感兴趣的因素主要有:文化和艺术、优美的风景、历史文物、人民的好客态度、中国菜肴等,均不乏中国旅游产品的独特性。

3. 可信度

由于旅游消费的异地性和旅游服务的无形性,旅游消费者会加倍感受到购买决策的风险,由此便更加关注旅游广告的可信度。一些外国朋友批评中国的一些旅游宣传品充满了千篇一律的溢美之词,极度夸张,失去可信度。从一定意义上说,旅游地或旅游企业通过广告出售给旅游消费者的实质是对某种经历的承诺,如果旅游广告提供夸大或虚假的信息,使承诺不能兑现,将会引起旅游消费者更加激烈的反宣传。因此,旅游广告一定要真实可靠,多提供实实在在有价值的信息。

(二) 旅游广告信息的表达

广告信息的表达是指对各种广告外在形式的组合运用和具体编排。既要达到使广告信息“以一种独特方式在喧闹中被发现”的效果,同时又要避免营销目标、广告目标被新奇的念头所压倒的情势。因而广告信息的表达设计必须符合以下六方面的基本要求:

1. 焦点

焦点就是要使广告信息有很强的凝聚力,有非常明确的中心和重点。这不仅要以一定的语言来表现,而且要尽可能做到视觉化、形象化,使人们在接触广告的瞬间便能对广告宣传的

产品(或服务)产生认识,留下深刻印象。

2. 简洁

简洁就是要以尽可能少的题材突出广告的焦点,使广告信息简明、单纯。这是由广告只能在有限的时空内与目标受众接触所决定的。

3. 魅力

魅力是指广告设计不仅要对目标受众有一般的吸引力,而且要有触动他们情感的刺激力、感染力。

4. 统一

统一是指以主题为中心,内容与形式的统一,信息与艺术的统一,广告设计五要素的统一,以及不同广告形式主题的统一、风格的统一。只有通过不同广告因素、广告形式的协调统一,才能充分体现出广告的力量。

5. 平衡

平衡是指对不同广告表现形式和具体信息编排的合理布局,以使人充分感受到广告表现的完美、协调和诱人。

6. 技巧

技巧是指广告设计形式变成真正的广告作品所需要的制作技巧。只有通过精湛的广告制作技巧,方能准确、完整地实现设计要求。旅游宣传口号就是要以凝练、生动、易识、易记的一句话在旅游目标市场上树立起一个统一而富有魅力的旅游形象。

旅游宣传口号的写作要突出三点:① 富有韵味,简明易记。如 1995 中国民俗风情游的对外宣传口号:“探寻中华风物,难忘神奇旅行”;② 富有特色,亲切感人。如纽约州历时十年,动人心弦的口号:“一次奇妙的经历等待着你,我爱纽约”;③ 品名准确,利益明显。品名指旅游地、旅游企业、旅游产品的名称。如美国对内旅游宣传口号即为:“旅游为美国制造美元”。

阅读材料

迪士尼的广告营销策略

在早期,迪士尼乐园广告最多使用的是从直升机拍摄的公园全景,却效果平平。后来,迪士尼接受广告顾问的建议,在新推出的平面广告上着重使用这样的近景画面——外婆、妈妈和女儿每个人戴着一顶王冠游览迪士尼乐园,广告带来的游客数量明显地提升了。新一轮电视广告中,迪士尼乐园也开始更多地表现游客体验迪士尼的场景,并伴有画外音——“这里是一片神奇的土地,任何事情都可能发生——茶杯会跳舞,大象会飞……”。

一个广告视角的变化就带来了成功。由此我们知道,对于主题公园,一览无余的全息视角往往难以激发旅游者的兴趣和共鸣。好的广告应该更加强调游玩者的个人视角,他们的体验和观感,清楚地阐述主题公园所能提供的假日体验。

迪士尼乐园每次行动前都进行广告调查与小规模的广告试点,一旦确定效果不菲,必花大笔钱进行电视、广播、报纸、橱窗等全方位的广告轰炸。在 20 世纪 90 年代的广告试点中迪士尼乐园发现,每花费100万美元就会增加15.4万名游客游览迪士尼乐园;平均6.5美元可增加一位游客。而这位游客将花费18美元买门票,另花15到20美元买食品和纪念品。为此,迪士尼乐园在电视、广播和报纸上花掉了1 000万广告费宣传乐园中的米老鼠、唐老鸭世界,换来5 540万美元的收入。迪士尼正尝试把更多的事物看作广告媒介——麦当劳、可口可乐、大众汽车,以及网络游戏。

迪士尼在全球范围内与麦当劳和可口可乐联合宣传,以同意麦当劳餐馆画有卡通人物杰希卡和罗杰招牌的代价使麦当劳答应投入1 500万美元为迪士尼做广告,可谓不花钱尽得利。随后,又以为可口可乐做广告的条件获得2 000万美元赞助,而在可口可乐广告中迪士尼文化同样得到宣传。又如迪士尼投资5.1亿美元的"制片之旅——迪士尼·米高梅制片厂主题游乐园",与大众汽车公司结成了广告伙伴。迪士尼同意大众汽车把其新生产的雪佛莱轿车放在新建的主题乐园展销,新乐园也在大众的汽车广告中被不断提到。结果大众付出了50万广告费,而迪士尼在这个免费宣传中获利数百万。

迪士尼公园与游乐场部总裁杰·拉苏罗说。"比起让孩子们专注于长度仅30秒的电视广告,不如让他们去玩可以沉迷其中少到数分钟,多到数小时的广告游戏"。

迪士尼是最早一批将网络游戏看作"第四媒体"的人。为了吸引更多的儿童以及未成年人关注其50周年庆典,迪士尼打算采用目前媒体产业中最热门,也是最受争议的方式:"广告游戏"(Advergaming)。作为长达18个月的全球庆典活动的一部分,迪士尼推出了一款全交互式的多人游戏《虚拟魔法王国》。内容是通过网络连接,用户可在迪士尼全球的5家"迪士尼世界"以及11家"迪士尼主题公园"里进行虚拟浏览。"访问者"将会玩到根据如"鬼屋","丛林探险"等真实景点设计的免费游戏。玩家间可以互相交谈,创造属于自己的角色。另外游戏中获得的虚拟点数可以换取如T恤衫等现实乐园里存在的礼物。这款网络游戏的受众是8到12岁的儿童和青少年,游戏的目标是:"让孩子们在周年庆典期间,不断催促父母们带自己去迪士尼乐园游玩"。对此,广告评论机构"美国数字民主中心"(Center for Digital Democracy)指责说,这种"数字式广告"是在混淆游戏内容与商业宣传之间的界线,而且在玩家玩游戏时不断进行信息轰炸。迪士尼则在新闻发布会上称,"现在10岁乃至更小的孩子们是伴随着网络长大的,我们希望迪士尼成为孩子们网上的家"。

四、旅游广告媒体决策与效果评估

无论是多么富有创意的旅游广告信息,都必须在恰当的时间准确地传递给目标受众才可能实现广告目标。旅游广告媒体决策就是要寻找以相对最佳的成本效益,达到对目标受众预期显露目标的合适途径。

(一)旅游广告媒体类型选择

旅游广告可利用的媒体分为两大类:一类是付费租用的大众传播媒体,主要包括电视、广播、报纸、杂志四大媒体和户外广告、直邮广告媒体;另一类是广告主自己购买制作的媒体,包括各类自办宣传物、宣传品。旅游广告媒体类型的选择也主要基于四方面因素的考虑:① 目标受众的媒体视听习惯,如高层商务旅游者与普通退休观光客对不同媒体类型的偏好程度就不一样;② 旅游产品的特点,如风景旅游点就宜选择杂志彩页和电视做广告;③ 广告信息的特点,如时效性很强的旅游销售广告就比较适合以报纸为媒体,而绝不适合以杂志为媒体;

④ 费用水平，这也是导致旅游宣传品广告远多于电视广告的重要原因之一。

（二） 大众传媒的特点

各类媒体都有其适应性和局限性，主要大众传媒的旅游广告特点如下：

1. 电视

电视是最具有影响力的一种广告媒体，利用电视来传播旅游广告信息，具有其显著的优势。首先，它集声音、图像、色彩、动感四种功能于一体，形、声、情并茂，可以直观、真实、生动地反映旅游景观的特点。特别是具有一定故事性、趣味性、知识性、艺术性的旅游广告，会给观众留下深刻印象，是最富有感染力的广告媒体，具有良好的宣传效果。在我国，旅游广告越来越受到大众的欢迎。其次，电视节目由卫星传递，全球大部分地区均可以接受，利用电视节目作为旅游广告载体，可以在大范围内迅速传播。此外，电视广告既有利于展示旅游地及其景点的特色和魅力，又较适宜旅游航空与旅游线路销售信息的及时发布。目前，没有任何传播媒体能够具有电视那样强大的力量来吸引观众并激发其旅游的兴趣。电视广告的主要弱点在于其制作费用较高，驻留时间较短，干扰较大，观众选择性差，设计制作有一定难度。

2. 报纸

报纸是最早使用、最为常规、最及时的“有案可查”信息传递工具，可信度高，可选择性较强，本地市场覆盖面大，是旅游广告利用最多的媒体，其费用远较电视为低。报纸读者层稳定，在一定时间内可反复查阅有关信息，尤其是在报纸旅游专栏上刊登旅游广告效果更佳。在美国约50%～60%的旅游商首选报纸作广告媒体。报纸的局限性主要表现在以下几个方面：一是印刷质量不理想，表现力较弱，一般不利于在上面做旅游景点的展示广告；二是针对性不强，注目率低，在登载条件方面的自由度较小，色彩较为单调；三是主要通过新闻、散记的形式间接传播旅游信息，而且宣传旅游景点时信息量不大，对具有实际意义的旅游路线、景观特征、季节特色等众多领域不能涉足。

3. 广播

调频广播的出现和近年经济台、商业台、信息台等的发展，使广播媒体恢复了一定的竞争力，并朝着较强的地区与人口选择性方向发展。广播信息传播最及时、最灵活，广告收费也较低；但缺乏视觉吸引力，一般较适合旅游交通与观光旅游销售信息的辅助广告媒体，尤其是地区性旅游信息发布的媒体。

4. 杂志

杂志的突出特点是读者的人群类别可选性很强，使旅游杂志广告容易对准目标市场；同时杂志印刷精美，可图文并茂，阅读率高，保存期长，非常适合做旅游地、景点和酒店等的形象广告。专业性、行业性杂志还有利于细选读者群。杂志的短处是广告周期长，版面受限制，适用于非高频率的地区性旅游销售广告。

5. 户外广告

户外广告固定设置在街道两旁，立交桥身，候车棚顶，以及车站、码头、广场、运动场、地铁等公共场所，是目前常见的一种广告媒体。户外广告画面巨大醒目，保存时间长久，游客在都市观光、购物途中反复观看，必定能够留下深刻的印象。同时，旅游业主在户外广告的设置上还很灵活机动，可以选择适合其宣传的城市，租用最需要的场所，而且可以依据旅客客流的变化或景区季节特色及时更换户外广告。户外广告的局限性在于广告传播信息有限，只能将广告内容中最重要的部分，如旅游区名称、本地特产、购物商厦等加以突出，难以详细说明，广告的宣传范围有限，而且不能自由选择宣传对象。对于户外旅游广告应加强其图片和简洁文字的创意设计，着重于交通口岸和要道，景区、景点及酒店所在地点的户外广告媒体利用。

6. 直邮广告

其长处是对目标顾客的针对性很强，非常灵活，受时空条件限制最少，人情味较重；而短处是精力、时间和经济投入相对较高，使用不当还易引起收信人反感。因此也需高度注重邮件从内涵到外表的创意设计，以引起收信人的兴趣。直邮广告在我国旅游广告中运用还不多，而在西方较常见，美国有不少旅行商采用这种方式作广告。

7. 新传播媒体在旅游广告中的运用

20 世纪 90 年代以来，信息技术和人工智能的更高层次的发展引发了传播媒体的巨大变化，这使旅游广告宣传面临着新的挑战和机遇。新传播媒体是指计算机、互联网、激光视盘，以及电传通信技术与旅游广告的结合，它具有迅速、准确、信息量大、反应灵活等优点。尤其是互联网的运用，完全打破了时间、空间界限，使得信息交换得以以空前的高速进行。随着新技术的运用，特别是计算机操作方式的简化，以及互联网的普及，我们有望实现对旅游消费者的及时服务提供。例如，中国旅游家协会在网上开设了专门的网站，将我国载入《世界遗产名录》的各处景点特点如万里长城、北京故宫、秦始皇陵及兵马俑、苏州园林、庐山等文化和自然遗产作了详尽介绍，其广告效果是不言而喻的。

（三） 评价旅游广告效果

测评旅游广告效果主要有三方面意义：衡量广告费用的投入是否获得了预期的效益；为修订广告计划提供依据；明确哪些外部因素是广告所无法改变的。旅游广告效果可分为两方面：一是沟通效果；二是销售效果。

1. 沟通效果的测定

两种方法：一是事前测定，也称预试；二是事后测定。预试主要通过直接评分和组合测试两种方法来进行。前一方法由消费者小组或广告专家小组观看有关广告后进行全面评分，此法主要有助于筛选掉不良广告。后一方法是请消费者看一组广告，然后加以自由回忆，主要测试广告的突出点和易懂易记处。事后测试也包括两种较流行的方法：回忆测试和识别测试。前者要求接触过某种媒体广告的人，回忆最近一次广告中所展露的广告产品，以表明广告为人注意和容易记忆的程度；后者主要统计在特定媒体上曾注意到，见过并进行过联想和深读过广告信息的目标受众百分比。

2. 销售效果的测定

由于旅游产品销售将受到诸如服务特色、价格、竞争状况等一系列因素的影响，因而测量旅游广告的销售效果比沟通效果更为困难。这里仅列出两个简单的计算方法作为参考。

（1） 当广告宣传的旅游产品是新产品（服务）时：

广告效益=产品（服务）利润×（广告后销售量-广告前销售量）-广告费用

（2） 当被广告宣传过的产品继续做广告时：

广告增长比率=销售额增加率/广告费用增加率×100%

第三节 短期促销——旅游营业推广

一、旅游营业推广特征和作用

旅游营业推广是指旅游企业在某一特定时期与空间范围内通过刺激和鼓励交易双方，并促使旅游者尽快购买或大量购买旅游产品或服务而采取的一系列促销措施和手段。从这一定义中不难看出，旅游营业推广强调的是在特定的时间、空间范围内，采用一系列的促销工具，对供需双方进行刺激与激励，其直接的效果是使旅游者立即产生消费购买行为。

（一）旅游营业推广特征

1. 旅游营业推广的非常规性

典型的旅游营业推广不像广告、人员推销和公共关系那样作为一种常规性的旅游促销活动出现，而是用于短期和额外的旅游促销工作，其着眼点往往在于解决一些更为具体的促销问题，承担短时间内具有特定目的和任务的促销工作，以促使旅游产品购买者和消费者产生购买或消费行为，因此，旅游营业推广通常是针对旅游广告、人员推销的一种补充措施，以非常规性的和非周期性的使用形式而出现。

2. 旅游营业推广的灵活多样性

旅游营业推广方式多种多样，能从不同的角度吸引有不同要求的旅游产品购买者和消费者。例如，以赠送纪念品、旅游地特产、风情画册、各种价格折扣、消费信用、特殊服务等方式针对旅游者的营业推广；以批量折扣、现金折扣、特许经销、业务会议、联营促销、提供招贴画、小册子、录像带、推广津贴等方式针对旅游中间商的营业推广；以红利提成、推销竞赛、特别推销金、销售集会等方式针对推销人员的营业推广；以租赁促销、类别旅游折扣、订货会、配套服务等方式针对旅游生产经营者的营业推广。上述各类营业推广方式均有长处和特点。旅游企业可以根据经营的旅游产品特征，以及面临的不同市场营销环境加以科学的选择和有机的组合运用，从而大大增强旅游营业推广的灵活多样性。

3. 旅游营业推广的强刺激性

旅游营业推广是为寻求销售额的立即反应而设计的，并且常常在限定时间内进行，其追求的目标就是在使用营业推广手段之后，使本企业的旅游产品在特定的时间和地点与其他产品有所差别，增加实质价值，达成即时销售。因此必须从多种渠道和多种角度加强和加快旅游产品购买者、消费者对促销信息的理解，促进消费购买需求和行为的迅速产生，这也决定了旅游营业推广对旅游产品购买者必须具有强烈的刺激性，以诱使旅游消费者购买某一特定旅游产品。这种方式易于取得明显的短期效果，能较快地增加旅游企业的销售额，巩固和提高旅游企业应有的市场占有率，实现企业短期的具体目标。

4. 旅游营业推广的短程高效性

旅游营业推广不是战略性的营销工具，而是一种战术性营销手段。注意的是实际的行为在限定的时间和空间范围内，要求旅游消费者或旅游经销商亲自参与。行为导向的目标是即时销售，通过激励、刺激，或为金钱，或为商品，或为一项附加的服务，构成旅游消费者购买行为的直接诱因，因而短时效益明显。

旅游营业推广的上述特征，体现了旅游营业推广手段的明显优势。它有利于促进旅游产品的短期销售，激励更多的旅游消费需求和开拓旅游市场。

（二）旅游营业推广的作用

旅游营业推广以其自身的特有优势和不可替代的作用，成为众多旅游企业经营者乐于选用的重要促销手段。

1. 旅游营业推广可以有效地加速新的旅游产品进入旅游市场的进程

新开发出来的旅游产品，投入旅游市场的初期，绝大多数的旅游者或目标消费者对其还没有足够的认识和了解，也没有充分的理由对该旅游产品作出积极的反应和强烈的消费购买兴趣；通过一些必要的促销措施可以在短期内迅速地为旅游新产品开辟道路。实践证明，免费旅游，特价优惠旅游，新旧产品搭配出售以及退款优待等营业推广方式，对短期内把旅游新产品打入现有市场很有效。比如，采用特价优惠手段，将新旧旅游产品搭配出售，既可利用原有产品的消费者网络拓展或扩大新产品的市场，又可使旅游消费者更直接地感受到这种消费购买所享受到的特别优惠，从而激发对旅游新产品的购买热情。尽管这些促销方式分配成本较高，但往往收效也较快。

2. 旅游营业推广可以有效地抵御和击败竞争者的营业推广促销活动

有效地抵御和参与竞争是旅游企业求生存、谋发展的必由之路。当竞争对手大规模地发起营业推广促销活动时，企业若不及时采取有效的促销措施，常常会大面积地损失已享有的市场份额。因此，营业推广是旅游市场竞争中对抗和反击竞争对手的有效武器。诸如采用免费赠品、折扣优惠、服务促销、联合促销等方式来增强旅游企业经营的同类旅游产品对旅游者的吸引力，以稳定和扩大自己的消费购买群体，抵御竞争者的侵蚀。

3. 旅游营业推广有利于增加旅游产品的消费，提高销售额，并带动关联产品的销售

通常旅游企业运用旅游营业推广促销手段，即可向经销商提供交易折让，如通过购买馈赠、交易补贴、批量折扣、经销竞赛等方式来劝诱中间商更多地购买，并同中间商保持稳定、良好的购销关系，促使中间商制定有利于自身的经营决策；向旅游消费者提供刺激与激励，如赠品印花，类别顾客折扣、旅游者竞赛与抽奖等方式来指明旅游产品新的利益，提高旅游消费者对该旅游产品的注意与兴趣，从而增加对旅游产品的消费，提高整体产品的销售额。同时，对于一定区域而言，增加某种品牌的销售的同时，也能带动和提升关联产品的销售量。例如，美国田纳西州诺威西勒斯凯悦摄政饭店，为汽车协会每一个成员的家庭旅游提供价格为 25 美元的低价客房，吸引家庭旅游者，除具一张双人床外，还有儿童帆布床，并且房间里的住宿人数不受限制。尽管 25 美元一夜的家庭旅游房价是普通双人房价的一半，但提供的服务却是相同的，因此效果极佳。在推出这项销售促进手段的第一个月，吸引家庭旅游项目就为饭店售出 100 间客房，第二个月售出 200 余间客房，使客房利用率迅速上升，并且使食品、饮料等关连产品的收入也有较快的增长。

二、旅游营业推广策划过程

对旅游企业而言，应用旅游广告攻占市场，建立品牌忠诚度而使旅游消费者有长期的信心，无疑是最理想的方式。但是旅游市场状况及行销战略并非如此简单，企业的品牌不一定就是优势品牌。正如有的营销专家所言，并非每一个企业都卖广告，但任何企业无一例外都需要

营业推广,时时处处都少不了营业推广。在运用旅游营业推广的过程中,必须首先策划旅游营业推广方案,然后实施和控制旅游营业推广方案,最后评估旅游营业推广效果。

（一） 旅游营业推广方案策划

1. 确立旅游营业推广目标

旅游营业推广目标是从总的促销组合目标中引申出来的。从根本上讲,它在总体上受到旅游企业营销目标的制约,是这一总目标在促销策略方面的具体化。确定旅游营业推广目标就是要回答“向谁推广”和“推广什么”两个问题。因此,营业推广的具体目标一定要根据目标市场类型的变化而变化。针对不同类型的目标市场,拟订不同的旅游营业推广特定目标。例如,针对旅游消费者而言,目标可以确定为鼓励老顾客经常和重复购买旅游产品,劝诱新的旅游者试用等;针对旅游中间商而言,目标可以确定为促使中间商持续地经营本企业旅游产品和服务,提高购买水平和增加短期销售额等;针对旅游推销人员而言,目标可以确定为鼓励推销人员大力推销旅游新产品和服务,刺激非季节性销售和寻找更多的潜在旅游者等。

2. 选择旅游营业推广工具

旅游营业推广目标一旦确定,就需要选择实现目标的手段和措施。旅游营业推广的工具是多种多样的,每种工具都有其各自的特点和适用范围。一般来说,一种营业推广工具可以实现一个目标也可以实现多个目标。同样,一个营业推广目标可以由一种推广工具实现,也可以由多种推广工具优化组合实现。

通常旅游营业推广工具主要有:① 免费。包括赠品、免费样品和赠品印花等;② 优惠。包括折价券、折扣优惠、自助获赠、退款优惠、合作广告等;③ 竞赛。包括消费者竞赛与抽奖、经销商销售竞赛和销售人员销售竞赛等;④ 组合。包括财务激励、联合营业推广、服务营业推广、连锁营业推广以及会员营业推广利益等。

（二） 制定旅游营业推广方案

确立旅游营业推广目标,并选择了适当的营业推广工具,接下来就是制定具体的旅游营业推广方案。一般来说,一个完整的营业推广促销方案要考虑如下几个方面的内容:

1. 确定刺激的规模

营业推广的实质表现为对旅游消费者、中间商和推销人员的让利。旅游企业制定具体的推广方案首先要决定刺激的规模,即准备拿出多少费用来进行刺激。

2. 选择营业推广对象

旅游企业可以给予目标市场的每个人刺激,也可以选择某些群体以刺激。这是对促销目标范围大小的控制,直接影响到最终的促销效果。

3. 决定营业推广媒介

旅游企业必须明确通过什么途径向推广对象传递信息,如广告,直邮、新闻稿、广告传单等。各种推广途径所需费用不等,信息传达范围不同,这就需要旅游企业权衡利弊,从费用与效益比中,选择最有效的推广途径。

4. 选择营业推广时机

如果推广期过短,由于这个时期内无法实现重复购买,甚至许多潜在消费购买者还没有购买,很多应获取的利益不能实现,而如果推广期过长,又会引起开支过大和降低刺激购买的力度,给旅游消费者造成长期降价的假象,无法促使他们立即购买。

5. 营业推广预算分配

旅游营业推广是一项较大的支出,事先必须进行筹划预算。拟定推广预算通常有两种方法,一种是先确定营业推广方式,然后再计算其总费用;另一种是按习惯比例来确定在一定时期的各促销预算费占总促销预算的百分比。

(三) 旅游营业推广方案的实施与控制

在旅游营业推广方案的实施与控制中,要留心注意和监测市场的反应,并及时进行必要的促销范围、强度、频度和重点的调整,保持对促销方案实施的良好控制。因此,旅游企业要尽可能地进行周密的策划和组织,估计到实施中可能产生的一切问题,并预先做好解决所有突发性事件的准备与安排。

(四) 旅游营业推广效果评估

旅游营业推广活动完成后,对其效果进行评估,是检验推广促销活动是否达到预期目标以及促销花费是否合算的唯一途径。详细收集有关营业推广活动开展前后一段时期内的资料信息,据此分析推广活动达到的效果以及产生的问题,包括未预计到的问题,不能克服的问题,将来可避免的问题,以作为今后是否有必要再开展推广活动的决策依据。

评估效果,既包括短期效益,也包括长期效益。但在很多情况下,长期效果的衡量,只能采用定性或定量预测的方法来判断估计,而且结果也较粗略。因此,效果评价多数侧重于短期效益的评估。推广效益评估方法很多,最普遍采用的一种方法是把推广之前、推广期间和推广之后的销售情况进行比较,因为短期销售量的变化幅度是衡量旅游营业推广效果的最好依据。

三、旅游营业推广方式

(一) 免费营业推广

免费营业推广是指旅游消费购买者免费获得某种特定物品或利益。在提供短程激励的营业推广领域里,免费赠送这类营业推广活动的刺激和吸引强度最大,旅游消费者也最乐于接受。主要的工具一般有赠品、免费纪念品和赠品印花三种。

(二) 优惠营业推广

优惠营业推广是让旅游消费者或经销商可以用低于正常水平的价格购买特定的旅游产品或获得利益。其核心是推广者让利,接受者省钱。优惠营业推广工具十分广泛,重点是运用折扣衍生出的多种推广工具。例如,折价券、折扣优惠、退款优惠等。

(三) 竞赛营业推广

竞赛营业推广是利用人们好胜、竞争、侥幸和寻求刺激等心理,通过举办竞赛、抽奖等富有趣味和游戏色彩的推广活动,吸引旅游者、经销商或销售人员的参与兴趣,加以推动和增加销售。主要工具有旅游者竞赛与抽奖、经销商销售竞赛和推销人员的销售竞赛等。

(四) 组合营业推广

组合营业推广是一种综合的促销手段,包括旅游企业或相关企业的联合促销,以旅游者满意为目的的服务促销。营业推广与广告、公关、事件等配合促销,它是免费、优惠、竞赛、抽奖等各类促销工具的综合应用与组合搭配。它包括:

1. 联合推广

举办“旅游年”就是世界各国普遍采用的行之有效的联合促销方法之一,国家旅游局与中国民用航空总局配合香港回归这一历史事件，在1992年成功地举办友好观光年的基础上，再度携手共同主办1997中国旅游年。

2. 服务推广

如通过售前服务、订购服务、代办服务、咨询服务、售后跟踪服务等多种服务形式，提高旅游企业的声誉，增加旅游产品的知名度和信任度，促成旅游企业市场渗透的顺利实现和更好地完善、更新旅游产品。

3. 包价旅游

作为最有效的旅游特殊促销方法，是各类营业推广工具的集成使用。包价旅游形式繁多，常用的有：会议组合包价旅游、商务组合包价旅游、周末组合包括旅游、节假日组合包价旅游、目的地组合包价旅游、特别主题组合包价旅游等。

第四节 对面沟通——旅游人员推销

旅游人员推销是旅游企业所有促销手段中唯一利用人员所进行的最直接的促销活动，是构成旅游促销策略的重要组成部分。旅游人员推销是最古老的一种传统促销方式，同时也是现代旅游企业一种重要的促销手段。在本节中，我们主要通过运用社会心理学、信息经济学以及现代的系统理论的有关观点对人员推销过程中心理的瞬时变化进行分析，在此基础上，进而讨论能够影响购买者的动机形成和确定行为指向的几种常用方法。

一、旅游人员推销的特点

所谓旅游人员推销就是旅游企业从业人员直接与旅游消费者或潜在消费者接触、洽谈、宣传介绍旅游产品或服务，以达到促进销售目的的活动过程。简言之，就是旅游推销人员说服旅游者购买旅游产品的过程。推销人员、旅游消费购买者、旅游产品是实现人员推销活动的三个基本要素。没有推销人员，就没有推销活动，没有旅游者，便无法完成推销过程。因此推销人员和旅游消费购买者构成推销活动的主体，分别代表着买方和卖方。作为客体的旅游产品则成为买卖双方谈论和关注的中心，是双方讨价还价和显示智慧才能的主要依据及作用焦点。旅游人员推销是一种人与人沟通的方式，所以，它具有与旅游广告、公关、营业推广等促销手段的不同的特点：

（一）信息传递的双向性与信息不对称

旅游人员推销作为一种双向沟通的促销形式。它向旅游消费购买者宣传所推销旅游产品或服务的质量、功能、用途，为旅游者提供旅游产品信息、市场信息和技术信息，以此招徕顾客，促进产品和服务的销售。同时通过与旅游消费购买者的交谈，了解他们对本企业及所推销产品的态度、意见和要求，调查产品的市场寿命周期和市场占有率等市场情况。在推销过程中，不断地传播信息、收集信息、反馈信息，为旅游企业的经营决策提供依据。现代旅游是一种跨地区、跨国界的广泛的人际交往活动，具有明显的外向性或涉外性，决定了旅游市场极其严重的信息不对称。就一个国家的旅游业来说，既要接待海外旅游者入境，又要组织本国居民出境旅游，还要组织国内居民在国内旅游。其中前两项业务都属于国际旅游，具有显著外向性。

（二）具有推销目的的双重性

旅游人员推销具有满足旅游企业推销产品和满足消费购买者需要的双重目的。只有将帮助消费购买者解决问题，满足他们需求作为推销的目的，才能不断地增进旅游消费购买者与推销人员之间的感情，使旅游消费者成为本企业的经常顾客，从而更好地实现推销产品和服务的目的。

（三）具有满足消费购买者需求的多样性

旅游人员推销活动通过推销旅游产品或服务，不仅满足旅游消费购买者对产品或服务的使用价值需要，而且还能满足他们对旅游产品与服务的各种信息需求、服务需求和心理需求。面对面的洽谈与沟通，便于交流感情，培养双方的友好协作关系，直接了解消费购买者的现实购买企图与态度，还能掌握他们潜在的欲求，以利于调整今后的推销目标和旅游企业发展方向。由此也决定了人员推销是比其他促销手段更具亲切感和说服力的促销手段。

（四）具有推销活动的多层次性

旅游人员推销活动是一个复杂的过程。参与推销的部门既可以是专职推销部门的外部销售，也可以是旅游企业内部各部门、各方人员组成的内部推销；推销形式既可以是个人推销，也可以是小组推销或会议推销、电话推销；推销组织既可以采取区域结构式、产品结构式，也可以采取顾客结构式或综合结构式等多种方式来组织推销活动。

（五）具有推销过程的灵活性

推销人员通过面对面洽谈与观察，掌握旅游消费购买者的购买心理，根据时间、空间、环境及旅游产品的特点和功能，及时调整具体的推销手法，抓住有利时机有的放矢地开展推销活动，促成消费者购买行为，提高销售效果。同时，在推销中还能及时地发现问题，解释疑惑，清除消费购买者的不满意感，并把旅游产品购买者的意见和建议快速反馈到旅游企业，以促使企业适时调整旅游营销策略。但是，由于旅游人员推销的开支大、费用高，对推销人员的素质要求高，优秀外销人员培养期长等缘故，因而使人员推销的运用受到一定程度的限制。

二、旅游人员推销的基本形式

旅游人员推销属于直接促销，推销人员不通过任何中间环节，同旅游消费购买者面对面洽谈，直接介绍和宣传旅游产品和服务，充分展示旅游产品或服务的有用性，解答顾客的询问，说服消费购买者采取购买行为。旅游人员推销主要包括以下形式：

（一）派员推销

这是旅游企业指派专职推销人员携带旅游产品或服务的说明书、宣传材料及相关材料走访顾客进行推销的方式。它是一种古老的、存在时间最长的推销形式，特别适用于推销员在不太熟悉或完全不熟悉推销对象的情况。这种方式的特点主要体现在，推销人员主动向顾客靠拢，要求推销人员把握恰当的推销时机、学会交谈艺术等推销技巧。

（二）营业推销

这是旅游产品或服务的各个环节的从业人员接待每位旅游消费购买者，销售自身产品的推销方式。从广义上讲，在吃、住、行、游、购、娱六个方面从事接待服务的所有人员都是推销员，包括营业员、服务生、导游等。他们同样要与顾客直接接触，以谈话方式及行为方式向顾客介绍和展示产品与服务，回答询问，完成交易，担负着同专职推销员一样的职能。只不过这种形式独特，顾客主动向推销员靠拢，推销人员依靠良好的销售环境和接待技巧，完成推销，满足顾客需求。

（三）会议推销

这是旅游企业利用各种会议介绍和宣传本企业旅游产品或服务，开展推销活动的方式。如订货会、交易会、洽谈会、交流会、展览会、推销会、新闻发布会等等。会议推销也是较为常见的人员推销形式。这种方式突出特点是群体集中，接触面广，省时省钱，成交量大，而且推销员不必以推销员的身份出现在顾客面前，消费购买者的心理负担小，推销阻力也相应减弱，但对顾客产生的影响力却很大。除以上介绍的三种基本推销形式外，还有小组推销、电话推销、书面推销、导购推销等多种人员推销形式。

三、旅游人员推销的原则与过程

（一）旅游人员推销过程中的心理博弈

推销人员在对一个购买者进行推销的时候，或者在一个购买者向推销员询问其商品价格的时候，每个人要达成的目标是明确的。但这一过程的动机是如何演进的呢？按照系统理论中的黑箱理论，我们通常将动机的形成和变化视为一个黑箱，它在人的大脑中进行运行。图 10-4表示了这种理论观点。

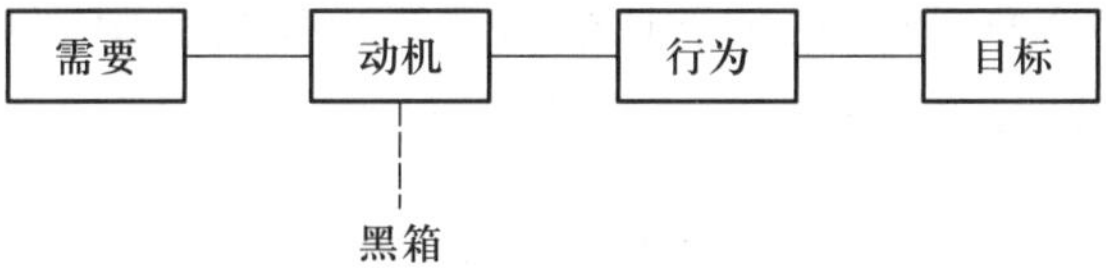

图 10-4　动机的形成和变化

人在外界环境的刺激下而形成了需要，又由于需要而产生动机，进而在动机的作用下导致行为，这种行为的后果则通常表现出不确定性：达到目标或者未达到目标，进而产生新的一个循环。因此，可以认为在动机和需要达成的目标之间有一个关于代价的问题，即双方要冒一定的风险并承担可能的损失才能达到既定的目标。如图 10-5 所示。

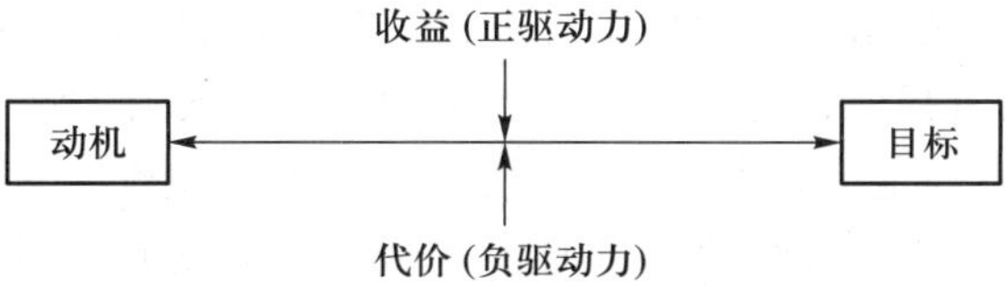

图 10-5　驱动力的影响

我们可以这样认为，人们在进行平等的交换中，所获得的利益和所承担的风险及代价是一个等价交换过程（此处所称的利益和代价涵盖了物质、生理与心理等因素）。如果收益大于或者等于代价，则正驱动力作用使行为得以发生，反之，则起负作用。而人们在交易没有成交之前对对方的信息的掌握都是不对称的，这样，在一个交易达成之前推销员与购买者之间的瞬间动机可以视作一个博弈过程。如图 10-6 所示。

	推销员	购买者
动机组合	能推销出去	决定购买
	不能推销出去	决定不购买

图 10-6 推销员与购买者之间的博弈

信息不对称是指交易过程中,交易双方拥有的信息数量不相等,一方拥有比另一方更多的信息。交易双方信息不对称的一个直接后果就是产生了逆向选择和劣胜优汰的现象。当市场上交易品的质量在很大程度上受控于拥有隐蔽信息的一方时,就产生了经济学上所定义的逆向选择,交易中一方渴望获得优质品,而另一方却只乐于提供劣质品。

由图 10-6 得知,在推销员的动机中面临产品有可能被购买或不被购买而所要付出的代价问题:假设推销员预计产品能够推销出去,此时存在着不能推销出去的可能,同时,对于购买者还有购买与不够买两种可能结果。因此,推销员在行动过程中,始终面临着这三个因素,同样的分析也适用于消费者。所以,在购买者和推销者的动机活动中,共有十二个因素在不断地运动和变化着,这样就形成了一个极其复杂的博弈局面,在交易未成交前对之进行精确的求解是不可能的,但依据协同论的观点,在一个复杂的系统运作过程中,存在着一个快变量和一个慢变量,它们服从如下的微分方程:

$$\frac{\mathrm{d}Y}{\mathrm{d}X}=\alpha X-XY$$

$$\frac{\mathrm{d}Y}{\mathrm{d}T}=-\beta Y+X^2$$

式中,X 表示慢变量,Y 表示快变量,α 和 β 为给定参数。

其中慢变量在整个系统中起着支配作用,而快变量则起着引发系统突变的作用,由于引发因素不同,系统尽管处在慢变量的支配作用之下,系统所呈现出来的终极状态也会各异。具体地说,推销员进行推销的过程中,其商品价格、质量和购买者实力等这些慢变量起支配作用,但是由于引发的快变量的不确定因素的作用,其结局具有不确定性。成功的推销在考虑商品的价格、质量等因素之外,交易过程中推销员对快变量的瞬间变化的敏捷把握也是至关重要的原因。

如何促使快变量向推销成功的方向发展?现在我们再回过头来分析推销员和购买者在进行交易过程中的信息问题。依据信息经济学,谁掌握的信息准确、全面、及时,谁就能够掌握交易的主动权。将旅游产品销售中的购买者动机活动视作一个系统,在购买过程中,不计由推销人员所提供的信息来源,则可以假定这一系统对购买商品的信息是混乱的、无序的。依据现代耗散结构理论的观点,若要使一个混乱无序的不平衡系统向着有序的方向发展,必须要对该系统输入新的有序且连续的能量(或信息),这样就能使系统在自组织的作用下,形成新的稳定态。企业要使购买者的动机活动系统向着有利于购买的方向发展,形成一个稳定的购买动机,很显然推销员对购买者施加一系列新的、有序且持续的信息流是促成交易产生的关键所在。因此我们可以得到如下结论,在进行具体交易过程中谁掌握的信息多,谁就占据交易过程的支配地位。推销员在推销的过程中,或者企业在进行营销策划的过程中怎样向消费者输入新的、有序的、持续的信息将是旅游营销成功的最根本因素。

（二） 旅游人员推销的原则

在应用人员推销形式进行旅游产品促销中,有许多取得显著成功的推销人员;尽管他们在不同的地点和时间,以不同的方式和技巧,推销不同的旅游产品,但他们都遵循一些共同的原则,这些原则是他们取得成功的法宝。

1. 互惠互利原则

互惠互利指交易双方彼此为对方提供利益和好处。互惠互利是双方达成交易的基础,是推销人员自信心的来源,是良好交易气氛形成的重要条件,也是赢得回头客,获得竞争地位的重要筹码。因此,搞清交易能给双方带来的利益,用能给旅游消费购买者带来的利益说服顾客,找出双方利益分配的最佳点,绝不做只对一方有利的交易。

2. 推销使用价值观念原则

使用价值观念,就是旅游消费购买者对旅游产品有用性的认识。推销使用价值观念原则,即在推销旅游产品时,要利用或改变消费购买者原有的观念体系,想方设法使他们形成对旅游产品使用价值的正确认识,以达到说服顾客购买旅游产品的目的。推销人员必须找出旅游产品使用价值与消费购买者需要的结合点,使顾客形成正确的使用价值观念。最终决定购买,并产生良好的购后评价。

3. 人际关系原则

旅游推销人员推销旅游产品时,必须建立真诚、坦白的,富于感情的和谐人际关系。因为和谐的人际关系使彼此理解,产生信息的沟通,容易形成相互信任。旅游推销人员要树立人际关系开路的观念,善于利用各种交际方式,扩大其交际范围,使自己成为一个受欢迎的人。

4. 尊重顾客原则

尊重顾客就是要敬重顾客的人格,重视他们的利益。其实质是对旅游消费购买者价值的承认,包括顾客的人格、身份、地位、能力、权力、兴趣、爱好、成就,等等。推销人员尊重顾客,从顾客的立场出发,可以帮助消除疑虑,优化交易气氛。同时,推销人员善于换位思考,注意顾客所关心的事情,对消费购买者适时赞美,体现自己应有的胸怀和涵养,以获得旅游消费购买者最大限度地回报,如购买或重复购买你的产品,向别人宣传、推荐你的产品,等等。

（三） 旅游人员推销过程模式

推销过程是现代推销学的主要研究对象之一。其主要内容是对人员推销的过程进行阶段划分,并指出每个阶段的工作重点和各个阶段的内在联系及转换规律,以便推销人员更清楚地了解推销活动的实质,避免工作中片面、孤立地开展推销活动。常见的推销过程模式有;爱达模式、迪伯达模式、埃德帕模式和程序化模式,这里主要介绍程序化模式。程序化模式又称公式化模式。它是一种已经被大多数旅游推销人员所接受的、比较流行的、具有代表性的推销过程模式。它将推销过程划分为七个阶段,而且强调各个阶段相互联系、相互影响、相互渗透、相互转化,任何一个环节的失误都会导致整个推销过程的前功尽弃。

1. 寻找顾客

旅游推销人员必须利用各种渠道和方法为所推销的旅游产品或服务寻找消费购买者，包括现有的和潜在的购买者。应用现有顾客挖潜法、停购顾客启动法、同类顾客推移法、连销介绍法、广告开拓法等方法，拟定潜在顾客名单。通过电话、邮件及其他调查方式，了解潜在购买者的需求、支付能力和购买权力，做出购买资格评价，筛选出有接近价值和接近可能的目标顾客，集中精力进行推销，提高成交比例和推销工作效率。

2. 接近前准备

旅游推销人员在推销之前，必须进行充分的准备。尽可能地了解目标顾客的情况和要求，确立具体的工作目标，选择接近的方式，拟定推销时间和线路安排，预测推销中可能产生的一切问题，准备好推销材料，如景区景点及设施的图片、照片、模型、说明材料、价目表、包价旅游产品介绍材料等。在准备就绪后，推销人员需要与准顾客进行事先约见，用电话、信函等形式向访问对象讲明访问的事由、时间、地点等约见内容。

3. 接近目标顾客

旅游推销人员经过充分准备和约见，就要与目标顾客进行接洽。正式接近顾客是推销面谈的必要前提，没有接近顾客，就不可能面谈，也就无所谓推销。接近顾客过程往往是短暂的，长的不过十几分钟，短的只有几分钟，在这极短的时间里，推销人员要依靠自己的才智，根据掌握的顾客材料和接近时的实际情况，灵活运用各种接近技巧，利用介绍接近、产品接近、利益接近、好奇接近、问题接近、搭讪接近等方法，引起消费购买者对所推销旅游产品的注意，引发和维持他们对访问的兴趣，并引导顾客进入面谈，达到接近顾客的最终目的。

4. 推销面谈

面谈需要接近，接近为了面谈。接近与面谈是同顾客接触过程的不同阶段，两者之间没有明显的绝对界线，两者本质区别在于谈话的主题不同。接近阶段多侧重于让顾客了解自己，有利于沟通双方感情和创造良好的推销气氛，而面谈阶段往往集中在推销旅游产品，建立和发展双方的业务关系，促使顾客产生购买欲望。一般来说，推销面谈需要推销人员利用各种面谈方法和技巧，向消费购买者传递旅游企业及产品信息，展示顾客利益，消除顾客疑虑，强化购买欲望，让顾客认识并喜欢所推销的旅游产品，进而产生强烈的购买欲望。

5. 处理异议

面谈过程中，消费购买者往往会提出各种各样的购买异议，诸如：需求异议、价格异议、产品异议、服务异议、购买时间异议、竞争者异议、对推销人员及其所代表的企业的异议，等等，这些异议都是消费购买者的必然反应。它贯穿于整个推销过程之中，销售人员只有针对不同类型的顾客异议，采用不同的策略、方法和技巧，有效地加以处理与转化，才能最终说服顾客，促成交易。

6. 成交

成交是面谈的继续，也是整个推销工作的最终目标。一个优秀的推销员，要密切注意成交信号，谨慎对待顾客的否定回答，把握最后的成交机会。还需要采取有效的措施和技术，帮助消费购买者做出最后选择，促成交易，并完清成交手续。

7. 后续工作

要让顾客满意，并使他们继续购买，后续工作是必不可少的。达成交易后，推销员就应着手履约的各项具体工作，做好顾客服务，妥善处理可能出现的问题。着眼于旅游企业的长远利益，与顾客保持和建立良好的关系，树立消费者对旅游产品的安全感和信任感，促使他们连续、重复购买，并利用顾客的间接宣传和辐射性传导，争取更多的新顾客。

阅读资料

“抖音”APP 对旅游营销的启示

自今年开春以来，重庆、西安等一批旅游城市突然成了炙手可热的“网红”，旅游收入与游客量显著增长，这都与一个名为“抖音短视频”（下简称“抖音”）的手机 APP 有关。目前，这个上线于 2016 年 9 月的手机软件可谓红遍大江南北。数据显示，到 2017 年底，抖音用户已经超过 7 亿，月活跃量超过 1 亿。2018 年一季度，抖音下载量达 4 580 万次，成为苹果应用商店全球下载量最高的 iPhone 应用。

在抖音中，用户可以通过搭配音乐、控制视频拍摄的快慢、滤镜、特效及场景切换等技术，创作时长不超过 15 秒的 MV 作品。这些来自民间的自制短视频悄然成为旅游营销的利器。举个例子，位于西安城墙脚下的永兴坊“摔碗酒”是被抖音捧红的众多“网红”景点之一。“摔碗酒”配上一曲欢快又洗脑的《西安人的歌》，在网上迅速蹿红，吸引八方“抖友”纷纷前来“打卡”，饮一碗古城老米酒，做一回西安“社会人”。其他抖音“网红”景点还有重庆的“轻轨穿楼”、厦门鼓浪屿的“土耳其冰激凌”、山东济南宽厚里的“连音社”和张家界的天门山等。这些地方都借助抖音平台形成了滚雪球式的疯狂传播。那么，是哪些因素促成了抖音在旅游营销上的成功呢？

一、优质的内容

优质内容是抖音的核心竞争力，可以从视频内容和产品运营两方面来分析。旅游类视频内容的“优质”体现为两点。其一，景点本身极具特色。无论是重庆“洪崖洞”还是西安“摔碗酒”，要么景观设计极为震撼，要么情景活动有趣好玩。因此，一个成功的“网红”景点首先要有成为“网红”的潜质。其二，多元融合妙趣无穷。抖音之“抖”来自软件内嵌的丰富特效，“音”体现为可供选择的海量“神曲”，大多数作品具有节奏感强、“魔性”十足的特点，给人感觉酷、炫、潮。在抖音上，科技元素、艺术元素与旅游场景相融合，令视频极具艺术感、创造性和现场感。

产品运营的成功也体现为两点。其一，韬光养晦一鸣惊人。抖音团队拥有这个时代极为难得的品质——耐心。抖音的前期重点是打磨产品、储备网红和积累内容，这个“默默无闻”的阶段持续近半年。一直到 2017 年 3 月 13 日，著名笑星岳云鹏通过微博转发了一条其模仿者的视频，抖音用户量瞬间呈现井喷式增长，从此一发不可收拾。其二，正是这些海量的优质短视频将抖音用户死死“黏住”。调查显示，约 22% 的“抖友”每天使用抖音时间超过 1 小时，不少用户戏言抖音“有毒”。

二、契合的用户

与其他短视频平台不同，抖音不仅是短视频的分享平台，还是其粉丝社群的社交平台。抖音鲜明的产品特征令其收获了与其调性相契合的市场，主要为一二线城市居民，其中又以女性

(66.1%)和年轻人(30岁以下用户占比93%)居多。这部分“抖友”有钱有闲,是出游的主力军;同时,他们中的大多数是互联网“原住民”,善于创造,乐于分享,对于互联网产品的参与意愿很高,有着较为强烈的社交需求。

一方面,他们通过拍摄和上传短视频来吸引关注,同时带动“抖友”之间的视频创意比拼。相比传统营销模式而言,动态的短视频社交模式呈现出更强的交互性和参与性。在旅游类视频里,用户能够更加生动全面地了解到景区的全貌,相比图文信息更令人有“涉入感”。另一方面,观赏视频的“抖友”在评论区实现与播主的互动。评论是抖音UGC(用户原创内容)中极其重要的组成部分。企鹅智酷2017年发布的报告指出,超过一半的抖音用户会看评论,21.8%的用户会参与评论互动。在旅游类视频的评论区,“抖友”会对视频内容和质量进行点评、询问景区的名字和位置、交流旅游体验心得等。评论区的互动不仅具有第三方推荐的信任优势,还让评论本身成为优质的体验内容。更奇妙的是,基于对抖音平台的认同感和归属感,“抖友”们会把去网红景点“打卡”当成一种义务,出游动机由“我想去”升级为“我必须去”。

三、共生的机制

基于优秀的产品和模式设计,抖音构建了一个互惠共生的生态圈。在旅游营销场景下,利益相关者包括抖音运营方、旅游地、播主及观赏用户。在抖音平台上,所有参与者都能满足需求和创造价值。观赏用户在免费观看视频、参与互动的过程中贡献了自己的时间和注意力,创造了流量。播主为抖音提供视频内容和吸引流量,因自己成为关注焦点或意见领袖而获得心理满足感。在运营初期,平台会对提供优质内容的播主提供一定补贴。而对于粉丝量达到十万甚至百万级别的“大咖号”,他们还可以选择与商家合作以寻求流量变现。旅游地成为“网红”以后,游客量和旅游收入显著增加,平台运营方也将获得不菲的投资和广告收入。实际上,抖音早已开启了变现之路。从“海底捞神秘吃法”到“网红奶茶的隐藏菜单”,抖音的每次动作都能引发“抖友”的疯狂传播,甚至导致多个地方卖断货,堪称“网红制造机”。

目前,抖音与旅游营销的融合已经开始进入更为成熟的新阶段。2018年4月,西安市旅发委与抖音短视频达成合作。双方计划将基于抖音的全系产品,通过文化城市助推、定制城市主题挑战、抖音达人深度体验、抖音版城市短片来对西安进行全方位的包装推广,用短视频来向全球传播优秀传统文化和美好城市文化。据悉,旅游已成为抖音刚发布的“美好生活计划”的重要组成部分。在抖音搭建的共生平台之上,旅游营销具有无尽的想象空间。

旅游营销可以从抖音的成功中汲取以下三点经验:

第一,提升内容品质,打造网红景点。中国已经进入优质旅游发展的新阶段,时代呼唤优质的旅游产品,也最终会选择优秀的旅游企业。在抖音上,无论是视频还是评论,都呈现出高品质和“真善美”的价值观。抖音也充分体现了传播的“马太效应”。一千个粗劣视频的关注度比不过一个精品,同理,一千个平庸景点的传播价值也抵不过一个优质“网红”。因此,旅游营销的“套路”不在数量多少,而在于是否实用精巧。

新时期旅游营销,其一要充分认识到旅游策划的重要性,对营销策划投入更多的时间和资金。策划方要基于资源和市场,大胆提案,小心论证,反复打磨,重视市场意见,尤其是来自年轻人群体的意见。其二要戒骄戒躁,谋定而后动。在确保景区产品已经达到较高水平前,不要急于以官方的名义扩大营销,确保景区能获得口碑推荐。其三要重点攻关。旅游消费的一个重要特点是任何基于“点”的消费都会自然惠及全域。重庆的“洪崖洞”和西安的“摔碗酒”都属于一个景点带火一座城市的代表案例。要集中资源打造具有较大传播价值的“网红”景点或旅游商品。

第二,培育粉丝社群,善用营销渠道。移动互联网时代的一个重要特征是碎片化生活方式渐成主流,短视频、短图文等成为重要的传播方式,从抖音拥有的海量粉丝可见一斑。然而,在激烈的市场竞争下,获取粉丝喜爱绝非易事。抖音在培育粉丝、引导用户创作上花了很多心思。应该说,抖音一直致力于降低短视频的制作门槛,让普通人也能做出好玩有趣的内容。舞台、音乐、特效、观众都已就位,甚至连“套路”都给你设计好,请开始你的表演！在抖音的用心培育下,“抖友”们具有较强的认同感,且大部分能够熟练使用抖音拍摄视频、创作内容。

这带给旅游营销的启示是,旅游景区或目的地应具有明确的产品定位,切勿贪大求全。旅游市场符合“二八”定律,即20%的顾客会创造80%的价值。要通过确立明确的产品个性来获取这20%更契合、更忠诚的旅游者,再借助他们去扩大市场。营销人员应传递出更多具有体验价值的旅游信息,用市场喜爱的形式内容包装设计宣传资料(宣传用语、旅游画册、视频节目等),以寻求与顾客建立情感连接。同时,要活用抖音、微信、微博等新媒体传播渠道,精心设计活动,创造更多与潜在和现实游客互动的机会。

第三,搭建共创平台,重视民间力量。抖音是时代的产物,其成功建立在高度发达的互联网经济基础之上。互联网的本质是创造连接,抖音通过一个个有趣的短视频将不同的人、事、物连接在一起,营造了一个价值共创、利益共享的线上美好生活展示平台,并影响着人们在线下的生活和行为习惯。抖音上有明星也有普通人。岳云鹏等明星在产品推广的前期发挥着示范作用,但在产品逐渐成熟以后,“素人”成为抖音平台上绝对的主流,明星反倒成了“跟风者”。

事实上,抖音绝大部分的创意和智慧都来自民间,从中我们可以窥见营销话语权的转移。旅游营销者一方面要根据市场趋势调整营销预算的投资方向,积极融入抖音、微信等优秀媒介搭建的传播平台,借势融合发展。另一方面,营销人员也可以因地制宜,通过制度设计和模式创新搭建专属的共创平台,吸引各方资源,尤其是“草根”力量加入旅游营销(如以年轻人为主体的乡村创客)。在管理型政府向服务型政府的转型过程中,传统的以政府为主导的单向营销模式已呈现式微之势,而反映大众审美、汇聚民间智慧、代表时代潮流的“草根”阶层正在走向前台,成为一股锐不可当的蓬勃力量。

互联网的本质是创造连接,抖音通过一个个有趣的短视频将不同的人、事、物连接在一起,营造了一个价值共创、利益共享的线上美好生活展示平台,并影响着人们在线下的生活和行为习惯。抖音上有明星也有普通人。目前,抖音与旅游营销的融合已经开始进入更为成熟的新阶段。

资料来源:中国旅游报,2018年5月23日。

本章小结

1. 旅游促销的实质就是要实现旅游营销者与旅游产品潜在购买者之间的信息沟通。旅游营销者为了有效地与购买者沟通信息,可通过发布广告的形式传播有关旅游产品的信息;可通过各种营业推广活动传递短期刺激购买的有关信息;也可通过公共关系手段树立或改善自身在公众心目中的形象;还可通过派遣推销员面对面地说服潜在购买者。广告、人员推销、营业推广和公共关系四种因素的组合和综合运用就称为促销组合。

2. 影响旅游促销组合决策的因素有：市场状况(包括市场大小、竞争状况等)；购买心理接受阶段；产品生命周期及促销经费的预算等。

3. 作为促销手段的广告是指由明确的广告主，以付费的形式通过媒体做公开宣传，达到影响消费者行为，促进销售相关产品目的的非人员促销方式；旅游营业推广是指旅游企业在某一特定时期与空间范围内通过刺激和鼓励交易双方，并促使旅游者尽快购买或大量购买旅游产品或服务而采取的一系列促销措施和手段；旅游人员推销是旅游企业所有促销手段中唯一利用人员所进行的最直接的促销活动，是构成旅游促销策略的重要组成部分。

关键术语

旅游促销(tourism service promotion)
博弈(game)
旅游广告(tourism advertising)
旅游人员推销(tourism personal selling)
旅游销售促进(tourism sales promotion)

案例回顾与讨论

1. 玉溪采用了哪些促销手段？其特点是什么？
2. 在选择旅行社销售其旅游产品时应注意哪些问题？

复习与思考

1. “推式”和“拉式”策略各自的应用特点如何？推拉策略的选择使用受哪些因素影响？
2. 旅游广告与宣传品在促销中具有什么样的地位？为什么？
3. 旅游广告目标有哪几种类型？如何对旅游广告信息进行评估选择？
4. 旅游营业推广具有哪些特征和作用？
5. 旅游人员推销具有哪些优点和缺点？
6. 一个完整的营业推广促销方案要考虑几个方面的内容？
7. 常用的广告预算方法有哪些？
8. 影响旅游促销组合决策的因素有哪些？
9. 旅游人员推销的过程是什么？
10. 选择广告媒体时，需要考虑哪些因素？

自测自评

实践题

1. 分别找一个酒店、旅行社或旅游景区的广告实例及其竞争对手的广告，你认为哪个广告更有效？广告中的哪一部分最打动人？为什么？你认为怎样改动才能使该广告更好一些？

2. 优秀的推销员应该熟悉自己企业和竞争对手的产品。假设你是一家旅游公司的推销员，公司希望你能推销一种你认为比竞争对手差的产品，你将采取何种行动？

3. 寻找接待业中运用推式策略进行促销的例子。解释说明这家企业是如何运用这一策略的。

推荐阅读文献

1. 乔治·贝尔奇，迈克尔·贝尔奇.广告与促销：整合营销传播视角[M].北京：中国人民大学出版社，2019.

2. 王秋玉.旅游景区淡季营销现状及策略探讨[J].商业经济研究，2018，758(19)：187-188.

3. 朱爱芳.互联网视域下少数民族地区特色旅游商品营销策略分析[J].商业经济研究，2016(18)：77-78.

4. 魏宝祥，孔闪闪.网络信息对旅游者决策影响研究——国内外研究比较的视角[J].人文地理，2016(5)：7-16.

5. 刘学玲，冯淑华，马秋芳.基于4C理论的“双十一”旅游产品网络促销研究——以携程网与中青旅为例[J].旅游研究，2016，8(1)：83-87.

第三篇

旅游市场营销创新

第十一章　整合营销——旅游目的地营销

本章将介绍旅游营销的旅游目的地营销，目的是扩展读者的视野，让读者在前文的基础上了解一种新的营销思路。在本章中，我们首先对目的地营销的某些概念性问题作以介绍，然后对具体的目的地营销策略（旅游目的地形象营销策略、旅游目的地产品服务促销策略和旅游目的地品牌营销策略）分别作以介绍。

在旅游目的地形象营销策略中，介绍了旅游目的地形象的内涵、战略性作用、调查分析方法、实际的改善与传播。在旅游目的地的产品促销策略中，介绍了促销方法、效果调查等内容。在旅游目的地品牌营销中，介绍了目的地品牌的意义、内涵及目的地品牌的形成与塑造。

学习目的

- 掌握旅游目的地营销的基本内涵
- 了解旅游目的地整合营销的基本内涵
- 掌握旅游目的地形象的内涵和构成，熟悉对旅游目的地形象的调查和分析
- 掌握旅游目的地产品的促销
- 掌握旅游目的地品牌营销策略

引导案例

超出期望——温哥华旅游目的地营销的核心理念

温哥华是西太平洋沿岸美丽的海港城市，是著名的观光胜地和适合人居的地方。温哥华被冠以："最佳旅游目的地""北美最好的城市""世界最佳商务旅行目的地""世界上最适合人居的地方"等众多美称——关于温哥华的美丽和高品质生活，毋庸置疑。

温哥华位于不列颠哥伦比亚省的西南部，是加拿大 10 个省份中最西边的一个城市。它同时也是由 21 个自治城市组成的大温哥华地区的一部分，整个地区人口约 200 万。因为依山傍海，温哥华是全加气候最温和的地方，每年吸引全世界成千上万的游客来此观光旅游。去年，大温哥华地区接待了 860 万名过夜游客。其中，58.6% 来自加拿大本土，25.8% 来自美国，9% 来自亚太地区，其余 5% 来自欧洲。

温哥华之所以能够吸引在数量上持续增长的观光游客，这要归功于一些旅游组织共同致力于使温哥华成为旅游目的地的营销联动。这些旅游组织包括四个层面：温哥华旅游局、大温哥华地区旅游协会（含温哥华沿海以及山区）、省旅游营销组织（不列颠哥伦比亚省旅游局）以及国家旅游委员会。这些组织作为协作伙伴共同致力于城市营销，以提升温哥华作为旅游目的地的知名度。

正如其他一些主要旅游目的地一样，温哥华的旅游营销目的地组织（DMO）非常注重海外游客数量的增长。在所有营销活动中，温哥华旅游目的地营销组织（DMO）的关键举措，是在服务过程中给游客提供意外的价值期待。这项承诺使温哥华作为国际旅游目的地的竞争力倍增。“超出期望”已成为温哥华旅游业品牌的核心价值内涵。让游客尽情体验温哥华，是所有工作自始至终的服务内容。

从温哥华旅游局的市场和销售活动来看，温哥华旅游目的地营销组织（DMO）努力追求的营销目标，是使温哥华成为最主要的旅游目的地。该组织付出努力并通过各种方法，不断获得新的机会。其中最重要的一招，就是着力构建温哥华作为世界著名会展地的城市品牌。过去三年来，温哥华举办了 21 个国际会议，每个会议出席代表均超过 1 000 人。由旅游带动的经济增长估计达到 13 亿加元。温哥华旅游局通过全程参与国际会议的举办，激活了国际会展这个细分市场，并因此刺激了旅游展览、旅游贸易和特别销售团体的业务成长。此外，温哥华旅游局还为会议组织者提供详尽的协助——包括介绍、担保以及积极参与到协作伙伴的生意进程中，以帮助他们赢利。

关于休闲旅游市场，温哥华旅游局的关注重点是市场数据库和客户关系管理。这使 DMO 能以更有意义的方式跟潜在客户进行沟通。合作市场项目聚焦于旅游贸易、旅游展览和旅游熟客这三方面的最好的消费者，同时，在选择的目标市场中直接面向目标游客，瞄准并刺激游客过夜需求，以旅游价值的提升带动经济增长。为了达致这一目的，温哥华旅游局努力保持与旅游专栏写手和媒体的良好合作，因为公共媒体的如实报道比付费广告更易取信于消费者。此外，还有一些比较特别的细分市场，如游轮市场。对这些市场的特殊目标人群，市场诉求跟其他任何细分市场一样，主要是打包促销和提升旅游新体验。

温哥华港是豪华游轮进出阿拉斯加和西北太平洋的主要通道。每年通过温哥华港的豪华游轮有数百条，游客近百万人。其中大约 40%的游客在大温地区逗留观光。要挑战这部分市场份额，需要做好两方面工作：一是要很好地替那些只作短暂逗留的游客规划好白天的旅行路线（计划）；二是要替那些从温哥华港上下船的游客规划好之前或之后的打包旅行计划或路线。

许多主题旅游线路（计划）在温哥华旅游局的网站上都有介绍。不仅包括游轮市场，还包括任何自助游以及团体打包游线路。任何关于经济游、浅度探险、观海豹、赌博、露营或乘坐滑翔飞机观赏沿海野生动物和景致的线路，都提供水疗以及关于东方、中国中医的介绍。高尔夫、滑雪、烹饪体验以及温市文化、遗迹、艺术等，都可为那些来温哥华观光的游客提供非常方便的多方面的线路安排。

在不列颠哥伦比亚省，还有一个特别的、持续吸引游客强烈关注的旅游产品，这就是关于土著居民——印第安民族文化旅游。已经发展得非常健康和有影响的印第安民族文化游，常使游客有意料之外的惊喜。发掘和提炼印第安文化，甚至与冬奥会相提并论列入议事日程。土著居民参与冬奥会是本次运动会的一个亮点。有 4 个土著民族的原住地成为冬奥会的举办地。那时，他们会与原住民共同献演土著文化。可以预见的是，随着土著居民参与冬奥会的举办，关于加拿大原住民文化旅游与体验的旅游产品将会持续升温。

所以，无论来温哥华商务旅游或休闲旅游，“超出期望”始终是温哥华给所有游客的价值承诺。你可到世界著名的斯坦利公园踏足沿海森林，可伴着海洋的涛声享用晚宴，也可从群山顶峰俯瞰城市，一瞥格兰湖岛。而当你走马城市的某个有意义的社区角落，或在温市会展中心出席商务盛会，温哥华总能给所有来访者带来意料之外的惊喜。

第一节　旅游目的地营销概述

一、旅游目的地营销概念

“旅游目的地”即“tourism destination”，在西方有关的文献中也被称为 tourism area 或 tourism places。从字面上理解“旅游目的地”一词，就是能够满足旅游者终极目的的地点。传统上，旅游目的地是指那些有实际或可识别边界（例如海岛的自然边界，政治边界，或者甚至是由于市场划分而形成的边界等）的地方。一般的旅游目的地有两重含义，一方面是指集各种产品于一体的复合体，如主题公园旅馆及度假村等；另一方面是一个明确的地理区域，这一区域被旅游者理解为一个具有用作旅游营销和规划的政策和法律框架的独一无二的实体。

旅游目的地营销是一种在地区层次上进行的崭新的旅游营销方式，在这种方式下，旅游地区将代表地区内所有的旅游企业，作为营销主体、以一个旅游目的地的形象加入旅游市场的激烈竞争中。旅游目的地营销的参与者不是某个旅游企业，而是地区内所有相关的机构和人员；营销对象不是某个旅游产品，而是地区内所有的旅游产品和服务；获益者也不是某个旅游企业，而是整个旅游目的地地区。

旅游目的地营销以满足旅游者和目的地社团（包括政府、企业、居民、各种正式及非正式的社会机构）的需求为目标，狭义的旅游目的地营销是旅游目的地形象营销策略和旅游目的地产品服务促销策略。广义的旅游目的地地区营销涵括的内容有提高旅游目的地的价值和形象，以使潜在旅游者充分意识到该地区与众不同的优势；规划开发地区协调、配套、有吸引力的旅游产品；宣传促销整个地区的产品和服务，使目标市场将本地区作为旅游目的地；刺激来访者的消费行为，提高其在本地区的消费额。可见，广义的旅游目的地营销活动不仅包括对现实目的地的促销，还包括了对未来更理想的旅游目的地的营造和促销上。

二、旅游目的地营销方式产生的原因

旅游目的地营销这一旅游营销方式的出现，是因为旅游业在目的地地区内不同于一般行业的重要地位，是因为旅游者的感知特点，也是因为这个行业的营销活动不同于一般行业的复杂性。

（一）旅游业的重要性

各国、各地区已越来越认识到旅游业对本地广泛而深刻的影响。旅游者的到来，为旅游目的地引入一个巨大的购买力市场，改变本地原有的以满足内在需求为主的发展轨迹。目前，旅游业已成为世界上许多地区主导的经济活动，而且在某些情况下，已成为当地财富的主要发生器，例如，国际奥林匹克委员会选择亚特兰大为 1996 年夏季奥林匹克运动会的会址，吸引了大批旅游者，为亚特兰大市的商家和市民带来的收益估计超过 3 亿美元。许多没有发达工业的乡村小镇可以利用当地的文化和历史资源，吸引旅游者，作为繁荣当地经济的发展战略的一个重要部分，例如临潼区利用得天独厚的旅游资源——兵马俑，使当地经济登上几个台阶。

旅游业对目的地的重要意义使地区日益重视、鼓励、扶持旅游业的健康发展，吸引旅游者的工作也越来越重要，以至于地区认为这项工作应该由整个地区社团来负责，地区营销的思路开始在有关人员的脑海中形成。

（二）旅游者感知的特点

环境包围着旅游者，一个目的地就意味着一种环境。旅游者在寻找一个度假地时，就是在挑选某一种他感兴趣的特殊环境，该环境应能支持他们的活动，当然，旅游者也可以在别处许多地方进行这样的活动，但是所处环境不同，做这些事时的心理感受也是大不相同的。旅游者感知环境的结果是认识地图（认识地图是指一个人在环境或场所中导引自身的信息集合，情感和感觉是认识地图的重要部分）。例如，一个游乐公园的认识地图不仅包括公园内的小径和游乐设施，还包括游玩时的兴奋和愉快、爆米花的香味或一个宣传员滔滔不绝的声音。旅游者的认识地图经常与官方用图表表示的物质界限不符，旅游者并不固守物质界限，他们并不特别区分出旅游目的地内不同的区域和吸引物，而是将目的地作为一个整体环境来感知。

因此，针对旅游者感知的特点，地区旅游业人士应该考虑把地区作为一个整体目的地来营销。

（三）旅游营销活动的复杂性

一个旅游者在目的地购买的旅游产品包括食、住、行、游、购、娱，涉及这六方面的旅游企业都有可能展开营销活动。旅游业中的各方利益协调发展的问题及旅游目的地营销的整体作用发挥：

1. 整体营销多方合作协同效应的发挥

因为旅游产品涉及方方面面，旅游者在众多的地区中进行选择的过程比较谨慎，要全面考察旅游目的地的吸引物、基础设施、可接近程度、服务质量、安全程度等，而且旅游目的地在公众心目中的形象是影响旅游决策的重要因素，所以旅游营销实际上是对旅游目的地整体实力的考验。单个旅游企业实力单薄，能够投入的时间、金钱、智慧都有限，未必能全面真实地展现出地区的实力，而且每个企业在宣传时步调混乱，势必会有所重复和遗漏，甚至会有自相矛盾之处，使目标市场的公众觉得厌倦、迷惑或无所适从，从而影响旅游目的地的形象。所以单兵作战不如协同作战。

2. 整体营销多方合作信息的共享效应的发挥

单个旅游企业所拥有的信息有限，所处的层次比较低，眼光不能放置全局。首先，旅游企业难以正确地识别目标市场，也难以发现目标市场的发展趋势，可能会出现无的放矢、“大炮轰蚊子”或“弹弓打大象”的情况；其次，旅游企业对本地区的优势和劣势缺乏足够的了解，在促销时可能没有充分展示出目的地的优势，甚至可能会出现错误的论点。

3. 整体营销多方合作整体利益的实现

旅游企业属于私人层面，关心现实的个体利益，很难有“前人栽树，后人乘凉”的气度。而作为旅游目的地的营销是将旅游目的地所有利益相关者联系到一起，实施新市场的搜索与开拓,进行地区整体间竞争,实现总体利益的最大化与局部地区内社会资源的优化。作为旅游企业的个体营销,存在以下种种局限。

首先,旅游企业不会进行全面深入的“SWOT”分析,归纳出目的地的优势和劣势、机会和风险,为建立地区远景营销目标提供基础。目的地“SWOT”分析包括:第一,识别目的地的主要竞争者;第二,明确目标市场,了解特定的目标市场如何做选择,使用的标准、赋予不同标准的权重、在各标准下竞争者的排序,以便能影响标准的设立、权重的分配、竞争者的排序;第三,对目的地的行业结构、劳工市场、自然资源、基础设施、娱乐和文化资源、教育与研究机构等进行全面的了解,根据目标市场的要求来识别分析自身的优势和劣势;第四,根据目的地外部环境的发展趋势,识别机会和威胁。旅游市场风起云涌、变幻莫测,如果没有对未来的正确把握和积极营造,可能会在未来的市场竞争中全军覆没。

其次,旅游企业缺乏挖掘旅游营销潜力的动力和能力。主要客源地的可接近程度、地区提供/开发的吸引物、支持地区吸引物的基础设施、地区选择的目标市场、服务水平及当地居民的好客程度、地区经济繁荣程度等都会影响到旅游营销潜力。但是对这些因素的改善需要大量的投资,涉及市政建设、交通、能源、教育、研究等非旅游企业和部门,是工程浩大、历时长久的公共基础设施建设,单个旅游企业没有能力进行这些工作,而且也缺乏动力,因为上述因素对吸引客源的影响不会立即表现出来,旅游企业完全可以凭借现在的基础设施和吸引物等招徕顾客、获取丰厚的经济效益,不必考虑以后能否盈利。

因此,在众多地区为吸引旅游者而展开越来越激烈竞争的今天,越来越多的地区意识到旅游营销不应仅仅是单个旅游企业的任务,而应组织整个地区的力量来完成,以便能更加充分、更加出色地向旅游者展现本地区的风采。

但是,将整个地区的力量组织利用起来是一件相当复杂的工作。旅游业涉及面的广泛性和多样性使得经营、管理和指导旅游业发展的职责被分割给一系列不同的机构,由于没有一个明确的界限清晰的委任,这些机构在行使职责时很混乱,经常会发生多头管理或无人管理,这种局面在营销工作中更为严重。将不同群体(包括政府、企业、金融实体、特殊旅游事件的赞助人、环境保护机构等)的智慧和能力联合起来是一件艰巨的任务,单个企业和机构都难以做到,只有在所有旅游业的利益相关者间建立一个正式或非正式的联盟,从整个目的地地区层次上有效地实施旅游营销才会获得巨大、长远、综合性的成功。

三、旅游目的地营销潜力

从前面的介绍中可以看出,广义的旅游目的地营销的重要目的是挖掘并培养目的地的营销潜力,同时,目的地营销潜力也会成为影响地区营销效果的制约因素。因此分析旅游目的地包含的因素,并且构建对旅游目的地营销潜力的评价体系具有重要的意义。

旅游目的地是一个综合性的概念,可以通过区位条件、旅游资源、旅游服务设施、旅游目的地管理、旅游目的地形象、旅游目的地体验、旅游目的地可持续发展、价格这几个指标因素,来构建对旅游目的地营销潜力的评价体系,下面将采用模糊数学中的模糊综合评判法建立旅游目的地营销潜力的评价体系。

(一) 对旅游目的地营销潜力指标的聚类分析

首先,建立旅游目的地的象棋型如图 11-1 所示。

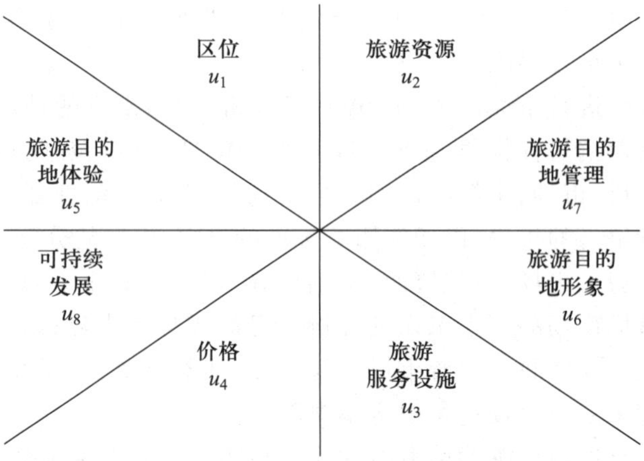

图 11-1 旅游目的地的象棋图

区位、旅游资源是旅游目的地的禀赋资源,其他六个指标归根结底都由这两个指标决定。区位的优劣可由以下因素体现:① 旅途远近,越近者区位越优;② 旅游成本的大小,旅费越小者区位越优;③离口岸、港站的远近,能否进得来出得去;④ 旅游舒适、快捷、安全程度等。在指标体系中区位因素占重要地位,往往区位优、旅费小的资源得以开发。旅游资源由自然资源和人文资源构成,根据价值规律,旅游资源品质的优劣决定了价格的高低。尽管价格还要受到诸如消费市场需求状况,可替代产品的进入性,旅行社的议价能力,目的地管理者的经营战略等因素的影响,但价格的变化归根结底是离不开资源的品质。同时,区位条件和旅游资源又决定了旅游目的地的旅游服务设施。对一个区位条件差,旅游资源存活率(旅游资源存活率主要指旅游资源可利用的难易程度,可利用率高则存活率高,可利用率低则存活率低)不高的旅游目的地,由于市场前景和投资回报率低,很难吸引投资者进行服务设施的投资活动。旅游者的目的地体验来源于服务设施和价格的综合影响,然后形成旅游目的地形象。除了以上分析的区位、旅游资源和由这两个禀赋资源而来的其他三个指标外,还有一个独立的指标——旅游目的地管理。普恩(Poon)的可塑性理论认为,目的地要想不断提高竞争力就必须保持可塑性,即永远的创新,不断的变化。普恩认为,新旅游产品是可变的、可细分的、可根据市场要求塑造的;而老化的旅游是大众化的、标准化的、严密包装的。因此目的地管理者的任务是保持目的地产品的可塑性,这种可塑性来自对包括客人、酒店供应商、分销商等方面互动交织形成的统一体组织、管理和促销。这个理论积极激励目的地管理机构运用新技术开发新旅游产品。

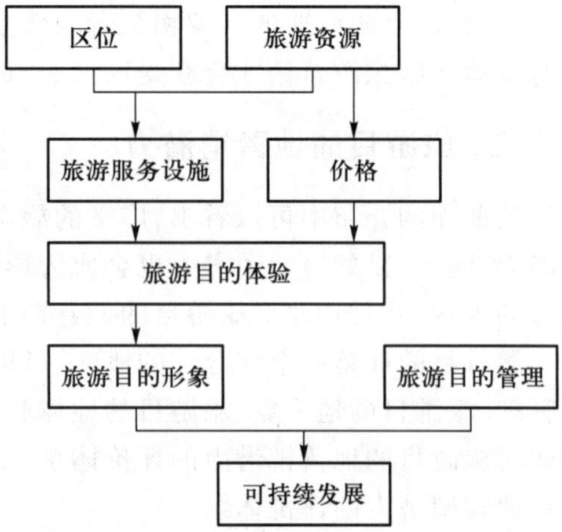

图 11-2 旅游目的地聚类图

最后,通过从区位、旅游资源开始的聚类分析,即得到了旅游目的地可持续发展。聚类图如图 11-2 所示。

（二）建立旅游目的地模糊综合评判数学模型

1. 确定评判旅游目的地的因素集 U 和评语集 V

U 中包含 8 个因素作为评判的指标体系：

u_1——区位条件　　u_5——旅游目的地体验

u_2——旅游资源　　u_6——旅游目的地形象

u_3——旅游服务设施　　u_7——旅游目的地管理

u_4——价格　　u_8——可持续发展

根据这 8 个指标的内在联系，现将 U 划分为三个因素集，即：

$U_1=\{u_1,u_2\}$　U_1为旅游目的地的硬环境因素

$U_2=\{u_3,u_4,u_5,u_6,u_7\}$　U_2为旅游目的地的软环境因素

$U_3=\{u_8\}$　U_3为可持续发展因素

于是 $U=\{U_1,U_2,U_3\}$

确立评语集 $V=\{V_1,V_2,V_3,V_4\}$，它们分别表示旅游目的地"好""较好""一般""差"四个等级。

2. 对子因素集 U 分别进行一级综合评判

首先构造单因素评价矩阵。可采用随机调查旅游者的方法，请他们就旅游目的地子因素集中每一个因素在 V 中四个等级上打分，最后经算术平均得到数据（若请专家进行打分，也可采用加权平均的方法）。

对于 U_1，可得到一个矩阵。

$$R_1=\begin{vmatrix} a_{11} & a_{12} & a_{13} & a_{14} \\ a_{21} & a_{22} & a_{23} & a_{24} \end{vmatrix}$$

对于 U_2，有

$$R_2=\begin{vmatrix} b_{11} & b_{12} & b_{13} & b_{14} \\ b_{21} & b_{22} & b_{23} & b_{24} \\ b_{31} & b_{32} & b_{33} & b_{34} \\ b_{41} & b_{42} & b_{43} & b_{44} \\ b_{51} & b_{52} & b_{53} & b_{54} \end{vmatrix}$$

对于 U_3，有

$R_3=\{C_1,C_2,C_3,C_4\}$

其次，进行权数分配，同样用调查统计方法，分别得到子因素集中各因素的权向量。

最后，求出 U 到 V 的模糊变换。

$A_1=(a_1',\ a_2')$

$A_2=(b_1',b_2',b_3',b_4',b_5')$

$A_3=(c')$

最后，求出 U 到 V 的模糊变换。

$b_i=A_i\cdot R_i$

3. 进行二级综合评判

以 U_1,U_2,U_3为元素，用 b_1,b_2,b_3构造它们的单因素评判矩阵。

$$R=\begin{vmatrix} m_{11} & m_{12} & m_{13} & m_{14} \\ m_{21} & m_{22} & m_{23} & m_{24} \\ m_{31} & m_{32} & m_{33} & m_{34} \end{vmatrix}$$

然后对“旅游目的地硬环境(U_1)”“旅游目的地软环境(U_2)”“可持续发展(U_3)”进行权重分配。

$A=(R_1,R_2,R_3)$

这样,二级综合评判为

$$b=A\cdot R=(R_1,R_2,R_3)\cdot\begin{vmatrix} m_{11} & m_{12} & m_{13} & m_{14} \\ m_{21} & m_{22} & m_{23} & m_{24} \\ m_{31} & m_{32} & m_{33} & m_{34} \end{vmatrix}$$

这样,就可以对旅游目的地营销潜力进行量化评判。①

四、旅游目的地营销的参与者

目的地营销过程对地区地理位置、气候、自然资源的依赖远不如对人及组织的意愿、能力的依赖程度高,一个地区要成功地进行旅游营销必须首先识别营销的参与者并调动其积极性。

国外研究者认为,目的地营销过程中的参与者分为两大类:来自公共层面的政府管理者、城市规划部门、商务发展部门、旅游部门、会议部门、公共信息部门、基础设施管理部门(交通、教育、环境卫生);来自私人层面的房地产开发商、金融机构(银行、基金会)、接待企业和零售业(宾馆、酒店、商店)、旅行社、出租车行业、建筑业、其他相关行业以及当地居民。地区政府可以通过以下做法来促进合作:① 向地区内的企业和公众说明旅游业在地区内的重要地位、地区面临的激烈竞争,以及齐心协力进行目的地营销的必要性;② 了解地区内部利益相关者(行动者)的需求;③ 让企业和居民充分参与到对发展前景和营销计划的制定工作中来,使它们达成一致意见,建立有效的营销联盟结构;④ 在营销计划的每一个实施阶段都评价实施效果,并及时反馈给企业和公众。

将不同参与者的智慧和能力联合起来是一件艰巨的任务,地区可以成立一个由市民、商界人士、当地政府官员及所有与旅游业相关的机构组成的联盟,该联盟的任务是:① 它必须确定和诊断出社团的环境、条件、面临的主要问题及原因;② 它必须在对目的地现有形象、资源、机会的客观估价的基础上形成一个解决社团问题的长远发展思路;③ 必须制定一个包括基础设施投资在内的长期行动计划。包括四个营销面:第一,必须确保提供基本的服务,始终能使旅游者感到满意;第二,开发新的吸引力,以维持现有市场和吸引新市场;第三,需要通过一系列传播信息的活动来宣传该形象;第四,必须赢得当地居民、领导者、有关机构的支持,以使该地区在吸引旅游者时显得殷勤周到和热情。④ 储备公共投入、接受政府支持、实施计划。

五、旅游目的地的营销整合

旅游目的地的整合营销,是一个全新的营销概念,将旅游目的地置身于社会经济大环境中

---

① 模糊数学综合评价方法可参阅:汪应洛.系统工程理论与实践.北京:高等教育出版社,2007.管理评价方法部分的内容。

来考察这一特定层面的旅游目的地的市场营销活动，是联合目的地旅游业相关的各个部门、各个行业甚至当地居民，以旅游者的利益和需求为出发点，以价值为联系方式，以协调、互动为行为方式，以整合旅游目的地的内部资源为手段，以实现目的地旅游业持续发展的管理过程。

（一） 旅游目的地的整合营销的相关者

旅游目的地营销是一件相当复杂的工作，因为它涉及技术、管理和社会等多个层面的问题，在实施过程中需要营销主体（目的地政府、旅游企业、旅游行业协会、目的地居民等）、营销受众（目的地目标市场）、营销保障支持者（相关法规制定者）等多方利益相关者的参与和支持。如图 11-3 所示。

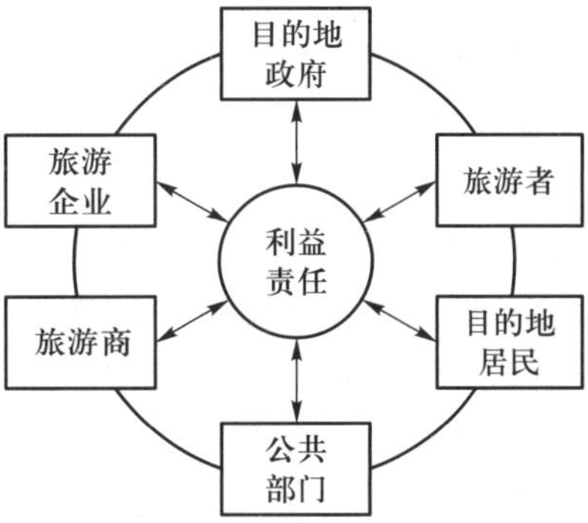

图 11-3 旅游目的地整合营销的相关者

（二） 旅游目的地整合营销的目标

旅游目的地一般是一个由社会、经济、环境三个基本要素之间通过相互作用、相互依赖、相互制约而构成的紧密联系的复杂系统。目的地的旅游发展要实现经济效益、社会效益、环境效益的统一，这就决定了旅游目的地的整合营销往往具有多个目标。

首先就是为旅游者提供价值增值，旅游目的地的整合营销直接动力就是为旅游者提供更高的价值。从旅游者角度看，旅游者的需求带动着旅游业的发展，而旅游者对旅游和相关活动的满意程度，与旅游者感受到的质量和价值有直接关系，而且对质量的感受也影响到对旅游价值的感受，而旅游者感受到的质量和价值与旅游设施和旅游目的地的环境有明显的直接联系。从目的地的发展来看，旅游目的地的整体消费价值是可能提供给旅游者的全部价值，而旅游者所能获得的价值大多是旅游目的地的部分价值，因此旅游目的地通过全部利益相关者的整合营销，在各个相关者间形成协同效应，尽可能为旅游者提供其旅游目的地的全部价值。基于此，提高旅游者价值为目标的整合营销便是旅游目的地发展的必由之路。

其次，旅游目的地整合营销为了协调目的地各方利益相关者。由于涉及的利益相关者众多并且利益点之间存在冲突，旅游目的地整合营销的战略目标必须考虑各利益相关者的愿望，平衡各方利益。在进行旅游目的地整合营销时，任何决策都必须顾及公平，如果说旅游企业进行旅游开发的社会成本（如物价上涨、犯罪率上升等社会问题），需要全体居民共同负担，而受益者只是旅游企业。那么当承受的成本和所获得的收益严重不对等，当地居民的生活水平不但没有提高反而下降了，往往会引发当地居民的不满，给旅游业的发展带来负面的影响。因此，旅游目的地整合营销要通过有效的沟通、联络、监督，协调利益相关者的多方利益，实现利益共享。

再次，旅游目的地整体核心竞争力的形成。旅游目的地整合营销利用资源与环境所获得的回报能在目的地所有相关利益者间公平分配，并使其感到满意。一个能够带来区域经济繁荣，并且有利于环境经营，同时又能够为居民提供高质量生活保障的旅游目的地才具有真正的竞争力。

最后，旅游目的地的可持续发展。旅游目的地是社会、经济与环境的复杂系统，那么旅游整合营销通过整合旅游资源，整合营销策略获得经济与社会的发展，正确引导旅游目的地资源的开发与利用，使得社会经济与自然环境协调发展，实现旅游目的地的可持续发展。

(三) 旅游目的地的整合营销

1. 旅游目的地企业间的整合

旅游企业间整合营销是在目的地旅游部门的倡导下,由当地旅游产业链中各个环节的不同旅游企业共同参与的旅游营销活动。旅游企业的整合营销可以等同于旅游企业在市场营销领域的战略联盟,即参加联盟的企业共同组建一个联合市场营销机构,为全体成员企业宣传促销,招徕客源,并协调各成员企业在这些方面的合作,从而形成一个较大的宣传推销和销售网络。

联合促销,旅游目的地间的联合促销有利于避免旅游企业间的恶性竞争,统一协调的促销行为容易形成整体价格,形成整体旅游目的地的价格优势。整体促销可以发挥著名景点的带动效应,直接带动旅游目的地内其他旅游企业的业绩与发展。

建立良好上下游关系。旅游目的地的整合营销,可以将各个作为旅游供应商与旅游经销商联系整合在一起,形成协同互补,典型的模式就是旅行社与旅游目的地的战略联盟整合。形成旅游企业间资源配合,实现资源的优化配置。旅游企业可以以核心企业为龙头,通过控股或动态联盟等方式整合供应链上拥有的旅游资源,实现旅游供应链上旅行社、酒店、车队及航空公司,甚至某些大型景区等的互动一体化服务,优化市场价值链条,打造旅游企业核心竞争力,以此来强化旅游业的整体实力,形成了有竞争力的旅游产业结构体系。信息的快速流动使得旅游组织提高市场敏感度,提高旅游组织对市场环境变化的反应能力。

形成旅游目的地的共同品牌,旅游目的地的各个旅游组织实现整合营销,以统一的形象传递给旅游者,旅游者对旅游目的地的整体认识,形成旅游目的地的整体品牌认知。旅游企业联合起来,共同打造一个强有力的市场品牌,通过共享品牌促进成员企业的共同发展,或者以某一较著名的统一品牌联合一批中小企业进行整合营销。品牌联盟除了加强旅游企业内部合作之外,还使旅游企业利用联盟活动加强了对外宣传的力度。

2. 旅游目的地旅游企业与政府的整合营销

形象对旅游目的地的市场吸引力方面有着至关重要的作用,旅游目的地旅游企业与政府的整合营销,政府通过地方形象的树立可以帮助本地的旅游业增强市场吸引力,而地方形象的树立是单个旅游单位所难以完成的。政府对本地区所有的旅游单位进行组织,协调一致地对本地区以外(包括国际宣传)进行宣传,来树立一个地区品牌;政府部门还担负着旅游环境的保护与营造职能,对本地区旅游业进行监督控制,保护游客的合法权益;政府部门是销售渠道的传播者,国内外旅游市场的开拓由旅游政府部门组织营销工作,通过旅游宣传来提升本地区的形象知名度。有的地方政府还为旅游促销拨出专项资金。如图 11-4 所示,旅游组织与政府的整合营销。

3. 旅游目的地企业与行业协会、政府的整合营销

旅游行业协会是随着旅游业的逐渐发展,为了实现一定行业目标,旅游组织在自愿基础上建立的,接受政府部分的指导与管理的民间经济联合体。旅游行业协会的营销管理职能侧重于自律、服务、协调和监督,协调和指导旅游目的地内旅游企业产品的专业分工与协作,监督各旅游企业的经营活动,增强旅游企业的经济效益,沟通企业与政府主管部门、企业与企业之间的联系。在旅游目的地整合营销中,旅游行业协会应利用自身优势,联合业内企业,共同制定营销战略、实施营销措施,提高当地作为旅游目的地在国内外客源市场上的知名度和整体形

象,使会员企业乃至当地整个行业都从中受益。如图 11-5 所示。

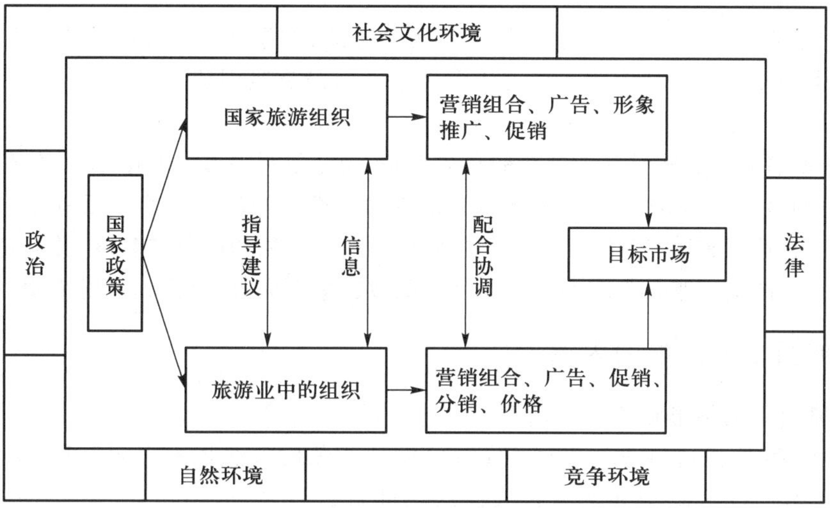

图 11-4　旅游目的地与政府的整合营销

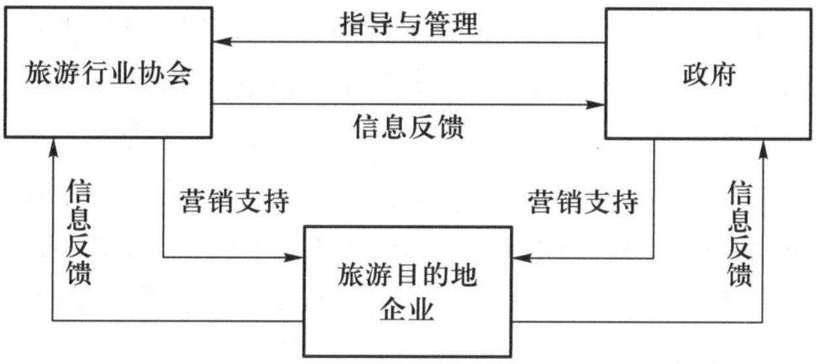

图 11-5　旅游目的地企业、行业协会、政府的整合营销

4. 旅游目的地企业当地居民的整合营销

旅游目的地的整合营销需要当地居民的参与。旅游者选择旅游目的地,一方面是考虑此地的自然景观、人文景观对他的吸引;另一方面是旅游地居民以及其所形成的社会资源,即旅游目的地居民的风俗、习惯、生活方式以及好客程度等。旅游业的发展,不仅给人们带来了经济收入,带来了新的观念、引起区域经济变化等正面影响,同时也带来了很多的负面影响,如物价上涨、交通拥挤、旅游者与当地居民争夺生存空间的矛盾等。目的地居民从当地的旅游业中受益是旅游业顺畅发展的前提,因此实现营销决策部门和目的地居民共同参与的整合营销,有利于实现旅游区的协调发展。

第二节　旅游目的地形象营销策略

一、旅游目的地形象的战略性营销

旅游目的地形象是公众以一个潜在或现实旅游者的眼光对一个地区的评价,是旅游者对一个地区的信仰、印象和想法的总和，代表了大量与地区相关的信息。我们必须认识到：一个地区作为旅游目的地的形象是影响目标市场购买决策的主要因素，消费者首先认可该地区是一个宜人的目的地，才会有到此地购买旅游经历的考虑，如果地区没有在公众心目中树立起一个目的地的形象（人们不熟悉该地区，或认为该地区内没有吸引物）或是一个失去信誉的目的地形象，那么该地区会在旅游营销中陷入困境。

目的地营销者必须了解目的地现有的总体形象、与竞争对手形象的排序、如何建立和宣传吸引旅游者的目的地形象，而这一切便是旅游目的地形象营销策略的内容。目的地形象营销策略包括以下程序：在地区旅游产品的目标市场中调查目的地形象和形象知名度，并对特定的形象进行分析；通过地区的实际改善来维持地区现有形象或创造新形象；向目标市场传播目的地形象。

二、旅游目的地形象的内涵

（一）旅游目的地形象内涵的研究

自 20 世纪 70 年代初，Mayo 提出了旅游目的地形象的概念以来，研究者们对旅游目的地形象的内涵有不同的理解，其中具有代表性的观点如下。

Hunt 认为，旅游目的地形象是纯粹主观的概念，即人们对不在其中居住的地区所持有的印象。旅游目的地形象和该目的地的可进入度、基础设施等都是旅游决策过程中的决定因素。Gartner 从主观侧面对目的地形象内涵进行更深入研究，指出目的地形象由认知、感情、意动三部分组成，当进行实地游览时，旅游者会对三部分进行验证和再评估。

仅从主观侧面解释目的地形象是不全面的。许多研究者认为旅游目的地形象这一概念中应包括主观和客观两个侧面。Walmslely 等提出的设计性形象（designative image）和 Pocock 等提出的评价性形象（evaluative image）便被认为是反映目的地形象不同侧面的一组概念，前者是目的地内道路、小区、标志等“可见的物质的”风景要素的规划设计；后者反映为个体对特定目的地环境的态度及对不同场地的评价，对成行行为有直接影响。与设计性形象和评价性形象类似的是 Kotler 等人提出的发射性形象（projected image）和接受性形象（received image）。发射性形象是任何人都可获得的有关地区的观念和印象；接受性形象是在上述的发射信息与消费者个体的需求、动机、经历及其他个人特征间相互作用中形成的。这组概念涵盖了设计性形象和评价性形象的内涵，因为除了风景、场地等要素外，还包括好客性、产品质量等要素。

Graham 指出，当某种类型的目的地形象被相似人群分享的程度高时，该形象是社会化的。社会化概念的提出使对目的地形象内涵的理解除了主观和客观一组维度外，还出现了个体化和社会化另一组维度。然而对目的地营销者而言，不可能认识和分析每个个体的目的地形象，感知主体的主观感受与目的地实际特征的规划和建设之间也存在相当的差距。为实施整体营销理念的目的出发，也需要从客观、社会化侧面研究目的地形象。

（二）旅游目的地形象的内涵

旅游目的地形象包含两个侧面：其一是发射性目的地形象（PDI）；其二是接受性目的地形象（RDI）。PDI 由两个层次构成，综合目的地实际特征，发射给现实旅游者的实际发射性目的地形象（RPDI）；营销者经提炼后发射给潜在旅游者的传播发射性目的地形象（SPDI）。RDI 也由两个层次构成，首先是个体层次上的目的地形象——个体化旅游目的地形象（IRDI），即个体以一个潜在或现实旅游者的眼光对一个目的地的评价，是其对该目的地的感知、印象和观念的综合;其次是社会层次上的目的地形象——社会化旅游目的地形象(SRDI),即目标市场上的公众普遍持有的感知、印象和观念的总和。这些概念间的关系如图 11-6 所示。

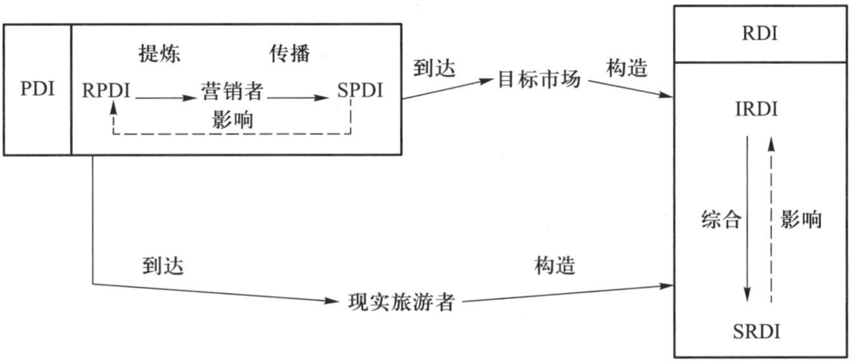

图 11-6 目的地形象的内涵

1. 发射性目的地形象

(1) 实际发射性目的地形象。RPDI 是目的地所有要素的真实写照,是发射给现实旅游者的目的地形象,由旅游资源、设施、产品组合、基础设施、服务状况五方面构成。RPDI 的规划和建设是一个系统工程,涉及目的地社团众多的利益相关者,包括旅游部门、相关政府部门、旅游企业、支持类企业、居民、艺术团体等。

(2) 传播发射性目的地形象。SPDI 是旅游营销者(地区营销者或产品营销者)希望感知主体接受的理想的目的地形象,表现为营销者对 RPDI 进行提炼后传播到目标市场的一系列信息。

地区营销者根据目标市场的需求特征,对 RPDI 进行分析,提炼出他们认为适当的主题,并围绕该主题将适当的要素特征组合为 SPDI,因为地区营销者是在社团层次上,着眼于长远利益,所以提炼出的 SPDI 不会偏离 RPDI。然而,若对旅游营销采取自由市场的解决方案,产品营销者的提炼很可能偏离 RPDI。

2. 接受性目的地形象

(1) 个体化目的地形象。当有关 PDI 的信息到达某感知主体时,对信息的翻译依赖于其社会文化背景、个性特征等,形成器质性、诱导性和复杂性的 IRDI。其中复杂性形象是现实旅游者的感知,影响他在目的地的弹性消费决策和回头决策。营销者可通过促销活动发射的 SPDI 改变诱导性形象,通过规划和建设 RPDI 来影响复杂性形象。

(2) 社会化目的地形象因为存在个体差异,不存在模式化的目的地形象,但存在社会化目的地形象,因为同一类人群具有共享的社会文化价值观,能提供一种用以评价目的地形象的标准和范式,所以某人群持有的 IRDI 具有一定的共性,形成某目的地在该人群内的社会化形象。目的地形象的社会化过程抽象出个体经历、个性特征等主观因素造成的差异,留存了社会文化背景等的影响,所以社会化目的地形象与个体化形象相比其主观成分会减少,更加趋向于真实反映目的地的客观状态。IRDI 也可被视为 SRDI 在个体心目中的影射,即作为个体的感知主体将接触人群普遍持有的 SRDI 加工为符合自身偏好的 IRDI。

(三) 旅游目的地形象(RDI)的构成

旅游目的地形象从公众角度看,是目的地的客观现实在公众心目中的主观反映,即 RDI。

RDI 由三个维度构成:功能性—心理性;真实特征—幻象;普通—独特。如图 11-7 所示。

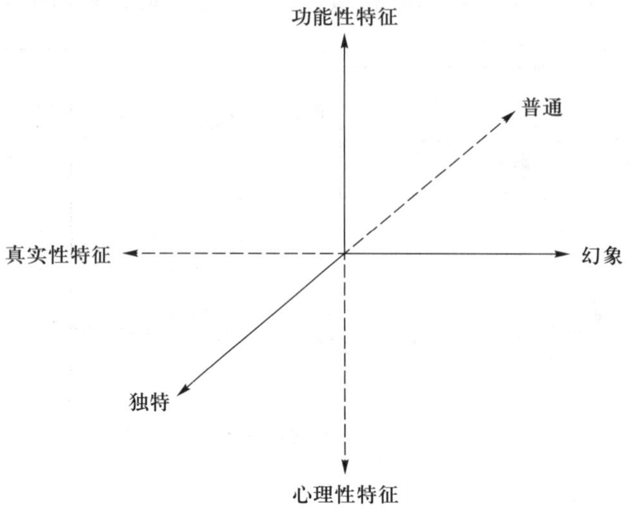

图 11-7 旅游目的地形象的构成

功能性—心理性特征这一维度从物质性/精神性、可衡量/不易衡量两个角度研究旅游目的地的特征,功能性特征是物质性的、可衡量的,心理性特征是精神性的、不易衡量的。

真实特征—幻象这一维度从心理学和消费者行为学的领域研究旅游目的地形象的本质,即:旅游目的地提供的整体产品被旅游者以真实特征和幻象两种方式来理解,真实特征是可以在旅游目的地得以求证的功能性特征和心理性特征,而幻象是旅游目的地的真实特征投射到人们内心世界的画面。

普通—独特这一维度表示目的地形象有普通的一面,由可以与其他目的地排序和比较的功能性特征(如价格水平、交通体系、气候、接待类型)和心理特征组成(如友好程度、安全、服务质量),但目的地形象也有独特的一面,包括独特的特征和事件(功能性特征)或特殊的风味(心理性特征)。

三、调查和分析旅游目的地形象(RDI)

在调查目的地形象之前,首先要调查目标市场对地区形象的熟悉程度,即目的地形象的知名度。知名度分五个层次:① 从未听说过;② 听说过;③ 了解一些;④ 了解许多;⑤ 相当了解,如果大多数调查对象选择前三项,那么该地区的知名度就很低了。为保持调查结果的有效性,对地区形象有所了解的调查对象才可以回答有关目的地形象的问题。

(一) 调查目的地形象的方法

当旅游目的地在目标市场中调查本地区的形象时,通常采用两种方法:敞开式提问法和指标衡量法。由于旅游目的地形象构成的复杂性,这两种方法通常是配套使用。

1. 敞开式提问

敞开式提问涉及的问题是开放性的,鼓励被询问者以漫谈的方式回答问题,这种发散性强的提问方式可以使回答的自由度变大。利用敞开式提问的方法可以得知目的地形象中幻象的成分(沿着功能性和心理性特征这一维度),还可以探测出在这些幻象中独特的特征或风味(沿着普通和特殊这一维度)。敞开式提问的典型问题如下:

(1) 当你想起作为一个旅游目的地的 A 地时,你的脑海中立即会出现什么形象或特征?(功能性幻象成分)

(2) 当你想象着你将到 A 地去旅游时,你预料将会经历怎样的气氛或风情?(心理性幻象成分)

(3) 请列出你认为 A 地具有的独特的旅游吸引物。(独特成分)

第一个问题让回答者自由地想象目的地,并描述他对目的地的整体印象。但专家预料回答者很可能集中于对功能性特征的回忆和描述上,所以第二个问题马上让对象描述对目的地的心理性功能的印象,第三个问题让回答者描述目的地形象中的独特成分。

当然,上述三个问题是最简单的提问方式,各地区可以根据自身的特点和需要对问题进行细化和重新设计。

2. 指标衡量

该方法通过设计一系列恰当的指标,沿着功能性和心理性特征这一维度来衡量目的地形象中普通的、现实特征的成分,并可据此详细说明普通的功能性和心理性现实特征。

设计衡量指标有一套复杂的程序。第一步是确定目的地形象的尺度域,如舒适度、安全度、新奇度、自然状态、旅游设施、气氛、气候、文化距离、费用、交流等。第二步是形成衡量指标,某个尺度域由一系列指标构成,所采取的筛选技术越多,指标完备性的概率越大,所以一般同时使用文献研究法和焦点小组法。文献研究方法对过去的研究中使用的指标进行总结和归类,列出所有使用过的指标,然后由来自有关部门的专家组成焦点小组,对文献研究得出的指标再进行归类和筛选,并适当进行增减。第三步是进行试调查,并根据收集来的数据对现有指标进行精简。第四步是评价指标的可靠性、正确性,最后便可得出目的地形象的衡量指标。

(二) 调查结果数据分析

数据分析由两部分组成:对敞开式提问结果的分析和对指标衡量结果的分析。

1. 敞开式提问结果分析

敞开式提问结果分析首先为回答者提供的不同描述分类和贴标签,即将表达出相似含义的描述语句归为一类,并将该类描述定义为 A 类,然后按各类回答出现的频率排序,确定出特定目标市场对目的地持有的形象中幻象和独特特征的成分。

为使读者更直观地了解该分析,我们引用牙买加地区的一次调查结果。表 11-1 表示牙买加用敞开式提问法所得的分析结果,百分数表示该项答案出现的频率。

表 11-1　牙买加地区敞开式提问分析结果

1. 当想起作为旅游目的地的牙买加时,你脑海中立即出现的形象是?	
海滩	80.5%
热带气候	61.1%

续表

阳光灿烂	44.3%
海洋	30.2%
黑人	25.5%
音乐	25.5%
热带酒饮料	18.1%
贫困	17.4%
友好好客	16.1%
棕榈树	16.1%
水上运动	16.1%
景色	13.4%
文化	11.4%
有趣的聚会	11.4%
热带植物	11.4%
水果	10.7%
2. 当你游览牙买加时，你预料会经历什么气氛或风情？	
放松的	55.0%
友好好客	41.6%
有趣的聚会	38.9%
缓慢的节奏	38.3%
欢乐的	21.5%
兴奋	17.4%
热带风情	11.4%
浪漫	10.1%
3. 牙买加独特的旅游吸引物？	
海滩	57.3%
水上运动	16.2%
大海	16.2%
RAGGAGE 音乐	14.5%
文化	13.7%
热带气候	12.0%
蒙特哥海湾	11.1%

2. 指标衡量结果分析

指标衡量结果分析的分析过程是：得出每个指标的分值，求出同一尺度域内所有指标分值的平均值，这便是该尺度的总分值，据此可归纳出目的地形象中普遍和现实特征的成分。我们仍引用牙买加的例子。表 11-2 中有些尺度域只列出部分指标，括号里表示该类尺度域实际包括的指标，这不会影响理解。该调查规定分值满分为 6 分，超过 5 分即为高分。从表 11-2 中可以看出，在旅游者心目中牙买加的自然景色优美宁静、夜生活较丰富、天气好、有美丽的海滩、有可供旅游者选择的旅游组合产品、成本低，但生活标准和卫生标准低、语言障碍较大。

表 11-2　牙买加指标衡量结果分析

因素	得分
舒适度/安全度（共 5 项指标）	3.79
当地卫生标准高	3.01
居住标准高	2.63
容易达到高质量的宾馆和饭店	4.23
总的来说是个安全旅游的地方	4.49
当地居民态度友好	4.71
新奇/惊险（3 项）	4.28
在当地度过的假期是一次探险	4.54
每一件事都与众不同，令人迷惑	4.14
许多新奇的地方值得一游	4.35
自然状态（2 项）	4.65
宁静恬淡	5.27
自然景色优美	5.26
旅游设施（2 项）	4.71
可以得到许多组合的旅游产品	5.33
可以获得好的旅游信息	4.80
气氛/气候（3 项）	5.44
是喜爱海滩者的好去处	5.74
有好的夜生活	5.01
令人舒适的天气	5.58
文化距离（3 项）	4.45
生活方式和风俗与我们的相似	4.54
食物与我们的相似	4.52
当地的建筑风格与我们的相似	4.32
费用（2 项）	3.65
物价高	3.81

续表

因素	得分
商品和服务昂贵	3.50
交流障碍(2 项)	4.90
当地人不会讲我们的语言	4.95
当地人不理解我们的语言	4.84

(三) 描绘旅游目的地形象

根据对敞开式提问和指标衡量结果分析,可在旅游目的地(牙买加)形象三维度图中描绘出目的地的形象,因为三维图难以绘出,我们分别用三个图表示。(见图 11-8、图 11-9、图 11-10)

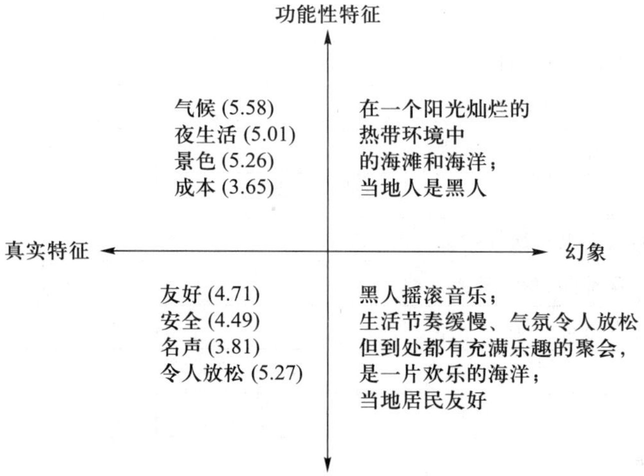

图 11-8 功能性—心理性特征与真实—幻象

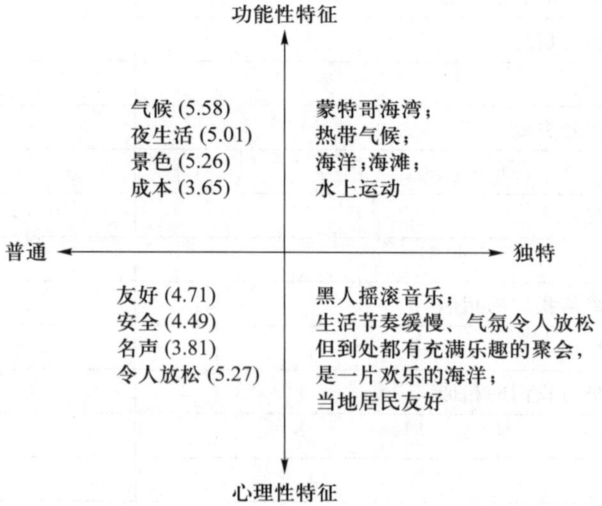

图 11-9 功能性—心理性特征与普通—独特

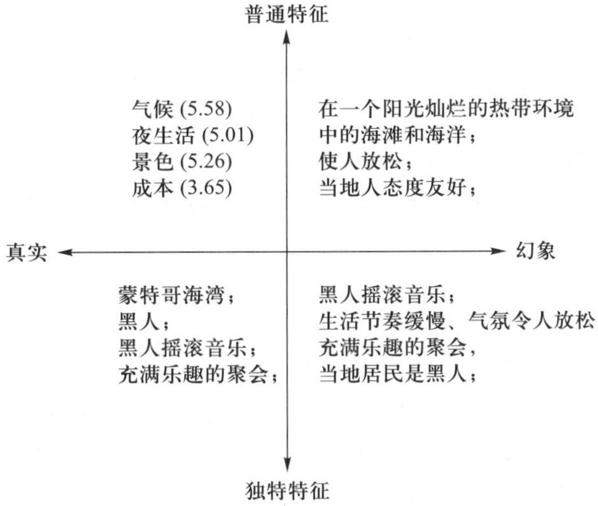

图 11-10　普通—独特与真实—幻象

四、目的地的实际改善

以上介绍的目的地形象涵盖面广泛，为发现地区问题、对症下药提供了比较充分的线索，便于特定的目的地对自身进行实际的改善，例如一个被认为夜生活枯燥的地区可以斥资兴建娱乐设施，丰富夜生活。

但是，我们的目的不是指导某个目的地的形象营销，而是为目的地形象营销提供一种可普遍使用的思路和方法，所以我们抛开地区形象的具体成分，将其抽象为正面形象、虚弱的形象、负面形象、综合形象、矛盾的形象和过于吸引人的形象，总体讲来，无论一个地区的形象其成分有多么复杂，对于公众而言，它总处于以上六种状态之一。形象的状态不同，目的地在形象改善和下一步的形象传播上便有不同的动作。

对于一个具有正面形象的目的地而言，它不需要改变形象，也不需要进行大的实际改善，而应该强化现有形象并将该形象传播至更多的目标市场。

一个具有虚弱的形象的目的地，往往是由于地区小、缺乏知名的吸引物或没有做广告而缺乏知名度，此时它需要开发建设一些吸引物并宣传它们。

许多地区的形象既有正面的也有负面的成分，例如许多人想观赏旧金山的名胜古迹，但又害怕它是一个毒品中心。该类具有综合形象的地区应强调其形象中积极的一面，避免其消极的一面，同时应做切实的改变。

当地区形象过于吸引人时，大批旅游者涌入地区，为当地的社会经济系统造成极大的压力，这些地区容易产生交通拥挤、污染严重、物价上涨、居民反感等后患，这时可以故意宣传一些负面形象，如居民不友好、天气不好等无关痛痒的缺点。

地区在改善自身实际情况时，一般从城市规划、基础设施、吸引物、人这几方面着手。现在比较普遍的城市规划方法是：如何在保持和发掘地区历史特征的基础上，使规划方案与现有的特征环境相和谐，城市规划和基础设施的改善均是一个复杂的系统工程，但又是一个现代化的旅游胜地不可或缺的要素。吸引物指用以吸引旅游者的物质特征和事件，如自然景色和特征、历史人物和名人、文化遗迹、娱乐、商贸市场、特殊事件、运动会等，地区需要有满足旅游者需要的吸引物，才能切实树立起目的地的形象。许多地区开发新的吸引物，如开发历史古迹、建立体育馆、会议中心等。人也是地区营销者需要关注的一点，居民的友好好客和善良、旅游业从业人员提供的服务质量不仅是旅游者旅游经历的重要组成部分，也是目的地形象的重要组成部分，地区应对旅游从业人员进行正规的职业培训，对当地居民宣传旅游业的积极影响，并进行好客培训。

五、目的地形象的传播

目的地的形象可以有两种形成方式，首先是感官形象，通过照片、朋友的评论、电视片等对特定地区的描述，通过真实的游览，人们形成对该地区的形象。其次是推荐形象，是由于有计划的促销和广告而产生的，广告创造推荐形象，希望能够吸引旅游者到本地区来。目的地区向目标市场的公众传播的形象就是一个强大的推荐形象。

（一）形象传播策略

有四种被普遍使用的形象传播策略，一个地区可以选择不同的形象传播策略。

1. 多样型形象

在这种策略思想指导下，地区展示给公众的形象范围比较广泛，可以避免给人们造成“该地区只有单一特点”的错觉。新加坡在1988至1989年的经济发展年鉴中罗列了许多表现当地旅游吸引物的图片、介绍当地艺术品的插页、抽象派油画、地区标志物，这些多样化的形象可以使公众心目中的目的地形象比较全面，在地区的目标市场比较多的情况下，可以达到大面积撒网的效果。

2. 幽默型形象

在幽默型策略下，地区营销者以幽默的方式建立地区的形象，对有负面特征的地区而言该策略特别有效。例如一个被公众认为充满烟灰的工业污染严重的城市，它想改变这种形象，便推行“伯瑞福德第一个旅游者”活动，以照片、漫画的形式表现旅游者在看到焕然一新的城市时的情景，并将这种生动的形象作为促销的工具。该活动非常奏效。

3. 否定型形象

另一个处理负面形象的方法是向目标市场灌输地区正面的形象，该形象特别对过去的负面形象进行否定。例如，许多旅游者不愿去南非旅游，因为那曾有种族隔离政策，南非旅游部门给每个旅游者观看20分钟的录像，录像展示了过去人民对种族隔离政策的反对，表明种族隔离政策已成为历史，并播放白人和黑人在不同背景中微笑着一起活动的情景，录像还插播了南非美丽的自然景色。

4. 稳定型形象

当一个地区拥有一个正面形象时，它容易采取加固过去形象的稳定型的形象。威廉斯堡是历史文化名城，它开发能反映其作为第一流历史重镇的形象，形象标志是美国传统服饰、热腾腾的苹果馅饼、手工艺者。这种形象很容易深入人心，但如果该地区采用高科技开发区为标志的形象，则会破坏已深植人民心中的历史名城的形象。

（二）传播目的地形象的载体

一个目的地形象的构成是复杂的、多维度的，如北京有世界级的博物馆、有友好的居民、著名的大学、建筑奇观等，如果不加取舍地将所有这些都罗列出来向目标市场兜售，容易使地区的形象散乱，难以记忆。所以地区往往会通过一定的载体来鲜明地总结出地区的形象，并向公众直接传播该载体，公众接受了该载体，也就接受了目的地的形象。

目的地形象的载体包括三类：宣传口号和形象定位、象征物、特殊事件和活动。

1. 宣传口号、形象定位

宣传口号是一句能够体现一个地区整体风貌的简短用语，口号能够激发人们的旅游激情和灵感，一个好口号应既能概括地区的特征，又反映出地区特有的优势。地区营销者在印刷品和广播电视等媒体上宣传该口号，也可以将宣传口号印在地区生产的所有产品上，如食品罐头、邮件、T 恤等。

设计口号时应遵循的原则是正确、可信、简洁、有吸引力、与众不同。即，地区用于促销目的地形象的口号不能一味地美化地区，而与地区实际的情况相差过远；口号的措辞不应过于哗众取宠、极尽夸张，否则即使目的地形象是正确的，也会让人觉得不可信，例如，如果夏威夷宣传它的景致比迈阿密美丽一倍，尽管这是事实，但人们可能不会相信，如果夏威夷先宣传它的景致与迈阿密一样美丽，然后再提出美丽一倍的说法，人们更有可能会接受；口号应尽可能简洁、易于记忆，如果地区试图用一大串口号表达出地区形象的各个方面的话，人们反而会觉得啰唆，一个也记不住，例如加拿大纽布朗斯维克经过多次研究，决定采用"这便是纽布朗斯维克"的口号，该口号一点也不惊天动地，但它简洁、直截了当、耐人寻味；宣传口号还应有吸引力、与众不同，让公众能从一大堆的地区宣传口号中立即发现并喜欢上本地区的口号。

以下是一些比较成功的口号，它们都体现了上述原则，如：波兰"万事万物普照阳光"、宾夕法尼亚"地球上最甜蜜的地方"、底特律"文艺复兴风格的城市"、波士顿"二百年的城市"、魁北克"感觉如此不同"、阿偌巴"你是我们唯一的生意"等。

形象定位是地区自己为本地区在所处区域、国家或国际中的地位做简短评价，力求能突出自己的地位与其他目的地不同的特点，将自己从众多的目的地中突现出来。丹佛的形象定位是"洛基山地区的经济、商业、金融、交通中心"，波兰的定位是"欧洲大陆升起的明星"，泰国的定位是"远东地区的旅游天堂"。

形象定位的步骤包括：识别竞争目的地；识别潜在旅游者对本地优势与劣势的感知；识别潜在旅游者追寻的利益；明确潜在旅游者相对于竞争地对本地的接受程度；选择最合适的定位。同时，形象定位也必须基于现实。

2. 象征物

在公众的心目中有许多永恒的能代表一个地区的象征物，如巴黎的埃菲尔铁塔、莫斯科的红场、北京的长城和天安门。地区在促销时，可以将象征物印在宣传手册、旗子、招贴画上。

3. 特殊事件和活动

旅游目的地通过举办特殊事件和活动，也能在目标市场公众的心目中树立地区的特殊形象，特殊事件和活动的基金主要来源于目的地政府和相关企业，这些活动的优点是：交流信息、增强目标市场公众对目的地的正确理解、展示目的地的良好形象。

20 世纪 80 年代日本在美国实施的形象运动是运用特殊事件树立良好地区形象的最成功

案例，通过一系列事件使美国人改变了对日本的反感、蔑视、怨恨的态度，认为日本也可以成为文化旅游的目的地。日本人用美国人的智慧和美国人的价值观举办了这次形象运动，举办了芝加哥日本交响乐节、日本电影节、反映日本历史的现代爵士舞剧、日本歌舞伎表演、日本科技展览会、日本工艺品展览会等。这些活动的对象是大学生、初中生和高中生、带子女观看演出的父母、时尚和高雅文化的热爱者等。这些活动的目的是向美国人展示日本的文化。

旅游目的地利用事件和活动进行旅游策划，可以利用短时间内的轰动效应形成新的旅游吸引物，使旅游者获得更多的感知信息，并促进其做出决策，从而增加客流量，平衡旅游的淡旺季。甚至可以达到改变旅游产品的结构，实现旅游经济优势目的。但一定要注意旅游目的地事件旅游营销策划的误区和制约因素，否则将会适得其反。北京 2008 年奥运会的赞助计划是最为全面的一揽子计划，产品类别众多，营销期长达五年。赞助企业享有使用 2008 年奥运会，中国奥委会和中国奥运代表团品牌进行市场开发的权利。该计划力求巩固、加强和保护赞助企业的特有权利。奥运圆满结束后，北京奥运会特许经营计划继续弘扬、推广奥林匹克品牌，同时加入中国元素、北京特色，塑造出独特的北京奥运品牌。在确定特许产品类别和品种时将紧紧围绕品牌内涵。奥运会是世界性的运动盛会，吸引着全球人的瞩目。北京也依此进行了有效的营销，让世界人们更了解北京，更了解中国。

第三节 旅游目的地产品促销策略

旅游目的地产品即旅游者在该地区的旅游经历，正如本书前面有关章节所述，它的内涵十分丰富。为刺激潜在旅游者对目的地产品的购买和消费，目的地可采取一系列促销措施。

一、旅游目的地产品的促销机构

由于旅游经历的复杂本质和消费者在一个目的地搜索相关旅游信息的难度，大量的旅游促销机构应运而生，旅游目的地产品的促销机构包括一系列联合起来提供旅游产品的机构，这些机构包括地区旅游协会、旅游政府主管部门、旅游业开发机构、旅游企业等，统称为旅游目的地促销机构（DMO）。DMO 的任务是增强在为旅游者提供产品和服务的机构与渴望获得有关旅游产品和服务信息的旅游者之间的联系，大部分 DMO 的工作重点是对有关目的地旅游产品信息的发散与传播，同时 DMO 也在旅游市场研究上扮演领导角色。

二、常用的促销方法

像 DMO 这样的地区促销机构针对潜在旅游者、在途中旅游者和到达后旅游者进行促销，常用的促销方法如下。

（一）出发前促销活动

1. 媒体广告

地区购买印刷品（杂志、报纸、招贴栏）的版面和电磁传播媒体（电视、广播）的时段来宣传地区的形象和旅游产品。媒体广告可用于建立地区的形象、宣传地区的旅游产品。同公众对其他产品的广告心理类似，公众很可能认为一个频繁做广告的地区一定能提供优质的旅游产品，因为只有对自己的产品自信、有充足经济实力的地区才能支付如此昂贵的广告费用。

媒体广告的目标是：提高目标市场对目的地的意识（知名度）；改善目的地的形象；鼓励新的旅游者来访目的地所在区域；唤起过去旅游者的记忆，鼓励他们重游故地；介绍有关目的地旅游产品变化方面的信息。许多情况下，媒体广告首先唤发人们索取目的地旅游信息资料的需求。

2. 熟悉旅行

熟悉旅行促销活动针对旅行中间购买者（旅行代理商、预订代理商等），邀请他们参加免费的旅游，目的是改善他们对目的地的印象；让他们能向旅游者更多地推荐本地区，通过这种老客户向新客户推荐的方式实现游客旅游目的地的忠诚度，提高旅游目的地的形象传播与声誉。

3. 促销突击战

促销突击战就是在促销手段上选择灵活的方式，通过旅游目的地或者旅游企业的促销人员直接与旅游中间商接触，促销者访问客源地，与各种中间商在他们的办公地点会晤，进行游说。旅游促销人员通过对旅游目的地或者旅游企业的旅游项目介绍与新项目开发的介绍来实现促销的营销方式。

4. 游记作者旅游

邀请为报纸和杂志写游记文章的作者参加免费旅游，以鼓励他们将本地区的吸引物、旅游事件和设施向公众传播。游记作者旅游的目标与媒体广告一样，是为了提高知名度、形象及鼓励旅游，游记文章比花钱的广告更有优势，因为前者更可信。但游记作者旅游的一个劣势是：目的地不能确保能否有文章发表，促销费用不一定有效。

5. 消费者展示

这是一种日益流行的促销方法，包括在目标市场地区进行目的地旅游产品、户外娱乐等活动的模拟展览。以生动的方式来使得旅游者在展示活动中充分的了解旅游项目与旅游设施的丰富与娱乐性。与促销突击战相似，该活动也需去旅游客源地与潜在消费者进行直接交谈，但此时的消费者是个体旅游者。

6. 直接邮件

DMO 向旅游中间商和会议管理者直接邮寄介绍本地区的吸引物、基础设施的资料。也可以通过电子邮件的方式，直接对目标客户群体发出电子邮件，介绍促销项目与优惠项目。直接邮件与消费者展示都是对潜在消费者进行直接的推荐，其特点是信息直接到达需要信息的人，营销者和消费者直接交流质量高，可以使营销者和消费者建立关系。

（二）途中促销活动

1. 接待中心

目的地设立一个专门的为旅游者服务的接待中心。当旅游者进入目的地境内时，该中心向他们传播目的地经济、文化、社会、历史等各方面的信息，该中心的目的是：鼓励旅游者延长停留时间；鼓励他们多购买目的地的旅游产品；提高他们对旅游经历的满意度。

2. 户外广告

目的地在繁华地带、建筑物、路牌等旅游者游览途中经过的地方设立户外广告，户外广告的主要价值是它对旅游动机的潜在影响，因为一个目的地可能只有一个吸引物很出名，其余的都默默无闻，旅游者可能只是为了这一个吸引物而来，但既然不远万里地来了，便不在乎多玩几个地方，目的地便可以利用户外广告向旅游者兜售其他吸引物，刺激消费。

（三） 到达后促销活动

1. 旅游者中心

该中心与接待中心类似，主要目的是向旅游者传播信息，使旅游者对当地接待行业、旅游吸引物、特殊事件的内容和举办时间、公共设施、地方风俗、食品、气候等信息有所了解，特别是为老年人、残疾人、家庭旅游者等特殊群体提供特殊信息服务。尽管中心不能立即促进当地旅游业务，但在提高旅游者满意度方面扮演重要角色。

2. 媒体方案

DMO通过媒体向旅游者宣传当地的吸引物和设施，目的是进一步激发已到达旅游者的购买动机。通过多样丰富的宣传向旅游者介绍目的地的整体旅游资源情况，引导旅游者对目的地进行挖掘从而找出符合自己的特定的旅游项目，进而实现目的地资源的充分营销与利用。

三、对促销效果的调查

从第一节的学习中我们知道，如果目的地当地的政府部门及相关机构缺乏对促销方法实施效果的了解，它们很难给未来的实施予以支持，而且促销者也无法对方法做进一步的改进，所以应重视对各促销方法效果的调查。

在调查中应注意以下几点：

第一，调查的重点应放在目的地促销措施实施前后带来的变化上。一个促销方法的目标是引发目标市场的理想变化，这些变化可能是目的地知名度的提高、目的地形象的改善、来访者的增加等。为了衡量这些变化，调查应比较实施前后的状况，如果促销措施是连续实施的，那么调查也应连续展开。

第二，市场细分是评价旅游促销效果时考虑的必要因素，一旦市场被合理科学地细分，调查必须针对某目标细分市场的变化，而不是针对整个市场的变化。

第三，促销成功的指标不仅仅是促销投资的经济回报，旅游者满意度也是非常有价值的衡量指标，积极的旅游经历带来的旅游满意对于回头客和正面的直接宣传是至关重要的，旅游地营销调查应了解旅游信息系统和居民的好客对旅游者满意度的影响。

第四，必须正确地设计调查方法，以便能恰当地衡量变化。由促销活动引起的变化可能很微小，例如，市场份额的0.5%的上升可能就能反映一次非常成功的营销活动和目的地旅游业的显著改善，但许多调查不能捕捉到这种微小的变化，因而便不能提供对目的地促销活动的正确认识。显然，成功的指标必须对预期的变化水平反应敏感，但是，调查成本和精确度直接相关。因此，在设计调查方法的阶段，应先明确能恰当反映营销效果的调查精确度水平，然后据此设计调查方法。

简言之，一次有效的目的地促销活动效果调查应回答以下问题：

（1）促销活动带来了理想的变化吗？

（2）促销活动改变了目标细分市场吗？

（3）使用了能正确衡量变化的指标吗？

（4）调查的精确度能正确反映促销活动的效果吗？

另外，评价一次大型目的地促销活动时，不仅要评价其整体效果，还要评价该活动各子项目的效果。如在对一次电视促销活动的评价中，还需评价在各媒体及各播放阶段的效果。

下面我们简单介绍一下对DMO各促销方法效果的评价。

（一） 媒体广告

如果媒体广告活动的目的是提高转换率（潜在旅游者索取资料的转换率），则评价指标是转换率。如果调查显示由于人们预先对到目的地旅游有高度倾向性而导致转换率低，那么改变目标市场和改变媒体播放安排可以提高转换率。转换率调查也可用于调查广告是否接近目标市场，选择广告媒体时应明确该媒体的接受者是否是广告针对的目标市场。转换率调查还可评价旅游信息资料的质量和其对旅游者满意度的贡献。转换率调查的成本低，而且易于实施，但是，转换率调查不能反映广告在提高目的地知名度、改善形象、鼓励旅游（成行）等方面的目标实现程度。

另一种评价方法是在目标市场进行调查，DMO可以借此了解媒体广告对知名度、形象、旅游成行的贡献。广告回忆调查可以评价DMO的努力是否被关注、被记住，它对选择媒体和广告内容很有价值。

（二） 熟悉旅行

没有正规的评价该活动的方法，在大多数情况下，衡量该活动成功的指标是到目的地访问的旅游中间商的数目。熟悉旅行的目的是改善旅游中间商对目的地的印象，促使他们向旅游者更多地推荐本地区、提高预订数量，显然，该指标不能反映上述目标的实现程度。比较恰当的衡量指标是在一段特定的时期内由参加过免费旅游的中间商引发的预订数量的增加。

（三） 销售突击战

销售突击战的衡量指标也是中间商引发的预订数量的增加以及通过中间商对目的地的旅游资源（包括旅游项目与设施建设数量）的看法与中间商的合作意愿。

（四） 游记作者旅游

没有正规的评价该活动的方法，传统的衡量该活动成功的指标是发表文章的数目，有时也用文章的读者群规模来衡量。

（五） 消费者展示

个体旅游者决策的特征使我们很难评价消费者展示的效果。一个可行的途径是：在展示会上向参观者分发可以在目的地享受某种特殊服务的优惠券，检查该优惠券的回收率，为使调查有效，必须保证该优惠券不能买卖，还需获得目的地旅游企业支持。

（六） 直接邮件

该活动几乎无法衡量，人们只能看目的地团队预订数目的增加，但无法排除其他因素的影响。

（七） 接待中心

一般针对旅游者在旅行途中就他们对接待中心的看法开展调查。美国佛罗里达州在接待中心向旅游者发调查卡片询问中心对他们的影响，要求旅游者在旅游结束后将填好的卡片寄回，作为鼓励，他们可以得到一支纪念钢笔。

还有一种调查方法是在旅游者刚到中心时询问他们预计停留时间和日程安排，然后通过电话询问他们实际的停留时间和日程。

另外可在主要游览地询问旅游者决定来该地时决策信息的来源。

（八）户外广告

由于户外广告的受众面广，可以引起现实与潜在的旅游者旅游取向，但是很难将其效果进行量化的研究，最常用的方法是改变广告牌上的信息，然后看旅游业务的相关变化。

（九）旅游者中心

评价时应考虑中心传播信息的效率、中心职员的好客程度、回答问题的能力等。最常用的调查方式是询问旅游者对中心及其职员的印象，但问题是很难评价旅游者接受信息的正确性。另一种调查方式是：调查人员扮成旅游者，向中心职员询问一系列问题，检验他们回答问题的正确率及好客程度。

第四节 旅游目的地品牌的营销

一、旅游目的地品牌

所谓品牌，也就是产品的牌子，是制造商或经销商给自己的产品规定的商业名称。旅游目的地品牌是指将旅游目的地作为一个整体，来树立一个品牌名称与标志。旅游品牌是区域旅游开发成果和旅游业发展水平的集中体现，它同某个具体旅游产品或旅游产品群相关联。旅游品牌在提升旅游地整体形象，巩固和拓展旅游市场方面起着重要作用。在某种意义上说，旅游地之间的竞争就表现在品牌的竞争。旅游品牌包括公共品牌和企业品牌。公共品牌为旅游地所共享，而非属于某一旅游企业，我们称之为旅游目的地品牌。旅游市场的竞争很多时候是与旅游目的地整体相联系的，即与旅游目的地品牌相关。

旅游目的地品牌和旅游目的地形象既紧密联系又相互区别。旅游目的地形象是旅游目的地品牌的心理载体，建设品牌的过程同时也是树立形象的过程，但旅游形象并不等同于旅游目的地品牌。旅游形象是旅游目的地的识别标志，是旅游者对旅游目的地特点认知而形成的印象和评价。旅游目的地品牌树立的形象是统一的，而旅游目的地形象则会因人而异。旅游目的地形象的形成过程是被动的、自然的，旅游目的地品牌却可以主动创造。旅游目的地形象有好有坏，只有正面的形象才会产生品牌效应，旅游目的地品牌是规划定位的旅游目的地形象。旅游目的地品牌是由许多与旅游要素相关的品牌综合支持、有机联系成的整体，是这些要素抽象出来的综合特色。品牌定位是品牌建设的前提，准确地定位品牌，有利于展示特色，促进旅游目的地竞争优势的发挥。

二、旅游目的地品牌的形成

旅游目的地是一种集旅游吸引物、旅游产品、旅游企业、旅游设施等为一体的区域系统。目前，我国的旅游业发展表现为供需不平衡的矛盾冲突。市场供给与需求的矛盾运动，必然导致旅游目的地之间在发展本地旅游业时的竞争表现为以市场为导向的品牌竞争。从消费者的角度看，品牌是消费者在相关信息影响下对产品、服务或空间范围的感知印象形成的综合概念。品牌的应用领域已经由最初针对产品的一种标志符号，上升到包括区域等在内的大系统。因此，它包括旅游目的地内部的旅游吸引物、旅游产品、旅游企业、旅游设施、旅游服务人员、旅游目的地政府、生态环境、旅游目的地居民、相关法律和政策九大要素。图 11-11 是九要素构成旅游品牌的分解图。

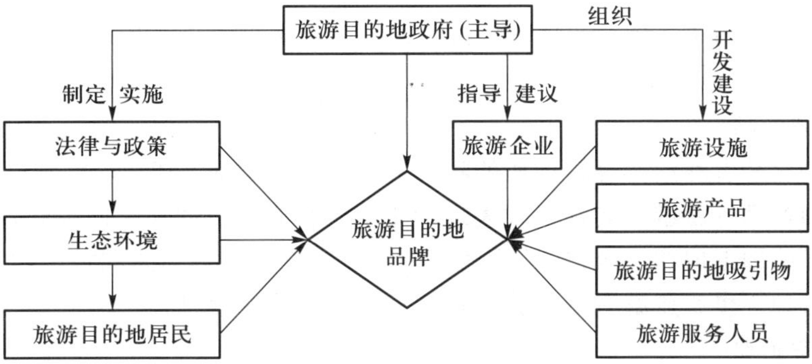

图 11-11　旅游目的地品牌形成

旅游目的地品牌的构建是一项战略性的系统工程。旅游目的地品牌并不是各种独立要素的简单集合,而是相互依存的各个要素合力集成的系统。所以,旅游目的地对旅游者的吸引,不仅取决于每个要素的独立表现,更取决于不同要素之间的协调整合。旅游目的地品牌构成要素是相互联系的,其内部活动是由价值要素联系起来的,它反映了各种要素协调的内在需要。

三、旅游目的地品牌的树立

（一） 政府在旅游目的地品牌建设中的作用

政府在旅游目的地的品牌建设中起到了主导性作用。首先是政府为旅游目的地品牌建设创造良好的外部环境。目的地的品牌是靠当地的各个旅游企业综合起来建立,在这个过程中就要求政府积极的组织指导旅游企业形成统一的形象进而建立目的地所特有的品牌。

其次,政府担负着目的地基础设施与公共物品的建设,完成那些对当地旅游业非常重要但投资比较大,或者无现实利润的具体利润回报的单个旅游企业无法承担的或因其没有利润而不愿承担的一些重大项目与公共物品。

最后,在当地的精神文明建设中政府同样肩负着主导作用,真正的旅游目的地品牌是当地文化的综合,它包括了当地的社会文化、科技文化、民族文化的内容。而科技文化、民族文化建设都离不开政府的支持与保障。

（二） 政府在旅游目的地品牌建设中的主导性措施

首先,政府应该建设一个品牌建立的企业参与机制及组织,这个组织的主要任务就是在各个旅游企业参与基础上为旅游目的地进行品牌定位,协调各个旅游企业共同朝着这个统一的品牌努力。其次,政府应维护市场秩序,为旅游目的地建立品牌营造良好的发展环境,由于旅游目的地品牌的公共属性,就要求有好的管理机制使各个方面有创造品牌的内在压力与长远动力。这就需要在政府的领导下,创建良好的旅游目的地品牌建设的发展环境。最后,政府要创造良好的投资环境吸引外资增加外资对本地旅游业的投入,使得本地旅游业得到有效的开发。

（三） 旅游吸引物

旅游吸引物是现代旅游的基础,是吸引旅游者外出旅游的充分条件,其表现为对旅游者构成吸引力的自然和社会事物与现象的总和。从某种意义上说,旅游目的地品牌就是旅游目的地最具特色或优势的旅游吸引物。只有具有"唯我独有""唯我独尊"等特征,才能对旅游者产生足够的吸引力和感召力。因此,具备特色和优势的旅游吸引物是旅游目的地品牌构建的基本依据。

(四) 旅游产品

旅游产品是旅游者在旅游过程中所购买的服务或服务与实物的组合,属于一种消费感受个性化的服务型产品。旅游的实现形式表现为旅游者在旅游目的地全面感知过程。品牌说到底是消费者全面感知形成的综合概念,是消费者对产品整体认知的总和。因此,可以说旅游目的地品牌是旅游地提供给旅游者的一簇特色旅游产品的集中表征。

(五) 旅游企业

旅游企业是以旅游者为对象,为旅游活动创造便利条件并提供他们所需的商品和服务的综合性组织实体。旅游企业在旅游者和旅游吸引物之间是一种中介和纽带,其主要任务是为旅游者提供服务。可以说,旅游者到一个旅游目的地最先接触和感受的对象就是旅游企业。旅游企业形象是旅游目的地形象的缩影,旅游企业是旅游目的地的窗口。因此,搞好旅游企业建设关乎旅游地品牌构建的成败。

(六) 旅游设施

旅游设施是指为旅游活动提供的各种服务设施的总和,它包括为旅游者提供直接服务的旅游交通工具、旅游咨询系统、住宿、餐饮、娱乐、购物等设施,还包括提供间接服务的交通设施、能源供给、通信、废物处理等系统。旅游设施是开展旅游活动的基础,为旅游者顺利进行旅游活动提供物质保证。同时,旅游设施也是旅游目的地经济发展、市镇建设和科学技术水平的反映。因此,旅游设施是旅游目的地品牌构建不可或缺的重要因素。

(七) 旅游服务人员

旅游业是劳动密集型的服务性行业,旅游者在游程中的每一个环节都离不开旅游服务人员提供的服务。旅游者在与旅游服务人员的互动交流过程中形成对旅游目的地的看法。因此,一支拥有专业水准、敬业精神的高素质旅游服务队伍会给旅游者留下深刻的印象,良好的旅游服务有利于拉近游客与旅游目的地之间的情感距离,增强旅游目的地的亲和力,加深旅游目的地在游客心目中的印象。

(八) 生态环境

旅游作为人类的一种跨区域系统的空间位移活动,总是离不开生态系统。旅游者的任何旅游活动都是在一定时间、一定区域的生态环境中进行的,不存在离开生态环境的旅游活动。生态环境展现给旅游者的舒适感、安全感等在很大程度上将影响其对旅游目的地的评价。

(九) 旅游目的地居民

旅游是一项社会化的活动,旅游者来到旅游目的地之后不可避免地要和当地居民进行交往。现代旅游越来越重视人的因素。因此,旅游目的地居民对待游客的态度、行为将直接影响旅游者在当地的旅游体验质量。

(十) 相关法律和政策

旅游业是一项综合性事业。旅游活动流动性大,涉及面广。在旅游活动中,旅游组织机构、旅游者、旅游企业以及其他如交通、通信、卫生、安全等行业间形成各种各样的社会关系。

为了协调这些错综复杂的社会关系，促进旅游目的地旅游业的发展，充分保障旅游者等各利益，有必要制定和实施相关法律和政策，营造一个良好的旅游社会大环境，提高旅游目的地的知名度和诚信度。

阅读材料

旅游目的地营销七大走向

随着旅游市场变化和消费不断升级、技术的不断革新、目的地的增多，国人可选择性范围也逐渐扩大，目的地的竞争也日趋激烈。

一、目的地趋向全渠道整合营销

以往目的地营销单位单一公关、单一媒体、单一市场的行动已不能满足目的地的全方位需求。作为行业观察者，我们看到越来越多 GSA(general sales agent)主导的目的地营销出现，既代理目的地旅游局，又代理目的地航空公司和目的地的主要景点等资源，营销和销售产品结合一体，全方位整合。充分发挥资源优势，精准营销，提高效率，化虚为实，注重效果，营销在前，销售产品紧随其后，带动目的地实际经营的增加。未来景区的营销单靠自身的力量发力应该受限很大，除非资源本身具有独一无二性和不可复制性的特点，从目前 OTA 的“酒店+”“景区+”产品整合后带来的销售业绩的提升就可以得出结论，景区整合周边相关资源、跨界营销是非常有必要的营销模式。

二、注重用户体验

营销正在从一个广告，或非交互式沟通，变成销售的一部分，并且扩展到了消费者服务的层面。营销人员可以在线与消费者进行互动，跟踪信息，以此来衡量情感和忠诚度，并根据消费者的需求和兴趣来匹配不同的信息，也就是一直说的大数据。但对于已经被大量产品信息轰炸的消费者来说，良好的用户体验正在成为一个营销的标准。旅游营销开始制作和消费者浏览体验相吻合的广告，并以消费者为中心，根据消费者的心理和需求改变广告内容和互动方式，品牌和消费者的情感互动和销售紧密结合也是必不可少的。

三、旅游营销更加注重“线上+线下+体验”

马云在 2016 年度的云栖大会上称，电子商务将会消失，未来零售型企业的核心是线上+线下+物流。从旅游行业现状看，线上+线下的做法，在旅游营销上已多有实践，在二者相互融合的过程中，大家其实已经意识到了服务体验的重要性，表现在旅游营销上，是对“线上+线下+体验”模式的探索。比如在云南、内蒙古等颇具地方特色的目的地营销中，企业依托强大的线上线下能力，将很多地方热门的旅游元素，像云南的普洱茶、猫哆哩，内蒙古的飘香奶酪、民族歌舞等在线下体验店呈现，让游客得以近距离体验旅游的魅力，同时线上平台也对活动同步展示，达到旅游营销目的。随着更多“线上+线下+体验”活动的开展，这种模式将不光体现在目的地营销的趋势中，也将是旅游服务场景和消费的新趋势。

四、营销方式创新不止：新媒体　网红　直播　VR

基于微信的新媒体已广泛地出现在目的地营销活动中，如今微信又推出了小程序，可以以更丰富的新媒体技术与受众互动。网红经济的核心是注意力经济，目的地的网红也是旅游达人，引领玩乐潮流，引领目的地选择导向，促进目的地行销。直播是网红与粉丝的沟通途径，同时目的地也通过更多的直播活动使目的地的信息为游客所关注，传播成本低。VR+旅游的技术应用则”颠覆旅游“预体验”，同时化身营销新利器。游客通过 VR，进入虚拟旅行体验，从而制定完美行程和计划。

1. 流媒体视频营销，必要的时候也要上直播

如果你的目标用户是“00 后”，那流媒体视频营销绝对是必不可少的，因为他们更喜欢看视频网站而不是看电视。像优酷、腾讯、爱奇艺、秒拍，各种直播平台已经快速形成了一个自己的营销平台，流媒体视频营销已经把交互式实时视频带到了每个人的手机之中。而国内的各种综艺节目及 IP 剧为何能火爆市场？很重要的一个原因就是“鲜肉”“小花”们吸引住了“80 后”“90 后”这一群体。因此，影视娱乐营销对于景区的助推作用不可小觑。而且在当下，这样的视频营销形势依然持上升趋势。

2. 直播营销

旅游直播似乎已成为各大品牌营销模式新“标配”，吸引着越来越多的用户尤其是“90 后”“00 后”年轻用户，其潜藏的流量变现正被业界所探索。在旅游行业，像携程、同程、途牛、驴妈妈等在线旅游企业也都在纷纷试水，它的基本逻辑在于，旅游主播在直播和社交平台上与粉丝互动的过程中有自己一批固定的粉丝，通过引领这部分粉丝们购买自己的旅游产品变现。目前，旅游+直播的营销模式，更多用在热门景区景点上，通过主播推荐、景点特色体验、在线答疑互动等，实现了更为直接的品牌互动以及代入感更佳的效果转化。利用网红或网络名人来进行景区的直播，使受众用户能感受到现场的氛围和景区的资源，将景区好看的、好玩的、好吃的等一览无余的通过网络呈现出来，再加上网红或达人的现场分享，给用户一种身临其境的感受。随着直播方式进一步推陈出新，以及直播门槛的降低和技术的升级，旅游+直播的模式将受到更多企业的推崇。

3. 高科技在营销中的应用

VR(virtual reality)，虚拟现实。通过 720 度全景式的视觉交互体验，在 VR 眼镜的帮助下，使观看体验到一种身临其境的全视角，让消费者可以真实地进行产品体验，仿佛到了现场的感受。通过 VR 体验式营销，意见派领袖的社交媒体分发，经粉丝转化，对接目的地产品，目的地实地交互体验将会是未来目的地营销方向上的路径。VR 直播，借助虚拟现实技术，让旅游目的地营销活动更有声有色。未来围绕旅游目的地 IP，将打造更具传播性，娱乐性和体验感的营销方案。

五、超级 IP 的应用

IP 的原意为知识产权，引入旅游行业后，其内涵和外延得到了无限延展。2016 年 7 月 13 日，阿里旅行公布了“万游引力”度假 IP 战略，依托阿里旅行的平台生态和海量用户做旅游行业的“IP 梦工场”，并推出北极光主题的原创 IP 产品。9 月份，同程旅游成立百旅会，并推出《岁月与旅行》和首届中国中老年旅游春晚，两个重量级活动其实就是同程旅游围绕中老年用户需求开发的两大 IP 集群，里面又包括若干的子 IP。比如《岁月与旅行》，进行跨界“搅拌”，是以故事征集赛事和出书为载体形成的 IP 集群，囊括了“敬一丹读故事”等子 IP，包含旅行、出版、摄影等各个元素。通过打造超级 IP，借此了解细分用户需求并予以满足，可以将用户牢牢地粘在以 IP 为核心的旅游产业链条上。超级 IP 的竞逐，将在很长一段时间内成为各家企

业旅游营销中的一大看点。

六、社交媒体成为营销渠道,而不是策略

社交媒体本身不是一种营销,它本身也不是一种可以自己执行的策略,社交媒体是作为一种平台的存在。社群营销深受各个行业营销者的青睐,通过各类社交媒体获得自己的用户群体,定期发布热门事件获取用户关注,定期开展话题讨论,解决用户的疑问等方式来增加用户的黏性。

七、好内容的标配:高颜值+真情感

内容营销已经说了很多年,但它的势力依然不减,特别是在广告回避趋势日益严重的现在。随着对优质内容的关注的增加,故事式的营销方式也将在吸引消费者方面发挥关键作用。优质内容要真正打动目标受众,首先,内容营销要和产品、品牌调性保持一致,超越那些内容与品牌信息“格格不入”的硬性植入,用“润物细无声”的方式将品牌信息植入到受众的内心,这才是内容营销的正确打开方式。

资料来源:网络及相关报道整理。

本章小结

1. 旅游目的地概念的介绍,旅游目的地地区营销以满足旅游者和目的地社团(包括政府、企业、居民、各种正式及非正式的社会机构)的需求为目标,狭义的旅游目的地营销是旅游目的地形象营销策略和旅游目的地产品服务促销策略。广义的旅游目的地地区营销涵括的内容是:提高旅游目的地的价值和形象,以使潜在旅游者充分意识到该地区与众不同的优势;规划开发地区协调、配套、有吸引力的旅游产品;宣传促销整个地区的产品和服务,使目标市场将本地区作为旅游目的地;刺激来访者的消费行为,提高其在本地区的消费额。

2. 旅游目的地形象是一个内涵丰富的概念体系,包含两个侧面:其一是发射性目的地形象(简称 PDI);其二是接受性目的地形象(简称 RDI)。PDI 由两个层次构成,综合目的地实际特征,发射给现实旅游者的实际发射性目的地形象(简称 RPDI);营销者经提炼后发射给潜在旅游者的传播发射性目的地形象(简称 SPDI)。RDI 也由两个层次构成,首先是个体层次上的目的地形象——个体化旅游目的地形象(简称 IRDI),即个体以一个潜在或现实旅游者的眼光对一个目的地的评价,是其对该目的地的感知、印象和观念的综合;其次是社会层次上的目的地形象——社会化旅游目的地形象(简称 SRDI),即目标市场上的公众普遍持有的感知、印象和观念的总和。

3. 旅游目的地产品的促销,首先分析其促销机构,旅游目的地产品的促销机构包括一系列联合起来提供旅游产品的机构,这些机构包括地区旅游协会、旅游政府主管部门、旅游业开发机构、旅游企业等,统称为旅游目的地促销机构(DMO)。

常用的促销方法,出发前促销活动包括:媒体广告、熟悉旅行、促销突击战、游记作者旅游、消费者展示、直接邮件。途中促销活动包括:接待中心、户外广告。到达后促销活动包括:旅游者中心、媒体方案。对促销效果的调查是对以上的促销活动的效果按照其实施来评价,主要放在其实施前后的效果比较上、充分考虑市场细分因素、全面评价促销策略的效果,包括非经济指标的衡量、设计科学的评价方法等,最终区分促销方法的合适与否。

4. 旅游目的地品牌:是指将旅游目的地作为一个整体,来树立一个品牌名称与标志。旅游品牌是区域旅游开发成果和旅游业发展水平的集中体现,它同某个具体旅游产品或旅游产品群相关联。旅游品牌在提升旅游地整体形象,巩固和拓展旅游市场方面起着重要作用。

关键术语

旅游目的地(tourism destination)
整合营销(integrated marketing)
目的地形象(destination images)
目的地地区营销(tourism destination marketing)
目的地营销潜力(destination marketing potential)
目的地形象的战略性营销(strategic marketing of destination images)
旅游目的地产品(tourism destination products)
品牌营销(brand marketing)

案例回顾与讨论

1. 案例中的旅游目的地营销涉及哪些主体?本章中讲到的目的地地区营销和形象营销在制定的战略中是如何体现的?

2. 你认为在此案例的进行过程中还有可能出现哪些协调上的问题,如何从战略上进行解决?

复习与思考

1. 旅游目的地营销观念的意义是什么?在我国现阶段有没有必要树立这种新营销观念?
2. 旅游目的地营销涉及哪些内容,请描述这些内容间的相关性。
3. 简述旅游目的地整个营销的意义与作用?
4. 简述旅游目的地整合营销的目标?
5. 如何理解旅游目的地整合营销中与当地居民的关系?如何有效的整合当地居民?
6. 描述旅游目的地形象的构成,并回答调查旅游目的地形象的方法。
7. 如何针对不同的旅游目的地形象进行有效的改善和传播?
8. 旅游目的地形象的传播载体有哪些?对其进行比较。
9. 描述旅游目的地产品促销方法,并指出如何评价促销效果。
10. 简述你对旅游目的地特殊事件营销的理解并举例说明。
11. 简述旅游目的地品牌建设的意义及在旅游目的地营销中的作用。

自测自评

实践题

1. 找一个旅游城市去体验一下,分析当地政府在旅游目的地营销过程中的营销作用。
2. 去体验一下某著名的旅游目的地,分析旅游企业在营销过程中与当地居民的关系处理。
3. 寻找一个旅游目的地,分析他们的旅游目的地促销策略。

推荐阅读文献

1. 程宇宁.整合营销传播——品牌传播的策划、创意与管理.2 版[M].北京:中国人民大学出版社,2019.

2. 程宇宁.品牌策划与推广 [M].北京:中国人民大学出版社,2016.

3. 周永博,蔡元.从内容到叙事:旅游目的地营销传播研究[J].旅游学刊,2018,33(4):6-9.

4. 张翔云."五位一体"营销模型及其在乡村旅游中的实现[J].社会科学家,2018,257(9):90-97.

5. 李红岩.微博时代背景下旅游目的地整合营销策略探讨[J].商业经济研究,2015(23):123-125.

第十二章 关系营销——旅游营销中的公共关系

本章通过对旅游关系,旅游关系营销的介绍,分析旅游关系营销的危机管理及其特点,提出旅游关系营销危机管理的应对的策略,进而分析旅游关系营销与旅游企业公共形象的重要关系,引出旅游企业公共形象。

企业的公共形象(public image)是继4P之后,又一个被人们认识到的营销中的关键因素,也是建立公共关系的一种具体方法。作为经济高度发展的产物的公共关系,其本质就是通过双向沟通,有效地达成组织与环境之间的信息交流,使组织对环境的变化保持高度敏感性,并通过有目的的公共关系活动,影响环境的变化,给组织创造出一种得以生存和发展的良好条件。本章将在阐述公共关系的基础上,进一步对公共形象作具体描述。

学习目的

- 掌握旅游公共关系的概念和公共关系对旅游市场营销的作用
- 掌握关系营销的概念内容与作用和危机管理的基本内容
- 了解公共形象是市场营销因素的第五个"P",并且了解公共形象的投入产出组合
- 了解旅游企业形象的概念和分类,并且熟悉旅游企业形象的调查
- 了解CIS战略的概念以及与旅游企业营销管理的关系与CI战略的导入

引导案例

成都借力发展伙伴关系——深化"一带一路"旅游合作

作为联合国世界旅游组织第22届全体大会,以"发展伙伴关系——深化'一带一路'旅游合作"为主题的旅游部长会议在蓉举行。来自俄罗斯、保加利亚、斯里兰卡、哈萨克斯坦等"一带一路"沿线国家的旅游部长级嘉宾们就"一带一路"将如何惠及旅游业、旅游业应如何抓住这一发展机遇等问题进行了讨论。

自古以来,悠悠丝绸之路商旅不绝,舟楫相望。"一带一路"是商贸之路,也是旅游之路,成为沿线各国和地区人民交往、文化交流、文明互鉴、共同发展的重要通道。迄今,全球已有100多个国家和国际组织参与,60多个国家和国际组织与中国签署合作协议。根据《倡议》,会议认识到"一带一路"倡议正在为各方合作提供历史性机会,应该加强"一带一路"旅游合作,加强政策沟通,提升旅游便利化水平,创建旅游合作机制,开展旅游联合推广,加强旅游教育交流,共同应对挑战。成都借助此次大会的机遇,打好旅游这张国际名片,借力发展伙伴关系——深化"一带一路"旅游合作。

一、可将成都美食品牌向“一带一路”沿线国家输出

面对机遇,因地制宜,积极探索适合本国国情的旅游合作发展之路。成都是南丝绸之路的起点,是长江经济带和丝绸之路经济带的交会点和重要枢纽。成都旅游该怎样抓住“一带一路”的机遇,吸引更多的境外游客呢?俄罗斯旅游署署长沙夫诺夫是第一次来成都。短短三天,成都美食就给他留下了深刻的印象。“俄罗斯也有很多中餐馆,但我还是觉得在这里吃到的川菜最好吃。如果成都旅游想要在‘一带一路’沿线国家推广,我认为可以美食为品牌来对外输出。”他建议道,“另外,这座城市给我的印象很好,非常干净,建筑也很漂亮。相信俄罗斯游客一定会喜欢这里。”而对于如何推广美食这张成都旅游名片,成都将积极推进“旅游+”融合发展。目前,成都已经出台了推动全市川菜产业发展的相关政策,将通过创新,进一步打响川菜品牌,让美食连接世界。

二、打造熊猫小镇 推广旅游名片

作为最佳旅游目的地城市,成都有太多闪亮的旅游名片,而其中不得不提的就是大熊猫。市旅游局局长多央娜姆在接受记者专访时表示,未来成都将打造熊猫小镇。熊猫小镇将建在成都大熊猫繁育研究基地附近,占地面积约 3 380 亩①,总投资额约 200 亿元。将依托熊猫基地、北湖水库等优质旅游资源,打造具有国际影响力的世界级旅游目的地。

大熊猫作为成都甚至中国的代表,深受全世界人民的喜爱。多央娜姆认为,既要保护好大熊猫,也要宣传好大熊猫。“我觉得,要在保护的前提下进行旅游资源开发。熊猫基地大家都知道,从最初的 6 只大熊猫已经发展到现在拥有 176 只。未来我们还将打造熊猫小镇,推出科普教育、文创体验、休闲度假等系列产品。”

三、都江堰遇上 UNWTO 大会 激发全球旅游大鳄投资热情

有着深厚旅游文化涵养和创新发展城市活力的都江堰,为借助此次大会的机遇,打好旅游这张国际名片,建设国际生态旅游名城,都江堰市领导和相关部门负责人纷纷主动出击,向来宾推介都江堰市旅游资源,寻求多方面合作。“都江堰景区达到了‘5A+’水准了!”9 月 10 日都江堰被国家旅游局局长高度肯定,都江堰“以创建国际旅游名城为导向发展全域旅游”上榜,同一天更有法国旅游大鳄向都江堰抛出橄榄枝……。

世界著名的旅游度假机构法国地中海俱乐部“Club Med”高层一行就已经低调地与双遗之城都江堰方面进行了“亲密接触”。双方就发展高端度假酒店等具体合作事宜进行洽谈。洽谈中,都江堰方面表示,希望双方就具体合作事宜进行磋商,同时希望通过共同努力,开拓“Club Med”集团在西南地区的市场,在都江堰打造西南地区标杆性项目,甚至是地中海俱乐部集团在中国的代表性项目。都江堰市青城山—都江堰景区分别与韩国济州岛、南怡岛景区达成战略合作,由此都江堰将联手济州、南怡闯世界。与此同时,都江堰市与中旅途易公司在成都也进行了会谈,双方就出入境旅游、国际会展、都江堰市旅游推广等方面达成合作意向。据了解,中旅途易其外方控股公司 TUI 股份公司是一家全球性、多元化的旅游集团,其“途易世界”的品牌已享誉世界。

四、旅游推介+技术考察,捕获世界各地旅游商的芳心

在世旅大会期间,以“都江堰 · 心体验”为主题的旅游推介现场,都江堰市采取了“一对

① 1 亩=666.67 平方米。

一”推介接待方式，针对丹麦安徒生博物馆、法国皮埃尔度假及中心公园集团、北京首旅、开元旅业、海航旅业、春秋国旅、日本 JTB 集团等重要旅游相关企业，采取由市领导带队“一对一”全程接待和沟通洽谈。

参加世旅大会的 40 余位嘉宾到都江堰进行技术考察踩线，他们准备购买的都江堰旅游产品。实地感受这座城市历史文化与现代旅游的完美融合。在作为世旅大会重要内容的成都旅游投资项目说明会上，包括变形金刚主题酒店度假区项目在内的成都 6 个重点项目成功签约。与此同时，都江堰投资总金额为 452 亿元的四大旅游投资项目也正式亮相。美国联合航空公司、洲际酒店集团、万事达卡亚太公司等 70 余家境内外知名旅游企业和行业组织高层参加了说明会。据了解，这四大旅游项目包括，投资 120 亿元的都江堰市安龙镇文化旅游特色小镇；投资 2 亿元的国际房车露营地；投资 300 亿元的中国西部高山河谷旅游度假区，以及投资 12 亿元的都江堰市康体养生旅游综合项目。都江堰的几大旅游投资项目一亮相，就吸引了全球旅游大鳄的高度关注。

资料来源：成都日报，2017 年 9 月 14 日。

第一节 公共关系与关系营销

一、公共关系概述

作为经济高度发展产物的公共关系，其本质就是通过双向沟通，有效地达成组织与环境之间的信息交流，使组织对环境的变化保持高度敏感性，并通过有目的的公共关系活动，影响环境的变化，给组织创造出一种得以生存和发展的良好条件。因此，作为一种有理论指导的自觉活动的公共关系，将成为旅游业实现成功营销的重要手段。

（一）旅游公共关系的定义

公共关系一词，最早出现在 1807 年出版的《韦氏新九版大学词典》上，其英文是 public relations，简称 PR。关于公共关系的定义，学者们各抒己见，不下几十条。本书的表述是：公共关系是一种内求团结、外求发展的经营管理艺术。它运用合理的原则和方法，通过有计划而持久的努力，协调和改善组织机构的内外关系，使本组织机构的各项政策和活动符合于公众的需求，在公众中树立起良好的形象，以谋求公众对本组织机构的了解、信任、好感和合作，并获得共同利益。

旅游公共关系就是通过揭示旅游公共关系活动的规律，探索旅游业主体运用传播、沟通的手段，使旅游业与旅游公众相互了解、相互合作，帮助旅游管理部门掌握变化的环境情况并有效地利用这些变化以促进旅游目标实现的一种活动。本章开头提出的案例，就是以塑造国家旅游形象为核心的公共关系活动。

（二）旅游公共关系的主体和客体

公共关系活动是一种主观见之于客观的实践活动，它由主体、客体和主客体的中介所构成。组织、公众和传播就是公共关系的主体、客体和中介，它们构成了公共关系活动不可缺少的三个基本要素。

1. 旅游企业——公共关系的主体

旅游公共关系是旅游企业与公众联系的一种客观状态，旅游企业是这种客观状态赖以存在的中心。某个旅游企业一旦建立,不论它是否意识到自己已处在与各方面公众构成的公共关系网络中,也不论是否有计划地去开展各种公共关系活动,它总得与各类公众发生某种联系和相互作用。表面看来,旅游企业和公众双方中的任何一方都能给对方以作用,但在实际的旅游公共关系活动中,旅游企业是实际规划这种活动的主导者。旅游公共关系活动是一种有目的、有计划的对象性活动,而目的的确定、计划的制定、实施和调整都是由旅游企业完成的。也就是说,旅游企业是旅游公共关系活动的实施者,尽管公众的态度和行为会对旅游企业的公关决策产生强烈影响,但最后作出决定的还是旅游企业。当然,一个旅游企业成为其他旅游企业的公共关系工作的对象时,这一旅游企业就处在公共关系客体的位置上,不过这并不与“旅游企业是旅游公共关系的主体”相矛盾。在“中国文化美国行”中,以国家旅游局为核心,国内各级旅游局和大型旅游企业成员组成的旅游代表团即为本次公关活动的主体。

2. 公众——公共关系的客体

公众是旅游公共关系的客体,它的存在及其态度和行为决定了旅游企业是否要搞公共关系以及如何搞好公共关系。

“公众”(the Public)与人民(the People)、“群众”(the Mass)、“人群”(Crowd)这些概念并不完全一致。所谓公众,特指公共关系的对象,即与公共关系主体发生联系及相互作用的社会群体。从这个定义中,我们可以看到“公众”三个最基本的性质:第一是同质性。公众的同质性可以与大众或群众的异质性相对应。公众的形成是因为公众成员遇到了共同的问题,由于这个问题使其与公共关系的主体发生联系及相互作用。因此,公共关系中的公众总是确定的,也就是说是具体的、特殊的,可以定量化的。第二是群体性。公众的群体性与同质性是一个问题的两个方面,同质性强调的是公众面临的是相同的问题,群体性则强调公共关系是与群体打交道的,而不是仅仅与一两个人发生关系。第三是可变性。公共关系要处理的公众始终处于变化之中,旅游公共关系的对象,往往因为环境条件的变化而变化。旅游社会公众是指现在或将来对旅游经营和旅游声誉具有影响作用的个人或团体,可分为旅游外部公众和旅游内部公众。

旅游外部公众包括:① 旅游现实和潜在客人;② 金融机构;③ 宣传机构及其人员;④ 旅游投资团体或股东;⑤ 所有旅游企业渠道成员;⑥ 特许权授予者及管理公司;⑦ 其他社会团体。

旅游内部公众是指旅游企业内部的所有员工。旅游企业必须注意建立与企业外部的人、组织的关系以及与企业内部员工间的关系,特别是不能忽视与内部员工建立良好的关系。因为企业内部良好的公共关系是旅游企业经营管理和做好外部公关的基础。

3. 传播媒介——一种特殊的公众

媒介关系是任何一个社会组织的外部公众关系中最为特殊的一种,其特殊性表现在它具有双重性质。一方面,传播媒介是一种工具,任何一个社会组织可以通过这一工具与各种各样的公众取得联系,换句话说,它是公共关系人员赖以实现公共关系目标的重要媒介。另一方面,传播媒介本身也是一种公众,公共关系人员只有搞好了与这一公众的关系,才能发挥其作为工具的作用。

传播媒介就是在社会分工中负责向社会大众传播信息、报道新闻的专门机构,它一般包括四个方面:① 通讯社;② 报纸杂志;③ 广播电台;④ 电视台。

当传播媒介成为旅游的宣传工具时，它有如下三个特点：

(1) 传播媒介可以将旅游所要传播的信息扩散、放大到全社会范围，其作用犹如放大器；

(2) 它又具有"信度仪"的作用；

(3) 传播媒介对于所接受的旅游的任何信息，都有自己的选择角度、传播主题、报道形式，也就是说，它完全具有自己的独立性。

公共关系的最有实质意义的工作之一便是传播信息，传播媒介客观上所具有的前两个特点正是公关工作所要追求的目标，而其第三个特点，又使得旅游与新闻媒介之间关系呈现复杂性。因此，旅游的公共关系活动与新闻媒介的关系形成了一个具体的、特殊的领域，而怎样与新闻界打交道，便顺理成章地成为一种职业技能。

（三） 旅游公共关系的种类

1. 宣传型公共关系

企业利用各种传播媒体和手段，向社会公众宣传展示自己的发展成就与公益形象，以形成有利于本组织发展的社会印象与舆论环境的活动模式。这类旅游公共关系活动能够及时通过媒体进行正面宣传，主导性、时效性强，影响面宽，推广旅游目的地、旅游企业及其旅游产品的形象快。

2. 交际型公共关系

这种公共关系是通过人与人之间的直接交往接触，进行联络感情、协调关系和化解矛盾的活动，以达到为企业建立良好人际关系的目的。这类活动有助于包括顾客在内的各类公众对旅游企业的了解和信赖，这对于增强顾客的购买决心和扩大企业的业务具有显著作用。据统计，旅游业中有一半以上的顾客是通过朋友、熟人介绍而来的，由此决定了加强这类公关活动对旅游促销的重要意义。

3. 服务型公共关系

通过为公众提供热情、周到和方便的服务，赢得公众的好感，从而提高企业形象的一种公关活动模式。在为顾客服务时，充分为顾客着想，由此既能在不显露商业痕迹的直接服务中起到即时刺激旅游消费的作用，又能在先期旅游者的口碑效应中达到扩大旅游销售的目的。

4. 社会型公共关系

这是指企业通过举办各种具有社会性、文化性的赞助或公益活动来开展公共关系的模式，其目的是塑造企业的文化形象、社区公民形象，提高企业的社会知名度和信誉度。对于旅游公关活动来说，应特别强调参与和旅游有关的文化与体育活动。

5. 征询型公共关系

这是通过采集信息、舆论调查、民意测验等方式，为企业的经营管理决策提供客观依据，以不断完善企业形象的公关活动模式。收集顾客的好评和不满意见，以及了解影响潜在顾客购买的障碍性因素，然后加以利用和改进，也有利于旅游促销，但这类活动影响促销的间接性更强。

根据组织与环境的适应态势关系，公共关系活动还可以分为建设型、维系型、防御型、矫正型和进攻型等五种。基于旅游市场的巨大潜力和风云变化，从旅游促销的角度特别重视矫正型和进攻型的旅游公关活动。例如，墨西哥在因大地震导致旅游业损失惨重的情况下，政府斥巨资请美国公共关系专家策划了真实的墨西哥形象全球推广活动。一是通过电视新闻媒体如实报道了地震损失，使外国游客了解到倒塌的房屋多为民宅，而豪华酒店并无多大损失；二是出巨资到美国、日本等发达国家，邀请文艺、体育和政界名人到墨西哥旅游，然后将录像在世界各地播放，用名人效应解除了旅游者的顾虑。墨西哥的旅游业因此在一个多月后又兴旺起来，游客人数竟很快地超过地震前。这就是矫正型旅游公关活动的效用。

（四） 公共关系在旅游市场营销中的作用

公共关系在旅游市场营销中主要发挥着两方面的作用。

（1）塑造本旅游地，或旅游企业及其旅游产品富有魅力的公众形象，提高自身的知名度和美誉度，以增强市场竞争能力。

（2）公共关系是促销组合中唯一并非主要用作促销的因素，也是唯一起间接促销作用的因素，但却是实实在在起着独特而重要的促销作用的因素。通过与旅游业相关各类公众的双向沟通活动，以尽可能形成对本地旅游业或本旅游企业有利的市场经营社会环境，或有利于本旅游企业动态适应市场社会环境的变化。对于企业一般不可控的市场营销环境，仍能通过公共关系的手段施加积极的影响。如努力与旅游中间商、旅游供应商、金融机构、广告媒体甚至市场竞争者等有关公众建立彼此信任和合作的关系，以有利于旅游市场营销活动的开展；努力与消费者公众、新闻界公众、社团公众、内部公众形成彼此了解、信赖的关系，以形成对旅游业及旅游企业有利的社会舆论；努力与有关政府部门和立法机构的公众对话，以形成对旅游业及本旅游企业营销有利的政策法规环境。同时，通过对各类公众的征询沟通，可及时反馈市场经营环境的变动，以利于旅游市场营销者迅速作出准确的反应。

二、旅游关系营销

企业营销应成为买卖双方之间创造更亲密关系和相互依赖关系的艺术。从实践意义上讲，关系营销已经完全突破简单的企业与消费者之间的关系范畴，延伸到供应商、中间商及其他与企业直接、间接联系的社会团体、政府职能部门及个人等各方面，市场营销演进到顾客关系营销阶段。

（一） 旅游关系营销的概念

旅游关系营销是指以系统论和大市场营销理论为基本思想，将旅游企业置身于社会经济大系统中来考察其市场营销活动，关系营销理论认为旅游企业营销是一个与旅游者、竞争者、供应商、分销商、政府机构和社会组织发生互动作用的过程，旅游企业营销的核心是正确处理与这些个人和组织的关系，将建立与发展同相关个人和组织的良好关系作为旅游企业市场营销成功与否的关键因素。

旅游关系营销是指以旅游企业和游客的相互关系（relationship between tourist operators and tourists，RTOT）为核心的营销。

旅游关系营销将建立、发展同相关个人及组织的关系作为旅游企业市场营销原关键变量，把握住现代市场竞争的特点，被西方理论界誉为“对传统营销理念的一次革命”。

（二） 旅游关系营销的特点

1. 双向交流

在关系营销中，双向交流使得信息得到了充分共享。良好的关系使得沟通渠道畅通，可以获得游客对旅游企业的支持与理解，使得旅游企业对游客的需求信息进行掌握，进而更好地满足游客需求。交流应该是双向的,既可以由企业开始,也可以由营销对象开始。

2. 协同合作

关系营销理论认为,在竞争性的市场上,明智的营销管理者应强调与利益相关者建立长期的、彼此信任的、互利的关系。这可以是关系一方自愿或主动地调整自己的行为也可以是关系双方都调整自己的行为,以实现相互适应。各具优势的关系双方,互相取长补短,联合行动,协同动作去实现对双方都有益的共同目标,可以说是协调关系的最高形态。

3. 互惠互利

关系营销的基础,在于交易双方之间有利益上的互补。如果没有各自利益的实现和满足,双方都不会建立良好的关系。关系建立在互利的基础上,要求互相了解对方的利益要求,寻求双方利益的共同点,并努力使双方的共同利益得到实现。真正的关系营销是达到关系双方互利互惠的境界。

4. 反馈机制

关系营销要求建立专门的部门,用以跟踪顾客、分销商、供应商及营销系统中其他参与者的态度,由此了解关系的动态变化,及时采取措施消除关系中的不稳定因素和不利于关系各方利益共同增长的因素。

(三) 旅游关系营销的核心内容——旅游企业与游客

旅游企业与游客的关系。这种关系应是双方共同的愿望。因而旅游企业必须采取一定的措施,激发游客主动与旅游企业建立关系。旅游企业利用一组关系营销可在两方面使游客满意。一是给予了游客优惠的特别照顾。游客对旅游企业的经营效益产生直接的影响,由此旅游企业往往通过关系营销来发展与顾客长期、稳定的关系,营造顾客忠诚。例如现在很多旅游企业推行的频繁营销计划出发点就是给予游客优惠,所谓频繁营销计划就是对那些频繁购买以及按稳定数量购买的游客给予奖励的政策。二是减少了游客的购买风险。例如旅游企业可采用退货保证制度、对损失进行经济补偿等手段来吸引游客。

(四) 旅游关系营销的一般内容

旅游关系营销中除了旅游企业与游客的核心关系营销以外还有:中间商、政府、行业协会、内部员工、媒体等重要的关系营销。

1. 旅游企业与中间商的关系营销

中间商是联系游客与旅游企业的最重要的中介,是相互信息传递的媒介。中间商与游客直接接触,良好的中间商关系使旅游企业可以通过中间商正确地塑造旅游企业形象,实现市场的扩展。

2. 旅游企业与政府、行业协会等的关系营销

旅游企业开展一切活动都是在政府的政策指导下进行,包括营销行为。旅游行业协会是随着旅游业的逐渐发展,为了实现一定行业目标,旅游组织在自愿基础上建立的接受政府部分的指导与管理的民间经济联合体。因此旅游企业在与行业协会的关系上也是指导与管理的关系。旅游企业对政府的政策与行业协会的行业规范有遵守与执行的义务,通过执行将信息反馈给政府和行业协会。政府与行业协会通过宏观经济的调查研究,将旅游相关经济信息传递给旅游企业,指导旅游企业的营销活动。因此,良好的政府与行业协会关系,有助于旅游企业的营销活动合理科学地开展。

3. 旅游企业内部关系营销

内部关系包括部门间的关系和员工间的关系。处理好内部关系，员工才能更努力地工作，关系营销的实施才能有一个好的基础。

旅游企业文化能吸引旅游企业员工，建立共同的目标和价值观念，使员工对旅游企业忠诚，从而使企业具有很强的凝聚力和向心力。

企业伦理是指处理内外部各种关系时应遵循的行为规范。伦理规范的和谐原则要求旅游企业与利益相关者和睦相处，员工之间团结、友爱、互助，管理者与被管理者之间相互体谅、相互合作。企业伦理能使企业尊重员工、关心员工、公平对待每一个员工，员工也会投桃报李，认真努力地工作，忠诚于企业。

4. 旅游企业与媒体间的关系营销

旅游企业与媒体间是一种企业要努力引导媒体对企业进行正面宣传的引导关系。可以通过媒体公关或有吸引力的新闻事件，吸引媒体报道以扩大企业影响。由于媒体往往被视为公正的第三方，因此其有相当大范围的传播影响力，通过与媒体间进行关系营销，建立其良好的合作关系，尽可能给媒体提供客观真实的信息满足媒体新闻要求。旅游企业可以通过新闻特点的掌握，及时为媒体提供感兴趣的新闻，再利用或策划新闻事件，但严禁虚假新闻信息的传播，避免给媒体传递虚假信息制造假新闻。

第二节　旅游企业形象与形象调查

一、公共形象——营销因素的第五个“P”

（一）营销中的5P

市场营销已被看作是控制和使用四个“P”，即所谓市场营销因素组合。在人们看来，市场营销人员能控制或指导的可变因素只有四个：产品（product），即旅游业的物质产品及服务；渠道（place），有两种含义，一指旅游业本身所在地，另一指客源的聚居处；促销（promotion），树立旅游声誉，使消费者了解“产品”的特点，促使其购买；价格（price），即旅游产品的价格。然而第五个“P”，值得作为市场营销组合的又一个因素来考虑，这就是旅游业和企业的公共形象（public image）。图12-1表示出公共形象与其他4个因素之间的关系：

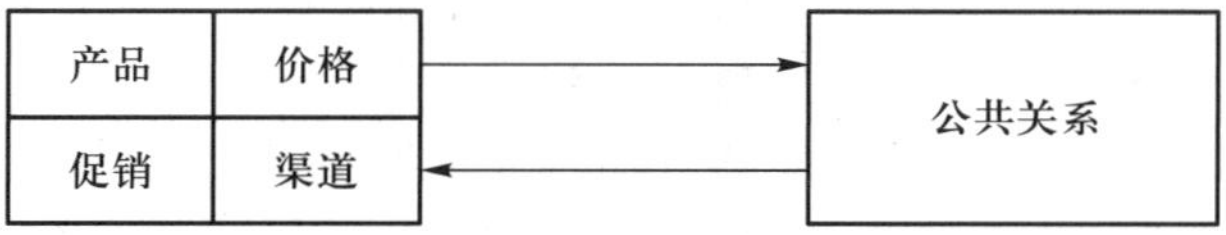

图12-1　营销因素的五个“P”

（二）公共形象在营销中的作用

旅游营销活动要注重公共形象，并大胆运用公共形象战略。如果旅游企业具有良好的公共形象，就应珍惜并加以保护，因为这是宝贵的财富。旅游企业一旦建立了良好形象，竞争者是无法轻易诋毁和仿效的，它能使旅游企业提高产品和服务的价格，吸引优秀的人才，能为企业建立与债权人之间的最有利的关系，并能以最低效率获得贷款，它还能比同行中没有这种形象的其他旅游企业享有更多的股票利润率，当然也能吸引更多的客人，所有这些都能增加旅游企业的竞争优势。

消极的公共形象能使旅游企业失去与之打交道的大部分公众。根据这种较差的公共形象具体内容和程度，旅游企业会受到不同程度的谴责，使现有的和潜在的顾客另找门路，倒向竞争对手。比如，美国拉斯维加斯的美高梅大酒店由于人为的火灾及之后处理的不妥而导致名声的败坏，在同行业其他酒店间广泛流传，这样，试图重新提高形象又要花费很大的工夫。

二、旅游企业形象的经营

（一）旅游企业形象的概念

旅游企业形象作为一种“无形的经营资料”，是难以单凭抽象的道理解释清楚的。所谓旅游企业形象（corporate image）就是社会公众，包括旅游企业员工在内，心目中对旅游企业整体的评价。它是公众对旅游企业的发展历史、创始人、主管人员、员工、团结气氛、行为准则、物质条件、产品、服务、旅游企业名称等的总体认知，反映了公众对旅游企业的整体特点与总体精神的了解和情感倾向。这种印象不仅来自有形的、看得见摸得着的外显事物，同时也来自长期为公众所感知和记忆的旅游企业的行为和表现出的内在精神。

（二）旅游企业形象的作用

在旅游企业的管理体系中，企业形象是传递沟通联络的工具。“管理”本身就是通过连接和协调公众的行为，使得事态按照理想方式发展的一门艺术。同制造业生产的具有物理形态的商品相比，服务明显地具有难以定义和难以进行试验的特性。因此，从旅游企业的角度出发，为了诱发顾客的消费行为和启发适合旅游企业预期目标的顾客偏好，旅游企业要加强与顾客的联络，并通过远比仅仅展示给顾客一件产品更为复杂的方式，去影响其对现实的感觉。同时，良好的企业形象能够引导和影响企业员工的行为，这是旅游企业管理中关键的一环。

企业形象与企业现实之间的相互吻合是旅游企业所追求的长期目标。然而，在某些条件或场合下，旅游企业中的管理部门可以有意识地但又不失审慎地制造企业的形象，使之大于企业的现实形象。这样做的目的在于：通过这种具有强烈人为设计色彩的企业形象，希望能够促使企业重塑企业现实的行为出现，使之与预想的企业形象再次吻合。本来应该是企业现实决定企业形象，这里却是企业形象促进企业现实，这种战略具有一定的危险性，并且常常被加以不正确的应用。但是，这种做法在现实中也不乏被富有革新精神和管理技巧的公关人员创造性加以运用。重要的是，这一战略是否能够成功将完全取决于，人为设计的企业形象是不是可以真正地促使企业现实发生变化。为此旅游企业必须具备一个完善的计划，使新的企业形象能够达到自我提升。

（三）旅游企业形象分类

1. 按旅游企业形象的内容，可以分为特殊形象和总体形象

特殊形象是指旅游企业针对某一类公众所设计、形成的形象，如旅游企业对员工、游客、政府、新闻媒介等公众树立的不同形象，就是特殊形象。旅游企业的特殊形象是旅游企业改变自我形象的突破口，是构成旅游企业整体形象的基础。

总体形象是指由各个特殊形象构成的、旅游企业呈现在公众面前的整体形象。一般用知名度与美誉度来表示一个企业的整体形象。完善的整体形象是对企业具有决定意义的宝贵财富。

2. 按旅游企业形象的现实性，可以分为实际形象和期望形象

实际形象是指为公众所普遍认同的形象。一般可以用一定的方法测得旅游企业的实际形象。实际形象不仅是形象塑造的起点，而且也是影响旅游企业生存发展的最现实的因素。

期望形象是指旅游企业期望在公众心目中树立的形象。它是一个旅游企业改善自己形象的奋斗目标和努力方向。

实际形象和期望形象是旅游企业形象塑造过程中的起点和终点。

3. 按旅游企业形象的真实性，可分为真实形象和虚假形象

真实形象是指留给公众的符合旅游实际情况的形象。使旅游企业形象具有真实性是最重要的，任何不真实的旅游企业形象都不利于旅游企业形象的树立。

虚假形象，当一个旅游企业在公众心目中的印象与该旅游企业真实形象产生误差甚至歪曲的时候，这就是虚假形象，简单地说，虚假形象就是失真的企业形象。

4. 按旅游企业形象的可见性，可以分为有形形象和无形形象

有形形象，凡通过人们的感觉器官直接能感受到的与旅游企业有关的实体，都构成该旅游企业的有形形象。这一般包括以下几个方面：

第一，旅游企业提供的服务的质量，它是旅游企业有形形象的决定因素。

第二，旅游企业外观。现代化的大酒店与街头巷尾的小旅馆，给人的印象当然是截然不同的，这就是旅游企业外观形象上的差异，外观形象在一定程度上表现出一个旅游企业的气魄，但成功的旅游企业外观并不单纯以豪华为标志，而是努力使旅游企业的性质与外观形象和谐统一。同时，整洁的环境、优美的绿化等，也是旅游企业外观形象的一部分。

第三，旅游设施和功能。拥有现代化设施和多功能的旅游企业给公众留下的印象当然要比设施简陋的旅游企业好，设施构成了旅游企业的基础形象。

第四，员工行为。员工的一举一动，往往会成为一个旅游企业的形象标志，这对旅游业来说尤其如此。热情友好的员工，彬彬有礼的服务人员给公众的愉快感受，会使人由此及彼地对整个企业产生好感。

无形形象，这是在有形形象的基础上，通过人们的记忆、思维等心理活动在头脑中升华而得的旅游企业形象。这种形象是无形的，是有形形象的抽象，因而更加深刻，更接近于旅游企业形象中本质的东西。具体由以下几方面构成：

第一，旅游企业的信誉。这是无形形象中的主体内容，信誉本身是看不见摸不着的，它体现在一个旅游企业的经营活动之中。旅游企业信誉的好坏在一定程度上会左右公众对该旅游企业所采取的行动。

第二，旅游企业员工的精神面貌，是旅游企业无形形象中另一个极为重要的方面。

第三，旅游企业精神和旅游企业风格。每个旅游企业都会有意无意地形成自己的旅游企业精神和风格。这种精神和风格作为一种旅游企业文化，能有力地影响旅游企业在公众心目中的形象。

为直观起见，综上所述如图 12-2 所示。

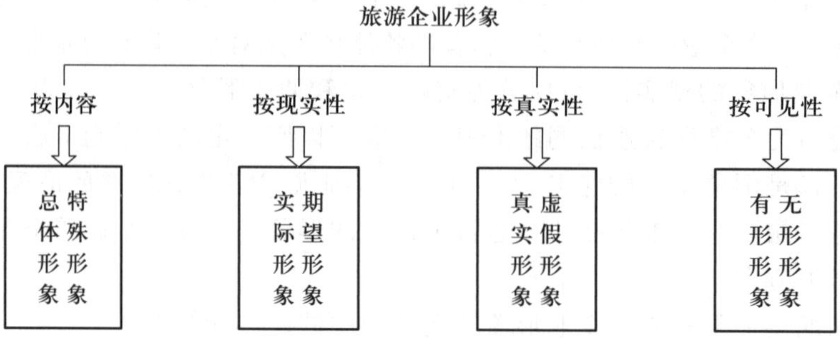

图 12-2 旅游企业形象图

三、旅游企业形象的调查

旅游企业形象调查可按以下的程序进行。

（一） 确定调查对象

旅游企业形象调查根据调查目的不同,可分为局部形象调查和全面形象调查。局部形象调查是选择一类或几类公众进行调查,其目的是摸清旅游企业在这部分公众中的印象如何,探索改善公共关系状态的措施,为旅游企业某些决策服务。全面形象调查是在各类公众中进行普遍、综合的调查,这是全面考察旅游企业形象的一种手段,为旅游企业制定经营战略服务。

对于局部形象调查,只需在某几类公众中,采用随机抽样或分层抽样等方法抽取一定数量的样本,而后进行调查;而全面形象调查则要在全部公众中抽取样本,而后按照一定方法进行调查。

（二） 形象调查的内容

确定了调查对象后,便要开始进行实际调查工作,一般是从四个方面展开这种调查工作。

1. 公众要求调查

这是以了解公众对旅游企业有什么要求为目的的调查。公共关系本质上是一种互利关系。所以,要使旅游企业具有良好的形象,就必须鉴别清楚各类公众对旅游企业的权利要求是什么,然后才可能进行分析、概括、比较、评价和权衡。这就是所谓“权利要求分析法”。公众权利要求结构如表 12-1 所示。

这种结构表简单,但使旅游企业面对的公共关系对象及他们对旅游企业权利要求一目了然。可以根据各类公众权利要求的共同点和特殊点来调查旅游企业在公众心目中的形象。

表 12-1 公众权利要求结构表

企业的权利要求者	权利要求的一般性质
员工	社会地位上的人格尊重的心理满足;不受上级的专横对待;就业安全和适当的工作条件;合理的工资和福利;提拔机会;了解旅游的内情;有效的领导
股东	参加利润分配;增股报价、资产清理;股份表决;检查旅游账册;股票转让;董事会选举;了解旅游发展状况;与企业的合同所确定的各种附加权利

续表

企业的权利要求者	权利要求的一般性质
政府	各项税收；公平竞争；遵守各项法律、政策；承担法律义务等
宾客	优良的服务态度；公平合理的价格；服务质量的保证；准确解释各种疑难或投诉；增进消费者信任的各项服务
竞争者	由社会和本行业确立竞争活动准则；平等的竞争机会和条件；竞争中的相互协作；当代旅游企业经理的风度
社区	提供就业机会；正规雇佣，公平竞争；就地采购本地产品的合理份额；保护社区环境；关心和支持当地政府；支持文化和慈善事业；支持地方公益活动；旅游企业负责人关心和参加社区事务
媒介	公平提供消息来源；尊重新闻界的职业尊严；参加旅游重要庆典等社交活动；保证记者采访的独家新闻不被泄露；提供采访的方便条件

2. 旅游企业知名度和美誉度的调查

旅游企业的知名度表示社会公众对一个旅游企业的了解程度，而旅游企业的美誉度则表示社会公众对旅游企业的信任和赞许的程度。知名度和美誉度相结合，就能反映出社会公众对该旅游企业总的态度和评价。

知名度和美誉度两项指标，可以分别通过一定的调查方式测得。如果把这两项指标作为直角坐标系的两个坐标轴，以知名度为横坐标，以美誉度为纵坐标，就可以构成一个旅游企业形象坐标系。我们把这种表示形象状况的图，称为"企业形象图"。我们可以把整个旅游企业形象分为四个象限，分别表示"低知名度、低美誉度""高知名度、低美誉度""低知名度、高美誉度"和"高知名度、高美誉度"，如图 12-3 所示。

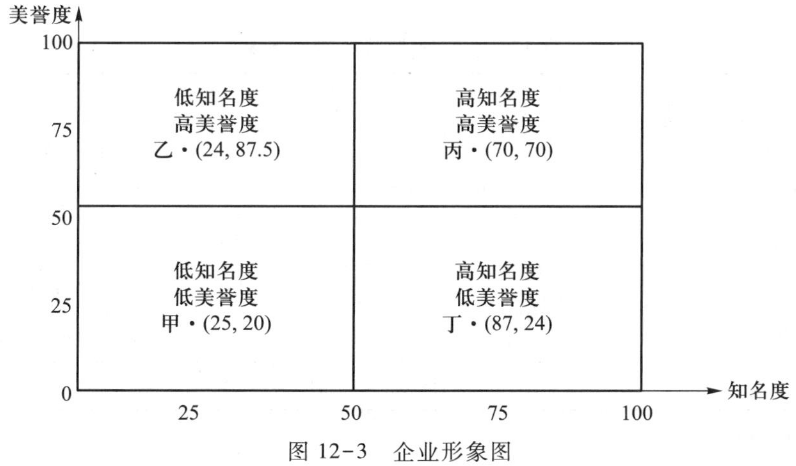

图 12-3　企业形象图

这样，每一个旅游企业都可以通过调查，在这个图上找到自己的形象所处的位置。甲、乙、丙、丁是假设的 4 个旅游企业的形象位置。

由图 12-3 可见，对甲旅游企业知者甚少，评价也不高；乙旅游企业在公众中的印象不差，但知者不多；丙的情况最好，不但知名度高，而且公众对它的评价甚高；而丁旅游企业尽管知名度不低，但公众对其评价甚差。

知名度是根据调查对象中了解旅游企业的人数所占调查对象总数的百分比确定的。如乙旅游企业在 100 个被调查对象人员中有 24 人知道该企业，所以它的知名度只有 24%。

美誉度是一项综合性指标。根据统一的规定，通过加权的方法把各类因素综合而成的一个美誉度指标，它体现了旅游企业受公众欢迎的程度，它是用对旅游企业表示赞誉的人数占受调查人数的百分比表示出来的。调查表明，知道乙旅游企业的 24 人中有 21 人对该旅游企业抱有好感，那么其美誉度即为 87.5%。这样，乙旅游企业的形象就在(24,87.5)的位置上了。

3. 旅游企业形象要素调查

这是关于旅游企业形象具体内容的调查。我们知道，企业形象是一个受综合因素影响作用的结果，企业的文化、精神，企业的产品质量、服务态度、企业的信誉、企业的工作效率、企业对社会的贡献和关心程度、企业的知名度等，都会影响企业的整体形象。为了有的放矢地改善企业的形象，有必要画出现有的企业形象图，因此就要对各项具体内容开展调查。

调查时较多地采用“语意差别法”，设计成调查量表来进行调查，然后画出“企业形象内容间隔图”，对比目标要求线，就能找到企业形象的间隔距离，客观地确定企业形象的现状。下面我们举个例子来说明这种方法。

确定要对企业形象进行调查的要素是正直、效率、诚恳、创新、名气等，用语意把这些因素的不同程度区别开来，可分成：非常诚恳、相当诚恳、稍微诚恳、一般诚恳、稍微不诚恳、相当不诚恳、非常不诚恳等几种。请被调查者就自己的看法在各语意标准之间进行选择，做出评价。然后对所有答案进行统计，计算各个档次中持某种意见的人在调查总人数中的百分比，再将这些百分比数字填入表内，就能比较直观地获取各公众态度的具体原因，即企业形象的具体内容。以甲旅游企业为例，详见表 12-2。

表 12-2 企业形象要素调查表

	非常	相当	稍微	中	稍微	相当	非常	
服务方针正直	70	25	5					服务方针不正直
办事顺利快捷		10	20	65	5			办事不顺利快捷
服务态度诚恳				15	20	65		服务态度不诚恳
旅游业务时有创新					20	70	10	旅游业务缺乏创新
管理顾问有名气						10	90	管理顾问没有名气
旅游企业的规模大					25	55	20	旅游企业的规模小

注：调查总人数为 100 人。

对这份调查表进行综合评价，所勾画出的旅游企业甲的形象内容是：该旅游企业服务方针正直，但办事效率平平，服务态度不诚恳，业务缺乏创新精神，旅游的管理顾问没有名气，以及旅游企业的规模过小。总的形象是一家知名度和美誉度都低的旅游企业。

4. 旅游企业内部期望形象调查

旅游企业期望在公众心中树立的形象,是期望形象,这是一个旅游企业改善自己形象的奋斗目标和努力方向。这种期望形象调查的重要对象是旅游企业中的主管部门、旅游企业领导人、股东、员工等,了解他们对旅游企业形象的期望水平,也是设计旅游企业形象的主要依据之一。

经过以上四方面的调查,我们就可以看到旅游企业的形象了,如图 12-4 所示。

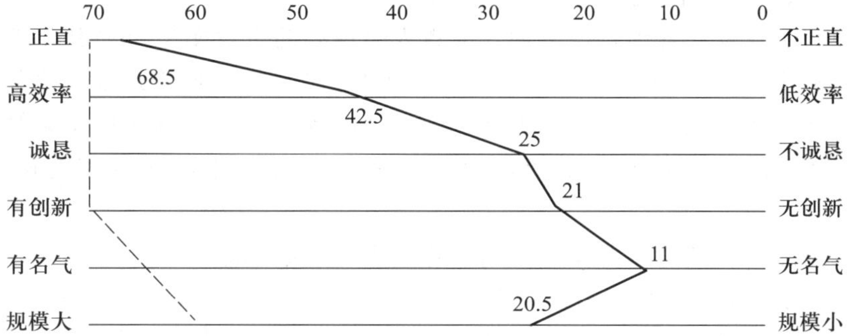

图 12-4　企业形象内容间隔图

第三节　旅游企业形象识别系统

现代旅游企业新的经营力的拓展急需一种能全面综合企业现代经营理念、企业资源、人力资源的有力的整体形象战略工具,这就是 CIS(corporate identity system)企业形象识别系统战略。

一、现代旅游企业市场发展趋势

(一) 决定消费者行为的价值体系正在演变

在工业化社会,消费者强调产品的功能性、物的价值,如产品/服务的实用性、舒适性,而在当今信息化时代的进程中,消费者则趋向于重视消费过程中的社会形象感受,即产品/服务对自身及社会存在意义的信息价值,故信息化时代又称"感性时代"。现代消费者具有自身的审美尺度,并以此作为决定其消费行为的判断准则。因此现代旅游业的经营必须发掘和确定自身的社会形象和存在价值,并以恰当的表达和沟通使消费者给予企业良好的认同,最终促使其自发地消费。

(二) 企业现代经营竞争模式的发展

逐步成长的企业经营竞争模式可划分为以下几个阶段:

1. 产品/服务质量导向的初级竞争阶段

与此相对应的经营战略是从企业内部入手,强调自身产品/服务质量在竞争中的首要作用,如旅游业中的规范化服务、质量管理(QC)等。

2. 营销导向的中级竞争阶段

企业经营战略转向从消费者需求角度考虑,强调消费者需求对企业产品/服务的导向作用,如旅游业中的营销管理、促销策划及针对性的差别化服务等。

3. 形象导向的高级竞争阶段

由于科技进步、服务培训及管理的完善,企业在产品/服务质量、营销管理等方面的水准日趋接近,因此企业间竞争力的差距最终取决于企业在消费者心中的形象感受。故此阶段企业竞争重点转向企业的管理、产品/服务行为与消费者的沟通。作为感情密集型的现代旅游业要取得成功就必须树立自身在消费者心目中完善的整体形象,增强其社会“好感度”,这一阶段标志着社会高度发展、全面竞争和市场的成熟化。

(三) 现代企业经营管理日趋强调建立以人为中心的企业文化和意识形态

以当今发达国家的现状看,即使是第一流的成功企业都或多或少地陷入诸如销售力下降、员工创造力停滞等社会认同危机,因此他们开始在其经营中追求文化的、社会的、环境的等主题经营管理,强调建立以人(员工/消费者)为中心的企业文化建设、追求完美和人性化的和谐管理。

(四) 开拓旅游业国际化经营追切需要导入整体形象战略

目前国际旅游企业发展的一个最突出趋势是:旅游企业联合集团统领了国际旅游企业近20%的成员(发达国家为60%),而且规模庞大的跨国旅游集团对世界旅游企业所起的重要支配作用仍在不断加强。因此,现代旅游业的国际化集团经营,迫切需要导入整体形象战略,以便通过国际财经传播网络向世界资本市场推广,以取得拓展国际化经营所必需的庞大资本支持这一关键保证。

二、CIS 战略与旅游企业营销管理

(一) CIS 战略及构成要素

1. CIS 战略。CIS 战略实施其实是一个连续操作的系统,由以下三部分组成,如表 12-3 所示。

(1) 企业经营理念(mind identity,MI);

(2) 企业行为规范(behavior identity,BI);

(3) 企业视觉形象识别(visual identity,VI)。

表 12-3 CIS 的构成

CIS 结构	CIS 结构说明
MI(mind identity)企业经营理念	最高决策层导入企业识别系统的原动力,企业经营理念与精神文化
BI(behavior identity)企业行为规范	动态的识别形式对外回馈、参与、活动、对内组织、管理、教育
VI(visual identity)企业视觉识别	静态的识别符号具体化,视觉化的传达形式,项目最多,层面最广,效果直接

CIS 战略的核心就是通过“突出 VI、强化 MI、规范 BI”的整体传播手段,塑造企业在市场竞争中个性鲜明的整体形象,与企业的相关利益者(员工、社会大众和政府机关团体)建立良好的沟通和信赖,最终推动企业产品销售和良好的经营业绩。

2. CIS 战略的构成要素

CIS 战略由三部分构成如图 12-5 所示。三者之间有机结合、相互作用,带动旅游企业的经营,塑造旅游企业独特的形象。

(1) 旅游企业理念识别(MI)。旅游企业理念识别是旅游企业 CIS 战略的灵魂和种子。只有建立正确的旅游经营理念并顽强执着地执行它,才能使旅游企业的 BI 和 VI 有明确的方向和目标,旅游企业的 CIS 战略才能开花结果。旅游企业的经营理念方针,是旅游企业形象战略的精神所在。

(2) 旅游企业行为识别(BI)。旅游企业行为识别的要素构成了旅游企业 CIS 战略的核心内容,是旅游企业服务和管理的主要内容。通过这些动态形式的活动,反映并完成其旅游经营理念的要求。旅游企业的 BI 系统,是整个旅游企业 CIS 战略和 MI 及 VI 系统牢固的基础。

(3) 旅游企业视觉识别(VI)。在旅游企业的 CIS 组成中,VI 是最外在、最直观的部分,成为旅游企业信息传达的最佳手段。以美国假日酒店集团为例,其酒店标志是一个类似手书并极富韵味的"Holidayinn"字母及字母上方加一个星形。这一标志设计极富个性,又极具艺术感染力,使人联想到高雅、文明的服务质量和一流的服务水平,给人以与众不同的感受。假日酒店集团在世界的数千家连锁酒店中推行这一视觉识别(VI),使人无论在哪里都愿意走进假日酒店享受同样的服务。

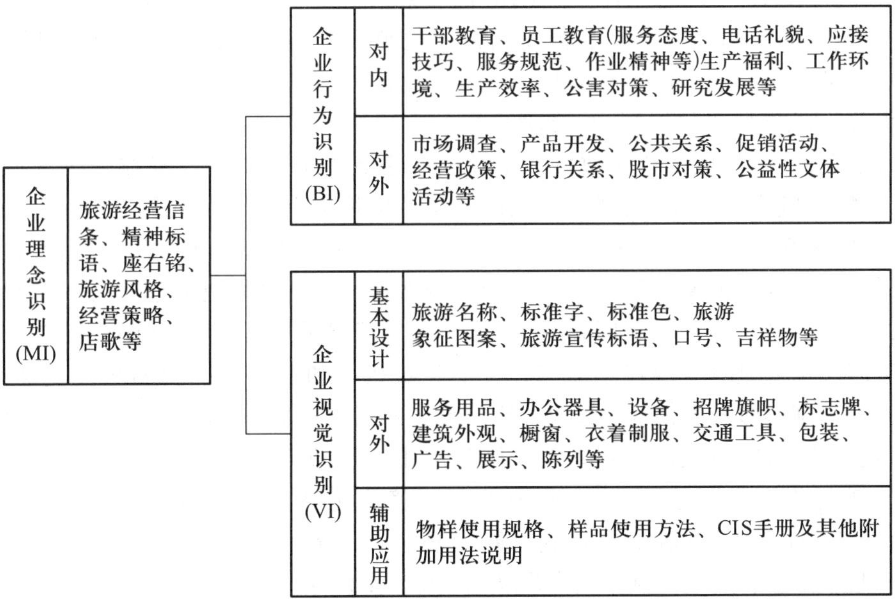

图 12-5　旅游企业形象战略构成要素

(二) CIS 战略与旅游企业营销管理的融合

促销的实质是通过沟通顾客、公众与旅游企业之间的联系,以唤起顾客的注意、引起顾客的兴趣、激发顾客的购买欲望,推进顾客购买行为来促进产品销售。而旅游企业的 CIS 战略,则正是根据旅游业营销的特殊性,运用信息沟通的促销原理,通过"突出 VI、强化 MI、规范 BI"的整体传播手段,塑造旅游企业在市场竞争中个性鲜明的整体形象。关键把握以下几个环节,使 CIS 战略与旅游营销管理融为一体。

1. 旅游企业导入 CIS 的层次

旅游企业的经营管理有近百年的经验及数十年成熟理论的积累。近年来才从西方引进的作为新型战略工具的 CIS,要实现与现代旅游经营管理的有机融合,就必须在旅游经营理念、意识形态的高层次实现渗透,而不仅仅是标志设计、促销策划等操作层次,唯有这种高层次的导入,才能发挥 CIS 战略工具自上而下的统筹优势,从而真正创造旅游经营的新格局。

2. 确定旅游企业的社会形象

CIS 核心所致力追求的旅游企业社会形象是超越以往仅仅依据市场定位而确定的市场形象,它是以旅游企业的大营销思想为依据,综合了旅游市场形象、经营管理风格以及旅游社会责任的整体形象,其目的是达成与社会公众的沟通从而获取公众的认同。

3. 旅游企业整体行为设计思想

以往的旅游企业行为设计主要表现为旅游企业内部的管理规范和制度(如员工岗位责任制),它是以确保旅游企业的服务效率和质量控制的经营思想为出发点。而导入 CIS 战略思想后的现代旅游企业的岗位责任制规范,在确保服务质量和效率的前提下,还应设法突出其给予顾客的有关旅游经营风格的总体形象的感受。例如,假日酒店集团的"暖"、希尔顿酒店的"快"、香港文华酒店的"情"的总体服务风格和形象感受无不在其细致入微的服务规范设计中得到一致性的协调统一。另外,旅游企业的行为规范设计还包括旅游企业对外促销活动(如调查、公关、商务礼仪)规范和公益活动(如义演、义卖等)规范。

4. 旅游企业视觉感受的鲜明和一致性

随着旅游业的发展,旅游企业数目的剧增已成必然之势。要使自身在众多的旅游群体中凸显出来,并给予顾客强烈印象,就必须在旅游企业的视觉上以明显区别于竞争者的独特风格出现,并且在顾客视觉所接触的旅游企业内外部各个细节上强调其风格的一致性,以持续的视觉刺激形成鲜明的旅游形象。如旅游酒店给予顾客最突出的视觉是其建筑外观和标准色。广州东方宾馆展现的是古典宫廷和园林式建筑风格,以及典雅的金黄色基调。而高级商务酒店上海花园饭店展示的是具有现代感的三叉分形建筑风格和欧陆式高贵的米黄色基调。此外,旅游企业视觉识别还包括旅游企业标志、员工服装系列、公共标志符号系列、标准字体、办公用品系列,以及专业化的客房服务用品、餐厅服务用品系列、展示陈列、广告版式规范等。近年来从环保运动观点出发,更有把旅游企业内外部环境作为特定的视觉系列的"环境识别系统(EI)"。如酒店业的设计包括旅游企业的建筑环境(旅游企业外观、门厅、停车场、走廊护栏等)、办公环境、绿化环境(绿化布局、树形花种、流水喷泉等)。

5. 正确把握 CIS 战略的导入时机

CIS 战略的可贵之处在于将企业在管理、营销、服务等方面的内在实践经验加以总结,提升到系统化规范化的高度,并以鲜明的外在形象展现给社会。作为旅游企业的一种整体战略,CIS 思想包含了企业理念、视觉形象、行动规范三方面的统一,从而决定了旅游企业必须拥有管理、营销、服务等方面的成熟条件才能成功地导入 CIS。导入 CIS 意味着对旅游企业进行整体质量管理。如果缺乏以上环境的配套,仅凭 CIS 的某一个方面(如标志设计)只会流于肤浅的形式,不可能取得最终明显的效果和成功。

6. 维持 CI 战略对旅游经营的持续推动

旅游企业特定时期的 CIS 战略，伴随着旅游的经营发展存在着一个成长—稳定—衰退的生命周期，特别是随着时代思潮的演进，作为核心的企业理念也随之演化，企业行动规范也需不断调整，所以要维持 CIS 战略对旅游企业经营的持续推动，就必须在其中注入新的概念和理解，那种企求导入 CIS 后一劳永逸万事大吉的指导思想是万不可行的。

三、导入 CIS 战略的过程

旅游企业的 CIS 战略是配合旅游企业长期营销的战略，并非是偶发性的即兴工作。旅游企业在导入 CIS，利用 CIS 来促销时，要把这一工作当作一个系统工程来认识，首先对旅游企业的现状进行调查分析，形成具体的建议和方案，据此设计开发 CIS，并选准时机（如创业伊始、创业周年纪念等）开始实施。

旅游企业形象战略促销的基本过程可分为以下几个阶段。

（一） 旅游企业实态调查分析

这一阶段主要在于把握旅游企业的经营现状、外界认知、设计现状，从中确定旅游企业实际给予顾客的形象认知状况。这一调查可分为旅游企业内部环境和旅游企业外部环境两部分。

1. 旅游企业内部环境分析

内部环境分析是在旅游企业内部各部门、各管理层进行以旅游管理素质评价为中心的广泛调查，找出旅游企业面临的危机和问题，使旅游企业 CIS 目标明确化。

2. 旅游企业外部环境分析

外部环境分析主要是对社会现状、目标市场情况、行业竞争等相关对象进行分析，以准确把握旅游企业的行业地位和社会形象，并探索旅游企业在今后的存在位置。

（二） 旅游企业经营理念确定

用上一阶段调查的内容分析旅游企业内部、外界认知、市场环境与旅游企业现有各种设计系统存在的问题，拟定未来旅游定位与应有形象的基本概念，作为以后设计规划的原则和策略。

在这一阶段，旅游企业应着眼于社会发展、市场背景、旅游企业经营未来趋势确定旅游企业的经营理念和事业拓展领域，并据以规划旅游企业的经营活动规范。例如，旅游企业可以确定“效率与一流服务”为其经营理念。

（三） 旅游企业 CIS 设计

CIS 设计根据上述基本形象概念，将旅游企业的理念转变成具体可见的信息符号。在进行设计规划时，必须不断地经由模拟调查、测试，直至设计表现符合原始的形象概念为止。

旅游企业的 CIS 设计包括旅游企业活动设计和视觉设计两个方面。

1. 旅游企业活动设计

旅游企业活动设计是指通过旅游企业组织结构的调整、全体员工的理念教育及行为规范培训，使旅游企业整体行动一致化，展示新的旅游企业风范。

2. 旅游企业视觉设计

旅游企业视觉设计是指对旅游企业的建筑外观风格，环境、标志、办公用户服务用品、制服、广告等能直接给予顾客视觉接触的外在形象,进行统一设计,以突出旅游企业鲜明一致的视觉形象。

（四） 旅游企业 CIS 的完成和导入

这一阶段的重点在于排定旅游企业导入实施项目的先后顺序,策划对外告知活动和筹组旅游企业的 CIS 执行小组及管理系统。

前几个阶段的工作都可请专业的 CIS 设计公司来完成,而这一阶段的工作则必须建立以旅游企业管理层为中心的管理系统和机构,并成立专门的 CIS 工作小组,CIS 工作小组全面负责旅游企业 CIS 的导入和推展工作。

旅游企业的形象是一个整体形象,它不仅要求 CIS 的各个设计要素要有机结合,而且还要求旅游企业的各部门、各环节、每一位员工的相互配合,协调一致,共同推动旅游企业的 CIS 工程。

（五） 监督与评估

旅游企业 CIS 的设计规划仅是前置性的计划,如何落实建立旅游企业的企业形象,还必须时常监督与评估,以确保符合原始设定的企业形象概念,借此让广大顾客达成识别认同的效果。若发现原有设计规划有缺陷,应提出检讨与修正。

以上所提供的旅游业导入 CIS 程序只是一般的操作模式,企业间的竞争就是差别竞争,在创造各具特色的具体旅游企业 CIS 方面并无固定模式可循,但我们相信,随着旅游业管理专家和 CIS 专业人士多方面智慧的不断深度开发和有机融合,CIS 战略的导入将为中国现代旅游业发展新的经营活力的必经之路。

阅读材料

7 大海外旅游目的地营销成功案例

一、澳大利亚的大堡礁体验式旅游营销

澳大利亚大堡礁尽管久负盛名,但因为随着海洋升温以及游客增多,一度大堡礁的珊瑚虫濒临灭绝,经过一段时间的休养生息,大堡礁生态环境得到了恢复,知名度却已大不如从前。汉密尔顿岛素有澳大利亚“大堡礁之星”的美誉,岛上终年气候舒适宜人,活动多姿多彩,但由于当地旅游受金融危机冲击,游客量大减。

为提升大堡礁的国际知名度,昆士兰旅游局策划了一次网络营销活动。2009 年 1 月 9 日,澳大利亚昆士兰旅游局网站面向全球发布招聘通告,并为此专门搭建了一个名为“世上最好的工作”的招聘网站,招聘大堡礁看护员。网站提供了多个国家语言版本,短短几天时间网站吸引了超过 30 万人访问,导致网站瘫痪,官方不得不临时增加数十台服务器。

“世界上最好的工作”——大堡礁岛屿看护员的工作主要分为探索和汇报(向昆士兰旅游局以及全世界报告其探奇历程)、喂鱼、清洗游泳池和兼职信差(可参与航空邮递服务)四项工作。这个工作,与其说是看护员,其实不如说是大堡礁的体验者——这正是昆士兰旅游局推出此活动的目的,通过体验式营销的方式来向世界宣扬大堡礁的美妙之处,同时充分利用招聘过程的吸引力成功进行营销造势,吸引全世界旅游者的关注,向全球推广大堡礁的知名度与美誉度。

二、香港品牌联动营销

整体营销方式：城市、旅游景区、旅游关联产业实现了品牌联动，共同宣传，相互促进，分层次、立体化地塑造香港旅游品牌形象。

第一，分层次塑造香港旅游品牌。

第一层次，全面包装城市，塑造城市品牌。无论是之前的“魅力之都”还是现在的“动感之都”“购物天堂”，香港旅游发展局的宣传口号都恰如其分地道出了时尚、动感和繁华的香港品牌形象。

第二层次，加大宣传力度，创建名牌旅游景区。香港旅游发展局每年的推广费用预算高达数亿元，旅游局70%以上是市场推广人员，和内地旅游部门的不到10%形成鲜明对比，香港旅游发展局对品牌推广的重视可见一斑。旅游景区和城市品牌的无缝对接，直接带动了香港旅游的繁荣。

第三层次，突出饮食购物文化，树立旅游关联产业品牌形象。对很多游客来说，香港最大的魅力不是景点，由购物、饮食和文化等旅游关联产业构成的大都会旅游才是香港游的真正精髓。

第二，整合推广，品牌营销的利器。通过五大渠道，即消费者推广、同业推广、媒体推广、会议展览及奖励旅游推广、名人推广来进行整合营销，同时结合大型综合推广活动来达到宣传香港旅游形象，吸引潜在旅游者的目的，并取得了极佳的效果。

第三，品牌危机，危机营销渡难关。1998年的金融危机期间，香港旅游通过一系列优惠政策和推介活动开发内地市场等方式来弥补东南亚游客流失的损失。2003年初SARS袭来的时候，香港旅游局方面沉着应对，同其他政府部门配合，首先做好游客的安置工作，保证游客安全离港；其次对酒店、餐饮、交通等旅游相关产业给予政策上的支持。之后SARS疫情减轻，旅游发展局则马上开展了重塑香港的系列公关活动，专门针对消费者市场、会展市场和专业旅游机构，打消疑虑。

三、新加坡借助卡通形象营销旅游产品

产品注重创意，是新加坡旅游产品营销的显著特点。从2005年底开始，新加坡各个旅游景点的商店里，陆续出现了一种名为“乐宾莱恩”(Luving Lionel)的毛绒玩具，它的上半身是狮子头，下半身是鱼尾，一副彬彬有礼、笑容可掬的模样，受到当地公众及海外游客的青睐。

开发“乐宾莱恩”的起因是从日本的Kitty猫、美国的米老鼠借鉴，从新加坡的象征性标志之一的“鱼尾狮”传统形象造型中汲取灵感而设计，并由此衍生出诸多卡通形象，进而推出一系列可以展现新加坡日常生活的角色和故事，将新加坡的美食、时尚之都和好客等文化形象融入其中。

除毛绒玩具外，同时推出的“乐宾莱恩”产品还包括手提包、手机链、钥匙圈、瓷器等，印有“乐宾莱恩”图像的T恤衫也将不久面市，可以看出，“乐宾莱恩”是一个全方位发展的形象产品。同时，为了宣扬传统文化，当地还促成该卡通与当地老字号饼店合作，为其重新设计包装，将“乐宾莱恩”的形象印在饼盒上，既让本地年轻人了解传统文化，又能让外地旅客体验到新加坡的传统糕点美食。

四、马来西亚体验营销与文化营销的结合

马来西亚以“亚洲魅力所在”给自己的国家一个清晰的定位，有着充分的理由。亚洲三大古老文明——马来文明、中华文明和印度文明,在马来西亚汇聚、融合,并与当地原住民文化相互激荡,造就了马来西亚独特的多元文化。马来西亚的旅游营销在很大的层面上属于文化营销的范畴,无论是民族文化、宗教文化、语言文化还是饮食文化,乃至殖民文化,在政府主导下,马来西亚旅游相关部门都做出了很精彩的文章。

首先,节日庆典打造新的旅游格局。

例如,对于马六甲,宝贵的建筑与历史才是这座沧桑城市的灵魂,很多印度和荷兰人的后裔与当地联姻,为了让更多游客体验到这种移植文化的魅力,当地旅游部门与企业联合策划包装出"印度村""荷兰村"等文化体验景点,每年还组织村民举办热闹的"印度屠妖节""荷兰海神节"等传统节日,并邀请游客参与其中。这种融合了历史、宗教与民俗的旅游产品受到了游客的普遍欢迎。

其次,举办各种形式推介会开展海外营销。

从 2003 年开始,一年一度的"全球会聚马来西亚"是马来西亚旅游部主办的一个全球性旅游推广活动。马来西亚旅游部把来自几十个国家的媒体、企业、旅行社等代表请到马来西亚,除了常规性的买家(buyer)与旅行社之间的商务洽谈外,大部分时间都安排了与会代表游玩马来西亚。因为马来西亚的旅游官员相信,亲身体验胜过任何华丽的广告,口碑传播更是具有无可比拟的宣传效应。此外,马来西亚旅游部还经常到海外重点客源市场举办诸如会展和奖励旅游推介会等一系列海外促销活动。

最后,政府强大的资源整合能力力推国家形象。

事实上,马来西亚政府在旅游业中扮演着一个非常重要的角色。旅游业的发展不仅仅是旅游部的事情,几乎所有政府部门都要承担相关的责任。政府部门之间的沟通和合作很紧密,比如旅游部和交通部、民航部、安全部等部门之间是经常合作,有点像旅游资源整合的联盟。部门之间有问题联合办公,很少有互相推诿的情况,并直接向总理汇报。

为了让政府旅游部门与市场实现无缝连接,1992 年,马来西亚旅游部还特别成立了马来西亚旅游促进局(简称大马旅游局)作为辖下的半官方机构,其基本职责就是促进马来西亚旅游成为国际性旅游、会议、展览及奖励旅游的"首选目的地"和"最佳旅游地"。

马来西亚政府还通过对全国旅游资源的控制和旅游产品的研发上来影响和促进马来西亚旅游业。尤其对珍贵和天然的旅游资源,有节奏地进行资源开发和游客导入。

此外,拓展会展与奖励旅游的海外市场。成立会展奖励旅游的直接部门与马来西亚航空合作,向全世界推广前来马来西亚举办会展与奖励旅游。此举背后的深意是,原来马来西亚旅游业主要集中在休闲度假旅游和观光旅游,现在马来西亚将把促销重点放在会展旅游上,并将会展奖励视为马来西亚旅游业长期发展的重要利润增长点。

五、日本冲绳签证优惠

为带动冲绳地区的观光产业,日本政府大幅放宽给中国游客个人观光签证的措施于 2011 年 7 月 1 日正式开始实施。措施规定,凡符合条件的申请人可申办三年有效、多次往返、每次最多停留 90 天的观光旅游签证,但第一次入境日本时目的地须包含冲绳地区,此后赴日地点不受限制。业内人士表示,此利好措施免去多次赴日的烦琐手续,利于进一步促进赴日游的全面重启。

六、泰国清迈文化营销——通过影视剧迎合市场

《泰囧》影视剧拍摄在中国引起的强烈反响,这部并不明显展现外景地的电影却奇迹般催

旺清迈旅游热。2013 年 4 月份在清迈举行的泰国传统泼水节几乎变成中国人的节日。据泰国观光酒店业协会北部分会的负责人透露，清迈泼水节的酒店预订中，中国游客占 55%。有数据显示，在《泰囧》未播出前，2012 年泰国有 270 万中国游客，但只有 10 万人去清迈。资深旅游文化专家刘思敏表示，《泰囧》迎合了搞笑、草根的大众娱乐趋势，而泰国本身就是中国游客重要的旅游目的地，清迈在影片里清新优美，有利于克服游客对泰国游的审美疲劳。

七、意大利的托斯卡纳举办艺术节吸引游客

意大利中部的托斯卡纳大区，以自然风景、世界遗产、文化和美酒佳肴而著称。这里是文艺复兴和著名作曲家普契尼的故乡，也是世上首间银行的创建地，这里有拥有上百座教堂的中世纪小城，欧洲最著名的中世纪广场和到处遍布着的古老的建筑和绘画雕塑杰作。托斯卡纳是艺术家、学者、科学家和音乐家的土地，它拥有意大利超过 50% 的艺术遗产。如此之多的文化遗产对于任何一个到访者来说都是独一无二的体验。

托斯卡纳每年都要举行 63 个节庆：其中包括 8 个音乐节（爵士，蓝调，宗教音乐，民间音乐，古典音乐等）、12 个戏剧节庆、7 个舞蹈节、36 个从音乐到戏剧到夜总会等各类娱乐节目表演。当然不容错过还有各个城镇组织的盛大节庆（如利沃诺的"威尼斯映像"节和马萨-卡拉拉的"Lunalica"节）。更重要的是在于它拥有 900 个海滨度假胜地，分布在该区大大小小的自然文化景观之中，据此每年都有数以百万计的游客都会选择托斯卡纳作为他们假期的目的地之一。

此外，完善的旅游咨询销售体系和创新的宣传方式，是该地区旅游产业振兴的"制胜法宝"。不管在大城市，还是小城镇，每一条街道上都有旅游小店。这些旅游小店专门为游客提供旅游信息咨询、旅游产品设计和购买等旅游需求业务。从区到市，再到镇，托斯卡纳建立了一套全覆盖的、完善的旅游咨询销售体系。

资料来源：搜狐网络整理，2017 年 11 月 24 日。

本章小结

1. 公共关系是一种内求团结、外求发展的经营管理艺术。它运用合理的原则和方法，通过有计划而持久的努力，协调和改善组织机构的内外关系，使本组织机构的各项政策和活动符合于公众的需求，在公众中树立起良好的形象，以谋求公众对本组织机构的了解、信任、好感和合作，并获得共同利益。

旅游公共关系就是通过揭示旅游公共关系活动的规律，探索旅游业主体运用传播、沟通的手段，使旅游业与旅游公众相互了解、相互合作，帮助旅游管理部门掌握变化的环境情况并有效地利用这些变化以促进旅游目标实现的一种活动。

旅游关系营销，是以系统论和大市场营销理论为基本思想，将旅游企业置身于社会经济大系统中来考察旅游企业的市场营销活动，认为旅游企业营销是一个与旅游者、竞争者、供应商、分销商、政府机构和社会组织发生互动作用的过程，旅游企业营销的核心是正确处理与这些个人和组织的关系，将建立与发展同相关个人和组织的良好关系作为旅游企业市场营销成功与否的关键因素。

旅游危机的定义为："影响旅行者对一个目的地的信心并扰乱继续正常经营的非预期性

事件。这类事件可能以无限多样的形式不断发生”。在关系营销中,突发事件的发生以及在关系管理与信息传递过程中出现的偏差等原因都会引发危机。因此正确地处理和掌控,预防危机事件的发生是非常必要的。

旅游企业形象是在社会整体认知环境下来研究,企业良好的社会形象是关系营销开展的成功的结果,是关系营销的一个重要的策略。在关系营销中,旅游企业自身的形象塑造过程就是正确处理各个利益相关者关系的过程。企业形象关系管理就是对企业各个利益相关者对企业形象认知的关系联系的正确引导过程。

2. 旅游企业形象(corporate image)就是社会公众包括旅游企业员工心目中对旅游企业整体的评价。它是公众对旅游企业的发展史、创始人、主管人员、员工、团结气氛、行为准则、物质条件、产品、服务、旅游企业名称等总体认知,反映了公众对旅游企业的整体特点、总的精神的了解和情感倾向。这种印象不仅来自有形的、看得见摸得着的外显事物,同时也来自长期为公众所感知和记忆的旅游企业的行为和表现的内在精神。

3. 旅游企业的CI战略,则正是根据旅游业营销的特殊性,运用信息沟通的促销原理,通过“突出VI、强化MI、规范BI”的整体传播手段,塑造旅游企业在市场竞争中个性鲜明的整体形象。旅游企业通过旅游实态调查分析、经营理念确定、旅游企业CI设计、旅游企业CI的完成和导入、监督与评估这几个环节保证其与企业经营管理融为一体,实现企业的总体发展战略。

关键术语

旅游公共关系(tourism public relations)
公众(the public)
关系营销(relations marketing)
公共形象(public image)
营销因素(marketing factors)
旅游企业形象(tourism corporate image)
企业整体形象识别系统(corporate identity system)
企业理念识别系统(mind identity)
企业行为规范(behavior identity)
企业视觉形象识别系统(visual identity)

案例回顾与讨论

1. 国家旅游形象塑造在国家公共关系活动中具有怎样的作用和影响?
2. 案例中,参加人员与目标受众有一定的差异性,您如何解决这一问题?

复习与思考

1. 旅游公共关系的含义和促销作用是什么?促销方式有哪些?
2. 旅游关系营销的含义是什么?旅游关系营销的关系内容是什么?
3. 举例说明营销因素第五个“P”的作用。

4. 有人提出：因为旅游企业的形象是相对稳定的，所以不能把“公共形象”当作市场营销战略一部分。你的看法如何？

5. 在本地区或本城市找出一家有代表性旅游企业，进行旅游企业形象调查用形象评估工具图—形象内容间隔图，将上述调查用曲线图表示出来。

6. 从现代旅游业市场发展趋势，简述寻求旅游企业新的经济增长点的 CIS 的有效途径。

7. 试述旅游企业 CIS 战略与旅游企业营销的关系。

8. 举例说明开拓旅游企业国际化经营迫切需要导入整体形象战略。

9. 试举例说明旅游酒店的关系营销核心是什么？为什么？

自测自评

实践题

1. 找一个旅游企业分析其在旅游关系营销方面的营销策略的实施。

2. 找一个旅游企业分析其在旅游形象建立方面给受众的形象的认知。

推荐阅读文献

1. 杰拉尔德·曼宁. 销售学：伙伴关系创造价值. 14 版[M]. 北京：中国人民大学出版社，2019.

2. 约亨·沃茨克里斯托弗·洛夫洛克. 服务营销. 8 版[M]. 北京：中国人民大学出版社，2018.

3. 许荷晶. 公共关系——旅游营销的必要手段[J]. 现代营销，2015(3)：48-49.

4. 司亚静. 新媒体环境下旅游公共关系传播策略[J]. 经贸实践，2017(24)：167-168.

5. 黄芸. 新媒体视阈下旅游目的地危机公关研究——以桂林国际旅游胜地建设为例[J]. 市场论坛，2017(4)：72-75.

第十三章　网络营销——虚拟世界，真实感受

本章通过对旅游网络营销的介绍，目的是顺应当今网络与信息技术的发展，将旅游营销扩展到一个新的平台——互联网，借助在这一领域中的技术手段来开展旅游营销的一切活动。在本章中，首先对旅游网络营销的相关概念做了阐述，然后详细介绍了旅游网络营销中相关策略的实施，并用具体实例说明旅行社和旅游目的地网络营销的策略是如何实现的，最后对旅游网站的基础内容进行了简单介绍。

学习目的

- 掌握旅游网络营销的基本概念
- 了解网络营销和传统营销的区别和联系
- 了解旅游网络营销的特点和分类
- 掌握旅游网络营销的策略

引导案例

欣欣向荣的在线旅游业

如今，旅游已不再是普通老百姓的奢侈性消费，我国的旅游业在经过十多年的飞速发展之后，已经成为国民经济的支柱产业。今天，互联网发展了，人们的出行多了，信用卡的使用也多了，这三个在线旅游必备的条件已不再成为人们出游的“绊脚石”，在线旅游业的日渐走强也让旅游者的消费需求越来越个性化、多样化，实现我国由“旅游大国”变为“旅游强国”的目标将为时不远了。

美国IAC集团，是全球最大的在线旅游服务提供商，其下属包括了全球最大在线旅游网站Expedia、全球龙头酒店预订网站Hotels.com、在线旅游热线服务网Hotwire和度假等旅游产品提供商Interval International。同时，该集团还有全美最大的票务服务中心网站Ticket master，提供体育、音乐会等各种票务在线预订服务等；提供区域位置搜索、地理位置查询等相关服务，其主要包括City search网。

胜腾，是美国一家业务多元化的集团，提供度假旅游产品服务、租车服务以及旅行服务。该集团是全球最大的酒店特许方，共计6 300余家酒店，54.2万个房间。拥有全球70%的分时度假服务、众多旅游知名品牌以及世界排名第二的通用租车连锁系统，遍布140个国家和地区。同时，还提供一流的在线和非在线的酒店及与旅游相关的票务服务。

虽然我国相比于发达国家的差距还很大，但发展空间也是巨大的，由此吸引了众多投资者的加入：全球最大的在线旅行服务公司Expedia（亿客行）拥有艺龙网52%的股权、港中旅投资

的芒果网、中航集团下属的里程网等,同时也有效仿美国 Sidestep、Kayak(客涯)等旅游垂直搜索模式的"去哪儿"、万里旅行网等。

目前,国内整个在线旅游市场已逐渐细分为酒店及航空公司旅游供应商在线业务、第三方在线旅游服务商、传统旅游服务商在线业务、在线旅游搜索引擎、在线旅游社区或平台,等等。

百花齐争艳,期待结构化转变

日本人曾经占据亚洲在线消费者的第一位,而今天已经被中国人取而代之,并且中国在线消费正经历着20%的年增长率。全世界的在线消费总额中,中国仅次于美国位居第二。目前,携程旅行网向超过1 400万会员提供集酒店预订、机票预订、度假预订、商旅管理、特惠商户及旅游资讯在内的全方位旅行服务;艺龙旅行网则依靠两个网站和呼叫中心为会员提供旅游资讯及预订等一站式服务,并且可以提供国内338个主要城市的近4 700家酒店和海外数万家酒店优惠的预订服务,国内70个主要商务或旅游城市的出、送机票服务。

携手为双赢,"网"住客户靠服务

据统计,有70%的网络休闲游客至少在线预订一些个人旅游产品,而52%的旅客则在线购买全部或多数个人旅行产品。中国旅游供应商显然也看到了网络蕴含的商机,因此"携手""双赢"的声音在市场中不绝于耳。

国内知名的在线旅行服务公司携程旅行网携手全球最大的中文搜索引擎公司百度开展酒店搜索方面的全方位合作。出行的客人可以通过百度地图频道,查询携程近5 000家会员酒店的地理位置和介绍信息,并直接预订。此次合作不仅为百度旅游资讯搜索提供完善的内容支持,也将直接给携程带来预订量的增长,实现"双赢"。

招商银行携手在线预订芒果网共同推出了联名信用卡。该卡是招行和芒果网在在线预订行业推出的一款重量级金融产品,将为广大的商旅人士和自助游人士提供优惠优质的机票销售、酒店预订、旅游产品预订服务,以及各种丰富多彩的增值服务。

旅游资讯和搜索引擎的结合是市场发展的趋势之一。IT搜索引擎便捷和快速的优点,不仅很好地推动了旅游信息的推广和行业的发展,两大行业的交织也为IT业和旅游业同时带来了新的发展方向。

资料来源:中国旅游营销网。

第一节　旅游网络营销概述

一、旅游网络营销概念

(一) 网络营销

网络营销根据其实现的方式有广义和狭义之分,广义的网络营销是指企业利用一切计算机网络,包括Intranet(企业内部网)、EDI(行业系统专线网)及Internet(国际互联网),进行的营销活动,而狭义的网络营销专指国际互联网网络营销。国际互联网是全球最大的计算机网络系统。一般情况下的网络营销是指狭义的网络营销。正如卓骏在2005年版的《网络营销》

里将网络营销定义为以互联网为传媒手段,通过对市场的互动营销传播,达到满足消费者需求和商家诉求(盈利目的)的过程。

由此定义可以看出,网络营销可以理解为网络环境下的市场营销,即 marketing online。它在本质上仍属于市场营销范畴,是传统市场营销理论与实践在一种新环境下的提高和完善,是市场营销理论的发展与延伸,它较之传统营销工作的一个最大优势在于充分利用互联网这一现代科技手段,以消费者为主导,强调个性化营销;同时,为了适应信息化时代的要求,并充分利用信息这一可再生的新兴资源,网络营销全方位地重视信息在企业营销战略中的作用;它是企业整体营销活动的一个组成部分,贯穿于企业整个营销过程,为实现企业的最终目标而服务。

（二） 旅游网络营销

随着人民生活水平的提高以及整个社会消费个性化时代的到来,越来越多的消费者已经不再满足于传统的组团旅游,个性化、多样化的旅游形式正广泛地被消费者所接受。传统的旅行社组团旅游,虽然可以让旅游者免去为交通、住宿等诸多琐事而操心,但一路走马观花,旅游者看到的几乎都是相同的东西,谈起来的感受几乎是千篇一律,个人的需求难以得到满足。另外,随着社会的发展,人们生活节奏的加快,人们很难有时间听从旅行社的统一安排,他们更愿意在旅游代理商的帮助下自己设计旅游路线,自己安排旅游时间。因此,旅游产业将逐渐步入个性化时代。在个性化旅游的大趋势下,旅游者对信息服务的依赖程度越来越高。在出行前做旅行决策时,旅行者需要借助各种媒介(旅游报刊,互联网等)了解各地的旅游信息,通过媒介提供的文字、图片、视频等各种综合信息来做决策。而且,旅行者还需要借助互联网的信息服务来设计自己的旅行线路、交通工具、入住宾馆等。专家指出,旅游者的一次旅游决策过程,实际上是一个旅游信息的输入、处理、输出、反馈的过程。在做旅游决策前,旅游者更愿意借助互联网进行信息查询。艾瑞市场咨询(Ire search)根据资料整理显示,网民了解旅游信息的主要渠道是通过亲朋好友介绍,媒体广告和上网查询,其所占比例分别为 69.3%、69%和66.7%,只有 31.4%的网民直接向旅行社查询相关旅游信息。因此,旅行社的咨询服务功能正被互联网的自动查询功能所取代。当旅行者到达旅游地后,旅行者希望了解当地的风土人情,需要了解当地的饮食、购物、住宿、交通等信息,如旅行者想知道当地的特色菜哪家做得最好、哪里的购物更经济等,这就需要各种信息来决策。旅行结束后,很大一部分旅行者喜欢把自己独特的感受写下来,把文字、图片和视频发到论坛上和其他旅友交流,这也是个性化时代彰显自身魅力的方式。

旅游网络营销的出现正式迎合了个性化的趋势。旅游网络营销,主要是针对旅游企业而言的,它建立在互联网的基础上,并借助联机网络、电话通信和数字交互式媒体的威力与潜在旅游者在网上直接接触的方式,向旅游者提供更好的旅游产品和服务,最终实现旅游营销目标。旅游网络营销是以互联网为载体,利用先进的电子手段为旅游企业树立形象,实现双向交流,满足旅游者的需求,从而开拓市场,增加赢利,实现其市场目标的营销活动。由此可见,通过网络技术手段的应用,可以更好地服务目标游客群体,与游客间维持高度互动、个性化的关系,体现出关系营销的特点。从旅游网络营销的概念,我们可以看出它展现和提升了“网络”和“旅游”的价值。它不仅是一次技术手段的革命,而且还蕴含着深刻的观念更新。可以说,旅游网络营销是直接营销、软营销、关系营销、顾客导向营销、双向互动式营销等的综合体。它可以通过互联网手段更好地实现各项网络营销的职能，为增加景区销售、提升品牌价值、提高整体竞争力提供支持。现阶段旅游网络营销的核心思想是通过合理利用互联网资源（如网络营销工具和方法等），实现网络营销信息的有效传递，为营造有利于景区发展的经营环境奠定基础。

二、旅游网络营销的特点

旅游网络营销是以互联网为媒介，以新的方式，新的理念来实施旅游产品的营销。网络营销也在旅游产品的营销上具有别于传统的营销的新特点。互联网有五个重要特性，即互动性、虚拟性、私人性、全球性、永恒发展性。旅游网络营销创造性地继承了互联网的五大特性，表现出以下特点。

（一） 跨时空性

营销最终目的是以合适的方式引导目标客户对产品的消费，由于互联网络具有超越时间约束和空间限制进行信息交换的特点，因此使得脱离时空限制达成交易成为可能，旅游企业能有更多时间和更大空间进行营销，可随时随地地提供全球性营销服务。同时，旅游者只需根据自己的喜好或需要去选择相应的信息（如旅行社、旅游线路等）加以比较，做出购买的决策，这种轻松自在的选择，不必受时间、地点的限制，浏览的信息可以是国内外任何上网的信息，非常灵活、快捷和方便。

（二） 互动性

当前已成为顾客导向型营销时代，因此正确掌握目标顾客的需求，及时提出可行的个性化服务至关重要。互联网作为一个平台，为顾客与旅游企业之间进行实时沟通成为可能，企业时刻了解顾客需求对旅游企业的长期可持续发展提供基础。互联网提供了企业与顾客双向交流的通道，旅游企业可以通过互联网络展示旅游产品目录，联结资料库提供有关旅游产品信息的查询，制作调查表来搜集顾客的意见，还可以让顾客参与旅游产品的设计、开发，真正做到以顾客为中心，设计出更符合顾客需要的产品和服务。旅游企业还可以在进行市场调研、产品设计到最终服务的一系列程序时和顾客保持密切的联系，和顾客共同创造新的市场需求。

（三） 高效性

借助网络，旅游企业可储存、分析大量的市场信息，向顾客传送信息的精确度也远超过其他媒体，并能迅速更新产品或调整价格，因而能及时有效地了解并满足顾客的需求。此外，网络信息传输速度快，即便是跨国交易，在网络上也只需几分钟即可成交。

（四） 经济性

通过互联网进行信息交换，可以减少印刷与邮递成本，节约办公用地租金、水电及各类人工成本，还可减少在交换中由于多次迂回所带来的损耗，降低了旅游企业对传统营销方式的巨额投资。

（五） 综合性

网络营销由市场调研、广告宣传、实际销售、售后服务等环节构成，是一种全程的营销渠道。旅游企业可借助网络对不同的营销活动进行统一规划和协调实施，将顾客与各利益相关者通过网络整合到营销系统中，通过内联网、专用网与互联网，与分销商、代理商通过供应链管理信息系统建立动态联盟，实现营销渠道的整合。

三、旅游网络营销的分类

按目前在互联网上的商业应用方式，旅游网络营销可分为以下几种：旅游网络广告、旅游电子商店和旅游网络服务。

1. 旅游网络广告

网络广告可以说是网络营销中应用最多、技术也最为成熟的一种营销形式。目前已有大量的旅游企业在互联网上建立自己的服务器，即时向全球发布旅游产品信息。由于这些信息采用多媒体技术，集文字、动画、全真图像、声音、三维空间、虚拟现实等为一体，使旅游者如身临其境，大大吸引了旅游者的注意力，激发了其购买欲望。

旅游网络广告有很多特点。它可以跨越空间、时间的限制，将广告信息传播到世界各地去。只要那里有连接互联网的计算机，旅游者就可随时查询这些信息。它能在很短的时间内，完成广告内容的更换，配合旅游企业营销策略的更改。它具有互动性功能，旅游者掌握了浏览的主动权，可以自主地对广告的效果进行评估。通过软件可以获得访问本广告信息的人数、访问的过程、浏览了哪些主要信息，从而能得出广告发布的效果，而一般的大众媒介，如电视、广播、杂志却无法做到这一点。

旅游网络广告主要有三种形式：WWW 主页形式、电子邮件（E-mail）形式和其他形式。

2. 旅游电子商店

电子商店是指将商场的商品以多媒体信息的方式，通过互联网供全球游客浏览、选购。旅游电子商店有很多特点。由于旅游电子商店基本上是无店面店铺无存货商店，其经营成本很低，而且这种电子商店同时具备促销的功能，其电子货架上的商品本身就是广告宣传的样品，经营者不需要再担负促销广告的费用，电子商店的成本主要来自网站的建设成本和软、硬件的维护费用。而且使用电子商店进行销售，可自动将客户信息汇集到用户信息数据库中，以便将来用于产品的促销活动。有些旅游电子商店还设立了在线收款服务，购买者只需将自己的信用卡号码等信息输入计算机，即可收到所购的商品。

3. 旅游网络服务

近年来出现一批利用互联网资源为用户服务的旅游企业。这些旅游企业主要从事的业务包括互联网访问、信息检索、软件开发以及用户咨询与培训四大类。

总之，营销创新的前提是观念的创新。包括产品、市场、经营等多方面的内容，大到营销体制的变革，小到某些服务细节的改进，都应被看作营销创新的内容。营销创新关系到企业的生存和发展，只有全体员工清楚地认识到这一点，才能保证营销创新的顺利实施。

第二节 旅游网络营销策略

旅游网络策略的实施就是从消费者的需求出发，通过营销组合策略满足消费者的需求，实现组织的发展目标。在网络营销时代，除了传统的 4P（product 产品、place 渠道、promotion 促销、price 价格）组合相对应的 4C（customer 消费者、communication 沟通、convenience 方便、cost 成本）组合以外还有第五个 C（customer Interface）客户界面，是指旅游者所接触到网络营销的网络界面。在网络营销时代，使得旅游者与旅游企业间更紧密地联系起来，形成了一对一的直接营销模式，通过网络的双向沟通，实现了企业对旅游者，旅游者对旅游企业的充分信息掌握。如图 13-1 所示。

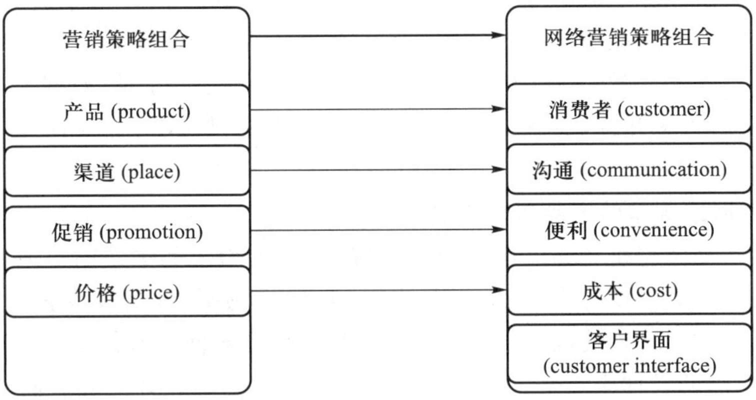

图 13-1　网络营销的 4P—5C 组合图

一、旅游网络营销产品策略

（一）网络环境下旅游产品的整体概念

在传统的旅游营销中，旅游产品的整体概念可分为 3 个层次，即核心层、形式层和延伸层。而在网络营销中，除了这 3 个层次外，还包括期望层和潜在层两个层次，如图 13-2 所示。在传统旅游营销中，旅游消费者与旅游企业在旅游产品设计与开发过程中基本上是分离的，顾客只是被动地接受和反应，无法直接参与产品概念形成、设计和开发环节。

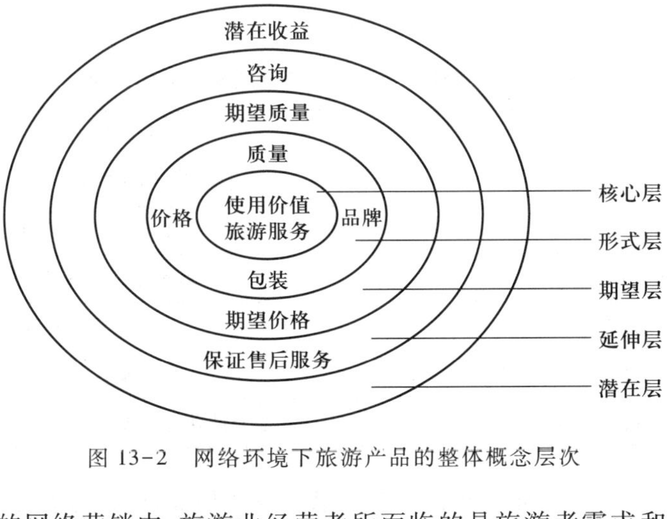

图 13-2　网络环境下旅游产品的整体概念层次

在基于互联网的网络营销中，旅游业经营者所面临的是旅游者需求和购买行为的全新变化，各个旅游目的地和旅游企业之间的激烈竞争，因此我们在网上所提供的产品和服务要有针对性。在产品形态、产品定位和新产品开发方面应体现互联网的特点。同时采用以线上消费者为中心的新的思维方式，随时听取顾客的意见，并及时反馈，根据顾客的需求来设计和开发产品,强化线上消费者的主权,保证产品最大限度地满足顾客的个性需求。

由于企业进行网络营销时主要向旅游者提供信息产品,而信息产品在网上销售具有得天独厚的优势,针对这一特点,旅游业进行网络营销是非常有利的。企业应在网上尽可能详细地向浏览者提供旅游资源和旅游产品的信息。需要注意的是,企业所提供的产品信息应符合目标市场用户收入水平和受教育水平较高、喜欢创新和彰显自己的个性、对网上产品情有独钟等特点。在产品开发时,利用互联网的交互功能,向浏览者提供旅游新产品的信息资料,并进行市场调查,收集信息后及时反馈,提高旅游新产品的开发速度。

(二) 旅游网络营销的产品形象策略

网络营销的产品策略是产品(product)与顾客(customer)之间关系的形成。它更是一种对顾客特殊要求的服务。主要可分为:旅游景点、购物娱乐场所、食宿接待服务、交通服务等类别。旅游就是通过这一系列的服务来提供给顾客价值。针对网络时代旅游消费者个性心理动机的要求,旅游产品的设计应该是旅游消费者自己参与构思和设计的能够满足其个性化需求的旅游产品。将互联网与旅游线路柔性设计体系、旅游产品柔性制造系统相结合,以促进旅游产品定制营销的发展。

旅游网络营销的产品策略,在网络营销的环境下,是以消费者的需求为主导,消费者将拥有比以往更大的选择自由,可根据自己的个性和需求在全球范围内寻找满足品,且不受地域的限制。通过进入感兴趣的企业网页或虚拟商店,消费者可获取产品的更多相关信息,使购物活动更具个性。这种个性消费的发展将促进企业重新考虑其营销战略,转而以顾客的需求作为提供产品及服务的出发点。从而促进产品设计的个性化,如个性化旅游线路、个性化旅游经历和个性化的旅游纪念品等。消费者可以通过互联网查询对自己感兴趣的旅游产品要素信息,并根据自己的情况进行组合,设计适合于自己的旅游产品组合。新型旅游产品与传统旅游产品比较如表 13-1 所示。

表 13-1 传统旅游产品与新型旅游产品的比较

传统旅游产品	新型旅游产品
对环境敏感的产品	可替代旅游等可持续发展方式
相互分割的活动	整合性的感觉和体验
聚焦于单项活动	多种活动的有机结合
季节性旅游	弱季节限制性
大众性产品主导	单个顾客需求主导
对大众性经历的需求	对个性化精神感受、心理感觉的需求

旅游产品的不可移动性决定了旅游产品要靠形象的传播,使其为潜在游客所认知,从而产生旅游动机,并最终实现出游计划。因此,在旅游网络营销中,首推产品形象策略。旅游产品形象策略是充分利用旅游网络的多媒体功能,将旅游产品的虚拟形象通过声、像、形等科技手段立体化、仿真化地在旅游网站上展示出来,使旅游消费者足不出户就能在网络空间中看到旅游产品形象,认识旅游产品的价值,甚至可以通过虚拟网络感受旅游产品的魅力。

二、旅游网络营销价格策略

(一)网络环境下旅游产品的价格

在市场经济下,价格是旅游目的地(旅游企业)实现再生产的重要因素之一。市场营销组合中,只有价格会直接产生利润,是旅游目的地(旅游企业)销售的重要因素,同时对旅游者的购买决策而言价格也是重要因素之一。网络时代的到来正在对价格策略产生史无前例的影响。与传统营销定价主要考虑旅游产品成本和市场上同类产品的价格相比,网络的开放性和主动性为旅游者的价格选择提供了可能,对于大多数旅游者来说,网络将使他们成为自由的定价者,而不像以前那样只是价格的被动接受者。因此,网络营销中旅游企业价格策略的制定,应当充分考虑每个旅游者的价值观,要充分掌握旅游者购买信息,使买卖双方能充分相互沟通。

(二)旅游网络营销的产品价格策略

1. 个性化定价策略

信息时代的到来和网络技术的发展,使旅游者能以很低的价格实现旅游产品的定制,这被称为“大规模顾客定制”。旅游者只要将他们想去的地方及愿意支付的机票、酒店客房、用餐、租车等的价格输入,网络就帮他们去寻找去组合,完全根据每个旅游者的个性化需求来行动,让旅游者不费吹灰之力就能以自己的出价去旅游。同时网络使营销人员认识到同样的产品和服务对于不同的顾客可以具有不同的价值,这也就意味着可以具有不同的价格。例如,周五下午的机票对于商务乘客特别有价值,这样的价值就会反映在机票价格上。互联网能够使价格差别达到极致。基于此,我们应通过产品和服务的个性化,使价格的不同甚至达到没有两位旅游者支付相同价格的程度。

2. 制造转换壁垒以使定价最优化

当前的技术使旅游企业能够收集非常详尽的旅游者个人信息,如旅游者的购买习惯、偏好,甚至愿意支付的最高极限,使得旅游企业提供的旅游产品和价格都能够较好地适应具体旅游者。许多旅游者也非常喜欢这样的个人认知,因为他们因此可以得到更好的服务,如旅行社能够更好地推荐他们喜欢的旅游线路等。这样的个性化制造了旅游者的转换壁垒,使竞争对手很难仅仅通过价格优势取而代之。

3. 提供价格查询

网上提供的各种搜索工具能使旅游者很容易地查到相同旅游产品的不同报价。如果企业能够考虑到这点,在自己的网站上就为旅游者客观、准确地提供同类旅游产品或相关产品的不同旅游企业的价格目录,这样既方便了旅游者查询,为他们提供了个性化服务,又能提高网站的点击率。

4. 开发自助调价和智能议价系统,取消菜单式定价

自助调价系统可根据季节、市场需求、促销状况等因素的变化自动调整价格水平,智能议价系统则给旅游者提供一个网上议价的环境,满足其心理需要。

5. 设立价格讨论区

对新上市的旅游产品,可以通过讨论区了解旅游者能普遍接受的价格,为制定和调整价格决策提供参考。许多定价人员长期以来一直对旅游者认可的旅游产品或服务附加的价值估计

过低,因此往往把价格定得过低。通过与旅游者对旅游产品价格的讨论,可以合理地制定产品和服务的价格。

三、旅游网络营销渠道策略

(一) 旅游网络化渠道概念

客户网络是重要的外部资源,通常多年才能建立起来,它和旅游企业的重要内部资源如导游、营销队伍等可以相提并论。旅游产业逐渐呈现规模发展态势,因此营销渠道以及与之相适应的配销系统的建立是必要的。

旅游网络营销是将旅游产品的虚拟化展示、虚拟化消费、旅游咨询、旅游订购集于一身,并在跨时空状态下让旅游者和旅游产品销售商甚至旅游产品生产者坐在一起进行交易活动。旅游网络化渠道策略是以大型专业旅游网站为营销中心,建立覆盖目前目标市场区域的网络化营销渠道,以便 24 小时向各种客户提供最便捷的服务。

(二) 网络环境下的渠道分类

根据传统营销渠道的分类,网络营销渠道也可分为直接分销渠道和间接分销渠道。但与传统的营销渠道相比较,网络营销渠道的结构要简单得多,如图 13-3 所示。网络的直接分销渠道和传统的分销渠道都是零级分销渠道,这方面没有大的区别;而对于间接分销渠道而言,电子商务的网络营销中只有一级分销渠道,即只有一个信息中介商(商务中心)来沟通买卖双方的信息,而不存在多个批发商和零售商的情况,所以也就不存在多级分销渠道。

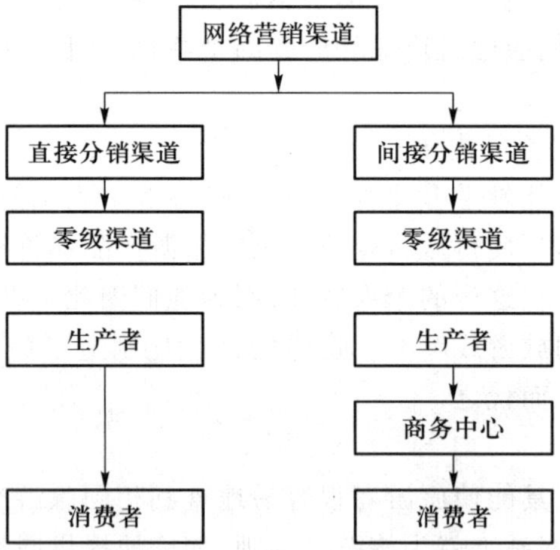

图 13-3 网络营销渠道分类

(三) 旅游网络营销的渠道策略

1. 设立旅游产品展示区

将产品图像进行计算机设计,通过主体形象的声、影、形、色等虚拟的产品橱窗展现在上网用户面前,让旅游者体验网上虚拟旅游。

2. 建立虚拟社区,发展会员网络

这是旅游网络营销中一个重要的渠道。通过会员制,促进旅游者相互间的联系和交流,以及旅游者与旅游企业的联系和交流,培养旅游者对旅游企业的忠诚,并把旅游者融入旅游营销的这个过程中,使会员网络的每一个成员都能互惠互利。

3. 建立双渠道营销网络

我们在进行网络营销时主要是在网站提供旅游产品的信息,可以采取直销的方式。网络直销的优势是显而易见的:① 它能促成产需直接交流,旅游企业可直接从网上搜集到旅游市场真实的第一手资料;② 大大降低了旅游企业的生产和营销成本,旅游企业能够以较低的价格出售自己的旅游产品,旅游者也能够买到大大低于市场现货价格的产品;③ 旅游营销人员可以利用网络工具,如电子邮件、公告牌等,随时根据用户的愿望和需要,开展各种形式的促销活动,市场需要什么,就生产什么,"以速度打击规模",迅速扩大产品的市场占有率;④ 旅游企业能够通过网络及时了解到旅游者对产品和服务的意见和建议,并针对这些意见和建议提供服务,解决疑难问题,提高产品质量,改善经营管理。与此同时,我们还可以利用间接渠道营销旅游产品,通过国内外电子商务中间商的信息服务、广告服务和撮合服务,扩大旅游企业的影响。

4. 提供多种付款方式

利用传真等确认网上旅游者的订单,并在网站上给出一个为那些从网上了解产品后决定"离线"购买的旅游者结算方式的选择,尽量提供多种方式方便旅游消费者选择。可采用邮局汇款、银行转账、网上支付等方式。采取网上支付方式时,要充分考虑网上付款的安全问题,采取技术手段保障消费者的利益。

四、旅游网络营销促销策略

(一) 旅游网络促销概念

旅游网络促销是充分发挥互联网的互动传播功能,借助于丰富的网络传播方式进行旅游企业和产品以及旅游目的地形象的促销宣传。旅游营销人员应该充分运用各种新的促销方法,吸引更多的旅游者转向网络,提高自己的产品和服务在网络市场上的占有率。

(二) 旅游网络促销作用

网络促销的作用主要表现在五大方面:① 告知功能,把企业的产品、服务、价格等信息传递给目标公众,引起他们的注意;② 说服功能,通过各种有效的方式,解除目标公众对产品或服务的疑虑,说服目标公众坚定购买决心;③ 反馈功能,通过电子邮件及时收集和汇总顾客的需求和意见,迅速反馈给企业管理层;④ 创造需求,运作良好的网络促销活动,不仅可以诱导需求,而且可以创造需求,发掘潜在的顾客,扩大销售量;⑤ 稳定销售,企业通过适当的网络促销活动,树立良好的产品形象和企业形象,往往有可能改变用户对本企业产品的认识,使更多的用户对本企业产品形成偏爱,达到稳定销售的目的。

(三) 旅游网络促销策略

网络促销的方法有很多种,最常见的有网络站点促销、网络广告、电子邮件促销、网络公共关系和网络销售促进等。在进行网络促销时可采取的策略有:

1. 精心设计网页,加强网络站点推广

网页是旅游目的地和旅游企业与旅游代理商和旅游者直接打交道的"门面",直接影响着旅游目的地和旅游企业的形象。如某搜索引擎利用网页对成都进行营销:搜索引擎通过客户输入内容,联盟网络平台,采用"精确网站定向投放"的方式,在各个目标客源国以及地区投放数以千计的成都旅游城市品牌以及旅游产品，包括视频、图片、文字等。引擎的热榜还将增加成都旅游榜单，集中推广成都旅游资源。除旅游信息外，搜索引擎还将即时输出有关成都经济社会环境和当下发展的信息，为企业的业务拓展牵线搭桥。

2. 网络广告促销策略

网络广告促销是指通过信息服务商进行广告宣传，开展促销活动。相对于传统的广告，网络广告拥有更好的性能价格比。网络广告的投资低、效果好，它的价格较电视广告、报刊广告等要便宜很多，而浏览率却高得多；网络广告跨越地域和时空，宣传范围广泛，只要是上网用户都是它的宣传对象，不受电视广告的时间限制，也不受报纸广告的版面限制；网络广告表现形式灵活，交互界面受用户喜爱，运用计算机多媒体技术，电子广告以图、文、声、像等多种形式，将产品的形状、用途、使用方法、价格、购买方法等信息展示在用户面前，交互式界面可以使用户除了了解产品的概括介绍外，还能有选择地阅读有关详细资料；网络广告便于检索，直接反馈，通过互联网提供的信息检索工具，用户可以方便、快捷地检索到所需网站及其广告产品信息，并能将自己的意见很快地反馈给企业，有益于企业捕捉商机；网络广告受众目标准确，更改方便，通过市场细分和目标市场选择，网络广告能够针对相关的群体更准确地投放，而且网络广告的内容可以随时更改，花费很小，不会造成任何浪费。

3. 电子邮件促销

由于电子邮件具有廉价性、快捷性和简单性，因而电子邮件促销被认为是最有效和最有发展潜力的网络促销方式。据统计其反馈率远远高于旗帜广告的回应率。不过，电子邮件促销不是随意向潜在客户发送产品和服务信息，而是基于事先争得用户同意的“软营销”方式。

在采取这一促销策略时的基本思路是：通过为浏览者提供某些有价值的信息，如旅游资源现状、旅游线路的信息、酒店预订信息、旅游服务信息以及为顾客定制的个性化服务内容等，吸引顾客参与，从而收集顾客的邮件地址（邮件列表）。通过这些邮件地址，向顾客发送他们所定制的信息，在发送定制信息的同时对自己的网站、产品或服务进行宣传介绍。

4. “病毒式”促销

“病毒式”促销一般具有以下特征：通过动画、笑话、故事等形式调动人们对附加信息的兴趣，趣味性强，简单难忘；在价格、产品质量、售后服务等方面具有极大的诱惑力，能够吸引网民积极向自己的亲戚或朋友推荐；信息形式简单，易于传播或扩散。

5. 网络公共关系促销

网络公共关系与传统公共关系功能类似，但由于网络的开放性和互动性等特征，又使网络公共关系出现了一些新的特点：企业主动性增强，可以通过网络论坛、BBS、新闻组、电子邮件等直接面向目标市场及时发布新闻，不受篇幅、媒体时间与空间的限制；网上消费者的权威性得到强化，他们的意见和行为是企业无形的财富，他们对企业的影响更直接、更迅速；传播的效能性大大提高，网络上双向互动式的沟通，使传播的广度、力度大大提高。在网络上开展公共关系活动有多种形式，可以通过站点宣传推广网站，通过蓄意制造有新闻价值的事件吸引公众注意力，通过活动策划组织能让网民有兴趣参与并能造成一定社会影响的活动等。

6. 网上抽奖促销

这是网上应用较广泛的促销形式之一，是大部分网站乐意采用的促销方式。旅游消费者或网上浏览者通过填写问卷、注册、购买旅游产品或参加网上活动等方式获得抽奖机会。

7. 赠品促销

这种促销方式通过鼓励人们经常访问网站或通过网站购买旅游产品以获得更多的旅游优惠信息来提高网站的访问量和知名度,营销人员能根据旅游消费者索取赠品的热情程度来分析、总结营销效果和产品或服务本身的反应情况等。

8. 积分促销

这种促销方式在网络上更易操作,它可通过编程和数据库来实现,并且结果可信度高。积分促销的奖品一般应是价值较高的奖品,旅游消费者通过在网上多次购买旅游产品来增加积分,以获得奖品。这种促销方式的优点是:可以增加旅游消费者访问网站的次数;可以增加旅游消费者对网站的忠诚度;可以提高网站的知名度等。很多网站通过这种方式已经取得了比较明显的效果,如携程旅游网。

第三节 旅游网络营销实施

一、旅行社网络营销实施

(一) 旅行社网络营销概念

旅行社是旅游产品的销售者,是提供旅游产品的企业代理商,是旅游产品供应商和消费者之间的中介。旅行社具有提供信息咨询、组装产品、代理销售和组织协调旅游六大要素顺利进行等功能。网络经济时代的到来对传统旅行社的传统职能产生了威胁和挑战,旅行社的营销环境发生了巨大的变化。

旅行社网络营销正是产生于这个竞争日趋激烈和计算机逐渐普及的大背景下,旅行社网络营销是指旅行社应用计算机终端和现代通信技术,通过互联网,调整旅行社与消费者、旅行社与旅行社、旅行社内部关系,从而扩大销售,拓展市场,并实现内部网络化管理的全部商业经营过程。它是现代营销理论和互联网技术的结合,是旅行社整体营销的重要组成部分,也是旅游电子商务的主要模式之一。它具有以互联网为依托,消费者直接参与,涉及企业运作的各个层面(产品设计、市场营销、资源管理、企业管理、客户管理、供应链管理),庞大的信息源,方便、快捷的支付手段等特征。

(二) 旅行社传统营销与网络营销的整合

1. 旅游产品的核心是服务

在服务方面,如售后服务,其主要以收集游客反馈意见的形式体现。在旅行社的传统服务体系中,信息反馈零散,导致了售后服务成本过高。利用网络则能化解这些缺点。网上信息收集易于统一管理、时效快,将它和传统售后服务体系结合起来使用可以取得更好的效果。旅行社要做到在线服务与离线服务相结合。以艺龙旅行网为例。艺龙逐步建立并不断完善电话预订服务中心(Call Center),目前已建成为拥有几百个席位的、目前国内规模较大、技术较先进的电话预订服务中心。它有效保证了服务响应的及时性,使在线和离线服务能良好结合。

2. 定价策略是营销组合的重要组成部分,最具有灵活性和艺术性

在传统的营销活动中,旅行社通常都是在较长时期内按照旅游产品的种类在某一特定区域使用一种价格策略。这种定价方式虽然具有方便、易于管理、能使企业保持稳定状态等许多

优点,但是不能够快速适应市场变化,难以做到以旅游者为中心的营销原则。网络营销则可以避免这一点。由于在网上旅游消费者的需求信息和市场环境容易掌握,旅行社可以根据市场供求状况、竞争状况及其他因素,在计算收益的基础上,设立自动调价系统,自动进行价格调整。同时,建立与顾客直接在网上协商价格的集体议价系统,使价格具有灵活性和多样性。如春秋旅游网,曾经推出一系列"竞拍旅游线路",对拍卖路线给出行程安排和供应标准等详细介绍,并给出其市场参考售价和起拍价,该网站的注册会员通过加价拍卖的方式对线路进行定价。网上定价模式能够对市场做出即时响应,但难以管理,在旅行社实际的价格策略制定中,可以采取将两者结合的方式,如以某一时间段作为单位,每一个单位时间根据各种因素调整一次价格或在内部圈定的价格范围内接受旅游消费者的定价。这样,价格策略既具有较大的灵活性,又具有稳定性。

3. 促销方面

在营销活动中旅行社对促销投入的资源可以说是最大的,每个旅行社都会尽力使所制定的促销策略发挥最大效益。旅行社应注重传统工具与网络的结合。广告是旅行社进行促销活动的首选,在传统营销活动中,广告载体通常都是面向广大旅游者,广告的主题也是针对广大旅游者的需求共性。这种广告方式虽然有其优点,但在个性化需求越来越强烈的今天,它的效果也越来越差。网上广告恰恰弥补了这一点。电子邮件广告可以根据不同的消费需求采用不同的广告主题,从而增强广告效果。传统的销售促进、公共关系也可以在网上使用。将网络面向个性化对象的优点和传统工具面向共同需求对象的特点结合起来,运用到各个促销策略中,一定可以让现有的促销措施更有效率。

目前来看,传统营销方式是旅行社商务活动的基础,而网络营销则是对传统营销的加强,也是未来营销活动发展的方向。将两者结合起来,可以形成互补之势,使旅行社的现有营销体系更加完善,同时也为其未来发展奠定基础。传统营销和网上营销的有效整合,是旅行社参与现在和未来市场竞争的有力保证。

二、旅游目的地网络营销实施

(一) 旅游目的地网络营销

旅游目的地网络营销是指旅游目的地的旅游管理部门运用互联网技术了解旅游者需求和愿望,为旅游者提供旅游目的地信息和个性化、定制化服务,传播旅游目的地形象,开展旅游目的地宣传推广活动,引导和促成旅游企业产品交易实现,吸引更多的游客来旅游目的地旅游的过程。它以网络为基础,继承了旅游目的地传统营销的基本特点,又有其自身优势,能有效提升旅游目的地的市场知名度和竞争力。利用互联网对旅游目的地进行营销可以发挥网络营销的优势,弥补传统旅游目的地营销的不足,更好地体现现代市场观念的宗旨。

(二) 旅游目的地网络营销系统

目的地网络营销系统是旅游目的地通过互联网进行网络营销的一套完整解决方案,其服务对象包括各级旅游管理部门、旅游媒体、旅游企业、旅游消费者。它的主要目标是通过互联网整合区域旅游的各种要素,从而使目的地旅游产业在国内及国际旅游市场上形成一种整体的竞争优势。其突出的特征是对旅游目的地进行整体形象的塑造和宣传,促进区域内各旅游企业、旅游机构、媒体在区域环境的基础上形成目的地旅游产业动态的网络化系统。目的地营销系统的基本组成部分见表 13-2。

表 13-2　目的地营销系统基本组成

核心部分	主要系统组成
核心服务系统	旅游综合信息数据库、旅游信息服务、旅游网站内容管理、旅游网络分销、旅游业务管理等系统
旅游局客户端	目的地信息审核、目的地信息管理（包括新闻信息管理、促销信息、文件资料、节庆活动、招商引资、目的地综合信息等的管理）、目的地企业管理、旅游投诉管理、业务管理系统集成、旅游目的地管理、旅游网站管理、统计报表等系统
旅游企业客户端	企业信息管理、企业信息发布、产品订单管理、旅游投诉处理、统计报表、同业交流等系统

三、旅游网络营销中网站建设

（一）旅游网站的概念

互联网和旅游业相结合应运而生的旅游网站，正在影响和改变着旅游业的传统运作方式，以其交互性、实时性、丰富性和便捷性等优势促使传统旅游业迅速融入网络经济的浪潮之中，代表旅游业未来的发展方向。

旅游网站是指基于互联网，拥有自己的域名，由若干个相关的网页组成的网页组，在服务器上存储一系列旅游信息的 Web 站点。旅游网站包括许多 Web 页面，而这些页面又包括许多文本、图像、声音和一些小程序。使用者可通过旅游网站的浏览器浏览所需要的旅游地信息。它是利用网络技术，从旅游专业角度，整合传统旅游资源，提供全方位、多层次的网上旅游服务的场所。

（二）旅游网站的服务功能

从服务功能看，不同的旅游网站的服务功能包括：

（1）旅游信息的汇集、传播、检索和导航。这些信息内容一般都涉及景点、饭店、交通旅游线路等方面的介绍；旅游常识、旅游注意事项、旅游新闻、货币兑换、旅游目的地天气、环境、人文等信息以及旅游观感等。

（2）产品（服务）的在线销售。网站提供旅游及其相关的产品（服务）的各种优惠、折扣，航空、酒店、游船、汽车租赁服务的检索和预订等。

（3）个性化定制服务，从网上订车票、预订酒店、查阅电子地图到完全依靠网站的指导在陌生的环境中观光、购物。这种以自订行程、自助价格为主要特征的网络旅游在不久的将来会成为旅游的主导方式。它已成为旅游网站，特别是在线预订服务网站必备的功能。像 Expends、Preview Travel、Travelocity 等网站都具有该功能。归纳起来，这种定制服务的作用主要有：① 可以避免在预订过程中重复填写相同的信息，提高预订效率；② 积累客户的消费量（比如飞行距离），以此作为促销奖励的依据；③ 更有针对性地推送旅游信息，特别是当客户没有找到满意的解决方案时，可以委托服务器监视和跟踪，当有符合标准的信息出现时，及时用电子邮件的方式提醒客户；④ 根据选择的目的地，提供当地的天气、人文环境、旅游特色和货币兑换等信息。

阅读材料

重庆博客促销旅游新模式

搭台表演、散发传单等传统的旅游促销方式，已渐渐不能激起受众的激情。昨天，上海春秋集团人士透露，他们将与重庆五区县携手，试水博客营销新模式。据悉，目前他们已初步拟出10大类别的博客主题，并安排了专人负责。

一、五区县试水博客营销

重庆五区县本月中旬花费50多万元，到上海促销旅游，让合作方春秋集团对这个市场的推广更加卖力。春秋集团人士透露，他们将针对重庆五区县旅游试水博客营销，塑造旅游品牌。

据悉，此次渝中、万盛、永川、九龙坡等5区县，经过5个月的准备，首次联手赴上海推销重庆旅游，如重庆双飞4日游、长江三峡双飞5日游等。将万盛黑山谷、华岩寺、两江夜景、茶山竹海、解放碑商业步行街等景区一网打尽。春秋集团人士透露，他们将针对重庆五区县旅游试水博客营销，目前，他们已将这一任务交给了其网络部人员。

二、拟定十大博客主题

博客营销在旅游业内还是首次，如何吸引眼球，激起受众参与的欲望是关键。春秋集团IT部经理李宁军透露，他们已初步确定了十大博客主题作为试水博客营销的“敲门砖”。目前，春秋集团已为其网络部筹集了近6万元资金，作为进行博客营销的运作费用。在其初步拟定的10大博客主题中，包括《重庆夜景全国无敌》《上海有正宗的重庆火锅吗》等。重师旅游学院院长罗兹柏认为，这些话题都带有一定的争议性，这样才会让更多的游客参与进来，炒热旅游目的地。

三、营销模式开全国先河

“采用博客营销旅游，这种方式前所未有。”渝中区旅游局局长李裕权称，“不过有一定风险，必须进行正确的引导。”

作为博客营销试水的对象，重庆五区县的政府部门显得很谨慎。李裕权表示，如果能成功，则将抓住一大批前沿消费者，博客活跃分子大都是消费力极强的。不过，李裕权表示，这种方式必须进行正确的引导，否则可能适得其反。但重庆中旅集团人士表示，这是一种非常值得尝试的方式，以去年“新世界七大奇迹”评选为例，尽管惹来不少口水，但至少让更多的人了解了这七大景区。

本章小结

1. 网络营销可以理解为网络环境下的市场营销，即Marketing Online。它在本质上仍属于市场营销范畴，是传统市场营销理论与实践在一种新环境下的提高和完善，是市场营销理论的发展与延伸，它较之传统营销工作的一个最大优势在于充分利用互联网这一现代科技手段，以消费者为主导，强调个性化营销；同时，为了适应信息化时代的要求，并充分利用信息这一可再生的新兴资源，网络营销全方位地重视信息在企业营销战略中的作用；它是企业整体营销活动的一个组成部分，贯穿于企业整个营销过程，为实现企业的最终目标而服务。

2. 旅游网络营销策略的实施就是从消费者的需求出发，通过营销组合策略满足消费者的需求，实现组织的发展目标。在网络营销时代，除了传统的4P（product 产品、place 渠道、promotion 促销、price 价格）组合相对应的4C（customer 消费者、communication 沟通、convenience 方便、cost 成本）组合以外还有个C（customer interface）客户界面，是指旅游者所接触到网络营销的网络界面。在网络营销时代，使得旅游者与旅游企业间有更紧密的联系，形成了一对一的直接营销模式，通过网络的双向沟通，实现了旅游企业对旅游者，旅游者对旅游企业的充分信息掌握。

3. 旅行社是旅游产品的销售者，是提供旅游产品的企业代理商，是旅游产品供应商和消费者之间的中介。旅行社具有提供信息咨询、组装产品、代理销售和组织协调旅游六大要素顺利进行等功能。旅行社网络营销正是产生于这个竞争日趋激烈和计算机逐渐普及的大背景下，旅行社网络营销是指旅行社应用计算机终端和现代通信技术，通过互联网，调整旅行社与消费者、旅行社与旅行社、旅行社内部关系，从而扩大销售，拓展市场，并实现内部网络化管理的全部商业经营过程。

旅游目的地网络营销是指旅游目的地旅游管理部门运用互联网技术了解旅游者需求和愿望，为旅游者提供旅游目的地信息和个性化、定制化服务，传播旅游目的地形象，开展旅游目的地宣传推广活动，引导和促成旅游企业产品交易实现，吸引更多的游客来旅游目的地旅游的过程。

关键术语

旅游网络营销（tourism online marketing）
网络营销策略组合（online marketing strategy combinations）
在线客户界面（online customer interface）
旅游网上广告（tourism online advertising）
旅游电子商店（tourism electronic stores）
个性化（personality）
旅游网站（tourism web）

案例回顾与讨论

1. 试讨论我国旅游网络营销的发展现状和面临的问题，适当提出一些建议。

2. 案例中，携程旅行网携手全球最大的中文搜索引擎公司百度开展酒店搜索方面的全方位合作，招商银行携手在线预订芒果网共同推出了联名信用卡，诸如此方面的合作说明了什么问题？

复习与思考

1. 旅游网络营销的含义和特点是什么？旅游网络营销如何分类？

2. 试简述旅游网络营销 4P 组合。

3. 举例说明旅游网络营销促销方式。

4. 旅游网络营销的渠道与传统营销渠道有何区别?

5. 举例说明给你印象最深的一个旅游网站的客户界面,指出它吸引你的原因,并提出你的改进建议。

自测自评

实践题

实践要求:选择一家旅游企业,分析其目前网站建设与管理的优缺点,并提出自己的意见、建议。

推荐阅读文献

1. 朱迪·斯特劳斯,雷蒙德·弗罗斯特.网络营销.7 版[M].北京:中国人民大学出版社,2015.

2. 李娟,李熙,吴春涛.电子商务冲击下传统旅行社网络营销模式转型探析——以四川省为例[J].商场现代化,2016(2):58-60.

3. 陆锋.新媒体时代的旅游目的地宣传和营销[J].旅游学刊,2018,33(4):1-3.

4. 徐菲菲,黄磊.景区智慧旅游系统使用意愿研究——基于整合 TAM 及 TTF 模型[J].旅游学刊,2018,33(8):108-117.

5. 胡培,唐甜甜.移动互联网背景下企业市场营销的创新研究[J].理论探讨,2018(4):99-105.

第十四章　生态旅游营销——可持续的旅游市场营销

本章将介绍一种新型的旅游市场营销——生态旅游营销。作为一种不同于传统大众旅游,具有环境保护、环境教育等多种良好功能的可持续旅游方式,生态旅游正日益受到各国生态学界和旅游界的重视,并逐渐风行于世界各地。本章从生态旅游的内涵、生态旅游营销的理论基础、生态旅游产品的营销策略等方面进行了介绍。目的在于拓展读者的视野,让读者了解一种新的营销思路。

学习目的

- 了解生态旅游的内涵
- 了解生态旅游的发展
- 熟悉生态旅游市场的概念、内涵
- 掌握生态旅游的营销策略

引导案例

海上田园生态旅游区的市场营销策略

深圳西部海上田园旅游区总控制面积 24 平方公里(比澳门略大),是深圳市西部海岸线的“沙田基塘”景观保护区和“三高”农业生产基地。这里水天浩渺、河涌纵横、岸芷汀兰、舟楫隐现,是目前深圳市最大的水产养殖基地和最具渔农风情的旅游景观区。建成的生态旅游休闲区占地 1.73 平方公里,是一个集休闲度假,观光娱乐以及生态生产示范功能为一体的,源于自然,高于自然,又回归自然的大型生态文化主题旅游景区,是 21 世纪生态旅游产品开发模式的大胆创新和尝试。

在海上田园旅游区半径 100 千米范围内,城市密集,覆盖了珠江三角洲环城市群,交通便利,人口众多,经济发达,消费水平高。其中深圳是中国最大的经济特区,经济实力在全国名列前茅,深圳还是首批中国优秀旅游城市。对海内外游客吸引力强。国家对深圳、珠海、中山等城市实行 144 小时外国游客免签证的特殊政策,给通过香港、澳门进入珠江三角洲环城市游憩带(度假带)的外国游客提供了方便。与其毗邻的海上田园旅游区必将是这一庞大客源的受益者之一。深圳及珠江三角洲旅游主题公园数量较多,竞争激烈,海上田园目前的营销环境(SWOT)比较接近于“优势+威胁”型,所以要在“进攻”的营销原则下,以品牌塑造为营销方向,集中优势,扩大宣传,果断还击,努力提高市场份额。

通过详细的市场调查,海上田园生态旅游区将目标市场细分为:家庭、青少年学生、中青年、团队游客、外地过境游客。目标市场选择为:一级市场是深圳本地、珠三角(含港澳地区)

及省内其他地区游客；二级市场是国内省外游客；三级市场是国外旅游者。制定出实施产品专业化（集中开发各种类型的生态旅游产品推向所有市场）的目标市场范围选择策略和差异性的市场营销组合策略（产品、价格、渠道和促销进行多种组合）。

海上田园旅游区按照国际旅游组织对旅游产品组合要素的定位标准并参考美国迪士尼乐园的经验，创造性地在启动区中全面推出生态旅游观光、生态旅游度假和生态旅游专项三大旅游产品的完整系列（世界旅游组织划分法），实施了全线全面的旅游产品组合策略。生态旅游区共分为十大部分：基塘田园景区、金色年华景区、戏水乐园景区、水上集市景区、生态文明馆景区、绿色文化雕塑景区、仿生态度假村、水上木屋度假区、密林区、生态生产区。每一个景区还包括一些景点和旅游项目、节庆活动等。

海上田园生态旅游区的品牌形象策划具有排他性的经营理念。以创建一个生态农业旅游区的生态理念，超越了普通旅游区观赏玩乐的性质，以引导旅游者观察自然，体验生活为主目的，展示多彩悠闲的渔农水乡环境，以建立人和自然融洽的场所，激发人们对自然生态的珍惜，提高人们的生态保护意识，倡导21世纪生态旅游潮流。设计了一系列特色鲜明的品牌识别系统（包括品牌名称、品牌吉祥物、品牌标语等）。从旅游产品的各个层面不断丰富充实和提升品牌内涵，通过各种营销方式和途径树立旅游者的认识价值，传播品牌形象，不断提高品牌形象的知名度、美誉度和忠诚度。适时进行品牌延伸，把吉祥物卡通化、商品化和产业化，利用它作为注册商标进行特许或连锁经营。

海上田园属于商业性投资的生态旅游产品，其价格主要由市场来决定，价格主要体现为景区门票价格和推荐的生态旅游线路产品价格。根据旅游区所提供的产品与服务的综合评价与对周边旅游市场同类产品平均理解价值的分析，从观光产品特色上分析，应该高于深圳青青世界的门票价格40元，因其超大规模的旅游区和多样性的产品组合，应等同于深圳世界之窗的门票价格100元，而市场推广期采用满意定价策略而取其中间价60元较能为目前深圳旅游市场所接受。

海上田园是一个全新的旅游产品，在市场导入期，促销工作极为艰巨，要通过多方面的营销手段，才能产生效应，措施包括：在深圳和广东省内的电视、广播、报纸、杂志上打旅游广告，在深圳市的核心地段做户外广告等。平面广告主打广告语：海上田园，人和自然的乐园。向新闻界提供宣传资料，提供新闻性文章、新闻图片；接受记者采访，进行专题报道；出版《海上田园》风光宣传册；举办有奖征文和各种促销推介活动；提供试营业优惠活动，对旅行社提供批量优惠活动，对市民提供月票、年票及游园抽奖等活动；利用开园及各种节日庆祝，邀请市、区领导剪彩，吸引新闻媒介的宣传报道等。

资料来源：深圳政府在线。

第一节 生态旅游的内涵

生态旅游是旅游业发展的趋势之一，也是当前旅游实践和理论研究的热点问题。生态旅游的概念自提出以来就受到各国生态学界和旅游界的高度重视。

一、生态旅游的定义

“生态旅游”这一概念最早由世界自然保护联盟（IUCN）特别顾问、墨西哥专家 Ceballos

Lascurain 于 1983 年首次提出。原意是强调以某种教育目的,到那些相对受到较少干扰和污染的区域进行自然旅行,其初衷是通过生态方式的旅游为保护和改善自然环境做出贡献。

1992 年,美国世界自然基金会(WWF)研究人员 Elizabeth Boo 对生态旅游的定义为:以欣赏和研究自然景观,野生生物及相关文化特征为目标,为保护区筹集资金,为当地居民创造就业机会,为社会公众提供环境教育,有助于自然保护和可持续发展的自然旅游。这一定义突出了这项旅游活动所应当对旅游目的地产生的积极作用。

生态旅游学会(Ecotourism Society)1992 年将其定义为:为了解当地环境的文化与自然历史知识,有目的地到自然区域所做的旅游,这种旅游活动的开展在尽量不改变生态系统完整的同时,创造经济发展机会,使当地居民受益。1993 年 9 月第一届东亚国家公园及自然保护区域会议的定义是:倡导爱护环境的旅游或提供相应的设施及环境教育,以便旅游者在不损害生态系统或地域文化的情况下访问、鉴赏、享受自然及文化地域。而国际生态旅游协会 1993 年则认为:生态旅游是具有保护自然环境和维护当地人民生活双重责任的旅游活动。

瓦伦丁(Valentine)从四个方面界定了生态旅游:以相对原生态的自然区域为基础;不会导致环境破坏和环境质量下降,在生态上是可持续的;对自然旅游区的持续保护和管理有直接贡献;有一个充分的、适当的管理制度。

进入 20 世纪 90 年代以后,中国学者才对生态旅游进行了较为广泛的阐述论证,如卢云亭从对环境的作用角度,认为生态旅游是以生态学观点和可持续发展思想为指针,以自然生态环境和相关文化区域为场所,为体验、了解、认识、欣赏、研究自然和文化而开展的一种对环境负有真正保护责任的旅游活动,是专项自然旅游的一种形式。杨永德等认为,生态旅游是一种在生态学和可持续发展理论的指导下,以自然区域或某些特定的文化区域为对象,以享受大自然和了解、研究自然景观、野生生物及相关文化特征为旅游目的,以不改变生态系统的有效循环及保护自然和人文生态资源与环境为宗旨,并使当地居民和旅游企业在经济上受益为基本原则的特殊形式的旅游行为。

二、生态旅游内涵的发展

从发展过程看,生态旅游是一种旅游活动,是一种旅游形式;是一种旅游产品,也是一种旅游发展模式。旅游目的地从纯自然区域延伸到了自然社会生态区域。旅游活动对象也从原生扩大到了人工生态环境。生态旅游的核心思想是环境保护,是强调人与自然的和谐。可以从三个方面进行理解。图 14-1 表现了生态旅游概念的发展过程。

(1) 从旅游需求角度出发,认为生态旅游是一种回归大自然,对生态和社会负有责任的旅游活动(形式或方式),是一种(专项)旅游产品;强调旅游目的地不受到旅游者的干扰。

(2) 从旅游开发经营者角度出发,甚至包括旅游目的地居民在内,认为生态旅游是一种旅游发展模式;将旅游发展与社区发展、环境保护紧密结合,认为只有同时具有环境保护和促进社区经济发展功能的旅游才是生态旅游。

(3) 从旅游需求者和开发经营者双重角度来理解和定义生态旅游,认为生态旅游既是一种以自然环境为资源基础的旅游活动或旅游产品;又是具有强烈环境保护意识的一种旅游开发方式或可持续的旅游发展模式。

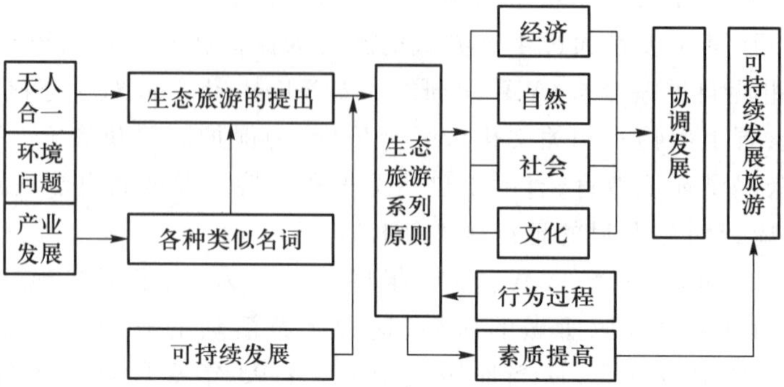

图 14-1 生态旅游概念的发展过程

三、生态旅游的特征和功能

（一）生态旅游的基本特征

1. 自然性

旅游目的地由一定的地质、地貌、气象、水文、植物和动物等自然要素，以及人类在此基础上形成的历史文化要素组成。生态旅游依托于自然资源，自然环境始终是旅游者的载体和归宿。

2. 保护性

生态旅游在可持续发展理论指导下，强调保护历史遗留下来的人类自然和文化遗产，生态旅游保护性的实质是旅游者和旅游业行为要尊重保护旅游资源和旅游环境。

3. 参与性

公众的广泛参与是生态旅游可持续发展战略成功的前提与保证，生态旅游要求旅游者、旅游管理者、旅游经营者、社会组织及研究者等广泛参与旅游决策与管理，从而提高旅游决策和管理的科学性、可行性和应变性。

4. 科技性

生态旅游是以科学技术为基础的旅游，是科技密集型和知识密集型产业。生态旅游资源的调查、旅游市场的开拓和营销、生态环境容量的测量和调控、旅游规划设计的程序、生态旅游产品的设计开发等，都是在科学技术的密切参与下运作的。

5. 持续性

生态旅游是建立在可持续发展基础上的，强调社会效益、经济效益、环境效益和资源效益的长期协调发展，注重实现以上四者的科学平衡，从而促进生态旅游协调、快速和持续发展。

（二）生态旅游的功能结构

1. 观光旅游功能

旅游功能具体表现在三个方面：一是生态系统具有复合性的审美属性，它以自然美、生活美和艺术美的形式组合为和谐的旅游审美对象；二是生态系统体现了自然和社会的生态平衡、进化演替的客观规律；三是各级生态系统以其丰富的色彩、各异的景观等发挥着景观塑造的功能。

2. 环境保护功能

环境保护功能体现在三个方面：一是保护公众遗产，使其不仅为当代人所利用，同时也留给子孙后代享用；二是保护生物多样性，这是人类可持续发展的最佳选择；三是保护生态系统的平衡发展，改善人类生存条件为目的。

3. 促进社区协调发展功能

促进社区协调发展的功能有三个：一是吸引旅游者前往目的地旅游消费，以增加社区经济收入；二是改变资源利用方式，减少社区发展的环境成本和代价；三是带动相关产业发展，优化和改善社区产业结构。

4. 生态环境教育功能

环境教育功能具体体现在三个方面：一是寓教于游，通过生态旅游活动向人们宣传生态知识和环境保护知识；二是激发意识，唤起人们的生态环境保护意识，自觉保护生态环境；三是遵循生态旅游伦理观，协调人与自然的关系，为保护自然生态平衡提出行为准则。

（三）生态旅游和传统旅游的区别

生态旅游具有许多与传统旅游不同之处。传统旅游体现的是人类中心主义，侧重对文化、自然景观等旅游资源的开发。而生态旅游则体现出人与自然的协调，强调回归大自然，注重旅游资源可持续利用和生态环境保护。表 14-1 从目标、受益者、管理方式、正面影响和负面影响几个方面比较了生态旅游与传统旅游的区别。

表 14-1　生态旅游和传统旅游的区别

	生态旅游	传统旅游
目标	适宜的利润与持续维护环境资源的价值	利润最大化
	价值导向	价格导向
	以自然为基础的享受	享乐为基础
	环境资源和文化完整性展示与保护	文化与景观资源的展览
受益者	开发商、游客、当地社区居民分享利益	开发商和游客为受益者，当地社区和居民的收益与环境代价相抵所剩无几或入不敷出
管理方式	自然景观第一，有选择地满足游客要求	游客第一、有求必应
	有计划地安排空间	无计划的空间展拓
	功能导向的景观生态调控	分片分解的项目
	有选择的交通方式	交通方式不加限制
正面影响	创造持续就业机会	创造就业机会、刺激区域经济增长
	获取长期外汇收入	获取外汇收入
	经济效益、社会效益和生态效益的融合	注重短期利益
负面影响	短期内旅游数量较少，但趋于增加	高密度的基础设施和土地利用问题
	交通受到管制	机动车拥挤、停车场占用空间和机动车产生的大气污染问题

生态旅游的内涵、特征、功能以及与传统旅游的区别，决定了生态旅游项目开发的特殊性。

就是说在制定生态旅游项目开发战略规划时不能只考虑经济效益,还要更多地考虑社会效益、生态效益,要力求使三者的综合效益最大化,以实现旅游项目开发的可持续发展。

四、生态旅游资源的定义

"生态旅游资源"一词是随着生态旅游活动而出现的概念,它是吸引生态旅游者"回归自然"的客体,又是生态旅游活动得以实施和生态旅游得以形成和发展的物质基础。同生态旅游概念一样,生态旅游资源的概念也没有公认一致的定义。

侯立军从区域生态角度将生态旅游资源定义为符合生态学的标准,实现环境的优化组合,物质能量的良性循环,经济和社会的协调发展,并有较高观光、欣赏价值的生态旅游区。杨桂华则认为生态旅游资源是指以生态美吸引游客前来进行生态旅游活动,为旅游业利用,通过适当的保护,能够产生可持续的生态旅游综合效益的客体。王良健从宏观的角度针对我国生态环境的巨大差异,将生态旅游资源划分为四个基本生态旅游区:东部名山,江河湖泊,田园风光生态旅游区;西北草原,沙漠戈壁,雪山绿洲生态旅游区;青藏高寒景观,江河源头,高原湖泊生态旅游区;西南高山峡谷,岩溶风光,天然动植物园生态旅游区。马乃喜则从旅游活动类型方面将生态旅游资源划分为观赏型、科学型、探险型、保健型、狩猎型、民俗型六大类型。此外还有杨福泉将生态旅游资源划分为自然生态和人文环境。

因此,我们综合前人的成果,将生态旅游资源定义为:以生态美(自然生态和人文生态)吸引游客前来进行生态旅游活动,为旅游业所利用,在保护的前提下,能实现环境的优化组合、物质能量的良性循环、经济和社会的协调发展,并有较高观光、欣赏价值的生态旅游活动对象。

第二节 生态旅游市场营销概述

一、生态旅游市场

与一般的旅游产品相似,生态旅游产品的开发与销售只能在生态旅游资源所在地进行,必须依靠生态旅游者前来消费,才能实现生态旅游的不断向前发展。研究生态旅游就不能离开生态旅游者的研究。决定生态旅游发展状况的因素,并不完全取决于生态旅游资源是如何的丰富,还在于生态旅游市场的可靠度。

市场营销学上的旅游市场指一定时期内,某一地区中存在的对旅游产品具有支付能力的现实和潜在的购买者。在现实中对生态旅游者的范围界定还有些争议:广义的生态旅游者是指到生态旅游区的所有旅游者。怀特(C.Wild)认为"生态旅游者的范围既包括有特殊兴趣的专家组如鸟类观察家、科学家,又包括对自然区域与不同文化感兴趣的普通人"。澳大利亚的林达贝格(Kreg.Lindberg)与莱皮斯康波(Neil.Lipscomble)博士认为"生态旅游者是那些作为娱乐者或旅游来参观自然保护区的人"。而狭义的生态旅游者则是指对生态旅游区的环境保护和经济发展负有责任的旅游者。广义生态旅游者易统计,但不能反映生态旅游内涵;狭义生态旅游者不便统计但反映了生态旅游的内涵,同时涉及了生态旅游的本质特征。

生态旅游市场至少包含两个方面的含义:第一,人们对生态旅游产品的需求;第二,生态旅游产品的供给与需求的相互作用。需求是生态旅游市场形成的基础,没有生态旅游的需求也就无所谓生态旅游市场。能够在生态旅游消费方面产生群体效应的，主要是客源市场细分化的人文学特征和社会经济特征，其中年龄、家庭情况、教育程度的相关性更大一些。从理论方面讲，当旅游者有旅游需求时，旅游目的地才能从潜在的资源变成现实的经济实体。也就是说，只有从生态旅游市场出发，才能搞好生态旅游开发。生态旅游客源市场的研究，是任何旅游企业和政府的旅游管理部门进行市场营销的前提。

二、生态旅游市场营销

（一）生态旅游市场营销的内涵

生态旅游市场营销是对旅游市场营销的继承和发展，它是在可持续发展思想和社会市场营销观念指导下的旅游绿色营销。它是旅游组织和个体在生产经营活动的各个阶段减少或避免环境污染和资源破坏，在市场营销过程中注重生态环境保护，建立自己的竞争优势，利用各种营销方式赢得社会的认可，制造和发现市场机会，通过长期满足现有和潜在旅游者的需求，来实现自己的目标。生态旅游市场营销是连接生态旅游产品与生态旅游市场的基本环节，也是生态旅游经营管理的中心环节。

（二）生态旅游市场营销的主要目的

（1）广泛传播生态旅游的理念；

（2）吸引更多的生态旅游者在本地停留并购买尽可能多的旅游产品；

（3）吸引更多的潜在生态旅游者将本地区作为旅游的目的地，创造大量的客流量；

（4）分析本地区的客源市场，开发特殊市场，扩展生态旅游产品；

（5）分割出目标市场并研究其特点，以与相应的旅游产品相配置，制定具体的营销计划。

（三）生态旅游市场营销与传统旅游市场营销的区别

1. 营销的客体得到了扩大

传统的旅游营销的客体是旅游产品，而生态旅游的市场营销除了对生态旅游产品营销外，还要重视对生态旅游理念（本质内涵）的营销。生态旅游是从所有相关主体中抽象出来的，是一种旅游活动理念，一种旅游开发规划理念，一种旅游管理理念和一种旅游业发展理念。对生态旅游产品的营销是生态旅游市场营销的重点和核心但不是全部，要在进行生态旅游产品营销的同时也进行生态旅游理念的营销，进行生态伦理理念营销，使生态旅游这一全新的旅游理念，在旅游者享受高质量生态旅游产品经历和体验的同时也得到广泛的传播。

2. “市场”的范围扩大了

传统旅游营销仅仅把旅游者作为营销的“市场”，只研究旅游者的行为，旅游市场营销的所有活动都是围绕旅游者进行的，从生态旅游的内涵分析可知，生态旅游的内涵是十分丰富的，生态旅游市场营销的“市场”除了旅游者外，还有旅游开发管理者，旅游政策制定者和旅游地的居民等，凡是与生态旅游有关的活动主体都是生态旅游市场营销服务的“市场”。

3. 营销的任务发生了变化

传统的旅游市场营销以满足旅游者的各种需求为主要任务，坚持“旅游者的需求永远是对的”，只要是旅游者需要的，都要满足。而生态旅游市场营销则不是盲目地满足旅游者的需求，只满足旅游者的理性需求，对污染环境和破坏资源的“有害需求”不予满足。生态旅游市场营销的任务除了满足旅游者的理性旅游消费需求外，更应该创造和引导理性的旅游开发和消费方式。

三、生态旅游市场营销的理论基础

（一） 人与自然关系理论

人与自然关系经历了原始适应、顺应和改造三个阶段。人与自然的关系学说根据对待人和自然的观点差异可分为人类中心论和人与自然协调论；根据人类解决面临生存危机的态度则可分为消极的倒退论和积极的生态人文论。生态旅游建立在人与自然协调论和生态人文论的人与自然关系理论基础上，生态旅游的保护特色决定了与生态旅游有关的人均需具备或培养正确的人与自然观点并付诸实践。

（二） 可持续发展理论

可持续发展是指既满足当代人的需要，又不构成危及后代人满足需求的能力的发展，可持续发展理论强调生态、经济和社会协调发展。而生态旅游发展的内涵与可持续发展强调的三者关系是相一致的，生态旅游的发展是可持续发展观把人的发展和社会进步作为发展目标的同时，强调经济、社会、人、自然之间协调发展的一种具体写照，完全符合可持续发展的准则，可持续发展理论是生态旅游发展的理论基础。

（三） 社会市场营销观念理论

1. 产品策略

生态旅游产品策略是生态旅游市场营销的出发点，是生态旅游市场营销组合四大策略的基础。产品策略指生态旅游目的地如何根据自身的优势和特点，在激烈的市场竞争中适时地生产出自己独特的产品和服务。同时，根据产品的生命周期积极研制和开发新的产品和服务，从而在市场竞争中处于主动地位。

2. 价格策略

生态旅游产品定价，除科学的理论和方法指导外，由于竞争和旅游者的需要，还必须有高明的定价策略和技巧。生态旅游产品的定价策略就是根据旅游市场的具体情况，从定价目标出发，灵活运用价格手段，使其适应旅游市场的不同情况，实现最终的营销目标。

3. 促销策略

生态旅游产品促销是旅游营销者将有关旅游产品的信息，通过各种宣传、吸引和说服的方式，传递给生态旅游产品的潜在购买者，促使其了解、信赖并购买自己的生态旅游产品，以达到扩大销售的目的。促销的过程是信息沟通过程，其实质是要实现旅游营销者与旅游产品潜在购买者之间的信息沟通。生态旅游产品的促销包括整体旅游形象的推广和单项旅游产品的销售。生态旅游目的地通过形象的识别与传播，与旅游目标市场现实和潜在的消费者进行沟通，促使其了解、信赖并购买，以达到扩大目的地旅游产品销售目的。

4. 销售渠道策略

生态旅游产品的营销渠道是生态旅游产品的使用权从产品供给者向旅游消费者转移过程中经过的一切组织或个人所构成的流通结构（通道），也称为分销渠道。

（四） 绿色营销理论

绿色营销代表了以可持续发展为指导思想，照顾生态层面的新营销思维方式和操作方式，是市场营销学领域的拓展。绿色营销观念认为，企业在营销活动中要顺应可持续发展战略的要求，注重地球生态环境保护，促进经济与生态协调发展，以实现企业利益、消费者利益、社会利益和生态环境利益的统一。

第三节　生态旅游营销策略

一、生态旅游市场需求分析

通过对旅游市场需求的了解，可以根据市场对产品需求的状况，有针对性地开发生态旅游产品，并且可以准确把握营销机会和对营销活动有效的实施控制，为营销主体创造良好的效益。生态旅游市场需求虽然产生于现代人对大自然回归的要求，但由于生态旅游资源、产品和生态旅游市场在时空和类型上的多样性，也决定了多种需求状态同时存在，只有针对不同需求状态采取对应的营销策略，生态旅游营销主体才能在激烈的市场竞争中获得比较优势。如表 14-2所示。

表 14-2　生态旅游市场需求分析及营销策略

主要影响因素	需求状态	特点描述	营销策略	具体措施
政治因素 社会文化因素 经济因素 人口因素 地理因素 相对价格 交通因素 大众传媒因素	负需求	对某类旅游产品不喜欢甚至厌恶或害怕	扭转型营销	分析原因，开导需求，扭转态度
	无需求	对产品无动于衷或不感兴趣	刺激型营销	创造需求，刺激消费
	潜在需求	某类产品不能满足旅游者需求	开发型营销	开发新产品或产品的新功能
	下降需求	一种或几种旅游产品需求下降	创新型营销	营销组合创新，重新刺激需求
	不规则需求	由生态旅游产品的季节性和市场出游时间的灵活性引起	同步型营销	灵活定价，限量接待，改变旅游方式，平衡需求
	充分需求	产品销售已达目标，市场对产品需求仍有扩大趋势	维持型营销	维护品牌形象，培养品牌忠诚，维持现有需求
	超饱和需求	市场需求超过了某些主体的正常接待能力，产品被超容量使用	低营销	提高价格，减少营销投入，降低市场需求
	有害需求	市场对不健康产品的需求	反营销	宣传需求的危害性，破坏旅游者需求

二、生态旅游目标市场策略

由于生态旅游消费者的总体数量巨大，需求千差万别以及需求的多样化、多变化发展趋势，任何一个生态旅游经营主体，无论它有多大，资源多丰富，产品种类多齐全，资金实力多雄厚，都不可能提供满足整个生态旅游市场全部需求的生态旅游产品。这就要在对整体生态旅游市场细分的基础上，按照自身的资源优势确定目标市场，进行市场定位。生态旅游市场细分是按照生态旅游产品购买者的需要和欲望、购买态度、购买行为特征等不同因素，把整个市场划分为若干不同消费特点的旅游者群体的过程。

（一） 市场细分的依据和方法

生态旅游整体市场之所以可以细分，是由于生态旅游者的需求存在差异性。引起旅游者需求差异的因素很多，概括起来，细分生态旅游市场的因素主要有地理因素、人口统计因素、心理因素和购买行为因素四类。以这些因素为依据来细分市场就产生出地理细分、人口细分、心理细分和购买行为细分四种市场细分的基本形式。生态旅游市场营销主体在运用细分标准进行市场细分时必须注意：市场细分的标准是动态的，不同的主体在市场细分时应采用不同标准。在进行市场细分时，可以使用单一变量因素细分，也可采用多个变量因素组合或系列变量因素进行生态旅游市场细分。表 14-3 给出了生态旅游市场的细分表。

表 14-3 生态旅游市场细分

市场细分标准	细分依据	细分市场举例
地理环境因素	地区、人口密度、气候、城市规模等	国际市场、国内市场； 热带市场、温带市场、寒带市场
人口统计因素	年龄、性别、职业、文化程度、国籍、社会阶层等	青年市场、中年市场、老年市场； 豪华市场、经济市场； 男性市场、女性市场
心理因素	生活方式、性格、兴趣等	传统型市场、新颖市场
购买行为因素	购买动机、数量、偏好程度、行为特征等	观光市场、度假市场、探险市场

（二） 目标市场的选择策略

目标市场就是决定要进入的市场。在对整体市场进行细分之后，要对各细分市场进行评估，然后根据细分市场的市场潜力、竞争状况、营销主体的资源条件等多种因素决定把哪一个或哪几个细分市场作为目标市场。生态旅游市场主要是选择城镇区域或者经济发达地区中具有回归自然、享受自然甚至是保护自然等需求的旅游者。但由于各生态旅游产品所处地理区位环境、资源特性、知名度、种类及其生命周期、主体经营实力及市场营销战略等的不同，在具体选择目标市场时也是不同的，所采用的策略也不一样。

在目标市场选择过程中，要从市场规模与增长率、营销主体资源与目标、营销主体竞争优势等方面对细分市场进行评估，所选择的目标市场必须与生态旅游市场营销主体的经营目标、形象、所拥有的经营资源等相符合。一般生态旅游目标市场的选择模式有以下几种：

1. 产品—市场集中化

生态旅游营销主体从市场和产品角度出发，将目标市场集中于一个细分市场，生产一种旅游产品，以此展开市场营销，如温泉疗养型旅游产品。通过这种密集营销，可以更加了解本细分市场需求，并树立特别的声誉，以此在该细分市场建立巩固的市场地位。但是密集市场营销比一般情况风险更大，如个别细分市场可能出现不景气的情况，或者某个竞争者决定进入同一个细分市场。

2. 有选择的专业化

选择若干个细分市场作为目标市场，其中每个细分市场在客观上都有吸引力，并且符合营销主体的目标和资源。相应地推出不同品种的生态旅游产品，在各细分市场之间很少或根本没有任何联系，每个细分市场都有可能赢利。这种多细分市场目标优于单细分市场目标，因为这样可以分散风险，即使某个细分市场失去吸引力，仍可继续在其他细分市场获取利润。这就要求营销主体资源非常丰富，规模大，能力强，如比较大的旅游集团就可以对不同需求的旅游者提供完全不同的生态旅游产品。

3. 产品专业化

向不同的细分市场供应同一种生态旅游产品。这种模式要求旅游营销主体具有优势甚至是垄断性的资源，并可以推出不同档次的同种旅游产品，满足不同市场的需求。如世界自然遗产地，可以推出不同层次的观光旅游产品以满足不同类型的生态旅游者。

4. 市场专业化

旅游营销主体对同一细分市场推出各种不同的或者是系列的生态旅游产品。这样的营销主体开发产品能力强，资源也丰富，如现代生态农业园。

5. 市场全面化

营销主体选择整个生态旅游市场作为目标市场，全方位的推出旅游产品。这种模式有一定的难度。只有国家或省域生态旅游目的地产品可考虑采用此种方式。

（三）目标市场营销策略的选择

1. 无差异市场营销策略

无差异营销策略也称整体市场策略，是将整个生态旅游市场视为一个目标市场，用同一种旅游市场营销组合策略开拓生态旅游市场。无差异市场营销策略只考虑生态旅游市场在需求上的共同性，而不关心市场在旅游消费需求上的差异性。这种营销策略虽然可以降低营销成本，但随着旅游市场竞争的加剧，旅游者需求的多样性变化趋势，也存在弊端，大众化的生态旅游观光产品，如“观光型景区”产品可以采用。国家和省（市）级生态旅游目的地产品由于区域内产品的多样性，也可采用无差异市场营销策略。

2. 差异性市场营销策略

差异性市场营销策略是将整体市场划分为若干细分市场，针对每个细分市场制定不同的营销组合方案，以满足每个细分市场的具体需求。差异性营销策略的优点是，使生态旅游者需求更好地得到满足，由此促进产品销售。在多个细分市场上经营，一定程度上可以减少经营风险，一旦在几个细分市场上获得成功，有助于提高旅游产品的形象及提高市场占有率。不足之处，一是由于产品品种多，营销成本将增加；二是可能使营销主体的资源配置不能有效集中。生态旅游线路产品因为线路产品组合的主题性原则，所以要采用差异性市场营销策略，景区产品也要根据其主题功能定位而采取此策略。

3. 集中性（密集性）市场营销策略

集中性营销策略是集中力量进入一个或少数几个细分市场，实行专业化生产和销售。这一策略特别适合于资源力量有限的中小旅游企业。由于受资源特色、财力、技术等方面因素制约，在整体生态旅游市场可能无力与大企业抗衡，但如果集中资源优势在大企业尚未顾及或尚未建立绝对优势的某个或某几个细分市场进行竞争，成功可能性更大。局限性一是旅游市场区域相对较小，发展受到限制；二是潜伏着较大的经营风险。

三、生态旅游产品营销策略

生态旅游产品包括：生态旅游景区（点）和生态旅游活动项目（特色旅游节庆活动）、生态旅游线路、生态旅游目的地（国家、省、市、旅游区等）。其中，最核心的生态旅游产品形式是景区（点）和旅游活动项目，目的地产品和线路产品都是在景区（点）的基础上组合而成的。

（一） 生态旅游产品的内涵

从生态旅游需求方来看，生态旅游产品是生态旅游者为了获得物质和精神上的满足通过花费一定的财力、时间和精力所获得的一次生态旅游的经历和体验（生态旅游经历和体验是指旅游者自离家出发之时起至旅游结束返回家中这段时间内所从事的一切活动）。

从生态旅游供给方而言，生态旅游产品是指生态旅游经营者为了满足生态旅游者在生态旅游活动中的各种需要，凭借各种旅游设施和资源环境条件，向生态旅游市场提供的全部服务要素之和。整体生态旅游产品由生态旅游资源、生态旅游设施和生态旅游服务三部分组成。

（1）生态旅游资源是客观地存在于一定地域空间，并因其所具有的审美和愉悦价值而使生态旅游者为之向往的自然存在、历史文化遗产或社会现象。生态旅游资源包括自然生态旅游资源和人文生态旅游资源两大类。

（2）生态旅游设施是直接或间接为开展生态旅游活动，满足生态旅游者娱乐、休闲、度假、康体保健和生活等需求而修建的各种有关设施。生态旅游设施包括各种生态旅游娱乐项目设施和生态旅游交通、旅游酒店、餐厅、商店、卫生等服务设施。

（3）生态旅游服务是生态旅游从业人员提供给生态旅游者、满足其旅游需求的活劳动。生态旅游服务是生态旅游产品中的重要组成部分，也是组合线路产品的核心要素。

（二） 生态旅游产品开发策略

按照资源特色和市场需求开发生态旅游产品是生态旅游产品开发的基本市场策略。成功开发生态旅游产品的关键在于是否能够使提供的产品与旅游者所追求的利益相一致，是否能够有效地组织各种资源为旅游者创造某种特殊的经历和体验。

1. 生态旅游市场分析和已有旅游产品调研

生态旅游经营单位在进行旅游新产品开发之前应广泛地进行旅游产品和市场需求调查研究，了解旅游者对现有产品评价，找出现有旅游产品的不足之处，掌握生态旅游者的消费心理、旅游爱好及旅游新要求等，以便在旅游产品开发时投其所好。

2. 生态旅游产品定位

生态旅游地旅游产品开发需以旅游资源为基础，旅游市场需求为导向，综合考虑区位条件、交通条件、经济实力等因素，确定目标市场，做出旅游产品的市场定位。从大局上把握生态旅游产品的吸引力和竞争力，若只提供单一的观光型或娱乐型旅游产品，则难以满足旅游者的多样性需求。生态旅游产品既要有多种功能，又要突出主要功能，以吸引旅游者高频次旅游。

3. 加强生态旅游产品规划设计

生态旅游作为一种资源深层次利用和旅游开发的可持续发展模式，其产品设计的创造性、规划的科学性是旅游产品能否适应市场、吸引旅游者的决定性因素。因此，在生态旅游产品开发过程中，选址、创意、规划、实施和管理极为重要。在规划设计时应体现超前性、可操作性、系统性和创新性，要根据生态旅游景观资源的特点，优化生态旅游产品结构，开发拳头产品，突出自己的特色旅游产品。

4. 开发近郊康体、休闲、娱乐项目产品

随着假日经济的启动，假日旅游成为假日经济的主体，生态旅游短线产品开发上应注重开发近郊环城康体、休闲、娱乐项目，而不宜只把观光产品作为主打产品。如森林浴、野餐、露营、漂流、水上活动、钓鱼、康体娱乐等。在旅游项目开发建设时，利用生态系统具有丰富的野生动植物种类和适宜的小气候特点，多开发能反映自然野趣和参与性强的旅游项目或产品。

5. 开发特色浓郁的旅游商品

旅游商品是我国旅游产品开发的弱项，有必要加大资源开发的力度，研制开发高经济附加值的生态旅游商品。可结合各地的资源情况、风俗民情等地方特色，推出反映生态旅游内涵的商品系列，如：① 旅游轻纺用品系列，特别是少数民族特色的轻纺用品和具有地方特色的纺织品；② 具有鲜明地方特色的旅游工艺系列（如动植物标本、石雕、根雕等）；③ 具有鲜明生态旅游特色的旅游纪念品系列（如干燥花及其饰品、果类、山石类等）；④ 旅游食品、保健品系列（如山珍野菜、中草药、精品茶等），作为绿色食品的山珍野菜和作为医药发展方向的中草药，是开发的热点。

（三）生态旅游产品生命周期策略

生态旅游产品市场生命周期大致可分为投入期、成长期、成熟期和衰退期四个阶段。一条旅游线路、一个旅游活动项目、一个旅游景区（点）都将经历由兴至衰的过程，存在着生命周期的变化。

判断生态旅游产品处于市场生命周期的哪一个阶段，是一个较困难的问题，而且也带有很大随机性，一般只能做出大致的判断，通常是用销售增长率比值法来判断，即以接待旅游者人数（或旅游收入）对时间的弹性 $E=\triangle Q/\triangle T$ 来判定。$\triangle Q$ 为接待量的变化值，$\triangle T$ 为时间的变化值。

当 $0<E<1\%$ 时，属于投入期；当 $E>10\%$ 时，属于成长期；

当 $1\%<E<10\%$ 时，属于成熟期；当 $E<0$ 时，属于衰退期。

生态旅游产品是一个综合性产品，其市场生命周期还会受到诸多内外环境因素的影响。生态旅游营销主体应清楚地认识到这些因素及产品所处的市场生命周期阶段，有针对性地采取相应的策略，同时采取产品改革、市场改变、营销组合改进和产品升级换代等策略来尽量缩短生态旅游产品的投入期，延长成熟期，延缓衰退期的到来。营销策略如表 14-4 所示。

表 14-4 生态旅游产品生命周期策略

<table>
<tr><th colspan="2" rowspan="2"></th><th colspan="4">生态旅游产品的生命周期</th></tr>
<tr><th>投入期</th><th>成长期</th><th>成熟期</th><th>衰退期</th></tr>
<tr><td colspan="2">特点</td><td>旅游者少，产品知名度低，成本高，利润少或亏损，旅游收入增长缓慢且不稳定，竞争者少</td><td>旅游人数增加，知名度逐渐提高，游客量稳步上升，利润增加，竞争者出现</td><td>旅游人数稳定接待量达到顶峰，增长趋缓，利润达最高，竞争者最多</td><td>旅游人数下降，利润低或亏损，旅游收入锐减，替代产品出现，竞争者减少</td></tr>
<tr><td rowspan="4">营销策略组合</td><td>产品</td><td rowspan="4">新产品营销，有四种策略可供选择：
高价格与低促销（质量较高的垄断性产品如三峡游、世界遗产景区产品）；
高价格与高促销（如生态主题公园）；
低价格与低促销（如乡村旅游）；
低价格与高促销（如短线一日游）</td><td>提高质量，增加品种，扩大接待规模</td><td>改进质量，提高服务水平，改造老产品</td><td>保留利润产品，进行产品更新，放弃无利产品项目或线路</td></tr>
<tr><td>促销</td><td>树形象，创品牌，争取潜在市场，增强对产品信任感</td><td>加强广告，保持和扩大市场，力保品牌产品项目或线路</td><td>促销有利润产品的目标市场，集中于最好市场和渠道</td></tr>
<tr><td>渠道</td><td>直销或挑选中间商，给优惠条件，增加渠道宽度</td><td>评价、更换中间商，专营性渠道策略，给中间商促销帮助或直销</td><td>保留最忠诚的中间商，剔除无利润渠道</td></tr>
<tr><td>价格</td><td>降低成本，稳定价格</td><td>实行灵活的价格策略保持和吸引新市场</td><td>保持原价或降低价格争取市场</td></tr>
</table>

四、生态旅游形象策划和品牌策略

生态旅游产品鲜明独特形象的策划是产品品牌塑造的重要基础条件，产品品牌则是生态旅游产品形象树立的最终目标，二者是相互统一的一个整体。

（一）生态旅游产品形象策划

旅游形象是旅游者对某一接待国或地区总体旅游服务的看法，是旅游者对旅游目的地了解和体验所产生的印象的总和。对旅游者而言，肯定会首选知名度高、有特色、有文化含量、可以为旅游者带来良好身心感受的生态旅游产品，良好的旅游形象是旅游地极其宝贵的无形资产。

生态旅游产品形象是现代旅游者在旅游市场上购买选择的至关重要的因素，要开展有效的营销，就要对生态旅游产品进行形象策划。生态旅游产品的主题形象策划，特别是旅游目的地产品的形象设计和推广，是生态旅游产品营销的重中之重。所以，要在认真的市场调查、旅游消费发展时尚和有关生态旅游产品区域的文脉（文化底蕴、自然环境）和人脉（社会活动）的分析基础上，策划生态旅游产品形象，同时对旅游者进行产品形象的有效推广。

1. 产品形象的定位

生态旅游产品形象定位的核心思想就是“引导和控制旅游者对目的地的认知，并重新组合已存在的各种联结关系,从而使旅游地获得旅游者的认同和支持”。生态旅游产品形象定位可考虑从资源支撑(突出资源特色)、利益指引(突出旅游者可获得的特殊利益)、综合描述(资源不突出时采用,与品牌分体形象并用)和交叉定位(以上三种方法同时使用)等方面进行。

生态旅游产品形象定位的最终表述,往往以主题口号加以概括。旅游口号以目的地所处的自然、社会环境为背景,以目的地的景观资源为基础,将目的地最具优势的特征加以提炼,概括成一句口号,以达到打动旅游者、激发其亲临实地一游的欲望的目的。如海南的旅游形象口号“椰风海韵醉游人”,昆明的“昆明天天是春天”等。

主题形象口号设计时应该注意:① 体现地方特性;② 体现行业特征;③ 语言紧扣时代特征;④ 主题形象口号形式借鉴广告,要能产生艺术效应;⑤ 旅游口号表达要针对受众,言辞务求精简。

2. 产品具体形象的设计

产品具体形象是人们对生态旅游产品的感官感受,其设计包括了物质景观形象、社会文化景观形象、核心地段形象、代表性人物或事件、视觉识别符号、应用识别符号、旅游从业人员提供的服务、当地居民的态度与行为等内容。

(1) 物质景观形象是生态旅游产品区域具有体现旅游形象功能的那些具体景观,包括背景景观、景区景观和旅游城镇物质景观等。背景景观要求尽可能地在开发中维护和强化原赋资源特色,突出良好的自然生态大环境;景区景观形象塑造时要注意对原赋资源的保存和服务设施服务功能的艺术化;城镇物质景观形象要通过建筑、街道景观、广场、雕塑、环境绿化和环境艺术小品等体现“生态”的主题。

(2) 社会文化景观形象设计总的原则是要突出地方风俗和民族文化,完善旅游服务水平,提高居民文明水准,提高好客度。

(3) 核心地段包括第一印象区、最后印象区、光环效应区、地标区和典型镜头区等。第一印象区是旅游者到达旅游吸引物、交通枢纽或服务基地时最先接触到的区域(如火车站、汽车站、航空港和旅游区门景区等),最后印象区是游客离开产品区域或某一旅游吸引物时与其最后接触的地点,很多情况下与第一印象区相重合。光环效应区是对生态旅游产品整体形象具有决定性意义的地方(如武夷山风景名胜区的九曲溪),通常不止一处。地标区是指产品区域中唯其独有的、逐渐成为其标志的形象特征所在的区域(如武夷山风景名胜区的玉女峰)。典型镜头区是指适合于拍摄成为标准图片对外进行旅游营销的视域空间。这些镜头区具有浓郁的地方性,广泛应用于电视广告、宣传画及招贴、导游手册、网络主页、景点介绍书籍和光盘等的制作中。对构成核心地段的物质景观形象和社会文化景观的所有要素都应该认真研究、悉心设计、科学管理。

(4) 代表性人物或事件是指生态旅游产品区域出现的杰出人物(如江阴的徐霞客)或历史上发生的重大事件、当地重要的节庆活动等。它们同样能够塑造和整合生态旅游产品的形象,是生态旅游产品形象策划的重要手段。

(5) 应用识别符号是在有使用价值的物品上标识具有宣传意义的旅游符号,它推广的对象包括办公及公关用品、指示类应用设计(如方向牌、标志牌)、展示类应用设计(如会场、展台)、广告设计和服务人员的服饰等。

(6) 视觉识别的形象设计是产品区域与别处不同的独特自然景观及文化。特别要突出良好的自然和人文生态环境方面的优势,来满足旅游者"回归自然"的心理需求。从视觉上表现生态旅游产品的形象,给旅游者一个鲜明独特的视觉冲击力,也便于传媒对旅游形象进行传播。

(7) 旅游从业人员的服务行为形象设计主要是通过生态旅游产品区域内旅游企业的绿色形象设计和景区人员的服务设计(如导游服务、游客中心和景区解说系统等)来完成的。设计中要注意服务的标准化与人员的个性化服务、地方特色性服务的紧密结合,特别是要在服务过程中充分体现保护环境和生态这一绿色服务意识,这样容易给游客产生鲜明的服务形象认知。

(8) 生态旅游产品区域居民形象的树立可通过社区管理的方式加以完善。生态旅游产品区域需要在调节生态旅游对地方社会的负面影响、旅游者与当地居民的冲突方面有所作为,特别要注意体现生态旅游使当地居民受益这一内涵要求。

(二) 生态旅游产品品牌策略

1. 生态旅游产品品牌的含义和作用

生态旅游产品品牌是用以识别某个或某些旅游产品销售者的产品或服务,并使之与竞争对手的产品或服务区别开来的商业名称及其标志,通常由文字、标记、符号、图案、颜色或其组合构成,它是生态旅游产品的质量、价值以及满足旅游者效用的可靠程度的综合体现。生态旅游品牌是服务品牌的范畴,首要任务是通过强调与众不同的、对市场具有特殊价值的服务,来确定生态旅游产品的市场优势。生态旅游产品品牌包含有旅游目的地品牌、旅游线路品牌、旅游企业品牌和景区(点)产品品牌等。生态旅游产品对吸引旅游者具有以下重要的作用。

(1) 降低旅游者搜寻生态旅游产品的成本。当旅游者萌发旅游动机,就要收集有关生态旅游产品、服务状况等的相关信息,确认旅游产品具有较好的信誉并能够保证服务质量时,才会购买产品。如果已是名牌产品,旅游者将会省去搜寻信息的过程,而直接购买。

(2) 增加生态旅游产品的附加值。品牌旅游产品能够维护旅游者的利益,旅游者不会在价格上过分在意,甚至在价格稍高于其他旅游产品的情况下接受该产品。这就是"口碑效应"给旅游产品所带来的价值增值。

(3) 旅游品牌是一种无形资产。旅游品牌资产源于它对旅游购买者的动员力,它能唤起旅游者对旅游品牌的忠诚,可以维持和增加购买品牌产品的人数,延长该旅游产品的生命周期,保持旅游产品的市场份额。

(4) 品牌能够突出生态旅游产品或服务的特色。树立鲜明的旅游形象,提高旅游者的购买效率,以反映生态旅游产品的综合竞争力。

2. 生态旅游产品品牌创建策略

(1) 确保生态旅游产品质量。旅游品牌只有提供了高质量的产品,让旅游者获得了满意而独特的生态旅游经历和体验,才能赢得长期的支持和良好的口碑,这有利于延伸品牌的价值和旅游品牌形象的传播。要保证旅游产品的质量,就必须使组合产品中的各个组成部分(单项产品)都达到其应具有的质量标准,要高度重视旅游产品的各个环节,保证旅游产品的整体质量,避免因小失大。例如产品质量中的服务质量好坏很大程度上取决于旅游从业人员素质的高低,对旅游人力资源严格把关,提高旅游从业人员的素质,提升服务品质,是生态旅游产品创品牌时不容忽视的问题。

(2) 发挥产品自身的特色优势。客源市场是一个异质的市场,旅游者的需求是多种多样的,不断变化的,只有具有鲜明特色的产品才能满足不同旅游者的需要。在生态旅游组合产品中,首先要把握住区域优势,将旅游资源和产品进行有机整合和提升。如黑龙江把“冰雪旅游”作为品牌推出,在设计和组合生态旅游产品时,就不能离开这一大的、整体性的品牌。

(3) 深挖产品文化内涵。生态旅游产品品牌的创立与文化是密切相关的,生态旅游产品区域内的特色传统文化和民俗风情以及企业文化,都能够为旅游者提供具有特色文化内涵的产品和服务。要增强产品的吸引力不能忽视产品中的文化内涵。创立生态旅游产品品牌,必须注重文化内涵的加深,让品牌产品具有厚重的文化底蕴,进行文化竞争。如中国西南区域的香格里拉生态旅游产品品牌的创建就是如此。

(4) 增强旅游市场营销活动。生态旅游产品质量和特色需要营销活动来展示,以便于旅游者从众多的产品中顺利识别,同时还可以发现新的市场需求,并不断改进产品。持续的旅游市场营销活动也能给旅游者和社会公众造成强烈的视觉冲击,进而可以在公众中树立并强化本生态旅游产品鲜明的品牌形象。

3. 生态旅游产品品牌营销策略

在选择品牌营销策略前,首先要对旅游产品品牌类型和品牌力进行科学的评价。生态旅游产品的品牌力主要由品牌认知度(旅游者对品牌知名度和美誉度总体评价)和品牌活力(品牌的差异化特征与旅游者的关联度,即吸引力大小)决定。然后再根据品牌自身所处的市场地位,制定相应的品牌营销策略。营销策略决策见表 14-5。

表 14-5　生态旅游产品品牌营销策略决策

<table>
<tr><td rowspan="2">品牌活力</td><td>高</td><td>品牌推广</td><td>决策要点:品牌已具有一点活力,但认知度偏低,通过广告、公关等方式提高品牌的知名度和美誉度,以吸引旅游者购买</td><td>品牌扩展</td><td>决策要点:维护品牌地位,并通过新产品的开发、产品改进等途径挖掘品牌潜力,延伸品牌内涵,争创名牌</td></tr>
<tr><td>低</td><td>品牌培养</td><td>决策要点:生态旅游新产品,凭借成功的品牌定位突出新产品对旅游者的独特利益点</td><td>品牌更新</td><td>决策要点:根据旅游者的需求变化创造新的品牌特色,进行品牌重新定位或将品牌投入新开发的市场</td></tr>
<tr><td colspan="2"></td><td colspan="2">低</td><td colspan="2">高</td></tr>
<tr><td colspan="2"></td><td colspan="4">品牌
认知度</td></tr>
</table>

五、生态旅游产品价格策略

(一) 生态旅游产品的价格分析

生态旅游产品的价格是生态旅游产品价值的货币表现或者是购买生态旅游产品的使用权所支付的“租金”,它是旅游者为满足自身生态旅游经历和体验所支付的费用。生态旅游产品的价格表现为两种形式:旅游包价和旅游单价。旅游线路产品的价格常表现为整体旅游包价,而景区(点)、旅游项目类产品常表现为旅游单价(门票)。生态旅游产品价格应该是一种绿色价格。

生态旅游产品在价格定位时要考虑以下几点：

(1) 价格应反映生态旅游产品、资源及环境的价值(效用)量。这主要取决于旅游资源开发的投入水平、资源赋存状态及组合质量。

(2) 价格应反映生态旅游资源和产品的供求关系。对区域特异性强、知名度高、容量大的旅游产品(景区),价格要体现高质量、高品位、高价格的"三高"策略。随着旅游区资源容量的不断扩大,价格也应该随之有所提高,但价格增长的速率要小于资源增加的速率。

(3) 价格的定位以获取满意的经济效益为目标。这里满意的前提是不能因为经济效益最大化而导致资源和环境的破坏,知名度和信誉度的下降等。

(4) 定价要考虑旅游者可随意支配收入和支付意愿。因为生态旅游产品的需求具有较大的弹性,脱离旅游者消费能力的定价会失去大部分客源市场。

(5) 价格要能发挥生态效益水平,合理控制游客容量。通过价格的调整使生态旅游区产品的旅游环境承载力实现最佳。要避免价格定位过低而使游客数大大超过其合理容量,损坏旅游资源和环境;若价格定位过高使游客数量太少,又会造成资源的闲置和浪费。

(二) 生态旅游产品定价策略

生态旅游产品的定价策略就是根据旅游市场的具体情况,从定价目标出发,灵活运用价格手段,使其适应旅游市场的不同情况,实现最终的营销目标。

1. 生态旅游新产品定价策略

生态旅游新产品定价时限价政策和措施少,灵活性较大,可考虑弥补旅游新产品开发成本和限制竞争等因素,常用的有撇油、满意价格和渗透定价等具体策略。

生态旅游新产品中,景区、景点、旅游项目特别是商业性投资的人造生态型主题公园产品宜采用撇油定价策略。这样有助于在短期内补偿成本,获取盈利,也可为旅游产品塑造一种优质优价的品牌形象;旅游线路产品宜采用撇油定价和满意价格策略相结合。先取脂定价,待竞争对手介入后,再降价使用满意定价,可保证利润;普通观光旅游产品宜使用满意定价策略,毕竟其替代性强,少数专项生态旅游产品(如探险旅游、漂流旅游),由于其介入性差,则可一直采用撇油定价策略;对于分期开发的生态旅游产品景区(点)和实力强、产品特色不明显、易仿制的产品,也可适当考虑使用渗透定价策略。这样,市场占有率扩大后可获得规模效应。

2. 品牌定价策略

品牌定价策略是针对"价高质必优"的消费心理,对具有品牌效益的生态旅游产品制定高价格。质量不易鉴别,购买风险大的生态旅游产品和在行业中有较高声誉的企业可以采用。具有垄断性的生态旅游景区产品和实力强大的旅行社(旅游线路产品)也可采用品牌定价策略。

3. 分等级定价策略

分等级定价策略是把同一类型的生态旅游产品分为几个等级,以不同的价格吸引不同的旅游者,但在生态旅游产品分级中,级别档次要适当,要使不同级别的产品在质量等方面有明显差别。在生态旅游线路产品中使用较多,如同一条旅游线路有豪华、经济和特价三种价格。

4. 区分需求定价策略

生态旅游线路产品针对不同的市场(如区位、对象)特点、时间等因素,对同类产品分别采用地理差价、季节差价、对象差价和产品差价等策略。主要有景区产品对旅游中间商和旅游中间商对旅游者两大类。如景区对送团数量多的旅行社，特别是在淡季，给予价格优惠。旅行社对不同区域的旅游者同一条线路报价也可不同，对于不同旅游者的购买能力，对同一条旅游线路产品的单项产品重新组合、重新定价等。

六、生态旅游产品渠道策略

（一）生态旅游产品渠道的类型

1. 直接营销渠道和间接营销渠道

以生态旅游产品是否经过旅游中间商进行销售，分为直接和间接营销渠道。直接营销渠道是生态旅游产品不经过旅游中间商而直接销售给旅游消费者；间接销售渠道则是借助旅游中间商将生态旅游产品最终转移到旅游消费者手中的流通途径。间接营销渠道根据经过中间商的环节多少还可分为单层、双层和多层销售渠道。

2. 长渠道和短渠道

生态旅游产品从生产供应者向最终旅游消费者转移过程中所经过中间商层次的多少，叫营销渠道的长度。根据介入旅游中间商层次的多少，将营销渠道分为长渠道和短渠道。渠道短，则信息传递快，销售及时，能有力地控制营销渠道；渠道长，信息传递慢，流通时间较长，对营销渠道控制困难。

3. 宽渠道和窄渠道

销售渠道的宽度是指生态旅游产品的销售渠道和销售网点的数目与布局。数目多也合理，渠道就宽。大众化的生态旅游产品主要采用宽渠道销售，如生态观光旅游；专业性较强或费用较高的生态旅游产品采用窄渠道销售，如探险旅游、沙漠旅游。

（二）生态旅游产品渠道选择策略

生态旅游产品营销渠道选择策略是根据选择的原则和有关影响因素进行营销渠道的艺术性考虑。当前我国生态旅游景区（点）产品主要是通过组合成旅游线路产品来销售的，是以间接营销渠道为主来销售的，主要通过旅行社来完成。

我国旅游线路产品由于管理体制和客源国在市场准入方面设置非关税壁垒、旅行社自身资金与技术等内部条件所限等因素，在销售其国际入境旅游产品时主要采用间接营销渠道，且渠道较长。国际旅游业务是国际旅行社经过海外批发旅游经营商到旅游零售商再到海外旅游者，直接经过海外旅游零售商或在境外自设销售网点而招徕海外旅游者的不多。国内旅游业务则主要是接待通过组团社或直接招徕旅游者两种形式进行运作的。为了应对新的旅游市场结构下的激烈竞争，在旅游线路产品的营销渠道选择中，要不断改变和增强自销能力，努力把渠道变得短些、宽些，尽量减少中间费用，以在同类旅游线路产品中获得价格方面的比较竞争优势。总之，随着生态旅游业的发展，营销渠道将向宽短化方向发展，零售商的地位逐步强化，渠道成员间的合作也将日趋密切。

七、生态旅游产品促销策略

生态旅游产品营销者在促销信息源、信息发送方式和发送渠道、信息接收者的类型、促销预算、促销组合、衡量促销效果以及管理和协调整个促销过程等方面所作决策的总和就是促销策略。生态旅游产品促销策略的主要内容应该包括：明确目标视听群众；确定促销目标和工作；确定促销费用；确定促销组合决策；选择各种促销方式和评估及控制促销活动等。

（一）生态旅游产品的促销方式

生态旅游产品营销者为了有效地与购买者沟通信息，可通过发布广告的形式传播有关旅游产品的信息；可通过各种销售促进（营销推广）活动传递短期刺激购买的有关信息；也可通过公共关系树立或改善产品在公众心目中的形象；还可通过推销员面对面地说服潜在购买者。

1. 旅游广告

生态旅游产品广告是以付费的形式通过媒体做公开宣传，达到影响旅游者行为，促进销售相关产品目的的非人员促销方式。它是生态旅游产品营销者用付费的方式选择和制作关于旅游产品方面的信息，并由媒介发布出去，以扩大影响和知名度，树立生态旅游产品形象和增加旅游接待量或旅游收入，达到促销目的的一种广告形式。

2. 旅游产品销售促进

销售促进是临时的或短期的、带有馈赠或奖励性质的促销方法，目的在于诱导购买或努力销售某一特定类型的生态旅游产品。其推广的对象有旅游者、旅游中间商和生态旅游产品推销人员。对旅游者的活动目的在于吸引新顾客，抓住老顾客。手段有免费赠送纪念品、宣传品或实物礼品，赠送折价券、礼品券，进行抽奖促销等。针对旅游中间商的营业推广目的是扩大和增加生态旅游产品与旅游者之间的渠道。其中所进行的推广活动中有对中间商让利，给予推广津贴，提供宣传品，联合开展广告活动和举办贸易展览等。对旅游推销人员的销售促进活动在于调动推销人员的促销积极性，如让利、销售集会和销售竞赛等。不过，其推广的作用是有限的，它不能建立旅游者对生态旅游产品的信任和忠诚，不能拯救一个即将被市场淘汰的产品类型，也不能改变一个市场定位不当的生态旅游产品的命运。

3. 旅游人员推销

生态旅游产品的人员推销包括销售人员直接联系和走访旅游中间商、机关团体、企事业单位及零散旅游者；在目标市场进行整体生态旅游产品及形象的宣传；聘请专家为潜在旅游者介绍生态旅游产品区域内的风土人情；举办旅游博览会直接销售生态旅游产品等形式。生态旅游产品的人员推销主要是要做好销售队伍的设计（如确定销售队伍的目标、推销的策略、队伍的结构、规模、报酬等）和销售队伍的管理（如招聘、挑选、培训推销人员和对推销人员的指导、激励、考评等）两项工作。

4. 旅游公共关系

公共关系能够塑造生态旅游产品富有魅力的公众形象，提高生态旅游产品的知名度和美誉度，以增强市场竞争能力。公共关系促销的公众包括现实或潜在的旅游者、新闻界、所有营销渠道成员、政府和非政府组织、内部员工及其他社会公众等。注意寻找新闻和创造新闻都是公共关系促销的重要内容。与新闻媒体建立并加强联系；注重对游客的服务质量，高度重视并妥善处理投诉；出版杂志等刊物，通过定期或不定期的出版物与员工沟通，关心员工生活，增强员工的归属感、自豪感和凝聚力；赞助公益事业；与有关机构建立友好联系；积极参加社会活动，担负一定的社会责任等，都是建立良好公共关系的重要形式。

（二）生态旅游产品促销的创新

1. 层次性策略

生态旅游产品的促销由于产品类型和实施主体的不同具有鲜明的层次性。生态旅游目的地产品和跨区域的生态旅游线路产品的促销主要由旅游组织（政府）主导来完成，生态旅游景区（点）、旅游项目等单项产品由企业主导完成。跨区域的生态旅游线路或旅游地区的宣传促销牵涉到政府部门间的合作与协调，应由旅游组织（政府）出面进行，如"丝绸之路游"等旅游产品。目前出现的区域旅游部门的联合促销（如云川藏联合促销"香格里拉"生态旅游产品）值得大力提倡，这样还可以缓解国家旅游局促销经费严重不足的问题。

2. 多元促销模式策略

对生态旅游产品特别是生态旅游目的地产品和重点的跨区域生态旅游线路产品，要借助各方力量，进行组织模式多元化促销的探索。可以考虑采用的模式有：

（1）首脑带领型。利用国家和地区领导人出访和来访的时机，适时组织生态旅游目的地产品的形象宣传促销。

（2）部门协同型。积极争取参与其他政府部门在各种非旅游型行业的经贸活动，把旅游内容与有关活动联系起来，形成部门协同促销旅游的格局。

（3）区域联合型。利用区域生态旅游产品的类似性和互补性，整合营销资源，以达到共赢目标。

（4）集中主题型。针对专门的市场面，形成专门的主题，可以利用新航线的开辟进行集中促销和请明星进行旅游产品形象宣传，国家的旅游主题年活动就是其中的一种。

（三）生态旅游促销具体措施

（1）在广播、电视、报纸、杂志等大众媒体上刊登广告，注意要选择主要客源市场的主流媒体。

（2）在旅游专业媒体上刊登广告或新闻报道、特写、经验介绍等。如旅游卫视、《风景名胜》《中国国家地理》等。

（3）制作各种 DVD 等电子宣传品广泛宣传。

（4）聘请旅游形象大使或生态旅游产品代言人。

（5）开通以生态旅游产品名称命名的专车、专列、专机。

（6）邀请、接待旅游批发商、零售商和媒体（旅游栏目）记者、作家、摄影家来踩线、采风，在主要客源地的有关媒体上发表宣传文章。

（7）为输送旅游团数量大的旅游中间商提供优惠和年终奖励。

（8）印制旅游宣传册、地图、线路图、旅游指南等旅游印刷品免费赠送。

（9）参加有积极意义的社会公益活动和举行各种形式的节日庆祝活动、表演活动和优惠活动等。

（10）在生态旅游产品区域或主要客源地对中间商和游客举行旅游产品说明会、推介会。

（11）拍摄电视散文、生态旅游产品 MV，争取成为各种影视作品的外景地等。

（12）利用各种特殊事件如领导人讲话、新闻发生地、游记、文学作品描述地、口头文学（神话与传说）发生地等进行宣传促销。

（13）设立生态旅游产品主页，并争取进入各主要网络搜索引擎和有些热门站点的友情链接,利用电子邮件发送用于广告目的的电子刊物,建立网上预订服务系统等互联网促销。

阅读材料

神农架的绿色旅游营销策略

1997 年,神农架通过举办生态旅游节,初步树立了“神农架——人与自然可爱的家”的“绿色旅游”形象,为开展生态旅游奠定了基础。

神农架旅游开发的总体战略目标是:在绿色营销观念的指导下,通过合理规划与开发,达到林区旅游资源的合理利用,保持环境和文化的完整性,使神农架成为以自然景色为主,集观光览胜、探险猎奇、科研科考、避暑疗养于一体的多姿多彩的综合型生态旅游区,使之成为湖北“唯我独优”的、华中地区最美(不是最大)的、海内外游客向往的、古老而神秘的旅游目的地。

值得一提的是,之所以采用“最美”而放弃以前“最大”的提法,是考虑到生态旅游的小规模、高质量、高消费、对旅游者素质要求较高的特征,这也符合我国旅游业从靠客源数量增长的粗放型发展模式向质量效益型的集约化发展模式转变的趋势。

实现上述战略目标的营销战略具体分为三个方面:

一、绿色旅游产品发展战略

绿色旅游产品是对社会或环境的改善有所贡献的旅游产品,强调绿色表现,即生态性、环保性、长远性、安全性。神农架可开发的绿色产品系列有:① 以原始森林及躲过第四纪冰川劫难的植物群落、珍稀动物为主要特色的产品。如当今世界中纬度地区难以见到的亚热带原始森林游、动植物观赏。② 以野人之谜、白化动物之谜、奇洞之谜为主要特色的产品。如自然、金丝猴等珍稀动物考察、“野人”寻踪等。③ 以体现山峦风光奇幻多姿为主要特色的产品。神农之秋和巴东、燕子两垭云海独具魅力,而溪涧沟壑、飞瀑流泉、山石造型、奇树怪洞,也都展示了“山水画廊”的天然神韵。此外,还可根据各细分市场的情况开发专项旅游:体育旅游——神农架地处高山,雪期长,草甸铺地,坡度平缓,可开展冰雪运动。还可开展登山、攀岩、骑车、徒步旅游。保健旅游——神农架因神农氏搭架采药而得名,全区共有中药材 2 023 种,可在松柏镇建立中药材博物馆和交易市场,开展中医专家咨询,推广绿色药品——中药。观光农业——阳日镇被誉为“林区小江南”,可开展农业观光,游客访问农家,亲身耕耘,垂钓,采摘鲜花、果实。避暑度假——松柏、阳日两镇冬暖夏凉,是避暑度假的好场所。

二、绿色旅游市场发展战略

(一) 市场定位策略

神农架旅游资源丰富,且旅游市场呈多样化态势,采取差异性定位策略。

1. 国际市场定位

由于交通及整体水平不高的原因,神农架旅游产品不能全部针对国际市场,南部旅游区因靠近三峡国际旅游线,可通过与三峡线联结的方式推向国际市场。现阶段针对国际游客回归大自然的动机,推出回归大自然之旅。此外,可针对国际上各专业协会(如探险、钓鱼、攀岩、自行车协会),开展专题活动旅游。

线路设计:自宜昌,经兴山,到木鱼坪游览自然保护区或燕天风景区至神农溪出境,也可利用三峡游船停靠秭归,开辟神农架一日游。

2. 国内市场定位

根据神农架不同的旅游资源,针对不同目标市场,推出观光、度假、会议、避暑、科考、体育等类型产品。如避暑项目,主要定位于湖北和南方地区客源。

线路设计:双神线(神农架—神农溪)和区内循环线。

(二)市场定时策略

从可持续发展的角度,同时启动国内、国际市场,借99生态环境游的时机,把回归大自然之旅包装成精品,以局部优势产品抢占国际市场;在国内市场上,坚持全区重点开发,争取用5~8年的时间,使国内旅游产品和市场发育成熟,与此同时,预留国际旅游开发的方向和空间。待到全区整体旅游服务水平上档次后,旅游形象全面提升后,再进行延伸性的国际旅游开发。

(三)市场进入策略

体现在生产能力决策上。从深度开发的要求看,神农架旅游业应由仅靠内部资源形成生产力的独立发展阶段转向综合发展阶段。即除了积极优化配置区内各种生产力要素外,主要的方向是依靠外部力量,通过联合、协作、分包、购并等方式实现资本经营和资产重组;加强企业股份制改造,有的企业可加入省内外大型旅游企业集团网络体系。

1998年8月,国家旅游局公布了第一批"中国旅游业优先发展项目"名单,神农架榜上有名。这必将提高神农架招商引资的效率。在加大开发力度的同时,应重视环境保护,务必使区内旅游产业生态化,形成绿色景区、餐馆、酒店、食品、交通和商品。木鱼坪旅游开发区中有的宾馆将生活污水排往香溪河中,应立即坚决制止。

(四)市场开发策略

1. 国际市场

依托湖北省海外客源市场的总体态势,日本、欧洲并举,拓展港澳台,稳定东南亚、韩国,积极发展美洲和俄罗斯等新兴市场。

2. 国内市场

主要是建立整体营销网络。分为3个层次:基础层:覆盖以神农架为圆心、半径250公里内的地区,以襄阳市、十堰市、宜昌市为客源集散中心。重点层:覆盖以神农架为圆心、半径500公里内的地区,以武汉、重庆、西安、郑州、长沙为客源吸纳中心。延伸层:长江经济带旅游业,东部以客源为特征,中西部以资源为特征,两者存在联合的可能性,因此神农架客源市场可向东延伸至上海,向西延伸至成都。由于目前广东、北京来神农架的游客已有一定数量,北京、广州也列入延伸层。

三、绿色旅游市场营销组合战略

1. 产品

先期重点开发两线(双神线、区内循环线)五区(自然保护区、夹道河景区、燕天风景区、武山湖景区、大九湖景区)。

2. 价格

绿色价格包含环境成本。因此,短期内神农架旅游价格相对稍高,宜采取理解价值定价法,配合以宣传促销,让游客充分了解神农架绿色旅游的风格、档次、质量。

3. 分销

在重要城市设旅游办事处，选择有实力和信誉的旅行社分销，分销渠道长度宜短，宽度适当增加。

4. 促销

选择绿色媒体，发布环保信息。林区政府和旅游局致力于整体绿色旅游形象塑造，各企业推广具体产品。

5. 提供信息

收集各种有利于可持续发展的技术信息。

6. 过程

严密监视林区环保过程。

7. 政策

制定神农架旅游可持续发展的各项经济、技术、社会和环境政策。

8. 人员

使各级旅游从业人员成为绿色旅游的认同者、示范者、推动者。

本章小结

1. 对于生态旅游资源，有很多学者从不同角度给了各种定义，我们综合前人的成果，将生态旅游资源定义为：以生态美（自然生态和人文生态）吸引游客前来进行生态旅游活动，为旅游业所利用，在保护的前提下，能实现环境的优化组合，物质能量的良性循环，经济和社会的协调发展，并有较高观光、欣赏价值的生态旅游活动对象。接着我们介绍了生态旅游的特征和功能。其中特征有自然性、保护性、参与性、科技性和持续性。生态旅游的功能有：旅游观光、环境保护、促进社区协调发展及生态环境教育。

2. 生态旅游市场至少包含两个方面的含义：第一，人们对生态旅游产品的需求；第二，生态旅游产品的供给与需求的相互作用。生态旅游市场营销是对旅游市场营销的继承和发展，它是在可持续发展思想和社会市场营销观念指导下的旅游绿色营销。它是旅游组织和个体在生产经营活动的各个阶段减少或避免环境污染和资源破坏，在市场营销过程中注重生态环境保护，建立自己的竞争优势，利用各种营销方式赢得社会的认可，制造和发现市场机会，通过长期满足现有和潜在游客的需求，来实现自己的目标。生态旅游市场营销是连接生态旅游产品与生态旅游市场的基本环节，也是生态旅游经营管理的中心环节。

3. 通过对旅游市场需求的了解，可以根据市场对产品需求的状况，有针对性地开发生态旅游产品，并且可以准确把握营销机会和对营销活动有效地实施控制，为营销主体创造良好的效益。生态旅游市场的营销策略有：生态目标市场营销策略、生态旅游产品营销策略、生态旅游形象策划和品牌策略、生态旅游产品定价策略、生态旅游产品渠道策略、生态旅游产品促销策略。

关键术语

生态旅游（ecotourism）

生态旅游资源（ecotourism resources）

生态旅游市场(ecotourism market)

生态旅游营销(ecotourism marketing)

案例回顾与讨论

1. 从海上田园生态旅游区的成功上马,我们能借鉴那些有益的经验?
2. 如果让你来进行海上田园生态旅游区的广告促销推广,你会有什么更加有效的策略?

复习与思考

1. 什么叫生态旅游? 它的具体内涵指什么?
2. 生态旅游有什么特征及功能?
3. 生态旅游市场与一般旅游市场有何异同点?
4. 进行生态旅游市场营销有什么意义?
5. 简要阐述生态旅游市场营销的策略。

自测自评

实践题

1. 讲讲你曾经去过的旅游景点,试寻找出该旅游地运用的生态旅游营销策略。
2. 结合本地的旅游景点,运用所学内容试拟定一份生态旅游营销策划书。

推荐阅读文献

1. 戴维·A.芬内尔.生态旅游.4版[M].北京:商务印书馆,2017.

2. 钟林生,马向远,曾瑜皙.中国生态旅游研究进展与展望[J].地理科学进展,2016,35(6):679-690.

3. 陆园.茶叶资源与绿色旅游开发的策略探讨[J].福建茶叶,2018,40(5):126-126.

4. 史博鑫.可持续旅游营销研究——以麋鹿苑为例[J].旅游纵览(下半月),2017(3):19-20.

5. 周菲菲.互联网+时代乡村生态旅游发展策略探析[J].农业经济,2016(8):46-47.

第四篇

旅游市场营销管理

第十五章 旅游市场营销的计划与组织

在不断变化的市场环境中，旅游企业为了使自己整体经营战略决策目标清晰，在激烈竞争中求得生存和发展，都必须对自己的营销活动进行系统的计划、组织和控制，寻找有利的经营机会，制定有效的营销战略和营销策略，制定具体的行动方案，从而使营销活动的开展有据可依，有章可循，从而避免营销活动的盲目性和混乱性。

学习目的

- 了解旅游营销计划的含义与内容
- 了解旅游市场营销计划的控制方式
- 掌握旅游市场营销计划的制定和实施过程
- 了解旅游市场组织形式的分类
- 熟悉旅游营销控制的类型与方法
- 熟悉中国旅游出入境管理的基本内容

引导案例

D公司旅游景点推广 APP 项目市场运营计划

首先根据顾客需求上的差异把某个产品或服务的市场划分为一系列细分市场；然后从细分后的市场中选择决定进入的细分市场，也就是最有利的市场组成部分；最后就是在营销过程中把其产品或服务确定在目标市场中的一定位置上。奠定了管理营销的基础理论框架的 4P 营销理论利用内部可控因素，通过对产品、价格、分销、促销的计划和实施，对外部不可控因素做出积极动态的反应来适应外部环境，从而促成交易的实现和满足个人与组织的目标，用科特勒的话说就是“如果公司生产出适当的产品，定出适当的价格，利用适当的分销渠道，并辅之以适当的促销活动，那么该公司就会获得成功”，制定并实施有效的市场营销组合是市场营销活动的核心。流程如图 15-1 所示。

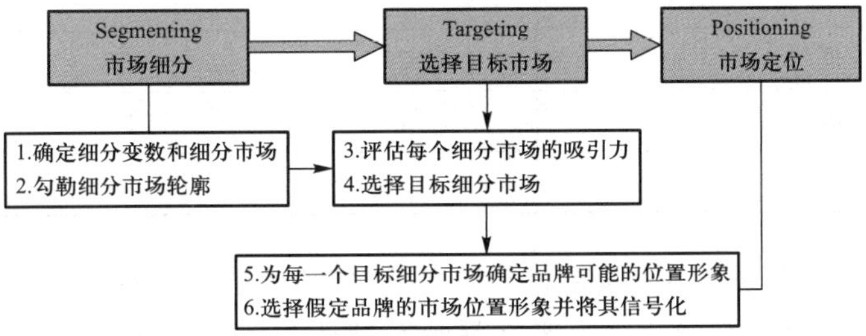

图 15-1 STP 分析流程图

1. 市场细分

通过市场调查,可以将在线旅游 APP 市场的消费者按照客户类别、客户所需要的服务类型和组织的决策方式的为三类标准细分。

(1) 按地理因素细分。D 公司旅游景点推广 APP 项目根据中国游客的居住地,将客户分为来自城市和乡镇。

(2) 按消费者行为细分。相对于复杂的心理变量,消费者的行为更能直接地反映需求差异,根据消费者对品牌的了解、态度、使用情况及其反应而将他们分为不同的群体是市场细分很好的起点。根据市场调查,出行方式包括单人出行,或者家庭出行,或者和三五好友一起出行的自由行,300 个有效受访者中有 294 的人有自由行的经验,其比例高达 98%。25.67%的消费者参加过公司单位组织的旅游,这部分消费者授权给公司单位来选择旅游目的地以及安排行程,和个人消费者在数量、灵活度上有很大区别。25.33%的消费者会选择旅行社等组织的跟团游,其旅游目的地和行程受专业的旅行社等操控。

(3) 按客户的社会特征细分。根据调查问卷的年收入和教育背景做交叉分析,可以得到表 15-1。

表 15-1 消费者收入和文化水平 (单位:人)

X\Y	高中	中专和专科	本科	研究生及以上	小计
4 万元以下	6(27.27%)	8(36.36%)	6(27.27%)	2(9.09%)	22
4 万~6 万元	1(2.22%)	9(20.00%)	32(71.11%)	3(6.67%)	45
6 万~10 万元	1(1.09%)	13(14.13%)	67(72.83%)	11(11.96%)	92
10 万~20 万元	0(0.00%)	5(5.21%)	68(70.83%)	23(23.96%)	96
20 万~50 万元	0(0.00%)	1(2.38%)	21(50.00%)	20(47.62%)	42
50 万元以上	0(0.00%)	0(0.00%)	1(33.33%)	2(66.67%)	3

按照消费者收入和受教育水平细分,将年收入 6 万元以下作为较低收入,将年收入 6 万~20 万元之间视为中等收入,而年收入 20 万元以上作为较高收入,同时将高中及中专和专科作为较低教育水平,本科作为普通教育水平,且研究生及以上为较高教育人群,制作人口细分表格如表 15-2 所示。

表 15-2 客户群的人口细分 (单位:人)

受教育水平 / 年收入	较低	普通	较高
较低	24	38	5
中等	19	135	34
较高	1	22	22

根据客户群的相对数量排序,旅游景点推广 APP 项目的客户群可以分为以下几类:

① 中等收入、普通教育水平。这类客户群的人数最多,达 135 人,占总人数的 45%,以普通

白领为主,他们年轻爱玩,有相对较多的预算和兴趣在旅游方面,同时对新事物的接受程度较高。

② 较低收入、普通教育水平。此类客户群的人数为 38 人,其收入较低但是受教育水平普通,有增加收入至中等的潜在可能性。

③ 中等收入、较高教育水平。该客户群是社会的中坚力量,他们对生活品质有较高的追求,对旅游的质量和自主性也有一定要求,对待消费也有理性的思考。他们相对于其他组群更加容易接受新鲜事物和新产品。

④ 较低收入、较低教育水平。该客户群虽然人数也不少,但是因其收入、受教育水平相对较低,在旅游方面的预算有限,对新鲜事物和高科技的接受能力有限。

⑤ 较高收入、较高教育水平。此类客户群人数也不少,一般有较高社会地位,追求高品质的生活,有较强的购买能力,对价格不敏感,愿意为高品质的产品和服务支付较高的价格。

⑥ 较高收入、普通教育水平。此类客户群的人数和较高收入、较高教育水平的人数接近,他们通常有稳定的工作和收入,有相对较强的消费能力,同时社交丰富,对旅游的需求较大。

⑦ 较高收入、较低教育水平。这一类客户群的人数非常少,但由于其收入较高有消费能力,同时对旅游的要求较高,喜欢跟风、追赶潮流,较容易被流行的事物所吸引。

通过以上分析,可以得到 D 公司旅游景点推广 APP 项目的主要客户群有:中等收入、普通教育水平;中等收入、较高教育水平;较高收入、较高教育水平;较高收入、普通教育水平;较高收入、较低教育水平,主要是集中在中高收入,普通及较高教育水平的人群。

2. 目标市场选择

通过市场细分后明确了 D 公司旅游景点推广 APP 项目的细分市场,以下对细分后的子市场评估其吸引力,并据此选择为此服务的目标客户。

(1) 目标市场区域。结合市场调查,D 公司旅游景点推广 APP 项目的市场定位在以上海为中心的一二线城市,这些城市的人均收入和受教育水平相对较高,他们与国际接轨,对新事物新产品的接受程度更高,对定制的需求更高,需要更多个性化的服务。

(2) 目标市场对象。D 公司旅游景点推广 APP 项目的对象主要是年龄在 18~45 岁的喜爱旅游、追求品质生活以及想要“说走就走的旅行”或者要求“灵魂在路上”的都市白领。能够任性地收拾东西马上出发的旅游是目标对象对旅游信息精准定制的个性化需求,他们往往对价格有要求,对目的地风景和餐饮、交通兴趣较大;而因为种种原因不能成行却想要“灵魂在路上”的目标对象对目的地的风景虚拟体验有很大需求。

(3) 目标市场策略。对目标市场的策略有三种:无差异性目标市场策略、差异性目标市场策略和集中性目标市场策略。针对不同收入的人群,D 公司旅游景点推广 APP 项目将采取差异化目标市场策略,针对不同目标市场的特点,分别制定不同的营销计划,满足不同消费者的需要。针对低收入人群,本 APP 提供免费订阅的方式,培养其使用习惯;针对中等收入人群,使用免费功能增加其黏度,增加收费订阅提供精准定制服务以及免费体验虚拟旅游服务;而针对高收入人群,提供精准定制服务和全套 VR 体验服务。

3. 市场定位

为打造 D 公司旅游景点推广 APP 项目强有力的、与众不同的鲜明个性,并将其与其他在线旅游 APP 严格区分开来,通过市场定位,把服务应用到已选定的目标市场中。并且除了现有的细分市场,市场定位计划也要未雨绸缪,努力开发新的市场。

(1) 多角度的产品定位。为了面对各种的激烈竞争,和已经确立的目标市场,D 公司旅游景点推广 APP 项目首先把自己定位于在线旅游的自由行的市场,提供旅游景点推荐、路线安排、实时信息,以满足游客想要一个“说走就走的旅行”的需求。其次,本项目选择根据不同的消费需求划分出来的不同的市场,将其定位于一个多功能的品牌。

(2) 竞争策略。面对外部环境的挑战,D 公司旅游景点推广 APP 项目选择差异营销策略。由于能较好地满足消费者对在线旅游不同的需求,有利于对市场的发掘,以创造良好的业绩。从市场细分上讲是寻找差异,从营销组合的另一个角度看是找准了“卖点”。在充分占有功能细分市场的同时,D 公司旅游景点推广 APP 项目运用免费这个强有力的竞争手段,与对手激烈地短兵相接,寻找市场空隙。目前的在线旅游或者是虚拟旅游 APP,对于个性化定制的服务并不完善,因此,这里有一个巨大的市场潜力。

第一节 旅游市场营销计划管理

一、旅游市场营销计划

(一) 旅游市场营销计划的含义

旅游市场营销计划(tourism marketing plan)是对旅游目的地或者旅游企业营销活动方案的具体描述,即旅游组织在其整体发展战略的指导下,研究目前旅游营销状况(包括旅游市场发展态势、产品状况、竞争状况、分销状况以及宏观环境状况等),分析旅游组织所面临的主要机会和威胁、优势与劣势以及存在问题,确定今后一段时间内的营销目标、营销战略以及具体的行动方案的过程。反映这些营销目标、营销战略和具体行动方案的书面文件,便是该目的地或旅游企业的营销计划书(marketing plan statement)。营销计划是旅游组织最重要的计划之一,其他各种计划都要涉及营销计划的内容。

一个旅游企业的规模越大,它所涉及的产品和细分市场也就越多,有效和系统地开展营销工作必要性也就越大。尤其是旅游行业市场需求受各种因素影响比较大,需求波动性强,旅游组织如果没有系统的营销计划作指导,其经营活动很容易出现不稳定状况,偏离组织既定的发展方向。

(二) 旅游市场营销计划的类型

按照不同的对象,旅游市场营销计划可以分为以下几种类型或层次:

(1) 单个产品计划,即某个旅游产品的计划。例如,旅行社关于某条旅行线路的营销计划,酒店关于保龄球娱乐项目的计划。

(2) 产品线营销计划,即关于某类产品、产品线的营销计划。例如,旅行社的商务旅游营销计划。

(3) 新产品计划,即在现有产品线上增加新产品项目,进行开发和推广活动的营销计划。

(4) 细分市场计划,即面向特定细分市场、顾客群的营销计划。例如,景区针对老年游客的推广计划、航空公司针对商务游客的营销计划。

(5) 区域市场计划,即面向不同国家、地区、城市的营销计划。例如,旅行社的日本市场开发计划。

(6) 业务单位计划,即旅游组织的某个业务单位的营销计划。例如,中国国旅集团会奖专项中心的营销计划。

(7) 企业整体营销计划,即在企业总体战略计划的指导下,对各业务发展、对各市场、各产品的开发进行通盘考虑的营销计划。它包括多个业务单位的营销活动,在环境因素分析、计划目标设定、计划资源配置、计划执行与控制程序多个方面,既要考虑每个业务单位的计划制定与执行问题,又要考虑各业务单位间的协调配合问题。

(三) 旅游市场营销计划的标准

旅游企业的营销计划必须与企业的整体战略计划相一致。具体而言,一个好的营销计划应该符合以下标准:

1. 以事实为依据

一个营销计划必须建立在先期研究与分析的基础上。仅仅靠直觉或预感而制定营销计划,是非常盲目的。一旦某项关键的假设前提被证明是错误的,往往会导致整个计划的失败。因此,在制定营销计划前,必须收集和分析组织内部资料,说明企业所处的发展阶段以及以往的经营经验和教训,揭示企业的优势和劣势;分析研究企业外部信息,客观揭示企业所面临的机会和威胁,以确定企业的经营方向。

2. 明确细致

一个营销计划必须尽可能地明确和详细。它要确认各项任务具体负责的部门与人员,以及实施计划所需的各种材料,编排好实施计划的具体程序,设定出明确的计划进度时间表。

3. 科学的资金预算

每一个营销计划都要根据营销活动的具体安排,科学地进行资金预算,在各项营销活动中合理配置资金资源。

4. 具有一定的灵活性

由于旅游市场以及企业内外部环境的变动性,旅游企业在营销活动过程中总会遇到许多始料不及的事情。因此,无论是产品计划、市场计划还是业务单位营销计划或企业整体营销计划,都不可能一成不变。这就需要根据营销活动进展中的具体情况,及时修正营销计划。同时,营销计划中应该包括一个"应付意外事件"之类的方案,这就意味着计划中需要为处理意外事件预留部分资金。

5. 可控性

为了保证营销计划能够按照最初设计执行,避免因出现意外情况而使计划严重偏离原有轨道,旅游企业必须行使控制职能以确保营销计划目标的实现。即使没有意外情况,为了防患于未然,或为了改进现有的营销计划,旅游企业也要在计划执行过程中加强控制。这就需要在营销计划中列出一定的控制标准和控制措施。

6. 协调一致性

一个营销计划中往往包含多项工作,涉及多个环节、部门和人员,因此必须要保证各项工作协调一致,各环节、各部门和人员密切配合。

二、旅游市场营销计划的制定

同其他行业一样,旅游市场营销计划的制定并没有固定模式,营销计划的内容与结构也不尽相同。不仅不同类型旅游组织营销计划各不相同，即便同一旅游企业不同业务部门、不同时期的营销计划也存在差异。当然，这并不是说没有任何规律可循。一份完整的营销计划主要是用来回答企业经营的三个基本问题的核心问题：我们现在在哪里（对营销现状进行分析）、我们想到哪里去（形成组织的营销目标）、我们怎样到那里（制定营销战略和营销组合）。营销计划的主要内容及发展模式如图 15-2 所示。具体而言，营销计划一般包括以下几个方面的内容：

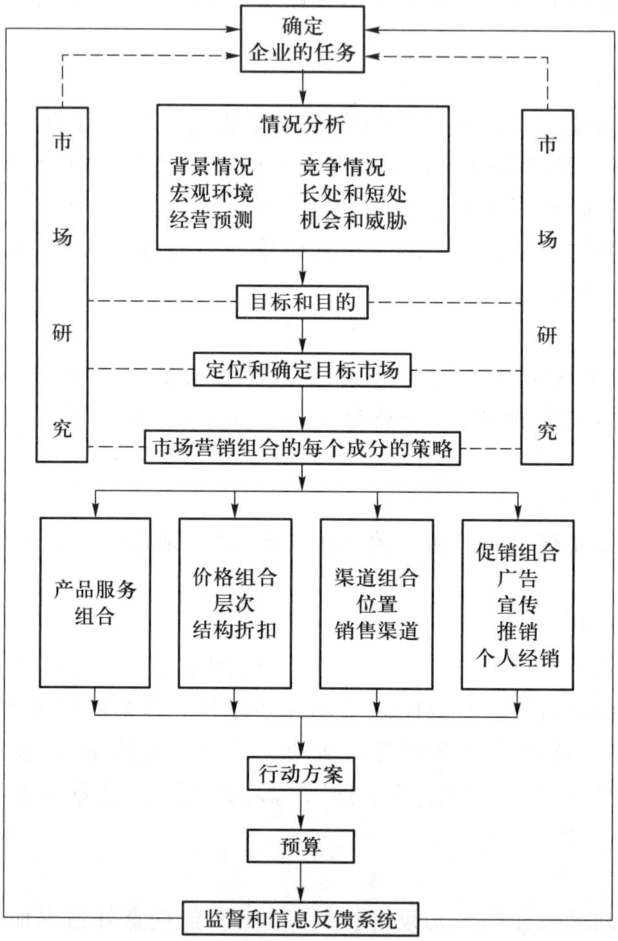

图 15-2 市场营销策略计划模式

（一）规定任务

制定市场营销策略计划的第一步是规定企业的任务是什么，即说明企业的目的或企业的任务。企业任务决定了企业的发展方向。

企业任务解决这几个问题：企业是干什么的？企业应干什么？顾客是哪些人？顾客预想的价值是什么？企业试图为谁做什么？这可能是最难解决的问题。

（二）情况分析

制定市场销策略计划的第二步是情况分析，包括以下几个方面的内容：

（1）背景情况，即对企业分析，包括总收入、市场占有率、顾客数、成本、利润，以及其他类似的条件进行分析。

（2）客观环境的强制性因素。主要有六个主要的强制性因素：人口统计的、经济的、生态的、技术的、政治的和文化的。这些因素发生变化可能带来新的机会或威胁。

（3）常规预测，即在设想客观环境没发生大变化的情况下，预测市场规模和构成、成本因素和总收入。

（4）分析竞争对手，即分析有哪些竞争对手，他们在哪些方面进行竞争，他们的长处与短处。

（5）分析企业的优势和劣势，即包括位置、有形设施、进入渠道、形象、声誉、财务结构、活力和劳力市场。

（6）在上述分析的基础上，确定机会和威胁，确定在哪个地点把市场环境发生变化的因素变为对企业有实际意义的因素。

（三）目标

旅游企业的市场营销目标是在分析企业市场营销现状并对未来的风险和机会预测的基础上制定的，是旅游市场营销计划的核心部分，一般要确定以下两类目标：

1. 财务目标

旅游企业都应有一定的财务目标，要确定一个稳定的长期投资收益率，也要确定企业在本年度内所获取的利润目标等。

2. 市场营销目标

旅游企业的财务目标必须转化为市场营销目标，因为只有通过一定的营销目标才能最终实现企业的财务目标。

（四）市场营销策略

制定市场营销计划过程的第四步是制定具体的市场营销策略，并把这些策略写成文字材料。通过进行市场营销论证，企业希望赢得竞争中的胜利。这关系到企业应采取什么措施来实现企业的目标。前面的所有步骤虽然是重要的，但只为实际的市场营销策略提供了背景。确定策略任务后的步骤，虽然也是重要的，但主要的是致力于如何完成策略任务，并确定它们是否是成功的。

市场营销策略由三个方面组成：产品定位，确定目标市场，为市场营销组合的每个成分（产品、价格、销售和渠道、促销）制定策略。产品定位是用以说明消费者把某一产品或服务与其他能得到的同类产品或服务做比较后定等级的术语。定位是由管理人员试图在顾客心目中建立企业产品或服务的某种形象。管理人员说，“我们是一流的”，这是一回事，而顾客说，“你们的产品或服务是一流的”则完全是另一回事。因此，必须制定能创造和保持理想的形象和等级（与竞争对手相比较）的策略。

旅游服务业不可能向所有的人提供所需要的一切，而必须对被提供服务的目标市场或市场做选择。根据对目标市场的认识，可以为市场营销组合的每个成分制定策略。产品策略是对所提供的产品和服务的数量和等级的决策。价格策略要求对价格的等级、定价结构和折扣作出决策。渠道策略考虑的是位置策略和对销售渠道的决策。促销策略是关于如何有效地通过广告、宣传、个人销售和推销组合把信息传达消费者。

(五) 市场营销研究

市场营销研究在制定市场营销策略计划过程中不是一个真正的独立步骤,但却是一个贯穿全过程的不可分割的部分。市场营销研究既是对内的又是对外的。收集和分析内部资料说明企业处于哪个阶段以及过去是如何做的,它揭示企业长处和短处。而外部资料提供机会和威胁的信息,表明企业未来的发展方向。对消费者研究特别重要,因为它揭示顾客和潜在顾客对企业的看法,他们的需要以及他们所追求的服务和产品。

(六) 行动方案

旅游市场营销战略计划内容确定后,还必须规定详细的行动方案,即活动程序,具体内容主要为:要做什么?由谁负责?什么时候做?什么时候完成?成本费用为多少?

(七) 预算

市场营销策略计划本身意味着变化。新的策略要求比老的策略带来更大的利润。可是,新的策略需要经费开支。管理人员必须懂得这笔费用将获得多少利润。

市场营销策略预算基本上是计划中的赢亏说明。在收入方,它计划可实现的收入,在支出方它表明贯彻执行策略所需要的支出。确定差额或计划中的赢利,其一旦被批准后,就成了执行策略和指导原则。

(八) 反馈和控制系统

市场营销策略计划的最后一个步骤是有关跟踪计划的进展过程的制定。这是完成过程和提供继续执行策略计划的依据。共同的反馈系统是:销售量和收入分析,市场份额分析,用于销售分析的市场营销费用,以及对顾客态度的探索。反馈系统判断目标是否已经达到,一整套策略的成败为制定未来的策略确定指导原则。

三、旅游市场营销计划的实施

旅游市场营销计划的实施是一个系统工程。营销计划的提出和制定仅仅解决了旅游企业的市场营销活动应该“做什么”和“为什么这样做”的问题,将旅游市场营销计划变为具体的市场营销方案,才是解决企业市场营销“怎样做”的问题。

(一) 旅游市场营销计划实施的条件

旅游市场营销计划实施成功与否并不完全取决于计划本身。计划只是诸多职能之一,计划职能作用的发挥,必须建立在其他职能相互配合、协调和共同作用的基础之上。旅游企业管理的职能如图 15-3 所示。从图中可看出,计划不可能独立存在,而是与组织等企业管理职能并存,相互联系,共同形成了旅游企业管理职能体系。

近年来,随着旅游市场营销计划中营销战略的地位和作用日益显现和突出,越来越多的人把市场营销战略视为是旅游市场营销计划和旅游企业经营管理成败的重要因素,认为成功的企业首先必须制定适当的市场营销战略以实现企业的目标,然后还需要建立适当的组织结构和信息、控制与奖惩体制,以贯彻和实施市场营销战略。按照美国麦金斯的企业管理“7S”系统结构原理,与现代生活、经济发展紧密相关的企业经营管理,不仅需要管理的“硬件”支撑,还需要管理的“软件”配合。“7S”系统要素具体包括:经营战略(strategy),组织结构(structure),管理系统(system),用人之道(staff),员工技能(skill),组织行为(style),凝聚力(shared values)。构成如图 15-4 所示。

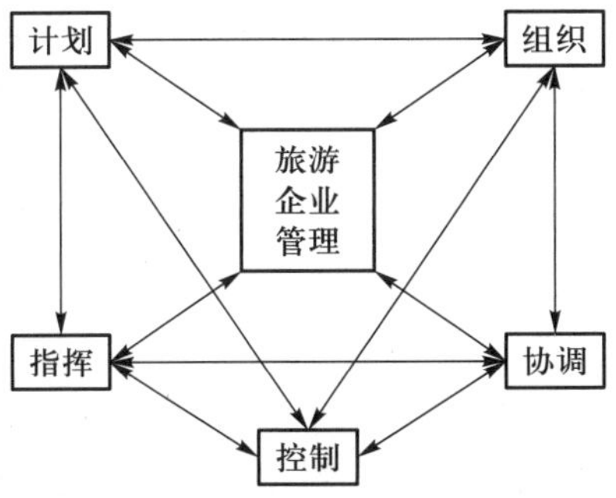

图 15-3　旅游企业管理职能示意图

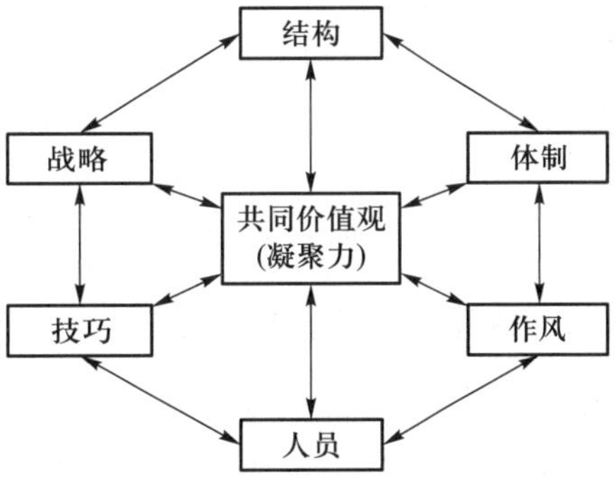

图 15-4　旅游企业管理要素构成示意图

从图 15-4 中可以看出,战略、结构和体制均为理性的因素,较多地体现出物质的特征,而技巧、人员、作风以及共同价值观则为感情的表现,体现了企业内外的人际沟通、互动特征,因而,前三者为管理的“硬件”,后四者为管理的“软件”。这些系统要素共同围绕着共同价值观这一中心要素作用,使软、硬件要素有机结合,有形、无形要素相互配合。“7S”系统结构充分反映了市场营销战略贯彻实施的配合条件和支撑要素,对旅游企业市场营销计划和营销战略的确定和贯彻实施有着直接的启发、指导作用。

(二) 旅游市场营销计划的实施步骤

从影响旅游市场营销计划的诸多因素和若干方面出发,旅游营销计划和营销战略成功地贯彻实施一般要经过以下步骤:

1. 制定详细的行动方案

行动方案是指营销计划的具体执行计划,除在方案中明确营销计划和营销战略实施的关键性要求和任务外,还要将这些活动内容的责任落实到个人或作业单位,在时间上有严格的规定,明确具体的行动计划执行时间表。

2. 建立营销组织结构

旅游市场营销组织结构是旅游市场营销计划和营销战略贯彻实施的主要力量,建立和强化市场营销组织对推动旅游市场营销活动的开展起着决定性作用。提高企业员工对营销计划和营销战略的共同认识、理解,促进和保证旅游市场营销计划的顺利实施。

3. 设计科学、合理的决策和报酬制度

实行多角化经营或产品的市场覆盖面较广的旅游企业,不可能再实行高度集中统一的管理制度,而要适应市场变化的要求,实行分权管理。与此相应,还必须设计有利于市场营销计划和营销战略贯彻执行的报酬制度,要调动企业员工实现短期和长期营销目标的积极性,促使旅游企业员工行为的合理化。

4. 建设旅游企业文化

企业文化已成为企业的重要战略资源,成为市场竞争中的重要手段,它对企业经营思想和领导风格,员工的工作态度和作风等方面起着决定性的作用。通过企业文化建设,逐渐形成共同的价值标准和基本信念,保证旅游市场营销计划和营销战略在相应的企业文化和管理风格的氛围中得到强大的无形力量支持。

5. 开发旅游人力资源

旅游市场营销计划和营销战略的实施，最终要通过人员的推动和努力来体现，并且，营销计划的执行在不同程度上涉及企业的所有员工。因而充分调动职工的积极性，努力开发人力资源，实现人尽其才。

上述几个方面必须协调一致，相互配合，才能有效地实施旅游市场营销计划和营销战略。

四、旅游市场营销计划的控制

旅游市场营销计划在针对未来不确定的市场环境拟定营销计划时，就难免与实际实施情况有一定的出入和偏离，为维护和保证旅游市场营销计划的严肃性和科学性，在计划实施过程中就应有相应的调控程序，对计划本身或计划的实施进行必要的调整，以保证旅游企业营销目标的实现。一般来说，对旅游市场营销计划的基本控制方式有以下几种：

（一）年度计划控制

旅游市场营销年度计划控制的目的是确保旅游企业实现年度计划所规定的销售、利润等营销目标。通常年度计划的控制是与目标管理方法结合起来共同使用，控制过程分为四个步骤，如图 15-5 所示。

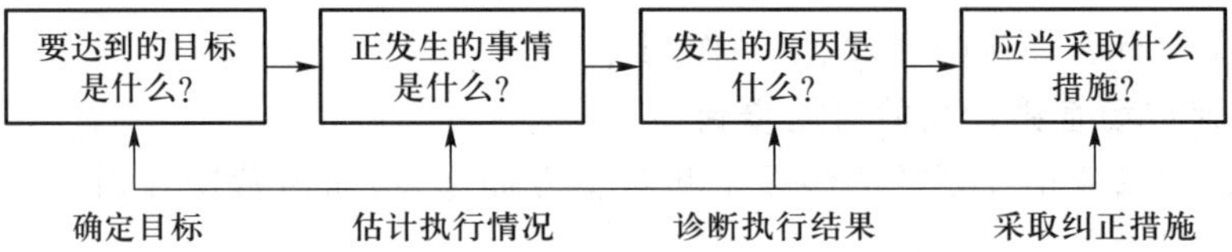

图 15-5 年度计划控制过程

首先，旅游企业高层管理者把年度计划按市场变化趋势分解为季度和月份的目标；然后把季度和月份的计划进一步分解到企业内部各业务部门和成本、盈利中心，并落实相应的责任人；再次，对季度、月份中各部门以至个人落实的市场营销责任和目标，提出和采取相应的保障措施；最后，在计划实施过程中对营销实绩与计划的偏离行为作出分析、判断，改进实施方法或修正目标本身，尽可能弥合营销目标与计划实际执行结果之间的差距。

在年度计划控制中，企业高层管理者控制整个计划的总体执行、实施及进度掌握，而企业内的有关职能部门和人员则只控制各个局部计划的执行情况。这样，通过年度营销计划把企业内部各方面的责、权、利有机结合起来，充分调动广大员工的积极性，共同保证年度营销计划目标的实现。

（二）获利性控制

旅游企业的市场营销中心工作是紧紧围绕着经济效益展开的，企业的盈利来源于向社会和旅游消费者提供的产品和服务。因而对企业的市场营销计划控制要落实在这些与营销目标紧密相关的产品和服务上。通过对其产品和服务盈利能力的控制，以保证营销计划及其目标的最终实现。由于不同的产品可能在不同的地区、细分市场、营销渠道进行销售，因而就应分别对产品进行获利性分析，以便在控制、执行营销计划中，为企业对产品的生产规模、市场的选取等进行决策。

例如，某星级酒店对其经营的餐饮产品的获利能力所作的简要分析，见表 15-3。

表 15-3　该饭店餐饮产品获利能力情况表　（单位:万元）

指标＼菜肴	爱尔兰菜肴	法兰西菜肴	西班牙菜肴	川菜	鲁菜	粤菜
销售收入	80	150	110	90	70	200
生产成本	30	40	35	25	40	90
营销费用	10	20	18	11	15	19
净利润	40	90	57	54	15	91
销售利润率	50%	60%	51.8%	60%	21.43%	45.5%

从表 15-3 中可以看出,该酒店的餐饮产品营销在不同程度上都获得了成功,其中尤以法兰西菜、西班牙菜两类产品的获利能力最强,占了该酒店全部餐饮产品盈利总额的 52.16%。按照该酒店餐饮产品销售利润率不能低于 30% 的规定,则鲁菜产品没有达到营销计划要求。因此,必须对鲁菜产品、粤菜产品的营销进行调查分析。经了解,粤菜产品深受广大国内旅游消费者和东南亚游客的欢迎,销路最好,但由于原料运输距离较远,保鲜技术较为落后,因而废料较多,生产成本较高;而鲁菜产品在本地市场销售有限,光临本店的客人中大多为南方人,不熟悉隶属北方菜系的鲁菜。

从实际出发,酒店高层管理者采纳了营销人员的建议,即努力改进运输、贮藏技术,提高粤菜的原材料利用率,降低生产成本,进一步提高粤菜产品的盈利水平;而由于本店经营的餐饮产品较为复杂,要拓展鲁菜的营销市场不仅会加剧营销和日常餐饮管理的复杂性,还可能要增加 20 万元左右的营销费用,短期内鲁菜产品不可能获得较为明显的经济效益,为集中企业资源于扩大获利性较强的产品,鲁菜产品最好予以停产。

（三）战略控制

战略控制是旅游市场营销计划中的高层次计划执行控制方式,它主要是对企业的市场营销环境、营销目标、营销战略、营销组织、营销方法和人员、程序等方面进行系统、全面的客观评价,通过检查、分析,进而可发现企业市场营销中存在的机遇和问题,从而可为改进和完善其旅游市场营销活动提供战略性的决策依据。由于旅游市场环境变化迅速,因而旅游战略控制是一项经常化的工作。归结起来,旅游市场营销战略控制的内容主要有以下几个方面:

(1) 旅游营销环境控制,即对市场、顾客、竞争者和其他直接影响企业营销活动的因素进行检查,同时对经济、技术、政治和社会等宏观间接影响因素进行分析。

(2) 旅游营销策略控制,即对旅游企业营销目标、战略以及当前和预期的营销环境相近程度进行检查、分析。

(3) 旅游营销组织控制,即对营销组织在预期环境中实施组织战略的能力检查、分析,包括营销部门、财务部门、采购供应部门以及企业上下左右信息沟通的情况等方面。

(4) 旅游营销系统控制,即对旅游企业收集信息、拟定计划、控制营销活动过程进行检查、分析。

(5) 旅游营销效率控制,即对旅游营销中有关单位、产品的获利能力和各项营销活动的成本收益进行检查、评价。

（6）旅游营销职能控制，即对旅游营销中营销组织的每一因素及其策略运用进行检查、分析。

第二节 旅游市场营销组织管理

旅游市场营销活动是通过一定的组织机构来进行的。因此，有效地制定旅游市场营销计划，必须以完善的市场营销组织为基础。从一定意义上说，旅游市场营销组织就是为了实现市场营销目标而从整体上对企业的全部市场营销活动进行平衡、协调的有机器官和核心。

一、旅游市场营销组织的概念

旅游市场营销组织概念具有双重含义。首先，就其基本含义而言，是指一个旅游企业或一个旅游目的地为了实现组织目标，实施营销计划，而向市场顾客全面负责执行和管理其营销工作的组织机构。例如，旅游企业中设立的营销部、市场推广部等，我国文化和旅游部的市场管理司以及各地旅游行政管理机构中的营销管理处等。

再者，就其旅游营销组织的引申含义而言，是指旅游营销工作的组织方式或安排方式。有些小型旅游企业部门的部门编制中可能并没有设置专门的营销机构，但这并不意味着这些旅游企业的经营中不存在营销活动，更不是说这些小型旅游企业没有必要去开展营销工作。在当今旅游业竞争激烈的市场环境中，这些小型旅游企业与大型旅游企业一样，都要重视营销工作，只不过由于其经营产品较为单一，目标市场比较狭小，营销工作是由其他部门完成罢了。但在面向多个目标市场，经营多种旅游产品的大中型企业中，组织安排众多营销任务和开展营销工作所需处理的问题很多，需要设立专门的营销机构。

二、旅游市场营销组织结构的演变

旅游企业的市场营销组织是指旅游企业中负责管理和执行本单位市场营销工作的组织机构。现代旅游企业健全、有效的市场营销组织结构是随其经营思想的长期演变、发展和企业的成长而逐步形成的，一般经历了五个阶段。

（一）简单的推销部门

在这个阶段，由于旅游企业主要以生产观念指导自己的市场活动，企业的目标、规划、产品价格主要由生产和财务部门确定。推销部门的职能仅仅是推销生产出来的产品，对产品的种类、数量、规格等问题，销售部门几乎没有发言权，甚至在某些企业中，销售部门是从属于企业的供销部门之下的职能小组，不享有应有的独立地位。这一阶段的推销部门情况，如图 15-6 所示。

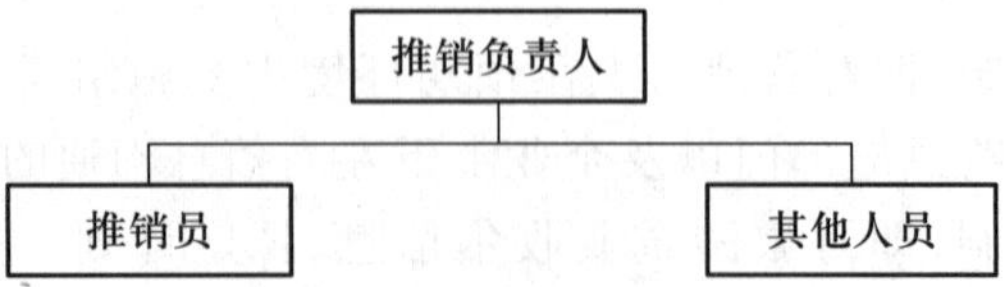

图 15-6 简单推销部门结构图

（二）具有其他附属功能的推销部门

随着市场竞争日趋激烈以及市场营销观念的发展，旅游企业为实现营销目标需进行经常性的市场调查、广告宣传、为消费者服务以及其他促销活动，因此在此阶段，推销负责人除了继续管理推销员外，还针对逐渐演化出的多种促销专门职能，设置营销主管去计划、指挥、控制，如图 15-7 所示。

图 15-7 具有其他附属功能的推销部门结构图

（三）独立的营销部门

随着企业规模和经营范围的进一步扩大，其他市场营销职能的作用显得越来越重要，市场营销部门独立存在的必要性日益体现出来，推销和市场营销成为平行的职能部门。如图 15-8 所示。

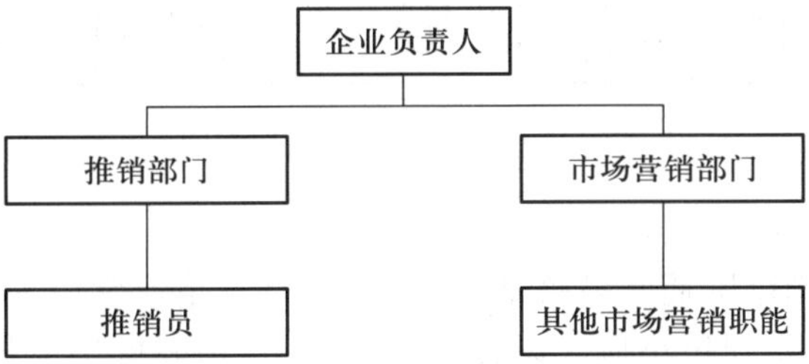

图 15-8 独立的营销部门结构图

（四）现代营销部门

由于销售部门与市场营销部门平行、并列，随着市场营销观念的进一步发展，推销和市场营销部门合二为一，推销成为市场营销过程的一部分，最终形成了现代市场营销部门的雏形。如图 15-9 所示。

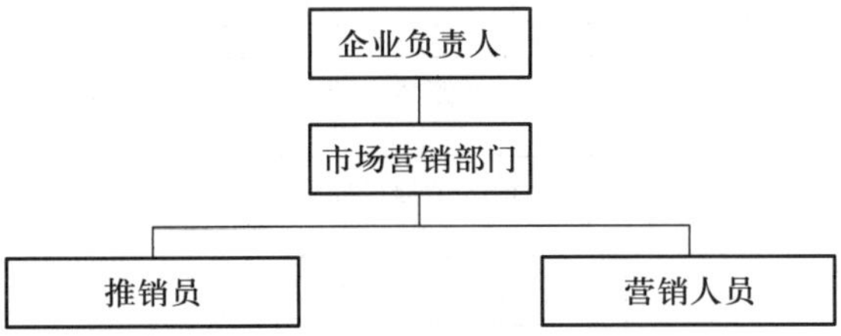

图 15-9 现代市场营销部门结构图

（五）现代营销企业

一个企业仅仅有了上述现代营销部门，还不是现代营销企业。现代营销企业取决于企业内部各个管理人员对营销职能的态度。只有当所有的管理人员都认识到企业的一切部门的工作“都是为顾客服务”,“营销”不仅是一个部门的名称,而且是一个企业的经营哲学时,这个企业才能算是一个“以顾客为中心”的现代营销企业。

三、现代旅游市场营销部门的组织形式

现代旅游市场营销部门的组织形式都是以体现旅游消费者为中心的市场营销指导思想而设计的。按照市场营销活动的职能、地理、产品和旅游消费者市场四个方面的基本要求,旅游市场营销部门的组织形式有以下几种:

(一) 功能型组织形式

这是最常见的旅游市场营销组织形式,即按不同的旅游市场营销活动功能而建立相应的职能部门。保留这种组织形式简便易行,优点突出。但随着旅游企业产品品种的增多和市场的扩大,产品或市场无专人负责,且每个职能部门都强调自己功能的重要性,相互竞争,这极不利于旅游企业内部的协调,继而这种组织形式就会失去应有的效果。其组织形式如图 15-10 所示。

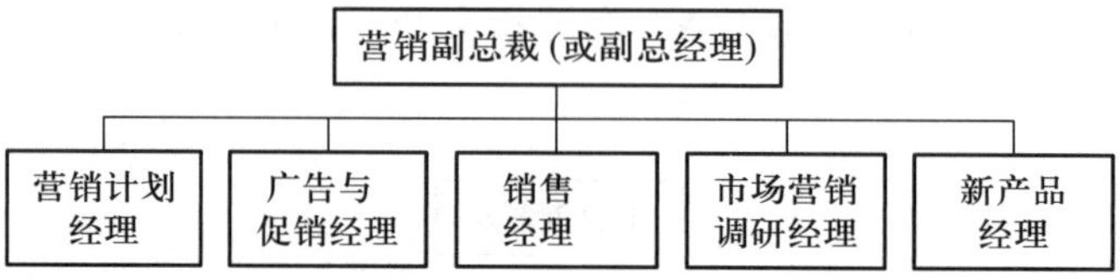

图 15-10 功能型组织形式图

(二) 地区型组织形式

旅游企业的市场营销范围通常是跨地区的,因而旅游企业常以地理区域安排自己的市场营销组织,从较大区域依次到较小地区设置,按一定的管理幅度增大推销人员,形成一个严密的销售网络。如果企业的销售范围较大,推销任务复杂,推销人员对企业的营销目标就会影响极大,这种营销组织形式的优越性就越明显,如图 15-11 所示。

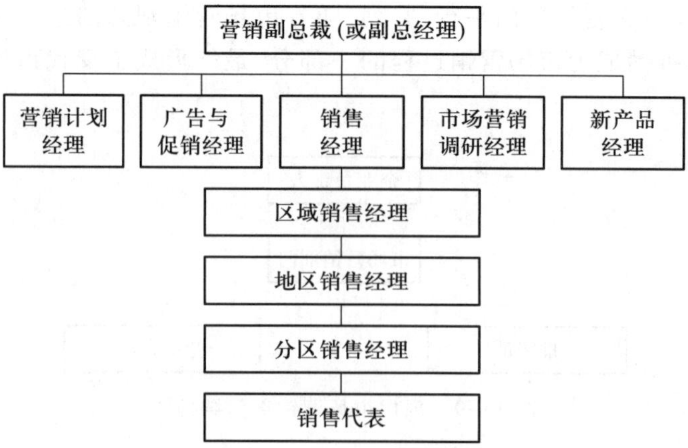

图 15-11 地区型组织形式图

（三） 产品管理型组织形式

经营多种或多品牌的旅游企业，还往往按产品或品牌建立市场营销组织，即由营销副总裁或副总经理统一领导，协调各职能部门的活动，其中由一产品主管经理管理、监督若干个产品大类经理，产品大类经理又管理、监督各具体产品的经理。在这种组织形式中，产品经理的作用主要是制定产品发展战略和营销计划采取相应措施，鼓励和刺激推销人员及经销商推销产品，监督产品计划的执行，并促进产品的改进和新产品的开发，适应不断变化的市场需求。这种组织形式优点较多，适用于经营多种产品的旅游企业。由于有专人负责所有产品的营销计划，所以产品经理可协调所负责产品的营销因素组合策略，及时反映产品在市场营销中可能出现的问题。但是，这种组织形式由于过多强调产品销售的个人负责制，有时会造成推销与制造、促销等部门的冲突，不易协调。另外，由于产品销售人员增加，会加大费用的开支，从而在一定程度上提高销售成本，如图 15-12 所示。

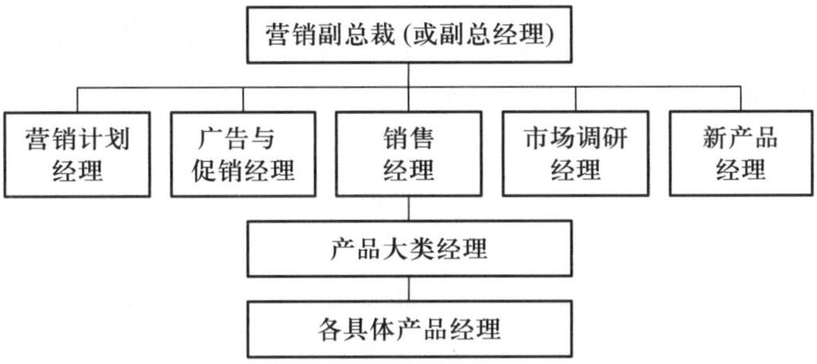

图 15-12　产品管理型组织形式图

（四） 市场管理型组织形式

旅游企业还可以按照市场的不同划分建立旅游产品市场营销管理组织，即由企业负责人统一领导，协调各职能部门的活动，其中包括市场主管经理监督管理若干个具体的市场经理。这种组织形式与产品管理型组织形式相类似，只是由面对不同类型的产品改为面对不同类型的市场。市场经理要为自己负责的市场制定中长期营销计划和年度计划，分析市场趋势及所需要的新产品。这种组织形式的突出优点表现为：旅游企业克服了产品或地区彼此分裂的弊端，可围绕特定旅游消费者的需要开展一体化的营销活动；另外，这种组织形式的特点与目标市场为中心开展市场营销活动的要求相吻合，可较为充分地体现出“以消费者为中心”的营销观念。如图 15-13 所示。

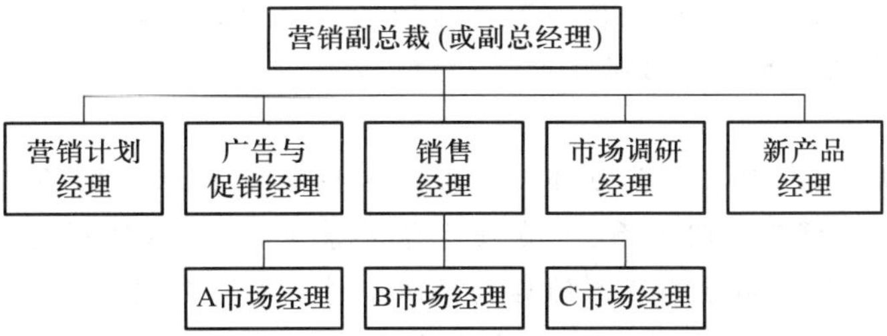

图 15-13　市场管理型组织形式图

除了上述几种旅游市场营销组织形式之外，有些面向不同市场、生产多种不同产品的旅游企业，采用既有产品经理又有市场经理的产品/市场型组织形式，形成一种矩阵型组织形式。其中产品经理负责产品的销售利润和计划，为产品寻找更广泛的销售对象；市场经理则负责开发现有的和潜在的市场。这种组织形式适用于对旅游企业而言特别重要的产品和市场，其不足之外主要是管理费用高，而且由于权力和责任界限较为模糊，若控制、协调不力，极易产生内部矛盾和冲突。

阅读材料

D公司旅游景点推广APP项目的组织结构与管理团队

一、组织架构

由于电子商务平台的特殊性，需要进行高效、快速的沟通和协作，结合本项目的特点，D公司旅游景点推广APP项目采用扁平化的职能型组织架构，如图15-14所示。

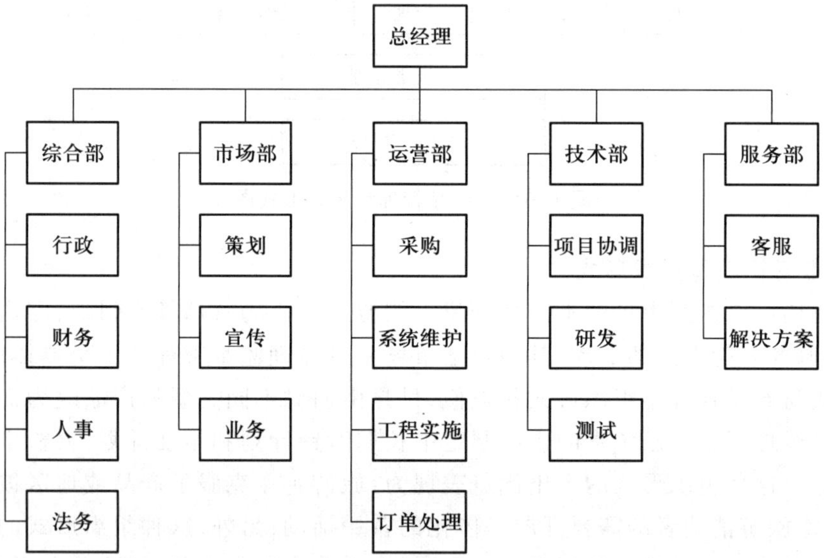

图15-14 D公司旅游景点推广APP项目组织架构图

D公司旅游景点推广APP项目在总经理的领导之下，设立五个部门，以成功运营本项目为目的而进行分工协作。各部门的职责如下：

1. 综合部

负责公司的日常事务，独立于其他部门之外。这些部门有行政、财务、人事和法务。

（1）行政：综合协调各部门关系；负责关于旅游景点推广APP项目的内外公文处理；管理各种行政档案；负责公司领导和员工的后勤保障工作以及对外接待工作。

（2）财务：组织编制公司、年度、季度、月度的成本、利润、资金、费用等财务指标计划，并且监督计划的执行。进行成本核算，审核各项费用支付及账务处理，编制月度、季度、年度财务会计报表;根据项目的资金运作情况,合理调配资金,确保资金正常运转。

(3) 人事:制定人事管理制度,并进行实施以及提出意见和建议;负责招聘、录用、培训新员工以及辞退工作;负责人事考核、考察,制定工资福利计划以及奖惩制度。

(4) 法务:制定、修改合同文本,拟定、修改、审核与客户、员工、供应商签订的合同;收集、分析与 D 公司旅游景点推广 APP 项目业务相关的法律信息,并结合项目情况提出专业意见,针对项目中发现的潜在问题及时提出预防措施;对项目运作提供咨询和法务意见,负责制定公司的各类法律文件。由于在线旅游的法律法规都不完善,政府可能随时出台新的法律法规来完善市场的发展,因此律师的咨询支持有助于旅游推广 APP 的可持续性发展。同时对于 D 公司和旅游景点、旅游中介代理的合作,可以洞悉在法律法规方面的漏洞,预防可能出现的纠纷,并且对于游客潜在的投诉事先做出应急预案。

2. 市场部

(1) 策划:针对旅游景点推广 APP 项目的实际情况,进行市场战略目标体系的策划;研究市场动态、技术发展动态、国家与地方政策变化及趋势等,收集并分析本项目的运营情况与市场信息;研究消费者对本项目营销活动反应和购买行为的影响因素,提升销量;负责本项目形象、品牌形象、商业化包装的策划与管理,指导制作各种宣传材料、产品说明书、销售支持材料等。

(2) 宣传:支持本项目的各种营销活动,例如各种新闻发布会、一些专业频道的展会,包括活动策划,活动设计,活动执行,物料管理等各个环节;公司品牌形象的管理,例如衍生物、玩偶、LOGO、海报、赠品等一切可能代表旅游景点推广 APP 项目形象的设计管理;重要媒体和渠道的品牌广告投放,如平面媒体、在论坛、微信、微博等这些社交媒体设立营销号开展营销等。

(3) 业务:明确旅游景点推广 APP 的营销目标,构筑营销理念,创建营销体系;根据旅游景点推广 APP 项目的发展规划,负责联系旅游景点以及旅游中介,并与之形成合作关系;维持与合作伙伴的良好关系,努力开发新的合作伙伴。对合作伙伴进行市场调研和需求预测,为本项目的价格决策提供市场依据。

3. 运营部

(1) 采购:负责建立完整的采购管理制度,规范采购的流程、规范业务标准;制定采购计划,负责日常采购工作;管理物料储备数量,根据物料的消耗情况进行采购活动;进行供应商的比价、议价等谈判工作;审核现有供应商的价格、产能、品质、交期,及时跟踪物料的市场价格行情变化及品质情况;根据项目运行情况与供应商沟通协调各种状况。

(2) 系统维护:维护系统的代码,将经过技术部测试成功的模块上线;对的旅游景点推广 APP 进行更正性维护、适应性维护、完善性维护和预防性维护等日常的维护工作;在系统运行中,根据业务需求增加、删除数据,调整数据结构,备份和恢复数据等。

(3) 工程实施:负责对旅游景点安装各种实时监控设备并进行后期维护工作;负责筹备及实施全套装备的虚拟旅游服务,并进行更新维护;为订购实时监控设备、服务器等配套设备的旅游景点或旅游中介提供安装、调试服务。

(4) 订单处理:负责处理来自本旅游景点推广 APP 用户的各种订单;对于涉及实物商品的订单联系仓库和物流发货。

4. 技术部

(1) 项目协调:负责旅游景点推广 APP 项目的需求管理工作,安排开发和测试以及上线的进度计划;负责项目组的相关总结性材料的编写工作,整理及维护项目各阶段的文档;负责本项目技术部门的日常综合性事务的处理;负责来自运营部和服务部的反馈及投诉的受理和支撑工作;负责本部门的行政类工作,以及技术部与其他部门的对接工作。

(2) 研发:负责对旅游景点推广 APP 项目的开发规划、架构设计工作;完成本旅游景点推广 APP 在 iPhone、iPad 和安卓平台模块的设计和编码;撰写技术实现文档,参与技术方案验证;调试和解决系统测试中发现的问题;配合测试和运营团队完成软件用户体验、运行及通信速度、功能等方面的改进和提升;配合其他相关部门,提供产品相关的技术支持。

(3) 测试:创建并改进旅游景点推广 APP 项目的软件测试过程;根据项目的要求和标准制定和完善测试规程、标准、方法和相关模板;测试本项目的各个版本以及更新,并在各测试生命阶段提交相对应的测试报告;协助营运部、市场部、服务部等相关部门收集客户需求信息,制定需求说明书、测试用例、用户手册等相关文档。

5. 服务部

(1) 客服:旅游景点推广 APP 项目的客服主要利用通信软件、电话、短信、邮件等与消费者进行沟通,记录消费者的意见;回答消费者的咨询,协助处理订单;处理投诉,及时将需要其他部门协助的业务做相应转送;快速掌握本项目的新功能、新业务,在和消费者互动中积极主动推介新的产品服务,吸引客户。

(2) 解决方案:负责通过网络、电话等渠道对消费者进行回访,了解消费者意见和建议,挖掘消费者需求;综合市场现状,研究并定制与众不同的在线旅游方案、虚拟旅游等服务;配合技术部和市场部,对解决方案进行可实现评估,进行调整后制定计划并进行实施。

二、管理层团队

D 公司旅游景点推广 APP 项目的管理团队,具有丰富的专业背景和多年服务于外企的工作经验及团队管理经验。有助于本项目的成功运营,有助于品牌的建立,有助于实现本公司的愿景和使命。

公司的管理层是公司的核心团队,包括了高中级管理人员、核心业务人员、职能部门的人员。APP 项目实行总经理负责制。作为一个新的项目,各个岗位的人员配置根据项目的发展和推进作逐步招聘,初期包括总经理的全体员工为 21 人。

三、项目运营流程

D 公司的旅游景点推广 APP 项目的运营流程是为那些参与项目的人员开展工作进行指导、说明,并制定短期目标。图 15-15 是本项目在一年内的运营目标。

D 公司旅游景点推广 APP 项目的短期目标是在一年内开发完成 APP,并将其在 APP Store 上线,提供各模块的简单功能,通过建设高效的团队和管理体系,实现年收益 10%的增长。

四、项目的业务里程碑

D 公司的旅游景点推广 APP 项目是一个长期并且有多个功能模块的复杂项目,项目采用敏捷方式进行项目管理,采用迭代、循序渐进的方法,进行以用户的需求为核心的软件开发。APP 项目计划在第一年年底之前完成 APP 的功能布局,在首年推出三个大版本:

1. 试用版

提供主要的几个景点的多媒体信息以及景点视频,根据需求向目标用户提供景点推荐。

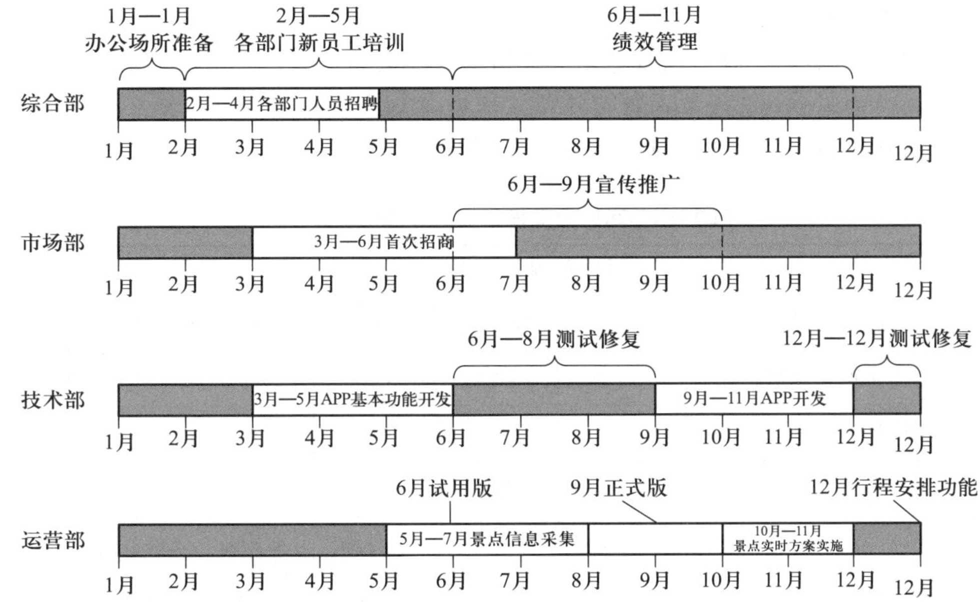

图 15-15　D 公司旅游景点推广 APP 项目运营流程

2. 正式版

增加提供用户租借头戴式设备，在手机端观看经过虚拟技术处理的旅游景点视频；根据用户偏好，进一步优化出游方案；提供利用增强现实技术对旅游景点和用户进行照片合成；提供旅游景点的特色纪念品的网络直购功能。

3. 升级版

集成旅游景点实时信息，动态更新旅游景点的出游方案和行程推荐；提供用户在指定展示地点利用全套虚拟现实设备体验旅游景点的虚拟旅游。

图 15-16 是 D 公司旅游景点推广 APP 项目第一年的业务里程碑，在未来几年的发展中，本项目采用迭代方式开发，逐步丰富旅游景点的数量，根据用户反馈增加新的功能模块或特性。

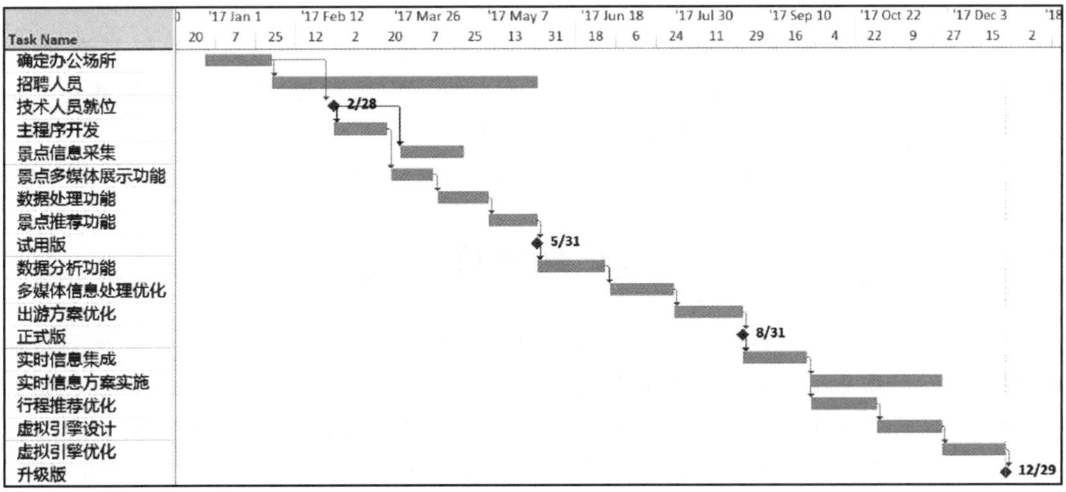

图 15-16　D 公司旅游景点推广 APP 项目的业务里程碑

五、公司实施评价

D 公司旅游景点推广 APP 项目的运营计划从实施效果来看，可以从市场占有率、净资产收益率以及创造的工作这三个方面进行评估。根据 201×年企业绩效评价标准值，计算机服务与软件行业以及大旅游行业的收益率如表 15-4 所示。

表 15-4 201×企业绩效评价标准值（部分）

计算机服务与软件行业					
项目	优秀值	良好值	平均值	较低值	较差值
净资产收益率（%）	18.3	11.4	6.8	3.1	-4.0
销售（营业）利润率（%）	28.3	20.1	12.1	7.8	1.4
大旅游					
项目	优秀值	良好值	平均值	较低值	较差值
净资产收益率（%）	17.3	8.3	3.0	-0.9	-6.0
销售（营业）利润率（%）	21.5	10.0	6.5	4.1	0.4

APP 项目属于计算机服务与软件行业和旅游业的跨界产品，因此本项目预期在短期内市场占有率预计为 3%，长期目标是 5%；净资产收益率在前两年的平均值为 10%，长期平均值目标是 33%，如表 15-5 所示。

表 15-5 运营计划评估指标

	市场占有率（%）	净资产收益率（%）	创造的工作机会（个）
第 1—2 年	3	10	50
第 3—5 年	5	33	150

D 公司旅游景点推广 APP 项目的运营计划，包括公司的管理层团队和组织架构，明确了本项目的在一年内的运营流程，确定了本项目长期的业务里程碑，为 D 公司旅游景点推广 APP 项目的顺利开展和成功发展奠定了坚实的基础。

资料来源：D 公司旅游景点推广 APP 项目市场营销计划 中国知网

本章小结

1. 旅游市场营销计划（tourism marketing plan）是对旅游目的地或者旅游企业营销活动方案的具体描述，即旅游组织在其整体发展战略的指导下，在研究目前旅游营销状况（包括旅游市场发展态势、产品状况、竞争状况、分销状况以及宏观环境状况等）。分析旅游组织所面临的主要机会和威胁、优势与劣势以及存在问题的基础上，确定今后一段时间内的营销目标、营销战略以及具体的行动方案的过程。

2. 从影响旅游市场营销计划的诸多因素和若干方面出发，旅游营销计划和营销战略成功地贯彻实施的过程一般要经过以下步骤：制定详细的行动方案；建立营销组织结构；设计科学、合理的决策和报酬制度；建设旅游企业文化；开发旅游人力资源。

3. 现代旅游企业健全、有效的市场营销组织结构是随其经营思想的长期演变、发展和企业的成长而逐步形成的，一般经历了五个阶段：简单的推销部门，带有附属职能的销售部门，独立的营销部门，现代营销部门，现代营销企业。

4. 营销是一种经营思想或管理哲学。在真正实行营销导向的企业中，营销并不只是一个部门的职责，而是整个企业各个部门的工作信念和行为准则。

关键术语

营销管理过程(marketing management process)
营销控制(marketing control)
市场机会(marketing opportunity)
目标市场(object market)
市场细分(market segmentation)
市场营销组合策略(marketing mix strategy)
营销组织(marketing organization)
营销计划(marketing planning)

案例回顾与讨论

1. 你认为案例中的营销活动采取怎样的组织形式较好，为什么？
2. 怎样对案例中的营销活动进行控制？

复习与思考

1. 什么是旅游营销计划？一个好的营销计划应该符合什么标准？
2. 一份旅游营销计划包含哪些内容？
3. 实施旅游市场营销计划要经过哪几个步骤？
4. 旅游营销部门有哪几种组织形式？
5. 现代旅游市场营销部门有哪几种形式，其优缺点如何？
6. 旅游市场营销计划实施的步骤是怎样的？

自测自评

实践题

1. 考察你最感兴趣的三家旅游企业。他们有营销部门吗？营销部门采取的是何种组织形式？该组织形式有什么优点与缺点？该企业的营销部门承担什么职能？

2. 会见一名酒店销售主管、一名酒店总经理，或旅游营销组织经理，让他们跟你一起仔细检查他们的营销计划，并让他们讲解制定营销计划的过程。

3. 在你所在地区挑选一个旅游组织，为该组织制定营销计划。

推荐阅读文献

1. 杨振之，周坤.旅游策划理论与实务[M].武汉：华中科技大学出版社，2019.

2. 檀小舒，陈樱.旅游市场营销与策划[M].厦门：厦门大学出版社，2015.

3. 李学芝，宋素红.旅游市场营销与策划[M].大连：东北财经大学出版社，2015.

4. 王帅辉，耿松涛.全域旅游营销策略与品牌策略规划[J].价格月刊，2018(3).

5. 朱婕.茶文化生态旅游的营销策划研究[J].福建茶叶，2016，38(2)：116-117.

第十六章　旅游市场营销危机管理

当今全球各种危机呈上升趋势，危机事件对旅游业产生巨大的冲击。关于旅游市场危机灾难及其管理引发了广泛的社会关注。我国旅游业发展形势喜人，但是对旅游业危机的关注却不多。因而有必要对国内外旅游业危机管理做深入系统的了解，以为我国旅游业的健康发展提供科学的支持与保障。

学习目的

- 了解旅游危机的概念、类型
- 熟悉旅游危机管理基本理论
- 掌握旅游业危机管理预警体系的构建
- 熟悉旅游安全、旅游感知与旅游危机的影响机制

引导案例

上海春秋国旅的"非典"处理

春秋国旅是一家大型综合性旅游企业，其境内游业务连续9年居全国首位。但2003年3月下旬公司经营出现了异动：针对白领市场精心开发的一些高端旅游产品出现了滞销迹象。根据测算：整个3月份这些高端旅游产品的销售量比2月份降低了40%～50%。由此公司结合3月17日世界卫生组织宣布的有"非典"疫情的消息，立刻着手收集信息并加班分析得出"非典"疫情会对当地旅游市场产生重大影响的结论。就在大多数旅游企业依旧高价销售旅游产品时，春秋国旅抢先实行紧急措施应对"非典"，为化解危机争取了时间。

一、断然舍弃短期利益

在意识到"非典"的严重性后，旅行社包机部所有工作人员被派往各家航空公司，商榷包机停飞以及可能形成损失的分担方案。在众多非议和员工的怨言中公司尽快停、退包机，并且命令全国各分社将包机销售流量尽量往前推。这样的措施使得公司包下的多数航班在航线停退前都已卖掉99%的座位，损失被减少到最低程度。与此形成鲜明对比，许多旅行社直到4月下旬方才察觉手中的机票滞销，但却为时已晚，损失惨重。

二、48小时收款制度规避"三角债"

"三角债"是国内旅游行业的顽疾，旅行社中存在"三角债"的现象司空见惯。针对"三角债"，春秋国旅原本就制定了一项"48小时收款制度"，即通过网络销售的旅游产品要求入网48小时内收款；票务中心下属的业务部要求24小时内收款；春秋国旅的入境部、华东部都规定"先收款，后做团"。因为，在非典危机中，即使包机问题解决了，但数目巨大的"三角债"同

样能将旅行社置于死地。此外,一旦形势恶化,部分中小旅行社还有可能恶意破产逃避债务。针对"48 小时收款制度"平常执行中存在的一些漏洞,春秋国旅严格规定,不执行 48 小时收款制度的人员,一经发现立即开除。由于发现及时、措施得力,春秋国旅不仅在关键时刻回笼了大笔资金,而且躲过了受"三角债"牵连导致破产的危机。

美国"9·11"事件中的旅游危机管理

2001 年 9 月 11 日美国爆发了"9·11"事件,作为美国经济象征的世贸大厦毁于一旦。在此事件中美国民航业损失惨重,联邦政府快速反应,通过法律途径、危机救济措施以及安全防卫体系对民航业提供救助。仅仅 11 天之后,美国通过航空运输安全和稳定体系行动为航空业提供联邦贷款和补助,帮助航空业暂时渡过了难关。但是,因为美国远离各大客源国航空旅游是主要的旅游方式,因此航空业的损失造成了美国航空旅游业的极大萎缩。与 2000 年相比,美国国内旅游和航空国际旅游分别下降了 34% 和 23%。在此情况下,由 25 家旅游业公司和旅游业协会组成的旅游复兴联会(The Travel Industry Recovery Coalition)为了使旅游业恢复到危机前水平,游说政府通过了六点计划(Six-Point):① 减免美国北部旅游企业以及与旅游相关行业的税收;② 扩大小型企业的贷款额度;③ 雇用旅游劳动力的公司税收减免;④ 提供联邦基金恢复旅游市场;⑤ 税收减免用以补偿"9·11"事件中遭受到的损失;⑥ 全额减免商业活动税收。这些措施的实行减少了旅游业损失的继续扩大。

第一节 旅游危机和危机管理的内涵

中国的旅游业已经成为重要的产业，旅游业的性质备受关注，旅游活动与百姓生活休戚相关。旅游业的繁荣给旅游目的地带来巨大的效益。然而，旅游业作为一种"次生产业",具有较强的敏感性,极易受外部危机事件的影响而出现波动，造成巨大的经济损失。在旅游业的发展过程中，不能试图回避危机，要准备与危机长期"共舞"。

一、旅游危机的概念、类型及特征

危机是对整个社会的安全状态构成根本的威胁，并且在最短时间和前景不确定的情况下必须做出决策的事件。世界旅游组织(WTO)把旅游危机阐述为影响旅行者对一个目的地的信心并扰乱继续正常经营的非预期性事件。这类事件可能以无限多样的形式在许多年中不断发生,对旅游业产生均产生了巨大的冲击。

旅游业危机具有以下几点特征:

1. 突发性

从本质上看,旅游业危机作为一种非预期事件,是在人们意想不到、没有做好充分准备的情况下突然爆发的。相对于正常的发展状况而言,旅游业危机不仅是一种打破常规的突发性事件,基于自身鲜明的综合性特点,通常会给相关行业及其众多的企业造成一系列的、连锁性的破坏,从而使它们陷入混乱之中。

2. 紧迫性

危机发生的 24 小时至关重要。当旅游业危机真正爆发以后,将以非常惊人以及出人意料的速度发展和演变，这势必会引发一系列的后续问题，如旅游企业生存环境的明显恶化、虚假信息的广泛传播以及公众人心浮动，再加上新闻媒介的推波助澜，常常会导致受到冲击的各个旅游企业面临着反应时间有限的突出问题。在此状况下，决策者如果无法在巨大的压力下用尽可能短的时间作出最终的决策，不仅会使解决危机的最佳机会稍纵即逝，而且将导致一系列短时间内难以彻底根除的消极影响。另外不专业的反应也可能让目的地受到更大的破坏。

3. 危害性

旅游业危机的危害性主要是指危机发生频率高、波及面广、后续影响持续时间长等方面。此外，旅游业危机具有涟漪效应，常常会引发其他不同类型的危机，导致该危机的危害性被进一步扩大。具体表现在，使各种旅游企业在物质上遭受重大的损失，影响到各种预期目标的实现，而且还会使公众心理产生了普遍的恐慌和不安全感，最终影响到整个社会系统的正常运转。

4. 双重性

危机是“危险”与“机遇”的联合体，是“转机与恶化的分水岭”，是“双刃剑”。简言之，危机在对旅游业造成各种直接或间接的消极影响的同时也蕴含着前所未有的发展机遇。因此，当危机爆发时，绝不能被眼前的困难形势吓倒，而应高瞻远瞩，充分认识到这种困难局势之中所包含着的发展机遇，把握机会，迎难而上，在逆境中取得突破。

5. 全球性

绝大多数的危机事件发生的一个重要原因是全球化的结果，而大多数危机的影响也是全球性的。随着人们的社会、经济、生活联系日益全球化，全球化的客源越来越成为旅游目的地的追求和未来发展的趋势，因而旅游危机的发生、发展及影响已经完全超出了发生地的范围，其影响力在全球范围内蔓延。“9・11”事件说明，像恐怖主义这样的危机已经不仅仅是对美国，实际上是对整个人类文明的一种挑战，是全球性危机。因此，在管理和应对旅游危机还需要有更广阔的全球视野，强化旅游危机管理的国际合作。

从危机产生的根源，可以将旅游业危机划分为旅游业受波及引起的危机、旅游业内部的危机两大类。旅游业受波及引起的危机，是指发生在其他行业里的危机产生的负面影响波及旅游行业，使旅游业客源骤减、目的地形象受损的危机，如战争、金融风波、恐怖主义、公共卫生危机等。旅游业内部的危机，是指发生在旅游业运营的范围内、直接对游客或旅游从业人员发生威胁、影响旅游活动的危机，如针对游客的恐怖袭击、酒店火灾、旅游娱乐设施发生意外等。

Otto Lerbinger、Greg Stafford、Larry Yu、Alex Kobina Armoo 研究了商务危机的类型、主要影响因素，但显得不够全面；李九全、李开宇、张艳芳从旅游的角度对危机事件进行了分类。由于旅游业的敏感性，自然灾害、战争、社会动乱、经济危机、疫病等因素都会影响旅游经营，或造成旅游者人身伤害与财产损失，并引发潜在旅游者取消或改变他们的旅游计划，导致当地旅游业衰退。这些突发的自然灾害包括火山爆发、地震、泥石流、洪水、海啸、瘟疫等、经济动荡与经济危机或社会动荡等事件属于影响旅游业正常经营的外部因素，可称为背景型旅游危机。另外，在旅游的食、住、行、游、购、娱六大活动过程中也会有给旅游业造成巨大损失的非预见性事件发生，这些事件是旅游业内部因素，可称为内在型旅游危机。表 16-1 列举了旅游危机的主要类型、危机的影响内容和影响范围。

表 16-1 旅游危机的性质、类型与影响分析

	危机类型	影响内容	影响范围
背景型危机	自然灾害	旅游资源破坏、旅游经营停顿、威胁旅游者财产安全	灾害发生地区及与之有关系的旅游路线
	战争或武装冲突	全面影响	战争及冲突各方及周边区域及至全球
	恐怖主义事件	全面影响	恐怖袭击发生国家和地区及至全球
	外交危机	人员交往停顿、对旅游者的攻击	交恶双方
	社会动乱	全面影响	动乱发生地区或国家
	经济动荡	出境游、旅游经营	所在国家或地区;其公民的旅游地
	突发性公共卫生事件	全面影响	事件发生地及至发生国甚至波及全球
	重大事故	旅游者人生身财产安全	事故发生地及波及范围
内在型危机	重大旅游犯罪	旅游者人身财产安全	事件发生地及至事件发生国
	旅游资源破坏	旅游经营	事故发生地
	旅游事故	旅游设施、旅游人身财产安全	事故发生地、相关旅游项目

二、旅游危机管理的相关理论

旅游危机管理是指为避免和减轻危机事件给旅游业所带来的严重威胁,通过危机研究、危机预警和危机救治达到恢复旅游经营环境、恢复旅游消费信心的目的,进行的非程序化决策过程;旅游危机管理主体包括政府、旅游企业、旅游协会、旅游从业人员、公众等多个行为主体。

(一) 旅游危机生命周期

旅游危机从其生成到消解是一个不断变化的过程,这个过程也就是旅游危机的一个生命周期。旅游危机发生一般可分为潜伏期、爆发期和恢复期。本文所指的旅游危机时期(简称危机时期)包括了旅游危机的潜伏期、爆发期和恢复期。处于生命周期不同阶段的旅游危机,对旅游业的危害程度也不同。图 16-1 中的曲线就表示了旅游危机演变的大致轨迹。

1. 旅游危机的潜伏期

旅游危机的潜伏期是旅游危机的酝酿与形成时期。在这一阶段危机诱因不断积累,直到开始造成可感知的损失时就进入下一阶段。危机的演变是一个量变到质变的过程,虽然在其量变过程中,由于造成的危害比较小,有一定的隐蔽性,但总有一定的征兆。

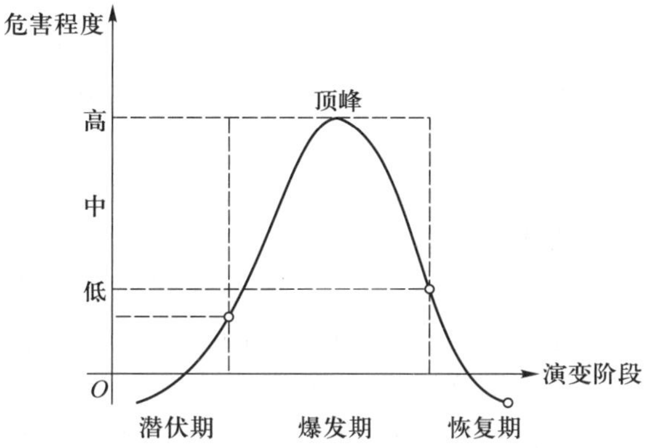

图 16-1　旅游危机的生命周期

2. 旅游危机的爆发期

旅游危机的爆发期是旅游危机由隐性转为显性，并快速发展、扩散的时期。当旅游危机已被明显感受到时，旅游危机已经完全生成继而爆发，危害程度急骤上升，逐渐达到危害程度顶峰，然后再有所下降。

3. 旅游危机的恢复期

旅游危机的恢复期是旅游危机已经得到了有效的控制，旅游危机的危害程度大幅度下降，到旅游危机的危害程度降至最低并逐渐消失的时期。一次旅游危机的生命周期到此结束。

（二） 旅游危机管理的相关理论

在探讨旅游危机管理理论之前，先要了解危机研究所要涉及的相关知识领域，如表 16-2 所示，借鉴政治学方法，我们把对“危机”的研究方法划分为系统导向和决策导向两种。在决策导向方法中，“危机”被理解为面对危险和异常的境遇，在时间紧急情况下必须做出决策的情形，其研究主要集中在对危机严重状态的分析，并了解组织在危机中的工作流程方面的知识。在系统导向方法中，“危机”被看成是系统中某些重要变量的变化达到了临界点，它可能威胁或摧毁系统的任意部门或是全部系统，对这一领域的研究目标是开发预警系统。

表 16-2　旅游危机管理研究所要具备的相关知识领域

	个人模式	集体模式
系统导向法	医学：危机的转折点表现为患病过程中的生死选择 心理学：认识到自己要面临难以承受的突发事件或艰难的窘境而个人又力所不及；认识到个行为模式的失败；面临个性丧失的危险	社会科学：表现为社会现象的危机。由于冲突升级而导致战争使国际利益危在旦夕；表现为社会子系统现象的危机（政治：政治关系格局的变化——政变、革命；经济：外生的经济休克、经济周期中恶化趋势）
决策导向法	在危机状况下，决策者面对个人认知方面的困难所具备的解决问题的能力	在危机状况下，寻求集体决策的行为

资料来源：Linda.F，1994

从此划分意义出发，将旅游业危机管理的基本理论主要概括为以下几种：

1. 旅游业可持续发展理论

从可持续发展本质看，旅游可持续发展的核心含义是要保证在从事旅游开发的同时不损害后代为满足其旅游需求而进行旅游开发的可能性。而旅游危机管理则是从负面效应的角度对可持续发展所强调的环境、社会与经济进行防范式的、全方位的管理，并由此来规范旅游活动，消除旅游开发和旅游经营管理中的短视行为，为旅游业的可持续发展提供保障。这与旅游业可持续发展的核心理念具有高度的一致性。因此，旅游业的健康发展说到底就是管理的问题，是从旅游规划设计到开发建设直至旅游经验活动过程中的管理问题。从可持续发展的行动纲领看，其最终目的是建立一个高度智能的、有模拟预测能力的、能进行有效比较的监控系统（旅游管理系统）。该系统反过来将通过旅游环境检测定位，用地理信息系统进行区域旅游可持续发展的实况跟踪、仿真模拟和方案比较，同时可以对已实施的规划进行测试、评判风险评估，从而为区域旅游可持续发展提供决策支持和咨询服务。因此，旅游可持续发展的高度是与旅游管理的力度一致的，在管理不到位，尤其是缺乏有效的危机管理手段的地方，旅游开发应该慎之又慎。

2. 信息管理理论

信息管理理论是对各种信息进行科学管理的理论，信息是信息管理理论的核心。对旅游业危机管理系统来说，在整个危机管理过程中，无论是危机的预防、准备，还是危机的应对以及危机后的恢复和重建，都必须建立在准确、全面、客观的信息的基础之上。要维持整个危机管理系统的正常运作，必须借助信息管理学的基本理论和方法对各种危机信息进行科学的组织和管理，才能使以危机信息为对象的各种工作得以顺利进行。

3. 旅游需求层次理论

旅游需求层次理论是在马斯洛需求层次理论基础上建立起来的。它从人的本质和心理需求的角度提供了对旅游活动中安全或是健康需求的心理学解释，是了解旅游动机的基础，也是旅游危机管理研究的理论基础之一。

根据马斯洛的需求层次理论，安全是人满足第一层生理需要后第二层次的需求。旅游安全为旅游者的精神愉快、身心放松提供了最大保障，使旅游者能真正融入旅游地的异地生活体验中，实现“旅游者身份”的角色心理转变。因此，和平与安全是一个目的地、区域或国家发展旅游业的基本条件，也是旅游增长的基本决定因素。旅游者的旅游决策受到众多因素的影响，其中旅游者本身的行为和心理特征是其旅游决策的重要基础。

当旅游者离开原来居住地进入陌生的环境时，“旅游社会”中便形成了新的需求层次——旅游需求层次，而安全健康即是其中的优势需要。其追求健康安全既是旅游者出行的最原始动机，又是最高目标，贯穿于整个旅游需求层次的始终，并在“旅游社会”这种特殊情况下显示出其迫切性。实践证明，旅游安全对旅游者及旅游地的发展意义重大，如犯罪率高、政治不稳定、传染病流行的地区旅游流明显偏小甚至逐渐枯竭。

4. 混沌论

混沌理论是系统从有序突然变为无序状态的一种演化理论，是对确定性系统中出现的内在“随机过程”形成的途径、机制的研讨。采用混沌理论中的“蝴蝶效应”“奇怪吸引子”“水龙头效应”和“面包师效应”等概念，可以很好地解释旅游业高度敏感性及连锁反应与危机的联系。传统的管理理念原则上认为确定性的原因必然产生确定性的结果,但混沌理论却揭示出确定的原因也可能产生不确定的结果。更严重的是,传统管理理念总是强调通过刚性的控制机制来规范旅游业的发展,混沌理论给予我们的启发是通过弹性的适应机制来引导旅游业发展。这点对于建立旅游发展监测、预警和动态调节机制具有重大的引导意义。此外,通过对旅游活动普遍存在的非线性现象,特别是旅游危机现象进行分析,并根据这些非线性现象的复杂规则运动特征,可以探索目的地旅游危机规划理念及其应用对策,为我们倡导的危机管理理念开辟了一个全新的视角。

5. 心理学理论

心理学理论与旅游业危机最为相关的理论是感知论。心理学领域被认为是全部与人相关的信息,我们每个人都可能向某个方向移动和控制。游客对目的地的感知,形成了目的地的形象。旅游者决定是否前往某个目的地,是根据形象而不是现实。因此,目的地营销能否成功,在很大程度上依靠潜在旅游者头脑中确定和创造的目的地形象。在心理学中,风险和形象是不可分割的,因为两者都是通过个人对未来不确定是否会发生的事件(风险),而不是当前的目标/事件的认知过程和感知联系在一起的。正是两个概念之间这种不可分的关系,将旅游者和目的地联系在一起。旅游者选择目的地依赖于游客心理认为潜在目的地能提供给他们需要的相关事物。因此,目的地形象是激发旅游者的重要刺激物,不管形象是否真实地代表了该地所能提供的东西,它都有可能是目的地选项过程中的关键因素。

6. 组织管理学理论

组织管理学理论也是旅游危机管理的一个重要的理论基础(此时把旅游目的地看作组织),管理的目的在于从混乱中创造秩序、在混沌中确保生存。传统的管理理论关注如何确保组织的连贯性。但自从 20 世纪 80 年代初,管理的传统方法受到西方社会中日益增长的不确定性的挑战。如今我们已经接受了这样的观念:不变的只有变化本身,变化却是持续的。因此,今天的管理理论把防止组织衰弱和危机情况的管理,整合到规划、协调和指导组织作为一个经常的过程。危机管理不再是事后的,同时也是事前的。旅游业危机管理尤其应关注组织理论中有关危机发生之前、之中、之后的管理。

第二节 旅游危机管理预警体系的构建

成功的危机管理一个先决条件就是对危机事件的及时确认,而这需要有一个能够进行系统操作、功能良好的早期预警体系。

一、旅游危机管理预警体系构建目的

所谓危机预警体系就是运用一定的科学技术和手段对能造成行业或企业危机的危机设置警戒指标,通过信息的收集及时捕捉警讯,然后通过危机的识别、分类和分析之后做出判断,依据判断的结果采取一系列事前计划好的措施来分散和消化危机的一套运作系统。旅游业的特殊性决定了危机预警体系建立的迫切性,建立旅游业危机管理预警体系的目的主要表现在以下三个方面:

1. 预测行业和企业是否面临生存危机

行业生存危机通过危机测量来判断，由风险引发的危机可能造成的影响入手；企业则通过现金流量在负债中的比重即短期偿债能力来判断企业是否有危机，并把它作为企业危机预警管理的重点。

2. 制定危机生存警戒线

通过模型建立指标体系并设定一个正常值，指标超过正常值就进入危机警戒之中，随着指标数据的不断增大而采取相应的措施使其恢复到常态。

3. 建立危机应急措施

应急措施是事前制定的针对危机应采取何种行动的实施方案，可以避免行业、企业事前无计划、事后手忙脚乱的现象。

二、旅游危机管理预警体系构建原则

旅游危机预警机制的设计既要符合国际惯例，又要考虑我国现行的国情，还要体现各个层次行业监管的不同需要，因此设计应该遵循以下的原则：

（1）符合国际惯例，便于行业、企业的国际化发展，适应市场的快速成长。反映行业、企业各个层次危机管理的需要。特别重视我国现有旅游行业的特殊性，使危机监测与预警系统既具有国际化和规范化的特征，又具有一定的针对性和实用性。

（2）选择危机预警变量参数和设立预警信号依据，必须是经过实践证明确实有效的，以便保持危机临近时的监测实效。

（3）预警机制内部必须要有完整的管理结构与预警机制相对应，落实危机预警机制中的各种反馈或执行指令。

（4）建立综合、全面的危机安全运行网络，确保危机临时或破坏时有综合控制和转化能力。

（5）必须具备一定具有危机意识和管理的专业人员，设立相应的机构或明确的管理部门职责。

三、旅游危机管理预警体系构建步骤

（一）旅游业危机管理预警体系建立的步骤

危机预警体系是一个完整的系统工程，是一系列环境和行为的综合体。一个完善的危机预警体系必须考虑预警实施进程是如何安排的，以便对可能发生的风险及作用进行有效管理，也就是对危机测评和状态感知做出相应的行为指令。一般来讲，危机预警体系实施进程包括五个阶段：危机识别、危机测评、危机判断、危机的管理工具和技术选择以及危机处理和结果评价。通常描述为：首先预警机制对所处的环境或内部危机的可能和状态进行测评，制定危机生存警戒线，就是指通过模型建立指标体系并设定一个正常值，指标超过正常值就进入危机警戒之中，然后及时到组织管理层对所发出的参数进行判断，发出相应的控制风险指令，再根据风险中间控制过程和预警子系统所得出的效果测评与修改意见，并再次对危机发出相应的控制指令，从而经由这样一个过程对危机进行有效的管理。该系统可以通过图 16-2 所示的步骤逐步建立起来。

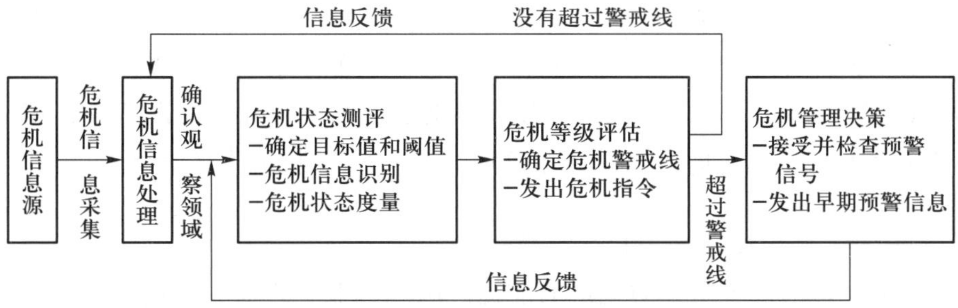

图 16-2 旅游危机管理预警体系设计步骤

(二) 旅游业危机管理预警体系的组成

旅游业危机管理预警体系包括宏观和微观两个层次。其中宏观预警系统以行业管理者(旅游协会)为主,微观预警系统则以旅游企业为主。

1. 宏观预警体系

(1) 宏观预警系统主要由信息系统、咨询系统和决策系统组成,包括信息的收集、信息的分析判断、信息的传递和危机应对措施的制定以及信息的反馈五个阶段(如图 16-3 所示),它的执行者主要是政府和行业管理者。

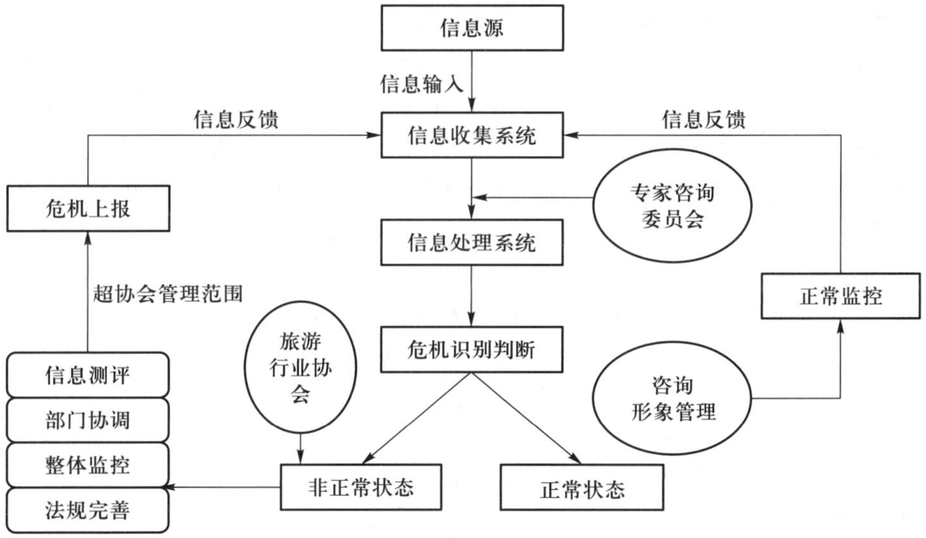

图 16-3 旅游危机管理宏观预警体系模型

① 信息系统,主要包括信息收集系统、信息处理系统和信息反馈系统三部分,是危机管理预警体系中至关重要的系统。所有危机管理的咨询、运营、决策都是以尽可能丰富和准确的信息为基础的,故信息系统的建设及运作情况关乎整个预警系统的效率和预警结果。

② 咨询系统,包括专家咨询委员会和咨询形象管理部。前者是由相关的学者和危机管理专家组成的小组,他们进行危机评估及危机案例分析等研究工作,为决策系统提供相应的补救措施,并在反馈中不断修改。危机管理机制内采用这种专家小组形式能大大减少决策系统的思维定式和组织惯性,利于危机决策。后者负责危机的形象管理,主要负责与公众和媒体部门

沟通,使危机转向对组织的有利面,维护旅游组织的形象。

③ 旅游决策系统,即旅游行业协会,它是整个宏观预警体系的执行者。这种定位体现在:首先,作为会员间信息集聚和交流中心,为会员提供信息服务;其次,发挥纽带作用,促进会员间的联合,提高全行业抗危机能力;第三,通过信息优势向会员提供业务指导;第四,代表行业利益向政府寻求政策支持。

(2) 宏观预警系统中应该注意几个问题:

① 宏观行业环境的改善是预防危机的前提。因此行业管理者(旅游行业协会)的目标应该是改善宏观环境,尽量减少危机发生的概率。但有些对旅游业影响深远的环境不在行业管理者的范围之内,要及时求助国家和有关部门,对行业实行各种优惠措施,把危机对行业和企业的损失维持在较低的水平,降低整个经济的动荡,改善社会大环境。

② 危机传递过程中,行业协会一定要保证信息传播及时、有效和真实。达到危机预警线的时候一定要保证在最短的时间内把危机信号传达给企业和利益牧关者,并保证传达的信息是真实的。

③ 媒体沟通上,及时向企业和公众发布危机信息、把采取的措施和方法也告知受众,保持信息的公开化和透明化,体现公众的知情权。

2. 微观预警体系

微观旅游企业预警系统是企业预防危机的重要手段。

(1) 旅游业危机管理预警体系的组成,如图 16-4 所示,微观预警系统主要由三个子系统组成:信息子系统,其主要功能是收集内外部信息,通过各种决策预测技术的应用对危机做出分析,然后传达到危机识别和分析系统中。在企业做出分析之后,此系统还要充当信息媒介中心,把企业的各项措施传达给利益相关者;决策子系统,主要由危机分析、预警分析两部分组成,主要功能是在接收到信息系统的分析之后利用分析方法和模型做出危机判断,通过预警报告和决策来确定危机级别,提出决策及应对措施;运作反馈子系统,包括具体方案的实施、监控信息并反馈回信息分析中心,主要职能是把战略性方案转换成可以操作的具体措施并落实到具体的责任人,然后通过动态监控反馈,分析预警目标是否实现。

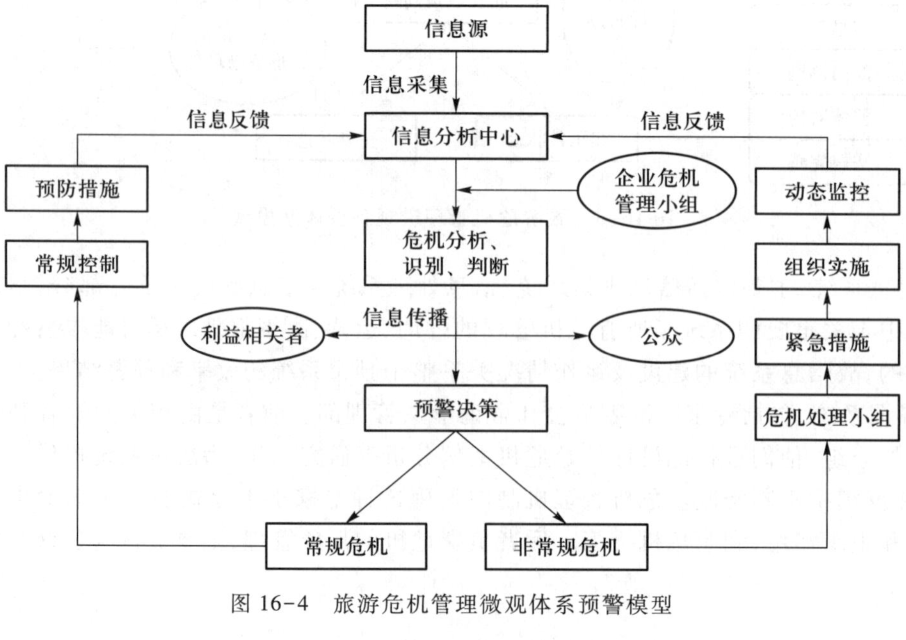

图 16-4 旅游危机管理微观体系预警模型

(2) 微观预警体系应注意的几个问题

企业危机管理小组成员应该选择对企业业务熟悉的内外部环境的专业人员和管理人员，并能对外界环境反应敏捷，能够及时地制定出应对危机的紧急措施。对他们要建立完善的激励机制，并将激励机制运行与危机预警系统和危机管理系统运行衔接，以保证在这些专业人员主动负责下获得最佳的运行效果。

企业应对措施的制定。应对措施包括了常规危机的预防措施和非常规危机的紧急措施。常规危机是企业经常遇到的危机，企业具有操作经验，在实践中也形成了预防的措施，因此同类危机来临可以通过预防措施的实施达到减少损失的目的。而非常规危机则是企业从来没有碰到过的危机，没有经验可以借鉴，只有在危机管理小组成员的共同努力下商讨紧急对策，并在实施的过程中不断修复和完善。

重大危机面前企业也存在信息的传播问题。企业向公众披露企业对策和补救措施，树立企业负责任的形象，从而重新确立企业在公众心中的地位，为危机之后尽快恢复和发展打好基础。

第三节　旅游安全、游客感知与旅游危机的影响机制

旅游危机是影响旅行者对一个目的地信心和扰乱继续正常经营的非预期性事件。本节将分析旅游者的旅游安全、游客感知与旅游危机的影响机制，创建旅游危机时期潜在旅游者风险决策模型，指出在危机的不同阶段应采取的管理措施和对策。

一、安全是旅游者的基本要求

根据马斯洛的需求层次理论，安全是人满足了生理需要后第二层次的需求。旅游者从熟悉的居住地到陌生的旅游目的地旅游，在品味异地生活的同时，由于对周围环境都不熟悉，心理上缺乏安全感，若旅游目的地没有安全保证，旅游休闲也就无从谈起。旅游安全为旅游者的"精神愉快"、身心放松提供了最大保障，使旅游者能真正融入旅游目的地的异地生活体验中，实现"旅游者身份"的角色心理转变。因此，和平与安全是一个旅游目的地、区域或国家发展旅游业的基本条件，也是旅游增长的基本决定因素。

二、感知环境与风险决策

旅游者的旅游决策受到众多因素的影响，其中旅游者本身的行为和心理特征是其旅游决策的重要基础。

旅游者在决定是否出游时，会面临旅游决策风险。旅游者觉察道德风险过大，就会阻碍其出游行为。处于危机事件中的旅游目的地之所以出现游客量和旅游收入锐减，实际上就是旅游者旅游决策风险增大，放弃其到该旅游地出游的结果。直接影响旅游决策行为的因素是感知环境的差异。旅游者光临某旅游目的地的决策行为很大程度上取决于其对当地感知环境的认知，而其中安全因素起着决定性的作用。当目的地发生突发危机事件时，由于目的地安全的不确定性导致出游安全系数降低，潜在旅游者通过多种渠道获得目的地信息，对目的地的安全感知水平会随之发生变化，目的地在其心中的形象，也即目的地的感知环境也产生了变化。通

过感应过滤，形成旅游地新的认知映象（感应环境）。

在此基础上，进行旅游决策。此时，潜在旅游者生理、心理和文化特征以及旅游地危机管理的效果对决策产生重大影响。大部分人因为担心安全问题而取消、推迟旅游计划，或者选择其他安全的旅游目的地。也有少部分人，如喜欢刺激的探险型旅游者或有特殊原因非去不可者将继续他们的旅行计划，如图 16-5 所示。

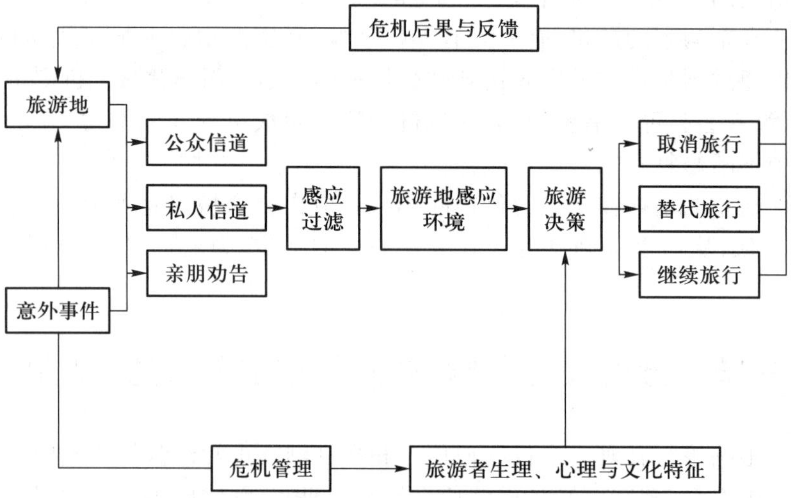

图 16-5 旅游危机时期潜在旅游者风险决策模型

通过模型，可以看到旅游地原有形象和信息；危机事件本身的性质、危害程度、影响时间和范围；潜在旅游者获得信息的渠道、信息的时效性、真伪度和信息量以及危机管理的效率，效果是影响潜在旅游者对目的地认知，进行旅游决策的主要因素。而风险决策下的旅游者行为是危机后果与反馈。

三、旅游危机管理模型

鉴于旅游危机对旅游业的巨大危害，实施有效的危机管理，消除或减少旅游危机的消极影响，以利于旅游者形成安全的目的地感知，促进危机发生地旅游业健康持续发展。

危机的发生涉及社会的各个方面，危机管理的主体应包括中央和地方各级政府国家和地方各级旅游主管部门其他相关部门，如民航、卫生、交通、公安、消防等部门旅游行业组织相关行业组织和旅游企业。加强旅游危机管理，必须建立健全相应的危机管理机构，构建旅游危机管理系统，统一协调行动。危机管理机构与政府有关部门之间是信息反馈与指导实施的关系与中枢决策机构之间是情况汇报与决策保障的关系。中枢决策机构负责组织协调和舆论引导图，见图 16-6。

（一）危机潜伏期管理

在危机潜伏期，危机管理机构启动危机信息与预警系统，实施危机监测和危机预警，将危机扼杀在萌芽状态，最大限度降低危机爆发的风险。危机信息与预警系统负责信息收集与分析，危机迹象的识别与评价，做好危机的预测、预报和预控。危机预控包括思想准备、组织准备、物质准备、基础设施准备，以及危机处理准备，建立危机紧急状态预案。为了应付危机期

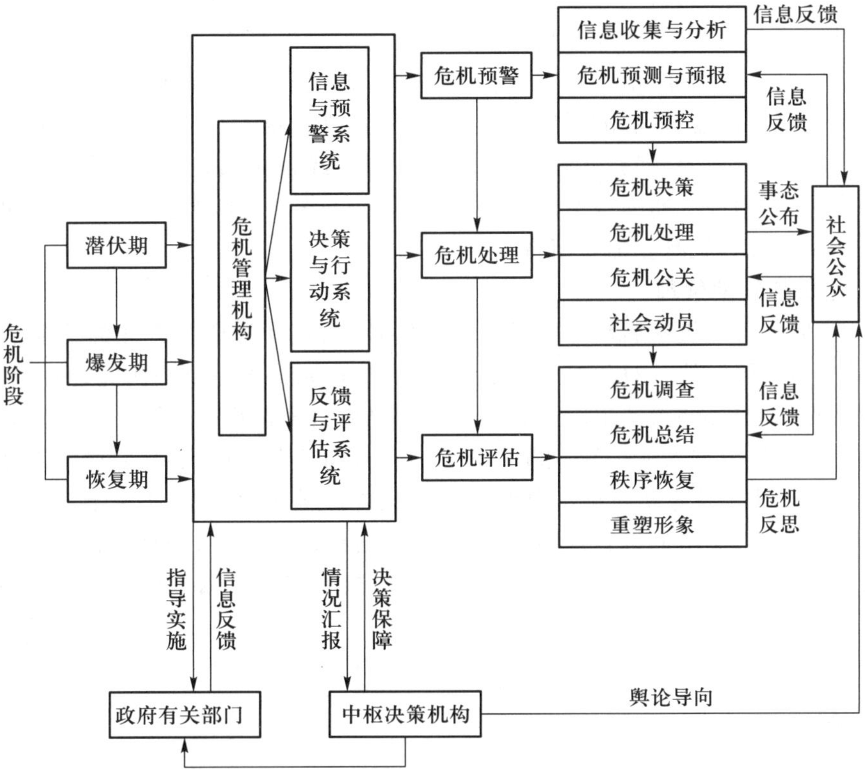

图 16-6　旅游危机管理模型

间的紧急救助活动以及危机后为重振旅游经济而进行的额外的促销、沟通活动，旅游企业要设立旅游危机基金。在此阶段，还要加强对公众的危机教育，提高公众应付旅游危机的心理免疫力。

（二）危机爆发期管理

在旅游危机爆发后，应启动危机决策与行动系统，实施危机紧急状态预案，对危机进行干预，将危机带来的损失降至最低，这是危机管理的关键阶段。危机发生后，要采取果断而必要的措施制止危机，旅游部门要从政策法规、宣传教育、保险、救护、危机控制等方面制定旅游行业安全保障措施，如图 16-7 所示，并动员社会各方力量制止危机，确保旅游者的安全。

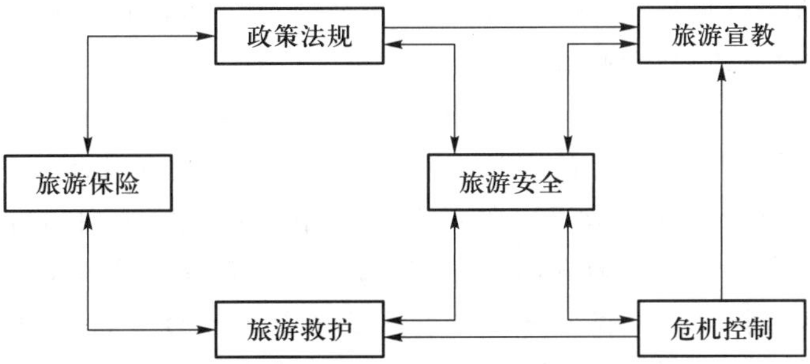

图 16-7　旅游安全保障系统

当危机爆发后，应做到信息透明，根据危机涉及的范围、严重程度等，由不同等级主体通过新闻媒体及时向公众公布事态，并加强与社会公众之间的互动，防止谣言的散布造成社会的不安定。建立新闻发言人制度，信息发布要客观、准确、诚实、透明。旅游部门要实施危机公关，表现出对旅游危机的快速、果断的反应和认真负责的态度，维护旅游地的良好形象，赢得危机处理胜利的同时，赢得旅游者的信心。旅游企业要调整经营策略，努力降低营运成本，互助合作、共同促销。并利用危机期的淡季加强培训，提高员工素质，加快企业硬软件的更新改造，以崭新的面貌迎接危机后旅游业的全面恢复。

（三）危机恢复期管理

危机过后，危机管理机构启动危机反馈与评估系统，接受社会各方面的反馈信息，对旅游危机影响、损失等进行评估。对危机爆发的愿意、影响机制等进行调查研究，揭示危机预防、危机处理等方面的不足和漏洞，从组织上和功能上完善危机管理系统，总结危机管理的成功和失败之处，并分析原因，为进入下一轮危机管理提供经验和教训。危机后，要尽快恢复社会秩序，使旅游经营走上正轨。从危机影响机制和旅游者风险决策模型可知，这一阶段重中之重是从多渠道加大宣传促销，突出危机管理的效果，强调旅游地的安全性，改变旅游者“不安全”的旅游地心理认知，并向旅游者提供优惠措施，保证到访旅游者满意，恢复旅游者的信心，重塑旅游地的形象。

阅读材料

从维多利亚州旅游危机管理案例得到的启示

澳大利亚是个令人向往的国度，旅游业对它的经济至关重要。旅游几乎成了经济命脉，一旦发生旅游危机，就会对当地的经济发展产生严重影响。

（一）澳大利亚维多利亚州吉普斯兰德地区蓝藻爆发背景

吉普斯兰德风景区位于维多利亚州东南，是澳洲最大的淡水湖群观光地。随着温室效应和全球变暖，吉普斯兰德湖区出现了蓝藻爆发的趋势。由于湖水中的营养性物质氮、磷的含量较高，遭遇水温升高，水中含有的蓝藻死亡，并快速消耗掉水中的溶解氧水体缺氧性腐变，使水体变蓝变臭。吉普斯兰德湖区在本世纪初有一场突如其来的蓝藻爆发，笔者将从地方政府和州政府相关部门特别是旅游部门如何联动其他部门，在危机预防、准备、反应、恢复（PPRR）四个危机管理阶段的应对措施，分析国外地方政府的旅游危机管理方法。

（二）蓝藻爆发初期的危机预防阶段

时间：1月的某一天（注：澳洲从1月开始是夏季，为蓝藻爆发的高峰时间）

作为处理蓝藻爆发等自然灾害的部门——维多利亚州环境和持续发展部（The Department of Sustain ability and Environment，DSE），收到来自吉普斯兰德国王湖的有可能爆发蓝藻的报告。DSE立刻对吉普斯兰德区域的湖水进行测试，确认了存在有毒藻类。基于蓝藻细胞数量和繁殖的测定，DSE的事故处理官员决定将事故预警警告升为2级，要求各相关机构保持注意，并且增加对该区域的湖水检测频度，在当地进行媒体通气会，着重强调把蓝藻中度爆发控制在本区域内。一位被提名为主席的当地旅游应对及恢复小组（Tourism Response & Recovery

Group,TRRG)成员,负责将此事通报所有TRRG人员,这样他们就可以按照“危机沟通计划”中的职责和任务进行,拟定方案应对随时可能升级的危机。

TRRG还需要立即联系各个旅游景点营运单位,让他们为景点的游客准备信息资料,以便将蓝藻的相关细节和最新进展告知旅客。TRRG的一名工作人员还会与当地媒体的资深编辑联系,以便建立起和媒体的日常沟通机制,向媒体报告事故进展,避免媒体对事故进行不必要的过分渲染而使经济遭受损害。与此同时,景点营运单位和酒店已经开始对游客进行宣导,告诉游客自身应该采取的预警措施:比如不要饮用已经受到污染的水等,建立起良好的游客沟通机制。

旅游业是高度敏感性及连锁反应与危机联系密切,初始条件的细微变化将导致终端事件的动态变革,这是旅游危机管理的理论依据之一:混沌理论中的蝴蝶效应。因此,旅游危机必须特别重视危机之初的预防,如果发现某些情况和以往不大一样,那么有关部门就应该问“为什么”,然后考虑这样的变化是否会引起严重的后果。蓝藻爆发的前兆就是水中的毒素增多,澳洲地方政府立刻敏感的意识到这个问题可能引起的后果,于是采取了相应的措施,如调高预警评级、和相关单位立刻保持沟通、对旅客进行宣导等,对可能导致的可能性做了科学的预测,为后面的危机管理工作做好铺垫。另外,建立常设性的旅游危机管理部门也是保证旅游危机管理顺利进行的关键。TRRG是澳洲地方政府的旅游危机管理常设机构,有一群专业过硬的人员为之服务,能够在最短的时间内,将信息传达到相关部门,并统一协调。

(三)蓝藻开始爆发的危机准备阶段

时间:2月的第一天

DSE陆续从不同的湖泊、港湾接到蓝藻爆发的报告,并且进行了更多和更大范围的监测。介于蓝藻爆发的危害以及范围逐渐扩大,DSE的事故处理官员又将事故预警警告级别上升为3级,并将此蓝藻爆发定性为区域性的。DSE通过吉普斯兰德湖泊和集水处,将检测工作扩大到整个吉普斯兰德地区,同时禁止从受污染的湖泊捕捞虾和蚌类。

TRRG也在召开紧急会议,并开始执行和落实“旅游危机计划”的各项内容。这些行动包括:

(1)和DSE的危机管控小组保持有效沟通,确保来自前线信息的准确、及时。

(2)通过了TRRG对旅游景点运营商和媒体的信息更新方案,确保各方信息的连续性和准确性。

(3)对来自州和地方的媒体报道进行跟踪,避免媒体对蓝藻爆发以及影响的不实或错误报道,对公众产生不利影响。

(4)蓝藻爆发事件的相关信息被放在地方旅游网站的显著位置,并且随时为景点营运商、酒店更新情况表,用传真的方式发到运营商手中。

(5)在直接受到蓝藻威胁的地方,TRRG已经建立起与景点营运商和酒店的对话机制。

(6)像维多利亚州旅游局和当地旅游机构这样的机构,也在第一时间被告知,并且TRRG作出承诺,他们会将最新的进展情况,及时汇报给相关机构。

在危机准备阶段,不仅要保持和相关政府部门的顺畅沟通,还要在第一时间确保与媒体和公众的顺畅沟通,让媒体正确理解和报道危机,保证公众的知情权,避免公众应信息不对称而造成的恐慌。由于媒体和公众对旅游危机的理解和认知上有较大差异,如果他们在不能在第一时间得到和危机处理当局相应的信息资源，那么他们就会按照自己的理解去报道或解释危机，这种或夸大或小看危机的信息不同步，很可能导致社会的恐慌情绪，不利于今后危机的应对。因此，澳洲地方政府在这点上做得相当到位，从各个层面去最大限度保证知情权。另外，对旅游景点营运商和酒店等受危机危害的部门，他们也有相应的对话机制，从政府的角度去了解他们的疾苦，从而给他们树立信心。

（四）蓝藻爆发的危机应对阶段

时间：2 月的第三周、第四周，3 月的第一周

由于天气依然潮湿而气温居高不下，蓝藻爆发的区域越来越多、受到蓝藻污染的河流和湖泊也日渐增多。州政府的相关职能部门每天都会接到来自 DSE 最新的关于蓝藻疫情最新的进展情况，并且根据此，协调相关部门安抚公众、避免恐慌。当地的居民已经获得政府的补贴，并且可以去超市购买从外地运来的纯净水，作为生活和饮用水水源，因此居民的生活并未因此而受到严重影响，当地人人心稳定，他们有信心和政府部门一起渡过难关。事故处理小组报告说，由于天气的原因，蓝藻爆发还会持续一段时间。

TRRG 在危机应对阶段的工作：

（1）TRRG 的成员每天都会去拜访旅游景点营运商，询问他们当前的情况和对政府采取措施的意见。

（2）给那些直接受蓝藻事件危害的景点营运商建议和帮助。

（3）和景点营运商商谈危机中短期市场推广计划，以减少因危机带来的损失。

（4）危机沟通专家会被专门指派去将危机情况汇报给有关方面，包括政府和媒体，得到他们的理解、支持和帮助。

（5）安排媒体访问该区域的旅游机构或者景点营运商，让他们透过媒体谈自身在此次危机中的损失和危机后恢复旅游信心。

（6）TRRG 和所有受污染的区域人民和景点一起，有战胜危机的信心和能力。

在危机管理进入到全面的应对阶段，其实我们可以看到，在这一阶段，政府的所有解救危机的战略都已经落到实处，公众和媒体并没有恐慌情绪，因为所有的危机都是在政府的可控范围内，他们都有信心共同度过危机。所谓不打没有准备的仗，因为澳洲地方政府在危机的预防、准备阶段，已经把许多事情落实，所以应对起来得心应手。

（五）蓝藻爆发的危机恢复和振新阶段时间：3 月的第三、四周，4 月第一、二周

由 DSE 的事故处理官员报告，在 3 月下旬，从对蓝藻爆发区域的水质检测中得知，蓝藻疫情已经得到明显的控制，受污染的水里面所含毒素明显降低。到四月的第一周，再次得到报告，除了小部分独立的区域的水质还将被 DSE 严密监测以外，大规模的蓝藻爆发危机基本过去。当然，在各个旅游景点的所有禁令警示被完全撤下以前，政府仍然为吉普斯兰德提供至少 2 周以上的饮用和生活水。四月的第三周，DSE 发出对吉普斯兰德河湖区蓝藻危害全部解除的确认报告，并且做了进一步检测，得出了再次爆发的可能性极小的结论。所有旅游景点的禁令警示也全部撤出，并且也取消了禁止捕捞和食用湖鲜的禁令。当地媒体也在第一时间，将这个消息散布出去。TRRG 立即着手对旅客进行目的地和景点的推广，恢复旅客对该地区旅游的信心。

TRRG 在危机恢复和振新阶段的工作：

(1) 将一份重新修订过的吉普斯兰德"旅游资讯简报"发放至3个旅客资讯中心,以及当地所有的景点营运商、酒店、餐厅和旅游相关行业。

(2) 向当地以及州的媒体发布新闻稿,着重说明现在蓝藻疫情已经结束,并且根据DSE的跟踪检测报告,本区几乎没有再次暴发的可能;介绍了危机对当地旅游业的巨大影响以及将要进行的各项旅游推广等。

(3) 向相关机构,如联邦和州旅游部的部长,及时简报危机已经过去以及获得他们对重振旅游业的支持和适当的旅游推广补助。

(4) 给当地的旅游相关行业组织发调查表,以了解他们对旅游恢复的措施和想法。

(5) 一系列的恢复旅游的推广包括:在州和当地的主流平面媒体上做旅游推广广告,主要推广以亲水为主题的各项休闲活动;和电台、报纸等媒体启动免费畅游吉普斯兰德地区的活动;邀请媒体来吉普斯兰德地区参观考察,并且让记者对当地旅游恢复的感受和实际体验过程告诉给读者/听众/观众;邀请知名的奥运会游泳选手参加吉普斯兰德湖区的媒体活动;宣布进行长距离游泳慈善活动等。

在旅游危机过后,目的地的旅游恢复需要一个过程,但是如果危机处理得当,重树目的地形象的过程也是进一步提高目的地知名度的过程,危机也就变成了契机。吉普斯兰德地区不仅将更新的"旅游资讯简报"发送的相关行业,更有一系列精彩的恢复旅游推广措施,并邀请记者来亲身体验或请奥运明星参与活动等,这些恢复都说明了在一个相对较短的时期吉普斯兰德地区的旅游业就能恢复,而因为政府处理危机的得当、媒体和公众的配合度好,该地区的知名度和美誉度都会随之上升,因此危机变契机也就在情理之中了。

(六) TRRG 的后续工作

在夏季结束后,TRRG 安排了一系列对机构或公众的总结说明会,将他们在这次蓝藻爆发危机中的所有工作进行了梳理,包括:危机发生原因,TRRG 的职责和应对措施是否得当,危机沟通计划是否及时可行,应对的时间点是否合理,和 DSE 以及事故处理官员还有与媒体、股东和公众的沟通是否顺畅,危机管理专家专业意见的价值,危机恢复阶段的市场推广计划优缺点总结,媒体资料的准确性,区域内的旅游机构对 TRRG 的工作是否满意,旅客的反应,如果遇到类似的危机 TRRG 应该加强哪方面的工作以更快应对和尽快恢复危机等。

(七) 从澳大利亚地方政府的旅游危机管理得到的启示

1. 职责明确

作为危机应对的常设机构,州环境和持续发展部(The Department of Sustainability and Environment, DSE)以及旅游应对及恢复小组(Tourism Response & Recovery Group, TRRG),都肩负着危机管理四个阶段的重要任务。

2. 信息传达到位

所有危机情况对机构、景点/酒店营运商媒体和公众的信息发布基本上都是通过 DSE 和 TRRG 两个部门去完成,有利于信息的准确、完整和连贯性,也避免了由于信息不对称而引发的不必要的麻烦,充分保障公众的知情权。

3. 定位准确

在危机发生的各个不同阶段,DSE 和 TRRG 的不同工作职责内容和不同的沟通对象和渠道,也充分反映出他们对危机管理的经验和理性。

4. 总结得力

不断地总结危机经验，有关部门根据积累的旅游危机经验，着手进行调研并采取措施，包括出版一份旨在保护公众健康的“区域应急反应计划”和关于推广未来20年区域环境持续发展战略及提高湖水水质的“吉普斯兰德湖区未来发展指南和行动计划”。

结语

旅游业产业链条相对较多，危机管理也比较复杂，需要多个部门协调努力共同配合。在旅游危机管理的实践中，国外旅游发达的国家已经建立起来了一套比较完善的危机管理体系；而我国在这方面的理论和实践并不完善，在危机的预警、准备、应对和恢复各个环节都可以向国外借鉴。相信通过旅游业界的不断努力，我们的旅游危机管理一定能够迈上新台阶。

资料来源：旅行社杂志。

本章小结

1. 旅游危机是指影响旅行者对一个目的地的信心并扰乱继续正常经营的非预期性事件。从危机产生的根源，可以将旅游业危机划分为旅游业受波及引起的危机、旅游业内部的危机两大类。

2. 旅游危机管理是指为避免和减轻危机事件给旅游业所带来的严重威胁，通过研究危机、危机预警和危机救治达到恢复旅游经营环境、恢复旅游消费信心的目的，进行的非程序化决策过程；旅游危机管理主体包括政府、旅游企业、旅游协会、旅游从业人员、公众等多个行为主体。

3. 所谓危机预警体系就是运用一定的科学技术和手段对能造成行业或企业危机的危机设置警戒指标，通过信息的收集及时捕捉警讯，然后通过危机的识别、分类和分析之后做出判断，依据判断的结果采取一系列事前计划好的措施来分散和消化危机的一套运作系统。

4. 根据马斯洛的需求层次理论，安全是人满足了生理需要后第二层次的需求。旅游者的旅游决策受到众多因素的影响，其中旅游者本身的行为和心理特征是其旅游决策的重要基础。安全对旅游者的决策有巨大影响，旅游危机影响的关键是影响到旅游者对目的地的“安全感知”，在旅游风险决策模型下，改变了大部分旅游者的旅游行为，导致目的地游客量陡降，进而使旅游经济陷入困境。

关键术语

危机(crisis)

旅游危机(tourism crisis)

旅游危机管理(tourism crisis management)

危机预警体系(crisis early warning system)

案例回顾与讨论

1. 春秋国旅的案例给我们的启示是什么？

2. 旅游复兴协调会在“9·11”事件引发的旅游危机中起了哪些作用？这给我国旅游企业

带来哪些启示？

复习与思考

1. 什么叫旅游危机？
2. 旅游危机有哪些类型？
3. 旅游危机的特征有哪些方面？
4. 旅游危机生命周期具体是指什么？
5. 分别介绍旅游危机宏观预警体系和微观预警体系的构成和原理？
6. 旅游危机时期潜在旅游者风险决策模型是什么？

自测自评

实践题

假设你是某旅游风景区的负责人，由于突然发生的自然灾害对旅游资源造成了极大地破坏，面对这种情况，你将采取什么应急措施来挽回尽可能多的损失。

推荐阅读文献

1. 张跃西.旅游危机管理[M].北京：中国旅游出版社，2017.

2. 冯玮，吴莹洁.30年来国内外旅游危机管理研究述评[J].湖北文理学院学报，2017，38(11)：57-62.

3. 李四玉.丽江旅游危机网络舆情研究[J].昆明冶金高等专科学校学报，2017，33(2)：81-85.

4. 黄芸.新媒体视阈下旅游目的地危机公关研究——以桂林国际旅游胜地建设为例[J].市场论坛，2017(4)：72-75.

5. 阳书媛，莫进忠.震后九寨沟景区旅游危机管理及应对策略探讨[J].度假旅游，2019(01)：104-105.

第十七章　综合案例分析与教学实践[①]

本章希望通过一个环意国际旅行社品牌定位的案例，起到以下两个方面的目的，一方面是希望学生能通过案例正文以及后面的分析思考题，不但可以学习到品牌定位的方法与技能，而且也可以学到企业在品牌建设与管理过程如何做好内部运营与外部市场之间的匹配。学生在学习之前，最好不要看后面的案例使用说明；另一方面，是希望教师通过第一部分的案例正文和第二部分的案例使用说明，学习到如何使用案例进行教学实践。

具体而言本案例通过描述环意旅行社在面对脱离米斯特拉老品牌的危机时刻，如何发现单团业务，树立“意大利单团地接”新品类，进而对环意品牌进行定位并成为领导者品牌的过程。

通过本案例可以完成以下几方面内容的学习：

(1) 品牌定位的步骤及方法；

(2) 品牌定位步骤中目标市场、竞争者、品牌联想的最佳异同点和品牌格言等的分析与确定；

(3) 小微企业如何定位才能成为领导者品牌。

以期通过以上内容的描述来提供企业在品牌定位时的基本思路和方法，以期引发人们的思考与讨论。

关键词：竞争性品牌定位；竞争者；差异化

第一节　竞争与定位的抉择——环意国际旅行社的品牌定位之路

引言

2009 年，意大利米斯特拉国际旅行社关闭北京代表处，张环所带领的团队和 11 年精心经营的意大利地接业务随时都可能由于失去品牌的支撑而化为乌有。那么团队未来的出路将何去何从？张环陷入了沉思……

一、艰难探索，环意品牌破茧而出

意大利米斯特拉国际旅行社总部位于都灵，1998 年进入中国市场，北京代表处是由位于

① 本案例根据中国案例共享中心的全国百篇优秀管理案例改编，由西安工业大学经济管理学院的李纯青、张海丽、马军平、李松玲、张静撰写，由于企业保密的要求，在本案例中对有关名称、数据等做了必要的掩饰性处理。本案例只供课堂讨论之用，并无意暗示或说明某种管理行为是否有效。

威尼斯分部的F女士和C女士两位合伙人来共同负责。张环是1998年进入意大利米斯特拉国际旅行社的,2003年成为该旅行社北京代表处首席代表。

（一）冲突和协商，米斯特拉退出中国市场

2005年,随着欧洲签证的开放,在欧洲其他大型地接社的冲击下,米斯特拉旅行社渐失竞争力。以张环为核心的北京团队,出于业务的压力,不但承接来自各大旅行社的团(B-B:business to business,其客户为中国旅行社),偶尔也承接终端游客组成的团(B-C:business to customer,其客户为终端游客)。在2005年至2006年间,甚至把去日本、韩国、美国、意大利等国家的行程都印刷到公司的宣传手册里,期待招揽更多的业务。2007年,张环在实践中发现聚焦更有力量,就试图把米斯特拉国际旅行社定位为“欧洲商旅专家”,即使这个品牌定位已经开始聚焦,也没有从根本上解决其竞争力弱的问题。2008年,随着中国旅游市场的逐渐成熟,米斯特拉并没有根据中国旅游市场大环境的变化准确地厘清其核心竞争力。2009年,米斯特拉在中国的经营陷入困境,竞争力再度被削弱。在这个经营过程中,张环团队试图根据中国市场实际提出改革建议,但这个改革方案并没有被意大利总部采纳。米斯特拉意大利总部处于内外交困之中,一方面,由于“欧洲商旅”的定位,使得米斯特拉国际旅行社仍难以和欧洲其他大型的地接社进行竞争,其赴中国旅游市场的业务量处于萎缩之中;另一方面,世界金融危机爆发,境外运营成本大幅上涨,北京团队举步维艰,意大利总部权衡之后,最终决定保留威尼斯分部使用米斯特拉品牌的权力,关闭北京代表处,停止投资中国出境旅游市场。

（二）延长米斯特拉品牌使用期还是寻求新的品牌合作?

米斯特拉北京代表处的关闭,迫使张环及其副总夏长虹开始为团队新的出路奔波。他们首先寄希望于和米斯特拉威尼斯分部商讨双赢的合作方案,希望后者能够继续让北京团队使用米斯特拉这个品牌过渡一年,并给其相应的利润分成。但对方拒绝了张环团队的合作提议。希望破灭,张环团队陷于险境。

在与米斯特拉合作未果的情况下,张环团队开始紧急探讨出路。后来,他们想到了过去的竞争对手——意大利A国际旅行社。该旅行社品牌知名度高,城市中心位置的酒店资源丰富。如果能将张环北京服务团队的中国市场优势及运营能力再加上A旅行社的品牌优势及意大利本地的酒店资源优势进行整合,将会达到一个共赢的局面。

张环和副总很快飞到意大利和意大利A国际旅行社的总裁M先生开始了漫长而又充满浪漫色彩的谈判,并提出合作的底线是北京团队能够获得意大利A国际旅行社品牌在中国区的独立拥有权。张环在意大利受到了A国际旅行社总裁M先生为期十几天的隆重接待,随后M先生一行又应邀来到中国,更加隆重的接待、更加深入的考察,双方初步达成了合作意向。终于,张环收到了意大利A国际旅行社发来的合作协议,协议中尽管充分表达了与张环团队合作的意愿,甚至涉及合作经营的细节,但是对方回避了A国际旅行社品牌在中国区拥有权的问题。签字还是不签呢?张环陷入了沉思,签字,团队立即可以平稳过渡开始运营,但是未来呢?还要重复米斯特拉时期冗长的沟通过程吗?最终,张环选择了放弃。

（三）挖掘目标市场，环意品牌定位诞生

由于向原米斯特拉和竞争对手寻求合作无果,同时由于运营、团队和市场的压力,公司不得不创建新的品牌。回顾在米斯特拉 11 年的业务开展情况,张环发现,自己团队最擅长的,并不是游客数量最大的散拼团,反而是对旅游产品有特殊要求的客人。环意的管理层请来了定位专家为他们梳理自己在顾客心目中的认知——接待的大多都是单独成团去意大利旅游的团组、比较诚信(适合 B2B 业务)、有点贵(适合定制化)。于是他们提炼出了“意大利单团地接”这一概念。在和定位专家的充分讨论下,环意决定采取品牌只做意大利单团地接,不解散拼团,只做 B2B,不做 B2C。

环意的定位是“协助中国旅行社为其需要量身定制的单团提供意大利地接服务”。其核心价值是“创造个性化的旅行体验”。为了充分表达“环意”品牌的核心理念,环意随即展开公司 CI(corporate identity)设计,选择玫瑰红色为标准色,统一对外形象,包括公司 LOGO、办公室环境、员工服装、印刷品,等等。

二、锁定竞争对手,制定竞争性品牌定位

2009 年的旅游市场,单团这个概念还没有形成,更没有哪家旅行社打出只接单团地接的旗号。环意率先举出“只接单团地接,不接散拼团”的旗帜。

环意新品牌推出后,第一件事就是把环意的品牌和老客户对原米斯特拉的认知进行链接。打出了宣传语:“新品牌,老团队,原来叫米斯特拉,现在叫环意,最早专注意大利单团地接,不接待散拼团!”。

(一)谁是环意当前真正的竞争对手

环意品牌推出后,迅速和目标客户的需求链接,度过危险期安全着陆。那么环意当前的竞争对手到底是谁呢?是意大利其他单团地接社?还是欧洲大型散拼地接社?

1. 排除意大利其他单团地接社的竞争威胁

环意的市场营销围绕着品牌定位——意大利单团地接社而有条不紊地展开,从团队建设到资源采购等方方面面进行运营配置,这样就使目标客户在选择意大利地接社时,开始用环意服务水平来衡量单团地接的服务标准,这让拥有意大利酒店资源优势的 A 国际旅行社,在单团地接业务竞争中暴露了薄弱的环节,使其老客户在选择地接社时产生动摇。A 国际旅行社没有想到,未曾达成合作协议的环意团队,竟然动了他们的奶酪,在面对一个又一个中国旅行社的单团业务竞争中虽然被迫降价,但仍然无法避免节节败退。从当初的拒绝与环意深度合作到现在的直面竞争,A 国际旅行社看着自己的市场被逐渐侵蚀,不得不将环意作为单团地接市场的主要竞争对手,甚至把当年手把手教张环意大利旅游业务的师傅 F 女士请来作为该旅行社中国市场部的负责人,直接与环意较量。

面对这种挑战,环意没有与意大利 A 国际旅行社直接展开价格竞争,因为这样做会伤害“意大利单团地接”这一旅游市场上的新品类,而且将“单团地接”品类之外的其他欧洲散拼地接社视为自己最大的竞争对手。

2. 锁定欧洲散拼地接社为环意的竞争对手

环意在市场中发现自己最大的竞争对手来自擅长接待散拼团的大型欧洲地接社——KUONI 旅游集团。该集团成立于 1906 年,以出境旅游和欧洲地接为主要业务,是瑞士第一大旅游业集团,集团子公司遍布欧洲各国、亚洲、非洲和美国。

因为手握单团的中国旅行社如果没有发现专门接单团的单团地接社,他们或许不知道该

如何选择地接社。只有把欧洲散拼地接手中的单团业务转移到单团地接社手中才是当务之急。怎么做到这一点呢?

(二) 寻求信任状，升级外部营销策略

环意作为一家意大利地接社,结合自己的客户是国内各大旅行社这一事实,首先是不断完善并优化自己公司的网站。一方面借助互联网时代这个可以24小时都为世界各地人们提供信息的工具传播品牌及定位,使客户很方便地查到公司并清楚公司的服务定位和服务理念。另一方面将环意服务单团地接的案例放到网站上,这些案例可以帮助手握单团的客户更加清楚环意的品牌定位和服务质量。

其次是在其客户经常阅读的旅游杂志上以专家的身份发表文章。这些文章通过服务标准不同来解析单团地接社和散拼地接社的区别,通过心理诉求程度的不同来解析单团游客和散拼游客的区别。给竞争对手贴上"散拼团"的标签。通过对比,单团和散拼团的区别得到了业内的认可。在旅游市场的品牌营销并不健全的中国市场,旅行社的同行们在读到环意的文章也不禁感叹:"环意对单团及单团地接的阐述入木三分,提炼总结得很到位!"

最后,参加与旅游相关的活动并向潜在客户宣传自己。环意站在单团地接这个品类的高度很清楚地给自己的顾客——各大旅行社传递"我们了解你们的客户,我们会帮助你们留住这些客户"的信息。2012年4月18—20日环意作为唯一一家"单团地接社"展商亮相在北京举办的COTTM(China Outbound Travel & Tourism Market)。组团社纷纷表示随着游客的成熟和行业的良性发展,近来个性化、定制化的团组需求愈显旺盛,组团社在中高端团组的接待上也愈发依赖单团地接社的专业服务。环意以重视细节和满足个性化需求的服务著称,得到了参会买家的认可。主办方的期刊杂志(*Show Daily*)如是评价环意:"感慨于他们如此善于提炼顾客的需求,感慨他们为满足需求所做的细微又精心的设计"。

三、寻找竞争对手的软肋,升华竞争性品牌定位

环意的品牌定位尽管得到了同行们的认可,业务也得到了大幅度的提升。但品牌定位效应带来的业务提升率逐渐趋于平缓。"顾客十个团询价,最后只成交三个",这个对环意来说还是一个打击。张环女士这个时候意识到她根本没有分析到顾客更深层次的隐性需求,一时之间环意进入了停滞阶段,找不到突破口。

(一) 竞争对手的软肋在哪里?

欧洲大型散拼团地接社虽然拥有价格优势,但是由于缺乏协助中国组团社为单团游客量身定制出行方案的人员配备,缺乏落实细节及个性化服务的操作流程,而导致这些地接社的服务质量并没有得到单团游客及组团社的认可,确切地说"价格低是因为服务少"。而单团的需求恰巧又是对服务更高标准的需求,对于中国旅行社来说,在信息畅通的时代,硬件资源可以控制,但服务的过程却很难把控。境外服务的可控性是否就是散拼地接社的软肋?

(二) 圈定境外服务的可控性为战场，展开竞争

单团的游客在出国前付给中国旅行社的费用远远高于参加散拼团的游客。他们一定要求中国旅行社所提供的服务与其所付出的价格产生相匹配的价值。单团游客如果能得到满意的服务,更倾向于成为中国旅行社的终身客户。所以让单团游客满意,对于中国旅行社来说是至

关重要的。为了确保客户的满意度,他们可以指定酒店、指定车型,却难以控制境外服务的过程。如果境外服务失控的话,对于中国旅行社来说,即使地接社给出再便宜的价格,也没有竞争力,因为这种做法将冒着失去客户的风险。与擅长接散拼团的欧洲大型地接社相比,单团地接社虽然规模不大,团量不多,但在境外服务细节上具有共同的特点:灵活、应变、及时。在游客提出需求时地接社都能及时满足,让中国旅行社感觉其对境外服务的可控程度更高了,更能确保每一个单团的服务质量。环意明晰境外服务的可控性是手握单团的中国旅行社心中强烈的诉求,竞争取胜的关键。

(三)寻求制高点,让话语更具权威

张环团队明白,每个国家都有很多优秀的单团地接社,但这些地接社在中国市场上没有用武之地。如果想让自己创建的新品牌成长起来,并让自己的话语更具权威,竞争该如何开始才能更具势能呢?

环意发现只有与旅游相关的政府机构形成联盟,共同推广不同于散拼团的旅行方式,才能站在制高点上发表言论,才能寻求到与政府合作的机会,从而赢得更有分量的话语权。比如与意大利旅游局、中国意大利商会(CICC)、意大利国家环境保护监控协会(ANSAC)、意中基金会,意大利使馆文化处《*Ciao*》杂志等合作,从不同的角度来讨论不同于散拼团的旅行方式给游客带来的美好体验。2013年,环意在广州旅游展览会上与意大利相关政府机构的共同亮相,宣传意大利定制旅游新方式并上了中央电视台的新闻直播间。

四、全面夯实内部运营实力,为竞争性品牌定位取胜保驾护航

面对业务的逐年稳健上升,环意始终保持冷静的头脑。他们深知通过赢得顾客心智便会占有市场,只是赢得了成交的机会,要想可持续性地发展,必须是不折不扣地兑现在市场营销上的承诺,真正为客户创造价值。市场和运营就像是一个人的两条腿,如果运营这条腿跟进不及时,所有的市场营销都将是成本,品牌建设也将是纸上谈兵。那如何保证市场和运营协调配合呢?

(一)授权核心团队成员进行企业组织重建

在新品牌下如何进行团队建设是摆在张环面前一个首先要解决的问题。张环充分依赖老团队的力量,通过重新布局组织架构和设计奖励机制,让核心团队成员转变角色成为教练,来带队伍,传承环意的企业文化,提高部下业务能力,从而快速培养新的客户经理,环意团队开始稳步发展壮大。

环意成立之初,划分了四个业务部门:会奖单团部、展会单团部、公商务单团部、旅游单团部。每个部门每周都有一次部门会议来分析自己客户的需求,讨论并落实服务细节,这大大提高了服务质量和服务的专业度。这种从外部视角来进行业务部门的划分,增加了客户对环意专业度的认可。

(二)注重网站建设,赢得客户的信任

在环意成立之初,张环团队就开始注重自身网站的建设。环意围绕单团地接能提供更可控的境外服务进行网站建设。使客户一进入网站首页,就直入其心——单团地接社能够提供更可控的境外服务,整个网站各个栏目的建设统统来围绕这个主题进行支撑。按四种单团业务部门进行逐个展开,给客户传递专业、信赖、放心的感觉。环意网站同时也是传递环意经营

理念与经营感悟的窗口，网页上面有很多环意团队对单团和服务的看法，同时公司的员工根据自身的经验也会把游客关心的问题在网站上分享，例如："公务单团采用司机导游分开的服务模式更安全"、发表在《旅行社》2013 年 3 月的文章："单团地接社的生命力来自于哪里?""意中基金会：感谢环意与意航对意大利的贡献"、《旅行社》封面：环意"不以团量论英雄"等。网站营销赢得信任和业务，节约了环意大量的人力、物力、财力。

（三）加强内部培训，培养旅行设计师

环意不断地把中国服务中心的员工送往意大利学习，确保在业务能力上真正服务到客户。特别在前期提供定制旅行方案阶段，一个优秀的旅行设计师，对客户的成交至关重要。他们甚至有权力主动放弃业务，特别是在旺季，当导游资源紧缺的时候，他们把客户的满意度放在首位，绝不会为了业绩，而冒着"失去客户好评"的风险。

（四）培养境外导游团队，确保能够提供可控的境外服务

目前导游在欧洲基本都是自由职业者，他们不属于任何一家地接社，而导游这个环节恰恰又是展示旅行社服务水准的最后一个窗口，因为单团游客的很多个性化旅行体验来自在境外和导游的"现场烹调"。国内组团社往往想直接给境外导游打电话进行控制，但这个方法并不奏效，也不专业。因为职业的导游接受指令的渠道，一定是来自境外地接社。

境外地接社能够找到导游只是服务的一个起点。要想兑现国内组团社对单团游客的承诺，必须对导游带团过程进行动态的、持续的互动。从服务的理念到文件的交接、到带团过程中的定点关注等方方面面给予支持，形成自动运转的流程。境外服务的可控性是散拼地接社最薄弱的环节，也是单团地接社提高竞争力的必修课。除了资金的投入，环意在进行境外导游队伍建设和培训的过程中，同样面临了许多的挑战。

（五）建设业务管理信息系统，提升运营效率

环意北京签证中心能够协助客户一次性备齐意大利各类签证资料。另外，环意还同时培养自己的导游以及让境外用车合法化。确保境外服务的可控性。环意对内部也进行了大的改进，引进了 ERP 系统，将各个部门通过内部信息系统而链接起来。包括：每个团的进度，导游的控制，酒店和餐馆信息，大大提高了内部的工作效率。同时也避免了工作中出现的失误，提高了服务敏捷性。

五、尾声：环意品牌后劲如何?

环意虽然已基本上成为意大利单团地接的领导者，或是代名词，就像人们提到喜之郎就知道是果冻，提到张小泉就知道是剪刀，提到耐克就知道是运动鞋一样。但环意品牌后劲如何，取决于单团地接品类自身的发展程度以及与散拼团的竞争态势。

意大利环意国际旅行社将如何不断发展并壮大品牌？单团地接社在全球内能否蓬勃发展？环意和意大利 A 旅行社未来是竞争还是合作？这些问题仍然在挑战着环意团队的智慧……

第二节 案例使用说明：竞争与定位的抉择——环意国际旅行社的品牌定位之路

一、教学目的与用途

(1) 适用课程：市场营销学、营销管理、战略品牌管理等。

(2) 适用对象：本案例主要为MBA和EMBA开发，适合有一定工作经验的学员和管理者学习，同时可以用于工商管理各本科专业相关课程。此外，也可用于具有品牌定位和品牌管理知识的企业高管进行深入学习。

(3) 教学目的：本案例以环意国际旅行社在面对脱离米斯特拉老品牌的危机时刻，如何开发和建立品牌，最终发现单团业务，树立"意大利单团地接"新品类，创建环意品牌的过程为主线，来说明品牌定位的步骤与方法。通过对案例的深入分析，使学生理解、掌握和思考以下六个方面的知识点，达到学生掌握和运用品牌定位理论对企业进行品牌定位的目的。

具体目标分为以下六个方面：① 理解品牌定位的概念及品牌定位的理由；② 掌握品牌定位的步骤及品牌定位牛眼图的绘制方法；③ 掌握品牌定位步骤中确定目标市场的方法；④ 掌握品牌定位步骤中确定竞争者的方法；⑤ 掌握品牌定位步骤中品牌联想的最佳共同点和差异点的确定方法；⑥ 掌握品牌定位步骤中品牌格言的定义及确定方法。

二、启发思考题

(1) 什么是品牌定位？环意为什么要进行品牌定位？从米斯特拉时期到现在，环意的品牌定位有什么不同？

(2) 如何确定品牌定位的目标市场？环意在品牌定位时是如何确定其目标市场的？

(3) 如何确定品牌定位的竞争者？环意是如何做到的？

(4) 如何确定品牌联想的最佳共同点和差异点？试用感知分布图来分析环意品牌联想最佳共同点和差异点的确定过程。

(5) 如何确定品牌格言？环意的品牌格言应该是什么？

(6) 品牌定位的步骤是什么？试用品牌定位牛眼图画出环意品牌定位的步骤并评价环意的品牌定位的实践做得如何？

(7) 对于一个小微企业如果想做领导者品牌，其品牌定位时面临的机遇和挑战是什么？应该如何应对？

三、分析思路

本案例从品牌定位的概念和内涵要求入手，使学生了解品牌定位的步骤；然后通过环意国际旅行社对其品牌定位中目标市场和其竞争者的确定，并确定其品牌联想的最佳共同点和差异点，同时思考环意的品牌格言是什么，最终确立自己的品牌定位；从而充分理解和掌握品牌定位的内涵和基本步骤，并思考科特勒的品牌定位理论与其他品牌定位方法的比较；最后探讨了小微企业如果想做领导者品牌，在其品牌定位时面临的机遇和挑战以及应该如何应对。详细分析思路与步骤如图 17-1 所示。

图 17-1　案例分析思路图

四、理论依据与分析

(一) 什么是品牌定位？环意为什么要进行品牌定位？从米斯特拉时期到现在，环意的品牌定位有什么不同？

1. 理论

品牌定位(brand positioning)是指“设计公司的产品服务以及形象，从而在目标顾客的印象中占有独特的价值地位”(Kotler，2006)①。一个好的定位是“现实的立足点”和“未来的起点”。它需要有些抱负，以便让品牌有成长和改进的空间。定位仅依赖于现有的市场状况会失去前瞻性，但是，与现实情况脱节也会使其成为空中楼阁。定位真正的困境在于平衡品牌是什么与品牌将会成为什么的问题。定位的结果是成功地创造以顾客为中心的价值主张，这是目标市场消费者为什么会买该产品的颇具说服力的理由(Kotler，2012)②。

合适的品牌定位可以阐明品牌的内涵、独特性、与竞争品牌的相似性，以及消费者购买并使用本品牌产品的必要性，这些都有助于指导营销策略。确定品牌定位需要通过确立目标市场和竞争的性质，以及理想的品牌联想的异同点。也就是说，有必要确定：(1) 目标顾客；(2) 主要竞争对手；(3) 本品牌和竞争品牌的相似性；(4) 本品牌和竞争品牌的差异性(Keller，2008)③。

2. 案例分析

从案例正文可以看出，环意的品牌定位是“意大利单团地接社”，是希望在目标顾客(组团社)的印象中占有独特的价值地位(专业、诚信、可控等)，进而使目标顾客能在选择环意时给自己一个具有说服力的理由。

在米斯特拉时期(1998 年—2009 年)，环意的品牌定位可以分成两个阶段：一个是 2007 年以前，基本没有很明确的品牌定位，由于业务的压力，不但承接来自各大旅行社的团(B-B 模式)，偶尔也承接终端游客组成的团(B-C 模式)。在 2005 年至 2006 年间，甚至把去日本、韩国、美国、意大利等国家的行程都印刷到公司的宣传手册里，期待招揽更多的业务；另一个是 2007 年以后，在该阶段，张环团队发现聚焦更有力量，就试图把米斯特拉国际旅行社定位为“欧洲商旅专家”，但这个品牌定位也没有从根本上解决其竞争力弱的问题，使得米斯特拉国际旅行社仍难以和欧洲其他大型的地接社进行竞争。2008 年，随着中国旅游市场的逐渐成熟，米斯特拉并没有根据中国旅游市场大环境的变化准确地理清其核心竞争力，进而将其品牌进行精准定位。2009 年，米斯特拉在中国的经营陷入困境，竞争力再度被削弱，最终不得不退出中国市场。

意大利环意旅行社在面对脱离米斯特拉老品牌的危机时刻，为了能在市场上找到合适的“位置”，面对激烈的竞争，如何发现单团业务，体现“意大利单团地接”新品类的独特性，锁定目标顾客和主要竞争对手，分析与竞争品牌的相似性和差异性，都展示了服务品牌定位的重要性。环意在经过米斯特拉时期之后(2009 年至今)，开始了自创品牌之路。在明确团队优势

① Phillip Kotler and Kevin Lane Keller. Marketing Management. 12th ed. Upper Saddle River, NJ:Prentice-Hall,2006.

② Phillip Kotler and Kevin Lane Keller. Marketing Management. 14th ed. Upper Saddle River, NJ:Prentice-Hall,2012.

③ Kevin Lane Keller. Strategic Brand Management. 3rd ed. Upper Saddle River, NJ:Prentice Hall,2008.

(1998 年—2009 年共 11 年主要接的业务是需要量身定制的团)和弱势(无法聚焦创造品牌绝对优势)的基础上,借用品牌专家的力量,环意决定删除其他国家,聚焦意大利,只专注于单团地接,不接待散拼团。于是,环意将自己的业务定位为意大利单团地接。目标顾客是那些将有意到意大利进行各种活动(商务、参加会议、参加展览或旅游)的顾客组织在一起的旅行社(即组团社)。

米斯特拉时期及环意现在的品牌定位对比如表 17-1 所示。

表 17-1　米斯特拉时期及环意时期的品牌定位对比

主要阶段	第一阶段 米斯特拉时期 (1998—2006 年)	第二阶段 米斯特拉时期 (2007—2009 年)	第三阶段 环意时期 (2010—现在)
目标顾客	组团社、旅客	组团社、旅客	组团社
竞争对手	与米斯特拉相近业务的地接社	与米斯特拉相近业务的地接社	欧洲大型散拼地接社
与竞争品牌的相似性	既做单团,又做散拼团	既做单团,又做散拼团	满足顾客需求,提供服务
与竞争品牌的差异性	—	—	提供可控的境外服务

(二)如何确定品牌定位的目标市场?环意在品牌定位时是如何确定其目标市场的?

1. 理论

确定品牌定位的目标市场需要经过以下两个步骤来进行:

(1)识别目标市场:企业确定品牌定位的目标市场要根据自己的特性来选择细分市场。所谓市场细分,是指将市场按照消费者的相似性划分为若干个不同的购买群体,使得每一群体中的消费者具有相似的需求和消费者行为,从而适应相似的营销组合(Keller,2008)。一般公司不可能与市场中与所有的顾客建立联系,但是它们可以按照不同需求和需要将这样的市场划分为不同的消费者群体或是细分市场(Kotler,2012)。

(2)评估目标市场的要素:在评估不同的细分市场时,公司必须考虑两方面的因素:细分市场的总体吸引力;公司的目标和资源,一个潜在的细分市场是否具备使其拥有一般吸引力的特征,如:规模,成长性,盈利,规模经济,和低风险?考虑到公司的目标,能力,资源,投资于这个细分市场是否有意义?一些有吸引力的细分市场可能和公司的长期目标不一致,或者公司可能缺少一种或是几种必要的能力来提供更优价值(Kotler,2012)。

2. 案例分析

这里以时间序列来阐述环意目标市场不断聚焦的过程,如图 17-2 所示。

(1)2005 年,米斯特拉旅行社渐失竞争力。这时它为了存活,不断增加自己的目标市场,以张环为核心的北京团队,不但承接来自各大旅行社的团(B-B:business to business 其客户为中国旅行社),偶尔也承接终端游客组成的团(B-C:business to customer 其客户为终端游客)。

在2005年至2006年间，甚至把去日本、韩国、美国、意大利等国家的行程都印刷到公司的宣传手册里，期待招揽更多的业务。这时的目标市场从它的总体吸引力来说，规模过大，没有成长空间，盈利能力弱，风险大；从环意自身的能力来说，环意并不具备为这几种目标市场的顾客提供优质服务的能力。

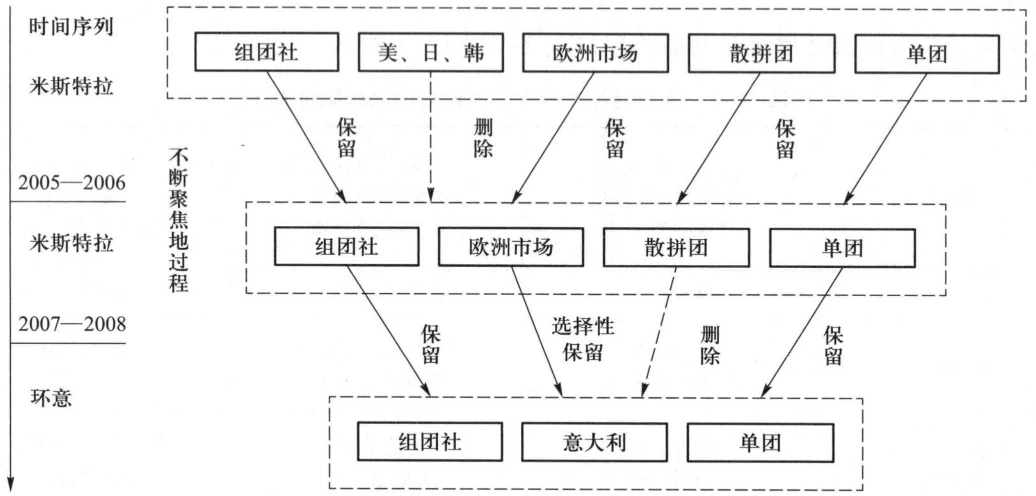

图 17-2 环意目标市场识别过程①

（2）2007年，张环在实践中发现聚焦更有力量，就试图把米斯特拉国际旅行社定位为“欧洲商旅专家”。在这一时期，米斯特拉摒弃了一些目标市场，把精力和资源放在了欧洲单团地接和欧洲散拼团地接，但这一时期米斯特拉的资源仍然不能够很好的服务它的目标市场，目标市场的规模仍然过大。

（3）2008年，随着中国旅游市场的逐渐成熟。环意确定了B-B的经营模式，把自己的目标市场锁定为各大组团社，只专注于意大利，只专注于单团地接。删除其他国家，删除散拼团。这时目标市场的规模更小，这使环意有充足的时间与精力投入到擅长做的事情中，并且将资源与能力运用得淋漓尽致，创造真正的社会价值。而且环意也能够为目标市场的客户提供更加优质的服务。

（三）如何确定品牌定位的竞争者？环意是如何做到的？

1. 理论

识别竞争者看起来是件非常容易的事情。但是，实际和潜在竞争者范围比公司可预见的范围大得多。由于需求的复杂性、易变性，技术的快速发展和演变使得竞争中的企业面临复杂的竞争形势。一般来说，这需要从行业和市场两个角度来研究竞争（Shocker，2002）。行业由一群提供一种或同一类产品的公司组成，这些产品具有密切的替代关系。行业竞争分析要从整体上把握行业中竞争者角逐的范围，进入和退出市场的难度，行业在成长周期中目前所处的阶段。按市场概念，将竞争定义为“能满足相同消费者需求的公司”。竞争的市场概念揭示了

① 图17-2表示了从米斯特拉时期到环意时期，目标市场在不断地删除，聚焦。“虚线的箭头”表示删除。“实线的箭头”表示保留。在第二阶段，删除了美、日、韩市场；在第三阶段，删除了散拼团，选择性地保留了欧洲市场中的意大利部分。

更为广泛的竞争威胁与潜在的竞争者群体(Kotler 和 Keller,2012)。

Kotler 和 Keller(2012)认为,识别主要竞争者之后,企业需要收集竞争对手实际的情况分析竞争对手的优势和劣势。同时,在进行市场定位的竞争分析中,还应该弄清楚公司主要竞争者的战略目标(Richard,2002)[①]。

2. 案例分析

环意在推出新品类意大利单团地接之后,其确定品牌定位的竞争者的步骤如图 17-3 所示。

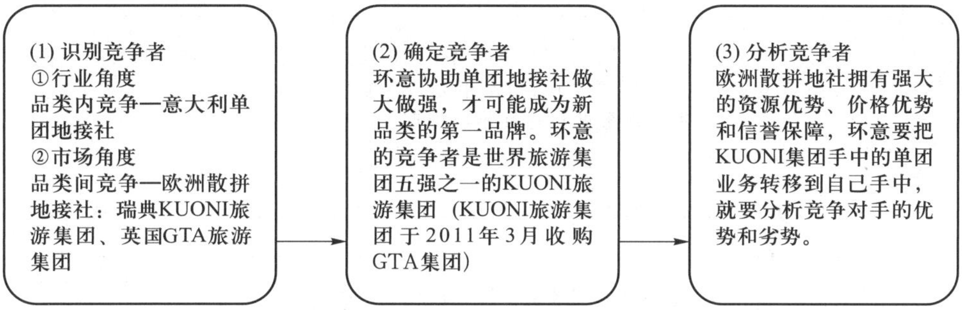

图 17-3　“环意”识别和分析竞争者

(1) 识别竞争者

环意虽然树立了“单团地接”这一新品类,但仍处于襁褓之中。随着意大利单团地接社稳定发展,进入这个品类的竞争者逐渐增多。环意发现规模大的地接社都没有接待好顾客的单团业务,并且单团与散拼地接社最大的差异点在于境外服务的可控程度性。所以,环意明确自己的竞争对手可能有两个层次:一方面,从行业的角度看,是品类内部的竞争——意大利单团的地接社。另一个方面,从市场的角度分析,是品类外部的竞争——其他欧洲大型散拼团地接社。通过观察分析市场环境,环意发现欧洲大型散拼团地接社主要来自两大旅游企业:瑞士第一大旅游企业——KUONI 旅游集团(THE KUONI TRAVEL GROUP)、英国伦敦成立的格里菲旅游集团 GTA(GAT TRAVEL GROUP)。

(2) 确定竞争者

企业一旦识别出主要的竞争者,它必须追问:每个竞争者在市场上追求什么?竞争者的目标是什么?在单团地接社竞争中,从定位理论来讲,环意一旦树立的单团地接这个品类领导者的形象以后,环意可以帮助同行(比如去德国的、去美国的单团地接社)成长,将单团地接社做大做强,这样环意最终才可能成为新品类的第一品牌。

当 2011 年 3 月 7 日,Travelport 宣布与 KUONI 旅游集团就出售 GTA 业务达成协议时,在欧洲大型散拼团地接社竞争中,KUONI 旅游集团就成了环意最大的竞争对手。通常来说,识别与分析竞争者是一个不断重复的过程,当真正了解他们的行为和目标后,才能确定谁是真正的竞争者。

① Richard A.D' Aveni. Competitive Pressure Systems:Mapping and Managing Mutimarket Contact. MIT Sloan Mannagement Review,2002 Fall,pp.39-49.

(3)分析竞争者——KUONI旅游集团

根据案例正文和背景信息,分析环意竞争对手的价值,即分析竞争对手的优势和劣势。KUONI旅游集团与环意旅行社的优、劣势及战略目标如表17-2所示。

表17-2 KUONI旅游集团与环意旅行社的优、劣势及战略目标

KUONI旅游集团	优势	1. 历史悠久,具有一定的品牌知名度;2. 拥有强大的资源优势、价格优势;3. 能在一次的旅游中观看更多的景点;4. 提供创新的旅游产品,不一样的服务体验;5. 针对不同市场不同目的地,开发满足不同需求的旅游服务
	劣势	1. 缺乏协助中国组团社为单团游客量身定制出行方案的人员配备; 2. 缺乏落实细节及个性化服务的操作流程; 3. 境外服务的可控性难以把握
	战略与目标	创新的旅游产品、不一样的服务体验,成为全球最优秀及最成功的旅游公司
环意旅行社	优势	1. 境外服务细节上:灵活、应变、及时; 2. 聚焦意大利,能及时、有效地满足顾客的需求; 3. 境外服务可控性程度高
	劣势	1. "单团地接"这一新品类还在成长阶段,相对强大竞争者较弱小; 2. 规模不大,团量不多
	战略与目标	专注于意大利单团地接,争做"单团地接"新品类的领导者,使环意成为新品类的第一品牌。

(四)如何确定品牌联想的最佳共同点和差异点?试用感知分布图来分析环意品牌联想最佳共同点和差异点的确定过程。

1. 理论

建立品牌定位时,一旦通过目标市场和竞争性质明确了合适的竞争性参考框架(即目标市场与竞争者),就有了品牌定位的基础。下一步就需要确立适当的差异点和共同点联想(Keller,2002)①。

品牌联想的共同点是那些对品牌来说并非独特,实际上可能与其他品牌共享的一些联想(Brunner,2006)②。这些联想有品类和竞争性两类(Keller,2012)。品类共同点是指那些消费者认为在特定的产品和服务品类中,合理且可信的出售物所必不可少的联想。竞争性共同点是那些设计用来克服消费者所感知的品牌弱点的联想,且要具备两个功能:抵消消费者所感知的竞争对手的差异点、抵消该品牌自身差异点所存在的弱点。差异点是消费者强烈地联想到

① Kevin Lane Keller, Brian Sternthal, Alice Tybout. Three Questions You Need to Ask about Your Brand. Harvard Business Review, Septenber 2002, pp.80-89.

② Thomas A. Brunner and Michaela Wanke. The Reduced and Enhanced Impact of Shard Features on Individual Brand Evaluations. Journal of Consumer Psychology 16, April 2006, pp.101-11.

的品牌属性或利益。企业的某种品牌联想是否能真正成为一个差异点，要考察该品牌联想是否符合称心性、可交付性、区分性这三个标准。但是要真正成为一个差异点，品牌还得展现其属性或利益具有明显的优越性。

在确定品牌定位时，通过聚焦品牌利益来选择共同点和差异点。且共同点必须要有足够多的消费者相信该品牌在该维度上“非常好”。共同点有“零区”和“容忍区或接受区”。因此，建立共同点比差异点更容易，品牌定位的关键是达到差异点不要比共同点多，这是一个建立竞争性共同点联想的过程。这个过程可以借助“感知分布图”来实现。感知分布图是消费者感知与偏好的形象化展示。绘制感知分布图的步骤如图 17-4 所示。

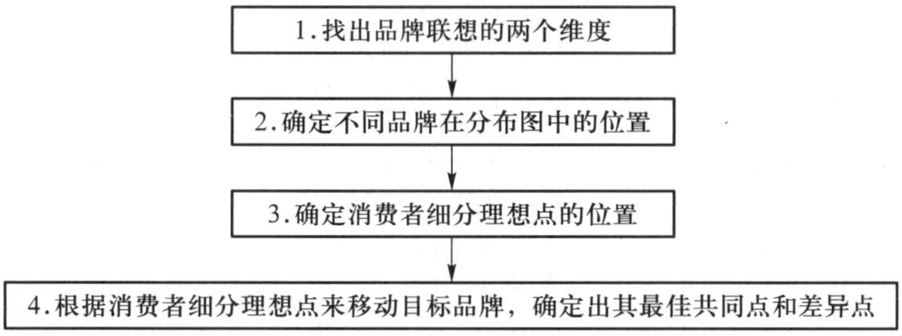

图 17-4 感知分布图的绘制步骤

2. 案例分析

（1）环意寻找品牌联想的最佳共同点和差异点是从比较散拼团地接和单团地接开始的，两者的异同如表 17-3 所示。

表 17-3 散拼团地接社与单团地接社的对比

地接社类型	共同点	差异点		
		价格优势	境外服务的可控性	服务质量
散拼团地接社	境外服务细节上灵活、应变、及时的特点。	拥有资源多价格比较低	流程不可控	满足传统服务需求
单团地接社（环意）		价格比较高	流程可视化	满足个性化服务需求

环意通过散拼团地接和单团地接的义工比较，根据自己的竞争性框架，最终得出环意品牌联想的差异点是“境外服务的可控性”，最佳共同点是“境外服务细节上灵活、应变、及时”的特点。

（2）环意确定其品牌联想的最佳共同点和差异点通过以下三个步骤实现：

① 确定最佳共同点。环意确定最佳共同点的过程如图 17-5 所示。首先环意根自己的两类竞争对手相比较：与品类内的竞争对手相比，共同点都是做意大利单团地接的；与品类外的竞争对手相比，环意单团地接社虽然规模不大，团量不多，但在境外服务细节上具有“灵活、应变、及时”这三个共同特点。

其次，“境外服务细节上灵活、应变、及时”的特点，对环意品牌来说并非独特，实际上是与欧洲大型散拼团共享的一些联想。这满足品牌定位中品牌联想共同点的特征。由此，环意就

图 17-5 环意确定最佳共同点的过程

把“境外服务细节上灵活、应变、及时”的特点作为最佳共同点。

② 识别和选择差异点。环意确定最佳差异点的过程如图 17-6 所示。

首先，环意将竞争对手锁定在欧洲大型散拼团地接社。

图 17-6 环意确定最佳差异点的过程

其次，对环意来说，竞争对手欧洲大型散拼团地接社拥有价格优势，但由于缺乏量身定制出行方案的人员配备和相应的操作流程，所以给组团社的感觉是“价格低是因为服务少”。单团的游客在出国前付给中国旅行社的费用远远高于参加散拼团的游客，而单团的需求恰巧又是对服务的更高标准的需求，对于中国旅行社来说，服务的过程很难把控，所以将单团交给散拼地接社就很难获得可控的境外服务。除此之外，与竞争对手相比，环意为游客提供了个性定制化服务，单团游客如果能得到满意的服务，就会更倾向于成为中国旅行社的终身客户。

由此看来，环意与竞争对手相比，价格略高、个性定制化服务、境外服务可控性都是差异点，但由于境外服务的可控性是手握单团的中国旅行社心中强烈的诉求，境外服务的可控性一旦得到有效提高，就能称游客之意，也能在游客心中与竞争者相区别。因此环意将境外服务的可控性作为最佳差异点。

③ 环意确定最佳共同点和差异点的感知分布图。在最佳共同点和差异点时，可利用感知分布图来展示。

在案例中，目前市场上环意密切关注的品牌有三类：A：意大利旅行社，B：环意，C：欧洲大型散拼团地接社。主要考察两个维度：境外服务的可控性、个性化定制服务。感知分布图如图 17-7所示。

由感知分布图可以看出，B 品牌（环意）需要在服务方面做到灵活、应变、及时，与品牌 C（欧洲大型散拼地接社）形成最佳共同点。同时还需要增强境外服务的可控性，与 C 形成最佳差异点。

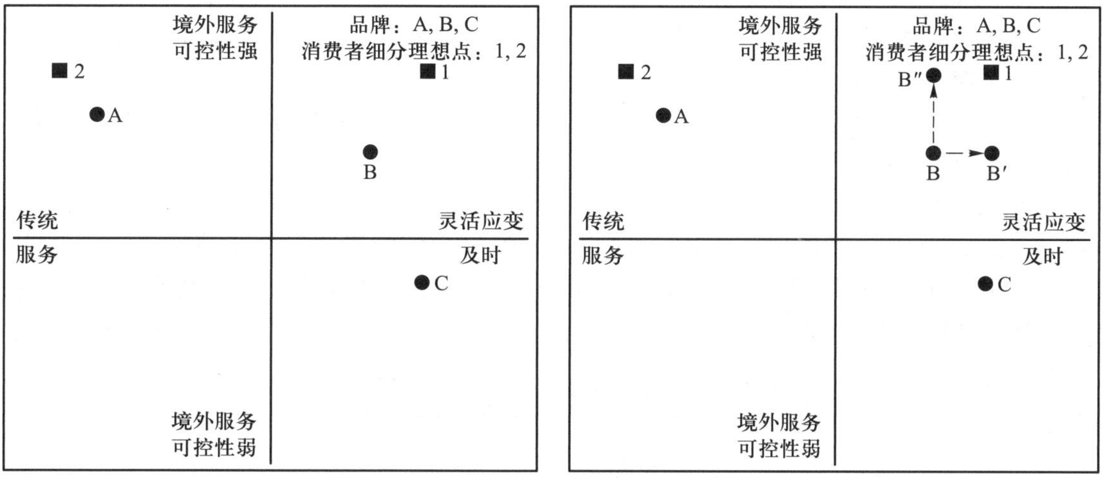

(a) 旅行社感知分布图：目前的感知　　(b) 旅行社感知分布图：为品牌B所做的潜在的定位

图 17-7　感知分布

（五）如何确定品牌格言？环意的品牌格言应该是什么？

1. 理论

所谓品牌格言就是用一句通俗易懂的话全面地细致地阐述公司的理念以及产品和市场的特点。品牌格言是对品牌精神与灵魂的一种阐述，整个品牌构建过程中起到一个画龙点睛的作用，在品牌构建过程中占据了一个极其重要的位置（Scott Bedbury，2002）①。品牌格言很短，一般用 3—5 个词组来抓住无可争议的本质精髓或品牌定位的精神，必须以经济的方式来宣传品牌是什么或者不是什么。例如，麦当劳的“食品、大众与乐趣”的品牌格言就抓住了它的品牌要素与核心品牌承诺，耐克公司用“可靠、运动、性能”，还有迪士尼公司用“乐趣、家庭、娱乐”来表达自己的品牌格言。

可以具体通过以下几个步骤来确定品牌格言：① 明确公司所做业务的特点（当然是与众不同的东西和行业内具有明显共性的一些东西）；② 进行市场调研，了解消费者心理或者说是目标顾客所关注的要素本身；③ 明确表达公司产品或者业务具有的核心竞争力。综合以上三点所总结出的简明扼要的词语就可以构成品牌格言。

2. 案例分析

通过对案例的分析，环意的品牌格言可以概括为：“专业、诚信、可控、地接”。

对照确定品牌格言的三个步骤以及案例描述，可以通过以下三个步骤来确定环意的品牌格言：① 明确公司所做业务的特点：公司所做业务是意大利单团地接服务，客户是国内大型旅行社，这个业务可以用“地接”来描述；② 进行市场调研，了解消费者心理或者说是目标顾客所关注的要素本身。通过市场调研，环意发现其客户（即组团社）关心的是将自己的客户交给环意时是否能让人放心，而这个放心需要用环意的专业性和诚信度来保证；③ 明确表达公司产品或者业务具有的核心竞争力，而环意在服务客户的同时，慢慢发现要想让客户将订单交给环

① Scott Bedbury，A New Brand World（New York：Viking Press，2002）.

意,境外服务的一个非常关键的因素——可控性来保证。于是,环意就将可控作为其业务的核心竞争力进行培养,综合以上三点,抽取出来的几个关键要素就构成了环意的品牌格言:“专业、诚信、可控、地接”。

(六)品牌定位的步骤是什么?试用品牌定位牛眼图画出环意品牌定位的步骤并评价环意的品牌定位的实践做得如何?

1. 理论

根据教学知识点,详细介绍 Kotler 和 Keller(2012)的定位步骤。科特勒品牌定位之前共有以下四个步骤:① 确定目标市场;② 确定竞争者;③ 确定品牌联想的最佳共同点和差异点;④ 确定品牌格言(如图 17-8 所示)。

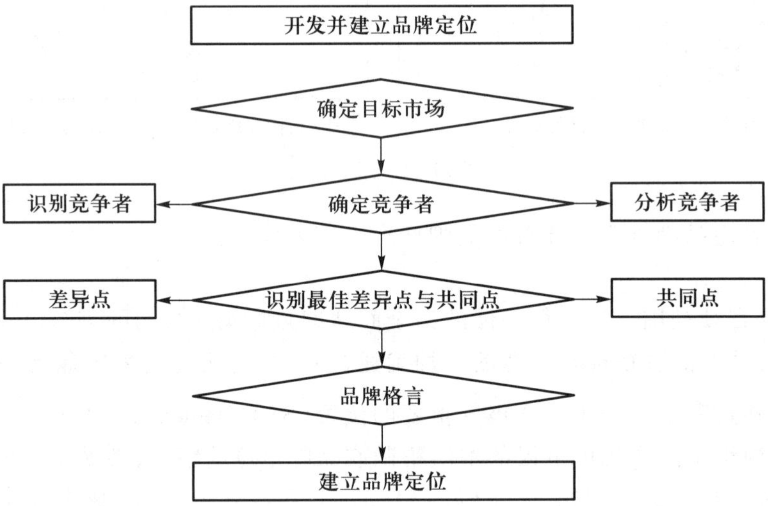

图 17-8 科特勒品牌定位步骤

2. 案例分析

(1)思考题 2—5 题已经详细的分析了环意品牌定位的具体步骤,总结起来如表 17-4 所示。

表 17-4 环意确定品牌定位之前的四个步骤

确定目标市场	意大利单团组团社	
确定竞争者	竞争对手	欧洲散拼地接社
	竞争对手的优势	便宜,可看更多景点
	竞争对手的劣势	缺乏细节落实和个性化服务
确定品牌联想的最佳共同点与差异点	共同点	灵活、应变、及时
	差异点	境外可控性
确定品牌格言	“专业”“诚信”“可控”“地接”	

(2)环意品牌构建的具体过程为:根据科特勒的品牌定位理论,环意根据自己确立的 B-B

商业模式,在建立竞争性参考框架时,将意大利单团作为目标市场,同时将欧洲散拼地接社(如 KUONI)确定为竞争者,并分析得出“价格便宜、可看更多景点”为竞争对手的优势,“缺乏细节落实和个性化服务”为竞争对手的劣势。通过提炼环意内部运营中“对公司一线工作者进行全方位培训”“为每位员工创造和谐的工作环境”“细腻的服务”以及“与政府合作”等做法作为证据,在此基础上确定了环意品牌联想的最佳共同点为“灵活、应变、及时”,差异点为“境外可控性”。最终确定了环意的品牌定位是“意大利单团地接”。对照科特勒定位理论的步骤图,环意品牌定位的步骤见图 17-9。

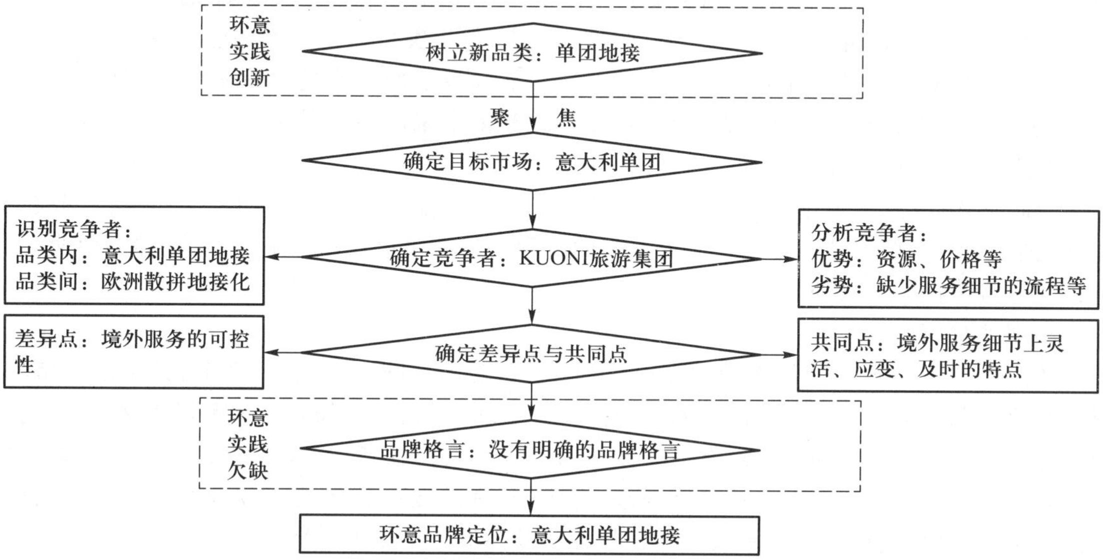

图 17-9　环意品牌定位实践与科特勒品牌定位理论对比

从科特勒的定位理论出发,品牌定位首先要选择目标市场,而对于环意来说在其实践中在确定目标市场之前,首先树立了一个新品类:单团地接。正是因为这个新品类的树立,使得环意这个小微企业在完成了品牌定位的其他步骤之后,成为品牌领导者。这种实践为品牌定位理论的发展提供了新的探索。

从科特勒的定位理论出发,环意在品牌定位的时候其实并没有严格满足科特勒定位理论的最后一个步骤:创立品牌格言。环意虽然意识到“旅游”“可控性”“单团地接”这些词语是跟自身定位息息相关的,并在其品牌创建的过程中也是紧扣这三个关键词,但是却没有明确地提出自己的品牌格言。可见在现实企业品牌定位的实践中,尤其是小微企业的操作中,可能更需要些结构性的方法。

(七) 对于一个服务型小微企业如果想做领导者品牌,其品牌定位时面临的机遇和挑战是什么? 应该如何应对?

1. 理论

根据 Kotler 和 Keller(2012)的观点,企业要想做领导者品牌,必须采用市场领先者战略,市场领导者的战略应该是占据相关产品最大的市场份额(Kotler & Keller,2012),其在价格变化、新产品推广、分销渠道覆盖和促销力度等方面领导行业中的其他企业。作为品牌领导者,既要找到适当的策略保护现有市场份额也应该积极地探索新的方法和途径来增加市场份额。

一般而言，一个服务型的小微企业要想做领导者品牌，其所面临的机遇有：首先，小微企业一开始进入市场可能并不会引起市场中的同行业的足够的注意，这就创造了一个快速发展的机会；其次，对于已经在市场中生存许久的小微企业来说，对业务的熟悉优势会更容易找到新兴市场；最后，小微服务型企业，如果能够将业务聚焦在自己熟悉的业务上，则更容易取得成功。

一个服务型的小微企业要想做领导者品牌，其所面临的挑战有：首先，由于市场竞争的日趋激烈，市场细分越来越精细，所以可能其关注的市场也正是别的企业想涉足的市场，如果没有良好的市场应对策略，可能连进入都很困难；其次，如果突然发生重大的业务变化，熟悉原来业务的员工可能无法快速适应市场，则企业失去了挑战已经存在的强大竞争对手的能力；最后，聚焦就意味着有些业务公司必须割掉，对于业务量本来就不多的小微服务型企业而言，如果在聚焦的过程中客户流失严重，则有面临破产的风险。

因此，小微服务型企业想要做领导者品牌，首先要有能够保障生存的定位；其次业务转型应该是平稳地，不宜太突然；最后，业务聚焦的过程要清楚自己的核心竞争力，这样即使业务变少，也不会影响企业的长期生存和发展。

2. 案例分析

环意在具体成长的过程中，遇到的机遇有：创立新的品牌，从事新的业务，开拓新的市场，树立新的品类。挑战有：首先，由于米斯特拉关闭了北京代表处，如果处理不好的话，环意的品牌很难生存；其次，在市场上已经有一些做单团地接的旅行社了，怎么创立品牌，怎么定位才能够有效地将自己与别的同类企业区别开来；再次，环意的业务聚焦能否顺利过渡，这都是目前环意遇到的挑战，说到底也就是如何生存与发展是当下的挑战。

面对以上挑战和机遇，在定位专家和同事的通力合作下最终确立“环意”为其品牌。首先，为了生存环意不得不从事米斯特拉的原来业务：散拼团和单团。为了能够尽快地开拓新市场，环意打出了“新业务、老团队，原来的米斯特拉，现在的环意”的口号，这样就能够很好地与原来的业务进行一个有效地对接，这也是为自己能够平稳过渡做准备。其次，环意由原来B-B，B-C商业模式转变为现在的 B-B 商业模式，原因是米斯特拉撤走后，环意在各方面资源都不足，B-B 的商业模式利润更大，也更聚焦，所以定位在意大利对于环意来说更具有竞争优势，那么为了生存，环意选择了意大利；为了发展，环意选择了单团地接。这样不仅可以快速进入市场还可以很好的保留原来在米斯特拉的单团客户。

由于环意所从事的是服务业，服务业具有顾客的忠诚度不高，顾客忠诚价值比较差等特点，因此环意只有做得更加专业，更能够满足顾客多样化的需求，才能真正把握机遇和应对挑战。作为小微企业的环意在其成为品牌领导者的过程中，其品牌定位背后的逻辑是：先找到强大的竞争对手，给他们脑门上贴一标签——散拼团（不管竞争对手是否认可），然后自己举一杆大旗叫“单团地接”，这种做法有以下几点好处：① 主动出击；② 借势造势；③ 顺势而为；④ 符合个性化需求方向。

作为市场领导者品牌来说，就要主动地给竞争对手定位，然后才能显示出自己的优势（虽然这些竞争对手也做单团，但不是主要业务）；这种做法的巧妙之处就在于不仅借助了竞争对手的势能，还在于这种单团符合了消费者越来越追求个性化消费的趋势。等散拼团竞争对手意识到他们也要做单团时，为时已晚，他们再做，也是老二，无形之中是在给环意抬轿子，这里有借势、造势和顺势的意思。当然借来的势还是要转化成自己真正的东西才行，于是，环意才慢慢通过夯实内部运营各环节去兑现对客户的承诺，同时不断地借助意大利旅游局等各种资源来强化自己的品牌形象，最终走向良性的发展道路。

五、关键要点

（一）关键点

本案例从品牌定位的概念和内涵要求入手，使学生了解品牌定位的步骤；然后通过环意国际旅行社对其品牌定位中目标市场的确定、对其竞争者的确定，并对其品牌联想的最佳共同点和差异点的确定，同时思考环意的品牌格言是什么，最终确立自己的品牌定位；从而充分理解和掌握品牌定位的内涵和基本步骤，并思考科特勒的品牌定位理论与其他品牌定位方法的比较；最后探讨服务型小微企业如果想做领导者品牌，其品牌定位时面临的机遇和挑战是什么？应该如何应对？

（二）关键知识点

如何运用品牌定位理论。

（三）能力点

分析、归纳、对比、总结与提炼能力、批判性思维能力以及解决实际问题的能力。

六、建议课堂计划

本案例可以作为专门的案例讨论课来进行，如下是按照时间进度提供的课堂。

计划建议，仅供参考（请参考图 17-10 案例教学板书计划）。整个案例课的课堂时间控制在 80~90 分钟。

1. 课前计划

提出启发思考题，请学生在课前完成阅读和初步思考。

2. 课中计划

（1）课堂前言（3~5 分钟）简单扼要、明确主题，帮助学生明确思考题考察的知识点；

（2）分组讨论（30 分钟）发言要求：准备发言大纲，答题要点；

（3）小组发言（每组 5 分钟）幻灯片辅助，控制在 30 分钟；

（4）引导全班进一步讨论（15~20 分钟）分析思考题考察知识点的逻辑顺序，并进行归纳总结，并得出案例启示。

3. 课后计划

请学生上网搜索该企业的相关信息资料，尤其最新信息，采用报告形式给出更加具体的解决方案，或写出案例分析报告（1 000~1 500 字）；如果对此案例有兴趣跟踪，建议联系案例作者或企业负责人，进行深入研究。明确具体的职责分工，为后续章节内容做好铺垫。

七、其他教学支持材料

（1）环意 2012 年年会录像

（2）中央电视台新闻直播间对 2013 年广州旅游展的意大利定制旅游报道

（3）环意微信公众平台：意大利环意单团案地接社（微信号：Voglia-itatour）

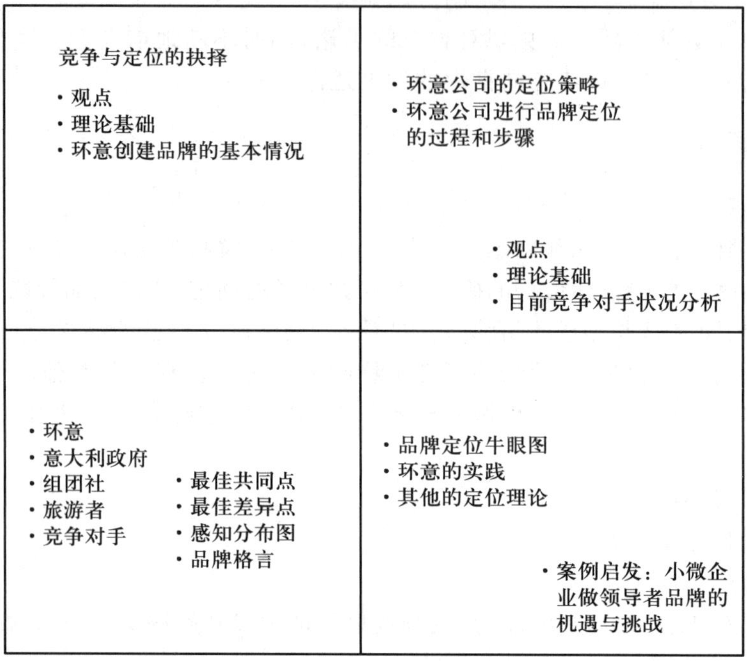

图 17-10　案例教学板书计划

主要参考文献

主要中文参考文献

1. 加里·阿姆斯特朗,菲利普·科特勒.市场营销学.12 版[M].北京:中国人民大学出版社,2017.
2. 菲利普·科特勒,约翰·T.鲍文.旅游市场营销.6 版[M].北京:清华大学出版社,2019.
3. 戴学峰.改革开放 40 年:旅游业的市场化探索[J].旅游学刊,2019,34(2):8-10.
4. 迈克尔·所罗门.消费者行为学.12 版[M].北京:中国人民大学出版社,2018.
5. 伯特·罗森布洛姆.营销渠道:管理的视野.8 版[M].北京:中国人民大学出版社,2018.
6. 乔治·贝尔奇,迈克尔·贝尔奇.广告与促销:整合营销传播视角[M].北京:中国人民大学出版社,2019.
7. 朱爱芳.互联网视域下少数民族地区特色旅游商品营销策略分析[J].商业经济研究,2016(18):77-78.
8. 魏宝祥,孔闪闪.网络信息对旅游者决策影响研究——国内外研究比较的视角[J].人文地理,2016(5):7-16.
9. 刘学玲,冯淑华,马秋芳.基于 4C 理论的“双十一”旅游产品网络促销研究——以携程网与中青旅为例[J].旅游研究,2016,8(1):83-87.
10. 周永博,蔡元.从内容到叙事:旅游目的地营销传播研究[J].旅游学刊,2018,33(4):6-9.
11. 张翔云.“五位一体”营销模型及其在乡村旅游中的实现[J].社会科学家,2018,257(9):90-97.
12. 李红岩.微博时代背景下旅游目的地整合营销策略探讨[J].商业经济研究,2015(23):123-125.
13. 约亨·沃茨克里斯托弗·洛夫洛克.服务营销.8 版[M].北京:中国人民大学出版社,2018.
14. 朱迪·斯特劳斯,雷蒙德·弗罗斯特.网络营销.7 版[M].北京:中国人民大学出版社,2015.
15. 陆锋.新媒体时代的旅游目的地宣传和营销[J].旅游学刊,2018,33(4):1-3.
16. 胡培,唐甜甜.移动互联网背景下企业市场营销的创新研究[J].理论探讨,2018(4):99-105.
17. 戴维·A.芬内尔.生态旅游.4 版[M].北京:商务印书馆,2017.
18. 钟林生,马向远,曾瑜皙.中国生态旅游研究进展与展望[J].地理科学进展,2016,35(6):679-690.
19. 周菲菲.互联网+时代乡村生态旅游发展策略探析[J].农业经济,2016(8):46-47.
20. 杨振之,周坤.旅游策划理论与实务[M].武汉.华中科技大学出版社,2019.
21. 檀小舒,陈樱.旅游市场营销与策划[M].厦门:厦门大学出版社,2015.

22. 李学芝,宋素红.旅游市场营销与策划[M].大连:东北财经大学出版社,2015.
23. 王帅辉,耿松涛.全域旅游营销策略与品牌策略规划[J].价格月刊,2018(3).
24. 朱婕.茶文化生态旅游的营销策划研究[J].福建茶叶,2016,38(2):116-117.
25. 张圣亮.服务营销与管理 [M].北京:人民邮电出版社, 2015.12
26. 李玫.略论旅游市场营销的问题与创新策略[J].商业经济研究,2015(20):77-78.
27. 钟茗.论现代旅游市场营销特性与发展趋势[J].旅游纵览(下半月),2015(11):38.
28. 徐海燕,陈晓晨.“大数据”时代背景下旅游营销创新模式研究[J].经营管理,2015(34):337.
29. 于静,李君轶.微博营销信息的时空扩散模式研究——以曲江文旅为例[J].经济地理.2013(09):6-11.
30. 张绮英资.微信营销在旅游营销中的应用探析[J].企业技术开发,2015(27):110-111.
31. 王德红.智慧城市框架下智慧旅游的运营研究[D].中国海洋大学.旅游管理,2014:1-57.
32. 李玫.略论旅游市场营销的问题与创新策略[J].商业经济研究.2015(20):77-78.
33. 袁箐,陈楠,程川.基于智慧旅游视角的旅游景区承载力研究综述与启示[J].旅游论坛,2016(03):65-74.
34. 罗瑜.旅游市场营销存在的问题与处理策略[J].经贸实践,2015(09):291.
35. 张欣然,孙浩.分析智慧旅游的发展对旅游者旅游体验的影响[J].经济发展研究,2016(08):179.
36. 付业勤,郑向敏.我国智慧旅游的发展现状及对策研究.开发研究(总第 167 期),2013(3):62-65.
37. 陈兴旺.文化旅游产业发展的现状、问题及对策[J].长江大学学报,2016,39(5):60-63.
38. 邓小娟,杨晓玲.区域营销理论在西双版纳旅游开发中的应用研究[J].管理世界,2013,10(11).
39. 冯亚芬,梁锦梅,俞万源.基于旅游者满意度的客家文化旅游开发研究[J].地理科学,2013,33(7):824-830.
40. 侯兵,李杰.文化旅游产品的价格机制及调控[J].社会科学家,2016,(3).
41. 黄倩辉.浅谈旅行社应对旅游黄金周和旅游淡季的促销策略[J].旅游管理研究,2014(3).
42. 姜营,连漪.区域旅游品牌发展及品牌价值提升战略[J].旅游经济,2013(2):122-126.
43. 李斌.湿地景观的文化特性体现——万达西双版纳国际度假区湿地景观浅谈[J].筑梦城市,2016(11).
44. 李菡静.云南演艺产业走出去的“在地化”与“国际化”——以《吴哥的微笑》为例[A].文化发展与创新[C]. 民族艺术研究,2015:143-151.
45. 李利娟.谈旅游体验在旅游营销中的应用[J].经济发展研究,2016(8).
46. 刘环宇.旅游目的地民俗文化资源营销创新研究——以鄂尔多斯地区旅游演艺产品为例[J].内蒙古科技与经济,2016(1):31-33.
47. 李萌,李原.上海文化旅游发展战略研究[J].上海对外经贸大学学报,2016,23(1):60-67.
48. 刘曼欣.基于 4P 理论的泰国旅游市场营销策略研究——以赴泰中国旅客为例[D].湖南师范大学,2015.

49. 王诗晴.基于旅游文化演艺市场的市场营销研究[J].淮海文汇,2015(4).
50. 吴兴帜.文化旅游情境中的民族节庆遗产保护研究——以云南省西双版纳橄榄坝傣族园泼水节为例[A].中南民族大学学报.2015,35(1):24-28.
51. 解诗悦.基于品牌战略的视觉识别系统重塑研究[D].陕西科技大学,2015.
52. 谢培培.国内旅游景区价格形成机制与价格管理研究[D].成都理工大学,2011.
53. 杨洋.昆明市促进文化产业与旅游业融合发展研究[J].城市旅游规划,2013(06 下半月刊).
54. 张凌云,黎巎,刘敏.智慧旅游的基本概念与理论体系[J].旅游学刊,2012(5):66-73.
55. 黄超,李云鹏."十二五"期间"智慧城市"背景下的"智慧旅游"体系研究[C].2011 旅游学刊年会会议论文集,2011:55-68.
56. 刘军林,范云峰.智慧旅游的构成、价值与发展趋势[J].重庆社会科学,2011(10) : 21-124.
57. 刘绍华,路紫.浅议旅游目的地营销系统的区域整合功能——以大连旅游网为例[J].旅游学刊,2014,19(2):84-88.
58. 刘华芝.旅游目的地营销系统的优劣势分析及其完善对策[J].消费经济,2015(3):31-33.
59. 贾诗威,金鹏.信息化与旅游产业发展互动关系的实证研究[J].科技与管理,2015(3):13-19.
60. 李文莲,夏健明.基于"大数据"的商业模式创新[J].中国工业经济,2013(5):83-95.
61. Dan.S.Kennedy. 终极营销:移动互联时代的精准营销策略[M].当代世界出版社.2014(1)
62. 琳高伟.旅行社服务营销问题研究 [J].厦门大学,2015.
63. 李娟,李熙,吴春涛.电子商务冲击下传统旅行社网络营销模式转型探析——以四川省为例[J].商场现代化, 2016.
64. 翟东方.智慧旅游时代旅行社发展探析——基于旅游者需求认知和消费倾向的研究 [J].河南机电高等专科学校学报, 2016.
65. 邹晓慧.大数据时代旅行社实施定制营销的可行性研究 [J].开封教育学院学报, 2016.
66. 王守书,贺学良.旅游市场营销原理与实务[M].北京:清华大学出版社, 2015.

主要英文参考文献

67. Nejat capar.an analysis of the relationships between international diversification, product diversification, firm resources and performance[J].Academy of Management proceedings, 2009, 15(6): 1-6
68. Grant, R. M. Contemporary strategy analysis (6th ed.) [M]. Malden, MA: Blackwell Publishing,2008.
69. Gregory R.Heim,J.M.F..Process drivers of e-service quality: Analysis of data from an online rating site[J].Journal of Operations Management,2007(25):962-984.
70. Hill,C.W.L.& Jones,G.R.(2006).Strategic management: An integratedapproach (8th ed.) [M].Boston,MA: Houghton Mifflin Company,2006.
71. R Eid, M . Truemn, A. M. Ahmed. B2B international Internet [J]. Benchmarking. 2006(2): 202.
72. Burgess S,Sellitto C,Cox C,et al.Trust perceptions of online travel information by different con-

tent creators: some social and legal implications[J].Service Industries Journal,2009,15(2):162-185.

73. Park D,Lee J,Han I.The effect of on-line consumer reviews on consumer purchase intention: the moderating role of involvement[J].International Journal of Electronic Commerce,2007,11(4):125-148.

74. Ute Jamrozy. Marketing of tourism: a paradigm shift toward sustainability.International Journal of Culture,Tourism and Hospitality Research,2007,1(2),117-130.

75. Alderman,D.,& Modlin,E..(In)Visibility of the enslaved within online plantation Tourism Marketing: a Textual Analysis of North Carolina Websites.Journal of Travel & Tourism Marketing,2008,25(3/4):265.

76. Bahar,O.,& Kozak,M..Advancing destination competitiveness research: comparison between tourists and service providers.Journal of Travel & Tourism Marketing,2007,22(2):61.

77. Daye,M..Challenges and prospects of differentiating destination brands: the case of the Dutch Caribbean Islands.Journal of Travel & Tourism Marketing,2010,27(1):1.

78. Han,H.,& Back,K..Assessing customers' emotional experiences influencing their satisfaction in thelodging industry.Journal of Travel & Tourism Marketing,2007,23(1):43.

79. Hede,A.,& Stokes,R..Network analysis of tourism events: an approach to improve marketing practices for sustainable tourism.Journal of Travel & Tourism Marketing,2009,26(7):656.

80. Hsu,C.,& Kang,S..Chiese urban mature travelers' motivation and constraints by decision autonomy.Journal of Travel & Tourism Marketing,2009,26(7):703.

81. Iwashita,C..Roles of films and television dramas in international tourism: the case of Japanese tourists to the UK.Journal of Travel & Tourism Marketing,2008,24(2/3):139.

82. Li,X.,& Petrick,J..Tourism marketing in an era of paradigm shift.Journal of Travel Research,2008,46(3):235.

83. Mark M Miller,& Tony L Henthorne.In search of competitive advantage in caribbean tourism websites: revisiting the unique selling proposition.Journal of Travel & Tourism Marketing,2006,21(2/3):49.

84. Marzo-Navarro,M.,& Pedraja-Iglesias,M..Profile of a wine tourist and the correspondence between destination and preferred wine: a study in Aragon,Spain.Journal of Travel & Tourism Marketing,2009,26(7):670.

85. Nada Kulendran,& Sarah Divisekera.Measuring the economic impact of Australian tourism marketing expenditure.Tourism Economics,2007,13(2):261.

86. Oh,J.,& Schuett,M..Exploring expenditure-based segmentation for rural tourism: overnight stay visitors versus excursionists to fee-fishing sites.Journal of Travel & Tourism Marketing,2010,27(1):31.

87. Peirce,S.,& Ritchie,B..National capital branding: a comparative case study of Canberra,Australia and Wellington,New Zealand.Journal of Travel & Tourism Marketing,2007,22(3/4):67.

88. Pforr,C.,& Hosie,P..Crisis management in tourism: preparing for recovery.Journal of Travel &

Tourism Marketing,2007,23(2/3/4):249.

89. Pike,S..Consumer-based brand equity for destinations: practical DMO performance measures. Journal of Travel & Tourism Marketing,2007,22(1):51.

90. Valencia,J.,& Crouch,G..Travel behavior in troubled times: the role of consumer self-confidence.Journal of Travel & Tourism Marketing,2007,25(1):25.

91. Woodside,A.,& Sakai,M..Analyzing performance audit reports of destination management organization actions and outcomes.Journal of Travel & Tourism Marketing,2009,26(3):303.

92. Yeoman,I., Greenwood, C., & McMahon-Beattie, U..The future of Scotland's international tourism markets.Futures,2009,41(6):387.

93. Xiping Zhao.Present condition and innovation policies for sustainable tourism in Shaannxi,China. Cujoing conference in hospitality and tourism,2001(1).

94. Xiping Zhao.The study of the carrying capacity of sustainable tourism development ICM,2000.

教学支持说明

建设立体化精品教材，向高校师生提供整体教学解决方案和教学资源，是高等教育出版社"服务教育"的重要方式。为支持相应课程教学，我们专门为本书研发了配套教学课件及相关教学资源，并向采用本书作为教材的教师免费提供。

为保证该课件及相关教学资源仅为教师获得，烦请授课教师清晰填写如下开课证明并拍照后，发送至邮箱：jingguan@ pub.hep.cn 或 zhangxin1@ hep.com.cn，也可通过 QQ：525472494 或 64557083，进行索取。

咨询电话：010-58581020，编辑电话：010-58556266

证　　明

兹证明________________大学________________学院/系第__________学年开设的________________课程，采用高等教育出版社出版的《　　　　　　　　　　》（________主编）作为本课程教材，授课教师为________________，学生_______个班，共______人。授课教师需要与本书配套的课件及相关资源用于教学使用。

授课教师联系电话：____________________　E-mail：____________________

学院/系主任：__________（签字）

（学院/系办公室盖章）

20____年____月____日